세계 괴이 사전

-전설편-

아사자토 이츠키 감수 | 에이토에후 지음 | 현정수 옮김

AK TRIVIA BOOK

머리말

우선, 이 책을 선택해주셔서 감사합니다.

제목에 '전설편'이라고 적혀 있기는 합니다만, 이 책에는 폭넓은 장르의 이야기가 모여 있습니다.

전설이란 '어느 시대, 어느 장소에서 일어났다'라고 사람들에게 구전되고, 기록되고, 믿어져 온 이야기입니다. 괴이(怪異)란 신비한 것, 괴상하고 이상한 것을 가리킵니다. 또한 최근에는 그런 존재를 가리키는 말로서도 사용되고 있습니다.

이 책은 그런 이야기를 폭넓게, 전 세계에서 모아서 나열한 책입니다. 일반적인 '괴이', '전설'의 틀에 얽매이지 않고, 현대의 가치관으로 보아 "이건 좀 신비한데?"라고 생각될 만한 전승이나 옛날이야기, 신화나 요괴, 요정, 도시전설 등도 수집했기 때문에 다양한 시점에서 세계의 신비를 탐색할 수 있습니다.

당연한 이야기입니다만 이 세계는 아주 넓습니다. 아득한 옛날에 각지에서 사람들이 태어나고, 다양한 지역에서 생활하게 되고, 이윽고 많은 나라가 생겨났습니다. 사람들이 모여서 한 장소에 오래 살게 되면 그 환경이나 역사의 영향을 받아 독자적인 문화가 생겨나기 마련입니다.

그렇게 인류의 역사 속에서 많은 이야기가 사람들 사이에서 생겨나고 공유됩니다. 이렇게 사람들 사이에서 전해 내려온 이야기는 이윽고 문자나 그림으로 기록되고, 그 일부가 지금도 이 시대에 남아 있는 것입니다.

현대에서 그런 이야기는 신화나 전설, 옛날이야기나 전승 등으로 불리며 연구 대상이 되거나 오락물로서 읽히거나 창작의 제재가 되거나 합니다. 다양한 형태로 남아서 사람들에게 공유되고 있는 것입니다.

이 책도 그중 하나로, 사전이라는 형태로 이 세계에 전해지는 다양한 이야기를 소개합니다.

검과 마법의 세계를 무대로 한 용감무쌍한 영웅들의 이야기나 그들과 싸운 괴물들의 이야기. 옛날부터 사람들 사이에서 목격된, 지금도 UMA(미확인생물)로서 이야기되는 거대생물 이야기. 현대를 무대로 화제가 되었던 무서운 유령들의 도시전설. 세계를 창조하거나 인간을 만든 신들을 둘러싼 신화. 별이 가득한 밤하늘 저편에서 찾아왔다고 기록된 지구 밖 생명체의 기록.

이러한 이야기를 통해서 영웅, 신, 악마, 괴물, 요괴, 괴이, 전설의 무기나 방어구 등에 대해서도 알 수 있게 되겠지요. 세계의 역사나 문화 등의 지식도 자연스럽게 습득할 수 있을 것입니다.

만약 조금이라도 흥미가 생기신 분은 부디 페이지를 넘겨보시기 바랍니다.

그 너머에는 이 세계의 신비한 것들이 기다리고 있습니다.

이 책을 계기로 신비한 것이나 괴이한 것에 흥미를 품게 되신다면, 괴이나 전설을 좋아하는 사람 중 한 명으로서 정말 기쁘겠습니다.

아사자토 이츠키

목차

중동 341

아프리카 375

기타 433

칼럼

색인

범례

1. 이 사전은 고대부터 근현대까지, 세계 각지를 무대로 이야기된 신비한 전설, 사건, 장소, 존재를 '괴이전설'로서 수집했다.

2. 수집 대상은 '전설 · 민화', '신화', '행사', '이면의 역사 · 사건', '유적 · 미스터리 스팟', '유물 · 오파츠', '요괴 · 괴담', 'UFO · 우주인', 'UMA(미확인생물)', '숨겨진 보물'로 하며, 현대에는 신빙성이 의심되는 사항에 관해서도, 이야기된 당시의 사료적 가치를 고려하여 수집의 대상으로 삼았다.

3. 본문은 지역별로 가나다순으로 배열했다.

4. 본문에 등장하는 항목명에 대해, 당 사전에 별개로 독립된 항목이 존재할 경우에는 볼드체를 사용하여 표기했다.

5. 출전에서 그 전설이 이야기된 시대나 무대, 지역 등이 확실한 경우에는 가능한 한 그 정보에 대해서도 기재하고 있지만, 확실치 않은 경우에는 생략했다.

6. 참고자료는 권말에 일람으로서 게재했다. 서적명은 『 』를 사용해서 기재했다.

Asia
아시아

① 인도 ② 인도네시아 ③ 캄보디아
④ 싱가포르 ⑤ 스리랑카 ⑥ 태국
⑦ 대한민국·북한 ⑧ 대만 ⑨ 티베트
⑩ 중국 ⑪ 네팔 ⑫ 파키스탄
⑬ 방글라데시 ⑭ 동티모르 ⑮ 필리핀
⑯ 부탄 ⑰ 브루나이 ⑱ 베트남
⑲ 말레이시아 ⑳ 미얀마 ㉑ 몰디브
㉒ 몽골 ㉓ 라오스

인도

■가네샤의 머리가 코끼리가 된 이유

인도 신화에 등장하는 가네샤(Ganesha)는 파괴신 시바(Shiva)의 아들이며, 사람의 몸에 코끼리의 머리를 가진 외모가 특징적인 신이다. 행운을 부르며 장사와 학문의 신으로서 인기가 높은 신이기도 하다.

어느 날, 시바의 아내인 파르바티(Parvati)는 아이를 원해서 시바가 집을 비운 동안에 자신의 몸의 때를 뭉쳐서 인형을 만들어 아들로 삼았다. 이것이 가네샤다. 그 후에 파르바티는 목욕을 할 것이니 아무도 집 안에 들이지 말라고 아들에게 말했고, 아들은 시키는 대로 집 앞에서 망을 보았다. 그때 시바가 귀가했는데, 집 앞에 낯선 남자가 있는 것을 깨닫는다. 집 안에 들여보내지 않으려는 그 남자에게 화가 난 시바는, 그 남자의 목을 베어서 멀리 던져버렸다. 아들이 살해당한 것을 알고서 슬퍼하는 파르바티를 보고, 시바는 당황하며 아들이었던 남자의 목을 찾아다녔지만 끝내 찾을 수 없었다. 그러자 파르바티는 시바에게 처음 만난 동물의 머리를 가지고 오라고 부탁했고, 근처에 코끼리가 있어서 코끼리의 머리를 아들에게 붙여서 되살아나게 했다고 한다.

또 머리가 코끼리가 된 것은 토성의 신 샤니(Shani) 때문이라는 설도 있다. 가네샤의 탄생을 축하하기 위해 초대된 신들 중에 한 명인 샤니는, 눈으로 보는 것을 파괴해버리는 힘을 가지고 있어서 계속 고개를 숙이고 있었다. 그러자 파르바티가 아들을 보며 축복해달라고 부탁했기 때문에 고개를 들었고, 결국 가네샤를 보게 되어 머리를 파괴해버리고 말았다. 그래서 비슈누 신이 코끼리의 머리를 붙였다고 한다. 매년 늦여름이 되면 가네샤의 탄생을 축하하는 축제가 서인도를 중심으로 열리고 있다.

■가루다와 영약 암리타

가루다(별명은 가루라천[迦樓羅天])는 인도 신화에 등장하는 새의 얼굴과 날개와 부리를 지닌 반신(半神)이다. 군사력이나 신속함의 상징이기도 하다.

가루다는 대성선(大聖仙) 카샤파와 아내 비나타 사이에서 태어났다. 뱀신 나가의 노예가 된 어머니를 구하기 위해, 가루다는 천계에 밀고 들어가서 영약 암리타(자세한 것은 **유해교반과 영약 암리타** 항목을 참조)를 보관하는 신들과의 싸움에서 승리하여 어머니를 구해낸다.

강함을 증명한 가루다는 신들에게 인정받아 군신 인드라와 친구가 되고, 비슈누에게서는 불로불사의 육체와 나가를 잡아먹는 것을 허락받았다. 가루다는 답례로 비슈누의 탈 것이 되었다. 그 이후로 사신 나가에게 가루다는 천적이 되었다.

참고로 암리타는 한 번은 나가의 손에 넘어갔었지만, 가루다의 계략으로 나가가 마시기 전에 인드라가 다시 빼앗아 왔다고 한다.

■ 거인 푸루샤의 전설과 카스트 제도

인도 신화의 가장 오래된 성전『리그베다』에 실려 있는 창세신화 중, 원초의 바다에서 태어난 원인(原人) 푸루샤에서 세계나 인간이 태어났다는 이야기가 있다. 푸루샤란 천 개의 눈, 천 개의 머리, 천 개의 팔다리를 가진 거인이다. 푸루샤는 신들이 우주를 창조하기 위한 공물이 되어, 푸루샤의 머리에서 천계(天界), 배꼽에서 공계(空界), 다리에서 지계(地界)가 생겨났고, 눈에서 태양, 귀에서 방위, 입김에서 프라나(prāṇa. 호흡, 생명이라는 의미-역주)가 생겨났다. 그리고 입에서 브라만, 두 팔에서 라자냐(크샤트리아), 두 넓적다리에서 바이샤, 두 발에서 수드라가 생겨났다.

이 신화가 인도에서 전해지는 신분제도, 카스트 제도의 유래다. 사람들은 승려·사제계급인 브라만, 왕족·전사계급인 크샤트리아, 서민계급인 바이샤, 노예계급인 수드라라는 네 개의 신분으로 생겨나는 '바르나(색)'라는 사고방식이다.

이 네 가지 신분 아래에 불가촉천민(달리트)이라고 불리는 다섯 번째 신분이 존재한다.

이것은 기원전 1500년~기원전 1300년경에 고대 인도에 침략해온 아리아인이 비아리아인 토착민과 피가 섞이는 것을 싫어해서 계급제도를 정당화하기 위해서 만들어진 신화라고 추측된다. 현재의 인도에서는 카스트 제도는 법률로 금지되어 있지만, 사람들의 의식에는 지금도 깊이 뿌리내리고 있다.

■ 녹슬지 않는 델리의 쇠기둥

1700년 전에 세워졌음에도 불구하고 거의 녹이 슬지 않는 쇠기둥이 델리의 교외에 있다. '녹슬지 않는 쇠기둥'이라는 이름으로 유명한 이 쇠기둥은, 세계유산에 등록되어 있는 이슬람교의 건조물인 쿠투브미나르(Qutub Minar)와 같은 장소에 있다. 높이 약 7미터, 직경 44센티미터 정도. 415년에 세워진 물건으로, 표면에 새겨진 산스크리트어 비문을 지금도 또렷하게 읽을 수 있다. 이 정도로 긴 시간 동안 비바람을 받았음에도 약간의 녹밖에 슬지 않은 것이다. 99퍼센트 이상의 고농도의 철로 이루어진 것이 요인인 듯하지만, 특별한 손질도 되지 않는 철이 이 정도로 녹이 슬지 않는 것은 드문 일이라고 한다.

쇠기둥이 녹슬지 않는 것은 다마스커스강으로 만들어져 있기 때문이라는 설도 있다. 다마스커스강이란 10~18세기에 제조되었던, 물결 형태의 무늬가 특징인 강철이다. 자세한 것은 중동·시리아의 **다마스커스강의 제조법의 비밀** 항목을 참조.

어찌되었든, 1700년 전의 인도에 고도의 기술이 있었던 이유는 밝혀지지 않았다. 델리의 쇠기둥은 지금도 녹슬지 않고 서 있으며, 견학할 수도 있다.

■라마 왕자의 모험

인도 신화의 신 비슈누의 화신인 라마 왕자가 주인공인 이야기가, 인도 신화의 양대 서사시 중 하나인 『라마야나』다. 전 7권, 24000시절(詩節)로 이루어져 있다. 기원전 5세기부터 기원후 3세기경에, 그 이전부터의 전승 등도 포함한 형태로 성립했다고 한다. 주된 줄거리는 이하와 같다.

라마는 북인도에 있었던 코살라 왕국의 다사라타 왕의 아들로서 태어났다. 총명하고 자비로운 성격의 라마는 후계자로서 기대 받고 있었다. 한편, 자나카 왕이 다스리는 미틸라 왕국에는 왕의 딸인 시타 이외에는 아무도 들어 올릴 수 없는 시바 신의 활 피나카가 있었다. 자나카 왕이 이 활을 들어 올려서 활시위를 당길 수 있는 자에게 시타를 시집보내겠다고 말하자, 이 나라를 방문한 라마가 멋지게 성공시켜서 두 사람은 결혼했다.

라마의 아버지인 다사라타 왕은 라마에게 왕위를 넘겨주려고 했지만, 이복동생인 바라타의 어머니와 다사라타 왕이 과거에 나누었던 약속에 의해 왕위계승권을 빼앗기고 말았다. 나라에서 추방당해 14년간 숲에서 살게 된 라마는, 아내인 시타와 남동생 락슈마나와 함께 수도 아요디야를 떠났다. 부왕이 실의에 빠진 나머지 세상을 떠나자 후계자가 된 바라타는 라마에게 왕위를 계승하라고 부탁했지만, 약속을 바꿔서는 안 된다며 라마는 숲에서 살기를 선택한다.

숲에서 생활하던 어느 날, 라마에게 아수라(악신, 마물이란 뜻)인 수르파나카가 반한다. 사랑하는 아내가 있는 라마는 수르파나카의 구애를 거절하지만, 화가 난 수르파나카가 동료를 이끌고 습격해 와서 활로 쫓아낸다. 수르파나카는 오빠인 라바나 곁으로 도망친다. 라바나는 랑카 섬(현재의 스리랑카)을 지배하는, 10개의 머리를 가진 아수라의 왕이었다. 라바나는 라마의 아내 시타를 유괴해서 자신의 아내로 삼으려고 한다.

납치된 시타는 라바나의 하늘을 나는 전차에 타게 되었지만, 몸에 지니고 있던 물건을 조금씩 떨어뜨려서 라마가 뒤를 따라올 수 있게 했다. 라마는 시타가 단서를 떨어뜨린 리시야무카 산(Rishyamukha)에서 원숭이의 왕 수그리바(Sugriva)와 대신 하누만과 만난다. 라마에게 협력하게 된 하누만은 시타가 랑카 섬에 있는 것을 확인

하는 데 성공한다. 하누만에 대해서는 **원숭이신 하누만의 전설** 항목도 참조. 드디어 바다에 놓인 다리를 건너 랑카 섬에 발을 들인 라마는, 곰과 원숭이의 대군을 아군으로 삼아 라바나의 군대와 충돌했다. 장절한 싸움 끝에 라바나에게 승리한 라마는 수도 아요디야에 귀환하고, 남동생 바라타를 대신해 왕위에 올랐다고 한다.

평화가 찾아온 코살라 왕국이었지만, 백성들로부터는 오랫동안 라바나에게 사로잡혀 있던 시타의 정절을 의심하는 목소리가 생겨났다. 그 목소리에 견디지 못하고 라마는 시타를 숲으로 추방했고, 시타는 뱃속에 있던 라마의 아이인 쌍둥이를 숲에서 낳는다. 이후에 라마는 쌍둥이와 만나고 자신의 아이임을 안다. 시타에게도 돌아와 달라고 부탁하지만, 그녀는 자신의 결백을 증명하기 위해 대지의 여신에게 기도하여 갈라진 땅 속으로 모습을 감추고 영영 돌아오지 않았다고 한다.

■라마의 다리와 『라마야나』

인도 신화의 서사시 『라마야나』에서는 라마 왕자가 아수라(악신, 마물이라는 뜻)에게 납치된 아내를 되찾기 위해 바다를 건너는 에피소드가 있다(자세한 것은 **라마 왕자의 모험** 항목을 참조). 라마는 납치당한 아내가 있는 곳인 랑카 섬(지금의 스리랑카)과 인도를 연결하는 다리를 건설한다.

이 신화를 뒷받침하는 듯한 사실이 있다. 약 30킬로미터의 긴 사주(沙洲)가 인도와 스리랑카를 가로막는 포크 해협에 놓여 있었던 것이다. 수심이 아주 얕아서 바다에 얼굴을 내미는 사주의 길은 그야말로 천혜의 다리처럼 보인다. 신화와 연관 지어서 현지에서는 '라마의 다리'라고 불리고 있다. 또 '아담의 다리'라는 별명도 있는데, 이 이름은 스리랑카에 전해지는 아담스 피크(스리파다)의 전설에 유래한다(자세한 것은 스리랑카의 **스리파다의 발자국** 항목을 참조).

■만두에 전해지는 비련의 전설

16세기경에 만두(Mandu)에 번영했던 왕국에 전해지는 인도에서 유명한 비련의 전설. 만두 최후의 영주였던 바즈 바하두르는 이슬람 교도였지만 힌두교도인 양치기 여성 루프마티와 사랑에 빠진다. 그러나 왕국은 무굴 제국의 왕 악바르(Akbar)의 침략을 받아 정복당하고 만다. 바하두르는 도망쳤지만 루프마티는 사로잡히고, 그녀는 독을 마시고 자살했다고 한다.

이 비련의 전설을 무대로 삼은 땅인 바즈 바하두르 궁전이나 루프마티의 별궁이 현재도 만두의 레와 정수지(Rewa kund)의 유적군을 남기고 있다.

■붓다와 관련된 땅 붓다가야와 사르나트

바라나시(베라나스)에 있는 사르나트는 4

대불적(四大佛跡) 중 하나로, 불교를 창시한 붓다가 처음으로 설법을 했던 초전법륜(初轉法輪)의 땅으로 알려져 있다.

룸비니에서 태어난 싯타르타 가우타마(자세한 것은 네팔의 **붓다 탄생의 땅 룸비니** 항목을 참조)는 오비구(五比丘)라고 불리는 다섯 명의 동료와 함께 인도 북동쪽의 부다가야에 있는 전정각산(前正覺山)에서 수행에 임한다. 6년의 수행 후에 산에서 내려온 그는 보리수 아래서 49일간의 명상을 하고, 깨달음을 얻은 붓다(깨달은 자)가 되었다. 붓다가 깨달음을 얻은 땅에 세워진 부다가야의 마하보디 사원에는 이때의 보리수의 자손이라고 하는 나무가 지금도 있다.

그 후에 여행을 떠난 붓다는 부다가야 서쪽에 있는 사르나트에 도착해서 자신이 깨달은 내용을 처음으로 이야기했다. 이 첫 설법을 들은 것은 재회한 다섯 명의 동료와 숲에 사는 사슴뿐이었다고 한다.

■붓다의 유골이 매장된 스투파

'스투파'란 '흙을 쌓은 것'이라는 의미의 산스크리트어이지만, 지금은 '불탑(佛塔)'이란 의미로 사용되고 있다.

불교를 창시한 붓다가 입멸한 뒤, 시신은 화장되었다. 깊은 슬픔에 빠진 신자들 사이에는 유골을 둘러싼 싸움이 벌어졌는데, 최종적으로는 여덟 개로 분배되었다. 유골은 흙에 매장되어 숭배의 대상이 되었다. 이것이 스투파(stūpa)다. 그 뒤에도 불교를 믿는 사람들에 의해 각지에 스투파가 세워졌다. 2000년 이상 전에 인도 아소카 왕에 의해 세워진 가장 오래된 스투파가 지금의 산치 대(大)스투파다.

일본의 유명한 교오고코쿠지(教王護国寺. 도지[東寺]라고도 한다) 등의 사찰에 세워진 오중탑의 기원도 스투파다. 또한 '스투파'는 '솔탑파'라고 한역되며, 묘지에 공양을 위해 세우는 솔도파(率堵婆)의 어원이기도 하다.

■비슈누의 화신과 아바타의 어원

인도 신화에 등장하는 신 비슈누(Vishnu)는 난세가 되면 환생하여 세계를 구원한다고 전해진다. 서사시 '라마야나'의 라마 왕자나 '마하바라타'의 영웅 크리슈나도 그중 한 명이다.

비슈누의 화신의 수는 10~20명이라고 하며, 이러한 비슈누의 '화신'을 '아바타라(Avatāra)'라고 부른다. 이것이 현재도 인터넷상 등에서 사용되는 '아바타'의 어원이다.

■살림가르 요새의 유령

살림가르 요새(Salimgarh Fort)는 인도 북부의 수도 델리에 있는, 16세기 중반에 건조된 요새다. 세계유산으로도 등록되어 있는 거대한 붉은 요새이지만, 실은 심령 스팟으로서의 일면도 놓칠 수 없다고 한다.

17세기 중엽부터 18세기 초까지 무굴 제

국 제6대 황제였던 아우랑제브 1세는, 이 요새를 포로의 고문장으로 사용하고 있었다. 수용자들에게 자신의 운명을 알게 만들기 위해 고문의 희생자들의 피로 성벽을 닦았다고도 전해지고 있다. 지금도 밤이 되면 요새에서 울부짖는 병사들의 신음이나 비명, 흐느껴 우는 소리가 들려온다고 한다.

또한, 이 성채에는 아우랑제브 1세의 딸인 제브니사도 유폐되어 있었다. 교양 있는 온화한 성격의 딸이었지만, 아버지의 학정을 비난했기 때문에 부왕의 분노를 샀던 것이다. 제브니사는 요새에 유폐된 채로 1701년에 죽었고, 그 유령은 아름다운 시를 읊으며 고문으로 죽어간 병사들의 혼령을 위로했다고 한다.

■ 성스러운 하천 강가(Ganga)

'강가(Ganga)'란 수원(水原)인 히말라야 산맥부터 벵골만으로 흘러가는 갠지스강의 여신의 이름이며, 강 자체도 강가라고 불리고 있다. 힌두교의 파괴신 시바의 머리카락을 타고 지상에 물이 흘러 떨어진 것이 갠지스 강의 기원이며, 그 물에는 죄를 정화하는 힘이 있다고 한다.

인도 신화에서 강가는 시바의 아내인 파르바티의 자매이기도 하다. 바기라타 왕이 조상의 죄를 정화하기 위해 강가를 신들이 사는 히말라야에서 지상으로 내려 보내달라고 창조신 브라흐마에게 부탁하자, 시바가 강가를 머리카락으로 붙들어서 지상으로 내려 보냈고 이때 물이 넘쳐 버리지 않도록 갠지스 강이 만들어졌다고 한다.

강가가 흐르는 바라나시(베나레스)는 시바를 수호신으로 삼는 힌두교 최대의 성도로, 힌두교도의 목욕이나 화장이 이루어지는 순례의 땅이다. 이 도시에는 84개의 가트(목욕 등이 이루어지는 하천변의 계단 형태의 제방)가 있지만, 가장 사람이 모이는 다샤슈와메드 가트(Dasaswamedh Ghat)는, 창조신 브라흐마가 의식을 집행한 장소로 여겨지고 있다. 시바 신앙의 중심지로 삼는 비슈와나트 사원도 이 근처에 있다.

참고로 히말라야 산맥에서 흘러나온 물이 최초로 도착하는 산기슭의 마을 '하르드와르'는 '신의 문'이라는 의미다. 마을 중심지에 있는 가트, 하르 키 파우리(Har ki Pauri)는 '비슈누의 발자취'라는 뜻을 지닌다. 하르드와르는 힌두교의 네 개의 성지에서 3년마다 이루어지는 대축제 쿰브 멜라(Kumbh Mela)의 개최지 중 하나이기도 하다. 자세한 것은 **영약 암리타와 쿰브 멜라** 항목을 참조.

■ 신의 노래와 일본인의 의외의 관계

고대 인도의 서사시 『마하바라타(Mahabharata)』는 신의 자식인 다섯 명의 왕자와, 사촌형제인 나쁜 왕자들 간의 왕위를 둘러싼 대전쟁을 그린 서사시다. 그중에서도 최종결전 직전, 왕자 중 한 명인 아르주나가 영웅 크리슈나와 문답을 벌이는 내용의 『바가바드 기타(Bhagavad Gita, 신의 노래)』는 힌두교에서 가장 중요한 성전으로 여겨지며, 간디도 마음의 안식처로 삼았다고 한다. "신은 어디에나 있으며, 제사를 올리지 않더라도 기도하면 통한다"라는 사상을 알기 쉽게 정리한 것으로, 이 사상은 불교에 흡수되고 이윽고 일본인의 사상에도 영향을 주었다는 설이 있다고 한다.

■아 바오 아 쿠 전설

인도에 있는 '승리의 탑'이라 불리는 탑에는 시간의 시작부터 신비한 생물이 숨어 있다고 한다. 인간의 그림자에 민감한 '아 바오 아 쿠(A Bao A Qu)'라는 생물로, 몸의 형체는 불명이지만 온몸으로 물체를 볼 수 있으며, 반투명한 피부를 지녔고 건드리면 복숭아의 표면 같은 감촉이라고 이야기되고 있다.

탑의 나선 계단을 올라가려고 하는 사람이 나타나면, 아 바오 아 쿠는 천천히 눈을 뜨고 몸속이 곧바로 빛나기 시작한다. 그리고 탑의 나선 계단을 오르는 자의 발뒤꿈치에 착 달라붙어 조용히 따라간다. 방문자가 계단을 한 계단 오를 때마다 아 바오 아 쿠의 빛깔은 짙어지고 푸르스름한 빛이 점차 강해져 간다고 한다. 이 생물이 궁극의 모습이 되는 것은 방문자가 나선 계단의 최상단에 도달했을 때인데, 꼭대기에 도달한 자는 열반에 달한 인간이 된다고 하며, 그림자를 갖지 않게 된다. 그렇기에 아 바오 아 쿠는 따라갈 수 없게 되어 탑의 테라스에 도달하기 직전부터 그 몸은 굳어지기 시작하며, 청색을 띤 빛은 약해지고 고통 때문에 흐릿한 목소리로 신음하게 된다고 한다. 이윽고 방문자가 탑을 내려오면 아 바오 아 쿠는 계단을 굴러 떨어지듯이 내려와 맨 처음 계단에 쓰러지고, 기진맥진한 채로 다음 방문자를 조용히 기다리는 것이다.

라자스탄주 우다이푸르의 치토르가르(Chittaurgarh)에는 고대 라지푸트족의 성들이 있으며, 세계유산으로 등록되어 있다. 이 지역에 세워진 자이나교의 사원이나 탑 중에, 15세기에 세워진 것이 9층으로 이루어진 '승리의 탑'이다.

호르헤 루이스 보르헤스(Jorge Luis Borges), 마르가리타 게레로(Margarita Guerrero) 저 『환수사전(El libro de los seres imaginarios)』에 실려 있다.

■ 영약 암리타와 쿰브멜라

암리타(Amrita)란 고대 인도의 신화에 등장하는 불로불사의 영약을 말한다(자세한 것은 **유해교반과 영약 암리타** 항목을 참조). 쿰브멜라(Kumbh Mela)는 힌두교의 대축제인데, '쿰브'란 '물병'을 의미한다. 암리타가 들어간 물병에서 방울이 떨어진다고 하는 네 개의 도시가 있는데, 3년에 한 번 열리는 쿰브 멜라는 이 알라하바드, 우자인, 나시크, 하르드와르의 네 도시를 돌며 각 도시에서 12년마다 개최되고 있다.

7세기에 인도를 방문한 승려 현장(삼장법사)이 쿰브 멜라에 대해 남긴 기록도 있다. 각지에서 힌두교도들이 모이고 성스러운 강에서 목욕을 한다. 과거에 이루어진 축제에서는 하루에 3000만 명 이상이 방문했다고 한다.

■ 오봉의 기원인 우람바나

일본의 '오봉'은 음력 7월 15일 전후에 조상의 혼령을 위해 제사를 지내는 불교 행사다. '오봉'이라는 말은 고대 인도의 말인 산스크리트어 '우람바나(Ulambana)'를 어원으로 한다.

옛날, 인도의 목련이라는 승려가 돌아가신 어머니가 지옥의 아귀도에서 고통 받고 있음을 알고 어머니를 구하고 싶어서 석가에게 상담했다. 그러자 석가는 "7월 15일에 힘든 수행을 마친 승려들이 돌아왔을 때, 그들에게 의복과 식사를 대접하고 승려들의 힘을 빌려서 기도해라"라고 말했다. 목련이 그 말대로 하자, 무사히 어머니를 지옥에서 구출할 수 있었다고 한다. 이 이야기가 중국을 거쳐 아스카 시대의 일본에 전해져 '우란분회(于蘭盆會)'라고 불리는 행사가 되었고 지금에 이른다. 오봉에 추는 춤인 봉오도리(盆踊り)는 어머니가 구원받자 목련이 춤추며 기뻐했다는 이야기를 기원으로 한다고 전해지고 있다.

'우람바나'는 '거꾸로 매달려 있다'라는 의미로 지옥의 망자의 괴로움을 표현하고 있으며, 오봉은 그 괴로움에서 망자를 구원하기 위한 것이라고 한다.

■ 용감한 개구리의 신 살해

인도 북동부의 미뇽(Minyong)족은 인도 신화나 힌두교의 영향을 받지 않고, 독자적인 창세신화를 남기고 있다.

보몬과 본이라는 눈부시게 빛나는 신 자매가 있었는데, 이들은 대지를 불태울 정도로 빛도 열도 너무 강해서 사람들은 어느 한쪽을 없앨 계획을 세웠다. 이 일을 맡게 된 용감한 개구리는 본의 눈을 화살로 쏴서 죽였다. 그러나 여동생이 살해당해서 두려워진 보몬은 숲으로 도망쳤고 커다란 돌로 머리를 덮었기 때문에, 세상이 어두워져버렸다. 그래서 사람들은 나무로 몸을 만들고 목수가 숨결을 불어넣어 본을 되살렸기 때문에 보몬은 다시 빛을 발하게 되었다. 그러나 본은 나무로 만들어졌기 때문에 빛을 내지 못해서 세계는 조화롭게 되었다고 한다.

■ 원숭이 신 하누만의 전설

서사시 『라마야나(Ramayana)』(자세한 것

은 **라마 왕자의 모험** 항목을 참조)에 등장하는 원숭이 신 하누만(Hanuman)은, 하늘을 날거나 몸의 크기를 변화시킬 수 있으며, 라마 왕자가 활약하는 데 큰 도움을 준 신이다. 『라마야나』는 중국에도 전해져서, 하누만이 『서유기』에 등장하는 손오공의 모델이라는 이야기도 있다. 자세한 것은 중국의 **손오공과 현장삼장** 항목을 참조.

『라마야나』에는 라마 왕자가 라바나(Ravana)와의 싸움 중에 의식불명에 빠졌을 때, 하누만이 히말라야의 카일라사산(카일라스산)에 약초를 따러 가서 라마 왕자를 구하는 에피소드가 있다. 히마찰프라데시주의 주도(州都) 심라(Simla)의 산 위에 세워진 자쿠 사원(Jakhu Temple)을 둘러싸고 있는 숲은, 그때 하누만이 휴식을 취한 장소라고 전해지고 있다. 이 숲에는 원숭이가 많이 서식하고 있으며, 거대한 붉은 하누만상이 있는 사원은 관광 스팟이 되어 있다.

■유해교반과 영약 암리타

고대 인도에 전해지는 힌두교의 신화. 어느 날 데바(신)와 아수라(악마, 마물이란 뜻)는 불로불사의 영약 암리타를 손에 넣기 위해 협력하게 되었다. 유지신(維持神) 비슈누에 의하면 데바와 아수라가 힘을 합쳐 바다를 휘저으면 암리타가 생긴다고 한다. 거기서 나가(뱀신)의 왕인 아난타가 만다라산을 끌어 바다로 옮겼다. 거북이왕 아쿠파라(비슈누의 화신인 거대 거북 쿠르마라는 설도 있다)가 해저에서 지탱하는 만다라산에 나가인 바스키를 휘감고, 양쪽 가장자리를 데바와 아수라가 잡아당겨서 만다라산으로 바다를 휘저었다. 그러자 바다가 유백색으로 물들며 암리타가 만들어졌다. 이 전설이 '유해교반(乳海攪拌)'이다.

아수라가 암리타를 독점하려고 했으나, 미녀로 변신한 비슈누에게 빼앗겨서 암리타는 데바들이 마셨고 불로불사가 되었다. 분노한 아수라들은 데바에게 싸움을 걸었지만, 불로불사가 된 신들을 당해낼 수는 없었다. 그 이래, 암리타는 군신 인드라가 지키게 되었다고 한다. 암리타를 둘러싼 전설은 **가루다와 영약 암리타** 항목도 참조.

북인도의 우자인(Ujjain)은 시프라 강 부근에 있는 도시로, 암리타의 방울이 떨어진 장소라고 전해지고 있으며 서사시 『마하바라타』에도 등장한다. 힌두교의 성지이며, 네 개의 성지에서 3년마다 열리는 대축제 쿰브 멜라(자세한 것은 **영약 암리타와 쿰브 멜라** 항목을 참조)의 개최지 중 하나이기도 하다.

■전설의 괴물 만티코아

만티코아(Manticore)는 인도의 숲에서 서식한다는 괴물로, 숲에 들어간 인간을 습격해서 잡아먹는다고 한다. 몸은 사자 같지만 인간의 얼굴을 가졌으며, 눈은 회색 혹은 청색에 입가에는 날카로운 송곳니, 피부는 붉으며 독침이 달린 전갈이나 용과 닮은 꼬리가 나 있다. '만티코아'란 원래는 페르시아어로 '사람을 잡아먹는 자'를 의미하는 말을 오독한 것이라고 한다.

기원전 4세기경, 고대 그리스의 역사가인 크테시아스(Ctesias)가 쓴 역사서 '인디카(Indica)'에 의해 서양세계에 널리 알려지게 되었다. 그 후에도 철학자 아리스토텔레스의 '동물지(Historia animalium)', 기원전 1세기의 고대 로마의 박물학자 대(大)플리니우스의 '박물지(Naturalis historia)'에도 만티코아에 관한 기술이 있다(이 책에는 에티오피아의 괴물이라고 기술되어 있다).

상상의 괴물이라고 여겨지고 있으며, 2008년에는 동영상 투고 사이트 YouTube에 촬영장소도 시기도 불명인 동영상이 투고되었다. 그 영상에는 짐승처럼 생긴 작은 몸에 전갈의 꼬리 같은 것이 달린 수수께끼의 생물과 사람이 대화를 나누는 모습이 찍혀 있었다고 한다. 그러나 이 동영상에 대해서는 속보도 없고, 위작이었을 가능성이 높다고 여겨지고 있다.

■크리슈나의 버터볼

인도 남부에 있는 첸나이에서 남쪽으로 60킬로미터 정도 되는 곳에 있는 마하발리푸람(Mahabalipuram)이라는 마을에, 반 이라이 칼(Vaan Irai Kal, 하늘신의 돌이라는 의미)이라고 불리는 기묘한 바위가 있다. 그 바위는 높이 약 6미터에 폭 약 5미터의 거대한 암석으로, 무게는 약 250톤으로 추측된다. 둥근 형태이며 경사면에 있기 때문에 당장이라도 굴러 떨어질 것 같지만, 실제로는 여덟 마리의 코끼리가 끌어도 움직일 수 없었다고 전해질 정도로 절묘한 밸런스로 서 있는 거대한 바위다.

이 바위는 '크리슈나의 버터볼'이라고도 불리고 있다. 서사시 『마하바라타』에 등장하는 영웅 크리슈나가 좋아하는 음식인 버터볼과 형태가 비슷하기에 붙은 이름이라고 한다.

인도네시아

■돌이 된 왕녀 로로 종그랑

자바 섬 중부의 마을 프람바난(Prambanan)에 있는 로로 종그랑(Roro Jonggrang) 사원의 기원이 되는 전설.

로로 종그랑은 8세기부터 9세기경에 번영한 고(古) 마타람 왕국 산자야 왕조의 왕의 딸로 태어났다. 부왕이 적국과의 전쟁에서 패배하자, 적국의 왕자는 왕녀를 아내로 삼기를 바랐다. 적국 왕자의 아내가 되고 싶지 않았던 왕녀는, 하룻밤에 1000개의 사원을 세울 수 있다면 구혼을 받아들이겠다고 약속한다. 왕자는 정령의 힘을 빌려 사원을 세웠고, 동 틀 녘에는 999개의 사원을 세웠다. 당황한 왕녀는 시종에게 쌀을 절구로 찧게 했다. 자바에서는 새벽에 쌀을 찧고 있었으므로 닭이 착각하고 울게 만들어서 햇살을 싫어하는 정령이 돌아가게 만드는 데 성공했다. 마지막 사원을 세우는 데 실패한 왕자는 왕녀의 책략임을 알고 화가 나서 왕녀에게 저주를 걸어 석상으로 만들어버렸다.

이 상이 사원에 있는 시바 성당에 놓여 있는 두르가(Durgā)상이라고 한다. 또 왕자가 세운 많은 사원이 로로 종그랑 사원의 북쪽에 있는 세우 사원이며, '세우(Sewu)'란 '천(千)'이라는 의미다.

■랑다의 복수

랑다(Rangda)는 발리 섬의 신화에 등장하는 흉포한 마녀다. 전설에 의하면, 랑다는 11세기경의 발리 섬의 왕비였다. 그러나 왕의 둘째 부인에게 흑마술을 사용한 것 때문에 왕궁에서 추방되었고, 복수를 위해 국민의 절반을 전염병으로 죽음에 이르게 했다고 한다. 랑다는 선한 힘을 지닌 정령왕 바롱(Barong)과의 싸움에 패배하여 도망쳤다고 한다.

발리 섬의 전통적인 연극에서는 랑다와 바롱의 싸움이 재현된다. 랑다 역의 배우는 두 눈이 튀어나오고 긴 혓바닥을 내민 무서운 얼굴의 가면을 쓰고, 바롱 역의 배우는 붉은 얼굴에 입을 벌리고 긴 황금 갈기가 난 가면을 쓴다고 한다.

■보르네오의 신들

보르네오 섬 중부에 전해지는 신들 탄생의 전설. 어느 날, 하늘에서 내려온 한 마리의 거미가 집을 지었다. 거미줄에 걸린 작은 돌이 점점 커져서 대지가 되었다. 이것이 세계의 시작이다.

그 후에 하늘에서 이끼가 떨어져서 바위에 뿌리를 내리고, 이끼 사이에서 벌레가 생겨나고, 벌레의 똥에서 흙이 생겨나고, 하늘에서 떨어진 한 그루의 나무가 흙에 뿌리를 내렸다. 다음에 게가 내려와서 집게발로 대지를 파헤치자 산과 계곡이 생겨났다. 포도 덩굴이 나무를 휘감았고 한 쌍의 남녀가 하늘에서 나무 위로 내려왔다. 남자가 떨어뜨린 칼자루와 여자가 떨어뜨린 실패가 부부가 되어 아이를 낳았다. 그 아이에게는 팔다리가 없고 머리와 몸뚱이뿐인 괴물이었지만, 괴물은 남자아이와 여자아이를 한 명씩 낳았다. 태어난 아이들이 결혼해서 많은 아이를 낳고, 그 아이들이 다시 아이를 낳았다. 이 아이들이 신들이 되었다고 한다.

■성스러운 샘 티르타 엠풀과 군신 인드라

발리 섬의 중동부에 위치한 탐팍시링(Tampaksiring) 마을에 있는 티르타 엠풀(Tirta Empul)은 10세기부터 14세기에 세워진 힌두교 사원이다. '티르타 엠풀'이란 '성스러운 샘'이라는 뜻으로, 인도 신화에 등장하는 군신 인드라에 관한 전설에 유래한다. 인드라는 사악한 힘에 손을 물들이고 만 마야데나와(Mayadenawa)라는 왕을 토벌하려고 군대를 이끌고 여행을 떠났다. 두려워진 왕은 인드라의 군대의 야영지에 숨어들어서 독의 샘을 만든다. 다음 날, 인드라가 눈을 떠보니 병사들이 독의 샘의 물을 마시고 숨이 끊어져 있었다. 거기서 인드라는 손에 들고 있던 곤봉을 지면에 박아 넣고 성스러운 샘을 출현시켜 병사들을 되살렸다고 한다. 이때의 샘이 티르타 엠풀이다. 지금도 여기서 몸을 정결히 하면 병이 낫는다고 하며, 목욕탕이 있는 것으로도 유명하다.

■ 원숭이와 거북이의 싸움

인도네시아의 중앙에 위치한, 다이빙 스팟으로 유명한 술라웨시 섬(셀레베스 섬)에 전해지는 민화.

어느 곳에 친구 사이인 원숭이와 거북이가 있었다. 두 마리는 서로의 앞마당에 바나나 나무를 심어서 키우기로 했다. 거북이 쪽의 바나나는 순조롭게 자랐지만, 원숭이는 매일 잎사귀를 뜯어먹고 있어서 바나나가 제대로 자라지 않았다. 거북이의 바나나를 먹고 싶었던 원숭이는 "나무를 오르지 못하는 너 대신 바나나를 따줄게"라고 말했고, 거북이도 승낙했다. 그러나 원숭이는 바나나를 혼자만 먹었고 거북이에게는 껍질만 던져주었다. 화가 난 거북이는 대나무 봉을 땅바닥에 꽂아놓고, 나무에서 내려오려고 하는 원숭이에게 "저쪽에는 쓰레기가 있으니 이쪽으로 내려와라"라고 말했다. 거북이의 말대로 나무에서 내려온 원숭이는 배에 대나무가 꽂혀서 죽고 말았다.

그래도 분노가 가라앉지 않은 거북이는 원숭이들에게 찾아가서, 그들을 속여 죽은 친구 원숭이의 뼈를 먹였다. 화가 난 원숭이들은 거북이를 연못에 던졌지만 거북이에게 물속은 쾌적한 장소였다. 그래서 원숭이들은 소와 말에게 연못의 물을 다 마셔버리도록 부탁했고, 연못이 말라버리자 거북이를 습격했다. 그러나 거북이는 새우에게 물을 마시고 있는 동물들의 배를 찢어달라고 부탁했고, 다시 연못은 물이 가득 찼고 원숭이들은 빠져죽고 말았다고 한다.

여기까지가 주된 줄거리이며 세부가 다른 이야기도 많다. 필리핀에도 같은 형태의 민화가 있다. 일본의 옛날이야기인 '원숭이와 게의 싸움'과도 흡사하며, 중국이나 한반도에도 원숭이와 게의 이야기가 있고, 대만에서는 원숭이와 천산갑이 등장한다고 한다.

■ 인도네시아의 여자 흡혈귀

보르네오 섬 서쪽 해안, 서칼리만탄주의

항만도시인 폰티아낙에는 무서운 여자 흡혈귀가 있다고 한다. 그 이름도 도시 이름과 같은 폰티아낙이라고 하는데, 죽은 임산부의 원령이라고도 한다. 전승에 의하면, 이 마을을 만든 술탄이 폰티아낙의 마음을 진정시키기 위해 마을에도 여자 흡혈귀와 같은 이름을 붙였다고 한다. 또 '쿤티라낙(Kuntilanak)'이라고 불리는 경우도 많다.

밤이 되면 폰티아낙은 하얀 옷을 입은 미녀의 모습으로 마을에 나타나서 남자를 유혹한다. 그리고 덫에 걸린 남자의 배에 손톱을 찔러 넣고 내장을 꺼내서 먹는다고 한다. 하지만 폰티아낙의 목덜미에 굵은 못을 찔러 넣으면 살아날 수 있다고 한다. 낮에는 바나나 나무 아래에 머무르며, 개가 길게 짖으면 폰티아낙은 멀리 있지만 코를 킁킁거리면 가까이에 있다는 신호라고 한다.

■ 페젱 왕조 최후의 왕 베다울루의 전설

유명한 관광지인 '신들의 섬'이라고 불리는 발리 섬에 전해지는 전설. 예술의 중심지인 우부드(Ubud)의 동쪽에 있는 작은 마을 페젱은 11세기부터 14세기경에 번영한 페젱(Pejeng) 왕조가 있던 장소다.

영웅으로 알려진 왕조 최후의 왕인 달렘 베다울루(Dalem Bedaulu)는 신비한 힘을 지닌 왕이었다. 그는 자신의 목이 잘려 떨어져도 다시 붙일 수 있었고, 스스로 목을 베어서는 부하에게 주워오게 했다고 한다. 어느 날, 평소처럼 목을 베었는데 굴러가버린 목을 부하가 잃어버리고 말았다. 당황한 부하는 가까이에 있던 돼지의 목을 잘라서 왕의 머리에 붙여버렸다.

이 일로 인해 왕은 '머리를 바꾼 베다울루'라고 불리며 페젱 남쪽에 있는 베두굴(Bedugul)이라는 마을의 이름의 유래가 되었다고 한다.

■ 페젱의 달의 전설

발리 중부에 있는 마을 우부드의 동쪽에 있는 마을 페젱에는 '페젱의 달'이라고 불리는 청동으로 만들어진 세계 최대급의 청동 북이 있다. 발리 왕국 시대의 국립사원이었던 힌두교의 프나타랑 사시(Penataran Sasih) 사원에 모셔져 있지만, 이 청동 북은 발리 섬에 힌두교가 전해지기 전인 기원전 3세기경에 제조된 물건이라고 한다.

과거에 발리 섬 위에는 18개의 달이 떠 있었는데 그중 하나가 하늘에서 지상으로 떨어졌고, 그것이 이 청동 북이라고 한다.

캄보디아

■벼락과 천둥

캄보디아에는 벼락과 천둥에 대한 이런 민화가 있다.

옛날, 라마수라(Ramasura. 라마순[Ramasoon]이라고도 한다)라고 하는 남자 도깨비와 메칼라(Mekhala)라는 여자 도깨비가 있었는데, 신선의 제자가 되어서 마법 훈련을 받고 있었다. 어느 날 신선은 두 사람을 불러서 "이슬을 잔에 가득 담아서 먼저 가져오는 자에게 마법의 수정 구슬을 주겠다"라고 약속했다. 똑똑한 메칼라는 속이 부드러워서 물기가 많은 나무나 풀에서 이슬을 받았기 때문에 금방 잔을 채웠다. 승부에서 이긴 메칼라는 마법의 수정 구슬을 들고 기뻐했지만, 라마수라가 너무나 슬프게 한탄해서 불쌍해진 신선은 마법의 도끼를 주어서 메칼라에게서 수정 구슬을 빼앗을 찬스를 주었다.

메칼라는 비가 내리면 수정 구슬을 사용해서 공중에 떠올라 구름 속에서 목욕을 하는 습관이 있었으므로, 라마수라는 비가 오는 날에 메칼라를 노리기로 했다. 어느 비 오는 날, 메칼라는 하늘 높이 떠오르기 위해 수정 구슬을 머리 위로 치켜들자, 눈부신 빛이 뿜어져 나왔다. 라마수라는 찬스라고 생각하고 손에 든 도끼를 메칼라를 향해 던졌다. 그러나 도끼는 메칼라에게 맞지 않고, 데굴데굴 소리를 내며 천공을 굴러갔다.

그 뒤로는 비가 내릴 때마다 하늘 위에서 메칼라의 수정 구슬이 빛을 발하고 라마수라의 도끼가 굉음을 내게 되었는데, 이것이 벼락과 천둥의 정체라고 한다.

■앙코르 와트의 공룡 부조

12세기 전반에 앙코르 왕조의 수리야바르만 2세에 의해 건설된 앙코르 와트는 약 30년의 세월에 걸쳐 완성된 동남아시아 최대의 종교유적이다. 불교와 힌두교가 융합한 크메르 문화의 정수를 모은 건조물로 섬세한 부조가 새겨져 있는 것이 특징이다.

이 중에 공룡 형태가 새겨진 수수께끼의 부조가 존재한다. 유적의 동부에 있는 타프롬 사원의 기둥에, 다리 네 개에 등지느러미 같은 것이 난 생물이 그려져 있는 것이다. 이 모습은 약 1억 5천 년 전의 쥐라기에 서식했던 스테고사우루스와 매우 흡사하다. 앙코르 왕조 시대에 어째서 스테고사우루스 같은 생물의 모습이 모티프가 되었는지는 수수께끼에 싸여 있다.

싱가포르

■ 쇠꼬챙이를 온몸에 꽂는 타이푸삼

싱가포르나 말레이시아에서는 온몸에 바늘을 꽂은 채로 걷는 타이푸삼(Thaipusam)이라는 힌두교의 축제가 열린다. 타이푸삼은 1월부터 2월의 보름달이 뜨는 날에 아름다움이나 젊음, 힘의 상징인 수브라마냐(Subrahmanya, 무루간[Murugan]이라고도 한다)라는 신에게 충성을 맹세하고, 감사의 마음을 바치기 위한 축제다. 수브라마냐 신은 악을 파괴하는 신이기도 하다.

참가자는 카바디라는 1인용 가마를 메고 사원까지 약 4킬로미터의 길을 걷는다. 카바디의 무게는 약 15킬로그램으로 최대 40킬로그램인 것도 있으며, 무게를 견디는 것이 신을 향한 감사의 증표라고 한다. '카바디'란 타미르 어로 '모든 걸음에 희생을 담는다'라는 의미다.

카바디에는 몇 개나 되는 길쭉한 쇠꼬챙이가 튀어나와 있으며, 이 쇠꼬챙이를 맨몸의 상반신에 찔러서 가마를 지탱하고 있다. 참가자는 한 달 전부터 고기와 술을 끊고 채소만을 먹으며 심신을 단련하고 임한다고 한다. 신을 믿는 마음이 강하면 아픔은 느끼지 않는다고 한다.

■ 시스터즈 섬의 전설

싱가포르 본섬의 남쪽에 늘어서 있는 크고 작은 두 개의 섬. 시스터즈 섬에는 바다에 빠져 죽은 자매를 둘러싼 슬픈 전설이 있다.

싱가포르 해안에 미나와 리나라는 자매가 살고 있었다. 어느 날, 리나가 해적에게 납치되어 버렸다. 여동생이 끌려간 뒤에 쓸쓸함을 견디지 못한 미나는 해적선을 쫓아가기 위해 바다로 뛰어들지만 물에 빠져 죽고 만다. 그 무렵에 리나도 해적선에서 탈출하려고 바다에 뛰어들었고, 언니와 마찬가지로 물에 빠져 죽고 말았다. 다음 날, 자매가 빠져 죽은 바다에는 서로 달라붙는 듯한 두 개의 작은 섬이 나타났다고 하며, 언젠가부터 시스터즈 섬이라고 불리게 되었다고 한다.

스리랑카

■ 스리파다의 발자국

스리랑카 중부에, 삼각형의 아름다운 산이 있다. 스리파다(Sri Pada), 혹은 아담스 피크라는 이름으로 불리고 있으며, 다른 종교를 둘러싼 다수의 전설도 지닌 성스러운 산이다. '스리파다'란 싱할라어로 '성스러운 발자국'이라는 의미로, 산 정상에 발자국 비슷한 커다란 돌이 있다.

불교도 사이에서는 이 산을 방문한 붓다가 남긴 발자국이라고 믿어지고 있다. 스리랑카를 방문한 붓다는 스리파다의 주인인 산의 신, 사만(saman)과 만난다. 사만은 이후에 불교에 귀의했고 스리파다는 불교도의 성지가 되었다. 힌두교도 사이에서는 시바 신이 남긴 발자국이라고 믿어지고 있다.

기독교도 사이에서는 낙원에서 추방당한 아담(성 토머스라는 설도 있다)이 내려와 발자국을 남겼다고 믿어지고 있다. 이슬람교도 사이에서도 아담이 지상에 내려섰을 때의 발자국으로 여겨지고 있으며, 이 산이 '아담스 피크'라고 불리는 이유 중 하나다. 스리랑카와 인도를 잇는 사주(沙洲)가 '아담의 다리'라고 불리고 있는데, 이것은 아담이 아담스 피크로 향할 때에 건넜다는 전설에서 따온 이름이다(자세한 것은 인도의 **라마의 다리**와 『**라마야나**』 항목을 참조). 이처럼 여러 종교의 성지가 된 특이한 산이지만, 관광객도 오를 수 있다.

■ 시기리야 레이디와 미러 월

시기리야란 스리랑카의 중앙부에 유적이 남아 있는 바위산 위에 건축된 고대도시(자세한 것은 **천공성 시기리야 록** 항목을 참조). 이 바위산의 중턱에 프레스코 벽화가 남아 있다. 풍만한 반라의 미녀들이 그려져 있어서 '시기리야 레이디'라고 불리고 있다. 구름 속에서 춤추고 있는 듯한 미녀들은 천녀 아프락사스를 그린 것이라고도, 비의 요정을 그린 것이라고도 한다. 시기리야에 왕궁을 세운 카사파가 자신이 살해한 부왕의 위령을 위해 그렸다고 한다. 과거에는 500개 정도 있었으나, 현재는 고작 20개 미만의 그림이 남아 있을 뿐이다.

이 벽화 아래에는 미러 월(mirror wall)이라고 불리는, 거울처럼 연마된 벽으로 이루어진 회랑이 있다. 과거에 이 벽의 반대편에 있었다고 여겨지는 시기리야 레이디의 벽화가 거울처럼 비치는 구조였다고 한다. 이 벽에 물을 끼얹으니 미녀의 그림이 떠올랐다는 증언도 있으며, 사라졌을 미인화가 새로이 발견될지도 모른다.

■ 지저왕국 아가르타의 전설

아가르타(Agartha)란 스리랑카에 전해지는 환상의 왕국을 말한다. 중앙아시아의 어딘가에 존재한다고 이야기되는 지저왕국(地底王國)으로, 수도에는 금은보화로 장식된 아름다운 궁전이 있다고 한다. 그곳은 평화롭고 사람들의 수명도 길며 높은 지성을 갖추고 있는, 그야말로 이상적인 세계다.

20세기 초에는 유럽의 신비주의자들 사이에서 화제가 되었고, 나치 독일도 흥미를 보여서 조사단을 파견했다고 한다. 아직 그 소재는 밝혀지지 않았지만, 아가르타는 티베트의 오지에 존재한다는 설도 있다(자세한 것은 티베트의 **지저왕국 아가르타와 포타라 궁전** 항목을 참조).

■ 천공성 시기리야 록

시기리야란 옛날에는 '싱하기리'라고 불렸는데, '사자바위'를 의미한다. 높이 180미터의 깎아지른 듯한 이 바위산 위에 있었던 것이 고대도시 시기리야다. 이 바위산은 시기리야 록(Sirigiya Rock)이라고도 불리며, 꼭대기가 평평한 거대한 바위만이 정글에 둘러싸인 채 얼굴을 드러내고 있다. 이 바위산 위에 과거에 왕궁이 있었던 것이다.

5세기, 아누라다푸라에 수도를 두고 있던 싱할라 왕조의 다투세나 왕에게는 장남 카사파(카사파)와 이복 남동생 목갈라나가 있었다. 카사파는 군대와 손을 잡고서 아버지를 구속하고 억지로 왕이 되었다. 평민 출신 어머니에게서 태어난 카사파는 왕의 정실이자 왕족 출신 어머니에게 태어난 남동생에게 왕위를 빼앗길 것을 두려워해서 쿠데타를 일으켰던 것이다. 남동생은 인도로 망명했고 카사파는 아버지를 처형한다. 그 뒤에 남동생의 복수를 두려워한 카사파는 아누라다푸라의 남동쪽에 있는 시기리야에 천도하여 불교사원이 있던 바위산 정상에 왕궁을 짓기 시작했다. 일설에 의하면 아버지를 살해한 죄의식에 시달린 카사파는 아버지가 이 바위산에 왕궁을 지을 생각이었다는 것을 알고 추도를 위해 왕궁 건설을 결의했다고도 한다.

7년의 세월이 걸려 완성된 왕궁에 이주한 카사파는 11년간 요새 같은 바위산의 옥좌에 앉았다. 그러나 인도에 망명했던 남동생이 원군을 이끌고 시기리야에 찾아왔다. 전투에서 패한 카사파는 최후에는 스스로 목숨을 끊었다고 한다.

왕좌에 앉은 남동생은 다시 아누라다푸라를 수도로 삼았고, 시기리야의 왕궁이 있던 장소는 다시 불교사원으로서 사용되었으나 차츰 쇠퇴해갔다. 그리고 영국의 식민지가 된 19세기 후반에 유적이 발견될 때까지, 1400년이나 되는 세월 동안 잊힌 왕궁이었다.

1982년에는 '고대도시 시기리야'로서 세계 문화유산에 등록되었다. 현재는 저수지나 정원의 유구, 문처럼 생긴 사자의 다리의 상, 정상까지 이어진 1200단의 계단 중간에 있는 '시기리야 레이디(자세한 것은 **시기리야 레이디와 미러 월** 항목을 참조)'라고도 불리는 벽화 등, 볼거리가 많은 관광지가 되었다.

태국

■가정을 지켜보는 정령 프라품

태국에서 믿어지고 있는 토지의 정령을 프라품(Phra phum)이라고 한다. 프라품은 '가정의 정령', '가정의 수호령'이라고 이야기되고 있으며, 피(Phi)라고 불리는 태국의 정령의 일종이다.

산(San)이라고 불리는 특제 작은 사당을 현관 옆에 세우고, 매일 공물을 바치면 프라품이 힘을 빌려줘서 가정이 오랫동안 번영한다고 한다. 그러나 만약 프라품의 기분을 상하게 만들면, 그 집 사람들에게 재난이나 불행이 닥친다고 믿어지고 있다.

■로이 크라통

태국에서 가장 아름다운 축제 중 하나로 알려져 있는 것이, 11월경(태국 역법으로 12월)의 보름달이 뜨는 밤에 이루어지는 환상적인 축제인 로이 크라통(Loi Krathong)이다.

등롱(크라통)을 강물에 흘려보내며 수확에 대한 감사의 마음을 강의 신에게 바치는 행사로, 전승에 의하면 14세기의 루타이 왕의 아내가 바나나 잎사귀로 만든 등롱에 치자나무 꽃 등을 장식하고 불을 붙인 촛불이나 향을 꽂아서 강에 흘려보낸 것에서 시작했다고 한다.

부정함을 씻어내고 혼을 정결히 한다는 의미가 있으며, 등롱이 보이지 않게 될 때까지 촛불의 불이 꺼지지 않으면 소원이 이루어진다고 이야기되고 있다. 특히 옛 수도 수코타이에서는 성대한 축제가 열린다고 한다.

태국 북부의 치앙마이 등에서는 등롱 대신 종이로 만든 콤로이(Khom loi)라는 제등(提燈)을 열기구로 만들어 밤하늘에 날려 보낸다. 이것은 하늘에 있는 붓다에게 감사의 마음을 바치는 것이라고 한다.

■리페 섬의 장난꾸러기 정령

태국 최남단의 비경 리조트라고 불리는 리페(Lipe) 섬에는 눈에 보이지 않는 신비한 정령들이 많이 숨어있다고 한다. 인기척이 없는 좁은 길 등에서 섬에 찾아온 관광객에게 장난을 친다는 것이다. 기본적으로는 장난뿐이고, 사람에게 위해를 가하는 악령은 아니라고 한다.

어느 레스토랑과 그 부근에서는 주방에 들어가는 해적의 망령 집단을 두 소녀가 목격했다. 레스토랑에서 식사 중이던 손님도 해적 유령이 걸어 다니는 모습을 봤다는 목격 정보도 있다. 이것은 레스토랑의 건축자재로 코코야자 나무가 사용되었는데, 그 나무의 정령에 의한 장난으로 생각된다고 한다. 또한 리페 섬 북동쪽에 있는 차오 레 묘지 부근의 방갈로에서는, 여성 관광객이 사람 머리를 한 거미 괴물을 목격했다는 이야기도 있다. 이 섬에서는 12월부터 2월에 걸쳐 정령들의 활동이 활발해진다고 한다.

■ 아유타야 유적의 나무 밑에 잠든 불상의 머리

태국 중부에 있는 도시 아유타야(Ayutthaya)는 14세기부터 18세기에 아유타야 조의 수도였던 장소다. 옛 수도였던 만큼 아유타야 역사공원에는 왕궁이나 사원 유적이 많이 남아 있는데, 공원 내에 있는 와트 마하타트라는 사원에 유명한 불상의 머리가 있다.

그 불상의 머리는 보리수 밑동의 뿌리들 사이로 얼굴만 엿보이고 있다. 전쟁 때에 떨어졌던 불상의 머리가, 나무의 성장과 함께 뿌리에 뒤덮여 밀려올라온 것이라고 한다. 나무뿌리에 뒤얽힌 채 조용히 눈을 감고 있는 모습은, 보는 이에게 신비한 인상을 준다. 세계적으로도 보기 드문 머리뿐인 불상이다.

■ 해저에 잠든 고대륙 순다랜드

타일랜드만에서 남지나해에 걸친 해저에 있는 대륙붕은, 과거에 존재했다고 여겨지는 대륙 순다랜드(Sundaland)였다고 한다. 이 대륙은 빙하기 말기에 해면이 상승하면서 바다 속에 가라앉아서 현재의 말레이 반도나 수마트라 섬, 자바 섬, 보르네오 섬으로 분열되었다. 태국 근처의 해저에서 발견된 구조물이 순다랜드의 흔적이 아닐까 이야기되고 있다. 인도네시아의 자바 섬에서 발견된 구눙 파당(Gunung Padang)의 거석 유적지도 순다랜드에 있던 문명의 유구라는 설이 있다.

이 순다랜드야말로 몽골로이드(황색인종)가 태어난 땅이라는 설이 있다. 약 5만 년 전, 순다랜드에서 탄생한 몽골로이드가 이동하여 시베리아나 몽골 등에 도착해서 아시아 민족이 되었으며, 순다랜드에 남은 사람들은 태평양을 건너가 오세아니아에 퍼졌다는 것이다.

거기에 더해, 순다랜드야말로 태고에 존재했다는 무 대륙(자세한 것은 기타·태평양의 **환상의 초고대문명 무 대륙** 항목을 참조)이었다는 설도 있어서 수수께끼는 깊어지기만 할 뿐이다.

대한민국·북한

■ 거인 할망의 전설

옛날에 한반도에 할망(할머니라는 뜻)이라는 큰 여신이 있었다. 치마에 담아 옮겨서 버린 흙이 현재의 제주도에 있는 한라산이 되었다는 전설이 있다.

할망의 몸은 아주 거대해서, 태양빛을 가려서 작물이 자라지 못할 정도였다. 나라에서 쫓겨난 할망은 중국 방면으로 도망쳤다. 그곳에서 배가 고파져서 흙을 먹고 바닷물을 잔뜩 마셨지만, 소금물이라 배탈이 나버렸다. 중국과의 국경을 따라 솟아있는 백두산이나 압록강, 두만강은 이때 할망이 싼 배설물로 인해 만들어졌다고 한다.

■고구려의 주몽

한반도에 고구려 왕국을 세운 주몽에 관련된 전설.

어느 날, 천제(天帝)는 아들인 해모수를 지상으로 내려 보내 인간계를 다스리라고 명령했다. 지상으로 내려온 해모수는 물의 신 하백의 세 딸, 유화(柳花), 훤화(萱花), 위화(葦花)가 웅심연(熊心淵)에서 목욕을 하고 있는 모습을 보고 그 미모에 반해서 세 사람 중에서 아내를 고르기로 하고 자매를 사로잡으려 한다. 여동생 둘은 도망쳤으나 맏이인 유화는 도망치지 못했고, 정을 나누어 임신하게 된다. 그것을 알게 된 아버지인 물의 신 하백은 분노하여 유화를 태백산으로 추방한다. 하백은 해모수가 진정한 하늘의 힘을 가졌는지를 확인하기 위해서 사슴이나 표범 등으로 변하는 술법의 힘을 겨루자고 제안한다. 그 후 하백은 가죽으로 만든 가마에 해모수를 가두려고 했지만, 해모수는 가마를 부수고 도망쳤다.

한편, 태백산에 추방되어 산속을 헤매고 있던 유화는 동부여의 금와왕에게 구출된다. 그녀에게 마음을 빼앗긴 금와왕은 유화를 측실로서 곁에 두기로 했다. 그런데 하백의 처사에 분노하고 있던 해모수는 하늘에서 태양빛을 보내 유화를 비추어서 그 몸을 어루만졌다. 그러자 유화는 산기를 느꼈고, 닷새 후에 커다란 알을 하나 낳았다. 금와왕은 즉시 천제의 태자의 자식임을 깨닫고 알을 빼앗아 깨뜨리려고 했지만, 어떤 방법도 소용이 없었다. 유화는 알을 천으로 감싸서 따뜻한 장소에 두었고, 이윽고 알은 부화하여 아이가 태어났다. 그 아이는 용모가 빼어나고 말 타기에 능했으며 활을 쏘는 것이 특기였다고 해서 주몽('활의 달인'이라는 뜻)이라고 불렸다.

주몽은 금와왕이 두려할 정도의 신동이었기 때문에, 주몽이 열두 살이 되는 때에 금와왕은 끝내 암살을 꾀한다. 목숨의 위기를 알아차린 주몽은 몇 명의 친구를 데리고 동부여를 탈출했다. 엄호수(掩淲水)라는 강이 그들 앞을 가로막았지만, 주몽이 "천제의 아들이자 하백의 손자다"라고 외치자 강물 위로 물고기나 거북이 튀어나와 줄지어 다리를 만들어주어서 강을 건널 수 있었다고 한다. 주몽 일행이 다 건너자 물고기와 거북이는 물속으로 사라졌고, 추격자들은 강을 건널 수 없었다.

여행을 계속한 주몽은 졸본주에 이르러, 그곳에 자신의 도시를 세웠다. 새로운 나라를 고구려라고 하고, 고(高)라는 성씨를 붙였다. 주몽은 그 후에 천정(하늘의 정무)이라 불릴 정도로 뛰어난 통치로 한반도 사상 가장 길게 이어지는 왕조의 기초를 닦았다. 그리고 재위 19년 9월에 하늘로 승천한 채로 돌아오지 않았다고 한다.

■고조선의 건국비화

환인, 환웅, 단군 3대로 이어지는 조선의 건국비화. 천제(天帝)인 환인은 아들인 환웅에게 지상으로 내려가서 인간계를 다스릴 것을 명령한다. 3000명의 병사를 이끌고 태백산 정상에 있는 신단수에 내려온 환웅은, 그 땅을 신시(神市)라고 이름 붙이고 지상을 다스렸다.

어느 날, 동굴에 살고 있던 한 마리의 곰과 호랑이가 인간이 되고 싶다며 환웅에게 부탁했다. 그러나 환웅은 쑥 한단과 마늘 20개를 각자에게 주고, 이것을 먹으며 100일간 태양빛을 받지 말고 지내면 인간이 될 수 있다고 말했다. 곰과 호랑이는 동굴에 틀어박혔고, 그로부터 20일째에 곰은 여자가 되었고 호랑이는 견디지 못해서 인간이 될 수 없었다.

여자가 된 곰은 웅녀라고 하며, 신단수에 인간의 아이가 갖고 싶다고 기도하자 환웅의 신령에 의해 처녀수태하여 남자아이를 낳았다. 이 남자아이가 고조선의 시조인 단군이다. 기원전 2333년, 단군은 평양으로 도읍을 정하고 조선을 세웠고, 1500년에 걸쳐 나라를 다스렸다. 기자조선에 왕위를 양보한 뒤에는 백악산의 아사달(阿斯達)로 돌아와 산신이 되었다고 한다.

이후에 한반도를 다스리는 고구려의 주몽, 신라의 박혁거세 등도 천제의 후손인 건국 시조임을 배경으로 삼고 있다. 각각의 자세한 것은 **고구려의 주몽, 신라의 박혁거세** 항목을 참조.

■돌 할아버지 수호신 돌하르방

한국 남단에 있는 한국 최대의 섬 제주도에서는 어디서나 돌하르방이라고 불리는 석상을 쉽게 찾아볼 수 있다. 돌하르방이란 '돌 할아버지'라는 의미로, 머리에 모자를 쓰고 있으며 그 표정은 어느 것이나 평온하고 사랑스럽다. 처음에 만들어진 것이 1754년경이라고 하며 주술적인 의미에서 경계를 지키기 위해 성문이나 마을 입구 등에 놓였다고 한다. 현재는 섬 안에 40개 이상의 돌하르방이 서 있는데, 여성이 돌하르방의 코를 만지면 남자아이, 귀를 만지면 여자아이를 낳을 수 있다는 이야기도 있다. 아이를 얻을 수 있게 해준다는 점에서 섬의 수호신으로서 사람들의 마음을 포근하게 만들어주고 있다.

■불가사리

고려 말기인 14세기 말, 어느 사람이 밥알을 뭉쳐서 짐승 모양을 만들고 입에 바늘을 꽂았다. 그러자 밥알이 움직이기 시작하더니 바늘을 먹었다. 그리고 계속해서 쇠를 먹으며 몸집이 커졌고, 끝내는 온 나라 안의 쇠를 다 먹어치울 지경에 이르렀다. 어떤 방법을 써도 죽일 수 없었기 때문에 '불가살(不可殺)'이라는 이름이 붙었다. 유일한 약점은 불로, 꼬리에 불이 붙어서 불타 사라져 버렸다고 한다.

이 전설을 바탕으로 한 괴수영화가 한국이나 북한에서 만들어졌다.

■신라의 박혁거세

한반도의 고대왕국 중 하나인 신라의 건국을 둘러싼 전설.

신라가 아직 진한(辰韓)이라고 불리고 있을 무렵, 여섯 마을을 각각의 신들이 다스리고 있었다. 여섯 명의 촌장은 여섯 마을을 통치할 왕을 내려 달라고 천제에게 기도를 올리자, 어느 날 경주의 나정(蘿井)에 정기가 가득 차더니 한 마리의 백마가 자색의 커다란 알 앞에 무릎을 꿇고 있었다. 촌장들이 다가가니 백마는 하늘로 올라갔고, 알에서는 용모가 수려한 아이가 태어났다. 그 아름다움에 놀란 사람들이 동천사에서 목욕을 시키자 몸은 빛나고 동물이나 새들이 춤추었으며, 천지는 흔들리고 태양과 달은 더욱 강하게 빛났다고 한다. 거기서 동자에게는 박혁거세라는 이름이 붙었다.

혁거세는 이 땅에 나라를 세우고 재위 61년째에 죽었는데, 사후에 몸이 하늘로 올라갔다가 며칠 후 사지가 조각나 흩어져 지상에 떨어졌다고 한다. 사람들이 이것들을 모아서 묻어주려고 했는데, 뱀이 막아서 혁거세는 몸이 따로따로 묻혔다는 전설이 있다. 이것이 현재의 경주 오릉이며, 신라 오릉이라고도 불린다. 혁거세와 그 왕비 알영부인, 남해왕, 유리왕, 파사왕의 묘가 있다고도 이야기되고 있다.

■아랑전설

아랑전설로서 한국에 알려져 있는 이야기. 아랑(阿娘)은 경상남도 밀양부사의 아름다운 외동딸로, 어릴 적에 어머니를 잃고 유모의 손에 길러졌다. 어느 날 타 지역의 관아의 심부름꾼인 남자가 우연히 발견한 아랑에게 반해서 어떻게 해서든 자기 것으로 만들려고 생각했다. 남자는 유모에게 뇌물을 주어 밤에 아랑을 꾀어내서 폭행하려고 했다. 아랑은 필사적으로 저항하지만 남자의 칼에 찔려 죽고, 남자는 그녀의 시체를 숲 속에 버렸다. 아랑의 아버지는 아랑이 남자와 야반도주 했다고 생각하고, 크게 상심한 나머지 관직을 내려놓고 마을을 떠났다.

아랑은 아버지에게 진실을 알리고 자신의 한을 풀고 싶은 마음에, 유령이 되어 현세에 머무르며 새롭게 밀양부사가 되는 자 앞에 나타나서 호소했다. 그렇지만 모두가 유령과 만나는 것을 두려워하여 도망쳐버렸다. 어느 날, 드디어 배짱이 두둑한 남자가 밀양부사로 부임했다. 아랑의 혼령으로부터 자초지종을 들은 장관은, 그녀의 시신을 발견하여 장사를 지내주고 아랑을 죽인 남자도 찾아내서 처형했다. 그 후로 아랑의 혼령이 나타나는 일은 없어졌다고 한다.

이 전설의 무대가 밀양에 있는 아랑각(阿娘閣)으로, 한국의 3대 누각이라 불리는 영남루 맞은편에 있는 작은 사당으로, 죽은 아랑이 묻혀 있었다는 숲 옆에 세워져 있으며 사당 안에는 아랑의 초상화가 모셔져 있다.

■ 요괴 도깨비와 호랑감투

도깨비(돗가비 등으로 부르기도 한다)는 한반도에 전해지는 요괴다. 산이나 폐가, 들판 등에 살며, 비 오는 날이나 밤에 나타난다고 한다. 장난을 몹시 좋아하며 대식가에 노래와 춤을 좋아하고, 인간에게 복이나 화를 불러오는 존재라고도 한다.

도깨비들이 지니고 있는 물건 중에 호랑감투라는 모자가 있는데, 이것은 쓴 사람의 모습을 보이지 않게 만들어주는 신비한 힘을 가지고 있다. 어느 날, 한 남자가 조상의 제사를 지내기 위해 제단에 공물을 바치고 있는데 어느 샌가 공물이 없어져버렸다. 호랑감투를 쓴 도깨비들이 모습을 감추고 공물을 먹고 있었기 때문이다. 바쳐도 계속 사라지는 공물을 이상하게 생각한 남자는, 제단 앞에서 공물이 줄어드는 순간을 기다렸다가 몽둥이를 휘둘렀다. 몽둥이에 맞은 도깨비 중 한 명이 호랑감투를 떨어뜨렸고, 남자가 그 감투를 주웠다.

호랑감투를 쓰면 모습이 보이지 않게 된다는 것을 알게 된 그 남자는, 도둑이 되어서 재산을 쌓았다. 1년 후, 어느 상인의 집에 숨어들어간 남자는 상인의 지갑에서 돈을 훔치려고 했다. 돈 근처에서 붉은 실이 하늘하늘 흔들리는 것을 본 상인이 실을 잡아당겼더니 남자가 썼던 호랑감투가 벗겨졌다. 남자가 호랑감투를 너무 많이 사용했기 때문에 올이 풀어져버렸던 것이다. 이번에는 상인이 장사를 그만두고 도둑이 되었다. 어느 날, 상인이 유복한 농가에 숨어들었는데 탈곡용 막대기에 호랑감투가 끼어서 벗겨져버렸다. 정체가 드러난 상인이 당황하고 있자, 빗자루가 쓰러져서 호랑감투도 너덜너덜해지고 말았다고 한다.

■ 제주도의 삼성혈

한국의 제주도에 전해지는 창세신화.

4000년 이상 옛날, 아직 제주도가 탐라라고 불리고 있던 무렵에 세 명의 신이 모홍혈(毛興穴)에서 튀어나왔다. 첫 번째가 양을나, 두 번째가 고을나, 세 번째가 부을나라고 했다. 그들은 사냥을 하면서 살고 있었는데, 어느 날 오곡의 씨앗을 가지고 온 세 명의 왕녀가 동쪽 바다에서 나타나서 각자 왕녀를 아내로 삼았다. 오곡의 씨앗을 뿌리자 곧 농업이 활발해져서 탐라왕국이 번영했고, 이것이 제주도의 조상이 되었다고 한다.

이 세 신이 출현했다고 여겨지는 동굴 흔적이 '삼성혈(三姓穴)'이라고 불리는 성지다. 현재도 봄과 가을에 삼신인을 기리는 제사가 이루어진다고 한다.

■해의 신 연오랑과 달의 신 세오녀

과거에 한반도를 다스리던 신라에 전해지는 전설. 제8대 아달라왕의 치세에 연오랑과 세오녀라는 부부가 한반도에서 가장 먼저 해가 떠오르는 해변에서 살고 있었다. 어느 날, 바위에 올라 연오랑이 해초를 채취하고 있는데, 갑자기 바위(혹은 물고기라는 설도 있다)가 움직이기 시작하더니 바다로 흘러가버렸다. 넓은 바다를 헤매던 연오랑은 일본에 도착한다. 광채를 두르고 바다에서 나타난 연오랑을, 일본 사람들은 하늘에서 강림한 신성한 존재라고 믿고 왕으로 삼았다. 돌아오지 않는 남편을 걱정하던 세오녀는, 바위에서 연오랑이 벗어놓은 신발을 발견하고 바위에 올라가서 남편을 찾는다. 그러자 그 바위도 움직이기 시작했고, 세오녀도 일본으로 떠내려가 버렸다. 거기서 세오녀는 왕이 된 남편과 재회하여 왕비가 되었다.

한편, 그 무렵 신라에는 태양과 달의 빛이 사라져서 낮에도 밤에도 깜깜한 암흑이라는 소동이 벌어져 있었다. 음양사가 점을 치자, 신라에 있던 해와 달의 정령인 연오랑과 세오녀가 일본으로 가버린 것이 원인이었다. 신라의 왕은 서둘러 두 사람을 데려오기 위해 일본에 사신을 보낸다. 그러나 연오랑은 "일본에서 왕이 된 것은 하늘의 뜻이며, 그 뜻에 등을 돌리고 이곳을 떠날 수는 없다"라고 답하고, 대신 아내가 짠 비단을 가지고 돌아가서 모시도록 사자에게 전달한다.

사자가 신라에 가지고 돌아온 비단을 두 사람이 살던 언덕 위에 제단을 만들고 제사를 지내자 하늘의 해와 달이 빛을 되찾았다고 한다. 이 비단은 국보가 되었으며 귀비고에 수납되었다. 제사가 이루어진 장소는 영일현이나 도기야 등으로 불렸으며, 현재의 경상북도 포항에 해당한다.

또 연오랑과 세오녀가 흘러 도착한 곳은 일본의 이즈모 지방이라고 하는데, 이즈모 지방에 전설은 남아있지 않다고 한다.

대만

■고급호텔에 나오는 유령

타이베이 시에 있는 고급 호텔인 그랜드 하얏트 타이베이에는 유령이 나온다는 뿌리 깊은 소문이 있다. 2011년에는 '세계의 유령이 나오는 호텔 탑 10'에 랭크되었을 정도로 심령현상이 잦은 곳으로 유명하다고 한다.

그랜드 하얏트 타이베이는 대만의 랜드마크인 타이베이 101타워의 바로 옆에 위치한 고급호텔이다. 유령이 나오는 원인으로는 과거에 일본군이 통치하던 시대의 군사 형무소나 처형장이 있었던 곳이라는 설과, 건축 난이도가 높은 초고층빌딩이라 건설 중의 낙하사고 등으로 많은 작업인부가 목숨을 잃었기 때문이라는 설이 있다. 어느 것이나 죽은 사람들의 원통한 마음이 깃든 땅에 세워졌기 때문으로 여겨지고 있다.

숙박객에 의한 호텔 내에서의 유령 목격 정보는 이후로도 끊이지 않고 있으며, 로비에는 저명한 풍수사에 의한 부적이 붙는 등의 대책이 이루어지고 있다고 한다.

■ 항해의 여신 마조

마조(媽祖)란 해상활동을 지켜보는 여신을 말한다. 북송 시대의 건륭 원년(960년) 3월 23일에 태어났다고 하는 실존인물이다. 관음보살에게 남자아이를 갖게 해달라고 기도한 부부 곁에 일곱 번째 아이로서 태어난 마조는, 생후 한 달 동안 한 번도 울지 않아서 묵(默. 묵낭[默娘]이라고도 한다)이라는 이름이 붙었다고 한다.

10살에 불교를 배우고, 13살에 도사에게서 비법을 전수받고, 16살에 오래된 우물 안에서 나타난 신선에게 구리로 된 부적을 받은 뒤에는 다양한 영험과 기적을 일으켰다. 어느 날, 베를 짜던 중에 마조는 갑자기 정신을 잃었는데, 마조는 바다 위에서 난파되어 있던 아버지와 오빠의 배를 구출하러 가고 있었다고 한다. 풀뿌리를 삼나무 목재로 바꾸어서 배를 지키거나, 기우제를 지내던 사람들을 가뭄으로부터 구했다는 이야기도 있다. 마조는 28살에 죽었다고 하는데, 사후에도 해난 구조 때에 모습을 보였기 때문에 항해의 신으로서 사람들에게 사랑받고 있으며, 이후에 도교의 신이 되었다.

대만에서는 특히 마조가 인기여서, 타이베이에 있는 도교의 사당인 송산자우궁(松山慈祐宮,쑹산 츠유궁)에는 천상성모(天上聖母)로서 모셔지고 있다.

티베트

■ 이상향 샴발라

샴발라(Shambhala)란 티베트에서 믿는 이상향을 말한다. 옛날에는 기원 1세기에 편찬된 본교(bon教, 불교 이전에 티베트에 있던 민간종교)의 경전에 기록된 내용이 있다고 한다. 외계로부터 단절된 샴발라에는 위대한 왕이 있으며, 정령들을 다스리고 있다. 그곳에 사는 사람들은 장수하고 저마다 맑은 혼을 지니고 있으며, 모든 악으로부터 보호받는다고 한다. 왕은 이 세상의 끝에 일어난다는 최종전쟁에 승리하여 세계에 평화를 가져온다고 믿어지고 있다.

10세기에는 러시아인 신부 세르기우스가 러시아에 전해지는 이상향인 베로보디에(백색 호수)를 찾아서 중앙아시아를 여행하던 중에 신비한 체험을 한다. 그는 3년이었을 조사 여행에서 돌아오지 않았고 56년 후에 귀국했다. 가혹한 여행 중에 동료를 잃고 홀로 남은 그는, 하얀 호수에 도착하려고 했을 때에 두 남자와 만난다. 두 남자는 쇠약해진 세르기우스를 구하고 그들의 나라로 안내했다고 한다. 세르기우스의 말에 의하면 이 나라에 들어갈 수 있는 자는 1세기에 일곱 명뿐이며, 여섯 명은 오의(奧義)를 얻어 바깥 세계로 돌아가고, 한 명은 머물러서 불로불사를 얻는다고 한다. 이 나라가 바로 샴발라라고 이야기되고 있다. 그 후 17세기에 샴발라의 존재는 아시아에 온 선교사를 통해서 유럽에 널리 알려지게 되었으며, '샴발라'는 '유토피아(이상향)'와 같은 의미로 사용되게 된다. 20세기에는 러시아의 신비주의자 니콜라스 레리히가 샴발라를 찾아서 5년에 걸쳐 중앙아시아를 방랑했다. 영국의 소설가인 제임스 힐턴이 1933년에 쓴 소설 『잃어버린 지평선』에 등장하는 이상향 샹그릴라의 모델이 된 것으로도 유명하다.

샴발라의 소재에 대해서는 다양한 설이 있으며, 실재하는 장소가 아니라 정신적 경지라고 하는 설도 있다. 실제로 있다고 주장하는 사람들 사이에서는 티베트의 오지, 히말라야 산맥이나 중국의 곤륜산맥(쿤룬산맥) 어딘가, 중앙아시아의 지하 등이 후보로 여겨지고 있다. 지저왕국 아가르타의 수도로 여겨지는 경우도 있다(자세한 것은 **지저왕국 아가르타와 포탈라 궁전** 항목을 참조).

또 지구 내부가 텅 비어있으며 그곳의 지구 안쪽의 세계에는 다양한 생물이 살고 있다는 '지구공동설'과 샴발라를 연결해서 지저세계를 유토피아로 생각하는 사람들도 있다.

■ 지저왕국 아가르타와 포탈라 궁전

티베트의 오지에는 아가르타라고 불리는 지저왕국이 존재한다는 이야기가 있다(자세한 것은 스리랑카의 **지저왕국 아가르타의 전설** 항목을 참조). 티베트 불교도이자 작가인 로버트. E. 딕호프(Robert Ernst Dickhoff)는, 아가르타 사람들은 고대대륙 레무리아(아시아 전역의 **고대대륙 레무리아** 항목을 참조)나 아틀란티스(유럽·유럽 전역의 **아틀란티스 대륙은 실재하는가** 항목을 참조) 사람들의 후예이며 땅 밑에 왕국을 만든 것은 지상의 분쟁으로부터 도망치기 위해서라는 설을 주장했다. 아가르타는 고도의 문명과 특별한 능력을 지닌 왕국으로서 번영했으며, 수도에는 화려한 티베트 불교 사원이나 황금으로 반짝이는 궁전이 우뚝 서 있다고 한다.

그 밖에 아가르타의 수도는 티베트 불교에 전해지는 이상향 샴발라(자세한 것은 **이상향 샴발라** 항목을 참조)에 있으며, 이곳의 최고군주인 마니 린포체가 아가르타와 이어진 현재의 티베트의 수도 라사의 포탈라 궁전을 통해 티베트 불교의 최고 지도자인 달라이 라마에게 신탁을 전한다는 이야기도 있다.

세계 유산으로 등록되어 있는 포탈라 궁전은 역대 달라이 라마의 주거지였지만, 1959년에 달라이 리마 14세가 인도에 망명한 이래로 중국 정부에 의해 박물관으로서 공개되어 있다.

중국

■ 거인 반고의 천지창조

중국에 전해지는 천지창조의 신화에 의하면, 우주의 시작은 하늘도 땅도 없이 계란 속처럼 혼돈뿐이었다. 우주의 알 속에서 창세신인 반고(盤古)는 오랫동안 계속 잠들어 있었다. 눈을 뜬 반고는 하루에 한 척(약 3미터)씩 성장하며 점점 커졌다. 그리고 커다란 도끼를 손에 들고, 세상을 음과 양으로 나누었다. 어두운 음의 원소는 땅이 되고, 밝은 양의 원소는 하늘이 되었다.

반고는 자신이 갈라놓은 하늘과 땅 사이에 서서 하늘이 내려앉지 않도록 떠받쳐서 세상의 위와 아래를 나누었다고 한다. 그렇게 1만 8천 년이 지나고 우주를 완성한 반고는 대지에 누워 휴식을 취하다 그대로 숨을 거두었다. 죽은 반고의 눈은 태양과 달로, 머리카락은 별로, 숨결은 바람과 구름으로, 목소리는 천둥으로, 팔다리는 하늘을 떠받치는 기둥과 산으로, 살은 흙으로, 피부의 털은 초목으로, 이와 뼈는 금속이나 돌로, 피는 강과 호수가 되었다. 그리고 반고의 몸에 기생하고 있던 벌레가 인간이 되었다고 한다. 삼국시대에 서정(徐整)이 쓴 책 『삼오역기(三五歷記)』에 실려 있다.

■ 견우와 직녀의 칠석 전설

칠석에 관한 유명한 이야기로, 태양태음력의 7월 7일이 되면 은하수를 사이에 둔 두 개의 별인 거문고자리의 직녀성(베가)과 독수리자리의 견우성(알타이르)의 재회가 이루어진다고 한다. 그 가장 오래된 기원은 기원전 1000년경에 만들어진 '시경(詩經)'에서 볼 수 있다.

은하수 동쪽에 천제(天帝)의 딸이자 직녀라고 불리는 아름다운 처녀가 있었다. 그녀는 매일 베를 짜느라 바빴다. 그 모습을 본 천제가 불쌍히 여겨, 은하수 서쪽에 사는 견우라는 청년과 결혼시켰다. 두 사람은 너무 사이좋게 지내느라 할 일을 잊어버리기까지 해서 천제의 분노를 샀고, 직녀는 은하수 동쪽으로 돌아가게 되고 말았다. 그리고 베 짜는 일을 계속 하면서 1년에 한 번, 칠석의 밤에만 만나는 것을 허락받았다. 만약 그날에 비가 계속 내려서 은하수가 불어나면, 까치들이 은하수를 건너는 다리가 되어서 직녀를 동쪽에서 서쪽으로 건너가게 해준다고 전해지고 있다.

칠석 전설은 시대가 지남에 따라 조금씩 변형되어 다양한 전설이 태어났다. 백조처녀전설과 융합된 전설에서는, 여신 서왕모(西王母)의 막내딸인 직녀가 자매들과 목욕을 하고 있는데 목동인 우랑(牛郎)이 그녀의 날개옷을 훔쳐가서 결혼하게 된다. 서왕모는 두 사람의 결혼에 화가 나서 딸을 천계로 데리고 가버린다. 우랑은 키우던 소의 힘을 빌려 뒤쫓지만 서왕모가 비녀로 선을 긋자, 그것이 은하수가 되어서 두 사람을 갈라놓았다고 한다.

■구나의 시작

구나(追儺)란, 일본에서는 절분에 하는 콩 뿌리기 행사를 가리키는 경우가 많으며, '귀신 쫓기' 등으로 부르기도 한다. 본래는 역귀를 쫓아내는 행사로, 그 기원은 고대 중국으로 거슬러 올라간다.

옛날, 전욱(顓頊, 중국 전설상의 오제[五帝] 중 한 명으로 꼽히기도 한다)이라는 황제에게는 세 명의 아들이 태어났는데, 전부 금방 죽고 말았다. 그들의 영혼은 역병신이 되었는데 한 명은 강수(江水)에 숨어 열병이 되었고, 다른 한 명은 고수(苦水)에 숨어 망량이 되었으며, 나머지 한 명은 민가 구석에 숨어 사람들에게 종기를 만들거나 아이를 깜짝 놀라게 했다고 한다.

그러자 그 해의 연말에 방상씨(方相氏)라는 주술사가 창과 방패를 들고 곰의 가죽을 뒤집어쓰고, 네 개의 황금색 눈이 달린 가면과 붉은 옷을 걸치고서, 북으로 큰 소리를 내는 아이들을 데리고 악귀를 쫓는 행사를 하게 되었다. 이것이 구나의 기원이라고 한다. 후한 말의 작가 채옹(蔡邕)의 『독단(獨斷)』에 실려 있다.

■남장을 한 소녀전사 목란

오랜 전쟁 기간 동안 남자로서 싸우고 공적을 세운 전설의 중국 소녀기사, 그것이 목란(木蘭. 물란)이다.

나이 든 아버지에게 징병령이 내린 것을 염려한 목란은, 아버지 대신 남자로서 종군하기로 결의하고 전쟁터로 향한다. 그로부터 약 10년간 전장을 누비며 많은 보수를 받는다. 황제가 다른 희망은 없느냐고 묻자, "천리를 달려서 고향으로 돌아가고 싶습니다"라고 소원을 말했다. 그리고 고향에 돌아와 군복을 벗고 원래의 옷으로 갈아입은 모습을 본 전우는, 목란이 아름다운 여성임을 알고 깜짝 놀랐다고 한다.

목란 전설의 원점은 5~6세기경에 성립되었다고 하는 민간전승의 시 『목란시(木蘭詩)』라고 이야기되고 있다. 이 이야기는 많은 사람들의 마음을 빼앗았고, 이후에 청나라 때에 그려진 『수당연의(隋唐演義)』라는 장편 역사소설이나 『목란종군』이라는 경극의 공연목록에 오를 정도로 인기 제재가 되었다. 1998년에는 디즈니의 애니메이션 영화 '뮬란'으로도 만들어졌으며, 전우와 서로 사랑에 빠지는 전개도 즐길 수 있다.

■누란왕국의 미이라

누란(樓蘭)왕국이란 현재의 신강 위구르 자치구의 타림 분지 동쪽에 있는 고대유적이 남아있는 나라다. 과거에 흉노에서 한나라로 보내는 서간이나 사마천의 『사기』에 누란의 이름이 등장한다. 타클라마칸 사막을 통과하는 실크로드의 요충지이며, 오아시스 도시국가로서 최전성기에는 2만 명이 살고 있었다고 한다. 기원전 77년에는 한나라의 속국이 되어 국호를 선선(鄯善)으로 개칭했다. 4세기까지 번영했으나 점차 쇠퇴했고, 7세기에는 폐허가 되어 왕국은 모래에 묻혀버렸다.

이렇게 사람들의 기억에서 잊혀버린 왕국이었지만, 1900년에 스웨덴의 지리학자이자 탐험가인 스벤 헤딘(Sven Anders Hedin)에 의해 누란의 유적이 발견되면서 다시 주목을 받았다.

그리고 1980년, 타클라마칸 사막에서 여성의 미이라가 발견되었다. 아주 보존 상태가 양호한 미이라로 밤색 머리카락과 긴 속눈썹, 이목구비가 또렷한 얼굴 생김새가 똑똑히 남아있었다. '누란의 미녀'라고 명명되어 전 세계의 미디어에서 보도되었다고 한다. 이 미녀의 미이라를 조사해보니 약 3800년 전인 기원전 1800년경에 매장된 것으로 판명되었다. 즉, 한나라보다 아득히 과거에 살았던 여성이라는 뜻이 된다. 누란왕국이 번영한 시대보다도 이전에, 이미 이 땅에는 고도의 문명이 존재했었다는 뜻이다.

현재 누란의 유적은 모래바람에 장기간 노출된 것으로 인해 붕괴 위험이 높아져 수복 프로젝트가 진행 중이다.

■눈물에 무너진 만리장성

중국이 자랑하는 세계 유산인 만리장성. 시황제 시대의 공사 중에 맹강녀(孟姜女)와 범기량(范杞梁)이라는 부부를 둘러싼 유명한 전설이 남아있다.

진나라의 시황제 시절, 결혼 후에 얼마 되지 않아 맹강녀의 남편인 범기량이 만리장성 건설에 동원되었다. 남편의 몸을 걱정한 맹강녀가 아득히 먼 공사현장까지 찾아가 보니, 남편은 이미 죽어서 묻혔다는 소식을 듣는다. 맹강녀는 크게 상심하여 그 자리에서 사흘밤낮을 통곡하자, 갑자기 폭풍이 불었다. 그러자 장성의 일부가 무너지더니 그 안에서 남편의 뼈가 나타나, 부부는 슬픈 대면을 이루었다고 한다.

맹강녀의 이야기는 당나라 때에 처음으로 문헌에 나타나지만, 이후에 이 비극의 사랑이야기는 민화나 연극 등으로 널리 퍼져나갔고, 남편을 장사지낸 맹강녀는 바다에 몸을 던졌다, 시찰 나왔던 시황제가 반해서 구혼하지만 무리난제를 내놓았다는 등의 다양한 결말이 생겨났다.

이 이야기는 『우랑직녀(牛郎織女)』, 『백사전(白蛇傳)』, 『양산박과 축영대(梁山伯與祝英臺)』와 함께 중국 4대 민간전설로 널리 알려져 있으며, 맹강녀의 전설을 따라 하북성 산해관구 망부석촌의 봉황산 정상에는 맹강녀의 사당이 세워져 있다.

■달에 간 상아

달에 보이는 검은 그림자에 관해 전 세계에서 다양한 이야기가 있다. 일본에서는 떡방아를 찧는 토끼가, 중국에서는 달에는 상아(嫦娥)라는 여성이 살고 있다고 한다.

상아는 활의 명수인 예(자세한 것은 **태양을 쏘아 떨어뜨린 남자·예** 항목을 참조)의 아내다. 어느 날, 남편인 예는 서쪽 끝의 곤륜산에 사는 서왕모라는 여신에게서 불로불사의 약을 받아서 돌아왔다. 예는 약을 상아에게 맡기고 외출했는데, 상아는 그 약을 먹어버렸다. 그러자 상아는 불사의 몸이 되어, 신기하게도 공중에 떠올라 달로 올라갔다. 이후 남편인 예가 상아를 생각하며 매년 상아가 달에 올라간 날에 그녀가 좋아하는 것을 달에 바치기를 습관으로 삼게 된 것에서, 상아는 달의 여신으로서 모셔지게 되었다고 한다. 태음력 8월 15일의 보름달이 뜨는 날은 중추절이라 해서 풍작을 기원하며 공물을 바치는 습관이 지금도 남아있다. 상아에게 바치는 과자로는 단팥 앙금이 들어간 월병이 유명하며, 그 둥근 모양은 일체감과 친목을 나타낸다고 한다.

또한 상아는 달에 도착하자마자 개구리 모습으로 변신했기 때문에 달에는 개구리 형태가 보인다는 이야기도 있다. 토끼가 되었다는 이야기도 있는데, 토끼는 서왕모 곁에서 불로불사의 약을 만들고 있었지만 세월이 흐르자 토끼는 하늘로 올라가서 상아와 함께 달에 살게 된 듯하다.

불행한 상아는 많은 시에서 언급되었고, 점차 아름다운 여신으로서 칭송받게 되었다. 2007년에 발사된 중국의 첫 달 탐사선은 달의 여신을 따서 '상아 1호(창어 1호)'로 명명되었다.

■마각묘의 아마 전설

마카오에서 가장 오래된 중국 사원인 마각묘(媽閣廟)의 기원을 이야기하는 전설이 있다. 아마(阿媽)라고 하는 가난한 신분의 소녀가 복건(福建)의 항구에서 배를 찾고 있었다. 훌륭한 배의 선주들은 거절했지만, 작은 어선의 주인은 소녀를 태워주었다. 항해 중에 커다란 풍랑을 만나게 되어 다른 배는 모두 난파되었지만 소녀를 태운 어선만은 무사히 마카오에 도착했다. 그러자 소녀는 여신으로 모습을 바꾸었다고 하며, 소녀를 기리기 위해서 어부들이 세운 절이 마각묘라고 한다. 아마각(阿媽閣)이라고도 불리며, 이 마각묘가 '마카오'라는 이름의 유래가 되었다고 한다.

아마는 마카오에서 배의 수호신으로서 믿어지고 있으며, 대만에서도 이와 비슷한 전설이 있다. 자세한 것은 대만의 **항해의 여신 마조** 항목도 참조.

■명군의 탄생을 알리는 상서로운 동물, 기린

고대 중국으로부터 상상 속의 동물로서 사랑받아 온 기린은 용, 봉황, 거북과 함께 '사영수(四靈獸)' 중 하나로 여겨져 왔다. 그 모습은 말의 발굽에 소의 꼬리, 몸통은 사슴이며 머리에는 하나의 뿔이 나 있고 오색 빛을 발하고 있다고 한다. 그 뿔은 끝이 살로 덮여있기 때문에 상대를 상처 입히는 일이 없으며 풀이나 벌레조차 피해서 걸을 정도로 온후한 성격으로, 날개를 펼쳐서 잘 날았다고 한다. 그래서 "기린은 어진 짐승이라 올바른 왕이 있으면 나타나고, 없으면 나타나지 않는다"라고 하여, 기린이 모습을 보이면 명군이 다스리는 평화로운 세상이 찾아올 징조라고 이야기되었다.

기린에게서 태어난 고사도 많은데, 예를 들면 신동을 '기린아(麒麟兒)'라고 부르며, 기린은 남자아이를 얻게 해준다고 믿어지고 있었다. 또한 글쓰기를 그만두는 것을 '획린(獲麟)'이라고 하는데, 원래는 기린을 얻었다는 뜻이다. 이는 중국의 춘추시대에 공자가 노나라의 애공(哀公)이 서쪽에서 사냥을 하다가 기린을 붙잡았다는 소식을 듣자 『춘추』의 집필을 중단하고 2년 뒤인 기원전 479년에 세상을 떠났다는 전승에 유래한다. 이 전승에 따라 절필이나 사물의 종말, 나아가서는 임종을 뜻하는 말이 되었다고 한다.

■무산지몽

남녀가 꿈속에서 맺어지는 것, 혹은 남녀의 밀회를 나타내는 '무산지몽(巫山之夢)'이라는 고사성어가 있다.

중국의 전설의 제왕인 '삼황(三皇)' 중 한 명으로 꼽히는 신농이라는 황제에게는 세 명의 딸이 있었다. 그 중 한 명인 요희(瑤姬)는 나이가 찬 딸이었지만, 이성에게 사랑받는 것의 기쁨을 알기 전에 죽어버렸다. 그 후에 고요산(姑瑤山) 중턱에 아름답고 가련한 노란 꽃이 피었다. 그 꽃은 요희의 환생으로, 이 꽃의 열매를 먹은 자는 이성에게 반드시 사랑받게 되었다고 한다. 젊은 나이에 죽은 요희를 불쌍히 여긴 천제는 그녀를 사천성에 있는 무산(巫山)이라는 산에 있는 구름과 비의 신에게 맡겼다. 그 뒤로 요희는 새벽녘에는 아름다운 아침 구름이 되어 산봉우리를 떠돌고, 해 질 녘에는 저녁비로 변하여 산골짜기에 내리게 되었다고 한다.

중국의 전국시대에는 초나라의 회왕과 그 자식인 향왕의 꿈에 요희가 나타나서, 계속해서 남녀의 정을 나누었다. 이 일이 초나라의 문인 송옥(宋玉)의 『고당부(高唐賦)』, 『신녀부(神女賦)』에 의해 전해졌고, 이후로 남녀의 비밀스러운 관계를 무산지몽, 또는 운우지정(雲雨之情)이라고 부르게 되었다고 한다.

■반호 전설

반호란, 중국의 신화전설에 등장하는 영특한 개의 이름이다. 옛날에 고신(高辛)이라는 황제 곁에 있던 노녀가 귓병을 앓아서 치료했다. 그러자 귀 안에서 누에고치 정도로 커다란 벌레가 나타났고, 이윽고 오색의 털을 지닌 개로 변했다. 노녀가 그 벌레를 표주박(瓠) 씨앗을 넣는 소쿠리에 넣고 쟁반(槃)을 덮어 두었던 것에서 개는 반호(槃瓠)라는 이름이 붙게 되었다.

어느 날, 방왕이라는 야만족 장수의 반란에 고민하고 있던 고신은 "적장의 목을 가져오는 자에게는 공주를 시집보내겠다"라고 포고했다. 그러자 황제의 애견인 반호가 한동안 모습을 감추었고, 이윽고 방왕의 목을 물고 돌아왔다. 고신은 상대가 개인 것에 망설였지만, 공주는 약속대로 스스로 아내가 되었다. 부부는 남방의 깊은 산 속에서 아들 여섯과 딸 여섯을 얻었고, 이후에 자손이 번영하여 만이(蠻夷)의 조상이 되었으며, 사람들은 견융(犬戎)국이라고 불렀다고 한다.

『수신기(搜神記)』에 실려 있다. 중국에 전해지는 이류혼인담(異類婚姻談) 중 하나인데, 교쿠테이 바킨의 『사토미 팔견전(里見八犬傳)』에 대한 영향을 지적하는 설도 있다.

■베개 속의 세계

8세기경의 당나라에서 꿈에 관련된 신비한 이야기가 전해지고 있다. 노생이라고 하는 농민 청년은 항상 출세하는 것을 바라고 있었다. 어느 날, 노생은 한단(현재의 하북성)이라는 마을로 향하던 중에 들른 여관에서 여옹(呂翁)이라는 신선과 만나고, 도기로 된 베개를 빌려서 낮잠을 잤다. 그러자 꿈속에서 노생은 출세해서 명예를 얻었나 싶더니만 수치를 당하고, 밑바닥에서 괴로워하는가 싶더니만 다시 출셋길이 열리는 등, 인생의 행불행을 전부 겪는다. 꿈에서 깨어 보니, 여관 주인이 짓던 수수밥이 아직 다 지어지지 않았을 정도로 짧은 시간이었다. 노생은 속세의 욕망이 얼마나 덧없는 것이었는가를 깨닫게 되었다.

심기제(沈既濟)가 쓴, 괴이전설을 많이 모은 전기소설 중 하나인『침중기(枕中記)』의 내용이다. 꿈이라는 결말의 대표작으로, 일본에서도 아쿠타가와 류노스케의 소설『황량몽』이나 연극 등의 제재가 되었다. '세상의 홍망성쇠의 덧없음'을 예로 든 고사성어인 '한단지몽(邯鄲之夢)'은 이 일화에서 유래한다.

■복숭아꽃이 잔뜩 핀 이상향

중국의 동진의 태원 연간에, 무릉에 사는 한 어부가 복숭아꽃이 잔뜩 핀 숲에 길을 잃고 들어갔다. 앞으로 나아가자 산이 있었고, 산기슭의 동굴을 지났더니 신비한 마을로 나왔다. 마을사람은 모두 낯선 의복을 걸친 이국 사람 같았지만, 즐겁게 살고 있었다. 이야기를 들어보니 마을 사람들의 조상이 진나라 때 시황제의 압정을 피해 이곳에 왔다고 하며, 바깥 세계와 단절되어 평화롭게 살고 있다고 한다. 어부는 표시를 남겨 두면서 집으로 돌아와 그 지역의 태수에게 이 사실을 이야기했다. 태수는 어부에게 길안내를 시켜서 탐색했지만 표시는 사라져있었고 결국 도달할 수 없었다고 한다.

4세기 말부터 5세기 초에 걸쳐 활동한 시인 도연명이 엮었다고 전해지는 지괴소설『수신후기(搜神後記)』에 수록된 '도화원기'의 내용이다. 오늘날, 세상에서 격리된 이상향을 '도원향(桃園鄉)'이라고 부르는 것은 이 이야기에서 유래한다.

■사라진 베이징 원인의 뼈

베이징 원인은 20만~70만 년 전에 살았다고 여겨지는 인류의 조상이지만, 실은 발굴된 뼈나 치아 표본 대부분이 행방불명이다.

1926년, 베이징 교외의 저우커우뎬(周口店)에서 스웨덴 지질학자 안데르손이 인류의 치아를 발견했다고 발표했다. 그리고 캐나다의 해부학자이자 베이징에서 교수를 맡고 있던 데이비슨 블랙이 미국의 록펠러 재단의 지원을 받고 조사를 했다. 그 결과, 블랙은 1923년에 발굴되었던 치아 화석과 합쳐서 이 인류를 시난트로푸스 페키넨시스(현재의 학명은 호모 에렉투스 페키넨시스)로 명명했다. 통칭 '베이징 원인'이다.

1929년 12월에는 중국의 인류학자 페이원중(裴文中)이 두개골을 처음으로 발굴한다. 블랙과 함께 두개골 제1호의 발견을 발표하고 전 세계에서 뉴스가 되었다. 그 뒤에도 약 40인분의 골격과 150여 개의 치아가 발굴되었지만, 1937년에 발발한 중일전쟁의 영향으로 발굴 작업은 중단되었다.

블랙이 갑작스럽게 세상을 떠난 후에 조사를 이어받은 독일 출신의 바이덴라이히는 신변의 안전을 고려해 모형을 제작하여 북경에서 미국으로 돌아왔다. 페이원중은 화석 표본이 일본군에게 넘어가는 것을 두려워하여 미국으로 보내려고 했다. 1941년, 표본은 미국으로 운송되었지만 태평양전쟁이 발발했고, 전란 속에서 표본은 전부 소실되고 말았다.

위대한 발견의 손실은 충격적인 뉴스로서 전 세계에 보도되었다. 화석의 행방에 대해서는 다양한 소문이 퍼졌다. '화석이 들어간 상자는 운송되지 않고 베이징의 어느 대사관 뒤편에 묻혔다', '상자를 넣은 트렁크는 친황다오(秦皇島)에 운송되었지만, 일본군에게 점령당했을 때의 혼란 중에 행방불명되었다', '일본인이 가지고 돌아갔다', '바이덴라이히가 모형뿐만이 아니라 실제 표본도 미국으로 가지고 돌아갔다' 등의 많은 증언이 있었지만 아직 발견에 이르지는 못했다.

전쟁이 끝난 후에 발굴 작업은 재개되었으나, 몇 점의 뼛조각과 치아가 발견되었을 뿐이라고 한다. 상실된 귀중한 표본들이 다시 발견되면 인류사의 더 많은 수수께끼가 밝혀지게 될지도 모른다.

■손오공과 현장삼장

중국의 전설 중에서도 특히 말썽꾸러기 트릭스터로서 인기가 높은 손오공. 오승은(吳承恩)이 쓴 『서유기』는 전 세계적으로 사랑받는 손오공의 모험 이야기다.

화과산의 돌로 된 알에서 태어난 손오공은 태어날 때부터 체술에 능했으며 변신 능력이나 하늘을 나는 능력을 지니고 있었다. 죽을 때가 다가와 명계로 끌려간 손오공은, 염마장에 적혀있던 자신의 이름을 지우고 불로불사가 된다. 오공의 악행을 들은 천계의 옥황상제는 엄중히 감시하기 위해서 오공을 천계로 불러들여서 복숭아 과수원의 파수꾼으로 임명했다. 그러나 오공은 불로불사가 되는 복숭아를 훔쳐 먹고 옥황상제가 보낸 군대를 격파해버렸다. 드디어 난처해진 옥황상제가 석가여래에게 도움을 청하자, 석가여래는 자신의 손을 영산으로 바꾸어서 그 손바닥 안에 손오공을 붙잡았다. 손오공은 오행산(자세한 것은 베트남의 **손오공이 갇혀있었던 오행산** 항목을 참조)에 반성할 때까지 갇히게 된다.

그로부터 500년 후, 현장삼장이라는 승려가 불경을 모으기 위해 저 멀리 서역의 인도까지 힘든 여행을 떠났다. 관음보살은 여행하는 동안 삼장을 지키기 위해 곁에 제자를 두어야겠다고 판단했고, 거기서 실력 있는 손오공이 여행의 동반자로 선택되었다. 여행을 계속 하는 동안, 마찬가지로 천계에서 추방당한 저팔계와 사오정도 합류해서 넷이 함께 기묘하며 신비한 세계를 모험하게 된다.

이야기 『서유기』에 등장하는 현장삼장은 역사적 사실에 기초한 인물이다. 602년에 중국 중부의 낙양에서 태어난 그는,

승려가 되었는데 불교를 공부하기 위한 경전이 국내에 불충분함을 슬퍼하며 불경을 모으면서 직접 인도에 가기로 결의한다. 629년에 여행을 떠난 삼장은 17년에 걸쳐 산스크리트어로 적힌 수백 편의 경전을 중국으로 가지고 돌아왔고, 만년에는 장안에서 불경 번역에 여생을 바쳤다고 한다. 이때의 여행 기록으로 정리된 것이 『대당서유기(大唐西遊記)』로, 오승은은 이것에 자극을 받아 『서유기』를 집필했다고 이야기되고 있다.

또한 인도의 서사시 『라마야나』에서 활약하는 원숭이인 반신 하누만은 손오공의 모델이라고도 이야기되고 있다. 자세한 것은 인도의 **원숭이 신 하누만의 전설** 항목을 참조.

■술의 정령

17세기경, 청나라 때에 쓰인 괴이소설. 장산현(현재의 산동성 쑤베이)에 사는 류(劉)씨는 엄청 술을 좋아해서 뒤룩뒤룩 살이 쪄 있었다. 어느 날, 한 승려가 "아무리 마셔도 취하지 않는 것은 술벌레 때문이다"라고 말했다. 승려의 말대로 치료법을 시도했더니, 길이 10센티미터 정도의 붉은 벌레가 몸 안에서 나왔다. 승려는 이것이 술의 정령이며 물에 섞어서 녹이면 좋은 술이 된다고 말하고서 그 벌레를 가져갔다. 이후로 류씨는 술을 싫어하게 되어서 점점 야위었고 집도 가난해졌다고 한다.

포송령(蒲松齡)의 『요재지이(聊齋志異)』에 실려 있다. 신선, 귀신(유령), 요괴, 괴물 등 괴이전설을 모은 500편 이상의 설화들로 이루어진 책으로, 일본의 문예계에도 많은 영향을 주었다. 이 이야기를 바탕으로 아쿠타가와 류노스케가 『주충(酒蟲)』을 쓴 것 외에 다자이 오사무도 국화 남매가 등장하는 이야기 '황영(黃英)'을 바탕으로 『청빈담』, 남자가 까마귀로 변하는 '죽청(竹靑)'을 바탕으로 『죽청』을 썼다.

■시황제 출생의 비밀

기원전에 고대 중국을 통일하고 중국 첫 통일왕조인 진나라의 초대황제가 된 시황제. 위업을 달성한 시황제의 출생을 둘러싼 전설이 있다. 시황제는 공식적으로는 진나라의 왕인 장양왕의 아들이라 되어 있지만, 실은 진의 승상인 여불위의 자식이라는 설이다.

장양왕은 조나라에 인질로 잡혀있을 때에 상인이던 여불위와 만난다. 장양왕의 후원자적인 존재가 된 여불위는 애첩을 헌상했다. 그 후에 조나라의 수도 한단에서 정(이후의 시황제)이 태어난다. 그러나 정의 어머니가 장양왕의 아내가 되었을 때에 이미 여불위의 자식을 임신하고 있었다고 한다. 이상은 사마천의 『사기』에 실려 있다.

시황제가 진나라왕의 자식이 아니었다는 것도 놀라운 일이지만, 더욱 놀라운 설이 있다. 그것은 시황제에게 이스라엘인의 피가 흐르고 있다는 설이다. 고대 이스라엘에 존재했던 12개의 부족 중, 10개 부족은 행방불명이다(자세한 것은 중동·이스라엘의 **사라진 이스라엘의 10개 부족** 항목을 참조). 그렇기에 그 부족의 자손이 중국에 도달했을 가능성도 없다고 할 수 없다. 시황제의 진짜 아버지로 여겨지는 '여불위'라는 발음은 이스라엘인이 사용하던 말로 '치유하는 손'이라는 의미가 된다고 한다.

시황제가 어떠한 핏줄에서 태어났는가는 역사의 미스터리 중 하나다. 시황제에 대해 자세한 것은 **시황제의 묘와 지하궁전의 수수께끼** 항목도 참조.

■ 시황제의 묘와 지하궁전의 수수께끼

진나라 시황제의 묘에 대해서는 진위불명의 상태가 이어지고 있었다. 기원전 100년경에 사마천이 쓴 '사기'에 의하면 기원전 210년에 죽은 시황제의 능묘 지하는 거대한 궁전으로, 인공적인 강과 바다에는 수은이 흐르고 있었다고 한다. 그러나 시황제의 사후 100년이나 지난 뒤에 쓰인 '사기'의 기술에 대해서는 오랫동안 물음표가 붙어 있었다.

20세기에 들어선 후, 섬서성 서안시에서 시황제의 능묘라고 여겨지는 유구가 발견되었다. 1974년에는 능의 동쪽 1.5킬로미터 떨어진 곳에서 7000~8000개의 등신대 병사와 600마리의 말의 도용(陶俑. 도기로 만들어진 인형을 말하며, 고대중국의 부장품), 통칭 '병마용'이 발견되었다. 상상을 초월한 규모의 묘가 발견되자 세계적인 뉴스가 되었다. 1987년에는 '진나라의 시황제능'으로서 세계문화유산에 등록되었다.

그리고 그 후의 조사에 의해 능묘의 지하에도 피라미드 같은 형태의 건조물이 묻혀 있음을 알게 되었다. 능묘의 흙에서는 통상보다 높은 수치의 수은이 검출되었으며, '사기'에 적혀있는 대로 궁전이 지하에 존재했던 것이 아닐까 여겨지고 있다.

시황제의 능묘는 현재도 조사 중이며, 앞으로 많은 수수께끼가 밝혀질지도 모른다. 시황제에 대한 자세한 정보는 **시황제의 출생의 비밀** 항목도 참조.

■ 신선이 수행했던 경승지 여산

'비류직하삼천척, 의시은하락구천(飛流直下三千尺, 疑是銀河落九天. 나는 듯 흘러내리니 그 길이가 삼천척이요, 마치 은하수가 하늘 끝에서 떨어지는 듯하구나)'라고 노래한 '망여산폭포(望廬山瀑布)'는 당나라의 시인 이백의 시로 유명한데, 그 무대가 된 것이 중국, 강서성 북단부에 있는 여산(廬山)이다.

세계유산에도 등록되어 있는 여산에는 옛날부터 신선의 전설이 있다. 구전에 의하면, 은나라와 주나라 시절, 광(匡) 씨 성을 대는 일곱 명의 형제가 이 산에 초막을 짓고 은둔생활을 하다가 그 후에 신선이 되었다. 그들이 살고 있던 초막이 산이 되었다고도 하며, 이 전설 때문에 '광산(匡山)'이라고도 불리고 있다.

여산의 북쪽은 장강(양자강)에 접해 있으며 길이는 25킬로미터에 폭은 10킬로미터, 높이는 1000미터 이상이다. 주요 산봉우리로는 한양봉, 향로봉, 오로봉 등이 있다. 이백, 백거이, 도연명, 소식(蘇軾) 등 많은 시인이 여산을 사랑했고 많은 시를 남긴 것 외에, '사기'를 기록한 사마천도 여산을 절찬했다.

■ 여와가 인간을 만든 이야기

중국에 전해지는 신화에 의하면, 반고(자세한 것은 **거인 반고의 천지창조** 항목을 참조)가 만든 세계에 갑자기 여와(女媧)라는 아름다운 여신이 나타났다. 여와는 세계를 둘러보고서 생물이 없음을 알았다. 그래서 황토를 반죽하여 진흙인형을 만들고, 혼을 넣어서 최초의 인간을 만들었다. 그러나 수많은 인간을 한 명씩 만들어 나가는 일은 몹시 힘들었다.

그래서 여와는 수고를 줄일 방법을 생각했다. 우선, 재료인 황토에 물을 끼얹어서 걸쭉한 진흙탕으로 만들고, 한 줄의 밧줄 끝을 나무에 묶은 뒤에 다른 한쪽 끝을 손에 쥔다. 그리고 밧줄을 늘어뜨려 진흙탕에 적시고 잠깐 좌우로 흔든 뒤에 밧줄을 잡아당긴다. 그러면 팽팽하게 당겨진 밧줄 가장자리에서 흙탕물이 뚝뚝 떨어지고 그 진흙 방울이 굳어서 인간이 되었다. 이렇게 한 번에 수천 명의 인간을 만드는 데 성공했지만, 손으로 만든 진흙인형에 비해서 조잡하게 만들어지고 말았다. 머리가 좋은 사람이나 고귀한 사람은 손으로 만든 진흙인형에서 만들어진 인간이고, 머리가 나쁘거나 가난한 인간은 진흙 방울에서 태어난 인간이라고 한다.

■ 여와에 의한 천지수복

인간을 창조한 여와(자세한 것은 **여와가 인간을 만든 이야기** 항목을 참조)는 부서진 세계를 수복한 적이 있다.

어느 날, 물의 신 공공(共工)과, 불의 신 축융(祝融)이 큰 싸움을 벌였는데 패배한 공공은 분한 나머지 자신의 머리로 부주산(不周山)을 들이받았다. 부주산에는 반고(자세한 것은 **거인 반고의 천지창조** 항목을 참조)가 죽은 뒤에 하늘과 땅 사이에 세워진 기둥이 있었는데, 공공 때문에 이 기둥이 부러져서 하늘은 서북쪽, 땅은 동남쪽으로 기울어져 전 세계에 대지진이 일어났다. 엎친 데 덮친 격으로 구멍이 뚫린 하늘에서는 큰 비가 쏟아져서 하천에는 대홍수가 났고, 불이나 물에 쫓긴 맹수들이 인간을 습격했다.

이것을 본 여와가 오색의 돌을 발견해서 솥 안에 넣고, 불로 녹여서 풀 같은 것을 만들어 하늘에 뚫린 큰 구멍을 막았다. 이어서 바다 속에 사는 거대한 거북의 네 다리를 잘라서 대지의 사방에 세워 하늘의 기둥 대신으로 삼았고, 강가의 갈대를 모아서 태운 재를 쌓아 제방을 만들어 하천의 범람을 막았다. 마지막으로 날뛰는 맹수들이나 새들 중에서 가장 크고 무서운 흑룡을 죽이자, 지상은 원래대로의 평화를 되찾았다.

그러나 한 번 부서진 천지가 기울어진 것은 그대로라, 오늘도 중국대륙은 서북쪽이 높고 동남부가 낮아서 하천은 전부 동쪽이나 남쪽으로 흘러가게 되었다고 한다.

■요술이 난무하는『삼국지』

삼국시대의 역사서『삼국지』는, 명나라 시대에 나관중이 쓴 소설『삼국지연의』에 의해 사람들 사이에 널리 침투했다. 역사서의 기술과 민간전승이 융합하여 태어난 이야기인 만큼, 요술 같은 신비한 힘이 이야기의 여기저기에서 엿보인다.

예를 들면 오나라의 무장인 손책은 자신의 영토에서 민중의 병을 치료하고 돌아다니던 도사인 우길을 위험시해서, 구실을 붙여 죽였다. 이후에 손책은 자객에게 습격당해 부상을 입는데, 우길이 밤이면 밤마다 나타나서 상처가 악화되는 주술을 걸었기 때문에 손책은 고통스럽게 죽고 말았다. 완전한 창작인 것도 아닌지, 역사서『삼국지』에도 우길을 죽인 일화가 남아 있다.

그 밖에 유명한 적벽대전에서는, 촉나라의 군사 제갈공명이 화계(火計)를 성공시키기 위해 요술로 동남풍을 불렀다. 이것을 경계했던 오나라의 주유는 제갈공명과의 지략대결에서 패했고 결국 이 일이 원인이 되어 화병으로 죽게 되는데, 이쪽은 픽션이다.

적벽대전이 벌어졌던 땅인 호북성 가어현 서쪽의 적벽, 촉나라의 유비가 숨을 거두었다고 여겨지는 백제성, 제갈공명의 마지막 싸움이 있었던 땅인 오장원 등, 중국에서는 현재도『삼국지』의 무대가 된 땅이 도처에 남아있으며 많은 팬으로 북적이고 있다.

■유령을 판 남자

4세기 초, 중국의 육조시대에 쓰인 일화. 송정백이라는 남자가 어느 날 밤에 유령과 만났다. 송정백은 곧바로 자신도 유령이라고 거짓말을 하고 함께 시장에 가게 되었다. 도중에 유령은 "정말로 너는 유령이냐"라고 의심했지만, 그때마다 송정백의 화술에 말려서 믿고 만다. 시장에 도착해서 유령이 양의 모습으로 변했을 때, 송정백은 유령의 약점인 인간의 침을 묻혔고 양의 모습이 된 채로 변신능력을 잃은 유령을 시장에 팔아버렸다고 한다.

간보(干寶)가 쓴『수신기(搜神記)』에 실려 있다. 명계를 여행하는 이야기, 초자연현상이나 유령, 괴물 이야기 등의 민간설화를 모은 지괴소설(志怪小說)이라는 장르 중 하나다.

■자금성의 괴이

1420년, 명나라의 영락제 때에 건설된 자금성. 과거에는 황제의 거처였으나 현재는 고궁박물관이 되어있다. 중국에서도 최고의 아름다움을 자랑하는 궁전이며 화려한 관광명소이지만, 어스름이 깔릴 무렵부터는 주의하는 편이 좋다고 한다. 밤이 되면 유령이 활동하기 시작해서, 궁전은 무서운 심령 스팟으로 변화하기 때문이다.

하얀 옷을 입은 귀부인이 병사에게 쫓기면서 복도를 도망치고 있었다, 바닥 위에 시체가 몇 구나 포개져 있는 환상을 보았다, 등불을 든 여성 무리가 건물 안으로 들어가서 사라졌다, 칼을 맞부딪치는 소리나 비명, 우는 소리가 들렸다. 거대괴수를 봤다는 등, 자금성에서 목격된 유령은 헤아릴 수 없다. 그중에는 자금성에서 얼굴 없는 긴 머리의 여자를 목격한 두 명의 경비병이 며칠 뒤에 잇따라 사망했다는 이야기도 있다.

약 600년이라는 역사 속에서 외부와 격리된 이 성에서는 많은 피가 흘렀을 것이다. 부정부패와 음모가 넘치고 책략이 소용돌이치는 성 안에서 학살당하거나 참살된 사람들의 원통한 마음이 원령이 되어 이 땅에 배어 있는 것인지도 모른다.

■장사의 신이 된 유비의 의형제, 관우

중국의 삼국시대, 221년에 촉나라의 황제가 된 유비에게는 오랫동안 고락을 함께 했던 두 명의 의형제가 있었다. 그것이 호걸 장비와 문무를 겸비한 선비인 관우다.

소설『삼국지연의』에 의하면 관우는 9척(약 210센티미터)의 몸에 2척(약 48센티미터)의 아름다운 수염을 기른 대장부인 한편으로, 학문에 능한 지장(智將)으로서도 유명하다. 사후에도 이상적인 영웅으로서 무협의 신으로 모셔지게 되었는데, 현재는 도교의 재신(財神)으로 널리 믿어지고 있다.

무장인 관우가 어째서 재신이 되었는지 이상하게 생각되지만, 이유 중 하나로 유비에 대한 흔들림 없는 충성심 때문에 신용이 제일인 장사의 신으로 모셔졌다는 설이 있다. 그 밖에는 관우의 출신지가 산서지방이며 소금의 생산지였다는 점에서, 소금 상인들이 고향의 영웅인 관우에게 오가는 길의 안전을 기원한 것에서 상인의 수호신으로서 모셔졌다는 설도 있다.

현재 관우를 신으로 모시는 '관제묘(關帝廟)'는 아시아 각지에 있다. 중국에서는 북경이나 호북성의 당양, 산서성의 해주에 있는 것이 대표적이며, 일본에도 요코하마나 고베 등에 세워져서 인기 관광 스팟이 되었다.

■정화의 대항해

정화(鄭和)란 명나라의 영락제를 섬긴 환관이다. 정화는 황제의 명령을 받고 대함대를 이끌고 남해의 나라들을 향해 일곱 번이나 원정을 수행했다. 인근국가로부터 조공을 요구하기 위한 여행이었다. 정화가 통솔했던 것은 대형 범선이 60척 이상에 승조원이 2만 명을 넘는 대함대였다고 한다. 후세에 '정화의 서양행'이라고 불린 1405년부터 33년간 이루어진 일곱 번에 걸친 항해로, 첫 번째 항해에서는 베트남이나 자바 섬, 수마트라 섬을 거쳐 말라카 해협을 넘어 인도 서해안까지 도달했다. 네 번째 항해에서 이미 페르시아만에 이르렀고, 별동대는 아프리카 동해안의 아라비아 반도에 도착했다.

또한 정화가 아메리카 대륙에 도달했었을 가능성이 있다는 설도 있다. 이것이 사실이라면 콜럼버스가 1492년에 아메리카 대륙에 도달한 것보다도 70년 이상이나 앞선 일이 된다. 영국의 작가인 개빈 멘지스(Rowan Gavin Paton Menzies)는 영락제가 다스렸던 15세기경의 중국 서적에 남미의 파타고니아에 서식하는 동물 그림이 그려져 있거나, 당시의 중국 침몰선에서 남미의 것으로 여겨지는 도기 등이 발견된 것을 지적하고 있다. 그것들이 정화의 아메리카 대륙 도달을 뒷받침한다고 주장한다. 이것이 사실이라면 역사적 위업이지만, 표면 무대에 나올 일이 없는 환관이었기 때문인지 정화에 대한 기록은 거의 남아있지 않다. 1930년대에 바다의 수호신 마조(자세한 것은 대만의 **항해의 여신 마조** 항목을 참조)에 항해 안전을 기원하기 위해 정화가 봉납한 석비가 복건성에서 발견되었다. 이 석비는 일곱 번째 항해 때에 봉납한 것이라고 한다.

또한 정화가 일곱 번의 항해를 거쳐 작성한 '정화항해도'라는 지도가 남아있다. 이 지도를 바탕으로 했다고 이야기되는 신비한 지도도 존재한다. 자세한 것은 중동·터키의 피리 레이스의 지도에 그려진 **얼음 밑의 남극대륙** 항목을 참조.

■천자가 쌓은 화이트 피라미드

중국 서안시 남서부의 산악지대에 백색 피라미드가 있다고 한다. 1912년에 여행자에 의해 목격된 이 수수께끼의 건조물은, 1945년에 미국의 공군 파일럿이 촬영한 사진이 1947년 3월에 '뉴욕 타임즈'에 실리며 세상에 알려지게 되었다. 이후에 1994년에는 NASA의 우주비행사가 촬영한 사진이 해석되어 높이 100미터 이상의 피라미드가 다수 늘어있는 것이 확인되었다.

현재 서안시 주변에는 100개 이상의 피라미드가 존재한다고 하며, 우주 고고학자 하트위그 하우스돌프(Hartwig Hausdorf)는 용을 타고 지구에 내려온 천자에 의해 건조되었다고 주장하기도 한다.

■태양을 쏘아 떨어뜨린 남자·예

아득한 옛날, 하늘에는 10개의 태양이 있었다. 이 태양들은 천계에 있는 제준(帝俊)과 태양의 여신 희화(羲和)의 자식들이었다. 10개의 태양은 동쪽 끝의 탕곡(湯谷)이라는 계곡 속에 있으면서 순서를 정해 매일 하나씩, 계속 안의 거대한 연못에서 목욕을 한 뒤에 계곡 위에 나 있는 부상(扶桑)이라는 높은 나무 위로 올라가, 넓은 하늘을 건너 서쪽 끝에 있는 몽곡(蒙谷)이라는 계곡까지 여행을 하고 있었다.

그러나 중국 고대의 요나라 시대, 10개의 태양은 장난삼아 하루에 10개의 태양이 한꺼번에 부상(扶桑)을 오르며 여행을 시작했다. 지상은 눈 깜짝할 사이에 작열지옥으로 변해서, 초목도 곡물도 말리죽고 하천은 완전히 바닥을 드러냈다. 난처해진 요는 천계의 제준과 희화에게 기도를 올렸고, 제준은 예(羿)라는 활의 명인에게 사태의 처리를 명했다.

예는 높직한 언덕에 서서 10개의 태양을 향해 화살을 날렸다. 최초의 태양의 빛이 꺼지자, 온몸이 금색이고 다리가 셋 달린 거대한 새가 화살에 꿰뚫려 떨어졌다. 태양 안에 살고 있던 까마귀였다. 예는 나머지 태양도 차례차례 쏘아 떨어뜨렸고, 하늘에 하나의 태양만이 남자 지상은 원래 모습으로 돌아갔다고 한다.

■트랙을 질주하는 환상의 말

홍콩 경마장의 발상지라고 여겨지는 해피밸리 경마장에는 괴기현상에 대한 소문이 있다. 1960년, 마르셀 서머리그라고 하는 기수가 기승 중에 낙마해서 목숨을 잃었다. 그 이래 환상의 말이 트랙을 질주하고 있는 것을 보았다는 보고가 잇따랐고, 서머리그처럼 생긴 기수의 희미한 형체가 라커룸에서 목격되기도 했다고 한다. 기수와 말 모두, 아직 레이스에 나가고 싶었는지도 모른다.

■호랑이가 된 남자

8세기경의 당나라에는 호랑이로 변신한 남자의 이야기가 전해지고 있다. 농서(隴西) 지방 출신의 이징(李徵)은 젊을 때부터 박식했고 멋진 시를 썼다. 몇 년 후, 강남 지방에 하급관리로 임명되었지만 자부심이 강하고 오만했기 때문에 주위와 충돌할 뿐이었다. 임기가 만료되자 이징은 관직을 그만두고 누구와도 교류하지 않고 살았지만, 이윽고 생활이 곤궁해져서 상급관리의 도움을 받으며 살던 중에 병에 걸려 미쳐버렸고 결국 호랑이가 되고 말았다. 그 후에 친구인 원참(袁傪)을 만나 흉금을 털어놓는 시를 보여주고 처자식을 맡겼다고 한다.

당나라의 이경량(李景亮)이 모아서 엮은 전기소설 중 한 편인『인호전(人虎傳)』의 내용이다. 나카지마 아츠시는 이 이야기를 제제로 한 소설 『산월기(山月記)』를 썼으며, 호랑이이면서도 인간의 마음을 지닌 이징의 감정을 세밀하게 그렸다.

■ 호수 밑바닥에 가라앉은 마을

한 나무꾼이 일을 하다가 쉬면서 샘에서 도끼를 씻고 있었는데, 실수로 칼날에 손가락을 베여 피를 흘리고 말았다. 그러자 그 피에서 한 마리의 작은 물고기가 생겨났고, 배가 고프다고 해서 나무꾼은 물고기에게 도시락을 나눠주었다. 그 뒤로 날마다 나무꾼은 가난한 살림에서도 자신의 식량을 물고기에게 나눠주었는데, 결국 나무꾼의 쌀이 바닥나고 말았다. 그러자 꿈에 물고기가 나타났고, 다음 날 아침에 나무꾼의 집 마당에 쌀이 산더미처럼 쌓여있었다. 나무꾼은 부자가 되어서 아내도 맞이하고 행복하게 살았다.

그런데 이 이야기를 들은 나쁜 지주가 나무꾼과 아내를 감옥에 집어넣고, 쌀을 전부 빼앗아버렸다. 그러자 다시 물고기가 나타나서는, 나무꾼 부부를 구출한 뒤에 홍수를 일으켜 나쁜 지주와 함께 마을 전체를 물속에 가라앉혀 버렸다. 그 일대는 커다란 호수가 되었고, 지금도 호수 바닥에는 옛 모습 그대로의 마을이 가라앉아있다고 한다.

중국의 사천성 남서부, 서창(西昌)이라는 지방에 지금도 남아있는 전설이다. 과거에 이 지역에 있었던 공해(邛海)라는 커다란 호수의 기원으로서 이야기되고 있다.

■ 혼이 빠져나간 여인

8세기경, 중국의 당나라 시대에 쓰인 전기소설. 형주(현재의 호남성) 장관의 딸인 천랑(倩娘)은 조카인 소년 왕주(王宙)와 남몰래 사랑하고 있었다. 그런데 천랑과의 혼인을 바라는 관료가 나타나자 그녀의 아버지는 그 결혼을 승인해버렸다. 천랑은 낙심했지만, 왕주가 슬퍼하며 떠나려고 하자 천랑은 집을 버리고 쫓아왔다. 두 사람은 성도(현재의 사천성)에서 5년을 지낸 뒤, 두 사람의 아들을 데리고 형주로 돌아온다. 우선 왕주가 혼자서 그녀의 아버지를 찾아가자, 그 아버지는 "천랑은 벌써 몇 년 동안 병으로 누워 있다"라고 말했다. 그 이야기를 듣고 왕주가 배 안에서 기다리던 천랑을 데려오자, 방 안에 빈껍데기처럼 누워 있던 천랑과 두 사람이 합쳐져 한 몸이 되었고 이후로 행복하게 살았다고 한다.

당나라 사람 진현우(陳玄祐)에 의해 쓰인 『이혼기(離魂記)』에 실려 있다. 원나라 때 쓰인 희곡 『천녀이혼(倩女離魂)』은 이 이야기에 바탕을 두고 있다.

네팔

■붓다 탄생의 땅 룸비니

인도와의 국경 근처에 있는 마을인 룸비니(Lumbini)는 붓다의 출생지로 널리 알려져 있는, 붓다 4대 성지 중 하나다. 이후에 붓다가 되는 가우타마 싯다르타는 기원전 6세기경에 태어났다고 한다. 붓다의 어머니인 마야 부인은 고향으로 돌아오는 도중에 이 땅에 있던 나뭇가지에 붙잡혀, 오른쪽 옆구리 아래로 아기를 낳았다. 아기인 붓다는 갓 태어난 상태임에도 불구하고 일곱 걸음을 걷고, "천상천하 유아독존"이라고 말했다고 한다.

기원전 250년에는 인도의 마우리야조 아소카 왕이 이 땅에 붓다의 탄생지라고 새긴 돌기둥을 세웠다. 636년에는 『서유기』의 삼장법사의 모델이 된 현장삼장(자세한 것은 **중국의 손오공과 현장삼장** 항목을 참조)도 이 땅을 방문한 적이 있으며, 돌기둥이 낙뢰를 맞아 부러져 있었다는 기록을 남겼다.

현재는 공원이 되었으며, 마야 부인을 기념하는 성당 근처에 아소카 왕의 돌기둥이나 아기 붓다와 마야의 목욕에 사용되었다는 사각형의 푸스카리니 연못 등이 있다. 연못가에 있는 보리수는 불력(佛曆) 2500년을 기념해서 1956년에 당시 마헨드라 국왕이 식수한 것이다. 공원은 1997년에는 세계문화유산에 등록되었다.

■수수께끼의 나라 무스탕

2008년까지 네팔에는 유일한 자치령으로서 존재했던 무스탕(Mustang)이라는 왕국이 있었다. 1992년까지 쇄국상태였기 때문에, '금단의 나라'라고도 불리고 있었다. 티베트와의 국경 근처에 있었기 때문인지 옛 티베트 문화가 남아있으며, 지금도 그 전모는 완전히 밝혀지지 않았다.

히말라야 산맥에 둘러싸인 이 왕국의 수도 로만탕(Lomanthang)에 만들어졌다는 것이 무스탕 동굴이다. 단애절벽에 뚫려있는 많은 동굴들은 주거지나 사원을 갖춘 도시였다고 여겨지고 있으며, 그 구멍의 수는 1만개에 이른다고 한다. 동굴에서는 대량의 인골 외에 오래된 법전이나 불경, 만다라 등이 발견되고 있다.

외부로부터 단절된 이 비경은 현재는 외국인에게도 개방되어 있으며 티베트 문화를 느낄 수 있는 관광 스팟이 되었다.

파키스탄

■ 말을 탄 유령

19세기에 파키스탄에서 목격된 유령담이 있다.

펀자브주에 파견된 바타 대장은 아내와 함께 어느 집으로 이사했다. 그 집은 몇 년 전에 죽은 어느 중위가 세운 것이었다.

저녁 식사에 친구를 초대한 어느 날 밤, 바타는 개를 데리고 친구를 바래다주고 돌아오는 길에 말발굽 소리를 들었다. 그 소리는 점점 다가왔고, 말에 탄 신사가 시종과 함께 나타났다고 한다.

근처에는 다른 집이 없었으므로 바타가 말을 걸자, 말에 탄 신사는 이쪽을 내려다보았다. 그런데 그 얼굴은 몇 년 전에 죽었던 중위인 것이었다. 깜짝 놀란 나머지 발을 헛디뎌 넘어진 바타가 일어났을 때에는, 이미 말도 중위의 모습도 사라진 뒤였다고 한다. 길 앞으로 나아간 곳은 낭떠러지여서, 그쪽으로 향했다고도 생각하기 어려웠다.

그 날 밤 이후에도 바타나 그의 아내, 집의 심부름꾼이 맹렬한 속도로 달리는 말발굽소리를 들었다. 발소리가 났을 때에 밖을 쳐다보아도 아무도 없었다고 한다.

■ 모헨조다로에 남은 고대 핵전쟁의 흔적

기원전에 번영한 인더스문명 최대의 유적인 모헨조다로를 둘러싼 전설. 고도의 문명을 이루고 최대 3만 명이 살았다고 하는 이 도시는, 현대에 이르기까지 발굴된 것은 아직 2할 정도로 수수께끼가 많이 남아있다.

멸망한 원인으로서 이야기되는 것 중 하나가, 고대 핵전쟁에 의한 것이라는 설이다. 유적에서 5킬로미터 정도 떨어진 지점에는 그 지역 사람들이 금단의 땅이라고 불리는 장소가 있는데, 그곳은 유리화한 돌로 덮여있다고 한다. 약 800미터 정도나 되는 그 땅에서는 녹은 벽돌 등이 발굴되고 있는 것에 더해, 묻혀있던 인골에서 정상의 약 50배에 가까운 방사능이 검출되었다고 한다. 이 사실로 인해 고대에 핵을 사용한 전쟁이 이루어진 것은 아닐까 하고 이야기되고 있는 것이다.

1960년대 이후, 정지되어 있던 발굴조사가 재개되면 진상이 밝혀질지도 모른다.

방글라데시

■ 오리온자리가 된 프라자파티

방글라데시에는 오리온자리를 둘러싼

기원이 전해진다.

힌두 신화에 등장하는 조물주 프라자파티(Prajapati)는, 우주나 생물을 최초로 만든 창조신이었지만 점차 지배력이 약해져서 브라흐마에게 지위를 넘겨주게 되고 말았다. 시간이 흐름에 따라 프라자파티은 악한 마음을 갖게 되었고, 끝내 자신의 딸을 유혹했다.

딸인 우샤스(Ushas)는 암사슴으로 변신해서 숲속으로 도망쳤고 프라자파티는 수사슴이 되어 뒤쫓았다. 이 모습을 보고 있던 하늘의 신들은 분노하여 프라자파티를 응징하려고 활의 명수인 루드라(Rudra)를 지상으로 파견했다. 그리고 딸을 유혹하려고 했던 프라자파티에게 세 자루의 화살올 날렸다. 화살은 전부 수사슴이 된 프라자파티의 몸통을 꿰뚫었고, 각각 아그니(태양신 알니탁[Alnitak]), 소마(음식의 신 알니람[Alnilam]), 비슈누(불의 신 민타카[Mintaka])라는 밝은 별이 되어서 프라자파티와 함께 하늘로 올라갔다. 프라자파티는 오리온자리가 되었고, 그 중앙에는 몸통을 꿰뚫은 삼형제별이 일렬로 늘어서서 빛나고 있다고 한다.

루드라 신의 화살은 큰개자리의 시리우스 위에 선 프라자파티의 몸통을 꿰뚫고, 황소자리의 알데바란이 되었다는 설도 있다.

동티모르

■ 크리스트 레이의 기묘한 소문

크리스트 레이(그리스도 상)는 브라질이나 포르투갈 등 세계 각지에 세워져 있지만, 아시아에서 가장 커다란 것이 2002년에 갓 독립한 동티모르에 있다.

수도 딜리의 언덕 위에 서 있는 27미터나 되는 그리스도 상에는, 실은 기묘한 소문이 있다. 두 팔을 벌린 그리스도 상이 동티모르를 중심으로 한 지구의 위에 서 있는데, 이 지구의에는 일본이 그려져 있지 않다고 한다. 섬나라라서 생략되었다고 이야기되고 있지만, 동티모르는 경건한 기독교도가 많은데 일본은 기독교화되지 않은 나라인 것이 이유라는 소문도 있다고 한다.

필리핀

■ 낮에는 미녀가 되는 흡혈생물 아스왕

필리핀에는, 낮에는 미녀의 모습이지만 밤에는 무서운 흡혈생물로 변하는 괴물의 전설이 있다. 파라완 섬에서 목격되는 아스왕(Aswang)이라는 미확인생물이다. 낮에는 미인의 모습이지만, 보름달이 뜬 밤에는 하늘을 나는 흡혈생물이 된다. 밤의 모습은 몸길이 1.5~2미터에 머리는 개, 몸은 도마뱀 같으며 온몸이 털로 뒤덮여 있고 손에는 날카로운 발톱이 나있다고 한다. 등에 난 검은 날개로 하늘을 날아다니고 인간 남성의 생피를 즐긴다. 만약 아스왕이 인간의 그림자를 핥을 경우, 그 그림자의 주인은 죽어버린다고 한다.

2005년에는 농부 남성이 아스왕에게 끌려갈 뻔하거나, 어부 남성이 상공에서 습격당해 정신을 잃거나 하는 사건이 일어났다. 이때, 어부 남성은 몸에서 피가 빠져나가 있었다고 한다. 게다가 2006년에는 지역의 카메라맨이 하늘을 나는 아스왕의 모습을 촬영했다. 전설의 괴물은 실존했다며 화제가 되었다.

또한, 시키호르섬에도 낮에는 미녀의 모습이지만 밤에는 괴물이 되는 마나낭갈(Manananggal)이라는 전설의 마녀가 있다. 마나낭갈의 몸은 밤이 되면 상반신과 하반신이 분리된다고 한다. 상반신에서는 날개가 돋아나서 하늘을 난다. 인간의 내장이나 갓난아기를 좋아해서 사냥감으로 삼는 경우가 많다. 가늘고 긴 혀를 지녀서 주택의 미세한 빈틈, 때로는 임신 중인 여성의 배꼽으로 혀를 찔러 넣어 안에 있는 아기를 빨아먹는다고 한다. 남성을 습격하는 경우에는 미녀의 모습으로 유인해내서 잡아먹는다고 한다. 다만 상반신이 사냥하고 있는 동안에 하반신은 완전한 무방비상태로, 분리된 채로 새벽을 맞이하면 그 마나낭갈은 죽어버린다고 한다. 2007년에는 어느 커플이 마나낭갈 같은 생물을 촬영 후 인터넷에 공개하여 진위 여부로 논쟁이 되었다.

그 괴물들의 정체는 거대한 박쥐에 지나지 않는다는 의견도 있다. 그러나 근래에 들어도 목격증언이 있기 때문에, 필리핀 섬들의 밀림 어딘가에 미지의 흡혈생물이 실제로 있을 가능성도 남아있다.

■독충사 바랑과 맘바바랑

필리핀에는 '바랑(Barang)'이라고 불리는 무서운 요술사의 전설이 있다. 만쿠쿠랑이라고 불리는 필리핀에 전해지는 흑마술사의 일종으로, 바랑은 독충을 부리는 자다. 바랑이란 투구벌레의 일종을 가리키는 말이다.

바랑은 눈에 보이지 않을 정도로 작은 적색, 백색, 흑색의 독충을 기르고 있다. 술법을 실행하며 바랑이 주문을 외면, 독충들이 몇 십 킬로미터 밖이라도 맹렬한 속도로 날아가서 대상자의 온몸에 달라붙는다. 이 독충에게 쏘이면 대상자는 심한 통증과 함께 온몸이 새빨갛게 부어오르고, 숨을 쉬는 것도 힘들어져서 고통에 신음하다 죽는다고 한다. 이 독충으로부터 도망치려면 술자인 바랑을 죽이는 것 외의 방법은 없다고 한다.

여성인 독충술사일 경우, 맘바바랑(Mambabarang)이라고 불리는 일도 있다. 맘바바랑은 대나무 튜브를 가지고 다니며, 그 안에 투구벌레, 메뚜기, 지네 같은 다양한 주술용 벌레를 키우고 있다. 술법을 걸 때는 대상자의 머리카락을 한 가닥 취해서, 그 끝에 벌레를 묶는다. 그러면 벌레가 대상자의 몸 안에 침입해서 안쪽부터 갉아먹어간다. 만약 맘바바랑의 타깃이 될 경우, 다른 술자에게 도움을 청하지 않으면 목숨을 보장할 수 없다고 한다.

■비간 형제가 천계의 쌀을 받은 이야기

필리핀의 루손 섬의 고지에 사는 이푸가오(Ifugao)족에게 전해지는 신화.

옛날, 카얀에 사는 비간과 카비가트라는 사냥꾼 형제가 야생 돼지를 잡으려고 창을 손에 들고 구릉지로 향했다. 형제는 돼지를 추적하며 산 위로 향하는 동안, 어느샌가 신들이 사는 천계까지 오고 말았다.

비간은 리둠과 히누무비안이라는 신의 집 근처에서 돼지를 창으로 찔렀다. 히누무비안은 천계의 돼지를 죽였다며 비간을 꾸짖었지만, 비간은 지상의 돼지임을 설명하고 카비가트와 함께 돼지를 해체해서 신들에게 나누어주었다. 그러자 신들이 피와 쌀을 섞어서 날고기를 먹는 모습을 보고, 형제는 나머지 고기를 들고 지상으로 돌아와서 대나무로 만든 도구로 불을 피우고 고기과 쌀을 조리해서 신들을 초대해 요리를 대접해주었다.

그 맛있는 요리에 놀란 리둠과 히누무비안은 형제에게 교섭을 제안하고, 신들이 소유한 품질 좋은 벼와 형제가 지닌 불을 교환하기로 했다. 신들은 기뻐하고 불을 집으로 가지고 갔다. 그러자 집에 불이 붙어버려서 난처해진 신들은, 다시 불을 가지고 돌아가라고 말했지만 비간은 물로 불을 약하게 하고, 불씨를 담아두는 화로를 만들어주었다. 신들은 더더욱 비간에게 감사하고, 두 형제에게 쌀의 저장법이나 논을 만드는 법 등을 알려주었다.

지상으로 돌아온 비간은 신들에게 들은 방법으로 땅을 갈았고, 논두렁에 막대기를 찌르자 물이 넘쳐서 논이 완성되었다. 그 뒤에도 비간의 닭과 교환해서 대장장이 신인 디니팡이 수확용 날붙이를 만들어주는 등, 비간과 신들은 서로 협력했다. 비간은 신들에게 공물을 보내며 감사의 마음을 잊지 않았다고 한다. 이렇게 루손 섬의 카얀 산악지대에 만들어진 계단식 논은 2000년 이상이 지난 지금도 대대로 이어지고 있다.

■죽음의 마을 슈게토

필리핀, 루손 섬 북부의 틴키안족의 바아이라는 산간마을에는, 사후에 나쁜 혼은 죽음의 마을 슈게토에 간다고 믿어지고 있다. 슈게토는 바위투성이 산으로, 죽은 영혼을 꼬챙이로 꿰기 위한 긴 창을 지닌 인간의 몸에 호랑이 얼굴을 한 왕이 지배하고 있다. 죽은 인간과 인연이 있는 자는, 죽은 자가 사후 세계에서도 용감하게 싸우고 무사히 천국으로 갈 수 있도록 무기를 함께 매장해준다고 한다. 그러나 죽음의 마음을 어떻게든 벗어났다고 해도, 하늘에 이를 때까지는 10개의 마을을 통과해야만 하며, 그 모든 마을에 무서운 악령이 살며 죽은 자의 혼을 잡아먹으려고 기다리고 있다. 생전에 악행을 저지른 영혼은, 안식을 얻기 위해서는 사후에도 싸워서 승리해야만 한다는 모양이다.

부탄

■ 되살아난 시체, 로랑

악령이 깃들어 되살아난 시체를 부탄에서는 로랑(起屍)이라고 부른다. 남미의 좀비나 중국의 강시 같은 존재로, 로랑이 머리를 건드리는 자는 로랑이 되어버린다고 한다.

옛날에 인도로 갔던 상인이 로랑이 되어 처자식 곁으로 돌아왔다. 아내와 자식은 여행 중인 승려에게 도움을 청했고, 승려와 로랑은 사투를 벌였다. 승려는 밧줄로 로랑을 묶고 주문을 외우자 죽은 자의 몸에서 악령이 쫓겨났다고 한다.

■ 탁상 사원과 파드마삼바바

부탄 서부에 있는 탁상 사원(Taktsang-Temple)은 표고 3120미터의 깎아지른 듯한 절벽에 세워진 티베트 불교 사원이다. '호랑이의 은신처'라는 의미로, 티베트 불교 닝마(Nyingma)파의 전설적인 개조(開祖)인 파드마삼바바(Padmasambhava, 구루 린포체)가 호랑이를 타고 이 땅에 내려와 동굴에서 명상을 하고 여덟 화신으로서 나타났다는 전설이 있다. 17세기 말에 사원이 건립되고, 부탄의 성지로서 현재도 많은 참배객이 방문하고 있다.

파드마삼바바는 제2의 붓다라고도 불리는 전설적인 인물이다. 여덟 화신을 가지고 있으며 신비한 저주의 힘을 지녔다고 여겨지고 있다. 티베트에 찾아와서 가르침을 받고, 경전을 산이나 호수 등에 봉인하고서 마땅한 때에 그것을 발견하게 될 것이라 예언하고 서남쪽의 나찰국(스리랑카)로 여행을 떠나고 모습을 감췄다고 한다.

그 평생 동안 수수께끼가 많은 인물이지만, 탄생도 신비함으로 가득 차 있다. 인도의 우디야나(Oddiyana)라는 나라의 인드라보디(Indrabodhi)라는 왕이, 어느 날 하늘에서 구고저(九鈷杵, 밀교에서 사용하는 불구[佛具] 중 하나)가 손에 떨어지는 꿈을 꾸었다. 또, 어느 날에는 심장에서 태양이 튀어나와서 전 세계를 비추는 꿈도 꾸었다.

그 후, 하늘에 구름 한 점 없이 태양이 빛나고 있는데 다나코샤(Dhanakosha)라는 호수에 오색 무지개가 걸려있는 것을 보았다. 왕이 신하와 함께 호수로 가자 그곳에 아름답고 품위 있는 커다란 연꽃이 피어있었고, 그 꽃 한 가운데에 장밋빛 뺨을 지닌 아름답고 작은 동자가 앉아 있었다. 그 동자는 오른손에 연꽃, 왼손에는 성수가 든 작은 항아리를 들고, 왼팔에 작은 삼지창(三叉戟)을 안고 있는 모습이 어딘지 모르게 석가모니와 비슷했다. 왕이 동자에게 경의를 품고 이야기를 나누는 동안, 왕의 보이지 않던 오른쪽 눈이 보이게 되었다. 왕과 신하는 그 동자를 공경하며 '연꽃에서 태어난 자'라는 의미의 파드마삼바바라고 이름 붙이고 데리고 와서 후계자로 삼았다고 한다.

이 연꽃이 변했다는 전설에서, 파드마삼바바의 불상은 왼손에 삼지창을 든 모습인 경우가 많다.

■흡혈괴물 스테와 루투

과거에 완디 포단 지구에 흐르는 강에 무수한 촉수로 생물의 피를 빠는 스테와 루투(Stewa rutu)라는 괴물이 살고 있었다. 이 괴물은 강에 비친 인간의 그림자에서도 피를 빨 수 있었기 때문에 사람들은 스테와 루투를 몹시 두려워하고 있었다. 어느 날, 마을 영주는 한 마리의 코끼리를 강에서 목욕을 시켰다. 그러자 스테와 루투가 나타나서 코끼리의 다리에 휘감겼고, 코끼리는 깜짝 놀라 날뛰며 휘청거리면서도 둑 위로 올라온 뒤에 힘이 바닥나 쓰러졌다. 영주는 곧바로 스테와 루투에게 새빨갛게 달군 모래를 끼얹었고, 그러자 스테와 루투는 점점 쪼그라들더니 말라비틀어져 죽었다. 이렇게 스테와 루투는 퇴치되었다고 한다.

브루나이

■브루나이의 강에 숨은 괴물

보르네오 섬 북쪽 해안에 있는 풍요로운 소국 브루나이에 나타났다는 미확인 생물의 전설이 있다. 2017년, 강을 유유히 헤엄치고 있는 수수께끼의 생물이 보트를 타고 있던 사람들에게 목격되었다.

그 생물은 수면에서 얼굴만 내밀고 호흡을 하는 것처럼 입을 열었다 닫았다 하고 있었다고 한다. 입에는 무수한 이빨이 나 있었으며 머리에 지느러미 같은 것이 달려 있는 모습이, 명백히 지구상의 생물과는 다른 형태였다고 한다. 헤엄치는 모습이 동영상으로 촬영되어 화제가 되었지만, 그 후의 목격정보는 없고 여전히 정체불명이다.

베트남

■락 롱 꾸언과 100명의 아이들

베트남에 전해지는 건국신화. 중국 전설의 제왕인 '삼황(三皇)' 중 한 명으로 여겨지는 신농의 자손은, 중화세계의 북쪽과 남쪽을 각각 다스리고 있었다. 남방을 다스리고 있던 신농의 배다른 동생인 낀 즈엉(Kinh Dương[涇陽]) 왕의 아들이 락 롱 꾸언(Lạc Long Quân[貉龍君])이다.

락 롱 꾸언은 왕위 계승 후, 북쪽에 사는 산의 부족인 어우 꺼(Âu Cơ[嫗姬])라는 공주를 아내로 맞이했다. 두 사람 사이에는 100명의 자식이 태어났고, 중국 남방의 많은 민족들의 조상이 되었다고 한다.

그러나 고지대에 살던 어우 꺼와 해변에 살던 락 롱 꾸언은 의견이 잘 맞지 않았다. 그래서 두 사람은 필요할 때에는 서로 돕기로 약속하고, 자식들을 50명씩 데려가서 베트남의 각각의 땅에 살았다. 자식들 중 한 명인 훙 브엉(Hùng Vương[雄王])이 성장해서 왕위를 계승하고, 베트남 최초의 국가인 반랑(Văn Lang[文郎])국을 세웠다. 음력 3월 10일은 훙 브엉의 탄생일로서 베트남의 국경일이라고 한다.

훙 브엉의 고향이라고 하는 송코이 강 중류 유역에 한나라 이전의 금속기 시대 유적이 많이 출토된 것에서, 훙 브엉의 건국은 사실이라고 주장하는 설도 있다.

■손오공이 갇혀있었던 오행산

오행산은 베트남 중부의 도시인 다낭에 있는, 심벌적인 성스러운 산이다. 마블마운틴이라고도 불린다. 대리석으로 이루어진 다섯 개의 산들은 목, 화, 토, 금, 수의 음양오행설에 따라 이름이 붙어있으며, 손오공(자세한 것은 **중국의 손오공과 현장삼장** 항목을 참조)이 500년간 석가여래에게 갇혀 있었던 산으로서『서유기』에 등장한다.

각 산마다 파워 스팟이 있으며, 산 중턱에 불상이 안치된 동굴에는 지금도 많은 참배객이 방문하고 있다.

■용이 내려온 하롱만

베트남 북부에 있는 하롱(Halong)만은 융기한 석탄암층이 빗물에 침식되어 형성된 기암(奇巖)들이 늘어선 경승지다. 만 안에는 2000개 이상의 작은 섬과 바위, 돌들이 산재해 있다. '하'는 '내려온', '롱'은 '용'이라는 의미로 하롱은 '하룡(下龍)'이라고 쓴다. 이 이름의 유래가 된 용을 둘러싼 전설이 있다.

과거에 이 땅에 사는 사람들은 거듭되는 외적의 침략에 고통 받고 있었다. 그런 상황에서 용이 내려와서 적을 물리쳤다. 그리고 입에서 보석을 쏟아냈고, 이 보석들이 만 안에 가득한 기암이 되었다. 이 바위들이 그 뒤에도 외적의 공격에서 보호

해주게 되었다고 한다.

20세기 전반부터는 프랑스인들에게 인기 있는 휴양지가 되었고, 1994년에는 세계자연유산으로 등록되었다.

말레이시아

■병에 갇힌 흡혈귀 토욜

토욜(Toyol)이란 현지 말로 '소인 악마'라는 의미로 말레이시아나 싱가포르에서 목격되는 흡혈귀다. 인간형이며 몸길이는 15~20센티미터 정도로 작으며, 피부는 검고 입은 녹색에 날카로운 이빨이 나 있다고 한다. 토욜은 자고 있는 사람의 손발의 엄지에서 피를 빨기 때문에, 아침에 일어났을 때에 발가락에 깨물린 상처가 있으면 토욜의 짓이라고 한다. 흡혈뿐만이 아니라 사람의 마음을 조종하거나 돈을 훔치는 등의 장난을 한다고 전해진다.

2005년에는 수도 쿠알라룸푸르 근교의 주민들이 자는 동안에 토욜에게 습격당하는 사건이 일어났다고 한다. 2006년 1월에는 여성이 밤에 지갑을 훔쳐가려는 토욜을 목격하고 실신했다. 다음 날 확인해보니 여성의 엄지발가락에는 깨물린 흔적이 있었다고 한다. 많은 목격 사례가 이야기되고 있는데, 최근에 화제가 된 것이 병에 갇힌 토욜이다. 2006년 2월, 해변에 사는 어부가 몸길이 20센티 정도의 토욜의 미이라 같은 것이 든 병을 발견했다. 어부는 그 지역의 보모(Bomoh, 민간요법 등을 하는 주술사)에게 가져갔는데, 최종적으로는 주립 박물관에 보관되게 되었다. 박물관에 전시되었을 때는 인근에서 많은 사람들이 방문했다고 한다. 그러나 그 후에 관계자의 건강이 나빠지는 등의 불행이 이어졌기 때문에, 보모에게 반환된 이후에 바다에 버려졌다고 한다.

병에 든 토욜은 검은 피부에 붉은 눈을 지녔으며 병 안에는 어떠한 의식에 사용한 듯한 모래와 노란색 끈, 양파 조각이 들어 있었다. 토욜은 보모의 흑마술로 소환된 태아의 영혼이라는 설도 있는데, 이 병에 갇힌 토욜이 현존한다면 그 증거가 되었을지도 모른다.

■보물 나무 마픽

태국 남부와 말레이 반도, 필리핀 등 동남아시아에 널리 분포하는 소수민족 네그리토(Negrito) 족. 말레이시아 북서부에 사는 네그리토 족 계열의 킨탁(Kintaq) 족은, 인간이 죽은 뒤에는 보물 나무 마픽 곁으로 간다고 믿었다고 한다.

그들은 사람이 병으로 죽으면 묘에 황색과 적색과 줄무늬의 나무를 각각 머리, 발, 중앙 위치에 세우고, 그 위에 나뭇잎으로 만든 덮개를 씌우고 동서남북에 네 개의 하얀 나무를 꽂은 뒤에 죽은 자의 혼이 이 세상에 돌아오지 않기 위한 주문을 왼다. 사후 한동안 죽은 자의 혼은 이 세상에 머무르며 "예보크(물을 마시고 싶다)"라는 말 등을 외친다고 한다.

7일 후, 죽은 자의 나라의 파수꾼인 만페스의 인도로, 죽은 자의 혼은 녹색 톱니 형태를 한 다리를 건넌다. 그러면 보물 나무 마픽의 나무 아래로 도착하고, 먼저 죽은 친구들에 의해 사지의 뼈를 칼로 부수고 눈동자가 안쪽을 향하도록 눈을 뒤집고, 마픽 나무의 꽃을 달고서 진짜 죽은 자의 혼이 된다고 한다. 마픽 나무는 바라는 것을 이루어줄 수 있으며, 어린 아이의 영혼들은 나무 밑동에 있는 젖이 나오는 가슴에서 젖을 먹고 있다고 한다.

■ 세망족의 태양과 달의 탄생

말레이 반도에 사는 세망(Semang)족에는 태양과 달의 탄생을 둘러싼 신화가 있다.

타논은 아버지인 아그아그와 어머니 쿠란과 함께 강 위에 세워진 고상식 집에 살고 있었다. 그런데 어느 날, 집이 기둥에서 떨어져서 서쪽 하늘로 날아갔다. 집은 몇 시간 뒤에 지상의 동굴에 내려앉은 뒤에 동쪽 방향으로 지상을 굴러갔고, 다시 하늘로 날아올라 서쪽으로 향했다. 이 집의 움직임이 재미있어서 타논은 그대로 집에 살기로 했다. 이것이 태양의 집이 되었다.

이윽고 타논은 밤에 반짝이는 별들로 놀고 싶어졌다. 그래서 타논은 밤에 커다란 나방을 보내서 달을 삼키려고 했는데, 그때마다 지상의 사람들이 나방을 쫓아내서 별로 놀지 못하고, 달은 별을 정리하기 위해 밤에는 반드시 돌아오는 것이라고 한다.

■ 저세상의 신 에낭

말레이시아의 말레이 반도 중남부, 정글지대에 사는 세노이족(사카이족이라고도 한다)들은 오래전부터 죽은 자의 혼은 뒤통수 끝에서 몸을 떠나 서쪽으로 향하며, 영혼의 문을 통해 하늘로 올라간다고 믿고 있다. 그러나 간단히 하늘에 들어갈 수는 없고, 뜨거운 물이 끓는 거대한 쇠솥 위에 걸린 멘테그라는 다리를 건너야만 한다. 순수한 어린이는 어려움 없이 건널 수 있지만 어른은 대개 잘못을 저지르기 때문에 다리에서 떨어져 쇠솥에 빠진다고 한다. 그곳에 날개를 지닌 에낭이라는 신이 나타나서 솥으로 떨어진 영혼을 건져 올려 불 속으로 던지고, 산산조각 난 영혼을 천칭에 달아 본다고 한다. 만약 가벼우면 하늘로 올라갈 수 있지만, 무거우면 혼이 완전히 깨끗해질 때까지 계속 불태워진다고 한다.

■ 죽은 자의 성지 키나발루 산

키나발루 산은 보르네오 섬 북동부의 사

바(Sabah)주에 있는 동남아시아 최고봉인 성스러운 산이다. 표고는 4095미터이고 오랑우탄의 서식지로서 알려져 있으며, 세계 최대의 꽃 라플레시아 등의 다채로운 동식물이 서식하고 있다.

키나발루는 현지의 카다잔(kadazan)족의 말로 '죽은 자의 성지'를 의미한다고 한다. 과거에는 출입금지지역으로서 산 정상에는 신들이 살고 있다고 여겨지고 있었다. 사바주에 사는 소수민족인 두순(Dusun)족은 키나발루 산의 정상에는 천계가 있으며, 일곱 개 있는 영혼 중 일곱 번째 혼이 천계로 향한다고 믿고 있다. 그곳에서 죽을 때가 가까워지면, 사후에 험한 바위산을 오르기 쉽게 하기 위해 손톱을 기른다고 한다.

■하늘을 나는 잘린 목 페낭갈란

어느 날, 아름다운 여성이 벌꿀과 식초를 섞은 욕조에 잠겨 목욕을 하고 있었는데 갑자기 낯선 남성이 나타났다. 깜짝 놀란 여성이 당황하며 돌아보았는데, 너무 세게 몸을 돌린 나머지 목이 뜯겨나가고 내장이 방에 흩뿌려졌다. 분노한 여성의 목은 피를 뿌리면서 공중을 날아 침입자에게 덤벼들었고, 몸통 쪽은 이윽고 경련하면서 쓰러졌다. 이때의 괴물이 말레이시아에서 전해지는 괴담에 등장하는 '페낭갈란(Penanggalan)'이다.

페낭갈란은 밤이 되면 내장을 늘어뜨린 채로 박쥐처럼 하늘을 재빠르게 활공한다. 페낭갈란이 나타나는 것은 반드시 새로운 생명이 탄생하는 때로, 아이를 낳을 것 같은 임산부가 있는 집을 감시하며, 아기가 태어나면 몹시 기뻐하며 혀로 낚아채서 차분히 먹는다고 한다.

또한 캄보디아에도 아프(Ahp)라는 목이 잘린 흡혈귀가 있는데, 매일 밤마다 목만이 나타나서 동물의 심장이나 폐, 피를 찾아다닌다고 한다.

미얀마

■나가의 불덩어리

동남아시아 최대의 하천인 메콩강에서는 매년 신비한 현상을 볼 수 있다.

10월 중순부터 하순에 걸쳐 메콩강 중앙 부근부터 계란 사이즈의 작은 불덩어리가 튀어나와 하늘로 올라가는 것이다. 이것은 인도 신화에 등장하는 전설의 뱀신 '나가'가 불을 토하고 있는 것처럼 보인다며 '나가의 불덩어리'라고 불리고 있다.

이 신비한 현상은 강바닥의 가스가 분출해서 발화하는 자연현상이라는 설도 있지만, 발생기간이 한정되며 100년 이상 지속되고 있는 점 등의 의문점이 많아 아직 원인이 해명되지 않았다. 미얀마, 태국,

인도 등의 지역에서는 메콩강에는 나가가 살고 있다고 믿고 있다고 한다.

■붓다의 영력이 깃든 골든 록

90% 이상이 불교도인 미얀마에서 불교도가 가장 방문하고 싶어하는 성지가, 몬(Mon)주의 산에 있다. 짜익티요 파고다(Kyaiktiyo Pagoda, 미얀마어로는 파야)라는 불교사원이다. 파고다란 불탑(佛塔)이라는 뜻이며, 표고 1100미터의 산 정상에 있는 둥근 거석 위에 높이 7.3미터의 불탑이 세워져 있다. 6.7미터 높이의 거석은 절벽 가장자리에서 지금도 굴러 떨어질 듯하면서도 떨어지지 않는 절묘한 밸런스로 진좌해있다. 순례자의 기부로 몇 겹으로 바른 금박에 의해 황금빛으로 빛나는 이 거석은 골든 록이라고도 불리고 있다.

11세기경, 어느 수도승이 모자 안에 붓다의 머리카락을 숨겨서 가지고 있었다고 한다. 그 수도승은 국왕에게 모자와 비슷한 바위에 붓다의 머리카락을 모시자고 말했다. 그러자 국왕은 바다 밑바닥에서 특별한 힘으로 바위를 끌어올려 산 정상에 놓았다. 그리고 바위 위에 불탑을 세우고, 붓다의 머리카락을 모셨다고 한다. 골든 록은 불탑 안에 모셔진 붓다의 머리카락의 영력에 의해 굴러 떨어지지 않는다고 한다. '짜익티요'란 '수도승 머리 위로 옮겨진 파고다'라는 의미라고 한다.

■영원히 미완성인 유령 사원

미얀마의 첫 통일 왕조가 건축한 장엄한 바간(Bagan) 사원. 세계 3대 불교유적으로 꼽히며, 현재도 2000개 이상의 건조물이 남아있다. 그 사원군 중 하나인 다마얀지(Dhammayangyi) 사원은 12세기경에 나라투(Narathu) 왕에 의해 건설된 사원이다.

나라투왕은 아버지와 형을 살해하고 왕위에 오른 악명 높은 왕으로, 즉위 후 얼마 지나지 않아 본인도 암살되고 만다. 원래는 속죄를 위해 나라투 왕이 건설을 시작한 이 사원은, 왕이 없어져서 공사가 중단되고 말았다. 생전부터 평판이 나빴던 왕이었기 때문에 공사를 인계받으려는 자는 아무도 나타나지 않았고, 결국 현재까지 미완성인 상태가 이어지고 있다. 이 지역에서는 매일 밤마다 유령이 나온다는 소문까지 떠돌아서 '유령 사원'이라는 별명까지 붙고 말았다.

몰디브

■몰디브에 나타난 정령들

인도양 북부에 있는 몰디브 제도는 이슬람교국이다. 사람들은 육지나 하늘, 바다 등 이쪽저쪽에 진(Jinn)이라고 불리는 사악한 정령이 숨어있다고 믿고 있으며, 지금도 다양한 괴기현상이 목격된다고 한다.

전설에 의하면 수도 말레(Male)의 어느 사원에 보름달이 뜨면 젊은 처녀를 제물로 원하는 란나마리(Rannamaari)라는 악마가 있었다. 1153년, 마그레브(모로코)의 아불 바라카트(Abul Barakaath)라는 독실한 이슬람교도가 섬에 찾아왔다. 사정을 들은 바라카트는 보름달이 뜨자 제물로 바치는 처녀인 척하며 사원에서 잠복했다가 모습을 보인 악마를 코란을 외워서 쫓아냈다고 한다. 몰디브의 사람들은 지금까지 불교도였지만, 이 사건 이후로 당시의 몰디브 왕을 필두로 섬사람들이 이슬람교로 개종했다고 전해지고 있다.

몰디브 트래블러 뉴스에 의하면 몰디브는 지금도 빈번하게 심령현상을 일으키는 정령들이 있다. 예를 들면 버블 코야라고 불리는 정령은 작고 검은 아이 같은 모습을 하고 있으며, 기분이 틀어지면 밤에 나타나 저주를 걸어버린다고 한다. 그 밖에 핸디라고 불리는 빨간 옷을 입은 긴 머리의 여성 정령도 있다. 주로 오후나 밤에 모습을 보이는 변덕스러운 정령으로, 발이 빠르며, 기분이 나쁘면 사람을 홀려 미치게 만든다고 한다.

몽골

■고대 몽골의 성령 텡그리

고대 몽골에서는 '텡그리(Tengri)'라고 불리는 성령이 있다고 믿었으며, 텡그리가 인간을 창조했다는 신화가 있다.

최고위의 텡그리인 하늘의 신 몽케 텡그리(Möngke Tngri)는 동물밖에 없었던 지상에 최초의 남녀를 만들었다. 자신들이 창조한 인간을 불사의 존재로 만들고 싶었던 몽케 텡그리는 불사의 샘에 물을 길으러 갈 테니 고양이와 개에게 인간을 지키도록 명령했다. 거기에 하늘의 신의 천적인 명계의 신 에를릭(Erlik)가 나타난다. 에를릭은 가지고 있는 젖과 고기조각으로 고양이와 개를 각각 유인해내서 인간을 불순물로 더럽혔다.

돌아온 몽케 텡그리는 에를릭에게 더러워진 인간을 발견하고 화를 냈고, 고양이에게는 더러워지지 않았던 털 이외의 몸의 털을 핥아서 깨끗하게 하고 몸의 털은 개에게 붙였다. 그리고 가지고 돌아온 불사의 샘의 물로 인간을 정화했지만, 완전히 깨끗하게 만들 수는 없어서 인간은 불사를 얻을 수 없었다고 한다.

■독수리가 뱀을 잡아먹는 이유

몽골에 전해지는 동물신화 중, 독수리가

뱀을 잡아먹는 이유를 설명하는 것이 있다.

독수리 항가리드는 하늘을 나는 생물 중에서도 가장 강한 존재였다. 항가리드는 새의 왕에 어울리는 지상에서 가장 맛있는 것을 먹고 싶다고 생각하고, 벌과 참새에게 지상의 모든 생물을 맛보고 올 것을 명령한다. 벌은 열심히 일을 해서, 만난 생물을 전부 깨물어보았다. 참새는 일을 잊고 한가로이 하루를 보냈다. 그 후 참새가 벌을 만나서 가장 맛있었던 생물을 묻자, 벌은 인간이라고 대답했다. 참새는 인간을 노렸다가는 오히려 왕의 목숨이 위험할 것이라고 걱정하고, 이 사실을 전할 수 없도록 벌의 혀를 깨물어 잘라버렸다. 그 때문에 벌은 붕붕, 하는 날개소리밖에 낼 수 없게 되고 말았다.

그 후에 참새는 항가리드 곁으로 날아가서 가장 맛있는 생물은 뱀이라고 전했다. 그 이래로 항가리드는 뱀을 잡아먹기로 결심했고 그의 자손들인 독수리들은 모두 뱀을 사냥하게 되었다고 한다. 현재 몽골에서는 독수리는 사람을 따르며 동물을 사냥하도록 특별한 훈련을 받고 있다고 한다.

■ 백조 아내

몽골에 전해지는 전설. 한 남자가 바이칼 호(현재의 러시아령)에 내려앉은 아름다운 아홉 마리 백조가 날개옷을 벗고 젊은 여성으로 변신한 것을 목격했다. 남자는 몰래 다가가 한 벌의 날개옷을 감추었기 때문에, 목욕을 마친 뒤에 아홉 마리 중 한 마리만은 백조로 돌아가 날아갈 수 없었다. 남자는 백조 여인에게 구혼하고 아내로 삼았다. 그 뒤로 백조 여인은 열한 명의 아이를 얻었다.

어느 날, 아내는 남편에게 날개옷을 시험 삼아 입어보게 해줄 수 있느냐고 부탁했다. 남편이 허락하고 날개옷을 건네주자, 아내는 날개옷을 입고 날아오르려고 했다. 남편이 곧바로 아내의 다리를 잡았지만 아내가 날아가고 싶어 하는 것을 알게 된다. 아내는 아이들의 이름을 정하고 남편에게 작별을 고한 뒤, 텐트 주위를 날며 축복하고 호수를 향해 날아갔다고 한다.

■ 영웅 게사르 왕의 싸움

게사르(Gesar) 왕의 이야기는 티베트 동부, 링창(Lingtsang) 지역의 유목민들에게 전해지는 영웅서사시다. 15세기경 성립되었다고 여겨지며, 신의 자식인 게사르가 전설의 국가인 링 왕국을 통치하는 이야기로 몽골 사람들에게 널리 전해지고 있다. 게사르는 링 왕국의 심부름꾼 여자로 변신해서 궁전에 살고 있던 제덴이라는 용왕의 딸에게서 태어났다. 그녀가 위대한 주인에게서 나라의 구원자를 낳는다는 예지몽을 꾼 지 아홉 달 뒤에 머리에서 알이 튀어나왔고, 그 알에서 게사르가 태어났다는 전설이 있다.

그녀의 임신을 안 링 왕국의 왕비는 그녀의 아버지가 남편인 센론왕이라고 굳게 믿고, 제덴을 추방한다. 이윽고 태어난 게사르는 키가 작고 볼품없었으며 장난을 좋아했다. 그러나 센론왕의 형제인 토퉁(Trothung)은 게사르가 범상치 않은 소년이라고 깨닫고 죽이려고 해서 두 모자는 숲으로 도망쳤다. 이윽고 번듯한 젊은이로 성장한 게사르는 파드마삼바바(자세한 것은 **부탄 왕국의 탁창 사원과 파드마삼바바** 항목을 참조)라는 불교 승려에게 "이윽고 사람들의 구원자가 될 것이다"라는 예언을 듣는다. 거기서 게사르는 예언하는 까마귀로 변해서 "경마대회를 개최해서 승리한 자가 링 왕국을 지배할 수 있을 것이다"라고 토퉁 앞에서 예언했다. 토퉁은 자신의 승리를 확신하고 경마대회를 개최했다. 그러나 게사르는 간단히 토퉁에게 승리하고, 링 국왕이 되는 것과 동시에, 두크모('Brug-mo)라는 불행한 반생을 보냈던 아름다운 여자와 결혼했다.

패배한 토퉁은 열두 머리를 지닌 악마 루첸(Klu-btsan)과 결탁하여 게사르의 왕위를 빼앗을 계획을 세웠다. 게사르는 루첸과 싸워 승리하지만 루첸의 아내인 마녀의 덫에 걸려 그녀 이외의 모든 것을 잊는 약을 마시고 만다. 이리하여 왕국은 마왕 쿠르가르(Gur-dkar)에게 빼앗기고 말았다.

6년의 세월이 흐르고, 게사르의 형제에 의해 제정신을 차린 게사르는 금속세공이 특기인 소년으로 변해서 링 왕국으로 돌아간다. 그리고 아내인 두크모를 해방하고 마왕 쿠르가르를 쓰러뜨리고 가신들과 함께 악마군을 격파했다.

그 후에도 게사르는 싱티(Shing khri)라는 악마를 퇴치했다.

게사르와 토퉁은 숙적이었지만 게사르는 그의 아들은 좋게 생각했다. 그리고 토퉁의 자식은 악마 신티의 딸을 사랑하고 있었다. 게사르는 고결한 두 사람의 커플의 결혼을 주선하고, 두 사람을 링 왕국의 후계자로 삼았다. 새로운 왕과 왕비가 탄생하고 왕국이 평화로워졌다고 확신한 게사르와 아내 두크모는 산 중턱에 틀어박혀 국민 앞에서 영원히 모습을 감추었다고 한다. 게사르와 아내는 정령의 왕들의 낙원인 샴발라(자세한 것은 **티베트의 이상향 샴발라** 항목을 참조)로 여행을 떠났다고 믿어지고 있다.

게사르와 두크모는 현재의 캄(Kham) 지방, 티베트 동부의 산속에 틀어박혀 모습을 감추었다고 한다. 또한 게사르가 태어난 장소는 현재 인도 북부인 라다크(Ladakh)라고 믿는 사람도 있다.

■ 칭기즈 칸의 보물 전설

칭기즈 칸은 세계 최대의 제국을 세운 몽골 제국의 초대 황제다. 침략과 약탈을 반복하며 수많은 금은보화를 자기 것으로 삼았던 칭기즈 칸이었지만, 묘의 위치는 지금도 수수께끼에 싸여 있다.

1227년에 몽골 군영에서 쓰러졌다고 하는데, 묘의 위치는 철저한 비밀에 부쳐졌다고 한다. 전설에 의하면 시신을 운반하는 대열을 본 자는 전부 죽였으며, 매장 흔적을 지우기 위해서 1000마리 이상의 말로 지면을 고르게 만들었다고 한다. 시신과 함께 금은보화도 묻혔다고 하며, 지금도 땅속 어딘가에 잠든 칭기즈 칸의 보물은 추정 수백 조 엔이라고도 한다.

라오스

■ 자르 평원의 수수께끼의 돌 항아리

시엥쿠앙(Xieng Khouang)에 있는 자르(Jarres) 평원은, 라오스에 세 개 있는 세계유산 중 하나다. 광대한 평원에 무수한 돌 항아리가 점재하고 있다. 가장 큰 것은 높이가 3미터에 무게 6톤 정도로, 속은 대부분 비어있다. 이 정도 크기의 돌을 어디에서 모았으며 누가 어떤 목적으로 돌 항아리를 만들었는가는 알려지지 않았다.

1931년에 프랑스의 고고학자에 의해 이루어진 조사에 따르면, 돌 항아리 안에는 인골이나 까마귀 알이 들어있었다고 한다. 돌 항아리 주변에서 토기조각이나 장식품 등이 출토된 것으로 미루어, 돌 항아리는 석관으로서 사용되었다는 설이 가장 유력하다. 그 밖에도 술을 담기 위한 그릇이었다는 설도 있다. 싸움에 승리한 병사들이 돌 항아리에 가득 술을 채우고 축배를 들었다고 한다. 하늘의 신 텡이 강림했을 때, 돌 항아리에 들어있던 술을 마셨다는 신화도 전해지고 있다.

아시아 전역

■ 고대대륙 레무리아

과거에 인도양에 존재했다고 믿어지는 환상의 고대대륙 레무리아(Lemuria). 19세기에 영국의 동물학자 필립 루틀리 스클레이터(Philip Lutley Sclater)가 명명한 '레무리아'란, 아프리카의 마다가스카르 섬에 서식하는 여우원숭이 '레무르(Lamur)'를 어원으로 한다(자세한 것은 아프리카·마다가스카르의 **독자 생태계와 환상의 대륙 레무리아의 어원**을 참조). 여우원숭이는 아프리카 대륙에는 서식하지 않음에도 불구하고 인도나 인도네시아 등의 남아시아와 동남아시아에는 서식한다. 이 사실들로 미루어, 마다가스카르 섬과 남아시아나 동남아시아가 육지로 연결되어 있었던 것이 아닐까 생각했던 것이다. 다만 현재의 연구에서는 고생대의 지구에 있었던 거대 대륙 판게아가 이동했다는 대륙 이동설이 유력하며, 레무리아 대륙의 존재는 위태로워져 있다.

한편으로 레무리아는 태평양에 존재했다는 설도 있다(자세한 것은 북아메리카·아메리카합중국의 **정령이 만든 샤스타산** 항목을 참조). 미국의 샤스타산(Mt. Shasta) 지하에 레무리아 문명의 흔적이 남아있다는 것이다. 1931년에 레무리아를 방문했다고 주장하는 오컬티스트 모리스 도리얼 박사에 의하면, 레무리아에는 인공 태양이 빛나고 거대한 돔 형태의 콜로니에는 다양한 색의 꽃이 피어있었다고 한다. 러시아의 신비사상가 엘레나 블라바츠키는 인류의 선조라고 하는 '근원인종'이 살고 있었던 곳이 레무리아라고 주장했다. 그녀에 의하면 레무리아인은 신장 약 2미터에 영력을 조종하며, 양성구유이며 난생(卵生)이라고 한다. 또한 레무리아는 태평양에 가라앉았기 때문에 레무리아인은 중앙아시아로 이주했다고 한다.

블라바츠키의 주장의 영향으로 레무리아인은 아틀란티스인(자세한 것은 유럽·유럽 전역의 **아틀란티스 대륙은 실재하는가** 항목을 참조)의 선조이며 레무리아인의 후손이 도망쳐서 도달한 곳이 티베트에 있는 지저왕국 아가르타라는 설도 생겨났다(자세한 것은 티베트의 **지저왕국 아가르타와 포탈라 궁전** 항목을 참조).

■말라카 해협에서 사라진 오랑 메단호

동남아시아의 말레이 반도와 수마트라 섬 사이에 있는 말라카 해협은 태평양과 인도양을 연결하는 해운의 요지다. 이 해협에서 일어난 미해결 사건이 있다.

이 사건은 1952년에 미국의 연안 경비대가 출판한 책에 의해 상세한 전모가 밝혀졌다. 1947년 연말부터 다음 해에 걸쳐 말라카 해협을 항행중이던 오랑 메단 호에서 긴급 모스 부호가 발신되었다. 메시지 내용은, 선장도 포함한 모든 승조원이 사망했으며, 메시지의 송신자도 곧 죽는다는 것이었다. 신호를 받은 미국 선박의 승조원은 몇 시간 뒤에 오랑 메단 호를 발견했다. 옮겨 탄 배에는 고통스러운 듯 얼굴을 일그러뜨린 승조원들의 시체들이 있었지만 살인이 이루어진 흔적은 없었다고 한다. 그로부터 얼마 후에 선창에서 화재가 발생했으며, 배는 곧 폭발했다. 승조원의 시체는 전부 바다에 가라앉아버렸다.

'죽음의 배'로 불린 오랑 메단 호에 무슨 일이 일어났던 것인가. 조사를 진행해 보니, 이 배는 등기기록이 없는 서류상으로 존재하지 않는 배였음이 판명된다. 그런 사건은 일어나지 않았으며 도시전설에 지나지 않는다고 판단하는 자도 나타났다. 한편, 등기하지 않고 불법 화물을 실었던 것이라거나 새로운 소유자가 배의 개명 후에 재등기를 하지 않았다는 등의 설을 주장하며 오랑 메단 호는 실존했다고 이야기하는 자도 있었다.

승조원이 전원 사망했다는 센세이셔널한 사건은 승조원들의 사인에도 다양한 억측을 불렀다. 보일러가 고장 나서 일산화탄소 중독이 발생했다, 해저의 갈라진 틈에서 분출한 메탄가스가 흘러들어왔다, 비밀리에 적재되었던 생물병기나 화학병기가 새어나왔다는 것 등이다. 가스나 약품에 인화되어 폭발한 것이 아닌가 하는 주장이다.

수수께끼가 많은 사건이지만, 모든 증거는 말라카 해협에 가라앉은 상태다.

■ 히말라야 산맥의 예티

인도 북부에서 중국의 티베트 고원에 걸쳐, 동서로 길게 이어지는 히말라야 산맥. 세계 최고봉인 에베레스트를 지녔으며 중국, 부탄, 네팔, 인도, 파키스탄에 이르는 거대한 산맥이다. '히말라야'는 산스크리트어로 '눈(雪)'을 의미하는 '히마'와 '거처'를 의미하는 '알라야'가 조합된 눈의 산이며, 고대인도 신화와도 깊은 연관이 있다(자세한 것은 인도의 **성스러운 하천 강가** 항목을 참조).

히말라야 산맥의 오지에 서식한다고 이야기되는 UMA(미확인생물)이 설인 예티(Yeti)로, 오래전부터 목격담이 많이 보고되고 있다. 1889년, 인도의 시킴(Sikkim)주의 고지에서 워델이라는 군인이 거대한 발자국을 발견했다. 1951년에는 에베레스트 조사대인 등산가 에릭 시프턴(Eric Shipton)이 설원에 남아있는 거대한 발자국을 발견하여 촬영에 성공했다.

인간의 발자국보다 훨씬 커다란 그 발자국은 전 세계에 화제가 되었고, 계속해서 조사단이 히말라야 산맥을 방문하게 되었다. 1986년에는 발자국이 아니라 짐승인간 같은 모습이 촬영되었고 1998년에는 설원을 걷는 예티의 모습이 영상으로 찍혔다. 증언에 의하면 신장은 2미터 전후에 온몸은 하얗거나 검은 색의 털에 덮여 있으며 직립보행을 한다고 한다. 2011년에는 러시아의 동굴에서 수수께끼의 체모가 발견되었다. 주정부는 '체모는 인간이나 동물의 것이 아니며, 미지의 포유류의 것이며, 60~70% 확률로 예티의 것이다'라고 결론 내렸다.

실재할 확률이 높은 미확인생물이며 미국이나 캐나다에서 목격정보가 있는 빅풋(자세한 것은 북아메리카·북아메리카 전역의 **수인 빅풋** 항목을 참조)과 마찬가지로, 중국에서 화석이 발굴된 유인원인 기간토피테쿠스의 생존개체라는 설이 유력하다.

Oceania
오세아니아

3 8 10 17 20
4 16 21
15
7
1 5 6 9 11 19
2
14
18
12
13

① 이스터 섬(칠레령)	② 오스트레일리아 연방	③ 키리바시
④ 괌(미국령)	⑤ 쿡 제도	⑥ 사모아
⑦ 솔로몬 제도	⑧ 투발루	⑨ 통가
⑩ 나우루	⑪ 니우에	⑫ 뉴칼레도니아(프랑스령)
⑬ 뉴질랜드	⑭ 바누아투	⑮ 파푸아뉴기니
⑯ 팔라우	⑰ 하와이(미국령)	⑱ 피지
⑲ 폴리네시아(프랑스령)	⑳ 마셜 제도	㉑ 미크로네시아

이스터 섬(칠레령)

■ 모아이상은 걸어 다녔다?

남태평양의 외딴 섬, 칠레령 이스터 섬에는 크고 작은 다양한 모아이상이 남아있는데 작은 것은 1.3미터 정도이지만 큰 것은 21.6미터에 이른다. 이 모아이상은 10세기경부터 만들어졌지만 17세기 이후에는 만들어지지 않았고, 서있던 모아이상은 전부 쓰러졌다. 계속되는 전염병이나 내전, 노예사냥 등으로 인구가 감소하면서 섬의 역사를 아는 사람도, 섬의 독자적인 롱고롱고 문자(자세한 것은 **이스터 섬의 수수께끼의 문자 롱고롱고** 항목 참조)를 읽을 수 있는 사람도 없어지고 말았다. 현재는 약 1000개의 모아이상이 있는데 어떤 것은 쓰러진 채로, 어떤 것은 갓 만들어지는 도중, 어떤 것은 복원되어 서 있는 모습으로 남아있다.

이 섬에 어떻게 사람이 건너왔는가. 그 선조는 누구이며, 어째서 모아이상을 만들었는가. 모아이상을 둘러싼 수수께끼는 많지만, 그 중에서도 수 세기에 걸쳐 논의된 수수께끼는 모아이의 운반방법이다.

모아이상은 섬의 라노 라라쿠(Rano Raraku) 산에서 만들어진 것으로 알려져 있는데, 평균 20톤이나 되는 모아이상을 어떻게 수십 킬로미터나 떨어진 섬의 곳곳으로 운반할 수 있었을까. 전설에 의하면, 모아이상은 마술사가 건 마나라는 마법의 힘에 의해 자기 다리로 걸어서 산을 내려왔다. 그런데 어느 날 마법이 걸리지 않게 되어서 모아이상을 만들 수 없게 되었다고 한다. 섬의 남해안에는 이동 중인 모아이상이 넘어져있으며, 내륙으로 이어지는 황폐해진 길은 '모아이의 길'이라고 불리고 있다.

최근에 모아이상의 운반방법으로, 모아이상을 똑바로 세운 뒤에 로프와 사람의 힘을 이용해 좌우로 흔들면서 이동시킬 수 있다는 새로운 설이 부상했다. 실험도 이루어졌으며, 모아이상이 '걷고 있는' 모습이 동영상으로 공개되었다.

■ 모아이상의 원형은 아수라 마다?

이스터 섬의 모아이상은 10세기부터 17세기경에 만들어졌는데, 모아이가 누구이며 어째서 만들어졌는가 하는 이유는 아직 밝혀지지 않았다. 그 존재 이유에 대한 많은 설이 있는데, 인도의 초고대 핵전쟁 때에 사용된 거신병 '마다'를 모방한 것이 아니냐는 설이 있다.

고대 인도의 서사시 『마하바라타』에 의하면, 초고대 핵전쟁 때에 거대 아수라 마다(Mada)가 만들어졌는데, 이후에 네 개로 분해되었다고 한다. 마다가 팔다리를 뜯긴 모습을 원형으로 모아이상이 만들어졌다는 것이다. 멀리 떨어진 인도 신화의 이야기와 남태평양에 떠있는 이스터 섬의 모아이상은 언뜻 보기에는 관계가 없다고 생각되지만, 이스터 섬에 남아있는 미해독된 롱고롱고 문자(자세한 것은 **이스터 섬의 수수께끼의 문자 롱고롱고** 항목을 참조)가 인도 방면의 인더스 문자와 많이 닮았다는 점이 있다. 두 문자의 기원이 동일하다면, 최초의 왕이었던 호투 마투아가 섬에 도달하기 아득히 이전에 인더스 문명을 쌓아올린 사람들이 이스터 섬에 건너왔을 가능성이 있으며, 전쟁의 교훈과 평화의 상징으로서 모아이상을 세웠을 가능성을 생각할 수 있다.

■ 오롱고 마을의 조인 의례

칠레령 이스터 섬 남서쪽에 있는 라노 카우(Rano Kau) 화산 기슭에는 오롱고 의식촌(Orongo Ceremonial Village)이라고 불리는 옛 성역이 있다. 이곳에서 보이는 앞바다의 모투 누이(Motu noi) 섬에는, 옛날에 섬에 봄이 찾아오면 젊은이가 바다를 건너가서 바닷새의 첫 알을 가지고 돌아온다는 조인(鳥人) 의례가 이루어지고 있었다고 한다.

각 부족에서 선발된 대표자 1명이 모투 누이 섬에 있는 마누 타라(Manu tara)라는 바닷새의 알을 가지러 가서, 가장 빨리 가지고 돌아온 부족의 수장이 다음 1년간의 왕 탕가타 마누(조인[鳥人]이라고 불리는, 이스터 섬의 창조신 마케마케[Makemake]의 화신)로 선발되었다. 조인이 된 수장은 백단 나무토막과 적색 나무껍질 띠를 팔에 차고, 춤추면서 바다 동굴 아나 카이 탕가타(Ana Kai Tangata)에서 식인(食人) 의식을 행했다고 한다. 한편, 실패한 수영자는 섬에 남겨져 아사했다는 설이 있다.

■ 유령을 본뜬 모아이, 카바카바

칠레 해안에서 3700킬로미터, 타히티에서 4100킬로미터 떨어진 남태평양에 있는 이스터 섬을 유명하게 만든 것은 두말할 것도 없이 모아이상이다. 선물용으로도 자주 팔리는, 늑골이 튀어나온 모아이 카바카바(Kava-kava)를 둘러싼 전설이 있다.

옛날 투우 코 이후(Tu-ko Ihu)라는 왕이 붉은 바위 위에서 잠자는 두 개의 영혼을 목격했다. 그러자 다른 영혼이 깨닫고 "수장이 보고 있다"라고 외쳤다. 두 영혼은 눈을 뜨고 왕에게 무엇을 보았느냐고 다그쳤다. 본 것을 인정하면 살해당한다고 알아차린 왕이 "아무것도 보지 못했다, 모른다"라고 끈기 있게 반복하는 동안, 영혼은 간신히 사라져갔다. 마을로 돌아온 왕은 화로에서 타고 남은 두 개의 장작을 주워서, 방금 보았던 두 개의 영혼의 모습을 조각했다. 늑골이 드러난 야윈 영혼의 모습이 카바카바상이라고 한다.

■ 이스터섬의 수수께끼 문자 롱고롱고

모아이 석상으로 유명한 남태평양의 이

스터 섬에는 수수께끼의 그림문자가 전해지고 있다. '이야기하는 판'이라는 의미의 '코하우 롱고롱고'가 정식명칭으로, 줄여서 '롱고롱고(Rongorongo)'라고 불리는 문자다. 섬의 선주민인 라파 누이(Rapa Nui)의 말을 표기한 것으로 여겨지고 있다. 최초의 왕인 호투 마투아(Hotu Matua)가 섬에 찾아왔을 때에 문자를 전했다고 한다.

1868년, 타히티의 사제가 포교를 위해 이스터 섬을 방문했을 때에는 그림문자가 그려진 목편(木片)이 많이 있었다고 한다. 목편에는 인간이나 동물, 식물, 기하학적 무늬 등의 형태가 새겨져 있었으며, 상형문자 같았다. 그러나 섬에서 가톨릭이 포교된 것으로 롱고롱고는 사교의 문자로서 많은 목편이 불태워져비렸다.

현존하는 것은 20개 정도의 문자판뿐으로 많은 고고학자와 언어학자가 해독에 도전했다. 400종류 정도의 문자가 있으며, 첫 번째 행은 왼쪽으로, 두 번째 행은 오른쪽부터 읽는다는 것은 알았지만, 그림 문자가 나타내는 의미는 아직도 해명되지 않았다. 일설에 의하면 롱고롱고는 왕이나 신관 등의 상류계급인 자가 사용했던 것으로 평범한 섬사람은 읽을 수 없었다고 한다. 게다가 정복자에 의해 많은 섬사람이 노예로서 끌려가버렸기 때문에, 선주민들의 수가 격감해서 읽을 수 있는 자가 없어졌다고도 이야기되고 있다. 또한 문장이 아니라 구승(口承)할 때의 메모 같은 것이라는 설도 있다.

■콘티키호의 모험

"폴리네시아 인은 남미에서 건너왔다."

노르웨이의 탐험가인 고고학자 토르 헤이에르달(Thor Heyerdahl)은 이런 대담한 가설을 주장했다.

원래 남미와 오세아니아의 주민 사이에는 어떠한 문화적 연결이 있다고 여겨져 왔는데, 헤이에르달이 남미기원설의 근거로 삼은 것이 잉카 제국의 전승(자세한 것은 중남미·페루의 **잉카 제국의 창세신화** 항목을 참조)이다. 잉카 제국을 다스리던 콘 티키 비라코차(Kon tiki Viracocha)가 뗏목을 타고 태평양의 저편으로 사라져갔다, 라는 이야기에 흥미를 느낀 헤이에르달은 비라코차야말로 폴리네시아인의 선조가 아닐까 하고 가정했다.

또 헤이에르달은 민족들에 공통되는 풍습에도 주목했다. 폴리네시아의 동쪽 가장자리 이스터 섬에 사는 하나우 에에페족(Hanu Eepe, 長耳族)은 귓불을 인위적으로 늘이기 위해 귓불에 공모양의 장식을 달고 있는데, 잉카 제국의 지배계급이었던 오레혼(Orejone)족도 마찬가지로 귓불을 길게 늘이는 풍습이 있었다.

가설을 입증하기 위해 헤이에르달은 실험을 하기로 했다. 에콰도르 해안에 자라고 있는 발사나무와 식물들을 사용해서 간단한 뗏목을 만들어, 다섯 명의 동료와 함께 페루의 카야오에서 태평양을 향해 출항한 것이다. 비라코차의 이름을 따서 콘티키호라고 명명된 뗏목은, 항해 101일째에 타히티에 가까운 라로이라 환초의 무인도에 무사히 표착했다. 그래도 학회의 평가는 엄격해서 현재도 폴리네시아에 표착한 사람들은 아시아에서 건너왔다는 설이 유력하지만, 헤이에르달의 대모험은 '콘티키호 탐험기'로서 전 세계 사람들에게 읽히고, 폴리네시아 민속학을 재조명하는 계기가 되었다고 한다. 실험에 사용된 콘티키호는 노르웨이의 수도 오슬로의 콘티키 박물관에 보존되어 있다.

■호투 마투아의 전설

칠레령 이스터 섬의 북부에 있는 아나케나 비치(Anakena Beach)는 전설의 왕 호투 마투아가 섬에 상륙했다고 여겨지는 장소다. 여기에는 호투 마투아 상이라 여겨지는 모아이상 아후 아투레 후키(Ahu Ature Huki)가 서 있다.

전설에 의하면, 히바(Hiva) 국의 수장이었던 호투 마투아가, 어느 날 다른 부족과의 싸움에 패해서 섬을 나가야만 하게 되었다. 호투 마투아는 일곱 명의 아들에게 새로운 섬을 찾도록 명령했고 발견한 것이 이스터 섬이었다. 그들이 이스터 섬에 이주한 것은 400년경이라 여겨지고 있다. 섬의 내륙부에는 남태평양이 보이는 일곱 개의 모아이상(Ahu Akivi, 아후 아키비)가 서 있는데, 호투 마투아 왕의 일곱 아들의 상으로 여겨지고 있다. 이 모아이상은 섬에서 유일하게 바다 방향을 향하고 있어서, 그 끝에는 전설의 히바국이 있는 것이 아닐까 여겨지고 있다.

참고로 이스터 섬(Isla de Pascua)이란 이름은 네덜란드 인이 1722년의 이스터(Easter, 부활절)에 이 섬에 도착해서 붙여진 이름이다. 섬사람들은 자신들의 섬을 라파누이('커다란 섬'이라는 뜻), 혹은 테 피토 오 테 헤누아(Te pito o te henua, '세계의 배꼽'이라는 의미)로 부르고 있다.

오스트레일리아

■거수 요위

오스트레일리아의 섬에 살고 있다고 이야기되는 미확인생물이 요위(Yowie)다. 신장은 1.5~3미터에 온몸이 갈색 털에 덮여있으며, 송곳니가 난 입과 커다란 발을 지녔고 이족보행을 하는 것이 특징이라고 한다. 1795년, 유럽에서 온 이민자가 요위와 조우했다는 것이 최초의 목격정보로, 그 후에도 40센티미터를 넘는 거대한 발자국이 몇 개나 발견되었다. 겉모습의 공통점 때문에 '오스트레일리아의 빅풋(자세한 것은 북아메리카·북아메리카 전역의 **수인 빅**

풋 항목을 참조)'이라고 불리는 경우도 있다.

'요위'라는 것은 원래는 선주민인 애보리지니에 전해지는 전설의 괴물을 가리키는 말이었다. 애보리지니가 믿는 요위(Whowie)의 모습은 미확인 생물로서의 요위와 다르다고 하지만, 오스트레일리아에는 미지의 생물을 가리키는 말로 일반화되고 있는 듯하다.

■마호가니 배의 잔해

현재의 오스트레일리아의 역사는 1770년에 영국의 탐험가 캡틴 쿡이 유럽인으로서 최초로 상륙한 것부터 시작된다. 그러나 그것보다 250년 정도 전에 포르투갈의 배가 상륙했었던 것이 아닐까 하는 설이 있다.

빅토리아주 워남불(Warrnambool)의 해안에서, 1830년대부터 1880년대에 걸쳐 목선(木船)의 잔해를 목격했다는 보고가 잇따랐다. 기록에 의하면, 1836년에 포경선 선장이 워남불 앞바다의 섬으로 향하던 도중에 해안에서 스페인의 배로 생각되는 난파선의 잔해를 발견했다고 한다. 그 후에 선체는 모래에 덮여 사라져버린 듯했지만 이후에도 배의 잔해를 목격했다는 보고는 30건 정도 있었으며, 마호가니 같은 빛깔을 띠고 있었던 것에서 '마호가니 배'라고 불리게 되었다.

1880년대 이후에는 목격정보가 두절되었지만, 마호가니 배의 수색은 이어졌다. 1977년에 발표된 역사가 케네스 매킨타이어(Kenneth McIntyre)의 저작인 『오스트레일리아의 비밀 발견(The Secret Discovery of Australia)』에 의하면, 이 배는 1522년에 난파된 포르투갈의 배라고 한다. 다른 유럽제국이나 아라비아, 아시아의 배라는 설도 있지만 어느 것이나 확실한 증거는 없다. 만약 마호가니 배의 정체가 밝혀진다면 쿡 첫 상륙이라는 역사를 흔드는 대발견이 될지도 모른다.

■몬테 크리스토 홈스테드의 유령

뉴사우스웨일스 주에 있는 몬테 크리스토 홈스테드(Monte Cristo Homestead)는 다양한 유령이 나오는 심령 스팟으로 유명하다. 저택은 쥐니(Juncc)라는 작은 시골 마을이 내려다보이는 언덕에 서 있다.

우선, 19세기 말에 이 저택을 세운 크리스토퍼 크롤리(Christopher William Crawley)의 아내인 엘리자베스의 유령이 유명하다. 20세기 초에 크리스토퍼가 세상을 떠나고, 아내인 엘리자베스가 저택을 물려받았다. 남편과 사별한 마음의 상처를 회복할 수 없었던 그녀는, 집 밖으로 나갈 수 없게 되어서 2층을 개장해 예배당을 만들고 성서를 읽으며 평생을 보냈다고 한다. 엘리자베스는 죽은 뒤에도 저택의 유령이 되어 계속 살고 있다고 하며, 저택 안에서 냉기를 느낄 때가 있다면 엘리자베스의 유령이 가까이에 있다는 증거라고 이야기되고 있다.

부인의 사후에 이 저택은 몇 사람의 손을 거치게 되는데, 그때마다 불행이 이어졌다고 한다. 2층 발코니에서 뛰어내려 자살한 하녀, 주인에게 살해당한 소년, 장애를 안고 쇠사슬에 묶여 40년간 오두막에 감금되어 키워졌던 해럴드라는 남성 등, 저택에는 그들의 망령도 출몰한다고 한다.

유령의 출몰 이외에도 점멸하는 기묘한 빛이나 폴터 가이스트 현상이 보고되는 등, 국내에서 유명한 유령의 집이 되고 말았다.

현재는 관광 스팟이 되어서 방문할 수 있다고 한다.

■무지개뱀 전설

옛날, 비가 간신히 그쳐서 애보리니지 사람들이 사냥을 나섰다. 평원의 나무 그늘에서 쉬고 있는데, 하늘 높이 일곱 빛깔의 아치가 걸려 있었다. 처음 본 사람들은 놀라고, 그것을 아는 사람은 "저것은 무지개의 뱀이다. 새로운 거처로 옮기려 하고 있는 것이다"라고 알려주었다. 무지개의 뱀이 자신들의 캠프를 지나 산 너머로 사라져가자 사람들은 일단 안심했다.

반다릴이라는 젊은이는 무지개뱀에 대해서 좀 더 알고 싶어서 장로에게 물었다. 어떻게든 무지개뱀을 퇴치할 수 없을까, 하고 생각했던 것이다. 그런데 장로는 "무지개뱀은 신의 사자이며, 이 세계를 만든 신성한 존재다"라고 이야기를 시작했다.

이 세계가 시작되었을 무렵, 아무것도 없는 대륙에 무지개뱀이 나타났다. 무지개뱀은 거대한 몸을 구불거리며 지면을 움직였고, 산이나 언덕, 호수나 강 등의 지형을 만들어갔다. 이윽고 지친 무지개뱀이 호수에 들어갔을 때, 큰 물보라가 일며 수면에 아름다운 일곱 빛깔이 비친 것을 동물들이 보았다. 그러나 무지개뱀이 호수 밑바닥으로 사라지자 호수의 수면은 원래의 빛깔로 돌아갔다. 어느 날, 큰 폭풍이 몰아치고 굵은 빗줄기가 퍼부었다. 간신히 비가 그치고 햇빛이 비쳐서 동물들이 평원으로 나와 보니, 호수에서 하늘을 향해 먼 곳의 호수에 걸쳐있는 거대한 무지개뱀이 보였다. 동물들은 무지개뱀이 살아있었다며 놀랐다.

지금도 애보리지니는 비가 갠 하늘에 무지개가 걸리면 "무지개뱀이 다른 호수로 이동하려고 하고 있다"라고 생각하고 조용히 지켜본다고 한다.

무지개뱀의 창세 이야기에 대해서 자세한 것은 **무지개뱀의 창세신화** 항목을 참조.

■무지개뱀의 창세신화

오스트레일리아의 애보리지니 신화에는 '무지개뱀(레인보우 서펀트)'이라고 불리는 뱀이 등장한다. 오스트레일리아의 지형이나 인간의 창조 이야기에 관련된 정령으로, 많은 이야기에 남아있다.

뱀이 대지 위를 꿈틀거리며 돌아다니자 체중과 몸의 움직임으로 오스트레일리아의 지형이 만들어지며 언덕이나 강, 계곡이 생겼다. 어느 날, 무지개뱀은 배가 고파서 세 마리의 새를 잡아먹었다. 뱀의 뱃속에 들어간 새들은 도망치려고 했고, 그 중 한 마리의 딱새(참새목의 작은 새)가 뱀의 배를 쪼아서 구멍을 냈다. 세 마리 모두 그 구멍으로 빠져나왔더니, 모습이 변해서 최초의 인간이 되었다.

인간은 무지개뱀이 만든 대지에서 살기 시작했는데, 어느 날 한 어부가 누군가가 먹다 남긴 것 안에서 검은 물고기의 뼈를 발견했다. 그것이 자신이 지금까지 찾아다니던 진귀한 물고기의 뼈라고 깨달은 어부는 화가 난 나머지, 무지개뱀을 향해서 소리쳤다. 그러자 하늘에서 거대한 무지개뱀이 나타났다. 무지개뱀도 역시 진귀한 물고기가 잡아먹힌 것에 화가 나서 대홍수를 일으켜서 육지나 사람들을 쓸어버렸다. 이윽고 계곡이나 움푹 들어간 땅에 물이 채워졌고, 이것이 오스트레일리아의 강이나 호수가 되었다.

또, 어느 날 무지개뱀은 자신의 몸을 사용해서 인간들을 위해 대지와 하늘을 연결하는 커다란 가교를 만들었다. 몇 명의 용기 있는 자들이 무지개뱀의 다리를 건너 이 세상 끝에 있는 정령과 선조의 왕국으로 향했다. 그들은 그곳에서 정령과 살며 성스러운 의식이나 치료 기술 등을 배웠다. 이윽고 하늘에서 돌아온 사람들은 병이나 상처를 치유하고 미래를 예견하는 힘을 가지고 있어서 존경받았고, 이것이 샤먼이 되었다고 한다.

오스트레일리아 중앙부에는 영어로 '데블스 마블(악마의 대리석)'이라고 이름 붙은 바위가 있다. 이 땅에는 공모양의 바위가 많이 굴러다니고 있다. 현지에서는 무지개뱀이 낳은 알이라고 믿어지고 있다고 한다.

■무지개뱀이 만든 머레이 강

머레이 강(Murray River)은 남동부를 흐르는 오스트레일리아에서 가장 긴 강이다. 빅토리아주 북동부와 뉴사우스웨일스주 남부에 사는 요르타요르타(Yortayorta) 족에게는 머레이 강 탄생을 둘러싼 전설이 남아있다.

어느 날, 창조주 바이아메는 노녀 구무크 윙가(Gumuk Winga)가 배가 고픈 것을 보았다. 거기서 바이아메는 "얌(yam)을 찾아보는 게 어떠냐"라고 제안했다. 노녀는 얌을 캐기 위해 막대기를 손에 들고 개를 데리고 외출했다. 그러나 좀처럼 얌을 발견할 수 없었고, 노녀는 막대기를 땅바닥에 질질 끌면서 계속 걸었다.

바이아메는 구무크 윙가의 귀가를 기다리고 있었지만 좀처럼 돌아오지 않았다.

그래서 땅속에 잠들어있던 무지개뱀(**무지개뱀 전설** 항목을 참조)를 깨워서, 노녀를 찾아서 데려와 달라고 부탁했다. 무지개뱀은 노녀가 막대기를 질질 끈 흔적을 쫓아갔다. 그러자 무지개뱀이 지난 구릉지나 계곡이 깊이 파였고, 몸의 무지갯빛이 사방으로 퍼져서 식물이나 새, 나비들에게 색이 부여되었다.

그때, 갑자기 바이아메가 큰 소리를 질러서 천둥이 치고, 큰 비가 내렸다. 무지개뱀이 남긴 고랑에 물이 차기 시작했고, 이윽고 비가 그쳤을 때에는 긴 강이 되어 있었다. 이것이 머레이 강이다.

■배스 해협 트라이앵글과 발렌티치 실종사건

오스트레일리아 남동부의 빅토리아주 남안과 태즈메이니아 섬 사이에 있는 해협에, 마의 해협이라고 불리는 '배스(Bass) 해협 트라이앵글'이 있다. 버뮤다 트라이앵글(자세한 것은 중남미·중남미 전역의 **버뮤다 트라이앵글** 항목을 참조)처럼 배나 비행기의 소실 사건이 다발하는 구역이다.

특히 1978년에 일어난 발렌티치 실종사건이 유명하다. 프레데릭 발렌티치(Frederick Valentich)는 멜버른 근처의 무라빈(Moorabin) 공항에서, 본섬과 태즈메이니아 섬 사이에 있는 킹 섬을 향해 세스나기를 몰고 있었다. 오후 7시경, 멜버른 관제탑에 발렌티치로부터 "녹색 빛이 보인다", "항공기는 아닌 거대한 뭔가가 선회하고 있다", "위에 있다" 등의 보고가 들어왔다. 몇 번의 통신이 들어온 뒤에 그의 목소리는 끊어지고 수수께끼의 금속음만이 들려왔다고 한다. 군대가 수색했지만 발렌티치의 유류품이나 세스나기의 잔해 등은 전혀 발견할 수 없었다고 한다.

이 사건이 있기 몇 개월 전부터 호주 국내에서는 녹색 UFO의 목격담이 이어지고 있었다. 당초에는 비행기 사고의 하나로서 처리되었던 발렌티치의 사건도, 통신 내용이 명백해지자 UFO와의 관련이 논의되게 되었다고 한다.

또 1979년에는 요트 레이스에 참가했던 찰스턴호라는 배가 태즈메이니아 섬으로 귀환 도중에 실종되었다. 그때는 "하얀 안개에 감싸여있다"라는 무선통신이 있었다고 한다.

어느 것이나 단순한 사고라고 하기에는 해결되지 않는 수수께끼가 많은 사건이다.

■블루 마운틴의 세 자매

뉴 사우스웨일스주에 있는 블루 마운틴은 유칼립투스 나무가 푸르게 우거진 아름다운 협곡 풍경이 펼쳐져 있는 구역이다. 시드니에서 서쪽으로 100킬로미터, 차로 2시간 정도 되는 거리에 있는 세계 유산으로 등록된 경승지다. 그 중에서도 유명한 스팟이 '쓰리 시스터즈(세 자매)'라고 불리는, 절벽 가장자리에 세 개가 솟아 있는 길쭉한 기암(奇巖)이다.

이 바위에 관한 선주민들의 전설이 있다. 과거에 블루 마운틴에 살고 있던 마왕이 있었다. 어느 날, 이 산을 세 자매와 주술사 아버지가 방문했다. 거기서 세 자매는 마왕에게 납치될 뻔한다. 아버지는 세 자매를 바위로 바꾸어 마왕으로부터 지키려고 했다. 아버지도 자신의 모습을 금조(琴鳥)로 바꾸어 도망쳤지만, 인간으로 돌아올 수 없게 되고 말았다. 그 때문에 세 자매도 인간의 모습으로 돌아오지 못하고 현재도 바위인 채로 남아있다고 한다. 아버지가 인간으로 돌아올 수 없게 된 것은 주술에서 사용하는 지팡이를 떨어뜨린 탓이라는 이야기도 있다. 금조는 블루 마운틴에 서식하는 새로, 금조가 된 아버지는 지금도 딸들을 인간으로 되돌리기 위해서 지팡이를 찾아다니고 있는지도 모른다.

또 카툼바(Katoomba)족의 젊은 세 자매 전설도 있다. 그녀들은 적국의 병사와 사랑에 빠지고 말아서, 바위로 변신해 그들을 지키려고 했다는 이야기다.

■ 사라진 장편영화 '켈리 갱 이야기'

켈리 갱(Kelly Gang)이란 네드 켈리(Ned Kelly)라고 하는 인물이 19세기 후반에 활약한 도적단(부쉬 레인저)을 말한다. 켈리는 가장 유명한 부쉬 레인저로, 많은 경찰관을 살해하고 1880년에 총격전 끝에 살해되었다. 범죄자이지만 부패한 권력에 대항한 인물로서, 오스트레일리아에서는 국민적 영웅이 되었다. 빅토리아주 글렌로완(Glenrowan)에 네드 켈리 박물관이나 높이 6미터의 거상도 있을 정도로, 그의 생애는 많은 소설이나 영화로 그려져 왔다.

1970년의 믹 재거 주연의 '네드 켈리(Ned Kelly)', 2003년의 히스 레저 주연의 '네드 켈리(Ned Kelly)' 등의 쟁쟁한 배우들이 켈리를 연기했다. 2019년의 영화 '켈리 갱(True History of the Kelly Gang)'도 기억에 새롭다.

켈리의 이야기는 몇 번이나 영화화 되었지만, 1906년에 촬영된 '켈리 갱 이야기(The Story of the Kelly Gang)'는 세계에서 가장 오래된 장편영화로 여겨지고 있다. 오스트레일리아 영화관 주인 찰스 타이트(Charles Tait)가 감독과 각본을 맡은 무성영화다. 당시에는 10분 정도의 작품밖에 없었는데, 무려 1시간을 넘는 길이였다고 한다. 같은 해 12월에 공개되자마자 대히트했고, 다음해에는 해외에도 공개되어 상업적 대성공을 거뒀다.

위업을 달성한 영화였지만, 제2차 세계대전 등을 거치며 최소 6통은 있었을 필름이 전부 분실되고 말았다. 그 후에 개인의 컬렉션 등에서 필름의 일부가 몇 개 정도 발견되어서 오스트레일리아 국립영상음성 아카이브(NFSA)가 그 필름을 이어서 영화를 재현했지만, 그래도 17분 정도뿐이라고 한다. 2007년에는 세계 최초의 장편 극영화인 것, 이후의 장편영화에 준 영향 등을 고려해서 유네스코의 세계의 기억(구 세계유산)으로 등록되었다. 영화사에 남는 중요한 작품의 완전한 오리지널 필름을 찾는 노력은 아직 계속되고 있다.

■산들의 결투

오스트레일리아의 빅토리아주 남서부에 있는 엘레펀트 산과 버닌용 산(Mt Bun-inyong)이라는 두 개의 커다란 산을 둘러싼 전설.

엘레펀트 산과 버닌용 산은 과거에 인간이었다. 버닌용은 엘레펀트가 가진 멋진 돌도끼가 부러워서 견딜 수 없었다. 그래서 버닌용은 황금과 맞바꾸어 도끼를 넘겨받았다. 그런데 버닌용은 막상 갖고 보니 도끼가 필요 없어져서 황금을 다시 돌려받고 싶어졌다. 그러나 엘레펀트가 거절하자 버닌용은 결투를 신청하고, 현재의 발라라트(Ballart) 남서부에 있는 옛 채광장에서 만났다.

결투가 시작되었고, 엘레펀트의 창이 버닌용의 배를 꿰뚫었다. 이번에는 버닌용의 돌도끼가 엘레펀트의 머리를 깨트렸다. 두 사람은 동시에 쓰러졌고, 이윽고 두 사람의 시체는 산이 되었다.

버닌용 산 중턱에는 창에 꿰뚫린 상처 같은 굴이 있으며, 엘레펀트 산의 정상에는 도끼에 맞아 부서진 듯한 구멍이 뚫려 있는 것은 이 때문이라고 한다.

■새까매진 백조

오스트레일리아의 웨스턴오스트레일리아주에 있는 몽거 호수(Lake Monger) 등의 호수에는 날개가 검고 부리가 붉은 블랙스완(Black swan, 흑조, 흑고니)이 서식하고 있으며, 주조(州鳥)로도 지정되어 있다. 실은 오스트레일리아 출신인 흑조가 어떻게 태어났는가를 알 수 있는 전설이 남아있다.

옛날에 우른나라고 하는 남자가 동료 부족의 캠프에 갔다가 위브루족 여자들이 있는 곳에서 부메랑을 하나 들고 돌아왔다. 동료는 자신들 몫도 원하게 되어서, 위브루족의 여자들로부터 훔칠 계획을 세웠다. 그래서 우른나는 장로에게 부탁해서 자신의 두 형제를 백조의 모습으로 변신시켜서 위브루족의 캠프로 데려갔다. 백조를 처음 본 여자들은 몹시 기뻐했다. 사람들이 백조들 주위에 몰려있는 동안 무기를 훔친 우른나 일행은 재빨리 자신들의 캠프로 도망쳤다. 여자들이 분노하는 것을 보고 무서워진 두 마리의 백조는 날아서 캠프로 돌아오려고 했지만, 도중에 쉬기 위해 들렀던 연못이 독수리의 영역이었다. 잔혹한 독수리는 백조를 날카로운 발톱과 부리로 찢었고, 가까운 사막까지 가져가서 버렸다.

인간으로 돌아오지 못하고 고향에서 멀리 떨어진 장소에서 죽음을 각오한 백조들이 추위에 떨면서 울고 있자, 하늘에서 까마귀 무리가 나타나서 추위를 견딜 수 있도록 검은 깃을 나누어주었다. 그 모습을 지켜본 조상 정령들이 감동하고 널리 알려야겠다고 생각해서, 이 지역에 사는 백조에게는 까마귀와 같은 검은 깃털이 나도록 하고 부리에는 흐른 피의 색을 남겼다고 전해지고 있다.

이 이야기에는 후일담이 있다. 무기를 도둑맞은 위브루족 여자들은 책임을 서로 떠넘기다가 피를 흘리는 싸움으로 발전했다. 캠프 주위는 피바다가 되었고, 태양빛에 반사된 구름이 붉게 물들어서 하늘은 저녁놀이 되었다. 오스트레일리아 서부에서는 저녁놀을 보면 "위브루족 여자들이 싸움을 해서 하늘이 붉게 물들었다"라고 표현한다고 한다.

한편, 몇 개월 뒤에 건강해진 두 마리의 흑조는 고향으로 돌아갔지만 누구도 알아주지 않았고 결국 인간의 모습으로 돌아갈 수 없었다. 또한 웨스턴오스트레일리아주에 피는 플란넬플라워, 백조의 깃털처럼 하얗고 보드랍다. 이것은 두 마리의 백조가 독수리에게 습격당했을 때에 떨어진 깃털이 꽃이 된 것이라고 전해지고 있다.

■새벽의 시작

오스트레일리아의 빅토리아 주 남서부에 사는 와타우롱(Wathauong)족에게는 새벽의 시작에 관련된 이야기가 있다.

먼 옛날, 하늘은 대지를 얇은 이불처럼 감싸서 햇빛을 막고 있었다. 그래서 지상의 생물들은 어둠 속을 기어 다니듯이 다닐 수밖에 없었다.

어느 날, 현명한 까치들이 빛이 있었으면 좋겠다고 생각하고 부리로 긴 막대를 모으고 힘을 합쳐서 하늘의 덮개를 들어올리는 것에 성공했다. 그러나 금방이라도 막대기가 부러져 하늘이 내려앉을 것 같아서, 까치들은 좀 더 튼튼한 막대기를 찾아와서 하늘이 움직이지 않을 때까지 다시 밀어 올렸다. 그곳에 태양이 찾아와서 최초의 새벽이 찾아왔다.

까치들은 지금도 자신들이 최초의 새벽을 가져온 것을 기뻐하며 새벽이 되면 즐겁게 운다고 한다.

■성스러운 산 카타추타

울루루(영어명 에어즈록)과 나란히, 선주민 애보리지니에게 성스러운 산으로 여겨지는 것이 카타추타(Kata-Tjuta)다.

울루루에서 서쪽으로 약 40킬로미터 떨어진 곳에 있는, 최고 546미터나 되는 올가 산 등 36개의 기암들이 늘어선 구역이다. '카타추타'란 선주민의 말로 '많은 머리'라는 뜻으로, 그 이름대로 머리처럼 둥근 돌 형태의 거대한 바위가 늘어서 있다. 카타추타에는 정령의 에너지가 깃들어있다고 믿어지고 있으며, 아낭구족의 의식도 여기에서 이루어진다.

또, 이 근처에 사는 피찬차차라(Pitjantjatjara)족에 전해지는 신화에 의하면, 카타추타의 정상에는 워남비(Wonambi)라는 거대한 무지갯빛 뱀이 살고 있다고 믿어지고 있다. 워남비는 건기에만 지상에 내려와서 입에서 토하는 폭풍으로 나쁜 영혼에게 벌을 준다고 한다.

■쌍둥이자리가 된 형제

애보리지니에게 구전되는 이야기 중에는 형제자매가 등장하는 신화가 많다. 유레에와 완제르 이야기도 그 중 하나로 '브람=브람=브루트'라고도 불리고 있다.

옛날 유레에와 완제르라는 용감한 형제 전사가 있었다. 그들은 주머니쥐의 모습을 한 정령인 조카 도안을 귀여워하고 있었다. 그런데 어느 날, 도안은 웸블린이라고 하는 가시두더지의 정령의 둥지에서 살해되어 잡아먹히고 말았다. 두 사람은 행방불명된 도안을 찾으러 떠났고, 웸블린의 둥지에서 격렬한 싸움의 흔적과 도안의 시체를 발견했다. 형제는 웸블린의 발자국을 3일간 추적한 뒤, 자고 있는 웸블린을 기습 공격해서 멋지게 조카의 원수를 갚았다.

그 후, 유레에와 완제르는 여행을 계속하면서 나무나 강, 바위, 식물 등에게 이름을 붙이고 풍경을 만들어갔다. 이렇게 창조의 일을 마쳤을 무렵, 완제르는 게르툭이라는 독사에게 물려 죽고 만다. 깊이 슬퍼한 유레에는 나무를 베어서 완제르와 비슷한 상을 만들고, 말하는 법과 걷는 법을 가르쳐서 둘이 함께 여행을 계속했다. 그들은 나라의 끝에 도착하자 동굴을 거처로 삼고 두 번 다시 고향으로 돌아가지 않았다고 한다. 사후, 형제는 하늘로 올라가 쌍둥이자리에 빛나는 두 개의 별, 카스토르와 폴룩스가 되어 계속 살고 있다고도 전해진다.

■애보리지니의 드림타임

드림타임(혹은 드리밍)이란 오스트레일리아 대륙의 선주민 애보리지니들 사이에 구전되는 창세신화를 말한다.

애보리지니는 아득히 먼 옛날인 약 6만 년 전의 빙하기부터 오스트레일리아 대륙에서 살고 있던, 약 600개의 부족으로 이루어진 사람들이다. 드림타임에는 많은 신화나 전승이 남아있으며 자연현상의 기원이나 지형, 동물의 유래를 설명하는 것이 많다.

신화에 의하면, 최초에 바이아메(Baiame)라고 불리는 창조주가 나타나서 대지를 낳고, 그곳에 강이나 호수, 언덕 등의 지형을 만들었다. 그 후에 인간, 동물, 식물 등을 만들며 이 세상의 모든 것에 생명을 불어넣고, 다양한 규칙을 정해서 세상을 정돈했다. 정령들은 긴 잠에서 깨어나 만물을 창조한 뒤에 다시 잠에 들었다고 한다.

이처럼 많은 이야기가 세대를 넘어서 구전되어가며 창조의 이야기가 지금으로 이어지고, 생명이 반복되어 간다. 드림타임은 애보리지니가 살아가는 데 빼놓을 수 없는 철학사상이라고도 이야기되고 있다.

■ 애보리지니의 악마 버닙

오스트레일리아의 선주민 애보리지니의 전설 중에 버닙(Bunyip)이라는 무서운 괴물이 전해지고 있다. '악마', '악령'을 의미하는 버닙은 주로 강바닥이나 늪지 등에 살며, 머리가 악어나 개, 몸통이 악어나 하마와 닮았으며 뿔이나 부리, 송곳니가 있는 등, 지역에 따라 그 묘사가 다양하다. 부주의하게 접근한 인긴에게 무시무시한 비명을 질러 움츠러들게 하고 그 틈에 붙잡아서 잡아먹는다고 이야기되고 있다.

어느 날, 어느 부족이 자주 사냥을 하러 가는 호수에 버닙이 살기 시작했다. 그래서 사람들은 호수 주위에서 돌을 모아 호수에 던졌다. 그리고 불을 지펴서 검은 연기를 피우고, 모두 함께 큰 소리를 지르며 시끄러운 소리를 내고 다녔다. 이 소란으로 호수에서 살던 물새들이 사라지고, 물새를 먹이로 삼던 버닙은 끝내 호수를 떠나서 서쪽으로 향했다고 한다.

19세기경, 빅토리아주 부근에서 많은 목격정보가 있었으며 1890년에 멜버른의 동물원이 버닙의 포획을 시도했지만 실패로 끝났다고 한다. 지금도 아직 버닙이 오스트레일리아의 어딘가에 서식하고 있을지도 모른다.

■ 오스트레일리아의 내륙해 전설

1830년, 영국의 작가인 토머스. J. 마슬렌(Thomas John Maslen)은 저서인 『오스트레일리아의 친구(THE FRIEND OF AUSTRALIA)』에 오스트레일리아의 내륙부에 풍요로운 수맥이 있는 지도를 게재했다. 하천망은 치밀하고, 내륙중앙부에는 작은 바다 정도 넓이의 거대한 호수가 그려져 있다.

'오스트레일리아의 내륙부에는 아직 발견되지 않은 풍부한 내해와 많은 하천과 호수가 있다.'

이것은 희망적 관측에 지나지 않았지만, 19세기의 오스트레일리아에서 내륙을 향해 식민지화를 진행하려고 꾀했던 영국의 탐험가들은 내륙해설을 믿었다. 물이 풍부한 땅에 사는 유럽인들에게는 이 정도로 커다란 대륙에 풍부한 물이 없을 리가 없다고 생각되었던 것일까. 마슬렌의 책의 영향도 있어서 탐험가들은 '물이 풍부한 오스트레일리아'라는 이미지를 품고 오스트레일리아의 내륙을 향해 조사를 떠났다. 그들은 강을 거슬러 올라가면 거대한 내해에 도달할 수 있을 것이라 믿고 나아갔지만, 실제로는 내륙의 바다가 아니라 황량한 심프슨 사막이 펼쳐져있을 뿐이었다. 이렇게 오스트레일리아 내륙해의 전설은 19세기 중반에는 완전히 사라졌다고 한다.

■ 와왈락 자매의 재난

와왈락(Wawalag, 혹은 와윌락[Wawilak], 또는 와기락[Wagilag] 등)이라고 불리는 인류 최초의 자매에 대한 이야기는 오스트레일리아 북부, 노던 테리토리주의 아넘 랜드의 애보리지니에 다양한 이야기로서 전해진다.

옛날, 아넘 랜드 남동부의 바다에서 북쪽을 향해 여행을 계속하던 두 자매가 있었다. 언니는 아이를 안고 있었고 여동생은 임신 중이었다. 창조하는 힘을 지닌 두 자매는 걸어가면서 언덕이나 호수, 강 등의 지형의 이름을 외며, 차례차례 그것들을 만들어 나갔다. 이윽고 작은 연못 부근에서 자매는 휴식을 취했다. 언니가 사냥을 하러 나간 사이, 동생은 아기를 낳았다.

언니가 돌아와서 식사준비를 시작하자, 신기하게도 사냥감들이 되살아나더니 냄비 밖으로 튀어나가 차례차례 연못으로 뛰어들었다. 그 연못은 위티치(Wititj. 부족에 따라서는 율룽구르[Yurlunggur]라고도 부른다)라는 이름의 신성한 무지개뱀의 거처였기에, 영역을 침범당한 위티치가 격노해서 자매에게 사냥감을 먹이지 않으려고 했던 것이다. 연못에서 모습을 보인 위티치는 자매와 아이들을 삼켜버렸다.

그 소동을 주위의 뱀들이 깨닫고 무슨 일이 일어났나 하고 묻자, 위티치는 처음에 커다란 캥거루를 붙잡아 삼켰다고 거짓말을 했다. 그러나 뱀들은 곧 거짓말임을 간파하고, 위티치는 끝내 자매를 먹은 것을 인정했다.

뱀들은 곧바로 강한 바람을 일으켜 폭풍우를 일으켰다. 위티치는 견디지 못하고 자매들을 개미무덤에 토해냈다. 개미들은 둥지에 떨어진 침입자들을 계속해서 깨물었다. 그 아픔과 자극에 의해 자매들은 숨을 쉬기 시작했다.

아넘 랜드에는 신화 등이 그려진 암벽화나 수피화(樹皮畵)가 많이 남아있다고 한다. 세밀한 크로스 해칭(cross-hatching) 기법을 사용한 수피화는, 애보리지니 아트로서 현재도 계속 그려지고 있다고 한다.

■ 울루루가 붉게 물든 이유

아침 햇살과 저녁 햇살에 비추어질 때마다 울루루(Uluru, 영어명 에어즈록[Ayers Rock])는 아름다운 붉은 빛으로 물든다. 이 붉은 빛에 대해 선주민 애보리지니에게 전해지는 신화가 있다.

도마뱀의 정령 아드노아티나와 개의 정령 마린디는 사냥감을 두고 자주 싸웠다. 두 마리의 실력은 막상막하여서 항상 무승부로 끝났다. 어느 날, 울루루 아래서 두 마리가 싸우고 있는 동안에 저녁이 되었다. 마린디는 싸움을 내일로 미루자고 제안했지만, 아도노아티나는 물러서지 않았다. 그리고 끝내는 아도노아티나가 마린디의 목을 물어서 승리했다. 아노노아티나는 울루루 위에 마린디를 운반해서 고기를 먹으려고 했다. 마린디의 살은 찢어지고, 울루루가 피로 붉게 물들었다. 이후, 울루루는 새빨갛게 되었다고 한다.

■ 울루루의 탄생비화

오스트레일리아에 있는 세계 최대급의 바위인 울루루(영어명 에어즈록). '울루루'는 선주민 애보리지니인 아낭구(Aṉangu)족의 말로, 그들의 전승에 의하면 울루루가 탄생한 것은 드림타임(자세한 것은 **애보리지니의 드림타임** 항목을 참조)이라고 한다.

세계가 갓 시작되었을 무렵, 어느 의식에 참가예정이었던 선조의 영혼들 중에 두 부족이 결석(지각인 경우도 있다)했다. 의식을 치른 사람들은 결석자에게 화가 났다. 거기서, 대지에 나쁜 노래를 들려줘서 진흙에서 쿠르팡가라는 무서운 딩고(오스트레일리아에 서식하는 들개)를 낳았다. 쿠르팡가는 의식에 결석한 두 부족 근처에 나타나서 그들과 싸웠고, 두 부족의 족장이 죽음으로써 싸움은 수습되었지만 이 사건을 슬퍼한 대지가 융기하여 붉은 눈물을 흘렸다. 이때, 지면에서 솟아오른 대지가 울루루라고 한다.

또 다른 신화에서는 두 소년이 진흙놀이를 하다가 남은 진흙이 건조되어 생긴 산이 울루루가 되었다는 이야기도 있다.

애보리지니에게 울루루는 성지이며, 울루루를 둘러싼 신화는 많이 존재한다. 이전에는 울루루에 관광객이 등반하면서 트러블이 생기기도 했지만, 안전 문제와 선주민에 대한 배려에서 2019년부터 울루루에 오르는 것이 금지되었다.

■ 주머니늑대는 멸종되지 않았다?

주머니늑대(Thylacine)는 태즈메이니아 섬에 서식하고 있었다는 것에서 태즈메이니아 늑대, 태즈메이니아 타이거라고도 불리는 대형 육식동물이다. 길고 곧은 꼬리와 호랑이 같은 등의 줄무늬가 특징으로, 캥거루 같은 유대류이면서도 늑대에 가까운 생태를 지닌 진귀한 종이다. 400만 년 전부터 오스트레일리아나 뉴질랜드에 서식하고 있었는데, 점차 감소해서 태즈메이니아 섬에서만 볼 수 있게 되었다.

태즈메이니아 섬이라는 이름은 17세기에 이 섬에 유럽인으로서 처음으로 상륙한 네덜란드의 탐험가 아벨 타스만(Abel Tasman)의 이름에서 유래한다. 그리고 이 유럽인의 도래가 주머니늑대의 멸종의 계기가 된다. 가축인 양을 습격한다고 해서 1830년 이후로는 주머니늑대 구제에 현상금이 걸리게 되었다. 사냥꾼들에게서는 수렵대상도 되어서, 수천 마리의 주머니늑대가 죽었다고 한다.

1930년의 보고를 최후로 야생 주머니

늑대는 사라졌고, 호버트 동물원에서 사육되고 있던 마지막 한 마리인 '벤자민'이 1936년에 죽어버렸다. 1982년에는 정식으로 멸종이 선언되었다. 오스트레일리아에서는 마지막 한 마리가 죽은 9월 7일을 '국가 멸종위기종의 날'로 정했다. 2021년 9월 7일에는 벤자민이 움직이는 모습을 담은 영상을 컬러화한 동영상이 오스트레일리아 국립 영상음성 아카이브(NFSA)에 의해 동영상 투고 사이트인 YouTube에 공개되었다.

다만 멸종선언을 한 뒤에도 야생 주머니늑대의 목격정보는 미확인이나마 다수 있었으며, 생존 가능성을 주장하는 설도 꾸준하다. 적어도 2000년경까지는 살아남았다는 보고도 있다. 인간에 의해 멸종된 주머니늑대가 숲 속에서 몰래 살아남았을 가능성은 제로가 아닌 듯하다.

■창조주 루마루마 살해

오스트레일리아 북부, 노던 테리토리(Northern Territory)주의 아넘 랜드(Arnhem Land)는 애보리지니 문화가 숨 쉬는 광대한 황야다. 이 땅의 선주민 군윙구(Gunwinggu, Kunwinjku)족에는 루마루마(Lumaluma)라는 창조신에 관한 이야기가 전해지고 있다.

어느 날, 고래 모습을 한 루마루마가 바다에서 나타나서, 인간 남자 모습이 되어 상륙했다. 루마루마는 두 아내를 맞이하고 사람들에게 신성한 의식을 전수하면서 여행을 계속했다. 그러나 루마루마는 엄청난 먹보라서, 사람들이 맛있어 보이는 음식을 모으는 모습을 볼 때마다 가로채고 싶어졌다. 그리고 맛있어 보이는 것을 발견할 때마다 "성스러운 음식이니까 나 이외에는 먹어서는 안 된다"라고 선언했다.

이 제멋대로인 규칙에 화가 난 사람들은 루마루마를 붙잡아서 창이나 곤봉으로 공격했다. 루마루마는 상처를 입으면서도 성스러운 의식을 사람들에게 계속 가르쳤고, 이윽고 숨이 끊어졌다. 사람들은 루마루마를 살해했지만 루마루마는 신성한 존재이기에 경의를 표해야한다고 생각했다. 그래서 그의 시신을 나무에 기대어 단단히 묶고, 시신을 지키기 위해 잎과 나뭇가지로 빙빙 둘러싸듯이 오두막을 세웠다. 이러한 오두막은 루마루마에게서 배운 의식을 행할 때에, 현재도 세워지고 있다고 한다.

사람들은 루마루마가 의식에서 사용한 물건을 전부 모은 뒤, 시신을 나무에서 떼어내서 바다로 흘려보냈다. 루마루마는 심해에 도달하자 다시 살아나서 고래로 돌아갔다고 한다.

■천공신 완지나는 이성인?

완지나(Wandjina)란 오스트레일리아의 선주민인 애보리지니의 신화에 등장하는 천공신(강우의 신이라고도 한다). 애보리지니에게는 창조신이자 영적인 조상이기도 하다고 한다. 태고의 시대부터 완지나는 암벽화에 그려져 왔다. 그 모습은 눈과 코가 있지만 입이 없으며, 머리 주위에 후광 같은 방사상의 고리가 있다. 애보리지니의 전승에서 완지나는 하늘에서 위대한 새를 타고 지상에 내려와 문명을 주었다고 한다.

일설에서는 완지나는 우주선을 타고 온 이성인이 아닐까 라고도 이야기되고 있다.

■코알라가 된 소년

오스트레일리아에서 가장 유명한 동물 중 하나가 코알라다. 코알라는 유칼립투스의 잎에 포함된 수분만으로 충분해서 따로 물을 마시지 않는데, 그것에는 이러한 이유가 있다고 한다.

어느 부족에 쿠보라는 고아 소년이 있었는데, 항상 배가 고팠다. 어느 날 쿠보를 홀로 남겨두고 캠프 사람들은 사냥이나 먹을 것을 찾으러 외출했다. 쿠보는 전에 물을 나눠주지 않았던 사람들에게 앙갚음을 하고 싶어서 물통을 안고 유칼립투스 나무를 올라갔다. 그리고 전에 딱 한 번 배웠던 마법의 노래를 흥얼거리자, 유칼립투스 나무가 쭉쭉 자라나서 캠프에 있는 어느 나무보다도 높아졌다. 캠프에 돌아온 사람들은 귀중한 물을 훔쳐서 나무 위로 올라간 쿠보를 보고 화를 냈지만, 쿠보는 들리지 않은 척을 했다. 그래서 마을의 장로가 마법을 사용해서 나무 꼭대기까지 올라가 쿠보를 붙잡고 땅을 향해 던졌다. 쿠보는 나무 밑동까지 떨어졌고, 움직이지 않게 되었다.

이 경위를 하늘에서 계속 지켜보고 있던 쿠보의 조상의 정령은 구원의 손길을 뻗었다. 다음 순간, 쓰러져있던 쿠보는 커다랗고 둥근 귀와 검고 커다란 코, 날카롭고 긴 발톱과 복슬복슬한 털을 지닌 지금까지 아무도 본적이 없는 코알라로 변신했던 것이다. 그리고 가까이에 있는 유칼립투스 나무에 올라 잎사귀 뒤편에 숨었다.

이 신비한 사건을 본 부족 사람들은 아무도 쿠보에게 다가가지 않았다. 코알라가 된 쿠보는 더 이상 배가 고프거나 목말라 하지 않는다. 다른 동물이 먹지 않는 유칼립투스 나뭇잎을 먹으면서 나무 위에서 한가롭게 살아가게 되었던 것이다.

■타맘 슈드 사건

'타맘 슈드(Tamám shud)'란 11세기 후반부터 12세기에 활약했던 페르시아의 시인 오마르 하이얌(Omar Khayyām)의 시집 『루바이야트(Rubáiyát)』의 마지막 한 구절이다. 페르시아어로 "끝났다, 완성했다"라는 의미이며, 이 한 문장이 수수께끼를 부른 오스트레일리아에서 유명한 미제 사건이다.

1948년, 한 쌍의 커플이 서머튼 해안에 쓰러져 있는 남자를 목격했다. 남자는 정장에 넥타이를 맨 단정한 차림이었고, 자고 있는 듯 보였다고 한다. 그러나 다음날 아침, 남자는 시신이 되어서 발견된다. 사인은 독극물에 의한 것으로 추측되었지만 자살인지 타살인지 알 수 없었다. 단서가 될 만한 물건이 아무 것도 없었고 남자의 신원도 특정할 수 없었다. 남자는 서머튼맨이라고 불리게 된다.

다음 해, 시신의 바지 주머니 구석에서 종잇조각이 발견된다. 종잇조각은 '타마슈드'라고 인쇄된 부분을 『루바이야트』의 마지막 페이지에서 찢어낸 조각이었다. 이 뉴스를 본 한 남성으로부터 당시의 현장 부근에 차가 세워져 있었는데, 잠기지 않은 차 안에 한 권의 『루바이야트』가 놓여있었다는 제보가 들어왔었다. 그 책에는 수수께끼의 알파벳과 숫자가 다섯 줄 정도 적혀있었다. "어떤 암호가 아닐까?", "남자는 스파이가 아닐까?"라고 의심되었지만 그 문자들을 해독할 수는 없었다.

또, 남성이 가지고 있던 책의 뒤표지에는 인근에 사는 여성의 전화번호가 적혀있었다. 그 여성의 말에 의하면, 1945년에 어떤 남성에게 『루바이야트』를 건넸었다고 한다. 그 남성이 서머튼맨인가 하고 생각되었지만 책을 받은 남성은 살아있었으며, 여성이 건넨 책도 가지고 있었다.

그 후, 사건이 있기 3년 전에 시드니 파크에서 시신으로 발견된 남성도 『루바이야트』를 소지하고 있었음이 판명되었다. 서머튼맨과의 관련이 의심되기는 했지만 사건의 해결에 진전은 없었다.

서머튼맨은 어디에서 왔는가, 무엇이 목적이었는가, 어째서 죽어버렸는가. 그리고 '타맘 슈드(끝났다, 완성했다)'라고 적힌 종잇조각은 무엇을 의미하고 있었는가. 이 모든 것이 수수께끼에 싸인 채로 현재에 이른다.

■ 피를 빠는 야라 마 야 후

오스트레일리아 남동부, 뉴사우스웨일스주에 있는 킬러 산은, 시드니에서 남쪽으로 90킬로미터 정도 되는 곳에 있다. 이 산에는 선주민 애보리지니의 신화에 등장하는 야라 마 야 후(Yara-ma-yha-who)라는 괴물이 나온다고 한다.

야라 마 야 후는 검붉은 피부에 혈관이 튀어나와 있으며, 몸에 비해 머리가 크고 입에는 이빨이 없으며 손가락과 발가락 끝에는 빨판이 달려있는 등의 특징이 있다. 평소에는 무화과나무 위에 있지만, 산을 방문한 사람이 나무 아래에서 잠시 쉬고 있으면 내려온다. 그리고 손발의 빨판으로 인간의 피부에 달라붙어 피를 빠는 것이다. 피를 빨려서 움직일 수 없게 되었을 때, 이빨이 없는 입을 크게 벌려서 통째로 삼킨다. 그러나 다음 날에는 삼킨 것을 토해내며, 토해진 사람에게는 아무런 상처도 없다고 한다. 인간을 습격하는 것은 낮 동안뿐이라고 한다.

같은 인간이 몇 번이나 습격당하는 경우도 있는데, 그럴 경우에 그 사람은 점점 몸이 야위고 혈색이 나빠지며 피를 원하게 된다고 한다. 그리고 최후에는 그 사람도 야라 마 야 후가 되어버린다고 한다.

■피의 꽃

오스트레일리아의 사우스오스트레일리아주의 주화(州花)는 사막지대에 피는 스터츠 데저트 피(Sturt's desert pea)라고 한다. 화려한 붉은 빛이지만 꽃잎의 중앙만 검다는 유니크한 꽃으로, 별명 '피의 꽃'이라 불리고 있다.

옛날에 퍼리밀(Purlimil)이라는 여자가, 보롤라(Borola)라는 연인과 결혼을 약속하고 있었다. 그러나 그 부족에서는 장로들이 결혼을 결정하는 규칙이 있었고, 퍼리밀의 상대로는 나이 많고 욕심 많은 털타(Trlta)라는 남자가 선택되었다. 퍼리밀과 볼로라는 캠프를 빠져나와 볼로라의 친족이 사는 호수 캠프까지 도망쳤다. 그곳에서 두 사람은 모두에게 축복을 받으면서 결혼하고 행복하게 살았다. 그러나 털타는 도망친 퍼리밀을 용서할 수 없었고, 몇 년에 걸쳐 추적해서 두 사람의 거처를 찾아냈다. 그리고 어느 날 밤, 호수의 캠프를 습격해서 한 명도 남기지 않고 죽여 버렸다. 캠프 주위는 피의 바다가 되었다.

다음 해, 털타가 다시 호수를 방문하자 호수 주위 일대에 새빨간 피 같은 꽃이 피어있었다. 꽃의 한가운데는 새까매서 마치 인간의 눈 같았다. 수많은 눈이 노려보고 있는 것 같아 털타가 무서워져서 그 자리를 떠나려고 하는 그때, 검은 구름 속에서 날아온 창이 털타를 꿰뚫었다. 조상의 정령이 하늘에서 던진 일격이었고, 붉은 꽃은 정령들이 살해된 사람들의 피를 사용해서 만들어낸 것이었다.

이 꽃들은 오스트레일리아의 사막지대에 지금도 계속 피고 있으며, 애보리지니 사람들은 '피의 꽃'이라고 부르며 슬픈 이야기를 전하고 있다고 한다.

■해럴드 홀트 수상의 행방

1967년 12월 17일, 당시 오스트레일리아 수상이었던 해럴드 홀트(Harold Edward Holt)가 빅토리아주의 해안에서 행방불명되었다. 한여름의 일요일, 홀트는 친구들과 해변에 있었다. 그리고 해수욕을 즐기던 중에 모습을 감추었고, 구조대가 구명을 위해 수색했지만 그는 발견되지 않았다.

이틀 뒤에는 홀트가 행방불명되었다는 사실이 공표되었다. 바다에서 익사했을 가능성이 높다고 여겨졌으며, 한 나라의 수상이 갑자기 부재 상태가 된다는 사태에 오스트레일리아 국민은 깜짝 놀랐다.

그 후, 홀트는 수영에 능숙했다는 점이

나 시신이 없는 한 사인은 확정할 수 없다는 빅토리아 주의 법률로 인해 홀트 실종의 진상을 둘러싼 다양한 억측이 오가게 된다. 죽음을 가장해서 불륜상대와 야반도주를 했다, 스트레스로 인한 자살이다, 암살되었다, 실은 중국의 스파이였으며 잠수함으로 아시아로 건너갔다는 등, 스캔들 같은 설부터 음모론 같은 설까지 다양했다. 녹색 우주인에게 납치되었다고 하는 엉뚱한 설까지 돌아다녔다.

2005년, 실종 당일은 바다가 거칠었으며 해류의 흐름이 빨랐다는 점에서 홀트가 익사했다는 최종판단이 검시관에 의해 이루어졌으며, 홀트 수상의 행방은 영원히 수수께끼가 되었다.

키리바시

■ 길버트 제도의 창조신 나레아우

길버트 제도에는 모래나 물에 명령해서 자손을 만든 창조신 나레아우(Nareau) 전설이 있다.

세계가 시작되기 전, 하늘의 아버지와 땅의 어머니에 끼인 공간은 새까맣고 아무것도 없었다. 그곳에 물과 모래에서 생겨난 아이인 나레아우가 있었다. 나레아우는 다른 자들에게 일어나서 생활해주기를 바랐지만, 너무나도 하늘이 무겁고 대지에 깔려있었기 때문에 아무도 일어날 수 없었다. 그래서 나레아우는 하늘의 아버지를 살해하고, 아버지의 두 눈으로 태양과 달을 만들었다. 그리고 아버지의 갈비뼈를 사모아에 세웠다. 갈비뼈가 이윽고 세계수가 되고, 그곳에서 인간이 생겨났다.

다른 이야기도 있다. 어느 날, 나레아우는 한 그루의 나무에 불을 붙여서 불꽃과 재에서 데 바보우라는 남자와 데 아이라는 여자를 만들었다. "아이는 만들지 말라."라고 명령하고 천계로 보냈지만 두 사람은 태양, 달, 바다라는 세 아이를 낳았다. 심부름꾼인 뱀장어에게 그 소식을 들은 나레아우는 화를 냈지만, 결국 용서했기 때문에 태양, 달, 바다가 세상에 나타나고 인간은 세계 이쪽저쪽에서 살게 되었다고 한다.

■ 사라진 여성 비행사 아멜리아 에어하트

미국인 비행사 아멜리아 에어하트(Amelia Earhart)가 남태평양 상에서 행방불명된 사건. 아멜리아는 1928년에 여성 첫 태평양 횡단비행을 했고, 4년 뒤에는 태평양 단독 횡단비행을 성공시켜서 전 세계의 찬사와 함께 국민적 영웅이 되었다. 그 뒤에도 아메리카 대륙 무착륙 횡단비행, 하와이 캘리포니아 태평양 단독비행 등의 위업을 달성하였으며, 다음에는 최종목표인 세계일주 비행이 남았을 뿐이었다. 1937년 6월 1일, 세계 일주를 목표로 마이애미에서 이륙하여 6월 29일에 뉴기니 섬 동부의 마을에 도착했고, 다음에 미국령 하울랜드 섬을 목표로 이륙했다. 그러나 7월 2일에 "연료가 얼마 남지 않았다"라는 통신을 끝으로 그녀는 기체와 함께 행방불명이 되었다. 수색대는 필사적으로 아멜리아를 찾았지만 발견할 수 없었다. 그녀의 행방은 다양한 억측을 불렀는데, 당시 남태평양 상의 섬들을 점령하고 있던 일본군에게 스파이로 의심받아 붙잡혔다거나, 섬에 불시착해서 식인 문화를 지닌 민족에게 잡아먹혔다는 소문이 돌기도 했다.

가장 유력한 것은 키리바시의 피닉스 제도에 있는 니쿠마로로(Nikumaroro) 섬의 산호초에 착륙했다는 설이다. 당시에 표류자가 있었다는 보고가 있었다는 것이다. 게다가 1940년에 인골로 보이는 뼈의 일부가 발견되었다. 아멜리아의 것일 가능성이 있었지만, 피지에 보내서 의사가 검시를 한 뒤에 행방불명되었다. 또한 일부의 뼈밖에 발견되지 않았던 것은 니쿠마로로 섬에 서식하는 야자게가 시신을 먹고 뼈를 둥지로 가지고 갔기 때문이라는 설도 있다. 그래서 섬의 어딘가에 아직 그녀의 것일지도 모르는 뼈가 잠들어있다고 여겨지고 있다.

괌(미국령)

■ 연인 곶의 전설

그나톤(Gnaton) 마을의 두 젊은 남녀가 사랑에 빠졌다. 그런데 남자는 마타오(matao. 차모로족의 상위계급)이고 여인 쪽은 마나창(manachang. 차모로족의 하위계급)이어서 서로 신분이 달랐다. 다른 신분 간의 결혼은 엄하게 금지되었기에, 두 사람은 함께 도망친 뒤에 죽음을 각오하고 머리를 서로에게 묶고서 타몬만의 절벽에서 몸을 던졌다고 한다.

괌에 전해지는 이 비련의 전설은 스페인 통치 하에서 스페인인 남자와 차모로(Chamorro)족 수장의 딸 이야기로 변했다고 한다. 두 사람이 몸을 던진 절벽은 '푼탄 도스 아만테스(Puntan dos Amåntes, 연인 곶)'이라 불리며 지금은 관광객이 방문하는 연인들의 성지가 되었다.

■ 차모로인과 타오타오모나

미국의 최서단, 남태평양의 미크로네시아에 위치한 괌. 이 섬에 선주민인 차모로인 사이에서 옛날부터 믿어지고 있는 '타오타오모나(Taotao Mona)'라는 정령이 있다. 타오타오모나는 '이전 사람들'이라는 의미로, 선조의 영혼이라고 한다. 고대 차모로인은 선조의 영혼은 산 자들과 함께 살고 있으며, 자손인 자신들을 지켜준다고 믿고 있었다. 영혼들은 경애의 대상이면서도 위험한 일면도 있다고 여겨지고 있었다.

스페인에 의한 식민지화나 기독교로의 개종 등의 영향으로 차모로인과 타오타오모나의 관계성도 변하기 시작했다고 한다. 현재는 선조의 영혼이라기보다 마물로 취급되는 경우도 있다고 한다.

쿡 제도

■달에 사로잡힌 여자

쿡 제도에 전해지는, 달을 둘러싼 전설이 있다.

어느 곳에 쿠이(Kui)라는 맹인 남자가 있었다. 쿠이에게는 몇 명인가의 아름다운 딸이 있었고, 달은 그 중 한 명을 사랑했다. 어느 날 밤, 달은 천계에서 내려와 쿠이의 딸을 찾았다. 딸은 화로 옆에 땔감인 나뭇잎을 부젓가락으로 섞고 있는 참이었다. 딸을 발견하자마자 달은 갑자기 그녀를 안고 하늘로 올라갔다. 그래서 지금도 달의 표면에는 여자와 나뭇잎과 부젓가락의 형체가 또렷하게 나타나있다고 한다.

딸은 천계에서 천을 짜고 있는데, 천이 완성되면 표백하기 위해 길게 잡아당기고 바람에 날아가지 않도록 돌로 눌러둔다. 이 천이나 돌도 달에 비치고 있다. 그리고 딸이 천을 눌러두고 있던 돌을 치울 때에 돌끼리 부딪쳐서 커다란 소리를 내는데, 이것이 천둥이라고 한다.

■아이를 둘로 나눈 신들

쿡 제도에 전해지는 태양과 달을 둘러싼 전설이 있다.

대지의 여신 파파(Papa)가 한 명의 아이를 낳았다. 그러자 바테아(Vatea)라는 신과, 통가이치(Tongaiti)라는 신 사이에서, 어느 쪽이 아버지인가를 둘러싼 격렬한 싸움이 벌어졌다.

아무리 싸워도 결판이 나지 않았기 때문에, 두 사람은 아이의 몸을 둘로 나눠서 절반씩 자신의 것으로 삼았다. 바테아는 상반신을 취했고, 하늘로 던졌다. 그러자 하늘에 머물러 격렬하게 빛나는 태양이 되었다. 통가이치는 하반신을 취했고, 땅으로 던졌다. 그러자 피가 콸콸 흘러나와서 하얗게 되었다. 통가이치는 바테아가 아이의 몸으로 태양을 만든 것이 부러워져서, 아이의 하반신을 하늘로 던졌다. 그러나 그 몸은 많은 피를 잃었기 때문에 태양처럼 붉게 빛나지 못하고, 푸르스름하게 빛나는 달이 되었다고 한다.

사모아

■사라진 조이타 호의 수수께끼

1955년, 남태평양 상에 선박만을 남기고 승조원과 승객이 모습을 감추는 사건이 일어났다. 조이타 호(MV Joyita)는 당초에 레저용 요트로 건조된 미국의 배였는데, 제2차 세계대전 중에는 미군의 순시선이 되었고 그 이후에는 민간 상선으로 쓰였다. 1955년 10월 3일, 더스티 밀러 선장, 승조원, 승객 25명을 태운 조이타 호는 사모아의 수도 아피아(Apia)를 출항했다. 목적지는 뉴질랜드의 토켈라우(Tokelau) 제도로, 2, 3일 후에 도착할 예정이었지만, 조이타 호가 토켈라우 항에 모습을 보이지 않았다. 구조대가 수색에 나섰지만 배를 찾을 수는 없었다.

그리고 한달 후, 사모아에서 토켈라우로 가는 항로에서 1000킬로미터나 떨어진 지점에서 영국의 순시선이 바다 위를 표류하는 조이타 호를 발견했다. 배는 크게 기울고 일부가 침수되어 있기는 했지만, 선체에 손상은 없었다. 그러나 그곳에는 있어야 할 25명은 한 명도 타고 있지 않았다. 조명이 켜져 있었던 점, 선장의 총기가 사라져있었던 것, 덱에서 피가 묻은 붕대가 발견된 점 등으로 미루어보아 야간에 어떠한 트러블이 발생한 것으로 추측되었다. 선장과 승조원 사이에 분쟁이 발생했다, 일본인 어부나 무인도에 숨어있던 일본인 병사 잔당에게 습격당했다, 냉전중인 소련의 잠수함에게 유괴되었다, 해저화산의 분화나 쓰나미, 소용돌이에 배가 휘말렸던 것이라는 등의 증거도 없는 다양한 소문들이 떠돌았다. 최종적으로는 해적에 의한 범행이라고 결론지어졌지만, 25명의 안부는 알 수 없는 채로 미해결 사건이 되어 지금에 이르고 있다.

그 후, 인양된 조이타 호는 다시 상선으로 사용되었지만 두 번이나 좌초하는 불행이 이어진 끝에 폐선되고 말았다고 한다.

■창조신 탄가로아와 나라 이름의 유래

탄가로아(Tangaroa)는 폴리네시아 전역에서 믿어지는 창조신이다(자세한 것은 폴리네시아의 **껍데기에서 태어난 창조신 탄가로아** 항목을 참조). 사모아에서는 수장의 계보를 거슬러 올라가면 탄가로아에 이른다고 믿고 있다. 탄가로아의 자식은 모아라고 하며 '사모아'란 '모아 신의 땅'이라는 의미다.

사모아는 '폴리네시아 문화의 요람'이라고 불린다. 그 이유는 약 3000년 전에 사모아에 도달한 인류가 그곳에서부터 타히티나 하와이, 뉴질랜드 같은 폴리네시아로 이주했다고 여겨지기 때문이다. 이 사실을 돌아보면, 폴리네시아의 창조신의 자손이 사모아의 수장이 되었다는 것도 위화감이 없을지도 모른다.

솔로몬 제도

■ 이름을 말해서는 안 되는 티코피아의 신

솔로몬 제도에 속한 티코피아(Tikopia) 섬에는 1980년대까지 전기도 자동차도 점포도 없었다고 한다. 섬사람들은 섬 안에 있는 많은 신들을 독실하게 섬기고 있으며, 신들의 기분을 해쳐서 열대 폭풍우나 전염병 등이 생겨나지 않도록 정기적으로 '신들의 일'이라고 불리는 의식을 치르고 있었다고 한다.

티코피아 섬에는 신이나 정령을 '아투아(Atua)'라고 부르며, 가장 중요한 아투아는 마푸시아(Mapusia)라는 신이다. 그러나 마푸시아라는 이름은 평소에는 말하는 것이 금지되어 있으며, 신의 의식 때만 입 밖에 내는 것이 허락되었다. 신의 이름을 말하는 것으로 천계에 있는 신이 그 목소리를 듣고 좀 더 잘 들리도록 귀를 기울여 준다고 믿기 때문이다.

또 아투아는 인간과 마찬가지로 실체를 지닌 존재라고 믿어지고 있었다. 예를 들면 타오마탄기(Taomatangi)라는 춤을 추는 의식에서는 의식 중에 아투아가 나타나 바람을 진정시켜준다고 하며, 남자 아투아는 다리를 꼬고 성스러운 돌에 기대고 여자 아투아는 다리를 앞으로 뻗고 앉아있다고 여겨지고 있었다. 20세기에 뉴질랜드의 인류학자 레이먼드 퍼스(Raymond Firth)가 섬을 방문해서 이 의식을 견학하고 사진을 찍었을 때, 주민은 자신들에게는 보이는 아투아가 카메라에 찍히지 않은 것에 몹시 놀랐다고 한다.

그러나 기독교의 포교나 전염병의 만연 등으로 아투아를 믿는 자는 급감했다. 남겨진 족장들은 신들을 향한 의식에 끝을 고하고, 최후의 의식 '작별의 카바(자세한 것은 피지의 **카바의 의식** 항목을 참조)'를 치렀다. 이후, 아투아들은 카바를 마시면서 정령의 집에서 편히 지내고 있다고 한다.

■ 표착한 케네디 전설

솔로몬 제도에 있는 플럼푸딩 섬(Plum Pudding Island)은 별명이 케네디 섬이라고 한다. 그 유래는 미국 제35대 대통령 존. F. 케네디다. 제2차 세계대전 중, 솔로몬 제도에서 일본군과의 전투 때에 케네디가 탑승한 어뢰정이 격파된다. 아슬아슬하게 탈출한 케네디는 플럼푸딩 섬에 표착했고 섬 주민들의 도움으로 무사히 귀환했다. 이 사건으로 이 지역에서는 케네디 섬이라고 불리게 되었다고 한다.

투발루

■'투발루'는 일어선 여덟 개의 섬

남반구의 적도 바로 남쪽에 위치한 작은 제도국가 투발루(Tuvalu). 아홉 개의 섬으로 이루어져 있으며, 국기에도 나라를 구성하는 아홉 개의 섬이 배치되어 있는데, 나라 이름인 '투'는 '일어서다', '발루'는 '8'로, '일어선 여덟 개의 섬'이라는 의미라고 한다. 어째서 아홉 개가 아닐까. 이것은 아홉 개의 섬 중 여덟 개 섬에만 사람이 살고 있기 때문에, 여덟 개의 섬 주민들이 협력해서 나라를 만들자고 결의했기에 이렇게 명명되었다고 한다.

산호초로 둘러싸인 아름다운 나라로 '천국에 가까운 섬들'이라고도 불리고 있지만, 해발고도가 낮고 지구온난화로 인한 해수면 상승으로 인해 수십 년 뒤에는 나라가 수몰될 위기에 처해 있다.

통가

■하몽가의 삼석탑

남태평양에서 유일하게 독립을 유지한 통가. 과거에는 투이 카노쿠폴루(Tu'i Kanokupolu, 왕가[王家])가 수장, 투이 통가(Tu'i Tonga, 신성왕[神聖王])가 전통적 권위를 지닌 두 명의 왕이 존재했었다. 현재는 왕가만이 남아있지만, 신성왕이 있었을 무렵의 흔적이 통가타푸(Tongatapu)섬에 있다.

하몽가의 삼석탑(Ha'amonga'a Maui Trilithon)이라고 불리는 유적으로, 세 개의 거석 중 두 개가 똑바로 서고, 그 위에 하나가 가로로 걸쳐져 있는 석조 문 같은 건조물이다. 높이 5미터, 가로 폭이 6미터 정도. 1200년경에 제11대 투이 타투이(Tu'i tā-tui) 신성왕에 의해 세워진 왕가의 문이라고 한다. 일설에 의하면 두 개의 돌은 왕의 두 아들이 힘을 합치기를 바라는 소원이 담겨있었다고 한다. 이 정도의 거석을 어떻게 모아서 세웠는지는 불명이다.

나우루

■나우루 섬의 아레오프 에나프

나우루 섬의 사람들에게 전해지는 천지창조의 신화가 있다.

아직 세계가 바다밖에 없었던 시대, 아레오프 에나프(Areop-Enap)라는 거미 신이 있었다. 어느 날, 거미는 아주 커다란 조개를 발견했다. 거미는 어떻게든 해서 그 안으로 들어가고 싶어서 열심히 주문을 외웠다. 그러자 조개가 아주 조금 껍질을 벌렸고, 거미는 재빨리 안에 들어갔지만 아주 조금만 벌어진 상태라서 일어설 수가 없었다. 게다가 조개 안은 빛이 없어서 새까맸다.

거미는 계속 조개 안을 기어 다니다가 한 마리의 달팽이를 발견했다. 거미는 달팽이가 기운이 나게 만들기 위해 옆구리에 끼우고 3일간 잤다. 그 뒤에 다시 조개 안을 걸어 다니다가 더욱 커다란 달팽이를 발견했다. 마찬가지로 겨드랑이에 끼우고 3일을 잤다.

잠에서 깨어난 뒤에 거미는 작은 달팽이에게 "앉을 수 있을 정도로 천장을 밀어 올려주지 않겠어?"라고 부탁했고, 작은 달팽이가 천장을 밀어 올려주자 거미는 달팽이를 달로 바꿔서 조개의 서쪽에 두었다. 달빛으로 조개 안이 조금 밝아지자, 한 마리의 풍뎅이(애벌레라는 설도 있다)를 발견했다. 거미는 풍뎅이에게 "조금 더 천장을 높이 밀어 올려 줄래?"라고 부탁했고, 풍뎅이는 꾹 버티며 조개껍질을 밀어 올렸지만, 너무 힘을 써서 땀이 줄줄 흘렀다. 거미는 그 땀을 모아서 바다를 만들었다. 이렇게 해서 조개의 위 껍데기가 천공이 되었고, 아래 껍데기가 대지가 되었다. 거미는 마지막에 큰 달팽이를 태양으로 바꾸어 동쪽에 두었다. 하늘과 땅, 태양과 달, 바다는 이렇게 태어났던 것이다.

이렇게 하늘과 대지라는 서로 반대되는 존재가 붙어있는 상태를 억지로 뜯어내서 세계창조의 공간을 만드는 신화는, 폴리네시아에 많이 보인다. 키리바시의 길버트 제도의 **창조신 나레아우**, 폴리네시아의 **껍데기에서 태어난 창조신 탄가로아** 항목도 참조.

니우에

■폴리네시아의 영혼 아이투

북쪽으로는 사모아, 동쪽으로는 쿡 제도, 서쪽으로는 통가 세 나라에 둘러싸인 해협 거의 중앙에 위치한 니우에는 일본의 아이치현 토요바시 시와 거의 같은 면적의 작은 섬이다. 인구는 최소인 바티칸 시국 다음으로 적은 약 1800명이다.

1774년에 영국의 탐험가 캡틴 쿡이 섬으로 상륙을 세 번이나 시도했지만 니우에 사람들이 이 시도를 막았다고 한다. 19세기 중반에는 사모아인 선교사에 의해서 기독교가 포교되어 현재는 섬사람 중 90%가 기독교도라고 한다.

그러나 섬의 전통적인 신앙도 깊이 뿌리내리고 있다. 폴리네시아에서는 '아이투(Aitu)'라는 영혼(선조의 영혼이나 죽은 자, 정령을 뜻한다. 악령인 경우도 있다)의 존재를 믿으며, 아이투는 사람들을 감시하고 때로는 벌을 준다고 이야기된다.

또, 니우에는 세계 최대급의 융기 산호초 섬으로 '폴리네시아의 바위'라고 불린다. 하얀 모래밭이 아니라 깎아지른 듯한 해안절벽이나 복잡한 해안선이 특징으로, 종유석을 볼 수 있는 동굴도 많다. 섬에 있는 동굴은 성지로 여겨지며, 카누의 보관 장소나 선조를 매장했던 장소라고 이야기되지만 확실치는 않다고 한다. 일본에서는 2015년에 겨우 국가로서 승인되었기 때문에 일본인에게는 미지의 영역이 많은 섬이다.

뉴칼레도니아(프랑스령)

■뉴칼레도니아의 어원

남서태평양, 오스트레일리아 북동쪽에 위치한 섬나라 뉴칼레도니아의 이름은 유명한 영국의 탐험가 캡틴 쿡이 붙인 것이다.

1774년에 이 섬을 처음으로 방문한 캡틴 쿡은, 섬에 소나무가 우거진 풍경을 보고 고향인 스코틀랜드가 떠올라 고향의 옛 이름인 칼레도니아를 따서 명명했다고 한다. 그러나 실제로는 섬에 자라고 있는 소나무는 없다.

뉴칼레도니아의 남동쪽에 있는 일데팽(Ile Des Pins)이라는 섬의 이름도 캡틴 쿡이 붙인 것으로 '소나무의 섬(Isle of Pines)'이라는 의미다. 먼 바다에서 보면 섬에 소나무가 군생하는 것으로 착각되기에 명명되었다고 한다.

2021년 현재도 프랑스 해외령이며, 선주민인 멜라네시아인의 생활과 프랑스 문화가 융합되어 있다. 세계 유산으로도 등록되어 있는 아름다운 산호초가 펼쳐져 있으며, 일본에서 방문하는 관광객도 많은 인기 휴양지다.

뉴질랜드

■마오리족의 수장이 잠든 통가리로 산

뉴질랜드 북섬에 있는 통가리로(Tongariro)산은 세계 유산으로 등록되어 있는 통가리로 국립공원을 대표하는 산 중 하나다. 활화산인 통가리로 산은 선주민인 마오리족 사이에서는 성스러운 불에 의해 활동한다고 믿어지고 있다. 그들에게 성스러운 산이며, 역대 수장들이 산 정상에 매장되어 있다고 한다.

산을 둘러싼 전설도 남아있다. 어느 날, 신관이자 탐험가인 나토로이랑기(Ngātoroi-rangi)가 통가리로 산을 오르고 있었다. 그러나 강한 남풍에 의한 눈보라를 만나서 이대로는 얼어 죽고 말겠다고 생각한 나토로이랑기는, 무녀인 여동생들에게 구원을 청했다. 그 목소리는 남풍을 타고 고향 섬에 있던 여동생들에게 닿았다. 오빠의 위기를 깨달은 여동생들이 섬에서 바다 밑을 통해 불을 보내자 통가리로 산이 분화했다. 이 불에 의해 나토로이랑기는 얼어 죽을 위기를 모면할 수 있었다.

'통가리로'라는 이름은 나토로이랑기를 얼어 죽게 할 뻔한 '남쪽에서 운반되어 온 차가운 바람'이라는 의미에서 붙었다고 한다.

■ 모에라키 볼더와 마오리족의 전설

뉴질랜드 남쪽 섬에 있는 오아마루(Oamaru)라는 도시에서 남쪽으로 40킬로미터 정도 떨어진 곳에 모에라키(Moeraki)라는 해안이 있다. 이 해안에는 직경 1~2미터, 무게 약 2톤의 거석들이 늘어서 있다. 공처럼 생긴 둥근 돌이 지면에 절반 정도 묻혀있는 것처럼 보인다. 이 기암군은 모에라키 볼더(Moeraki Boulders)라고 불리고 있다.

마치 가공된 것처럼 깔끔한 공 모양이지만 이것들은 전부 자연에 의해 만들어진 것이다. 약 6500만 년 전의 팔레오세(Paleocene) 무렵에 일어난 해저화산의 분화에 의해 생겨난 바위로, 해저에서 넘쳐난 용암을 핵으로 칼슘 등의 광물이 부착되어 400만 년에 걸쳐 공 모양의 바위가 되었다고 한다. 그리고 약 1500만 년 전에 이 바위를 포함한 지층이 융기하고 파도의 침식작용에 의해 노출된 것이 모에라키 볼더다.

선주민인 마오리족에게는 이 기묘한 형태의 바위를 둘러싼 전설이 있다. 1000년 이상 전에 거대 카누 아라이테우루(Arai-te-uru) 호가 난바다에서 좌초해서 침몰하고 말았다. 카누에는 장어를 넣은 바구니(표주박이라는 설도 있다)가 쌓여 있었다. 이 바구니가 모에라키 해안에 흘러갔고, 모에라키 볼더의 바위들이 되었다. 그리고 가라앉은 카누의 뱃사람들은 이 땅의 언덕이 되었다고 한다.

■ 식인귀 마투쿠 탕고탕고

뉴질랜드의 마오리족의 전설.

라타(Rata)라고 하는 여자는 아버지를 마투쿠 탕고탕고(Matuku-tangotango)라는 이름의 식인귀에게 잃었다. 원수를 갚기 위해서 라타는 동료들과 함께 식인귀를 찾는 여행을 떠났다. 이윽고 개천에서 몸을 씻고 있는 마투쿠 탕고탕고를 찾아냈고, 방심한 틈을 찔러 죽이고 심장을 꺼내서 불을 피워서 구웠다.

그러나 마투쿠 탕고탕고는 아버지의 뼈를 가지고 있지 않았다. 포나투리(Ponaturi)라는 작은 괴물이 아버지의 뼈를 훔쳐 갔다는 것을 알고, 다시 동료들과 함께 여행을 하고, 포나투리의 마을을 습격했다. 그리고 포나투리를 쓰러뜨리고 아버지의 뼈를 무사히 되찾았다.

■작별의 곶에 선 노목

뉴질랜드 최북단의 케이프 레잉가(Cape Reinga)에는 수령 800년이나 되는 포후투카와(Pohutukawa) 노목이 자라고 있다. 마오리족의 전승에 의하면 죽은 자의 혼이 이 노목을 타고 땅속으로 들어가, 선조들의 고향인 하와이키(Hawaiki)로 여행을 떠난다고 여겨지고 있다. 노목 곁에는 과거에 테 와이오라 아 타네(Te Waiora a Tāne)라는 성스러운 개천이 있으며, 죽은 자의 몸을 정결히 한다고 한다.

■전투의 신 투와 뉴질랜드 육군

마오리어로는 뉴질랜드 육군을 '은가티 투마타우엔가(Ngāti Tūmatauenga)'라고 부른다. '전쟁의 신의 부족'이라는 의미로, 이것은 투(Tu, 투마타우엔가, 성난 얼굴의 투)라는 전쟁의 신의 이름을 딴 것이라고 한다. 이 투라는 신은 마오리족의 신화에 등장하는, 하늘의 신인 랑이(Rangi)와 대지의 여신 파파(Papa)의 여섯 명 있는 아들 중 한 명이다.

먼 옛날, 여섯 명의 형제들은 굳게 서로를 끌어안은 부모를 억지로 떼어놓고 밖으로 나갔다(자세한 것은 태평양 전역의 **마오리족의 신들과 죽음의 도래** 항목을 참조). 그러나 형제 중 폭풍의 신인 타위리(타위리마테아, Tāwhirimātea)만은 부모를 떼어놓는 것에 반대하고, 대지에 태풍을 일으켰다. 다른 형제들이 도망치거나 숨는 동안에 타위리의 공격에 유일하게 대항했던 것이 싸움의 신 투였다.

이윽고 폭풍이 멎자, 투는 누구도 가세해주지 않았던 것에 원한을 품고서 이번에는 다른 형제들을 공격했다. 나무와 숲의 신 타네(Tāne)의 숲의 나무를 베고, 바다의 신 탄가로아(Tangaroa)의 바다에서 물고기를 빼앗고, 평화의 신 롱고(Rongo)와 야생식물의 신 하우미아(Haumia)가 숨은 대지에서는 식물을 뽑아냈다. 이런 투의 행동을 참고해서 인간은 수렵과 채집을 익혔고, 자연계의 자원을 활용하게 되었다고 한다. 또 투가 시작한 형제 싸움을 보고, 인간은 전쟁의 방법을 깨우쳤다고도 이야기되고 있다.

마오리족은 지금도 싸우기 전에 투에게 기도를 올리고, 남자아이가 태어나면 훌륭한 전사로 자라도록 투에게 바치는 의식을 올린다고 한다.

■카이코우라의 UFO 사건

뉴질랜드의 남섬에 있는 카이코우라(Kaikoura)라는 항구마을에서 신비한 빛이 목격된 사건. 1978년, 카이코우라에서 몇 개나 되는 빛나는 물체가 주민과 파일럿들에게 목격되었다. 어느 텔레비전 취재반이 빛나는 물체를 영상에 기록하려고 화물기를 타고 북섬과 남섬 사이의 쿡 해협 부근을 비행했는데, 점멸하면서 비행하는 빛나는 물체가 다섯 개나 나타났다. 이것들은 한동안 기체와 나란히 날며 공항에 착지할 때까지 가까이 있었다고 한다. 짐을 내린 화물기가 돌아올 때에도 빛나는 물체가 나타나서 기체에 달라붙듯이 날았다고 한다. 이때의 영상은 공개되었고 UFO라며 전 세계에 화제가 되었다. 빛의 정체는 현재에 이르기까지 밝혀지지 않았다.

같은 해에는 오스트레일리아에서도 UFO의 목격정보가 이어있으며(자세한 것은 오스트레일리아의 **배스 해협 트라이앵글과 발렌티치 실종사건** 항목을 참조), 이 시기에 오세아니아 지역에서 무슨 일이 일어났었는지도 모른다.

■ 키위의 부리가 길어진 이유

뉴질랜드의 국조(國鳥)인 키위는 날개와 꼬리가 퇴화한 동그란 몸통과 길고 아래로 뻗은 부리, 굵고 튼튼한 다리가 특징이며 뉴질랜드에서만 서식하는 고유종이다. 영어 표기인 'kiwi'는 '키위'라는 울음소리를 딴 것으로, 마오리족이 붙인 이름이 그대로 영어명이 된 것이다.

마오리족에게는 키위의 부리가 길어진 이유에 관한 이야기가 전해지고 있다. 숲의 신인 타네 마후타(Tane Mahuta)는 낙엽을 청소해줄 새를 찾고 있었다. 숲에는 많은 새가 살고 있었지만 다양한 이유로 거절했고, 흔쾌히 떠맡아준 것이 키위뿐이었다. 숲의 신은 키위가 마음에 들어서 상으로 긴 부리를 주었고, 땅에 있는 먹이를 쉽게 먹을 수 있게 되었다고 한다.

참고로 과일 키위(Kiwifruit)는 생김새가 키위와 비슷하기 때문에 명명되었다. 그러나 뉴질랜드에서는 원산국이 중국인 것 때문에 '차이니즈 구즈베리(Chinese gooseberry)'로 불리고 있다.

바누아투

■ 번지점프의 기원·나골

펜테코스트(Pentecost) 섬에는 예로부터 전해지는 나골(Naghol)이라는 성인식이 있다. 높이 20~30미터 되는 높은 나무 탑을 세우고, 탑과 두 발을 식물 덩굴로 묶은 소년들이 뛰어내리는 것이다. 높은 곳에서 뛰어내려서 용감함을 증명하는 것이, 소년들이 어른이 되기 위한 통과의례인 것이다. 구명줄인 덩굴이 끊어져서 목숨을 잃는 경우도 있는 위험한 의식이다. 지면에 아슬아슬하게 떨어지는 것이 좋다고 하며, 멋진 점프를 할 수 있으면 그 해는 건강하게 지낼 수 있다고 한다. 또, 얌(Yam) 풍작을 기원한다는 의미도 있다고 한다. 사용하는 덩굴이 가장 부드럽고 잘 끊어지지 않는 건기인 4월에서 5월 사이에 이루어진다.

나골의 발상에 대해서는 이하와 같은 이야기가 전해진다. 과거에 난폭한 남편으로부터 도망치기 위해 정글에 들어간 아내가 있었다. 아내는 나무에 올라가 숨으려고 했는데, 남편에게 발각되고 말아서 나무에서 뛰어내렸다. 아내는 발목에 나무 덩굴을 감고 있어서 목숨을 건졌지만, 뒤따라 뛰어내린 남편은 덩굴을 감지 않아서 땅바닥에 부딪쳐 죽었다고 한다. 여성들은 이 아내의 용기를 본받아서 나무에서 뛰어내리는 것을 흉내 내게 되었다. 점차 남성들도 따라하게 되었고, 높이 세운 나무 탑에서 뛰어내리는 지금과 같은 형태의 의식이 되었다고 한다.

현재는 오락으로서 즐기는 번지점프는, 1979년에 이 의식에 영향을 받은 영국인에 의해 시작되었다고 전해진다.

■야수르 산과 존 프럼 신앙

탄나(Tanna)섬에 있는 야수르(Yasur) 화산은 '화구 부근에 가장 가까이 다가갈 수 있는 산'으로 유명한 관광 스팟이다. 이 산은 바누아투에 전해지는 존 프럼 신앙의 성지로 여겨진다.

바누아투가 속한 멜라네시아에서는, 선조의 영혼이 문명의 이기를 배나 비행기에 쌓아서 짐으로 삼아 모습을 바꿔 귀환한다고 믿어지고 있다. 19세기부터 현재에 이르기까지, 이 신앙을 바탕으로 한 카고 컬트(Cargo cult, 화물 숭배)라고 불리는 종교운동이 이루어진다. 유럽 제국의 식민지화에 의해 열세에 놓인 현지 사람들은 화물의 도래를 믿고, 백인들이 번영하는 것은 신들에게서 화물을 빼앗아 독점하고 있기 때문이라고 생각했다. 이것을 믿는 사람들은 화물을 맞이하기 위해 부두나 비행장이나 창고를 건설했다. 열광적인 신자는 노동을 포기하고 화물을 기다리거나, 근대적인 화물을 믿은 나머지 전통적인 물건을 파괴하기도 했다. 예언자들은 화물을 되찾았을 때에 백인의 지배와 노동에서 해방되며, 살기 편한 세계가 도래할 것이라 이야기하고 있다.

존 프럼(John Frum)이란 어느 미군 병사의 이름이다. 1940년대에 미국이 대량의 물자를 가지고 온 것으로 인해 탄나섬의 일부 마을에서는 존 프럼이라는 미군 병사가 언젠가 화물을 가지고 돌아올 것이라고 믿게 되었다. 현재는 정치운동의 색이 강해져 있는 듯하지만, 미군 모습을 가장하고 행진하는 의식도 있다고 한다.

파푸아뉴기니

■100부족이 모인 고로카 쇼

파푸아뉴기니는 800개 이상의 언어가 존재한다고 이야기되고 있으며, 언어, 문화, 생활양식이 다른 다양한 부족이 살고 있다. 그런 부족이 많이 모여서 여는 성대한 축제가 있다. 9월 16일에 독립기념일이 있는 주에, 고지대의 마을 고로카(Goroka)에서 열리는 '고로카 쇼'라고 불리는 축제다.

100개 이상의 부족이 모여 각자가 선조에게서 물려받은 '싱싱(sing-sing)'을 춘다. 싱싱이란 전통 민족무용을 말한다. 파푸아뉴기니에서는 자연에는 정령이 깃든다고 믿으며 싱싱의 노래와 댄스로 정령에 기도를 올린다고 한다. 자신의 머리카락으로 만든 가발을 쓰거나, 진흙이나 그림물감으로 온몸을 화장하거나, 새의 깃털이나 조개껍질로 만든 장식품을 걸치는 등의, 부족마다 전해지는 컬러풀한 장식도 특징이다. 이 의상이나 가면들은 자기 조상의 혼령이나 정령의 모습을 나타낸다고 한다.

이 축제는 1957년, 파푸아뉴기니를 통치했던 오스트레일리아에 의해 서로의 친목을 다지고 부족 간의 분쟁을 피하려는 목적으로 시작되었다. 다른 마을에서도 이러한 부족의 축제는 열리지만, 고로카 쇼가 가장 규모가 크다. 외국에서 오는 관광객도 많이 찾아오는, 나라를 대표하는 축제가 되었다.

■괴조 로펜

'로펜(Ropen)'이란 현지의 언어로 '하늘을 나는 악마'라는 의미다. 파푸아뉴기니에서는 1940년 이후로 로펜이라 불리는 미확인생물의 목격증언이 잇따르고 있다. 목격정보에 의하면 크기는 1~9미터, 흑색 혹은 적갈색의 피부에 커다란 날개를 가지고 있다. 악어 같은 이가 난 부리, 뱀처럼 길쭉한 목, 발톱이 돋아난 세 개의 발가락이 특징이다. 야간에는 몸 전체 혹은 복부에서 빛을 내면서 비행한다고 한다. 썩은 고기나 물고기, 조개를 즐겨 먹지만 1944년에는 살아있는 돼지를 사냥하는 모습이 목격되었다.

본격적인 조사도 몇 번 정도 이루어졌지만, 포획하지 못해서 정체는 알 수 없다. 쥐라기에 서식했던 람포린쿠스(Rhamphorhynchus), 백악기까지 생존했던 프테라노돈과 모습이 비슷한 것 때문에 익룡의 생존개체라는 설도, 큰박쥐(Pteropus)를 착각했다는 설도 있다.

■마린드 아님족 최초의 인간

파푸아뉴기니 서부에 사는 마린드 아님족의 신화에서는 대지의 정령인 누보그

(Nubog)와 천공의 정령인 디나딘(Dinadin)의 자식인 게브(Geb)와 마후(Mahu)라는 두 정령('데마'라고 불리고 있다)이 인류의 시조에 해당한다.

정령들이 마린드 지방의 지하에서 큰 연회를 열었다. 그때, 몰래 구멍을 파고 있던 정령들이 있었다. 그 모습을 보고 있던 기루이(Girui)라는 개의 정령이, 수상히 여겨서 뒤쫓았고, 태양이 올라가는 콘도라는 장소까지 찾아왔다. 거기서 뭔가 시끄러운 소리가 나서, 기루이는 개천의 제방을 긁어서 땅을 팠다. 그러자 개천의 물이 넘쳐흐르며, 메기 비슷한 기묘한 생물을 발견했다. 인간처럼도 보였지만 얼굴에 눈이나 코가 없고, 몸통에 팔과 다리와 손목과 손가락이 달려 있었다.

정령의 주술의사 아라멤브(Aramemb)는 이 생물을 말리려고 우선 대나무로 불을 피웠다. 그러자 뜨거운 열로 대나무 마디가 터지고 그것이 생물의 몸에 튀어서 얼굴 부분에 눈과 코와 입과 귀가 생겼다. 아라멤브가 대나무 칼로 몸통을 잘라 팔과 다리와 손가락과 발가락을 만들자 간신히 인간다운 모습이 되었고, 이것이 마린드 아님족의 시조가 되었다.

아라멤브가 몸통에서 팔다리를 만들 때에 잘라낸 쓰레기들은 많은 거머리가 되어 마린드 아님족의 땅에 살게 되었다고 한다.

■마린드 아님족의 불의 기원

파푸아뉴기니 서부에 사는 마린드 아님족에 전해지는 불의 기원.

정령(데마)의 조상인 게브의 아들 우아바(Uaba)는 불의 정령이며, 태양의 화신이었다. 어느 날, 우아바는 콘도라는 장소에서 의식에 참가하기 위해 우알리왐브(Ualiwamb)라는 젊은 여성을 제물로 삼기 위해 데려갔다. 그러나 우알리왐브는 싫어하며 도망쳤다. 우아바는 서쪽 해안에 세워진 오두막에서 그녀를 붙잡아 오두막에서 교합했는데, 그대로 몸이 떨어지지 않게 되고 말았다.

다음날 아침, 괴로워하는 두 사람이 발견되었다. 실컷 놀림을 받으면서 들것에 실려 콘도로 운반되어 오두막의 침상에 눕혀졌지만, 두 사람은 아직 몸이 붙어 있었다.

거기서 정령의 주술의사인 아라멤브가 찾아와서, 두 사람을 떼어놓으려고 우아바의 몸을 잡고 흔들거나 돌리거나 했다. 그러자 그 마찰로 최초의 불이 생겨나, 우알리왐브는 불을 발하면서 화식조와 황새를 낳았다. 화염과 함께 태어났기에 두 마리의 새는 검게 타버렸다.

최초의 불은 계절풍을 받으며 널리 번져나갔고, 해안에 모래밭을 만들고 내륙의 계곡에 강바닥을 만들었다. 많은 동물들은 바다로 도망쳤지만, 랍스터는 도망치는 게 늦어서 불에 타는 바람에 몸이 붉게 되었다고 한다.

■바나나와 달의 탄생

파푸아뉴기니 서부에 사는 마린드 아님(Marind-Anim)족에는 다양한 전설이 남아 있다. 정령(데마)의 선조인 게브(Geb, 자세한 것은 **마린드 아님족의 최초의 인간** 항목을 참조)가, 소년이라는 설도 있다.

소년 게브는 콘도(Kondo)의 가까운 해변에서 물고기나 조개를 따며 살고 있었지만, 바다에 너무 많이 잠수해서 몸에 따개비가 붙어버렸다. 어느 날, 해안에서 여자들이 찾아오자 부끄러워져서 모래 속에 숨었다. 그러나 여자들에게 들키고 말았고, 마을 남자들도 찾아와서 게브의 몸에 돋아난 따개비를 코코넛 열매를 깨는 도구나 돌도끼를 사용해서 뜯어갔다. 마을 사람들은 그 후, 게브를 오두막에 가두고 상처에 정자를 뿌렸다. 그러자 게브의 목에서 바나나가 돋아났고, 다음날에는 많은 바나나가 열매를 맺었다고 한다. 감금된 상황에서 도망치기 위해서 게브는 오두막 지붕에 올라갔다. 그리고 얌 덩굴을 의지해서 하늘로 올라가 달이 되었다고 한다. 달 표면의 크레이터는 게브의 상처 때문이라고 이야기되고 있다.

■크로코다일맨

뉴기니섬 북부를 가로지르는 세픽(Sepik)강 근처에 사는 선주민 중에 코로고(Korogo)라는 마을의 남자들은 '크로코다일맨'이라고 불리고 있다. 세픽 강에는 악어가 많이 서식하고 있는데, 이 부족에는 악어가 자신들의 조상이라고 믿고 있으며 경외심을 품고 있다. 크로코다일맨이라고 불리게 된 것은, 조상인 악어의 표식을 피부에 새기는 예부터 전해지는 성인식 때문이다.

의식은 탐바란(Tambaran)이라는 특별한 오두막에서 이루어지며, 대나무 나이프로 등이나 가슴에 많은 상처를 낸다. 그리고 상처에 진흙을 바르며 피부의 요철을 눈에 띄게 만들어간다. 큰 통증이 동반되지만, 상처가 나은 뒤에는 부풀은 상처자국이 악어의 비늘 같은 요철 같은 모양이 되어 피부에 나타나게 된다. 이 통과의례를 경험함으로써 한 명의 성인 남성이 된다고 한다.

팔라우

■꼬리를 뺏은 야자 따는 남자

팔라우에 전해지는 민화.

팔라우의 아이라이(Airai)주에 헤즈부티라는 야자 따는 남자가 있었다. 어느 날, 데이릭이라는 물고기 같은 인어 같은 생물을 얕은 여울에서 발견했다. 헤즈부티는 그 물고기의 꼬리를 잡아 빼서 가지고 돌아갔다. 다음 날, 얕은 여울을 살피러

갔더니 꼬리를 빼앗겨서 돌아갈 수 없게 된 데이릭이 울고 있어서, 불쌍하게 생각한 헤즈부티는 그녀를 데리고 돌아가 아내로 삼았다.

이윽고 두 사람에게 무라베라우라는 딸이 태어났다. 어느 날, 데이릭이 친구가 있는 곳에 가고 싶으니 꼬리를 내줬으면 좋겠다고 헤즈부티에게 부탁하자, 그는 의심 없이 꼬리를 내밀었다. 데이릭은 그것을 붙이더니 바다로 들어가 두 번 다시 돌아오지 않았다. 헤즈부티는 딸과 살며 나이가 든 뒤에 연기를 타고 하늘로 올라갔다고 한다.

■팔라우에서 만난 나카지마 아츠시와 히지카타 히사카츠

1941년 7월 태평양전쟁이 시작하기 직전, 미크로네시아 제도의 팔라우 공화국에서 두 명의 천재의 인생이 교착했다. 소설가인 나카지마 아츠시(中島敦)와 '일본의 고갱'이라고도 불린 화가 히지카타 히사카츠(土方久功)였다.

나카지마 아츠시는 이전부터 고통 받고 있던 천식의 발작이 나을 것이라 믿으며, 남양청의 교과서 편집서기로서 열대 기후인 팔라우로 향했다. 거기서 히지카타 히사카츠와 만난다. 히치카타는 고갱의 삶을 본받아 남방으로 향했고, 팔라우 주변에서 민속학을 연구하거나 창작활동을 하고 있었다. 두 사람은 완전히 의기투합했다고 하며, 이후에 나카지마 아츠시는 팔라우에 머무르는 동안의 체험을 바탕으로 한 『환초—미크로네시아 순도기(巡島記)—』를 썼고, 그 중에 실제로 팔라우에 있었다고 하는 마리아 기번(Maria Gibbon)이라는 여성을 제재로 한 『마리안』이라는 장편을 썼다. 이 작품에 등장하는 '토속학자 H씨'가 나카지마 아츠시와 친분이 깊었던 히지카타 히사카츠가 모델이라는 것이 정설이다.

1942년, 두 사람은 함께 귀국하지만 지병인 천식이 악화된 나카지마는 그 해 33세의 나이로 죽었고, 히지카타는 1977년에 76세로 죽을 때까지 많은 작품을 남겼다.

하와이(미국령)

■무지나라고 불린 얼굴 없는 여자

오하후 섬의 호놀룰루에 있는 드라이브인 시어터에는, 1959년 이후로 무지나라는 여자 유령이 목격되었다. 어느 여성이 차를 내려서 화장실에서 거울로 화장을 고치고 있는데, 등 뒤에 머리가 긴 여성이 서 있었다. 거울로 뒤편에 선 여자를 가만히 보니, 얼굴에는 눈도 코도 입도 달려있지 않았고 하반신도 없었다. 깜짝 놀란 여성이 뒤를 돌아보았지만 그곳에는 아무도 없었다고 한다. 시어터는 옆에 묘지가 있었기 때문이라는 소문이 돌았다. 현재 그 시어터는 이미 없고, 무지나의 행방은 아무도 모른다.

■소인족 메네후네는 플로레스 원인(原人)이었다?

메네후네(Menehune)란 하와이 신화에 등장하는 소인족이다. 신장은 60센티미터 정도로 깊은 산속이나 숲에 살고 있다고 이야기된다. 일본 아이누족에서 전해지는 코로보쿠르(Korobokgur)나 유럽에서 이야기하는 노움(gnome)이나 드워프(Dwarf)와 비슷한 존재인 듯하다. 체격은 튼실하며 손재주가 뛰어나서 돌로 된 건조물을 건설하는 것이 특기라고 한다.

메네후네가 어디에서 왔는가에 대해서는 다양한 설이 있다. 신(거인이라는 설도 있다)이 뻗은 팔이 오아후 섬까지 닿아서 그 위를 건너왔다, 하와이에 원래부터 살고 있었던 선주민이었다, 프랑스령 폴리네시아의 마르케사스(Marquesas) 섬(혹은 타히티 섬)에서 불려왔다는 설 등이 있다.

또 메네후네가 소인이었다는 것에서, 인도네시아의 플로레스 섬에서 화석이 발견되었던 플로레스 원인(Homo floresiensis)과의 관계성도 지적되고 있다. 1만 수천 년 전까지 존재하고 있었으며 신장이 1미터 정도였다고 하는 절멸한 인류다. 인도네시아에서 폴리네시아에 도달한 인류가 메네후네는 아닐까 하는 설이다.

카우아이 섬에서는 메네후네가 만들었다고 전해지는 유적이 많이 남아있으며, 키키아올라(Kikiaola) 수로(水路)나 폴리아후 헤이아우(Poli'ahu Heiau) 등의 메네후네 유적이 알려져 있다.

■카네아나 동굴과 상어의 신 나나우에

오아후섬에 있는 카네아나 동굴(Kaneana Cave)은 하와이의 전설에 의하면 생명을 낳는 장소라고 한다. 어느 날, 카네아나 동굴에서 창조신 카네(Kane)가 나타났다. 카네는 바다에 물고기를, 육지에 사람을 낳았다. 이 동굴은 현재도 신성한 장소로 인식되고 있다.

그곳에서 시간이 흐르고, 상어의 아버지와 인간의 어머니에서 나나우에(Nanaue)가 태어났다. 나나우에의 등에는 갈라진 틈이 있었고, 성장함에 따라 틈은 상어의 입이 되어갔다. 어머니는 나나우에의 등을 망토로 덮었지만, 점차 나나우에는 본성을 억누를 수 없게 되어, 인간을 잡아먹는 괴물이 되고 말았다. 인간으로 변한 나나우에는 카네아나 동굴로 사람들을 끌어들여 잡아먹었다. 그러나 최후에는 섬사람들에게 붙잡혀서 화덕에 불태워지고 말았다고 한다. 동굴 안쪽에는 나나우에가 사냥감을 두었다고 여겨지는 커다란 돌도 남아있다.

■ 타로 감자 전설

하와이에서 자주 발견되는 식물인 '타로(Taro)'. 뿌리 부분을 주식으로 먹으며, 하와이 각지에 다양한 품종이 재배되고 있다. 하와이의 왕인 칼라카우아(Kalākaua) 왕의 왕관에 타로 잎이 그려져 있는 등, 하와이에서는 오래전부터 신성한 식물로서 다양한 의식에 사용되고 있다. 또한 타로에는 하와이 고대의 서사시『쿠물리포(Kumulipo)』에 의하면 다음과 같은 전설이 있다.

하늘의 신 와케아(Wakea)와 그 아내인 대지의 여신 파파(Papa, 와케아의 딸이라는 설도 있다)는 첫 아이를 임신했지만 사산하고 말았다. 부부가 집 근처에 아이를 매장하자, 그 장소에서 자라나기 시작한 식물이 타로의 줄기(할로아, Hāloa)였다. 그 후 부부 사이에는 무사히 둘째 아이가 태어났고, 그 아이는 할로아라고 이름 붙여졌다. 할로아는 쑥쑥 자랐고, 이윽고 하와이 사람들의 시조가 되어서 자손들이 하와이의 섬들로 이주했다. 이처럼, 타로는 하와이 사람들의 조상의 형에 해당하기 때문에 특별한 식물이다.

■ 펠레와 오히아레후아의 비극

오히아는 하와이 섬 킬라우에아 화산 주변에서 흔히 보이는 하와이 고유의 수목이다. 노란색이나 오렌지색 꽃도 있지만, 일반적으로는 화려한 붉은 꽃의 이미지가 강하다. 이 꽃이 '레후아'라고 불리기 때문에 나무 전체를 '오히아레후아(Ohialehua)'라고 부르는 경우도 있다. 하와이 제도에 각각의 섬을 상징하는 꽃이 있으며, 오히아레후아는 하와이 섬을 상징하는 꽃이다. 이 아름다운 꽃을 둘러싼 연인들의 슬픈 전설이 있다.

옛날에 오히아라는 늠름한 청년과, 레후아라는 아름다운 여성이 사랑에 빠졌다. 한편, 여신 펠레(자세한 것은 **화산의 여신 펠레** 항목을 참조)는 미청년인 오히아에게 한눈에 반하고 만다. 펠레는 미녀로 변신해서 유혹했지만 성실한 오히아는 연인인 레후아를 배신하지 않았다. 질투에 휩싸인 펠레는 분노한 나머지 두 사람을 용암으로 태워 죽여 버린다.

펠레는 주위로부터 죄 없는 연인들을 죽인 것을 책망당하고 깊이 반성한다. 그리고 두 사람을 한 그루의 나무로 되살렸다고 한다. 오히아는 굳세고 늠름한 나무 기둥이 되고 레후아는 아름다운 꽃이 되어 영원히 맺어진 연인이 되었다.

오히아만이 나무로 변해버려서 깊이 슬퍼한 레후아의 모습을 보고 후회한 펠레가, 레후아를 꽃으로 바꾸었다는 이야기도 있다.

지금도 킬라우에아 화산 주변에는 오히아레후아가 많이 자라고 있다. 이 지역에는 "레후아의 꽃을 따면 비가 내린다"라는 이야기가 전해 내려오며, 오히아와 레후아가 따로 떨어진 것을 슬퍼하는 눈물이라고 한다.

■하와이의 창세신화 ~4대신~

하와이의 창세신화 중 하나로 카네(Kane), 카날로아(Kanaloa), 쿠(Ku), 로노(Lono)라는 네 명의 남신에 의한 것이 있다.

옛날, 세계에는 어둠이 있었다. 어느 날, 카네라는 신이 어둠 속을 걸어왔다. 카네는 바다에 떠 있는 표주박(야자열매라는 설도 있다)을 발견한다. 카네가 표주박을 집어던지자 절반이 하늘이 되고, 나머지 절반이 대지가 되고, 일부가 바다에 가라앉았다. 그리고 과일 조각이 태양과 달이 되고, 많은 씨앗은 별이 되었다고 한다. 그곳에 세 명의 신, 카날로아, 쿠, 로노가 찾아온다. 바다의 신 카날로아는 산호나 물고기, 상어, 돌고래를 만들었다. 카네는 지상에 동물이나 새를 만들었다. 쿠는 숲에 나무들을 자라게 했다. 그리고 마지막으로 로노가 야자열매나 바나나, 우루(Ulu, 케이폭나무), 열매 등의 과일이나 식물을 만들었다고 한다.

■하와이의 창세신화 ~섬 출산 전설~

여덟 개의 주요 섬과 120개 이상의 작은 섬들로 이루어진 하와이 제도. 하와이의 창세신화는 섬마다 다른 부분이 있어서 다채로운데, 주로 알려져 있는 것이 하와이 섬들의 탄생을 둘러싼 '국토 출산 신화'다.

하와이의 창조주는 대지의 여신 파파와 하늘의 신 와케아다. 타히티에서 찾아온 파파와 와케아의 첫 자식이 하와이 섬이 되었다고 한다. 파파는 그 후에도 섬을 낳아서 마우이(Maui)섬, 카호올라웨(Kaho'olawe)섬, 그리고 작은 몰로카이(Moloka'i) 섬이 태어났다. 어느 날, 파파가 고향으로 돌아가게 되자 와케아가 카우라라는 여성과 바람을 피워서 라나이(Lana'i) 섬이 태어났다. 거기에 더해 와케아는 여신 히나와도 바람을 피워 몰로카이 섬이 태어났다.

남편의 외도를 안 파파는 격노하여 인간 수장 루아와의 사이에서 오아후(Oahu) 섬을 낳았다. 그러나 최후에는 파파와 와케아는 화해하였으며, 카우아이(Kaua'i) 섬, 니하우(Ni'ihau) 섬, 이어서 레후아(Lehua), 카울라(Ka'ula), 니호아(Nihoa)의 작은 섬을 낳았다.

이것이 하와이의 주요 여덟 섬과 주위의 작은 섬들의 탄생에 대한 이야기다.

■화산의 여신 펠레

하와이 섬에 전해지는 화산의 여신 펠레(Pele)의 신화. 펠레는 카히키(Kahiki)에서 태어난 뒤에 하와이 섬의 킬라우에아 화산에 살고 있었다고 한다. '카히키'란 하와이의 말로 '타히티(혹은 해외)'라는 의미다.

옛날에 여신 하우메아(Haumea)의 넓적다리에서 태어난 펠레는, 상어의 신인 오빠 카모호아리(Kāmohoali'i) 등의 형제자매와 함께 카히키를 여행했다. 카히키를 나온 이유는, 바다의 여신인 언니 나마카오카하이(Nā-maka-o-Kaha'i)의 남편을 유혹한 탓에 추방되었다는 설이 있다. 하와이 제도에 도달한 펠레는 살 장소를 찾았다. 펠레는 영원의 화염을 계속 불태울 수 있는 구멍을 필요로 했고, 섬들을 돌면서 구멍을 파고 있었다. 그러나 언니인 나마카오카하이가 구멍에 바닷물을 흘려 넣어버려서 좀처럼 살 곳을 정할 수 없었다.

화가 난 펠레는 마우이 섬에 왔을 때에 나마카오카하이와 싸웠지만 지고 말았다. 마우이 섬 동쪽에 있는 카이위오펠레의 언덕은 싸워서 너덜너덜해진 펠레의 시신의 흔적이라고 이야기되고 있다. '카이위오펠레(Kaiwiopele)'란, 하와이어로 '펠레의 뼈'라는 의미다. 펠레는 싸움에서 져서 죽고 말았지만, 몸을 떠난 영혼은 하와이섬의 킬라우에아 화산에 도달했다. 바다에서 멀리 떨어진 킬라우에아 화산이라면 바닷물은 미치지 않기에, 펠레는 이 할레마우마우(Halema'uma'u) 화구를 마지막 거처로 삼기로 했다.

펠레가 사는 킬라우에아 화산은, 1983년부터 현재까지 분화활동을 계속하고 있는 활화산이다. 용암류의 흐름이 느리기 때문에, 가까이에서 관광할 수도 있다.

피지

■ 사와우족의 불 건너기 의식

남쪽의 낙원으로서 인기 있는 관광지인 피지. 리조트 호텔의 디너쇼 등에서는 피지에 오래전부터 전해지는 '불 건너기 의식'이 선보여지는 경우가 있다. 의식의 내용은 땅을 판 구멍에 돌을 넣고, 돌 위에 장작을 쌓아서 불을 피운다. 가열되어 새빨갛게 된 돌 위를 남자들이 건너는 것이다. 이 의식 전에는 카바 의식(자세한 것은 **카바 의식** 항목을 참조)을 하고, 영력을 높이고서 한다고 한다.

피지의 인구 중 6할은 선주민인 피지계이고 4할이 인도계 주민이다. 불 건너기 의식은 힌두교의 고행으로서 인도인이 하는 것인데, 피지인이 하는 것은 벵가(Beqa) 섬의 사와우(Sawau)족을 기원으로 한다.

사와우족에는 이러한 이야기가 전해진다. 옛날, 사와우족에 투이라는 어부가 있었다. 어느 날, 투이는 개천에서 큰 장어를 낚는데, 큰 장어는 인간의 말을 했다. 큰 장어는 신의 화신이었던 것이다. "만약 살려준다면 불 위를 걸을 수 있는 방법을 전수해 주겠다"라고 큰 장어는 말했다. 수

상쩍게 생각한 투이에게, 큰 장어는 지면에 구멍을 파고 돌을 넣은 뒤에 불을 피우고는 "걸어보아라"라고 말했다. 결심한 투이가 달궈진 돌 위를 걸었더니 열기를 느끼지 않았고 화상도 입지 않았다. 그 이후 신의 힘을 받은 투이는 불 건너기 의식의 행자가 되었다. 그 후, 투이의 자손들도 행자로서 숭배 받게 되었고, 다른 사와우족 사람들도 불 건너기 술법을 사용할 수 있게 되었다고 한다.

현대에서는 단식이나 금욕 등의 수행을 한 사와우족 남자만이 불을 건널 수 있다고 한다. 또, 불 건너기 의식은 베테(Beta)라고 불리는 승려가 집행하는데, 베테가 될 수 있는 것은 투이의 직계 자손뿐이라고 한다.

■카바 의식

'카바(Kava)'란 남태평양 제도의 섬들에서 자라는 후추과의 나무로, 다른 이름은 양고나(Yaqona)라고 한다. 피지에서는 카바의 뿌리를 건조시켜 가루로 만들어 차가운 물에 녹여서 마시는 전통적인 의식이 있다. 손님을 맞이하는 의식에서도 마시므로, 관광객을 맞이하는 이벤트에서도 사용된다.

정식 의식은 카바의 즙을 만드는 사람, 즙을 떠서 손님에게까지 운반하는 사람, 의식을 지켜보는 사람 세 명이 호스트가 되어 집행한다. 카바의 즙은 타노아(Tanoa)라는 커다란 나무 그릇에 물을 붓고, 물에 카바 뿌리를 집어넣어 즙을 짜내서 만든다. 즙은 코코넛 껍질로 만든 접시에 부어지며, 손님에게 나누어진다. 마시는 법도 정해져 있어서, 손님은 손뼉을 두 번(한 번인 경우도 있다) 치고, "부라(피지 말로 안녕하세요라는 의미)"라고 말하고 오른손으로 접시를 받는다. 의식을 지켜보는 호스트가 손뼉을 한 번 친 뒤에, 카바를 단숨에 마신다. 다 마신 접시를 돌려주고 세 번 손을 치고, "비나카(피지 말로 '감사합니다'라는 뜻)"라고 말한다. 그 자리에서 가장 높은 사람부터 마시는 등, 순서도 정해진 것이 있다고 한다.

참고로 카바의 모습은 구정물 같은 빛깔이며 혀가 저리는 듯한 쓴 맛이 있다고 한다. 마실 때에는 단숨에 다 마시는 것이 좋다고 한다.

폴리네시아(프랑스령)

■껍데기에서 태어난 창조신 탄가로아

탄가로아(Tangaroa. 타가로아, 타아로아, 카나로아라고도 한다)는 폴리네시아나 뉴질랜드에서 가장 오래된 신들 중 한 명이다. 타히티나 사모아, 통가, 투발루 등의 폴리네시아 제도에서는 창세의 최고신으로 가장 중요한 신이다.

참고로 마오리족의 신화(자세한 것은 오세아니아 전역의 **마오리족의 신화와 죽음의 도래** 항목을 참조)에서는 단순히 바다의 신이라고만 하며, 하와이에서는 악신, 불행의 신으로서 큰 문어의 모습으로 나타나는 등, 중요성이 떨어지는 듯하다.

◎신들을 낳은 탄가로아

세계가 시작될 때, 새까맣고 끝이 없는 공간이 있었다. 그 아무것도 없는 공간에는 알 형태의 껍데기가 떠돌고 있었다. 껍데기 속에는 깃털이 난 창조신, 탄가로아가 몸을 움직이고 있었다. 그에게는 아버지도 어머니도 없고, 그저 혼자였다.

이윽고 탄가로아는 움직이기 시작하고, 껍데기를 깨고 밖으로 기어 나와서 "아무도 없어?"라고 불렀다. 그러나 대답은 없다. 탄가로아는 암흑과 정적이 따분해져서 세계를 창조하기로 했다. 우선 깨진 껍데기 한쪽을 들어 올려서 거대한 지붕으로 삼고, 다른 한쪽을 지면으로 삼았다. 이어서 자신의 육체를 재료로 대지의 흙을 만들고 등뼈로 산맥을, 갈비뼈로 산등성이를, 내장으로 하늘의 구름을, 눈물로 바다나 강을 만들었다. 이어서 깃털로 야채를, 소화관으로 랍스터나 새우나 장어를, 손톱과 발톱으로 해양생물에게 껍데기나 비늘을 주었다. 마지막으로 피로 하늘을 화려하게 물들여서 무지개를 만들었다.

탄가로아는 이어서 자신의 몸 안에서 다른 신들을 낳았다. 아이들 중 한 명인 타네(타네마후타)는 태양과 달과 별들을 하늘에 걸어서 우주를 비추고, 평화와 아름다움의 신, 숲과 새의 신이 되었다. 마찬가지로 자식 중 한 명인 투(투마타우엔가)는 탄가로아의 창조를 거들어, 많은 동식물을 만들었다. 마지막으로 탄가로아는 최초의 인간인 티르와 히나를 만들고 자손을 남기도록 했다.

◎모든 것은 껍데기 속에 있다.

탄가로아는 창조의 일을 마치자, 자신의 창조물을 바라보다가 어떤 사실을 깨달았단. 모든 것에 '껍데기'가 있다는 것이다. 하늘은 태양, 달, 별 등의 거대한 껍데기가 있고, 대지도 산이나 강, 호수, 동물, 인간 등의 거대한 껍데기였다. 인간도 여성의 자궁이라는 껍데기를 지니고, 그곳에서 새로운 생명이 태어나는 것이었다.

■별이 된 남매

프랑스령 폴리네시아의 타히티섬에 전해지는 민화.

타히티 섬에 피피리(Pipiri)와 레후아(Rehua)라는 남매가 있었다. 어느 날 밤, 남매의 부모님은 남매 몰래 물고기를 잡으러 나가서 물고기를 잡아먹었다. 배가 고파진 남매는 부모님을 원망하고 가출했다. 부모님이 남매를 데려가려고 쫓아왔기 때문에 남매는 갑충의 등에 올라타고 하늘로 올라가서 그대로 별이 되었다. 이것이 전갈자리의 꼬리에 있는 두 개의 별이라고 이야기되고 있다.

■투아모투 제도의 보물

남태평양의 타히티 섬의 동쪽, 프랑스령 투아모투(Tuamotu) 제도에는 금은보화가 잠들어있다는 전설이 있다.

1910년, 뉴질랜드의 찰스 에드워드 하우(Charles Edward Howe)는 쓰러져있던 여행자인 킬로레인(Killorain)으로부터 잉카족으로부터 강탈했던 막대한 보물의 행방을 듣는다. 킬로레인과 그의 동료들은 피스코의 교회의 지하에 잠들어있던 그 보물을 찾아내서 남해의 무인도에 숨겼다고 한다. 그러나 동료들은 살해당하고 킬로레인은 투옥되어 20년의 형기를 마치고 출소했던 것이다. 킬로레인은 하우에게 보물의 위치를 표시한 지도를 건네고 숨이 끊어졌다.

곧바로 하우는 남해의 투아모투 제도로 향했고, 지도를 의지해서 보물이 잠들어 있다는 환초를 10년 이상에 걸쳐 찾아다녔고 끝내 표시된 위치를 발견했다. 보물은 산호초 내의 복숭아 형태를 한 물웅덩이 안에 있으며, 보물이 있는 환초는 서쪽에 산호의 봉우리가 있었다. 혼자서는 어쩔 방법이 없다고 판단한 하우는 시드니로 돌아가 부자 후원자를 구해서 보물찾기를 지속했다. 그런데 어째서인지 하우는 소식이 두절되고 말았다.

그 후, 투아모투 제도의 숨겨진 보물 탐험을 이어받은 영국의 조지 해밀턴은 지도와 하우가 남긴 정보를 의지해서 끝내 복숭아 형태를 한 물웅덩이를 발견한다. 그러나 그 환초에는 거대 장어나 큰 뱀, 큰 문어 등이 살고 있으며 다가가는 자의 목숨을 위협했다. 결국 투아모투 섬의 보물찾기는 중단할 수밖에 없었고, 보물은 여전히 심해에 묻혀있다고 한다.

마셜 제도

■마셜 제도를 늘어놓은 인간

마셜 제도에는 이러한 창세신화가 전해지고 있다.

세계에 물밖에 없었을 무렵, 창조신 로아(Loa, 로와)가 혼자 지내고 있었다. 이윽고 로아는 세계의 창조를 시작했다. 그가 콧노래를 부르자 섬들이 태어나고, 암초나 사구도 나타났다. 그가 다시 콧노래를 부르자, 이번에는 식물이나 동물이 나타났다. 그리고 로아는 네 개의 방향에 네 명의 신을 만들고, 항상 하늘을 돌아보는 갈매기의 신을 만들었다.

마지막으로 로아는 한 명의 인간을 만들었다. 인간은 야자수 잎으로 만든 바구니

안에 섬들을 던져 넣고, 올바르게 늘어놓으려고 했다. 서쪽에 캐롤라인 제도를 놓고, 마셜 제도를 똑바로 일렬로 늘어놓았다. 그러나 나모리크(Namorik) 환초는 바구니에서 떨어져버려서 제외했다. 이렇게 섬들을 다 늘어놓은 뒤에 그 바구니를 버렸다. 그 바구니가 작은 킬리(Kili) 섬이 되었다고 전해지고 있다.

그런데 몇 개 있는 섬들 중에서 딱 하나만 당시, 야자나무를 가지고 있던 섬이 비키니 섬이다. 작은 모래섬이었기 때문에, 모래를 의미하는 'bok'와 야자열매를 의미하는 'ni'를 붙여서 '비키니'라는 이름을 주었다.

미크로네시아 연방

■『모험 단키치』의 모델의 후예가 사는 제도

『모험 단키치(冒険ダン吉)』는 1933년부터 1939년까지 일본의 소년잡지 『소년구락부』에 시마다 케이조가 연재했던 만화다. 꿈속에서 남양의 섬에 표류해버린 단키치가 현지의 임금님으로 군림하는 이야기가 그려지고 있다.

이 주인공의 모델이 된 것이, 일본의 남양군도 이민의 선구자로서 유명한 모리 코벤(森小弁)이라는 메이지 시대의 전설적인 인물이다. 1869년에 토사(현재의 고치현)에서 사족의 아들로서 태어난 코벤은 남양에 동경을 품고 1891년이라는 아주 이른 시기에 무역회사의 일원으로서 작은 범선을 타고 트루크(Truk) 제도(현재는 미크로네시아의 추크[Chuk] 제도)로 건너갔다.

코벤은 동료와 헤어져 홀로 트루크 제도에 남았다. 그리고 현지인 아내와 결혼하여 아이를 많이 얻었고, 이윽고 대수장이 되어 그 평생을 트루크 제도에서 살았다고 한다.

현재 미크로네시아의 추크(Chuk)주에는 2000명을 넘는 코벤의 자손이 살고 있다고도 이야기되며, 증손자인 엠마누엘 모리(Emanucl Mori) 씨는 제7대 미크로네시아의 대통령을 맡았다. 일본계가 많아서 '후톤(이불)', '벤토(도시락)'라는 일본어 단어도 남아있다고 한다. 참고로 마셜 제도에도 일본계 주민이 많아서 일본식을 일상적으로 먹고 있다고 한다. '아미모노'라는 마셜 제도의 수공예품처럼 현지에 뿌리내린 것도 있다.

■야프 섬의 스톤머니

미크로네시아는 네 개의 주로 이루어져 있는데, 그 중 야프(Yap)주는 가장 전통적인 생활이 남아있다. 여성은 타로나 얌의 재배, 남자는 어업에 종사하며 생계를 꾸리고 있다. 그 중에서도 유명한 것이 야프 섬의 스톤 머니(石貨, 석화)다. 중심에 구멍이 뚫린 직경 1미터 정도의 원반형 돌인데, 작은 것은 직경 20센티미터부터 시작해서 큰 것은 4미터나 되는 것도 있다고 한다. 이것들은 팔라우에서 뗏목으로 운반되며, 원형으로 잘라내는 많은 수고가 든다. 돌의 가치는 크기뿐만 아니라 색이나 돌의 질, 팔라우에서 야프 섬으로 운반할 때에 얼마나 고생했는가, 등으로 결정된다고 한다.

아무렇게나 길에 놓여있지만, 각각에 이름이 붙어있으며, 소유자가 있다. 현재도 관혼상제나 토지 양도 등의 의례적인 거래 시에 화폐로서 사용되고 있다.

스톤 머니 자체는 무게 때문에 이동되는 일은 적으며, 소유권을 넘겨주는 방식으로 거래한다. 또한 국외로의 반출은 금지되어 있다.

■ 인공섬 난마돌과 무 대륙

일본의 아마미오시마(奄美大島)섬과 거의 같은 크기의 미크로네시아는, 태평양에 떠 있는 작은 섬들로 이루어진 나라. 수도 팔리키르(Palikir)가 있는 폰페이(Pohnpei)섬의 남동쪽에 위치한 템웬(Temwen)섬에 난마돌(Nan Madol)라고 불리는 고대유적이 있다. 11세기부터 17세기의 사우델레우르(Saudeleur) 왕조의 수도로, 100개 정도의 인공섬군 위에 구축된 도시 유적이다.

유적은 현무암으로 만들어진 거대한 벽에 둘러싸여 있고 내부는 현무암의 기둥 위에 산호나 모래가 깔려있다. 장방형이나 정방형의 형태를 한 섬들은 수로로 구분되어 있으며 왕족의 주거, 제사장, 주거지, 묘지 등, 다양한 목적에 따라 건조물이 있었던 듯하다.

이 유적이 유명해진 것은 1931년, 영국의 오컬트 작가 제임스 처치워드(James Churchward)가 난마돌이야말로 전설의 무 대륙의 도시 중 한 곳이라고 주장했기 때문이다. 무 대륙은 태평양에 과거에 존재했다고 여겨지는 환상의 대륙(자세한 것은 기타·태평양의 **환상의 초고대문명 무 대륙** 항목을 참조). 처치워드에 의하면 해저에 있는 거대한 돌기둥이 해상유적의 것과 비교하면 훨씬 오래되었기 때문에 약 1만 2000년 전에 가라앉은 무 대륙의 것이라고 한다.

난마돌은 11세기경에 본격적인 건설이 진행된 것은 판명되어 있지만, 그 이전 시대에 누가 어떠한 목적으로 인공섬을 만들기 시작했는가는 알지 못한다. 더욱 오래된 시대부터 무 대륙의 도시로서 번영했을 가능성이 있을지도 모른다.

■ 지식을 공유한 항해술의 신 알루루에이

태평양의 섬들에서 믿고 있는 세계에서 가장 오래된 항해술의 신이 바로 알루루에이(Aluluei)다. 미크로네시아의 캐롤라인 제도에 있는 이팔릭(Ifalik) 환초에는 섬 사람이 만든 어느 카누에나 알루루에이를 본뜬 나무조각상이 실려 있다고 한다. 전설에 의하면 알루루에이의 상반신은 인간이고, 하반신은 노랑가오리였다. 게다가 얼굴이 두 개 있어서 모든 방향을 볼 수 있었다고 한다. 그가 항해술에 능했던 이유를 나타내는 전설이다.

과거에 알루루에이는 아내, 딸, 아들과 함께 푸엔나프라는 섬에 살고 있었다. 어느 날, 알루루에이의 딸은 섬 근처를 지나는 카누를 발견했다. 그 카누에는 항해사의 신인 세굴(Segul), 물고기의 신인 발루르(Valur), 바닷새의 신인 웨리엥(Werieng)이라는 세 신이 타고 있었다. 그들은 섬으로 다가오지 않고 가버리려고 해서, 딸은 주먹 정도 크기의 코코야자 열매를 들어올려 코코야자 주스를 마시게 해주고 싶으니 들렀다가 갔으면 좋겠다고 외쳤다.

세 명의 신은 흥미를 느끼고 딸에게 카누 근처까지 코코야자 열매를 가지고 오게 해서 그 열매를 마시기 시작했다. 신기하게도 세 명의 신이 듬뿍 마신 뒤에도 작은 코코야자 열매에는 아직 충분히 주스가 남아있었다. 기뻐한 세 신은 딸을 카누로 초대해서 해도(海圖)를 주고 아버지에게 보여주라고 이야기하고 떠났다.

그 해도에는 항해사가 되기 위해 알아둬야 할 모든 것이 적혀 있었다. 알루루에이는 지식을 독점하지 않았다. 바로 위대한 항해사인 아들 팔루에랍(Paluelap, 팔룰롭[Palulop]이라고도 한다)를 불러서 사람들이 안전하게 항해할 수 있도록, 해도에 적힌 모든 것을 모두에게 알려주라고 지시했다고 이야기되고 있다.

오세아니아 전역

■라피타인의 수수께끼

뉴칼레도니아의 라피타(Lapita) 유적 등에서는 기원전 1600년 전부터 기원후에 걸쳐 오세아니아에서 가장 오래된 도기가 발견되었다. 이것을 라피타식 토기라고 부른다. 라피타식 토기는 모래나 조개껍질의 가루를 섞은 점토로 만들어졌으며, 구울 때에 온도가 낮기 때문에 부서지기 쉽다고 한다. 또 빗살무늬, 조개껍질을 눌러 만든 무늬, 선으로 그린 기하학적 무늬 등이 그려진 것이 특징이다. 라피타식 토기는 비스마르크(Bismarck) 제도의 뉴브리튼 섬에서 채취할 수 있는 흑요석과 함께 발견되었으며, 이 해역을 오가며 교역을 했던 사람들이 있었다는 뜻이 된다.

또한, 비슷한 타입의 토기가 필리핀이나 대만에서도 발견되는 점에서 라피타식 토기의 기원은 동인도네시아에 있다는 설도 있다.

이 라피타식 토기를 만든 것이 라피타인이라고 불리는 민족이다. 라피타인은 태평양을 카누를 타고 항해했다고 여겨지는 해양민족이다. 기원전 3600년경에는 파푸아 뉴기니의 비스마르크 제도에 있었다고 한다.

그 후에도 동쪽으로 나아가서 솔로몬 제도, 바누아투, 뉴칼레도니아, 피지 등의 멜라네시아를 통과하여 통가, 사모아 등, 기원전 1세기경에는 폴리네시아까지 도착했다. 그리고 라피타인은 폴리네시아인의 선조가 되었다고 이야기되고 있다.

그러나 애초에 라피타인이 어디에서 온 민족인가는 알지 못한다. 최초부터 비스마르크 제도에 있었다, 서쪽의 인도네시아나 말레이 반도, 중국 남부에서 왔다, 북쪽의 동지나해 부근이 기원이다, 등등의 다양한 설이 존재하지만 어느 것이나 확실한 증거는 발견되고 있지 않다.

일설에 의하면 일본의 조몬인과의 유사점이 보이는 것에서, 일본과도 관계가 있을지 모른다는 이야기도 있다.

■마오리족의 신들과 죽음의 도래

마오리족에게 전해지는 신화에서는 하늘의 신 랑기(Rangi. 랑기누이[Ranginui])와 대지의 여신 파파(Papa. 파파투아누크[Papa-tūānuku]), 그리고 아들 형제들이 등장하는데 그 중에서도 아들 중 한 명인 나무의 숲의 신 타네(타네마후타, Tane Mahuta)가 활약한다.

◎하늘과 대지의 부부의 결별

세계가 시작되기 전에 하늘의 신 랑기와 대지의 여신 파파는 서로를 꽉 끌어안고 있었다. 두 사람 안쪽에는 타네, 투(투마타우엔가), 타위리(타위리마테아), 탄가로아(자세한 것은 폴리네시아의 **껍데기에서 생겨난 창조신 탄가로아** 항목을 참조) 등의 아들들이 갇혀 있었다.

이내 완전한 암흑에 질린 아들들은 부모를 떼어놓을 방법을 의논했다. 호전적인 투는 두 사람을 죽이고 싶어 했지만, 타네는 떼어놓는 것으로 충분하다고 주장했다. 그리고 타네는 두 사람을 떼어놓아서 하늘과 대지를 나누었다. 아내와 떨어진 랑기는 격하게 울었고, 눈물이 비가 되어 대지로 쏟아졌다. 나무와 숲의 신이었던 타네는 세상에 숲을 늘려 나갔다. 부모의 아픈 마음을 이해한 타위리는 반란을 일으켰고, 대지를 물에 잠기게 만들 정도로 큰 태풍이 일어나서 이것이 바다가 되었다.

◎죽음의 시작

이윽고 타네는 아내를 원하게 되었다. 아직 여자가 만들어지지 않아서 타네는 식물, 돌, 곤충, 개천 등과 결혼했지만 만족할 수 없었다. 그래서 타네는 해안에서 진흙과 모래를 섞고 숨을 불어넣어 최초의 여자를 만들었다. 히네 하우 오네(Hine-hau-one, '흙으로 만들어진 처녀'라는 의미)라고 명명된 여자와 타네 사이에서 딸이 태어났다. 그 아이는 히네 티타마(Hine-titama, '새벽의 처녀'라는 의미)라는 이름이 붙었다. 히네 티타마는 아버지를 모르고 자랐고, 타네는 그녀를 아내로 삼았다.

히네 티타마는 행복하게 살았지만, 어느 날 자신이 타네의 딸임을 알게 된다. 그녀는 남편이 아버지라는 사실을 알고 충격을 받은 나머지, 부끄러워서 명계로 도망쳤다.

타네는 히네 티타마를 쫓아갔지만 그녀 자신이 거부해서 명계로 들어갈 수 없었다. 히네 티타마는 타네에게 "지상에 머물러 빛의 세계에서 아이들을 낳아줬으면 한다"라고 부탁했고, 자신은 명계에 남아 어둠의 세계에 오는 자들을 돌보겠다고 말했다. 그 이후로 지상의 모든 것에 죽음이 찾아오게 되었고 히네 티타마는 히네 누이 테 포(Hine-nui-te-pō, '암흑의 위대한 여신')이라고 불리게 되었다고 한다.

또한 인간이 죽으면 영원히 도망칠 수 없는 운명을 만든 것은 말썽꾸러기 영웅 마우이다. 자세한 것은 **영웅 마우이의 전설** 항목을 참조

■ 영웅 마우이의 전설

뉴질랜드, 하와이, 이스터 섬까지 태평양에 전해지는 폴리네시아의 섬들에서, 잘 알려져 있는 것이 말썽꾸러기 신, 영웅 마우이의 전설이다. 마우이는 2017년에 디즈니의 영화 『모아나』에도 주인공 중 한 명으로서 등장한다. 마우이는 폴리네시아의 신화나 전설에 널리 등장하는데, 지역에 따라서 이름이나 출신이 제각각이고 그의 영웅적인 행동도 다른 경우가 많다. 마우이는 루(Ru)라고 하는 신과, 명계로의 길을 지키는 일을 하는 여신 부아타랑가(Buataranga)의 아들이라고 이야기되고 있지만, 마우이는 인간이며 어릴 적에 어머니가 바다로 버렸지만 바다의 정령에 의해 목숨을 건졌다는 전설도 있다. 다른 신화에서는 달의 여신 히나와 인간 아버지 사이에서 태어난 반신이라고도 이야기된다.

◎마우이가 낚아 올린 폴리네시아 제도

태평양의 섬들에 있는 몇 가지의 창세 신화 중에 마우이가 폴리네시아의 섬들을 창조하는 이야기가 있다. 어느 날, 마우이는 형제 두 명과 함께 카누로 물고기를 잡으러 나갔다. 마우이는 선조 여신의 턱뼈에서 만들어졌다는 마법의 낚싯바늘에 자신의 코피를 묻혀서 바다로 던졌다. 그러자 물고기 대신 거대한 육지를 낚아 올리게 되었다. 이것이 마오리 사람들에게는 테 이카아 마우이(Te Ika-a-Māui, '마우이의 물고기'라는 뜻)라고 불리는 북섬이 되었다. 이때, 섬이 크게 난동을 부려서 낚싯줄이 끊어지고 낚싯바늘이 하늘에 걸려서 전갈자리가 되었다는 전설이 더해지는 경우도 있다.

그러나 섬들의 지면에서 하늘까지의 거리가 약 2미터 밖에 되지 않아서 사람들은 아주 살기 불편했다. 그래서 마우이는 좀 더 하늘을 높이 올려서 사람들을 도와주려고 생각했다. 그래서 거인으로 변신한 마우이는 괴력을 발휘해서 지면으로부터 하늘을 아주 멀리까지 밀어 올렸다고 한다. 이때, 마우이의 아버지인 신 루를 함께 들어 올렸는데, 루의 머리와 어깨가 별들 사이에 끼어 움직일 수 없게 되는 바람에 그대로 쇠약해져서 죽었으며 그의 뼈는 경석이 되어 폴리네시아의 대지에 떨어졌다고도 이야기되고 있다.

◎불사를 바란 마우이의 결말

마우이는 많은 모험을 떠났지만, 이윽고 영원히 살고 싶다고 바라게 되었다. 그리고 불사신이 되는 유일한 방법은 명계에 있는 죽음의 여신 히네 누이 테 포(Hine-nui-te-pō, 자세한 것은 **마오리 족의 신들과 죽음의 도래** 항목을 참조)의 심장을 쥐어 으깨서 죽이는 것임을 알았다. 게다가 만약 성공하면 마우이만이 아니라 지상의 모든 인류가 불사가 될 수 있다고 했다.

그래서 마우이는 명계로 여행을 떠났고, 정원에서 자고 있는 여신을 발견했다. 마우이는 도마뱀(애벌레라는 이야기도 있다)으로 변신해서 여신 안에 들어갔다. 그러자 그 모습을 보고 있던 동물들이 웃는 바람에 여신이 눈을 떴고, 몸 안에 뭔가가 돌아다니는 것을 깨달았다. 여신은 근육을 수축시켜서 몸 안의 이물질을 찌부러뜨렸다. 이것이 영웅 마우이의 최후였고, 전인류는 죽음이라는 운명에서 달아날 수 없게 되었다고 한다.

North America
북아메리카

미국

■51구역의 비밀

51구역은 미국, 네바다 주의 네바다 사막 최심부에 있는, 지하 공군기지다. 1955년에 건설되어, 위성사진으로는 존재가 확인되고 있으나, 2012년까지 정부는 51구역의 존재를 인정하려고 하지 않았고, 지도에도 기재되어 있지 않은 것 때문에 모든 것이 수수께끼에 싸여있었다. 그래서 지금까지 다양한 소문이 무성했다.

인류와 우주인의 하이브리드종을 만들고 있다, 시간 여행이나 기상 컨트롤 등의 연구를 하고 있다, 추락한 UFO를 연구하고 있다, 1947년에 일어난 유명한 로스웰 사건(자세한 것은 **로스웰 사건** 항목을 참조)의 회수물을 보관하고 있다는 소문 등이 진실인 것처럼 이야기되었다. UFO 등의 다른 세계의 물질을 보관하는 '18번 격납고'라는 창고가 어딘가에 존재하며, 51구역이야말로 18번 격납고라고 주장하는 설도 있다.

1989년에는 음모론자 밥 라자르(Bob Lazar)가 51구역의 관련시설에서 포획한 UFO를 분해했으며 기지 내에 이성인이 있다고 증언했다. 다른 전 직원도 이성인의 존재를 인정하며, 그 이름은 J-로드(자세한 것은 **51구역의 이성인** 항목을 참조)라고 증언하고 있다.

커다란 소동이 일어났지만 2013년, 미국 중앙정보국(CIA)는 51구역이 공군기지 및 비밀병기의 개발 실험시설이라고 정식으로 발표했다. 네바다주의 주소지를 기재한 지도도 공표했다. 문서에 의하면 CIA의 실험장으로서 사용되고 있었다고 하는데, UFO나 우주인이 숨겨져 있다는 음모론은 지금도 끊이지 않는다.

■51구역의 이성인

1990년, 오하이오 주의 라이트 패터슨 공군기지에서 일했다는 엔지니어 빌 유하우스(Bill Uhouse)는 텔레비전 다큐멘터리 방송에서 다음과 같은 발언을 했다. 자신은 1958년부터 1988년에 걸쳐 51구역의 지하시설 사이트 4에서 비행접시 시뮬레이션 장치개발을 거들고 있었으며 그 비행훈련의 리더를 맡은 것이 J-로드(J-ROD)라고 불리는 이성인이었다는 것이다. 그는 J-로드가 신장 150센티미터 정도에 잿빛피부와 새까만 아몬드 형태의 눈을 지니고 있으며, J-로드와의 대화는 전부 텔레파시로 이루어지고 있었다고 주장했다. J-로드의 존재를 증언하는 인물은 그 밖에도 있어서, 마찬가지로 51구역의 전 직원이었다고 주장하는 댄 버리쉬(Dan Burisch)다. 그는 J-로드에게서 세포를 채취하여 DNA 분석을 하려고 했다. 이성인과 인간의 DNA를 조합해서 하이브리드

종을 만들 계획까지 이루어지고 있었다고 하지만 진상은 불명이다.

■ HAARP의 수수께끼

HAARP란 150개의 안테나가 늘어서 있는 미국 알래스카 주에 있는 시설을 말한다. 미국공군이나 육군, 알래스카 대학 등의 연구소가 공동으로 하고 있는 'High Frequency Active Auroral Research Program(고주파 활성 오로라 조사 프로그램)의 약칭이다.

지구와 우주에서 발생하는 자연현상 관측을 목적으로 하고 있지만, 일설에 의하면 고주파의 전자파를 이용해서 지구 환경을 컨트롤하는 기상병기가 아닐까하는 소문도 있다. 혹은 지각변동에 의해 지진을 발생시키는 장치가 아닐까 하는 이야기도 있다.

HAARP측은 이 음모론을 부정하고 있으며 연구결과는 전부 기록되며 공개되고 있다고 한다. 2014년에는 노후화 때문에 미국 공군이 시설 폐쇄를 발표했다. 연구는 알래스카 대학 등의 민간단체가 인계받았다고 한다.

■ UFO 사건부

UFO(미확인 비행물체)가 전 세계에 목격되기 시작한 것은 제2차 세계대전 이후라고 한다. 특히 미국 서부는 유명한 로스웰(자세한 것은 **로스웰 사건** 항목을 참조)이나 51구역(자세한 것은 **51구역의 이성인, 51구역의 비밀** 항목을 참조)등의 UFO에 관련된 장소가 많아서 'UFO의 발상지'라고도 불리고 있다.

◎케네스 아놀드 사건

UFO=비행접시라는 이미지를 정착시킨 사건. 1947년 6월, 미국인 실업가 케네스 아놀드(Kenneth Arnold)가 워싱턴주의 레이니어(Rainier)산 부근 상공에서 초승달 형태의 아홉 개의 비행물체를 목격했다. 그 비행물체는 물수제비처럼 비행했었다고 한다. 이 증언을 기자가 잘못 들어서 'Flying Saucer(하늘을 나는 접시)'라고 보도한 것에서 UFO=비행접시가 되었다고 한다. 이후에 미군의 공식조사기관 프로젝트 블루북이 설치되었고, 지금까지는 수수께끼의 비행물체를 '비행접시'라고 불렀지만 'UFO'라고 부르도록 정식으로 개정했다고 한다.

◎조지 아담스키

UFO나 우주인과 조우한 사람을 콘택티(Contactee)라고 부르는데, 이 중 가장 유명한 인물이 조지 아담스키(George Adamski)일 것이다. 어린 시절에 폴란드에서 미국으로 이주한 아담스키는 1952년 11월에 친구들과 함께 원통형 UFO를 목격했다고 하며, UFO가 자신을 찾아온 것이 틀림없다고 생각한 그는 단독으로 금성인 오손(Orthon)과 만나고 오손과 깊은 교류를 하는 데 성공했다고 주장했다. 같은 해 12월에는 '비행접시'의 사진을 촬영하는데, 아담스키의 이 사진은 전 세계에 널리 퍼지게 된다. 지금은 UFO라고 들으면 누구나가 떠올리게 된 이 원형의 UFO는 '아담스키형'이라고 불리게 된다. 그는 평생에 걸쳐 25회, 우주인과의 콘택트에 성공했다고 한다.

◎힐 부부 유괴사건

1961년 9월, 뉴햄프셔주에서 일어난, 인류 사상 첫 우주인에 의한 유괴사건. 버니(Barney)와 베티(Betty)라고 하는 부부가 드라이브 중에 거대한 UFO와 조우했다. 거기서 기억을 잃어버렸지만, 두 사람은 UFO에 납치되어 인체실험을 받았던 것이 이후의 역행최면에 의해 밝혀졌다. 이러한 UFO나 우주인에게 유괴된 현상을 '애브덕션(abduction)'이라고 부른다.

◎이글 리버 근접 조우 사건

1961년 4월, 위스콘신주의 이글 리버(Eagle River)에서 일어난 사건. 조 시몬튼(Joe Simonton)이라는 남성의 자택 뒷마당에 UFO가 내려앉아, 안에서 나온 우주인이 컵을 내밀며 물을 원한다는 몸짓을 했다. 조가 물을 주자, 우주인은 팬케이크 같은 것을 세 장 주고 날아갔다고 한다.

◎피닉스 라이트(Phoenix Lights) 사건

1997년 3월 애리조나주에서 일어난 UFO 목격 사건. 피닉스 및 주변 지역 상공에 길이 1킬로미터 이상이나 되는 거대한 V자 형태의 물체가 출현했다. 목격자에 의하면 소리도 없이 천천히 비행해서 사라져갔다고 한다. 1만 명 이상의 주민과 지역 경찰도 목격해서 소동이 벌어졌다.

■UFO는 실재한다? '미확인 항공 현상'

2021년 6월 미국의 정보기관이 미확인 비행물체(UFO)에 관한 보고서를 공표했다. 2004년부터 2021년까지의 18년간, 미 해군 등으로부터 보고 받은 144건의 조사 보고서다. 우주인이나 UFO라는 말은 사용되지 않았지만, '미확인 항공현상(UAP)'라는 단어로 이상한 비행물체를 표현하고 있다. 이후 물체의 정체가 특정된 것은 단 1건(쪼그라든 거대 기구였다)일 뿐이며, 나머지는 전부 해명되지 않았다고 한다.

지금까지 미국 정부는 군의 공역 내에 수수께끼의 비행물체 목격정보가 있어도 거의 묵살해왔지만, 근래에는 UFO의 실재를 인정하는 듯한 움직임을 보이고 있다. 2019년에는 해군요원이 삼각형 물체가 점멸하면서 구름 사이를 날아가는 모습을 촬영한 사진이나 동영상을 '진짜'라고 인정했다. 2020년 4월에는 적외선 카메라로 포착한 고속 이동하는 비행물체의 영상 3개를 미국 국방부가 정식으로 공개했다.

미국 정부가 정식으로 움직이기 시작한 것으로, UFO나 지구 밖 생명체라는 존재에 한 걸음 다가설 수 있을지도 모른다.

■거인 폴 버니언

미국의 캘리포니아주 클래머스(Klamath)에는 나무꾼 거인과 푸른 황소의 상이 서 있다. 거인의 이름은 폴 버니언(Paul Bunyan). 마음씨 고운 거인의 전설은 일본의 거인 '다이다라봇치' 전설과 비슷하다.

태어날 때부터 거인이었던 폴은, 괴력을 살려서 나무꾼이 되었고 수십 미터나 되는 거대한 도끼를 들고 베이브(Babe)라는 푸른 황소를 파트너로 데리고 다니며 미국 전역의 나무를 베고 다녔다. 미국은 원래부터 평평한 땅이었지만, 폴이 나타난 것으로 지형이 금방 변해갔다고 한다.

예를 들면 유타주에서 파트너인 베이브가 병에 걸려 쓰러졌을 때, 폴이 많이 울었기 때문에 그레이트솔트 호수가 생겨났다. 캘리포니아로 가는 도중에 폴이 다리를 끼우고 쉬고 있던 바위 산 사이를 가볍게 도끼로 때렸더니, 깊이 갈라진 틈이 생겨서 그랜드 캐니언이 되었다. 폴이 물을 마시려고 땅을 판 장소는 온타리오호, 이리호, 휴런호, 미시간호, 슈피리어호가 되었고 도랑은 미시시피강, 도랑을 파느라 쌓인 흙은 로키 산맥과 애팔래치아 산맥이 되었다고 한다.

폴 버니언 같은 유쾌한 이야기는 톨 테일(Tale tale)이라고 불리며, 미국이나 캐나다 등지에서 개척민에 의해 구전되었다. 또한, 폴 버니언은 실존하는 나무꾼이 모델이고 이가 두 줄로 났었다는 파비앙 푸르니에(Fabian Fournier, 새기노 조[Saginaw Joe])에게서 태어났다는 설도 있다.

■거인족의 미이라

북아메리카 대륙에는 과거에 거인이 살고 있었다는 소문이 있다. 1900년대, 미국의 스미소니언박물관은 거인족이라고 생각되는 해골의 조사작업을 하고 있었다. 1912년에 미국에서 거인의 뼈 같은 것이 발견되고, 그 후에도 1000개 이상의 지역에서 발견되었다. 그러나 그 거인의 뼈는 어느 샌가 전부 행방불명 되어버렸다. 1950년대부터는 거인의 뼈를 둘러싼 뉴스가 이야기되지 않게 되었고, 어느 샌가 스미소니언박물관이 은폐하고 있다는 소문이 돌게 되었다. 끝내 아메리카 얼터너티브 고고학연구소가 스미소니언박물관에 대해 '거인족의 해골을 파괴했다'며 소송을 걸었다. 법정공방 중에 1.8미터에서 3.6미터나 되는 거인의 해골을 대량으로 파괴했다, 라는 박물관 측의 내부고발도 있었다고 한다. 끝내 2014년 12월, 미국 연방 최고재판소는, 스미소니언박물관에 대해 은폐한 거인족의 서류 공개를 요구하는 판결을 내렸다.

여기까지가 진실인양 이야기되는 전설이지만, 실제로 페이크 뉴스 사이트가 내놓은 장난 기사가 인터넷상에서 확산된 것이라고 이야기되고 있다. 그렇다고 해도, 스미소니언박물관에는 거인족의 미이라 사진도 남아있으며, 세계 각지에서 거인에 관련된 전설이나 거인으로 여겨지는 흔적이 발견되고 있으니 거짓말 속에 숨겨진 진실이 있지 않겠느냐는 지적도 있다.

■검은 수염의 숨겨진 보물

카리브의 해적으로 유명한 '검은 수염' 에드워드 티치는, 18세기경 카리브해 연안이나 북아메리카의 동해안을 어지럽히고 다니며 금은보화를 강탈했던 사상 최강의 해적이라 불린다. 그런데 검은 수염이 강탈했을 수많은 금은보화가 그의 사후에 해적선단에서 전혀 보이지 않았던 것 때문에 해적의 보물 전설이 시작되었다.

검은 수염의 보물은 노스캐롤라이나 앞바다의 섬들에 숨겨져 있는 것이 아닐까 여겨졌으며, 많은 사람이 보물찾기를 했지만 발견할 수는 없었다.

그런 와중에 1930년대, 미국의 노스캐롤라이나 주의 배스(Bath)에서 두 명의 어부가 오래된 세 개의 솥을 발견했다. 그곳에는 많은 금화가 들어있었는데, 나중에 가지러 올 생각으로 금화를 다시 묻었다가 그 후에 홍수로 주위가 쓸려 가버려서 묻은 장소를 알 수 없게 되어버렸다고 한다. 이 금화야말로 검은 수염의 보물이었던 것이 아닐까 추측되고 있다.

게다가 1996년에는 노스캐롤라이나 주의 뷰포드(Beaufort)에서 한 척의 침몰선이 발견되었다. 검은 수염의 해적선인 '퀸 앤즈 리벤지'호가 아닐까 하고 생각되었지만, 여기에도 보물은 없었다. 보물의 행방을 표시한 지도가 남아있다고 하지만, 검은 수염의 사후 300년 이상이 지나도 보물찾기는 이어지고 있다.

■곰의 발톱자국이 남아있는 데블스 타워

미국의 와이오밍주 북동부에는 초원에 튀어나온 거대한 그루터기처럼 보이는 바위산이 있다. 데블스 타워(Devils Tower)라고 불리는 이 바위산은 지하의 마그마가 식어서 굳어진 뒤에 오랜 세월 동안 침식되어 생긴 것으로, 표고는 1558미터다. 샤이엔(Cheyenne)족이나 크로(Crow)족 등의 선주민족의 성지이며 곰의 거처라고 여겨졌다.

구전에 의하면, 데블스 타워에 그어진 수직의 선은 그리즐리 베어의 발톱자국이라고 하며, 선주민 사이에서는 이 바위산은 베어스 로지(그리즐리 베어스 로지)라고 불리고 있다. 데블스 타워라는 이름은 이 땅을 탐험했던 미국 군인의 통역자가 '악마의 타워(Bad God's Tower)'라고 오역한 것에서 생겨났다고 한다. 스필버그 감독의 SF영화 『미지와의 조우(Close encounters)』에서 우주선이 착륙한 땅으로서 알려져 있다.

■나바호족의 탄생

아메리카 남서부의 선주민 나바호(Navajo)족의 신화에 의하면, 현재는 '제4의 세계'이며 이 세계에 도달할 때까지 인간은 다양한 세계를 여행해왔다고 한다.

제1세계는 '흑의 세계'라고 불리며 네 구석에 흑, 백, 청, 황색의 구름 기둥이 서 있었다. 북동쪽에 있는 흑과 백의 구름이 융합하여 '최초의 남자'가 되었고, 남서쪽에 있는 청색과 황색 구름이 융합하여 '최초의 여자'가 되었다. 두 개의 옥수수 위를 부는 하얀 바람이 최초의 남녀에게 생명을 불어넣었고, 그들의 자손은 '공기의 사람들'이 되었다. 하지만 점차 세계에 만족할 수 없게 되어, 상승해서 제2의 세계를 지향했다.

제2의 세계는 '청색의 세계'라고 불렸는데, 싸움이 끊이지 않았다. 최초의 남자는 전복, 하얀 조개껍질, 터키석, 검은 구슬로 지팡이를 만들어, 사람들을 제3의 세계로 운반했다.

제3의 세계는 '황색의 세계'라고 불렸는데, 불행이 만연했고 대홍수에 의해 세계는 멸망했다. 최초의 남자는 홍수로부터 도망치기 위해 높은 산을 만들고, 암갈대(female reed)를 심어서 '빛나는 세계'라고 불리는 제4의 세계로 여행을 떠났다.

그리고 제4의 세계에서 최초의 남자는 사람들을 위해서 집을 만들고, 제1의 세계의 신들인 검은 신이나 코요테의 힘을 빌려 태양, 달, 별을 하늘에 배치해서 낮과 밤을 만들었다. 최초의 사람들은 성스러운 산을 만들었고, 사람들은 행복하게 살 수 있었다고 한다.

■논병아리가 된 소년

미국 선주민인 니스퀄리(Nisqually)족에서 이야기되는 전설. 올림픽 반도의 메이슨 호수(Mason Lake)는 옛날부터 정령이 사는 곳이라고 소문이 돌고 있었다.

호수 근처에 헤엄을 잘 치는 소년이 살고 있었다. 어느 날, 어머니의 주의를 무시하고 소년은 메이슨 호수에 수영을 하러 갔다. 놀다 지쳐 배가 고파진 소년은, 호수에서 송어를 잡아서 물가에서 먹으려고 하는데, 논병아리의 모습이 되어버렸다. 송어에 나쁜 정령이 숨어있었던 것이다. 소년은 깜짝 놀라서 자기 집으로 뛰어서 돌아갔는데, 어머니는 논병아리가 자신의 아들임을 깨닫지 못하고 몽둥이로 때려서 쫓아내려고 했다. 논병아리가 된 소년은 울며 호수로 뛰어들었다. 논병아리가 지금도 꽈악꽈악 하고 우는 것은 어머니의 말을 듣지 않는 아이들에게 경고하고 있는 것이라고 한다.

■눈물을 흘리는 마리아상

기독교의 성모 마리아상의 눈동자에서 눈물이 흐른다는 현상이다. 1981년에 미국의 캘리포니아주의 손튼에 있는 교회에서 마리아상이 스스로 움직인 데다 눈물까지 흘렸다고 전해진다. 이 교회에서는 그 후에도 같은 현상이 이어졌다고 한다. 2005년에는 캘리포니아 주 새크라멘토에 있는 교회에서 마리아상이 피눈물을 흘렸다는 보고가 있다. 이 현상은 신의 기적이며 마리아상이 뭔가를 호소하고 있는 것이 아니냐고 믿어지고 있다.

미국 이외의 국가에서도 같은 현상이 보고되고 있으며, 일본의 아키타현에서도 1975년부터 1981년에 걸쳐 100회 이상의 목격정보가 있다고 한다.

■달에 달라붙은 개구리

북아메리카 중서부에 있던 선주민 아라파호(Arapaho)족에는 중국에 전해지는 신화나 전승과 유사한 이야기가 전해지고 있다.

옛날, 천상세계에서는 태양과 달의 형제가 지상을 바라보며 자신의 아내로 어울리는 자에 대해서 이야기를 주고받고 있었다. 달은 인간 여성을 좋아했지만, 태양은 물 속에 사는 생물을 좋아했다. 어느 날, 네 명의 네이티브 아메리칸 여인이 장작을 모으러 나왔다. 여인 중 한 명이 마른 나무에 다가갔을 때, 달은 호저(豪猪)의 모습으로 변신해서 나뭇가지에 올라가 있었다. 여인은 호저의 멋진 바늘을 자수의 재료로 쓰려고 나무를 기어오르기 시작했고, 호저를 쫓는 동안에 하늘에 도달했다. 호저는 미청년으로 변신해서 여인에게 구혼했고, 여인은 아내가 되었다.

한편, 태양은 개구리를 아내로 데려왔다. 개구리는 집 앞에서 뛸 때마다 소변을 뿌려서 견딜 수 없게 된 달은, 어느 날 여인과 개구리를 집으로 불러서 창자 요리를 대접했다. 여인은 금방 먹고 일을 하러 나갔지만 이가 없는 개구리는 아무리 시간이 지나도 창자를 삼킬 수 없어서, "그렇다면 나는 당신에게서 떨어지지 않겠습니다"라고 외치며 달의 가슴에 뛰어들었다. 이것이 달 표면에 개구리 같은 검은 반점이 보이는 이유라고 한다.

■레드록의 성스러운 땅 세도나

지구에서 강렬한 에너지가 분출하는 장소를 '볼텍스(소용돌이)'라고 한다. 애리조나 주 중북부에 있는 세도나(Sedona)는 예로부터 선주민들의 성지로 여겨지고 있으며, 대지나 선조의 에너지가 분출하는 장소로서 성스러운 의식이 이루어지고 있었다. 하바수파이(Havasupai)족이 10세기부터 11세기경까지 살고 있었는데, 현재는 세계굴지의 파워 스팟으로서 인기가 있다.

세도나는 별명이며 정식 명칭은 레드록 컨트리(Red rock country)라고 하는데, 디즈니랜드에 있는 빅 산타 마운틴은 세도나의 붉은 사암바위가 모델이 되었다고 한다.

세도나의 파워 스팟으로 특히 유명한 것

이 대성당 같은 카테드랄 록, 종 모양을 한 벨 록, 세도나를 한눈에 조망할 수 있는 에어포트 메사(Airport Mesa), 그리고 가장 강력한 힘이 느껴진다는 보인턴 캐니언(Boynton Canyon)의 4대 볼텍스다. 이곳에서 넘쳐나는 힘은 치유나 각성의 체험을 가져온다고 하며, 휴양지로서도 인기라고 한다.

또한 세도나는 옛날부터 UFO도 빈번하게 목격되고 있는 땅으로, 2012년 1월에는 녹색의 거대 비행물체가 남쪽에서 나바호 호피 보호구역을 향해 날아가는 것이 카메라에 포착되었다. 특히 벨 록 상공에서 목격정보가 많으며, 낮 동안에는 렌즈구름이 산 정상에 보이는데 이것은 우주선이 대기권에 돌입하면서 생긴다는 이야기도 있다.

■로스웰 사건

뉴멕시코 주의 남동쪽에 있는 로스웰은 1947년에 발생한 사건을 경계로 'UFO의 마을'로서 일약 유명해졌다. 어느 날 갑자기 수수께끼의 비행물체가 낙하했는데, 그것이 UFO가 아닐까 하고 소동이 벌어졌던 것이다. UFO 논쟁의 원조라고도 할 수 있는 사건이며, 그 논의는 현재까지 이어지고 있다.

◎UFO 추락사건

1947년 7월 2일(4일이라는 설도 있다) 며칠 전부터 로스웰 상공에서 하늘을 나는 물체가 목격되고 있었다. 그 날은 폭풍이 불었는데, 돌연히 커다란 굉음이 울려 퍼졌다고 한다. 다음 날, 인근 사막에 추락한 것으로 여겨지는 녹색 물체가 발견되고, 미군에 의해 회수되었다. 7월 8일에는 지역지 '로스웰 데일리 레코드'에 '하늘을 나는 접시를 포획하고, 회수했다'라는 기사가 군 공식발표로서 게재된다. 그러나 그 직후에 군은 '관측기구였다'라고 기사 내용을 정정한다. 군이 부정한 것 때문에 'UFO가 아니었다'라고 하는 주장과 '군이 은폐했다'라는 주장이 충돌하는 논쟁으로 발전한다.

1980년에 UFO 연구가가 로스웰 사건에 대한 저서를 발표한 것으로 인해, 전 세계에 알려지게 되었다.

현장을 목격한 사람들에 의한 "회수된 것은 명백히 기구가 아니었다", "군은 녹색 물체뿐만 아니라 우주인의 시체 같은 것도 회수하고 있었다" 등의 증언도 나왔다. 다만 정부의 공군조사보고서에는 하늘을 나는 원반에 관한 기술은 없다고 한다. 군이 사건을 은폐하고 있던 것은 UFO를 이용한 극비 프로젝트를 진행하고 있기 때문이라는 설도 있다. 1997년, 충돌 실험용 더미였다고 군이 발표해서 논쟁이 수그러드는 것처럼 보였지만, "그것은 UFO였다"라고 반론한 장교도 있었다.

로스웰에 떨어진 물체에 대해서는 그 뒤에도 다양한 증언이 오갔으며, 진위를 알

수 없는 채로 현재에 이른다.

◎우주인 해부실험

군이 우주인의 시체를 회수했다고 하는 설을 뒷받침하는 증언이 있다. 추락사건에서 몇 주 뒤, 공군에 소속된 간호사가 우주인의 해부실험에 참가했다고 증언한 것이다. 그 밖에도 해부하는 모습을 기록한 영상이 있었지만 소실되었다, 추락물과 함께 우주인이 51구역(자세한 것은 **51구역의 비밀** 항목을 참조)에 실려 갔다는 등의 많은 증언이 있지만, 진상은 여전히 수수께끼다.

◎로스웰의 성배

하늘에서 떨어진 물체는 대부분이 작은 파편이었다. 은박지 같은 물체로, 가볍고 얇지만 딱딱했다고 한다. 표면에 기묘한 글자가 새겨져있는 것도 있었다고 한다. 미군에 의하면 전부 기구 소재의 일부이며 UFO의 것은 아니라고 부정되고 있다.

한편, UFO라고 믿는 사람들에게 '로스웰의 성배'라고 불리는 금속이 있다. 목격자에 의하면, 은색의 얇은 물체인데 한손으로 모양을 바꿀 수 있을 정도로 무르지만, 잠시 방치하면 주름이 없어지며 원래 모양으로 돌아갔다고 한다. 이른바 형상기억 합금 같은 물체였다는 것이다. 게다가 자르거나 태우거나 할 수도 없었다고 이야기되고 있다.

로스웰에 떨어진 물체가 지구 밖의 우주선의 파편임을 증명하는 물증으로서 현지에서는 지금도 로스웰의 성배를 찾기 위한 탐색이 이루어지고 있다.

■로스트 더치맨 금광의 저주

애리조나 주에 있는 슈퍼스테이션 원생지역(Superstition Wilderness Area). '미신'이라는 의미를 지닌 이 산지의 어딘가에, 로스트 더치맨이라고 불리는 비밀의 금광(Lost Dutchman's Gold Mine)이 잠들어 있다고 한다.

높은 산과 깊은 협곡이 펼쳐진 이 땅은, 옛날부터 선주민이 두려워하는 땅이다. 아파치족에는 이 땅에 부는 모래바람은 지하세계의 입구에서 오는 것이라는 전설이 있다. 피마(Pima)족에서는 산의 금광을 찾으려고 하는 자는 산의 정령에게 복수당한다고 이야기되고 있었다.

이 땅의 금광을 찾아서 트레저 헌터가 찾아오게 된 계기는, 19세기에 이민으로서 방문한 제이콥 왈츠(Jakob Waltz). 더치맨이란 별명으로 불리던 그는, 이 산지에서 금광 찾기를 의뢰받았지만, 그 행방을 누구에게도 고하지 않고 죽어버렸다고 이야기되고 있다. 이윽고 더치맨이 사라진 금광의 이야기가 기사로 소개되자, 전설이 점점 혼자 움직이기 시작하더니 금광을 둘러싼 수수께끼의 암호나 저주 이야기도 나돌게 되었다.

실제로 금광을 찾는 도중에 목숨을 잃는 자도 많았고, 1931년에 행방불명이 된 아돌프 루스(Adolph Ruth)라는 트레저 헌터는 이후에 두개골에 두 발의 총탄을 맞은 상태로 시체가 되어 발견되었다.

과거에 금의 채굴을 시작한 멕시코인 입식자 일족이 그 지역의 선주민에게 몰살당했다는 소문이나, 금광의 비밀을 지키기 위해 더치맨이 금광으로 안내해준 그 지역의 두 사람을 쏘아 죽였다는 소문도 있다. 잃어버린 금광을 찾는 자는 그 지역의 저주를 받을 각오가 필요할 듯하다.

■로어노크섬 집단 실종사건

약 400년 전, 117명의 영국인이 수수께끼의 메시지를 남기고 모습을 감추었다. 아메리카 사상 가장 수수께끼에 싸인 집단 실종사건이다.

무대는 미국 노스캐롤라이나주의 아우터 뱅크스(Outer Banks). 현재는 관광지가 된 이 장소에서, 1587년에 영국인 입식자는 목제 방호책으로 둘러싸인 작은 마을을 만들고 북아메리카 대륙 첫 영주 식민지 건설을 시도한다. 하지만 물자조달을 위해서 영국으로 귀국한 존 화이트 제독이 3년 뒤에 이 섬에 돌아와 보니, 모든 인원이 자취도 없이 사라진 상태였다. 집도 완전히 철거되어 방호책만이 남아있었고, 나무껍질을 벗긴 어느 나무에 'CRO'라고 새겨진 것을 발견했다.

사라진 입식자를 둘러싼 다양한 설이 있지만, 근래에 로어노크(Roanoke)섬에서 서쪽의 단층과 남쪽에 있는 해터라스 섬에서 입식자들에 관련된 유물이 발견되었다. 이것들의 발견으로 입식자들은 다수의 그룹으로 나뉘어 우호적인 선주민과 살았던 것이 아닌가 하는 설이 있지만, 어째서 주거지를 옮겨야만 했는지, 암호는 어떠한 의미였는지 등, 지금은 해명할 수 없는 수수께끼가 남아있는 상태다.

■리얼 고스트 라이터

죽은 자의 영혼이 살아있는 인간을 통해서 문장을 쓰는 것을 '자동서기(Automatisme)'라고 부른다.

20세기 초에 자동서기로 집필한 것으로 화제가 된 P. L. 커런 부인(Pearl Lenore Curran)이라는 소설가가 있다.

1913년, 미국의 미주리 주에 사는 커런 부인이 지인과 교령술 모임에 나가서 위자보드(Ouija Board, '콧쿠리씨'의 바탕이 된 해외판 교령 게임)을 하니, 페이션스 워스(Patience Worth)라는 여성의 영혼이 강림했다. 워스는 17세기에 영국의 도싯에서 태어난 것과 자신의 평생에 대해서 이야기했다. 교령술 모임을 계속 나가는 동안 워스는 다양한 역사소설을 구술하기 시작해서, 커런 부인이 그것을 받아 적어서 출판했다 그녀의 소설은 평론가들로부터 높은 지지를 얻었을 뿐만 아니라, 자동서기인 것이 퍼져서 커다란 화제가 되었다.

학자도 아니고, 역사에 관한 지식도 빈

곤했던 커런 부인이 문학작품을 계속 발표할 수 있었던 것은, 페이션스 워스라는 문자를 통한 고스트라이터 덕분이라고 믿는 사람은 많다. 커런 부인은 25년 동안 6편의 소설과 수백 페이지의 시 등을 남겼다. 대표작인『텔카(Telka)』는 중세 잉글랜드를 무대로 17세기의 중세영어로 쓰였지만, 커런 부인은 중세 영어를 배운 적은 한 번도 없었다고 한다.

■링컨의 영구열차

1865년 4월 14일에 워싱턴 D.C.에서 암살된 에이브러햄 링컨은 영구열차로 고향까지 운반되었다. 지금도 매년 4월이 되면 환상의 영구열차가 장례 루트를 달린다고 한다.

1872년에 철도작업원의 목격정보에 의하면, 4월의 심야에 철로 주변에 긴장된 분위기가 감돌더니 객차 중앙에 링컨의 관을 놓은 환상의 열차가 소리도 내지 않고 지나갔다고 한다. 장례 루트는 볼티모어, 뉴욕, 버펄로, 클리블랜드, 인디애나폴리스 등의 도시를 지나서 링컨의 고향인 일리노이주의 스프링필드까지 이어진다. 지금도 4월의 심야가 되면 환상의 영구열차를 보려고 장례루트를 방문하는 사람들이 있다고 한다.

■링컨의 예지몽

에이브러햄 링컨은 자신의 죽음을 예지몽으로 알고 있었다는 전설이 있다. 1865년, 링컨은 암살당하기 10일 정도 전에 기묘한 꿈을 꾸었다고 한다. 동료 정치가는 믿어주지 않았지만, 친우인 와드 힐 라몬(Ward Hill Lamon)이 그 말을 적고 있었다.

꿈속에서, 주위는 죽음 같은 정적에 감싸여 있었다. 침대를 내려와서 아래층으로 내려가니 사람이 아무도 보이지 않음에도 불구하고 수많은 사람들이 소리죽여 흐느껴 우는 듯한 소리가 들려왔다. 원인을 찾으려고 돌아다니다가 이스트 룸에 도착하니, 관 안치대가 있고 수의를 입은 시신이 누워있는 것을 보았다. 백의로 얼굴이 덮인 시신을 바라보며 울고 있는 호위 병사 한 명에게 "백악관에서 누가 죽은 겁니까?"라고 묻자, 그는 이렇게 대답했다. "대통령 각하가 암살당하셨습니다."

며칠 뒤인 4월 14일, 링컨은 워싱턴 D.C.의 포드 극장에서 총탄에 쓰러지고, 시신은 백악관의 이스트 룸으로 운반되어 안치되었다.

■마법사의 고리 메디신 휠

미국의 대평원에는 '마법의 고리'라고 불리는 수수께끼의 돌무더기가 드문드문 존재한다. 미국 전역에 약 150개가 있으며 그 중에는 5500년 전에 만들어진 것도 있다고 한다. 가장 유명한 것이 와이오밍주에 있는 빅혼 산의 메디신 휠(Medicine wheel)이다. 중앙에서 28개의 돌의 축('스포크'라고 한다)이 뻗어있고, 직경 24미터의 차바퀴 같은 형태를 이루고 있다.

크로(Crow)족의 전설에 의하면, 빅혼 산의 메디신 휠을 만든 것은 '불탄 얼굴'이라는 이름의 소년이라고 한다. 그는 아기일 적에 실수로 불 속에 떨어져서 화상을 입었기 때문에 그렇게 불렸다. 13세 때에 불탄 얼굴은 '비전 퀘스트(혼을 발견하기 위해 은둔생활을 하는 통과의례)'를 하기 위해 빅혼 산에 들어갔다. 불탄 얼굴은 단식을 하면서 메디신 휠을 만들었고, 명계로 가는 입구를 나타내는 표시로서 차바퀴의 중심에 커다란 돌을 놓았다. 지상에 태어난 최초의 인간들이 정령이 되어 이곳에서 나타난다고 전해지고 있다.

그 후, 불탄 얼굴은 비전 퀘스트를 하는 동안에 독수리 새끼를 짐승으로부터 구했고, 이후에 독수리가 보은으로 얼굴의 화상자국을 깨끗하게 낫게 해주기 위해 어딘가로 데리고 갔다고 이야기되고 있다.

■마우리 섬의 맨 인 블랙

1947년 6월 워싱턴주의 마우리(Maury) 섬에서 해럴드 달(Harold Dahl)이라는 남성이 아들과 두 명의 승조원, 애견과 함께 마우리 섬 연안에 순찰을 하고 있었다. 그런데 갑자기 금속제 비행물체가 공중에서 나타나더니 머리 위를 소리도 없이 날아갔다고 한다. 그 비행물체는 도넛 형태의 원반으로, 측면에는 창문이 빼곡하게 달려 있었다. 여섯 개 중 하나는 고장 난 것처럼 비틀거리며 비행했고, 다른 하나와 접촉하고서 배 바로 위에서 폭발했다. 파편 대부분은 바다에 떨어졌지만, 일부는 해안에 낙하했기 때문에 달은 희고 가벼운 금속조각을 가지고 돌아갔다고 한다.

그 다음날 아침, 자택에 수수께끼의 시커먼 옷을 입은 남자들이 나타나 가까운 식당으로 초대했다고 한다. 그리고 어제 보았던 것은 다른 곳에 말해서는 안 된다는 충고를 들었다. 남자들의 분위기를 보고 신변의 위험을 느낀 달은 목격증언을 한 번은 철회했으나, 이후에 진실을 공개했다고 한다.

이 남자들은 맨 인 블랙(MIB)라고 불리는 남자들일 가능성이 높다. UFO의 목격자에게 다가가서 이 이상 깊이 발을 들이는 것을 경고하는 검은색 옷을 입은 남자들이다. MIB에 대한 소문은 1940년대 말부터 퍼지기 시작했으며, 그 정체는 정부의 요원이라고도, 지구인 모습을 한 우주인이라고도 이야기되고 있다. 1997년에는 윌 스미스와 토미 리 존스가 출연한 영화『맨 인 블랙』이 대히트했지만, MIB는 영화 안에서만 존재하는 것은 아닐지도 모른다.

■멜론헤드

멜론헤드(Melon heads)는 미국의 미시간주, 오하이오주, 코네티컷주의 도시전설에 등장하는 괴인이다. 겉모습은 인간이지만 멜론 같은 구근형태의 거대한 머리를 가지고 있다. 숲속에서 살고 있으며, 사람이 오면 숨었다가 습격해서 상어 같은 날카로운 이빨로 포식한다고 한다. WEB사이트 'MYSTERIOUS UNIVERSE'에 의하면, 이 괴물에 대해 최초로 이야기된 것은 오하이오주 북부의 커틀랜드(Kirtland)나 차든(Chardon) 주변이라고 한다.

커틀랜드 부근의 숲 속에 시설을 소유하고 있는 크로우 박사라는 매드 사이언티스트가 오갈 데 없는 아이들에게 의료실험을 했더니 머리가 거대하게 변해 버렸다(원래부터 수두증[水頭症]을 앓고 있었기 때문이라는 설도 있다), 아이들은 크로우 박사의 아내의 도움으로 숲으로 탈주했으며 현재 숲속에 있는 멜론헤드는 그들의 자손이나 그 유령이다, 라는 이야기도 있다.

그 밖에도 오하이오주 북동부 레이크 카운티의 황야에서 정부가 하던 극비실험에 의해 머리 부분만 거대하게 변해버린 피해자가 도주해서 멜론헤드가 되었다는 설도 있다.

그리고 이런 설도 있다. 1964년, 오하이오주의 위클리프(Wickliffe)를 여행하고 있던 10대 젊은이들이 거대한 머리를 지닌 기묘한 생물을 발견했다. 뒤를 쫓아가보니 오래된 집에 남성이 있었고, 기묘한 생물은 그의 주위를 돈 뒤에 숲속으로 사라졌다. 젊은이들이 남성에게 그 생물에 대해서 묻자, 남성은 다음과 같은 이야기를 했다고 한다. 자신은 제2차 세계대전 중에 핵을 다루는 과학자였는데, 실험으로 방사능에 노출되었기 때문에 구근형태의 거대한 머리를 지닌 아이가 태어났다. 정부에게 비밀을 지키는 대가로 돈을 받았으므로 사람들이 없는 지역으로 가족과 이주해서 몰래 살고 있다고 한다. 남자는 젊은이들에게 다른 사람들에게 이야기하지 않겠다는 약속을 받고 숲 밖으로 보내줬다고 한다.

이 이야기의 무대는 1960년대이지만, 멜론 헤드가 언제부터 존재했는가는 알 수 없다. WEB사이트 'WereWoofs.com'에서는 우주인 등의 존재나 초상현상에 대한 관심이 미국 국내에서 높아졌던 1960년대부터 70년대 사이에 생겨난 것이 아닐까 하고 추측하고 있다. 하지만 70년대에 소문이 퍼지기 시작했다는 자료도 많으므로, 70년대에는 이미 멜론헤드의 도시전설이 존재했었을 가능성이 높다. 일본에도 '큰 머리(巨頭オ)'라는 숲 속에서 거대한 머리를 지닌 인간들과 조우했다는 이야기가 2006년에 인터넷상에 올라온 적이 있다. 멜론헤드는 그들의 선배가 되는 듯하다.

■목 없는 닭 마이크의 기적

콜로라도 주의 프루타에는 목 없는 닭의

상이 세워져 있다. 이 닭의 이름은 마이크(Mike)라고 하며, 세계에서 보기 드문 '목 없는 닭'으로서 미국 전역에서 화제가 되었던 인기자다.

1945년 9월, 농부인 로이드 올슨(Lloyd Olsen)이라는 남성이 저녁식사용으로 생후 다섯 달 정도 되는 수탉의 목을 도끼로 잘랐다. 그런데 목이 잘렸음에도 불구하고 닭은 비틀비틀 걷기 시작하며 다른 닭들과 함께 모이를 쪼고, 깃을 정리하기 시작했던 것이다. 다음날 아침이 되자, 닭은 잘린 자신의 목을 날개 아래에 품고 자고 있었다. 그것을 본 로이드는 닭에게 마이크라고 이름붙이고, 매일 스포이드로 곡식과 물을 주었다. 그 뒤에 로이드는 마이크를 데리고 미국 전역을 돌아서 화제가 되었고 '미라클 마이크'로서 잡지의 표지를 장식하고, 기네스북에도 실렸다. 마이크는 목을 잘린 뒤로 18개월간 생존했다고 한다.

마이크는 어째서 목이 절단되어도 살아 있었을까. 대학의 과학자들에 의하면, 도끼가 경정맥을 빗나갔고 혈전으로 금방 피가 멎어서 출혈이 멈춘 것과, 귀와 뇌간의 대부분이 몸 쪽에 남아있었기 때문으로 추측했다.

콜로라도주 프루타에서는 매년 5월 제3번째 주말을 '목 없는 닭의 날'로 정하고 마이크를 계속 기리고 있다고 한다.

■ 미국에는 '황제'가 있었다!

19세기에 건국한 이래, 대통령제인 미국에서 역사상 유일한 '황제'로서 군림한 전설의 남자가 있었다. 그것이 바로 조슈아 노턴 1세(Joshua Abraham Norton)다. 노턴은 가족과 함께 영국에서 샌프란시스코로 이민을 왔는데, 장사에 실패해서 파산했다. 자신의 실패는 의회제 정치 때문이라고 생각한 노턴은 각 신문사에 '미국의 황제가 될 것을 선언한다'라는 편지를 보내는 기괴한 행동에 나섰다.

그러자 샌프란시스코의 신문사가 장난삼아 노턴의 편지를 게재했다. 그 이후 유명인이 된 노턴은 군복을 입고 지팡이를 한 손에 들고서 당당하게 샌프란시스코의 거리를 걷게 되었고, 자전거에 타고 시내를 순찰했다. 신문에는 가끔씩 '칙령'이라 칭하는 투서를 보냈고, 노예해방을 호소하거나 남북전쟁 시기에는 제퍼슨이나 링컨에게 화평 교섭을 명령하거나 했다(화평은 거부되었으나 양자에게서 답장은 받았다).

진지하게 나라를 걱정하는 온후한 '황제'를 샌프란시스코 사람들은 점차 사랑하게 되었다. 그와 지나치면 경례를 했고, 시 당국은 그의 직업란을 '황제'로 적고 인쇄회사는 노턴 전용 지폐를 발행했다고 한다. 그가 1880년에 사망했을 때, 신문은 '황제 붕어하다'라는 기사를 내서 추도했고, 시민 3만명이 참여하는 대규모 장례식이 열렸다고 한다. 사랑스러운 황제는 현재 캘리포니아주 코르마의 우드론 묘지에 매장되었고, 묘비에는 '노튼 1세, 미국의 황제이자 멕시코의 보호자'라고 새겨져 있다.

■미국의 건국과 프리메이슨

세계최대의 비밀결사로 알려진 프리메이슨은 18세기 초에 영국에서 결성된 평화 인도주의를 기치로 내건 수수께끼의 조직으로, 중세의 석공장인 조합이 기원이라고 한다. 그런데 미국 독립의 뒤편에서 프리메이슨이 암약했었다는 설이 있다.

1733년에 미국에서 처음으로 프리메이슨의 로지(Lodge, 지부)가 생긴 이후로 프리메이슨은 미국 전역으로 퍼져나갔고, 각지의 유력자인 회원들이 모여서 미국 독립을 향해 움직였다고 한다. 1776년에는 벤자민 프랭클린이나 조지 워싱턴에 의해서 미국 독립 선언이 완성된다. 이때, 선언서에 서명한 56명 중에 53명이 프리메이슨 회원이었으며, 이어서 2년 후에 완성된 합중국 헌법 의결에서 대표자 55명중에 32명이 회원이었다고 한다. 역대 미국 대통령들 중 적어도 15명은 프리메이슨 회원이라고 이야기되고 있다.

또 미국 건국의 배후에 프리메이슨의 존재를 암시하는 것들이 몇 가지나 남아있다. 예를 들면 백악관의 설계자도 회원이며, 미국의 상징인 자유의 여신에게는 당초 '프랑스의 프리메이슨이 미국의 독립을 기념해서 메이슨 동포에게 보냈다'라고 적힌 석비가 함께 있었다. 1달러 지폐에는 프리메이슨 심벌인 '전능의 눈'이나 'MASON'이란 문자열 등이 암호로서 숨겨져 있다는 설도 유명한 이야기이다. 지금은 세계의 중추에 존재하는 초강대국 미국은, 실은 프리메이슨에 의해 움직이고 있는지도 모른다.

■바다의 여신 세드나

북극지역의 선주민에게 전해지는 바다의 여신 세드나(Sedna)가 아직 인간이었을 무렵에, 이런 전설이 남아있다.

어느 마을에 긴 머리카락을 지닌 아름다운 소녀 세드나(아비라요크, 아나크나그사크라고도 불린다)가 있었는데, 누구와도 결혼하고 싶어 하지 않았다. 어느 날, 아름다운 젊은이가 나타나서 세드나를 멀리 있는 섬으로 데리고 갔다. 두 사람은 부부가 되었지만 남편의 정체가 갈매기인 것을 깨달은 세드나는 슬피 한탄했다. 세드나의 아버지는 남편을 죽이고 딸을 배에 태워서 섬에서 탈출했다.

그러나 도중에 바다가 거칠어져서, 갈매기의 저주를 두려워한 아버지는 딸을 바다에 던져서 제물로 삼으려고 했다. 세드나가 배의 가장자리에 달라붙어 기어오르려고 해서, 아버지는 도끼로 세드나의 손가락 첫 번째 관절을 잘라 떨어뜨렸다. 그러자 잘라 떨어진 손가락은 바다 속으로 떨어져서 고래가 되었다. 그래도 딸이 배에 달라붙자, 아버지는 다시 두 번째 관절까지 잘랐다. 그러자 잘린 손가락은 바다표범이 되었다. 그래도 딸이 배에 달라붙으려고 해서 아버지는 손가락의 마지막 관절을 쳐서 잘라냈다. 잘린 손가락은 물고기가 되었고, 바다 속으로 가라앉은 세드나는 바다의 여신이 되었다. 남편이 개였다는 이야기, 최초에는 개와 결혼하지만 갈매기가 데리고 갔다는 이야기도 있다. 이 지역에서는 지금도 가을이 되면 바다의 여신 세드나에게 감사하며 풍어를 기원하는 '세드나 축제'가 이루어진다고 한다.

■ 백악관의 유령 소동

2대 대통령인 존 애덤스 이후로 역대 미국 대통령이 살고 있는 백악관. 이곳을 역대 대통령이나 대통령과 관계 깊은 인물들의 유령이 걸어 다닌다고 한다.

토머스 제퍼슨이 옐로 룸에서 바이올린을 켜고 있었다, 돌리 매디슨(미국 4대 대통령 제임스 매디슨의 부인-역주)이 로즈 가든의 꽃을 돌보고 있었다, 애비게일 애덤스(미국 2대 대통령 존 애덤스의 부인-역주)가 이스트 룸에서 빨래를 말리고 있었다, 윌리엄스 헨리 해리슨(미국 9대 대통령-역주)이 다락에서 나타났다, 존 타일러(미국 10대 대통령-역주)가 블루 룸에서 아내에게 프러포즈하고 있었다, 앤드루 잭슨(미국의 7대 대통령-역주)이 뭔가를 매도하면서 복도를 걷고 있었다는 등, 소문이 끊이지 않는다. 의심이 많은 해리 트루먼도, 아무도 없는 복도에서 발소리나 문을 노크하는 소리를 들었다고 하며, 아내에게 보내는 편지에 "그곳은 뭔가에 홀려있어"라고 적었다고 한다.

가장 목격정보가 많은 것은 백악관 안을 걸어 다니는 에이브러햄 링컨의 유령이다. 윈스턴 처칠 수상이 목욕을 하고 나온 직후에 알몸으로 궐련을 물고 있었을 때에 링컨의 유령과 조우하고 인사를 했었다는 이야기도 있다.

■ 뱀 사나이와 글리스파와 모래 그림

북아메리카 남서부의 선주민 나바호족에게는 현재도 이루어지는 모래 그림에 관한 전설이 남아있다.

나바호 족에게 글리스파(Glispa)라는 젊고 아름다운 소녀가 있었다. 그녀는 축제가 한창일 때, 범상치 않은 힘을 지닌 샤먼인 뱀 사나이를 사랑했다. 두 사람은 뱀 인간들이 사는 지하세계로 갔고, 뱀 사나이는 글리스파에게 병을 낫게 하기 위한 영송(詠誦)과 모래그림의 의식을 알려주었다. 2년 후, 고향이 그리워진 글리스파는 뱀 사나이에게 작별을 고하고 지상으로 돌아와, 부족의 곁으로 돌아왔다. 글리스파는 부족의 모든 이들에게 죽은 자의 나라에서 돌아온 자로서 받아들여졌다. 뱀 사나이에게 받은 지식을 알려준 글리스파의 오빠는 위대한 샤먼이 되었다. 이리하여 병을 낫게 하기 위한 영송과 모래그림의 의식은 '아름다움의 영송'으로서 계속 계승되었다.

지금도 나바호족, 아파치족, 샤이엔족, 푸에블로족 등에는 모래와 옥수수의 꽃가루, 부순 꽃잎 등의 재료를 사용해서, 지면이나 바닥에 모양을 그린 모래 그림 의식이 계승되고 있다. 의식적인 치료의 일환으로서 다양한 그림무늬를 그리고, 의식이 끝날 때마다 부순다고 한다.

■ 버펄로의 피의 덩어리

아메리카 선주민에게 버펄로는 그레이트 스피릿(위대한 영혼)의 사자로 여겨지고 있다. 주요 식량이자 가죽과 내장이 귀중한 생활필수품이 되는, 삶에 빼놓을 수 없는 것이기 때문이다. 버펄로에 대한 이런 이야기가 있다.

어느 날, 버펄로의 피의 덩어리를 삶으니 어린 아기가 되었다. 아기는 눈 깜짝할 사이에 커져서 사냥의 명수가 되어서 부모를 봉양했다. 이윽고 젊은이는 "아기소라는 말을 해서는 안 된다"라는 조건을 대며 수장의 딸과 결혼했다. 하지만 아내가 어느 날 깜빡하고 "아기소를 잡아줘"라고 말해버리는 바람에 젊은이는 버펄로의 모습으로 돌아가서 뛰어가 버렸다고 한다.

■ 벨 위치의 동굴

미국 테네시주의 애덤스에는 선주민의 매장묘가 있다. 그 정상에 있는 것이 벨 위치의 동굴(Bell Witch Cave)이다. 이곳은 원래 19세기의 농장경영자인 벨 가문이 소유한 토지로, 일가 사람들이 마녀의 악령에 괴로워하고 있던 것에서 이 이름이 붙었다.

시작은 1817년이었는데, 집 안에서 문을 긁는 소리, 쇠사슬을 질질 끄는 소리, 아무도 없는데 헛기침을 하는 소리나 컥컥거리는 소리 등이 들리는 기묘한 폴터가이스트 현상이 계속 일어나게 된다. 공포를 느낀 일가는 인근 사람들에게 사정을 이야기하고, 괴현상의 정체를 밝히려고 했다. 이윽고 위원회가 조직되어 유령 조사가 시작되자, 악령은 말을 하기 시작하며 정체를 밝혔다. 악령은 케이트 배츠(Kate Batts)라고 자신을 소개하고, 생전에 마녀라고 의심받다가 죽었다고 말했다. 그러나 정체를 밝힌 뒤에도 3년간 마녀는 매일처럼 벨 가의 사람들을 계속 괴롭혔으며, 딸인 베티를 잡아당기거나 바늘로 찌르며 괴롭혔고, 아버지인 존 벨에게는 죽음의 저주를 걸었다. 그리고 끝내 존을 저주해 죽인 뒤, 마녀 악령은 농장에서 떠나 동굴로 돌아갔다고 한다.

이 동굴에는 지금도 누군가의 속삭이는 소리 등의 이상한 소리가 들려와서 방문하는 관광객의 등골을 오싹하게 만든다고 한다.

■빌리 더 키드는 살아있다?

19세기의 미국 서부 개척시대의 전설적인 무법자라고 하면 빌리 더 키드다. 본명은 헨리 매카티. 신장은 약 160센티미터 정도의 작은 몸집에 흑발에 검은 눈동자를 가졌으며 수다스러워서 친해지기 쉬웠다고 한다. 남북전쟁 직전에 태어났으며, 빨래를 훔친 것을 시작으로 범죄자가 되어, 18세에 사람을 죽였다. 피투성이의 권력투쟁 '링컨 카운티의 전쟁'에서 실력 있는 총잡이로서 악명을 떨치지만, 과거에 친구였던 팻 개럿(Patrick Floyd Jarvis Garrett) 보안관에게 목장에서 사살 당했다. 21년의 생애 중에 12명을 살해했다는 설이 있다.

그러나 빌리가 사망한 상황에는 불확실한 점이 많아서, 빌리가 이때 도망쳤다는 생존설도 뿌리 깊게 남아있다. 그 후에 애리조나주에서 존 밀러라고 자칭하며 조용히 여생을 보냈다는 설이 유명하며, 그밖에도 텍사스 주에서 자신이 진짜 빌리 더 키드라고 주장하는 브러시 빌이라는 남자도 나타났다. 진실은 수수께끼인 채로, 뉴멕시코주 포트 섬너(Fort Sumner)의 오래된 군인묘지에 빌리의 묘가 세워져 있다.

■빛을 훔친 까마귀

북아메리카의 많은 부족들에게 까마귀는 트릭스터임과 동시에 문화영웅이기도 하다. 그 지혜와 변신능력을 구사해서 하늘에 태양, 달, 별을 놓고 세계에 빛을 가져왔다는 전설이 있다.

옛날, 세계는 암흑에 감싸여 있었다. 이기적인 하늘의 족장이 전 세계의 빛을 모아서 세 개의 상자에 담아 집에 쌓아두고 있었기 때문이었다. 세상의 주민들은 암흑 속에서는 사냥도 낚시도 마음대로 할 수 없었고, 식량을 찾는 것에도 몹시 애를 먹었다. 그래서 까마귀는 빛의 상자를 빼앗으려고 책략을 세웠다.

까마귀는 솔잎으로 변신한 뒤에 양동이의 물에 동동 떠서 부족의 딸이 양동이 물을 마실 때에 그녀의 목구멍을 지나 몸속으로 들어갔다. 이윽고 하늘의 부족의 딸은 임신했고, 까마귀는 짙은 검은 머리카락과 부리 같은 코를 지닌 아기로서 다시 태어났다.

어느 날, 아기(까마귀)는 방의 구석에 쌓여있는 상자를 가지고 놀려고 했다. 손자를 끔찍이 귀여워하는 족장은 별이 들어간 가장 작은 상자를 아기에게 주었다. 그러자 아기는 상자에서 별을 꺼내서 족장이 말릴 새도 없이 집의 굴뚝을 통해 하늘을 향해 던졌다. 그 뒤에 아기가 다시 울기 시작하자 이번에는 두 번째 상자를 주었다. 아기는 상자에서 달을 꺼내서 역시 굴뚝을 통해 하늘로 던졌다. 족장은 끝내 세 번째인 태양이 든 상자까지 주었다. 아기는 까마귀 모습으로 돌아가서 태양을 물고 하늘로 날아갔다. 이렇게 까마귀가 태양, 달, 별을 되찾아 와서 세계는 밝아졌던 것이다. 이 전설은 북아메리카의 많은 부족에서 이야기되고 있으며, 세부적인 내용은 달라도 버릇없는 손자로 변신한 까마귀의 어리광을 받아주는 할아버지가 빛의 공을 가지고 놀게 한다는 전개는 똑같다.

■사과 씨를 계속 뿌렸던 남자

49년간, 미국의 미개척지에 계속 사과 씨를 뿌렸던 유명한 남자가 있다. 그것이 자니 애플시드(Johnny Appleseed)다. 본명은 존 채프먼(John Chapman)이며, 애플시드는 '사과 씨'라는 뜻의 애칭이다.

원래 실력 있는 묘목 장인이었던 자니는, 18세기부터 19세기 초에 걸쳐 현재의 미국 동부에서 중서부의 미개척지를 맨발로 돌아다니며, 배고픈 사람이 없어지기를 바라면서 사과 씨를 계속 뿌렸다.

자니는 가난한 형편은 아니었지만 옷은 항상 너덜너덜했고, 외투 대신 마대자루를 걸쳤으며 모자 대신 냄비를 뒤집어쓰고(조리 시에는 그 냄비를 사용했다) 맨발로 눈을 녹여서 마실 물로 썼다고 한다. 자고 있을 때에 방울뱀에게 발을 물렸지만, 항상 맨발로 다녔기 때문에 발의 피부가 코끼리처럼 딱딱해서 뱀의 독니가 박히지 않았다는 일화도 남아있다. 곰 가족과 놀았다는 소문도 있는 등, 사람에게도 동물에게도 사랑받는 자상한 남자였다.

자니가 세상을 떠난 후, 오하이오주, 인디애나주, 켄터키주, 펜실베이니아주, 일리노이주에 걸친 광대한 사과나무 숲이 남았으며 200년이 지난 지금도 사과는 계속 열리고 있다. 실은 그가 심은 사과는 그대로 먹기에는 너무 신맛이었지만, 그 대신 아주 품질 좋은 사과주를 만들 수 있었다고 한다.

인디애나주에는 매년 9월에 '자니 애플시드 페스티벌(Johnny Appleseed Festival)'이 개최되며, 사과 애호가에게는 최고의 축제로서 사람들로 북적인다고 한다.

■사막의 특이한 축제 '버닝 맨 페스티벌'

네바다의 블랙 록 사막(Black Rock Desert)에서는 세계 최대의 특이한 축제 중 하나라고 불리는 축제가 30년 이상 전부터 열리고 있다. '버닝 맨 페스티벌(Burning Man Festival)'이라고 불리는, 매년 8월 말부터 9월 초순에 걸쳐 열리는 화려한 아트 이벤트다.

축제 동안만 블랙 록 시티(Black Rock City)라고 불리는 음악과 예술이 가득한 가공의 거대 도시가 사막에 출현한다. 이 가공도시에는 가장이나 변장을 한 'Burner(불태우는 자)'라고 자칭하는 자들이 모여, 자립이나 예술 등을 테마로 한 거대한 가상건조물이나 예술작품을 전시하며, 공연 무대나 캠프 등이 이루어진다. 여기에 모이는 자들은 축제 기간 중에 금전은 사용하지 않고 사람들과 아이템을 교환하면서 자급자족의 생활을 한다.

이 특이한 축제의 기원은 1986년의 하지에 샌프란시스코의 해변에서 두 남성이 거대한 상을 불태운 것이 계기라고 한다. 그 후로 해마다 규모가 커져서, 지금은 전 세계에서 약 8만 명이나 참가하는 거대 이벤트가 되었다고 한다.

■ 샐베이션 마운틴

미국, 캘리포니아 주의 남부에 샐베이션 마운틴(Salvation Mountain, '구원의 산'이라는 의미)이라는 다채롭게 장식된 컬러풀한 산이 있다. 높이는 약 15미터에 폭은 약 45미터로, 정상에는 'GOD IS LOVE'라고 적혀 있다.

1970년, 레너드 나이트(Leonard Knight)라는 베트남 퇴역 군인 남성이 어느 날 갑자기 "신은 사랑이다"라는 신의 계시를 받았다. 그 메시지를 전하려고 열기구를 띄우려고 했지만, 잘 되지 않았다. 그래서 페인트를 칠해서 사람들에게 전하자는 생각에, 아무것도 없는 사막지대에 만들기 시작했다고 한다. 사막을 선택한 이유는 기독교는 사막에서 태어난 종교였기 때문이라고 한다.

당초에는 위법건축물로서 당국으로부터 철거 요구를 받았지만, 레너드는 거부하고 30년 이상 꾸준히 산을 계속 만들었다. 이윽고 그의 활동이 사람들에게 인정받아, 2002년에 샐베이션 마운틴은 캘리포니아 주의 문화재로 인정받았다.

컬러풀하고 기발한 이 산은, 영화나 일본인 아티스트의 뮤직 비디오 등에도 사용되었으며, 숀 펜 감독의 영화 '인투 더 와일드(Into the Wild)'에서는 샐베이션 마운틴과 함께 레너드 자신도 출연했다.

■ 샷건맨의 전설의 진실

샷건맨이란 1910년대, 미국의 일리노이 주 시카고에 나타났다고 하는 살인귀를 말한다. '샷건맨'이라고 불린 마피아 히트맨이라고 하며, 이탈리아의 시칠리아섬에 있다가 미국으로 건너와서 의뢰를 받고 이탈리아계 미국인 마피아를 살해했다고 한다.

그 활동기간은 1910년 1월 1일부터 1911년 3월 26일이라고 하며, 특히 1911년 3월에는 72시간 동안 네 명의 마피아를 살해했다. 이 살해의 무대가 된 이탈리아인의 거리였던 오크 스트리트와 밀턴 어베뉴(현재의 클리블랜드 어베뉴)의 교차로는 '데스 코너'라고 불리게 되었다고 한다.

이 샷건맨은 블랙 핸드(이탈리아나 미국의 이탈리아계 이민자가 하고 있던 범죄행위의 총칭. 협박행위가 많으며 금전을 갈취할 때, 검은 손 형태의 마크가 찍힌 협박장을 보냈기 때문에 이렇게 불린다)에 의한 협박행위의 일종이었다고 이야기되는 경우도 있다.

WEB사이트 'SOCIAL SCIENCE SPACE'에 2021년 4월 14일에 게재된 기사 'Finding Fault with Faux Facts'에 의하면, 실제로는 시카고에서 이러한 살인사건이 일어난 기록은 없으며 범인도 확인되지 않았다고 한다. 그래서 이것은 현대에 생겨난 도시전설이며 창작된 이야기였다고 지적되고 있다.

■시간을 초월한 존 티토

2000년 11월. 한 인터넷 게시판에 'Time-Travel_0'이라는 수수께끼의 유저가 나타났다. 그 유저는 자신을 '존 티토(John Titor, 또는 존 타이터)'라고 소개하며 플로리다 출신의 38세, 2036년에서 찾아온 시간 여행자라고 설명했다.

존은 거의 매일 밤 게시판에 나타나서 자신이 타고 왔다는 타임머신의 사진을 공개하거나 그 원리나 설계도를 공개하는 것 외에, 근미래의 사건을 예언하거나 과거를 방문한 목적을 밝히거나 했다. 존이 이야기한 이라크 전쟁이나 광우병 같은 예언이 차례차례 적중한 것으로 인해 인터넷상에서 커다란 화제가 되었으나, 4개월 뒤에 '이 시대에서의 임무는 완료했다'라는 글을 남기고 모습을 감추었다.

2003년에는 존 티토의 글이나 사건을 정리한 서적이 간행되었고, 일본에서도 『미래인 존 티토의 대예언—2036년에서 온 타임 트래블러』란 이름으로 번역되었다. 이 책에는 존의 어머니라고 하는 인물의 편지나 존에게 받았다는 자료가 게재되어 있다. 각국의 미디어는 존 티토의 정체를 밝히려고 조사했지만, 그가 정말로 미래에서 온 시간 여행자였는지의 여부는 지금도 밝혀지지 않았다.

■신들의 싸움에서 태어난 크레이터 호

미국 오리건 주의 캐스케이드 산맥에 있는 크레이터 호(Crater Lake)는 미국에서 가장 깊은 호수로 유명하다. 약 7000년 전, 마자마(Mazama) 산이 분화했을 때, 마그마가 고갈되어 급격한 융기와 함몰이 일어났기 때문에 칼데라가 생겨서 호수가 되었다고 한다. 진한 청색을 띤 신성한 호수다.

선주민인 클라마스(Klamath)족에 의하면, 천공의 신 스켈(Skell)과 명계의 신 라오(Llao)가 이 땅에서 싸우고, 화산이 무너져서 호수가 생겨났다는 구전이 있다. 이때, 라오가 흘린 눈물이 채워져서 호수가 되고, 호수 안에 있는 위저드 아일랜드라고 불리는 원추형의 섬에는 라오의 혼이 깃들어 있다고 여겨지고 있다.

크레이터 레이크의 밑바닥에는 라오를 섬기는 거대한 용이 살고 있다고 하며, 이 호수 위의 섬에 다가간 자는 호수 바닥으로 끌려간다는 소문도 있다.

■ 실연의 충격에서 생겨난 산호의 성

플로리다 주 남부, 코랄 캐슬(Coral Castle, 산호의 성)이라고 불리는 기묘한 정원이 있다. 산호암으로 만들어진 오브제들 때문에 '산호의 성'이라는 이름이 붙었다.

이야기에 의하면, 이 정원을 만든 것은 북유럽의 라트비아에서 1887년에 태어난 에드워드 리즈칼닌(Edward Leedskalnin)이라는 남성이다. 그는 연하의 여성과의 혼약이 갑자기 파기되고 만다. 이 충격에서 에드워드는 플로리다로 이주하여 혼자서 정원을 만들기 시작했다고 한다.

일설에서는 에드워드는 결핵을 앓고 있었으며 산호암에서 방출되는 자기장이 병의 증세를 완화시키는 효과가 있기 때문에 만들기 시작했다는 설도 있지만, 어째서 이 장소를 선택했는지는 알려져 있지 않다. 1920년부터 제작을 시작하여 64세의 나이로 죽을 때까지 28년간, 정원을 계속 만들었다고 한다.

작업풍경은 아무도 보지 못하게 했다고 하며, 체구가 작았다는 에드워드가 평균 중량 30톤이나 되는 거대한 바위를 움직인 방법이나 건축방법 등은 지금도 수수께끼에 싸여 있다고 한다. 별이나 달 등의 천체를 모티프로 한 오브제 외에 그가 주거지로 삼았던 성의 탑도 남아있으며 관광객이 방문해볼 수도 있다.

■ 실존한 엉클 샘

미국을 의인화한 심벌 캐릭터인 엉클 샘을 본 적이 있을까? 별무늬 실크해트를 쓰고 강인한 눈빛으로 이쪽을 손가락으로 가리키는 포즈로 익숙한 인물이다. 일반적인 미국인을 가리키는 인물이라고도 말할 수 있는 이 캐릭터에는 모델이 있었다.

1812년, 영국과 전쟁을 벌이던 시절에 뉴욕에서 정육업을 하고 있던 새뮤얼 윌슨이라는 남자다. 그는 활기찬 성격의 인기인으로 '엉클 샘(샘 아저씨)'라는 애칭으로 불리며 사랑받고 있었다. 어느 날, 고기를 납품하기 위한 통에 미국의 머리글자(The United States)를 의미하는 'U.S'라는 각인을 찍고 있는데, 이것을 본 어떤 사람이 의미를 물었다. 그 질문을 들은 어느 작업자 농담으로 "엉클 샘(Uncle Sam)을 말하는 게 아닐까?"라고 대답했다고 한다.

이 농담에서 'U.S = 엉클 샘'이라고 불리게 되었고, 엉클 샘을 모티프로 했던 일러스트는 제1차 세계대전의 신병 모집 포스터에도 사용되는 등, 이미지가 정착되어 갔다. 그리고 1961년에는 미국의 심벌로서 공식적으로 인정받는 결의가 가결되었다. 현재, 새뮤얼 윌슨이 태어난 지역인 매사추세츠 주의 알링턴에는 그의 모뉴먼트가 세워져 있다.

참고로 국가를 의인화한 사례는 그 밖에도 있어서, 예를 들면 영국에서는 전형적인 영국인 남성을 뜻하는 '존 불(John Bull)', 프랑스에서는 '자유의 여신'의 모델인 '마리안느(Marianne)'가 심벌로 알려져 있다.

■악령을 쫓아내는 보틀 트리

미국 남부에 전해지는 습관. 보틀 트리(Bottle tree)란 나뭇가지 끝에 병을 덮어씌우는 것으로 사악한 영혼을 좇아내는 풍습이다. 병의 색은 청색인 경우가 많다. 한 그루의 나무에 많은 병이 꽂혀서 햇살을 반사해 반짝반짝 빛나는 진귀한 광경이 펼쳐진다.

발단은 아프리카에서 데려온 노예들이라고 한다. 아프리카에 유리가 아직 드물었던 시대에는 유리병 주둥이 주변을 공기가 지날 때에 휘이휘이 울리는 소리가 악령이 나오는 소리라고 믿고 있었다고 한다. 악령은 유리병 안에 갇힌 채 노예와 함께 미국으로 건너왔다고 한다. 그곳에서 미국 남부 사람들은 나뭇가지에 덮어씌운 병에 악령을 가둠으로써 집안에 들어오지 못하게 하고 있다고 한다.

■여자 총잡이, 캘러미티 제인

19세기의 미국 서부 개척시대, '남자는 남자답게, 여자는 여자답게'로 대표되는 시대에 젠더리스한 삶을 선택한 여성이 있었다. 빌리 더 키드나 와일드 빌 히콕 등과 같은 시대에 살았던 전설적인 여자 총잡이, 캘러미티 제인(Calamity Jane)이다. 본명은 마사 제인 캐너리(Martha Jane Cannary)라고 한다.

그녀의 자전에 의하면 제인은 15세에 고아가 되었고 어린 동생들을 지키기 위해 승마나 사격, 로프 던지기 등을 습득했으며, 이후에 미군의 척후로서 고용되었다. 어느 날, 제인은 미국 선주민에게 습격당한 대위를 구출했다. 그때, 대위가 "재앙의 구세주다"라고 말한 것에서 '캘러미티 제인'이라는 별명을 얻게 되었다고 한다. 법정 내에서 격노한 남성으로부터 '법정의 역병신'이라고 경고 받은 것에서 유래한다는 설도 있다. 사격의 명수 와일드 빌 히콕과 결혼했다는 소문도 있으며, 현재 미국 서부 사우스다코타주의 모라이어산 공동묘지(Mount Moriah Cemetery)에 두 사람은 잠들어 있다.

제인의 성장이야기는 2020년, 프랑스의 장편 애니메이션 영화『캘러미티』에 그려졌으며 안시 국제 애니메이션 영화제 2020에서 장편부문 그랑프리를 수상했다.

■옥수수의 시작

아메리카 대륙에는 옥수수에 관한 많은 신화와 전설이 남아있다. 예를 들면 옥수수의 기원에 대해서는 다음과 같은 이야기가 있다.

어느 날, 긴 머리카락의 여성이 한 남자가 있는 곳에 찾아왔다. 여성은 남성에게 불을 알려주었고, 풀에 불을 붙여서 주위 일대를 불태웠다. 그 뒤에 여성은 남자에게 자신의 머리카락을 건네주면서 머리카락을 질질 끌고 다니면 옥수수가 생겨날 것이라고 알려주었고, 남자가 시키는 대로 했더니 정말로 옥수수가 생겼다. 이후로 옥수수 열매에 나 있는 수염을 보면, 선주민은 그 여성의 긴 머리카락을 떠올린다고 한다.

■ 용감한 기관사 케이시 존스

테네시주의 잭슨(Jackson)에는 영웅으로 구전되는 인물이 있다. 20세기 초, 사람들의 목숨을 구한 전설의 기관사인 케이시 존스(Casey Jones)다.

일리노이 센트럴 철도의 기관사였던 케이시는 멤피스부터 증기기관차를 몰고 가던 중에 미시시피 주의 본(Vaughan)에서 멈춰서 있는 여객열차와 정면충돌했다. 화부가 먼저 깨닫고 경고하자 케이시는 한 손으로 브레이크를 쥐고, 다른 한 손으로 호각을 불면서 화부에게 도망치라고 외쳤다. 충돌한 기관차의 잔해 속에서 발견된 케이시는 열차의 브레이크 바와 호각의 끈을 쥔 채로 숨이 끊어져 있었다. 당초 증기기관차는 시속 약 120킬로미터의 속도로 달리고 있었는데, 케이시가 운전석에 남아서 충돌하기 직전까지 감속시킨 덕분에 충돌한 열차의 승객 중에 사상자는 나오지 않았다.

현재 잭슨에는 케이시의 집이 남아있으며 철도박물관도 세워져 있다. 케이시의 극적인 죽음은 '케이시 존스의 발라드'로서 노래되고 있으며, 디즈니의 애니메이션 영화『용감한 기관사』나 텔레비전 드라마의 소재가 되는 등, 지금도 미국 전역에서 이야기되고 있다.

■ 위험한 붉은 눈의 드워프

소인(小人)은 전 세계의 전설에 등장하는데, 아메리카 선주민들에게도 소인에 대한 구전이 있다. 나인 루즈(Nain Rouge)라고 불리는, 불타는 듯한 붉은 눈의 소인을 목격하면 반드시 재난이 찾아온다고 한다.

1701년에는 미시간 주의 디트로이트의 백인 입식(入植)자인 앙투안 드 라 모스 캐딜락(Antoine de la Mothe Cadillac)라는 인물이 나인 루즈를 목격한 뒤, 전 재산을 잃었다. 1763년에는 선주민 반란이 일어나기 직전에 나타났다고 한다. 1805년에 나타난 때에는 화재로 마을이 전소되었다고 한다.

1967년, 디트로이트에서 폭동이 일어났을 때, 나인 루즈가 길거리 한복판에서 재주넘기를 하고 있는 모습을 보았다는 소문도 있다고 한다.

■ 윈체스터 미스터리 하우스

미국, 캘리포니아 주의 산호세에는 윈체스터 미스터리 하우스라고 불리는 기묘한 집이 있다. 이 집에 살고 있던 것은 신형총기 제조로 막대한 재산을 축적한 윈체스터 가문이었는데, 일가에게 차례차례 불행이 생겨서 딸이 고작 생후 6주 만에 죽고 남편도 병으로 세상을 떠나고 말았다. 1884년, 남편을 잃은 아내 사라 윈체스터는 영매사로부터 "윈체스터 가문이 만든 총으로 희생된 사람들에 의해 당신의 가문은 저주받았다. 집을 계속 증축하지 않으면 죽게 될 것이다"라는 말을 들었다. 사라 부인은 그 말을 믿고, 1922년에 82세의 나이로 세상을 떠날 때까지 약 40년 동안 끊임없이 집의 증축을 지속했다. 결과적으로 160개의 방, 40개의 계단, 1만 장 이상의 창문, 2000개 이상의 문이라는 거대한 미스터리 하우스가 완성되었다.

사라는 악령들을 혼란시키고 속이기 위해 도처에 비밀 통로나 막다른 길을 만들었다. 그러기 위해서 천장으로 이어지는 계단, 비밀방이 있는 구불구불한 복도, 바닥이 없는 방, 어디에도 통하지 않는 문 등, 기묘한 구조가 만들어졌다.

또 사라부인은 '13'이라는 숫자나 '거미집'의 모티프를 좋아해서 건물 여기저기에 배치했다. 계단의 단수, 배수구의 구멍 수, 샹들리에의 라이트 수 등이 13이었으며, 거미집 디자인을 본떠 만든 창문이 있기도 하다. 13일의 금요일에는 커다란 종을 열세 번 울리기도 했다고 한다.

건물은 지금도 건재해서, 사라부인이 죽은 뒤에도 유령의 목격정보나 폴터가이스트 등의 현상이 끊이지 않는다고 한다. 현재, 내부를 한 바퀴 돌 수 있는 투어가 열린다고 하며, 관광객들의 인기 스팟이 되었다.

■ 은하수의 시작

미국 남서부에 사는 나바호(Navajo)족에게는 별의 배치가 결정된 이유에 관한 신화가 남아있다.

어느 날, 불을 창조했다고 하는 제1의 세계의 신들인 검은 신(자세한 것은 **나바호족의 탄생** 항목 참조)이 하늘에 별을 배치하기로 했다. 별을 올바른 모양으로 늘어놓아야만 했고 검은 신은 아주 주의 깊게 작업했기 때문에 아주 많은 시간이 걸렸다. 검은 신 곁에서 눈치를 보고 있던 코요테는 그 느긋한 작업에 짜증이 나서, 나머지 별들이 들어있는 자루를 검은 신으로부터 낚아채서는 전부 하늘에 흩뿌려버렸다. 이렇게 해서 은하수가 만들어졌다고 한다.

나바호족 외에도 아메리카 선주민 대다수는 밤하늘에 펼쳐진 은하수를 죽은 자의 혼이 가는 하늘의 길이라고 생각했고, 은하수의 시작에 대한 신화도 많이 남아있다.

■이로쿼이족의 쌍둥이 창조주

아메리카 선주민의 신화는 구승전승이기 때문에 지역이나 화자에 따라서 내용이 다양하다. 세네카(Seneca)의 수장 존 깁슨(John Arthur Gibson)이 이야기하는 북미의 이로쿼이(호데노쇼니[Haudenosaunee])족에는 다음과 같은 창세신화가 전해진다.

천상계에 사는 수장 호다헤(나무를 가진 사람) 곁에 아웬하이(Awenhai, 만개한 꽃)이라는 소녀가 나타났다. 두 사람은 발바닥을 마주하고 자고 있는데, 어느 날 아웬하이가 임신했다. 질투한 호다헤는 소녀를 나무 구멍을 통해 하계로 떨어뜨렸는데, 물새들이 그녀를 받아주었다. 비버가 땅을 북돋고 바다 위에 떠 있는 큰 거북의 등껍질 위에 놓자, 흙은 대지가 되어서 아웬하이는 대지에 내려서서 여자아이를 낳았다.

성장한 아웬하이의 딸은 쌍둥이 남자아이를 낳았다. 처음에 태어난 아이가 형인 데하엔히야와콘(천공을 지탱하는 자). 다음에 태어난 것이 남동생인 오하아(부싯돌)이다. 그러나 오하아는 어머니의 겨드랑이에서 태어났기 때문에 어머니의 몸은 상처를 입어 죽고 말았다.

쌍둥이 형제는 서로 경쟁했고, 형이 인간을 위해서 옥수수를 만들고 다양한 동물을 창조하자, 남동생은 동물들을 산의 동굴에 숨겼다. 형이 인간을 창조하자 남동생도 흉내 내서 생물을 만들었지만 원숭이가 되었다.

쌍둥이는 끝내 싸움을 시작했는데 형은 햇빛을, 남동생은 밤을 무기로서 싸웠다. 끝내 데하엔히야와콘이 승리하고, 패배를 인정한 오하아와 함께 천상계로 돌아갔다. 세계는 이렇게 쌍둥이의 전쟁을 통해서 만들어진 것이라고 한다.

■일본 항공기 UFO 조우사건

1986년 11월 17일, 일본항공의 특별화물을 운송하는 보잉747기가 미국의 알래스카 상공에서 거대한 '우주모함'과 조우했다. 약 50분에 걸쳐 기장이나 탑승원 전원이 목격했다는 UFO(미확인 비행물체) 사건이 발발했다.

기장인 테라우치 켄주(寺内謙寿)에 의하면, 처음에는 두 개의 물체가 전방을 오가다가 급속도로 보잉기에 접근하여 한낮처럼 밝은 빛을 발한 뒤에 나란히 날듯이 비행을 시작했다. 이때, 관제탑에 레이더 반응은 없었다고 한다. 그 후, 두 개의 물체는 다시 기체 앞쪽으로 이동하여 떠나갔는데, 보잉기가 알래스카 상공에 접어들었을 무렵에 두 개의 항공모함을 겹친 듯한 아주 거대한 수수께끼의 물체가 나타났다. 이때는 관제탑의 레이더도 포착하였으며 보잉기는 관제탑의 지시로 선회를 시도했지만 수수께끼의 물체는 보잉기의 뒤쪽에 딱 붙어서 떨어지지 않고, 공항이 보이기 시작하는 곳에서 모습을 감췄다고 한다.

이 사건은 일본이나 미국에서 커다란 화제가 되었으며 테라우치는 한동안 매스컴에 등장했지만, 어째서인지 어느 때부터 사건의 상황을 전혀 말하지 않게 되고 말았다. 관제탑과 보잉기와의 대화가 사실이었던 것, 테라우치 기장이 베테랑이었던 것, 게다가 테라우치와 승무원들이 연방항공국의 조사를 받았던 것에서 신빙성이 높은 UFO 조우사건으로서 지금도 이야기되고 있다.

미국에서는 UFO와 조우한 사건이 많은데, 자세한 것은 **UFO 사건부** 항목을 참조.

■저주받은 호프 다이아몬드

워싱턴 D.C의 스미소니언 국립박물관에는 호프 다이아몬드(Hope diamond)라고 불리는 저주 받은 보석이 소장되어 있다. 이 다이아몬드의 저주에 의해 20명 이상이 목숨을 잃었다는 전설이 있다.

전설에 의하면, 최초의 희생자는 힌두교의 성직자다. 인도 남동부의 키스트나(Kistna)강 바닥(크리슈나강의 옛 이름)에서 채굴되어 사원의 신상에 박혀있던 이 다이아몬드에 매료된 성직자는, 훔쳐내려고 하다가 붙잡혀서 고문에 의해 죽었다. 1642년, 다이아몬드를 유럽에 팔아서 돈을 번 밀수업자는 들개 떼에게 습격당해 물려 죽었다고 한다. 그 후에 다이아몬드는 프랑스왕가에 팔려갔는데, 루이 14세는 실각하여 사망했고 랑발 공녀는 구살(毆殺) 당했으며 루이 16세와 마리 앙투아네트는 단두대에서 목숨을 잃었다.

그 후에 다이아몬드는 행방불명되었는데, 프랑스의 보석상이 입수 후에 발광하여 자살했다, 불륜상대에게 다이아몬드를 준 러시아의 공작은 불륜상대를 총으로 쏘아죽이고 공작 자신도 자살했다, 러시아의 예카테리나 여제가 병으로 죽기 직전에 다이아몬드를 몸에 지니고 있었다는 등의 다양한 불행한 전설이 생겨났다.

다이아몬드가 다시 세상에 공식적으로 나타난 것은 1908년. 터키의 술탄의 손에 넘어가지만, 술탄은 공비에게 준 뒤에 그녀를 찔러 죽였다고 한다. 그리고 다이아몬드는 미국의 실업가의 손에 넘어가게 되는데, 그의 아들은 교통사고로 죽고 실업가 본인은 파산하여 정신병을 앓다가 세상을 떠났다. 그 후 다이아몬드를 구입한 미국의 보석상이 스미소니언 국립박물관에 다이아몬드를 기증하자, 간신히 저주가 종식되었는지 재앙은 일어나지 않게 되었다고 한다.

■젊음의 샘을 찾아서

예나 지금이나 사람들은 어느 시대에나 장수나 영원한 생명을 추구해왔다. 알렉산드로스 대왕의 노도와 같은 진격은, 회

춘의 강을 찾고 싶다는 충동에 휩쓸렸기 때문이라는 이야기도 있다. 전설의 왕 프레스터 존(자세한 것은 유럽·유럽 전역의 **정체불명의 군주 프레스터 존** 항목을 참조)의 왕국에도 젊음의 샘이 있었다고 하며, 샘의 물을 세 번 마신 자는 살아있는 한 30세의 모습으로 있을 수 있다고 한다.

전설에 의하면, 1513년에 식민지 푸에르토리코의 총독이었던 스페인인 후안 폰세 데 레온(Juan Ponce de León)은 젊음의 샘을 찾아서 신대륙을 찾아 항해했고 우연히 플로리다에 도착했지만, 결국 발견할 수 없었다고 이야기되고 있다.

참고로 레온이 들렀던 장소인 플로리다 주 세인트 어거스틴 천연온천 근처에는, 젊음의 샘 고고학 공원(Fountain of Youth Archaeological Park)이 만들어졌으며, 불로수의 시음이 가능하다고 한다. 참고로 현재 플로리다주는 미국에서 가장 장수하는 지역이라는 점도 흥미롭다.

■정령이 만든 샤스타 산

미국 서해안을 따라, 캘리포니아 주의 캐스케이드 산맥 남부에 있는 샤스타 산(Mt. Shasta)은 표고 4000미터를 넘는 성스러운 산이다. 이 산에 관한 선주민의 신화가 있다.

샤스타족의 신화에 의하면 이 산은 하늘에 사는 '위대한 정령'에 의해 세계에서 처음으로 만들어진 산으로, 정령이 하늘에 구멍을 뚫어서 눈과 얼음을 지상으로 떨어뜨려서 산을 만들기 시작했다. 그리고 산을 디딤대로 삼아서 지상으로 내려와 수목을 낳았고, 태양에 명령해서 눈을 녹여 강을 만들었다. 이어서 나무에 숨결을 불어넣자 작은 가지가 작은 새로, 큰 가지는 동물로, 부러진 작은 가지는 물고기로 변했다.

모독(Modoc)족의 신화에 의하면 가족을 데리고 '위대한 정령'이 하늘에서 산으로 내려왔다. 어느 날 밤, 정령의 외동딸이 산에서 굴러 떨어졌는데 회색곰이 구해줬다. 곰들은 딸을 자신의 아이로서 길렀고, 이윽고 딸은 연상의 새끼곰과 결혼하여 태어난 아이들이 최초의 인간이 되었다. 그러나 이 사실을 안 정령은 딸을 빼앗겼다는 슬픔에 곰들에게 네 다리로 걷는 규칙을 주었고 자식들을 전 세계로 추방해 버렸다.

이 산을 성스러운 산이라고 생각하는 사람들은 많으며, 윈투(Wintu)족은 샤스타 산의 정령에 춤을 바치고 산에서 솟아나는 샘이 마르지 않도록 기도를 올린다고 한다. 또, 산 정상에는 렌즈구름이나 특이한 형태의 구름이 자주 보이기 때문에 산에서 지구의 에너지가 방출되고 있다, 산 정상에는 이상향이 있다, 산 밑에 지저왕국 레무리아(자세한 것은 아시아·아시아 전역의 **고대대륙 레무리아** 항목을 참조)가 있다, UFO가 자주 출몰한다, 다른 세계로 가는 입구가 어딘가에 있다는 등의 소문이 돌 정도로 많은 사람들이 이 성스러운 산에 매료되어 있다.

■ 정체불명의 가이드 스톤

1979년 6월, 조지아 주에 있는 앨버튼 그라나이트 피싱사(Elberton Granite Finishing Company)에 자신을 R. C. 크리스천이라고 소개한 백발 신사가 갑자기 나타났다. '충실한 미국인의 작은 그룹'을 대표한다는 크리스천은, 막대한 자금으로 거대한 화강암 모뉴먼트를 세울 것을 의뢰했다. 크리스천은 조지아주 북동부의 토지를 구입한 뒤에는 두 번 다시 모습을 보이지 않았다.

그 후, 1980년에 완성된 모뉴먼트의 높이는 약 6미터였고 다섯 장의 거대한 석판 위에 여섯 장째의 석판을 더해서 세워져 있다. 석판에는 영어와 러시아어, 중국어, 아라비아어 등의 여덟 가지 언어로 인류발전을 위한 '10개의 계율'이라는 불가해한 말이 새겨졌으며, 관석에는 이집트 상형문자 등으로 '가이드 스톤'이라고 새겨져 있었다. '미국의 스톤헨지'라고도 불리는 이 가이드 스톤은 무슨 목적으로 세워졌는지 알지 못한다. 비밀의 열쇠를 쥐고 있을 의뢰자인 R. C. 크리스천은 가명임이 알려져 있으며, 결국 그가 어떠한 인물이고 어디에서 왔는지 아무도 정체를 몰랐다. 'R. C.'라는 가명에서 중세말기에 나타났다고 하는 비밀 결사 '장미십자회'의 멤버가 아닌가 하는 소문도 있다.

모뉴먼트에 새겨진 10개의 계율에는 '인류 5억 명 이하를 유지할 것'이라는 주장이 있으며, 어떠한 조직이 새로운 세계 질서를 만들려고 꾀하고 있는 게 아닐까 하는 등의 다양한 억측만을 남긴 채, 모뉴먼트는 지금도 조지아 주의 작은 언덕에 서 있다.

■ 지도상에만 있는 가공의 마을 애글로

애글로(Agloe)란 미국 뉴욕주의 캐츠킬(Catskill) 산지 안에 있다고 여겨진 가공의 지명이다.

1925년, 제너럴 드래프팅(General Drafting) 사에서 도로 지도를 작성하던 오토 린드버그(Otto G. Lindberg)와 어시스턴트인 어니스트 알퍼스(Ernest Alpers)라는 인물이, 지도가 무단으로 유용되었을 때에 알 수 있도록 가공의 지명을 지도상에 적어 넣었다. 이것이 '애글로'라는 마을이었다.

그 수년 후, 제너럴 드래프팅사는 다른 회사의 지도에 '애글로'라는 지명이 있음을 발견했다. 당연히 제너럴 드래프팅사의 지도가 도용되었다고 생각했지만, 실제로 이 지역에 애글로라는 이름을 딴 가게가 세워져있었다는 것이 판명되어 저작권 침해를 물을 수 없었다. 이 가게는 지도에 애글로라는 이름이 실려 있어서 그 이름을 따서 가게 이름을 지었다고 전해지고 있다. 그 후, 1992년에 제너럴 드래프팅사는 다른 회사에게 흡수되었지만, 애글로라는 이름은 남게 되었다. 그 후로 수십 년의 세월이 지난 2008년에는 이 가공의 마을을 제재로 삼은 존 그린(John Green)의 소설 『페이퍼 타운(Paper Towns)』이 발매된다. 베스트셀러가 되어 '애글로'의 존재가 널리 알려지게 되었다.

최근까지 구글맵에도 이 지명이 등록되어 있었지만, 2014년에는 삭제되어 버렸다. 그러나 2015년에는 지도상에서 애글로와 가장 가까운 마을인 로스코(Roscoe)에 '애글로에 오신 것을 환영합니다!(Welcome to Agloe!)'라고 적힌 간판이 세워지기도 했다고 한다. 지금도 애글로의 지명은 사람들의 기억에 계속 남아있다. WEB 사이트 'Gigazine', 'npr' 등에 실려 있다.

■ 체로키족의 창세신화

체로키(Cherokee)족은 원래부터 미국의 남동부에 살고 있었지만, 이후에 서부의 오클라호마 주로 강제로 이주하게 된 부족이다. 체로키족의 창세신화에는 다양한 종류가 있는데, 이로쿼이 족(자세한 것은 **이로쿼이족의 쌍둥이 창조주** 항목을 참조)과 마찬가지로 물에 관련된 세계에서 시작한다.

아직 모든 것이 물에 덮여있던 시대, 가룬라티(Galunlati)라는 하늘 위의 천막에 '위대한 정령'과 생물들이 살고 있었다. 그러나 그곳은 아주 비좁은 장소여서 좀 더 넓은 장소를 찾아서 한 마리의 물방개가 탐색을 떠났다. 물방개는 물의 바닥까지 잠수해서, 약간의 진흙을 수면까지 운반했다. 그 진흙이 퍼져서 육지의 섬이 되었고, '위대한 정령'은 그 섬을 네 개의 방위에 있는 네 개의 성스러운 산에서 뻗은 네 개의 끈으로 대지와 가룬라티를 연결했다.

그러나 육지는 아직 물컹물컹했으므로 마른 장소를 수색하기 위해 말똥가리(매과의 새로, 솔개와 닮았다)가 날아 내려서 도착한 장소가 체로키족의 고향이 되었다. 말똥가리가 날개를 세차게 움직일 때마다 깊은 계곡과 산이 생겨났으므로, 그 땅에는 많은 산맥이 생겨났다.

이윽고 동물들이 가룬라티에게서 육지로 내려왔지만, 너무 어두워서 태양을 끌어 내려서 올바르게 도달할 길을 정해주었다. 이때, 처음으로 태양이 지면에 너무 가까워져 뜨거웠기 때문에, 가재인 치스카기리(Tsiskagili)는 붉어졌고, 가재가 못 쓰게 되었다고 생각한 체로키족은 이후로 그 고기를 먹지 않게 되었다.

또한, '위대한 정령'은 동물이나 식물에 7일간 자지 않고 깨어있도록 부탁했다고 전해진다. 대부분의 동물이 자버린 가운데, 올빼미만은 깨어있었기에 밤에 잘 보이는 눈을 부여받았다. 자지 않고 노력한 소나무나 호랑가시나무, 월계수 등의 식물은 어느 계절에나 녹색으로 있을 수 있게 되었고, 그 밖의 식물은 매년 잎사귀가 떨어지게 되었다. 그리고 '위대한 정령'은 한 쌍의 남녀를 만들었다. 남자가 여자를 물고기로 때리자 여자는 7일마다 아이를 한 명씩 낳아서 사람이 너무 늘어났기에, 그 후에는 출산할 수 있는 것은 한 해에 1명으로 정해져버렸다고 한다.

처음에 '별의 여자'가 등장하는 이야기도 있다. 어느 날, 가룬라티에 있던 별의 여자가 나무 아래의 구멍으로 대지로 굴러 떨어졌다. 그렇지만 물거미가 물속에서 부드러운 흙을 가져와서 거북이의 등을 대지로 삼았고, 대머리독수리가 날개를 퍼덕여서 아름다운 산을 만들자 별의 여자는 그 위에 착지했다. 그리고 자신의 몸에서 옥수수 등의 식물이나 강을 창조하고, 불을 가져왔다고 한다.

■ 캘리포니아의 여인섬

북아메리카의 캘리포니아가 반도라는 것이 알려지기 전, 유럽의 탐험가들은 캘리포니아는 아름다운 여성들만이 사는 여인섬이라고 믿고 있었다. 16세기에 스페인에서 쓰인 소설 『에스플란디안의 모험(Las sergas de Esplandián)』에 의하면, 캘리포니아의 섬사람 중에 남자는 한 명도 없고 굳센 몸과 아름다움을 겸비한 흑인 여성뿐이며, 섬에서 채취할 수 있는 금속은 금뿐이다, 라고 한다.

스페인 정복자 에르난 코르테스는 이 전설을 믿고 여인섬을 찾아서 헤맸다. 그러나 탐험 결과, 섬이라고 생각된 장소는 반도였다는 것이 밝혀졌다.

■ 코요테가 힘을 손에 넣은 이유

미국 선주민의 신화나 전설에서 코요테는 트릭스터 같은 존재로 빈번하게 이야기에 등장한다. 코요테가 어떻게 힘을 손에 넣었는가를 설명하는 이야기가 있다.

세계가 시작되자, 천계의 위대한 정령의 대수장이 동물이나 인간을 모아서 "새벽이 되면 오두막을 찾아가라. 빠른 순서대로 원하는 이름과 힘을 상징하는 긴 화살을 받을 것이다."라고 말했다. 그날 밤 코요테는 다음 날 아침 일찍 오두막을 찾아가기 위해 모닥불 곁에서 계속 깨어있기로 했다. 졸려도 눈에 두 개의 나무막대를 끼워 넣고 참고 있었는데, 끝내 잠들고 말았다. 완전히 늦잠을 잔 코요테는 서둘러 오두막으로 향했지만, 원했던 이름은 이미 없고 수장은 남아있었던 '코요테'라는 이름과 가장 작은 화살을 주었다.

낙심한 코요테를 불쌍하다고 생각한 수장은, 코요테에게 어떤 것으로도 변신할 수 있는 힘을 주었다. 이렇게 코요테는 특별한 힘을 손에 넣었고, 천계의 위대한 수장으로부터 인간들의 친구가 되라는 말을 들었다고 한다.

■콸루파릭이 있는 알래스카 연안

콸루파릭(Qalupalik)이란 2004년에 미국, 알래스카주에서 목격된 인어 같은 괴물이다. 선주민 이누이트족의 전설에 등장하는 괴물로, 녹색 피부에 긴 머리카락과 발톱, 물고기 같은 지느러미가 달렸다고 한다. 독특한 허밍으로 어린아이를 물가에 다가오도록 유혹하고, 물속으로 끌고 가버린다고 한다.

2004년, 보트로 연안에 나가서 낚시를 하던 두 남성이 목격했다. 낚싯대에 묵직한 반응이 있어서 월척인가 싶어 낚으려고 했더니 오히려 바다로 끌려들어갔고, 그 직후에 거대한 꼬리지느러미와 보트 가장자리를 움켜쥔 물갈퀴와 날카로운 발톱이 달린 손을 보았다고 한다. 2006년에는 커플이 헤엄치고 있는데 누군가가 발목을 붙잡히고, 물속에서 그들을 바라보는 등지느러미와 긴 꼬리를 지닌 인간 같은 형체를 보았다는 이야기도 있다. 알래스카 해에서는 수년마다 실종자가 생기고 있다고 하며, 해저에 숨어사는 콸루파릭의 짓이 아닐까 하고 두려움을 사고 있다.

■큰 뱀 같은 서펀트 마운드

미국 오하이오주 남부에는 길이 405미터, 높이 90센티미터 정도 되는 거대한 뱀 형태를 한 세계최대의 고분이 있다. 그레이트 서펀트 마운드(Great Serpent Mound)라고 불리는 고분으로, 몸을 구불거리는 모습은 똬리를 틀고 움직이려고 하는 큰 뱀으로 보인다. 머리에 해당하는 부분이 일몰을 향하고 있는 것에서, 알로 간주한 태양을 삼키려고 하고 있다고도 이야기되고 있다. 아담과 이브를 유혹한 죄 때문에 에덴동산에서 뱀이 괴로워하는 모습을 나타내고 있다는 설도 있다.

누가 어떠한 목적으로 만든 것인가는 명확하지 않다. 뱀의 꼬리는 신성한 대지의 힘을 상징한다는 점에서 신을 향한 공물이 아닐까 하는 설이나, 유적 사이를 연결해 강력한 힘을 얻는다는 '레이 라인(Ley line)'의 중심지가 아닐까 하는 설도 있다.

근래의 연구로는 서기 1000년경에 만들어진 것이 아닐까 하고 이야기되고 있다. 그 당시 지구에서 보였으리라 이야기되는 초신성 폭발이나 핼리 혜성의 접근 등이 조영의 계기가 되었을 가능성도 지적되고 있다.

■테쿰세의 저주

18세기 말부터 19세기 초에 걸쳐 백인 입식자들에게 저항한 아메리카 선주민 부족들을 단결시키고 연합군을 지휘한 중심적 인물이 있었다. 오대호 남쪽 주변에 살고 있던 쇼니(Shawnee)족의 수장 테쿰세(Tecumseh)다.

테쿰세('유성'이라는 의미)는 남동생인 텐스콰타와(Tenskwatawa, '예언자'라는 의미)하고 함께 신비한 힘과 예언의 힘을 지녔고, 다른 아메리카 선주민 부족으로부터 존경받는 존재였다.

1813년, 테쿰세가 전사하자 기묘한 소문이 흐르기 시작했다. 테쿰세는 템스 전투에서 이후에 제9대 미국 대통령이 되는 윌리엄 헨리 해리슨에게 살해당했으므로 해리슨에게 저주를 걸었다는 것이다. 해리슨은 대통령에 취임한 후 고작 한 달 만에 서거했다. 그 후 20년마다 테쿰세의 저주에 의해 미국 대통령에게 불행이 일어난다는 도시전설이 퍼지게 되었다.

1860년에 에이브러햄 링컨 대통령, 1880년대에 제임스 가필드 대통령, 1900년대에 윌리엄 매킨리 대통령이 취임 중에 암살되었다. 1920년대에는 워런 하딩 대통령은 심장발작, 1940년대에는 프랭클린 루스벨트 대통령이 뇌출혈로 취임 중에 서거했다. 1960년대에는 존. F. 케네디 대통령이 암살당했다. 1980년대 이후에는 저주는 발동하지 않고 있는 듯하다.

■필라델피아 실험

발명가에게 물체를 투명하게 만드는 기술은 옛날부터 커다란 꿈이었다. 지금으로부터 70년 이상 전에 미 해군이 강력한 자기장으로 해상의 군함을 투명하게 만드는 실험을 시도한 적이 있다. 그리고 배는 국내의 멀리 떨어진 장소로 텔레포트되었다. 그것이 제2차 세계대전 중의 미 해군이 했다는 필라델피아 실험(Philadelphia Experiment)이다.

1936년, 세르비아인 천재 과학자 니콜라 테슬라가 필라델피아 실험의 초기 지휘를 했으며, 변압기나 발전기를 조합한 특수한 '테슬라 코일'을 사용해서 실험을 개시하여 무인 선박의 투명화에 성공했다고 한다.

강력한 군사력으로써 전쟁을 끝내고 싶다고 생각한 미 해군은, 과학자들의 반대에도 불구하고 유인 선박으로 투명화 실험을 강행한다. 1943년 10월 28일, 펜실베이니아 주의 필라델피아 해군조선소에 있던 미국 해군 호위구축함 엘드리지호(USS Eldridge)에, 승조원을 태우고 실험이 이루어졌다. 강력한 자장이 발생하자 배는 녹색 안개에 감싸이더니 사람들의 눈앞에서 사라졌고, 320킬로미터 떨어진 버지니아 주의 노퍽항의 상인들 앞에 갑자기 나타났다.

그러나 다시 엘드리지 호는 텔레포트되어 필라델피아로 돌아왔다. 선상은 끔찍한 상태가 되어 있었다. 승조원의 몸은 선체에 파묻혀있거나, 사지가 흩어져있거나, 정신착란을 일으킨 상태였다.

이상이 널리 알려진 필라델피아 실험의 내용이며, 이 현상은 아인슈타인의 통일장이론(중력장과 전자장의 상호작용)에 의한 것이라고 이야기되고 있다. 하지만 미 해군은 이 실험의 존재 자체를 부정하고 있으며, 대참사를 부른 실험을 즉시 중지하고 봉인했다는 설이 있다.

■하수도의 하얀 악어

미국의 뉴욕의 하수도에는 언젠가부터 거대한 하얀 악어가 살고 있다는 유명한 도시전설이 있다.

애완동물로 키우던 악어가 화장실 등에 버려지고 지하 하수도에 흘러들어가서 계속 살아있다는 것이다. 하수도는 햇살이 닿지 않기 때문에 악어의 비늘이 하얗게 변하고 시력은 퇴화했지만 하수도에 버려진 약품 등의 영향으로 어마어마한 크기가 되어버렸다는 것이다. 게다가 한 마리만이 아니라 똑같이 버려진 악어들이 무리지어 살고 있으며, 인간을 발견하면 습격한다고 한다. 그래서 '하얀 악어 포획대'가 비밀리에 결성되었다고 한다.

이 이야기는 소문만으로 그치지 않는다. 1935년 2월, 뉴욕의 맨해튼의 하수도에 있던 악어가 구조대에 의해 사살되는 사건이 일어났으며, 어째서 하수도에 악어가 있었는지는 불명이라고 한다. 지금도 뉴욕 지하에는 악어들이 몰래 살고 있을지도 모른다.

■해골에게 눈이 튀어나오는 방법을 배운 코요테

코요테는 미국 선주민 신화에서 트릭스터 같은 존재인데, 호피(Hopi)족에게 전해지는 민화에서는 다음과 같은 실패담이 이야기되고 있다.

어느 날 암컷 코요테가 먹이를 찾던 중에 신기한 광경을 목격했다. 해골 남자가 "하이아야 하이야하 헤이!"라고 노래하자 두 눈이 퓽하고 멀리 날아갔고, 잠시 있자 눈이 저절로 돌아와서 눈구멍 안에 들어가는 것이었다.

눈알을 날리면 사냥감을 쉽게 발견할 수 있을지도 모른다고 생각한 코요테는 방법을 물었고, 해골 남자는 "남쪽을 향해서 움직이지 말고, 하이아야 하이야하 헤이라고 노래하면 돼"라고 친절하게 알려주고 떠나갔다.

코요테는 해골 남자에게 들은 대로 남쪽을 향하고 노래하자, 눈알이 남쪽으로 날아갔다. 대협곡에 있는 모든 동물들이 보여서 흥분한 코요테는 깜빡하고 몸을 돌려 북쪽을 향하고 말았다. 당황하며 남쪽을 다시 보았지만 아무리 시간이 지나도 눈알이 돌아오지 않아서 당황한 코요테는, 눈이 땅에 떨어져있지 않을까 하고 손으로 더듬으며 찾기 시작했다.

한참 후에 간신히 눈 같은 것을 발견하고 눈구멍에 끼웠지만, 눈앞의 모든 것이 노란색으로 보였다. 이상하게 생각하면서도 그대로 집에 돌아오자, 아이들이 어머니를 힐끗 보더니 깜짝 놀라 제각기 도망쳐버렸다. 코요테는 잘못해서 표주박을 눈구멍에 넣고 말았던 것이었다.

이후로 코요테의 눈은 아주 크고 노란색

이 되었고, 각지에 흩어져서 살게 되었다고 한다.

■행복을 가져오는 정령 코코펠리

주로 애리조나 주 부근에서 살고 있던 미국 선주민인 호피(Hopi)족에게는 피리를 부는 코코펠리(Kokopelli)라는 풍요의 정령(카티나)을 옛날부터 믿고 있다. 코코펠리가 등장하는 전설에는 다음과 같은 것이 있다.

마후라고 불리는 귀뚜라미 비슷하게 생긴 두 명의 벌레인간이 인간들을 데리고 높은 산을 넘으려고 했는데, 오랫동안 이 세계에 살았다고 하는 거대한 독수리와 만났다. 마후가 "사람들과 함께 이곳에 시 살아도 괜찮은가"라고 묻자, 독수리는 두 명의 마후에게 시련을 주었다. 독수리는 두 마후의 몸을 화살로 꿰었지만, 마후들은 화살이 꽂힌 채로 플루트로 감미로운 연주를 해서 몸의 상처를 치유해버렸다. 이것을 본 독수리는 인간들에게 토지에 살 수 있도록 허가했고, 창조주인 태양을 향한 기도를 허락했다. 그 이후로 사람들은 태양을 향해 기도할 때는 독수리의 깃을 사용하게 되었으며 음악에는 치유의 힘이 있다고 믿게 되었다.

이 이야기에서 사람들을 통솔한 마후들이 바로 코코펠리로, 그들은 등의 혹 속에 식물이나 곡물의 씨앗을 넣어서 운반하고 피리로 곡을 연주하여 열이 나게 했다고 한다. 코코펠리가 방문한 마을에는 은혜의 비가 내리고 초목이 무성하게 자라며 행복이 찾아온다고 전해지고 있다. 원래는 호피족에게 전해지는 정령이지만, 북쪽의 캐나다부터 저 멀리 남미에 이르기까지 많은 부족의 벽화에 코코펠리가 등장할 정도로 널리 알려져 있다.

도기 등에 그려진 가장 오래된 코코펠리의 그림은 기원전 800년경의 것이라고 한다. 현재도 옆을 바라보며 피리를 부는 코코펠리의 모습은 액세서리에도 쓰이는 인기 있는 모티프가 되었다.

■헐하우스의 악마의 아이

헐하우스(Hull House)는 1889년에 제인 애덤스(Laura Jane Addams)와 엘렌 게이츠 스타(Ellen Gates Starr)에 의해 일리노이 주의 시카고에 설립된 건물로, 유럽의 이민을 받아들이는 정착촌의 선구가 되었다. 그런데 헐하우스에는 아이라 에빈(Ira Levin)의 소설 및 그것을 원작으로 한 로만 폴란스키 감독의 호러 영화『악마의 씨(Rosemary's Baby)』의 발상의 계기가 되었다는 도시전설이 있다.

1913년, 시카고의 술집에서 만취한 남성이 "임신한 아내가 벽에 장식한 성모마리아의 얼굴을 바라볼 바에야 악마와 동거하는 편이 낫다"라고 외쳤다. 이윽고 부부 사이에서 태어난 아이는 비늘 같은 피부에 귀는 뾰족하고, 다리에는 두 개로 갈라진 발굽이 있었다고 한다. 악마의 아이를 낳아버렸다고 두려워한 어머니는 아기를 다락방에 가뒀고, 이윽고 죽었다고 전해진다. 애덤스는 사실이 아니라고 부정했지만, 이후에 복도를 걷는 발굽소리가 들려오거나 무서운 아기의 눈이 방의 어둠 속에서 노려보고 있었다는 소문이 흘렀다. 지금도 이 아기의 목소리를 들은 자는 불행을 맞이한다는 소문이 돌고 있다.

■흘러넘친 수천 개의 별들

미국 선주민 코치티 푸에블로(Cochiti Pueblo)족에는 별의 배치에 관한 다음과 같은 전설이 있다.

땅이 마르기 시작해서, 인류의 어머니인 이아티크(Iatik)는 고향인 남쪽의 땅으로 돌아가려고 마음먹었다. 그녀는 코트시마냐코(Kotcimanyako, 푸른 날개)라는 소녀에게 커다란 자루를 건네고, 결코 안을 보지 말고 운반하라고 부탁했다. 그런데 코트시마냐코는 호기심이 왕성했기 때문에 자루를 열어버렸다. 그 순간, 수천 개나 되는 별들이 이쪽저쪽을 날아다녔고, 하늘에 흩뿌려지고 말았다. 소녀는 당황하며 자루를 닫았지만, 자루 안에는 아주 조금의 별밖에 남지 않았다. 소녀는 이아티크에게 사죄하고, 나머지 별들을 하늘의 있어야 할 장소에 정성스럽게 배치했다. 그 별들이 바로 우리가 이름을 아는 별들이다.

■흡혈귀 머시 브라운

로드아일랜드(Rhode Island) 주에 있는 엑세터(Exeter)라는 마을에서 일어난 흡혈귀 소동. 19세기 말, 이 마을에 브라운(Brown) 일가가 살고 있었다. 일가는 불치병이라고 여겨지고 있던 결핵에 걸려서 어머니인 메리(Mary Eliza)와 장녀인 메리 올리브(Mary Olive)가 죽어버렸다. 4년 뒤에는 여동생인 머시(Mercy)도 결핵으로 사망했고, 그로부터 두 달 뒤에 오빠인 에드윈도 결핵에 걸리고 말았다.

미신을 믿는 그 마을 사람들은 죽은 가족이 흡혈귀가 되어 되살아나서 에드윈의 피를 빨고 있다는 소문이 돌기 시작했다. 아버지인 조지는 에드윈을 지키려는 마음에서 마을 사람들과 함께 아내와 딸들의 묘를 파헤쳤다. 아내와 장녀의 시신은 흙으로 돌아가 있었지만, 두 달 전에 매장한 마시의 시신에는 변화가 없었고 마치 살아있는 듯했다. 마을 사람들은 머시야말로 흡혈귀가 틀림없다며 그녀의 시신의 가슴을 절개해 심장을 꺼냈다. 심장은 불태워져 재가 되었고, 오빠인 에드윈의 치료에 사용되었다고 한다. 그러나 에드윈도 두 달 뒤에 사망했다. 머시가 흡혈귀였는지의 진위는 애매한 채로 사태는 수습되었다.

그 현장이었던 엑세터의 밥티스트 교회에서는 유령이 된 머시가 묘지를 헤매는 모습이 목격된다고 한다.

캐나다

■『곰돌이 푸』의 탄생 비화

디즈니 애니메이션 등으로 익숙한 『곰돌이 푸』의 원제는 『Winnie The Pooh(위니 더 푸)』다. 작가는 영국인 작가 A. A. 밀른(Alan Alexander Milne)인데, 푸의 모델이 된 곰의 전설은 캐나다에 있다.

제1차 세계대전 중에 캐나다 매니토바(Manitoba)주의 위니펙(Winnipeg)에 파견된 군의관이 어부로부터 한 마리의 아기 곰을 떠맡았다. 아기 곰은 마을의 이름을 따서 위니펙 베이라는 이름이 붙었는데, 마을 사람들에게 귀여움을 받으며 '위니'라는 애칭이라고 불렸다. 이후에 군의관과 위니는 영국으로 건너가게 되었고 위니는 런던의 동물원에 맡겨졌다. 그 동물원에서 위니를 본 밀른이 곰을 주인공으로 한 이야기를 떠올리고 어린 아들을 위해 쓴 소설이 『곰돌이 푸』였다고 한다.

그 후로 푸에 연관된 지역으로서 곰은 위니펙의 심벌이 되었다. 아시니보인(Assiniboine) 공원 내에 있는 우유를 마시는 위니와 군의관의 동상을 시작으로, 마을에서는 다양한 곰의 상을 볼 수 있다.

■까마귀는 옛날에는 하얀 색이었다.

캐나다의 퀸샬럿(Queen Charlotte) 섬에는 하얀 까마귀의 이야기가 남아있다.

어느 날, 까마귀는 족장 그레이 이글의 딸과 친구가 되었다. 까마귀는 족장이 숨기고 있던 태양, 달, 불을 훔쳐서 도망쳤다. 까마귀는 두 발에 태양과 달, 부리에 횃불을 물고서 하늘을 날아다니며 태양과 달을 하늘에 배치했다. 그런데 횃불의 불이 너무 뜨거워서 까마귀의 날개는 연기로 새까맣게 되었고, 깜빡 횃불을 바위 위에 떨어뜨렸기 때문에 두 개의 돌멩이를 마주치면 불이 생기게 되었다고 한다.

다른 전설에서는 불을 운반한 또 한 마리의 새는 꼬까울새(European Robin)이며, 불을 운반했기 때문에 가슴이 붉게 물들어버렸다고 한다.

■나이아가라의 안개의 처녀

캐나다의 온타리오주와 미국의 뉴욕주 국경에 있는 북아메리카 최대 규모를 자랑하는 나이아가라 폭포. 폭포 이름의 유래에는 네이티브 아메리칸이 '온게아라(Ongiara, 천둥의 물)'이라고 부른 것에서 따왔다는 등의 몇 가지 설이 있다.

수백 년 전부터 나이아가라의 폭포를 둘러싼 다양한 전설이 남아있는데, 캐나다 쪽의 폭포가 말굽 형태를 하고 있는 이유는 다음과 같다.

어느 날, 나이아가라 강 주변에 사는 온귀아라(Onguiaahra)는 선주민 부족에 원인 불명의 병이 유행하여 차례차례 마을 사람들이 죽어버렸다. 사람들은 폭포 뒤편의 동굴에 두 아들과 살고 있다는 천둥의 신 히눔(Hinum)을 진정시키기 위해 1년에 한 번, 가장 아름다운 처녀를 한 명 제물로 바쳤는데, 죽는 사람은 속출했다.

어느 해, 수장 '매의 눈'의 딸 렐라와라(Lelawara)가 제물로 뽑혀서, 렐라와라는 백단 수피로 만든 카누를 탄 채로 폭포로 뛰어들었다. 떨어진 렐라와라를 안은 전신의 아들 형제는 그녀에게 한눈에 반한다. 렐라와라가 두 사람에게 부족을 덮치는 불행의 이유를 묻자, 동생 쪽이 강바닥에 사는 큰 뱀이 배가 고파지면 1년에 한 번 마을을 찾아가서 물에 독을 섞어서 사람을 죽이고 그 시체를 먹고 있다고 알려주었다. 렐라와라는 정령의 모습을 하고 마을로 돌아가서 사람들에게 뱀에 대해서 전했다. 다음에 큰 뱀이 마을로 다가왔을 때, 마을 사람들은 큰 뱀을 요격했고 폭포 가장자리로 쫓겨 간 큰 뱀은 머리를 한쪽 강가로, 꼬리를 반대쪽 강가로 뻗은 채로 죽었기 때문에 폭포가 말굽 모양이 되었다.

렐라와라의 혼은 폭포 뒤편의 동굴로 돌아갔으며 형제 중 동생과 연인이 되어 살았다고 한다. 이후로 그녀는 '안개의 처녀(Maid of the Mist)'로 알려지게 되었다고 한다.

■ 발목이 흘러오는 세일리쉬해

캐나다 서부, 브리티시컬럼비아주에 있는 세일리쉬(Salish, 살리쉬)해는 캐나다 서해안에 있는 밴쿠버 섬과 북아메리카 대륙에 끼어있는 내해다. 2007년, 이 해역에 있는 제디디아(Jedediah)섬의 해변에서 소녀가 스니커를 발견한다. 스니커 안에는 남성의 발목이 들어있었다. 이 사건의 3주 뒤에는 제디디아섬에서 남쪽으로 조금 떨어진 가브리올라(Gabriola)섬에서 또 발목이 발견되었다. 둘 다 오른쪽 발목이라서 동일인물의 것은 아니었다. 다음 해에는 발데스(Valdes) 섬, 이어서 미국의 해안에서도 발목이 발견되었다.

결국 발목이 들어간 스니커는 세일리쉬해 부근에서 약 15개, 근교의 미국에서도 6개가 발견되었다. 발목은 남성과 여성 양쪽이 모두 있었고, 해변에 흘러올 무렵에는 부패가 진행되어 있었다. 스니커를 신은 발목만이 근교의 해변에 몇 개나 떠내려 오는 호러 같은 미스터리는 사회적으로 많은 화제가 되었다.

연쇄 살인범에 의한 범행이나 마피아의 짓이라는 등의 소문도 있었지만, 이후에 발목 몇 개는 사고의 희생자나 자살자의 것으로 판명되었다. 아마도 해저에 가라앉아있던 시체에서 찢어지기 쉬운 발목이 떨어져 나온 것으로 추측되었다. 부력이 높은 스니커를 신고 있던 탓에 바다 위를 떠다녔던 것, 그리고 스니커에 의해 신발 내부가 보호되고 있었던 것 등이 해안까지 도달한 원인으로 여겨지고 있다. 세일리쉬 해는 복잡한 내해이기 때문에, 이 부근에 떠다니는 물체는 큰 바다로 나가지 못하고 어딘가의 해안에 표착하는 것이 아닐까 하고 추측되고 있다.

■『빨간 머리 앤』의 무대가 퀘벡이 되었을지도 모른다

캐나다를 대표하는 문학자 중 한 명이 프린스 에드워드 섬 출신인 루시 모드 몽고메리(Lucy Maud Montgomery)다. 몽고메리의 선조가 섬에 건너온 경위에 대한 일화가 있다.

몽고메리의 4대 전의 증증조부모가 스코틀랜드에서 캐나다의 퀘벡 시티로 배를 타고 찾아왔다. 그러나 내내 심한 배 멀미로 고생했던 아내는, 정박한 프린스 에드워드 섬에 하선하고 남편이 아무리 설득해도 두 번 다시 배에 타지 않으려고 했다. 증증조부모가 목표로 했던 퀘벡 시티는 프랑스의 거점이었던 마을이다. 만약 퀘벡으로 이주했다면 앤의 이야기는 프랑스 느낌이 나는 이야기가 되었을지도 모른다.

현재, 프린스 에드워드 섬을 산책하면, 작품 속에 등장하는 그린 게이블스(Green Gables), 괴물의 숲, 연인들의 오솔길 등, 이야기 속에서 튀어나온 듯한 세계관을 감상할 수 있다.

■사라진 프랭클린 탐험대

사상 최대의 수수께끼를 남긴, 북서항로를 지향한 탐험대의 실종사건이 있다.

1845년, 영국의 베테랑 탐험가인 존 프랭클린은 두 척의 군함에 3년분의 식량을 싣고, 총원 139명의 사관과 승조원과 함께 영국을 출발했다. 탐험 목적은 유럽에서 캐나다의 북극권을 지나 아시아로 이르는 북서항로를 발견하는 것이었다. 그런데 군도부로 향하는 도중에 탐험대는 모습을 감췄다. 2년 후, 영국 해군본부는 수색대를 파견했지만 단서는 아무것도 발견할 수 없었다.

그러나 프랭클린 탐험대의 실종으로부터 약 10년 후, 킹 윌리엄(King William) 섬의 서해안 쪽에 백인 집단이 보트를 끌고 있었다는 그 지역 이누이트의 목격정보가 있었다. 이윽고 발견된 프랭클린 탐험대의 탐험기록에 의하면 항해로부터 2년 후, 해협의 얼음에 끼어서 움직일 수 없게 되었다. 프랭클린이 사망하면서 탐험을 지속할 수 없게 된 대원들은 식량을 남기고 두 척의 배를 포기했다. 빙상을 건너 북아메리카로 향하려고 했지만, 킹 윌리엄 섬에서 살아남았던 대원 105명은 전멸했다.

실종으로부터 170년 이상이 지났지만, 부자연스러운 실종사건에 대한 사람들의 관심은 끊이지 않았다. 대원들은 어째서 식량을 남긴 채로 배에서 나와 무모한 남하를 했을까. 시신의 혈액에서 고농도의 납이 검출된 것에서, 선내에서 납중독이 발생했을 가능성이 지적되고 있다. 최근에 프랭클린 탐험대의 두 척의 배가 해저에서 발견되어서 지금도 여전히 조사가 진행되고 있다고 한다.

■ 신의 사자 썬더버드

북아메리카에서 목격증언이 있는 괴조가 썬더버드(Thunderbird)다. 비행기 정도로 크다는 거대한 새로, 익룡이나 독수리 같은 모습을 하고 있다고 한다. 날개의 퍼덕거림은 천둥을 부르고, 눈이나 입에서는 번개를 발한다고 한다. 이름은 캐나다나 미국 선주민이 믿는 신의 사자의 이름을 따고 있다.

많은 전승이 남아있는데, 예를 들면 태평양 연안의 북서부에서는 한 마리의 괴물 고래가 인간들의 음식이나 기름을 빼앗고 있자 사람들을 구하기 위해 썬더버드가 하늘에서 날아와서 날카로운 발톱으로 고래를 낚아 올렸다가 공중에서 바다로 떨어뜨렸는데, 그 소리가 천둥의 근원이 되었다고 전해지고 있다.

썬더버드는 나무조각 토템폴의 모티프가 되는 경우도 많다. 밴쿠버섬 남단에 있는 도시 빅토리아(Victoria)의 로얄 브리티시컬럼비아 박물관(Royal British Columbia Museum)의 부지 내에는 복각된 토템폴이 늘어서있는 썬더버드 파크(Thunderbird Park)가 있다.

■ 실재한 '빈란드'

아메리카를 발견한 인물이라고 하면 일반적으로는 1492년에 북아메리카 대륙에 도달한 이탈리아의 항해사 콜럼버스라고 여겨지고 있다. 그런데 콜럼버스보다도 약 500년 전, 태평양을 건너서 아메리카 대륙에 도달했던 사람이 있다고 한다.

중세 아이슬란드에 전해지는 서사시 사가(Saga)의 전설에 의하면 1000년경, 바이킹, 레이프 에이릭손(Leif Erikson)이 그린란드를 출항하여 서쪽으로 탐험을 떠났다고 적혀있다. 그리고 '빈란드(Vinland)'라는 땅을 발견하고, 상륙해서 거점을 구축했다. 빈란드는 '포도의 땅'이나 '초원의 땅'이라는 의미로, 푸른 초목들이 펼쳐지고 목재와 연어가 풍부한 아름다운 땅이었다고 한다. 사가에 의하면, 고대 스칸디나비아인의 일족이 이 땅에 이주했지만 '스크랠링(Skræling)'이라고 불리는 선주민과 충돌하여, 고작 몇 년만에 포기하고 귀환했다고 한다.

빈란드는 지금까지 전설의 땅이라고 생각되고 있었다. 그런데 1960년, 두 명의 노르웨이인 탐험가가 캐나다 동부의 뉴펀들랜드섬에서 랑스 오 메도즈(L'Anse aux Meadows) 유적을 발견했다. 여덟 개의 건물 흔적에서 고대 스칸디나비아의 도구류나 공예품 등이 발굴되었다. 이 사실에서 콜럼버스보다도 아득히 오래 전, 바이킹이 북아메리카 대륙을 발견하고 식민지화를 시도했음이 증명되었다. 고작 몇 년 뿐이고 신대륙의 정주에는 실패했기 때문에 역사적으로는 전설로서 묻혀갔던 것이다. 역사를 뒤집은 이 유적은 '랑스 오 메도즈 국립 사적지'로서 캐나다의 세계유산으로 지정되어 있다.

■ 실재할 가능성이 높은 미확인생물 캐디

캐나다의 밴쿠버섬 앞바다에 서식한다고 여겨지는 거대 수서생물이, 캐드보로사우루스(Cadborosaurus), 통칭 '캐디'다. 캐드보로만 부근에서 목격되는 경우가 많아서 이런 이름이 붙었다. 바다에서 살며 몸길이 9~15미터 정도로 몸은 길쭉해서 바다뱀에 가깝다고 한다. 머리는 말 같은 형상을 하고 있다는 정보도 있다.

최초로 목격된 1905년 이후, 100건 이상의 목격정보가 들어오고 있다고 한다. 캐디라고 여겨지는 시체가 발견된 적도 있으며, 사진이나 영상 등의 증거도 많아서 실재할 가능성이 높은 미확인 생물로서 주목을 모으고 있다.

■ 악마 웬디고

캐나다 남부에서 미국 북부에 걸친 지역에 사는 선주민, 오지브위(Ojibwe, Ojibwa)족이나 쿨리(Coolie)족 등에 이야기되는 전설로, 웬디고(Wendigo)라는 악마(정령)이 숲에 살고 있다고 한다. 웬디고는 '겨울의 마물'이라고도 불리며, 모습은 보이지 않지만 사람에게 빙의해서 등 뒤에서 뭔가를 계속 속삭여 미치게 만드는 힘을 지니고 있다고 한다.

이 지역에서는 점차 주위의 인간들이 음식으로 보이기 시작하고 인육을 먹고 싶어진다, 라는 기묘한 증상이 일어나는 일이 있다고 한다. 선주민은 이것이 웬디고에게 홀렸기 때문이라고 생각했다. 한 번 발병한 자는 부족에게 처형당하거나 웬디고에게 완전히 몸을 빼앗기기 전에 스스로 목숨을 끊어야만 했다.

이 증상은 극한의 땅에 살기 때문에 극도의 비타민 부족 등의 영양실조에서 오는 정신질환이 원인이 아닐까 여겨지고 있으며, 의학적으로는 악마의 이름에서 따서 '웬디고 정신증(Wendigo psychosis)'이라고 불리고 있다.

■ 악마가 사는 섬

캐나다 동부, 뉴펀들랜드의 쿠아푼(Quirpon)섬은 과거에 '악마의 섬'이라고 불리고 있었다. 16세기에 쓰인 탐험가의 체험담에 의하면, 그 섬에는 정신착란을 일으킨 남자들이 큰 소리를 지르고 있었다고 하며 섬에 사는 악령과 괴물이 섬에 다가오는 인간을 습격한다고 믿고 있었다.

이 섬을 무대로 한 이야기가 남아있다. 귀족의 딸인 마르글리트(Marguerite de La Rocque)는 어부와 사랑에 빠져 아이를 임신했다. 그것을 들켜서 마르글리트는 어부와 시녀과 함께 악마의 섬에 버려지고 만다. 이윽고 남편도 시녀도 태어난 아이도 모두 죽어버렸지만 마르글리트는 권총을 손에 들고 홀로 살아남아, 이후에 어부들에게 구조되어 고향으로 돌아갔다고 한다.

악마가 사는 섬의 전설은 북대서양에 있었다는 '사타나제(Satanazes)'라는 15세기경의 전설의 섬이 장소를 바꿔 전해진 것은 아닐까 하는 설이 있다. 사타나제 섬은 대서양 한가운데에 있다는 통칭 '악마의 섬'으로 불리는 직사각형의 섬으로, 섬에서 이따금씩 거대한 악마의 손이 뻗어 나와 배를 쥐어 으깨고 사람들을 바다 밑바닥으로 끌고 간다는 소문이 돌고 있었다.

■ 오대호 트라이앵글

바다에 펼쳐진 미스터리 존이라고 하면 버뮤다 트라이앵글(자세한 것은 남미·중남미 전역의 **버뮤다 트라이앵글** 항목을 참조)이 유명하지만, 캐나다와 미국 국경에 있는 오대호 부근에서 신기한 현상이 발생하는 에어리어가 존재한다. 오대호(五大湖, Great Lakes) 트라이앵글이라고도 불리는 그 구역은 캐나다의 실버 베이, 미국의 시카고와 로체스터를 잇는 삼각형 지역이다.

로체스터에 가까운 온타리오 호에서는 자기장이 이상한 포인트가 열네 군데나 있다고 한다. 1804년에는 온타리오 호를 항행 중이던 배가 실종되는 사건이 일어났다. 1950년의 미국과 캐나다의 연구에서는 온타리오 호 동쪽 가장자리 구역에서는 대기 중의 핵력(원자핵을 구성하는 양자와 중성자를 결합시키는 힘)이 저하되는 포인트가 발견되었다고 한다. 슈피리어 호에서는 1975년에 전장 200미터의 거대한 유조선, 에드먼드 피츠제럴드호가 갑자기 행방불명되는 사건도 일어났다. 이후에 발견된 선체는 날붙이로 베인 듯이 두 동강이 나있었다고 한다. 2016년에는 유령선이라고 생각되는 선체도 목격되는 등, 불가사의한 사건이 끊이지 않는다고 한다. 5대호 부근에는 수수께끼의 힘이 존재하는 것일까? 이후의 조사가 기대된다.

■ 오크아일랜드에 잠든 보물

대서양에 접한 노바스코샤주의 앞바다에 떠 있는 무인도 오크 아일랜드(Oak Island). 이 작은 섬에는 보물이 잠들어 있다는 전설이 200년 이상 믿어지고 있다.

발단이 된 것은 1795년, 섬에 사는 3명의 소년들이 거대한 수직구멍의 흔적을 발견했던 것이다. 소년들이 9미터 정도를 파 보자, 돌이나 통나무가 깔려있어서 사람의 손이 닿은 구멍이 틀림없다고 판단되었다. 이 구멍은 '머니 피트'라고 불리게 되었다.

8년 후, 다른 그룹에 의해 다시 굴삭이 재개된다. 30미터 정도 파 들어간 지점에서 기묘한 문자가 새겨진 석판이 발견되었다. 현재는 행방불명되었지만, 복사본을 바탕으로 해석한 사람에 의하면 '12미터 아래에 200만 파운드가 묻혀있다'라고 적혀있었다고 한다. 그러나 이 깊이 부근에서 구멍이 침수가 시작되어 굴삭작업이 방해받게 된다. 이후에도 이 구멍에서는 황금 사슬의 일부나 글자가 적힌 양피지 조각 등이 발견되어서 오크 아일랜드에 보물이 잠들어있다고 믿는 자가 끊이지 않았다. 그러나 지금까지 많은 트레저 헌터들이 구멍에 도전했지만, 침수 때문에 실패로 끝나고 있다고 한다. 그 중에는 사고로 목숨을 잃은 자도 있다. 침수는 보물을 노리는 자를 격퇴하기 위한 함정으로 여겨지고 있다.

노바스코샤주는 캐나다에서도 가장 빠르게 서양인의 입식이 진행된 지역이며, 그 앞바다는 해적들이 자주 오가던 해역이기도 하다. 오크 아일랜드에 잠든 것은 아직도 발견되지 않은 해적 키드나 에드워드 티치의 보물(자세한 것은 중남미·바하마의 **해적 키드의 보물 전설**, 미국 **검은 수염의 숨겨진 보물** 항목을 참조)이 아닐까 하는 설도 뿌리 깊게 이야기되고 있다. 그 밖에도 마리 앙투아네트의 보석, 난파된 배에 실려 있던 보물, 템플 기사단의 보물 등, 보물의 정체에 대해서는 수많은 소문이 있다. 한편으로 수직구멍은 자연히 생긴 것이며, 침수도 바다의 밀물과 썰물로 인해 생기는 것이라는 부정적인 의견도 있다. 현재는 섬이 사유지이기 때문에 조사가 곤란하다고 한다.

■올림픽 마스코트와 선주민 문화

2010년에 밴쿠버에서 이루어진 동계 올림픽 마스코트는 캐나다의 자연이나 선주민족의 전설과 관련이 있다.

마스코트는 미가(Miga), 쿠와치(Quatchi), 수미(Sumi)까지 셋이다. 미가는 오르카(범고래)와 커모드 곰(Kermode bear)을 이미지한 여자. 커모드 곰은 스피릿 베어라는 별명으로 불리며 브리티시컬럼비아주에서만 서식하는 곰이다. 쿠와치는 신비의 숲에 산다는 전설의 동물 '새스콰치(Sasquatch, 사스카치)'가 모티브인 남자. 새스콰치란 선주민 말로 '털이 많은 거인'이라는 의미로, 북아메리카에서 유명한 미확인생물 빅풋(자세한 것은 북아메리카·전역의 **수인 빅풋** 항목을 참조)와 동일시되는 일도 있는 성스러운 동물이다. 수미는 전신조(雷神鳥)의 깃털과 곰의 다리를 지닌 정령이다. 전신조란 선주민 사이에서 신의 사자라고 믿어지는 썬더버드(자세한 것은 **신의 사자 썬더버드** 항목을 참조)다.

어느 것이나 밴쿠버에 있는 서해안의 동물이나 선주민의 민화가 모티프다.

■요람의 섬

캐나다 동부, 세인트로렌스 만에 위치한 프린스 에드워드 섬. 이 섬은 원래부터 선주민인 미크막(Mi'kmaq)족에게 '아비그웨이트(Abegweit, 파도 사이에 떠 있는 요람)'이라고 불리고 있었다고 한다. 상공에서 보면 확실히 섬의 형상이 바다에 떠 있는 요람처럼 보인다. 비행기가 없는 시대에 선주민이 어떻게 섬의 형상을 알았는가는 수수께끼다.

■ 이누이트의 석묘 이눅슈크

북극권에 있는 누나부트(Nunavut)준주는 사람이 사는 세계 최북단에 있으며, 캐나다 선주민인 이누이트의 고향이다. '누나부트'란 이누이트 말로 '우리들의 땅'이라는 의미다. 1999년에 노스웨스트 준주에서 분리된 누나부트 준주에는 이누이트 문화가 짙게 전해지고 있다.

캐나다의 이누이트는 북극권에 사는 선주민족이다. 그들이 사는 대지에는 표지가 되는 것이 없다. 그래서 도표로서 세워진 것이 이눅슈크(Inuksuk)라고 불리는 석묘(石墓)다. 오브제처럼 돌을 쌓은 구조물로, 누나부트 준주에 있는 바핀(Baffin) 섬에는 100개 이상의 표석이 자연 속에 흩어져 있다고 한다. 지리적인 표식으로서 만이 아니라, 영적인 힘을 지닌 파워 스팟으로서도 소중히 여겨지고 있는 장소다.

2010년에 캐나다에서 이루어진 밴쿠버 동계 올림픽에는 쌓인 돌이 사람 형태를 하고 있는 로고마크가 사용되었다. 이 디자인은 이눅슈크가 바탕이 되었다.

■ 전설의 괴수 오고포고

캐나다의 태평양 연안의 브리티시컬럼비아주에 있다고 믿어지는 미확인생물이 오고포고(Ogopogo)다. 밴쿠버 서쪽에 있는 남북으로 긴 오카나간(Okanagan)호에 서식하는 수서생물로, 몸길이는 10~15미터에 용이나 바다뱀 같은 모습을 하고 있다고 한다.

그 지역에서는 옛날부터 몇 번이나 목격되었다고 한다. 북아메리카에서 화석이 발견된 고대의 고래인 바실로사우루스의 생존개체라는 설이나, 이 지역의 선주민이 믿는 악마 '나이타카(Naitaka)'라는 설도 있지만 아직 정체가 밝혀지지는 않았다. 그 지역에서도 친숙한 괴수인지, 오카나간 지방 최대의 도시 켈로우나(Kelowna)에 있는 시티파크에는 오고포고의 상이 있다.

또 캐나다 중부의 매니토바호에는 오고포고와 비슷한 모습의 마니포고(Manipogo)라는 이름의 미확인 생물이 목격된다고 한다.

■ 푸른 산에서 온 담배

담배의 유래를 둘러싼 캐나다에 남아있는 전설 중 하나.

캐나다의 숲 깊은 곳에, 유행병으로 자식들과 할머니를 잃고 홀로 지내는 할아버지가 있었다. 어느 날, 할아버지가 젊은 시절을 떠올리면서 호숫가에 앉아있는데,

푸른 안개가 낀 산에서 본적 없는 새떼가 날아왔고, 그 중 한 마리가 근처의 땅바닥에 떨어졌다. 그 가슴에는 화살이 꽂혀있었다. "마법의 새니까 좋지 않은 일이 일어날 것이 틀림없다"라며 모두가 말렸지만, 할아버지는 불쌍하다고 생각해서 화살을 뽑으려고 새에게 다가갔다. 그러자 갑자기 하늘에서 새빨간 화염 기둥이 떨어졌고 새는 완전히 불타서 검은 재만이 남았다.

할아버지가 지팡이로 검은 재를 휘젓자, 재 안에서 엄지손가락 정도의 소인이 나타났다. 소인은 자신이 푸른 산의 주인이라고 하며, 할아버지에게 작은 씨앗을 많이 주고 재 속에 뿌리라고 말했다. 할아버지가 시키는 대로 하자, 씨는 곧바로 싹을 틔우더니 커다란 담배 잎이 생겨났다. 소인은 할아버지에게 파이프를 주고는 "이 잎을 말려서 파이프에 채우고 빨면, 즐거운 기분이 들 거야. 담배 연기는 하늘로 올라가고 죽은 가족을 지켜주겠지"라고 이야기하고서 푸른 산으로 날아갔다. 이렇게 담배는 캐나다의 숲의 선주민에게 전해졌다고 한다.

■하늘의 순무를 뽑은 소녀

캐나다와 미국의 국경 부근에 사는 선주민 블랙풋(Blackfoot)족에는 태양, 달, 별을 제재로 한 신화가 남아있다.

어느 날, 달과 태양 사이에 태어난 아들 '새벽의 샛별'은 지상의 소녀 '하얀 깃털'을 사랑했다. 아들은 소녀를 데리고 거미줄을 타고 하늘로 올라가, 달과 태양의 허가하에 행복하게 살았다. 이윽고 두 사람 사이에 '별의 소년'이라는 남자아이가 태어났다.

어느 날, 하얀 깃털이 채소를 수확하는 도중에, 커다란 순무를 발견했다. 커다란 순무만은 그대로 남겨두라는 말을 들었지만, 하얀 깃털은 호기심을 못 이기고 순무를 뽑아버렸다. 그러자 하늘에 뻥 하고 구멍이 뚫려버렸다. 하얀 깃털은 그 벌로서 아들과 함께 지상으로 돌아가게 되었다.

하얀 깃털의 사후, 별의 소년은 해 질 녘에 나타난 광선을 타고 하늘을 방문하고, 할아버지 할머니인 태양과 달을 만났다. 태양은 별의 소년에게 '선 댄스(태양의 춤)'을 가르쳐주고, "만약 블랙풋족이 태양을 공경하는 제사를 올린다면 모든 병을 낫게 해주겠다"라고 약속했다.

선 댄스의 의식은 노래나 춤, 고행으로 태양의 영예를 칭송하는 것으로, 블랙풋족, 수(Sioux)족 등에 전해지고 있다.

북아메리카 전역

■ 메리 셀레스트호 사건

1872년 11월, 벤자민 브릭스(Benjamin Briggs) 선장은 화물선 메리 셀레스트(Mary Celeste)호를 타고 아내와 딸, 일곱 명의 승조원과 함께 뉴욕 항에서 이탈리아의 제노바를 향해 출항했다. 그런데 출항으로부터 약 3주 뒤인 12월 5일, 북대서양의 아조레스(Azores)제도 부근을 떠도는 메리 셀레스트호를 디 그리치아(Dei Gratia) 호의 선장 데이비드 모어하우스(David Morehouse)가 발견했다.

데이비드 일행이 선내를 조사해보니, 배는 아직 항해가 가능했고 거의 손상이 없는 상태였지만 선내에는 아무도 없었다. 먹던 식사나 짐 등이 남아있긴 했지만, 탈출용 구명보트가 한 척 없어져있던 것으로 보아 승조원들은 자주적으로 배를 떠난 것으로 추측되었다. 그러나 항해일지는 11월 25일에 쓴 상태로 두절되어 있었으며, 명확한 이유는 알 수 없었다.

마치 사람들만이 홀연히 모습을 감춘 듯한 기묘한 광경에 원인불명의 해난사고로서 화제가 되었다. 선원의 반란, 어떠한 사고 등이 생겨서 구명보트로 탈출했지만 표류하고 말았다, 거대 오징어에게 잡아먹혔다, 발견자인 디 그라치아 호에 습격당해 살해당했다는 등의 많은 설이 나돌았지만, 승조원들이 어디로 사라졌는가 하는 진상은 해명되지 않았다.

■ 수인(獸人) 빅풋

미국과 캐나다의 산에서 목격되는 것이 수인 빅풋(Bigfoot)이다. 캐나다에서는 새스콰치(Sasquatch, 자세한 것은 캐나다의 **올림픽 마스코트와 선주민 문화** 항목을 참조)라고 불리고 있다. 1810년, 오레곤주를 여행하던 남성이 콜롬비아 강 근처에서 약 40센티미터 크기의 커다란 발자국을 발견한 것이 가장 오래된 기록이다. 1967년에는 로저 패터슨(Roger Patterson)이 움직이는 빅풋의 영상 촬영에 성공했다. 이 영상은 일명 '패터슨 필름'이라고 불리며 진위 논쟁도 포함해서 전 세계에 화제가 되었다. 미확인 생물 중에서도 유명해서 지금까지 2000건 이상의 목격정보가 있다고 한다.

몸길이는 2~3미터, 체중은 200~400킬로그램 정도로 거대하며 온몸이 털로 뒤덮여있다. 직립 이족보행을 하고 있으며, 35~45센티미터의 발자국이 발견되었다. 빅풋의 정체는 히말라야 산맥에서 목격정보가 있는 예티(자세한 것은 아시아·아시아 전역의 **히말라야 산맥의 예티** 항목을 참조)와 마찬가지로 절멸한 유인원 기간토피테쿠스의 생존개체라는 설이 유력하다.

■약물이 함유된 비행기구름 켐트레일

2000년대, 캐나다와 미국의 상공에 수수께끼의 비행기구름이 몇 번이나 보고되었다. 케미컬 트레일(화학물질의 항로), 약칭 켐트레일(Chemtrail)이라 불리는 현상이다.

켐트레일은 평범한 비행기구름보다도 오랫동안 공중에 머무르는 특징이 있으며, 다수의 항공기가 하늘을 오가며 평행하는 두 줄의 선, X자, 원형 등을 하늘에 그리고 있었다는 목격정보가 있다. 게다가 목격자 다수가 오한이나 콧물, 눈의 충혈 등의 컨디션 불량을 호소했다고 한다. 개중에는 관절통이나 코피 등의 중태에 빠지는 사람도 있었다고 한다.

켐트레일이란 무엇인가. 정부나 군에 의한 기상실험설이나 화학병기 실험설, HAARP(자세한 것은 미국의 **HAARP** 항목을 참조)가 일으켰다는 설 등, 다양한 억측이 오갔지만 끝내 원인은 알아낼 수 없었다. 근래에는 특별히 눈에 띄는 보고는 없다.

■추수감사절의 기원과 필그림 파더스

17세기경, 신앙의 자유를 꿈꾸며 영국에서 북아메리카로 이주해온 사람들이 있다. 성서를 따라 '이 세상의 여행자'라고 스스로를 자칭한 것에서 이후에 필그림 파더스(Pilgrim Fathers, 순례하는 아버지들)라고 불린 40명의 기독교도들이다. 입식 초기의 겨울에는 절반 이상이 병사할 정도로 가혹한 삶이었지만, 이주 후에 처음으로 작물을 수확할 수 있었던 것을 신에게 감사하며 필그림 파더스는 기념 축제를 3일간 열었다. 그 축제에는 현지의 선주민도 초청해서 칠면조나 사슴고기를 대접했다고 한다.

이것이 현재의 추수감사절의 기원으로 미국에서는 11월 네 번째 목요일, 캐나다에서는 10월 두 번째 월요일에 기념한다고 한다.

■황금도시 시볼라

16세기경, 아메리카 대륙에 찾아온 스페인 정복자들은 북아메리카 남서부에 시볼라(Cíbola)라고 불리는 '황금의 일곱 도시'가 잠들어 있다는 전설을 믿고 있었다.

시볼라의 전설의 발단은 1150년경으로 거슬러 올라간다. 이슬람교도에 의한 정복으로부터 도망친 일곱 명의 사제가 어딘가에 금과 은이 넘치는 시볼라와 키비라(Quivira)라는 마을을 만들었다는 것이다. 소문이 퍼짐에 따라 일곱 명의 사제가 각자 도시를 만들었다는 이야기로 발전했고, 황금의 일곱 도시(Seven Cities of Gold) 전설이 되었다. 이것이 대항해시대의 엘도라도 전설(자세한 것은 중남미·콜롬비아의 **황금향 엘도라도를 꿈꾸며** 항목을 참조)과 맞물려, 황금의 일곱 도시는 아메리카 대륙에 있다는 소문이 퍼지게 되었던 것이다.

이리하여 북아메리카 남서부를 중심으로 황금도시 찾기가 시작되었다. 정복자 프란시스코 바스케스 데 코로나도(Francisco Vasquez de Coronado)는 대규모 원정대를 이끌고 마르코스 데 니자(Marcos de Niza) 수도사의 정보를 바탕으로 애리조나주의 푸에블로 집락에 도착했지만, 먼지투성이 집락이 펼쳐져 있을 뿐이었다. 일설에 의하면 이 집락의 건물을 지을 때 운모가 포함된 벽돌이 사용되는데, 이 때문에 멀리서 보면 반사광으로 반짝여 보여서 황금도시로 오해받은 것으로 추정된다고 한다. 보물은 전혀 발견하지 못했다고 한다.

Latin America
중남미

① 아르헨티나
② 앤티가바부다
③ 우루과이
④ 에콰도르
⑤ 엘살바도르
⑥ 가이아나
⑦ 쿠바
⑧ 과테말라
⑨ 그레나다
⑩ 코스타리카
⑪ 콜롬비아
⑫ 자메이카
⑬ 수리남
⑭ 세인트크리스토퍼 네비스
⑮ 세인트빈센트 그레나딘
⑯ 세인트루시아
⑰ 칠레
⑱ 도미니카 공화국
⑲ 도미니카 연방
⑳ 트리니다드 토바고
㉑ 니카라과
㉒ 아이티
㉓ 파나마
㉔ 바하마
㉕ 파라과이
㉖ 바베이도스
㉗ 푸에르토리코
㉘ 브라질
㉙ 베네수엘라
㉚ 벨리즈
㉛ 페루
㉜ 볼리비아
㉝ 온두라스
㉞ 멕시코

아르헨티나

■거인국 파타고니아

아르헨티나와 칠레에 걸친 파타고니아 지방에는 과거에 신장 3미터 이상의 거인이 살고 있다고 널리 믿어지고 있었다. 파타고니아의 거인 전설은 마젤란의 함대가 세계일주를 마친 1522년으로 거슬러 올라간다. 항해기록 '최초의 세계일주 항해'에 의하면, 해안에서 거대한 알몸의 남자들이 노래하고 춤추고 있었으며 마젤란 일행을 보고 깜짝 놀라서 하늘에서 왔다고 믿는 듯한 행동을 보였다, 라고 적혀 있다. 마젤란이 그들을 파타고니('발이 크다'라는 의미)라고 이름 붙인 것에서 이 지역은 파타고니아('발이 큰 인간의 나라'라는 의미)라고 불리게 되었으며, 이후에 작성된 지도에는 파타고니아나 '거인의 나라'라고 기록되었다.

거인국의 존재는 18세기 중반까지 유럽인들에게 믿어지고 있었다. 당시에 이 땅에 살고 있던 선주민이 구아나코(Guanicoe, 파타고니아에 서식하는 낙타의 일종)의 모피를 몸에 걸치고 있었기 때문에 커다란 발로 보였다는 설도 있다.

■고대인의 손자국

손자국이 있는 유적은 세계 각지에 있지만, 그 중에서도 유명한 것이 쿠에바 데 라스 마노스(Cueva de las Manos, 스페인어로 '손의 동굴'이라는 의미)다. 아르헨티나 남부의 파타고니아 지방, 핀투라스(Pinturas) 강 근처의 바위산에 위치한 동굴벽화로 세계유산으로 등록되어 있다. 약 9000년 전부터 그려지기 시작해서, 몇 천년간 여러 번에 걸쳐 그려졌다고 한다.

선주민에 의해 빼곡하게 남아있는 손자국은 대부분이 왼손으로 그 수는 800개를 넘으며, 그 밖에 동물의 그림이나 사냥하는 장면 등이 그려져 있다. 그 중에는 세 손가락이나 여섯 손가락의 손자국, 달이나 행성, 구아나코(파타고니아에 서식하는 낙타의 일종)의 임신과 출산, 기하학적 모양의 수수께끼의 도형 등도 있다. 동굴 안에서의 성인통과 의례였다고 추측되고 있지만, 해명되지는 않았다.

■두 개의 아웃도어 브랜드에 영향을 준 산

Patagonia(파타고니아)와 THE NORTH-FACE(더 노스페이스)라고 하면 세계적인 아웃도어 브랜드다. 파타고니아의 창업자인 이본 취나드와 더 노스페이스의 창업자인 더글라스 톰킨스는 친구 사이로, 두 사람은 젊은 시절에 아르헨티나 남부의 파타고니아 지방으로 모험여행을 떠난 적이 있다.

1968년, 두 사람을 포함한 네 명의 클라

이머들은 안데스 산맥 한 곳에서 선주민이 엘 차르텐(El Chaltén, '연기를 토하는 산'이라는 의미)이라고 부르는 아름다운 피츠 로이(Fitz Roy)산에 도전했다. 약 1만 3000킬로미터의 거리를 여행한 약 반년간의 대모험을 마치고 귀국 후, 두 사람은 자연보호 활동가로서 눈을 떴다고 한다. 파타고니아의 로고인 산맥의 실루엣은 이때 피츠 로이산 계열의 산들을 표현한 것이라고 알려져 있다.

그들의 모험은 2010년에 영화화 되었고, 최근에는 『180도 사우스』라는 타이틀로 한국에서도 공개되었다.

■ 세상의 끝에 사는 전라(全裸)의 부족

진화론으로 유명한 찰스 다윈이 19세기에 아르헨티나의 푸에고 섬을 항해 중, 이상한 선주민과 만났다. 그것이 야간(Yahgan. 혹은 야마나[Yamana])족이다.

푸에고섬은 남극권까지 단 1250킬로미터밖에 떨어져 있지 않은 극한지(極寒地)다. 그럼에도 불구하고 야간족 사람들은 거의 전라로 생활하고 있으며, 옷 대신에 고래 등의 지방을 온몸에 바르고 추위를 견디고 있었다. 또한 부족의 의식 때에는 온몸에 기발한 모양의 페인팅을 하거나 독특한 원추형의 가면을 썼다. 그들은 스페인의 입식이나 역병 등에 의해 절멸해버렸지만, 푸에고섬의 세계 최남단의 마을 우수아이아(Ushuaia)에 있는 '세계의 끝의 박물관(The End of the World Museum)'에는 야간 족을 포함한 4개 부족의 민속 문화나 사진이 풍부하게 남아있다. 또, 도시의 철도인 '세계의 끝의 열차'에 타면 복원된 야간족의 주거를 견학할 수 있다.

참고로 푸에고 섬은 스페인어로 티에라 델 푸에고(Tierra del Fuego)라고 하며 '불의 대지'라는 의미다. 남극 부근의 추운 땅임에도 불구하고 이러한 이름인 것은, 16세기의 모험가 페르디난드 마젤란이 대서양을 남하했을 때, 절벽 위에 타오르는 불을 보고 바람이 강한 불모의 땅에 불이 있음을 신기하게 생각하고서 '불의 대지'라고 부른 것에서 유래한다. 실제로는 선주민의 횃불이었다고 이야기되고 있다.

■ 칼라파테의 열매가 된 마녀

아르헨티나 남부의 파타고니아 지방에 있는 자연이 풍부한 작은 마을, 엘 칼라파테(El Calafate). 근처에 아르헨티노(Argentino) 호수가 있으며 빙하 관광의 거점으로서 인기다. 이 지역에는 작고 노란 칼라파테 꽃이 많이 피기 때문에 마을 이름이 되었다고 한다.

이 마을에 남아있는 전설에 의하면, 옛날에 칼라파테에는 나이 든 마녀가 살고 있었다. 겨울이 되면 마을 사람들이나 동물, 새들은 모두 먹을 것을 찾아서 북쪽으로 이동해버려서, 몸이 약한 마녀는 혼자서 추운 겨울을 나야만 했다. 그래서 마녀는 칼라파테 열매(혹은 꽃)로 변신해서 마을 사람들이나 동물, 새들에게 열매를 먹게 했고, 그 열매가 아주 맛있었기 때문에 모두 겨울에도 칼라파테에 머무르게 되었다고 한다. 테우엘체(Tehuelche)족의 신화 중 하나인 '마녀 쿠넥(Koonek)의 이야기'에서 이야기되고 있다.

칼라파테 열매는 자색에 새콤한 맛이며 "열매를 먹으면 파타고니아로 돌아오게 된다"라는 전승이 있다. 칼라파테로 만든 젤라토나 잼 등이 관광객에게 인기라고 한다.

■ 히틀러는 남아메리카에서 살아있었다?

제2차 세계대전이 끝나갈 무렵, 나치 독일의 총통인 아돌프 히틀러는 1945년 4월 30일 베를린에서 자살했다고 이야기되고 있는데, 몰래 남아메리카로 도망쳤다는 뿌리 깊은 소문이 있다. 시체로 발견된 것은 실은 히틀러로 위장한 대리자였고, 히틀러는 잠수함으로 남아메리카로 건너가서 가명을 쓰며 여생을 보냈다는 것이다. 히틀러는 아르헨티나 중부의 바리로체(San Carlos de Bariloche) 근처의 농장에 숨어서 나치 잔당을 몰래 지휘하고 있었다는 설이 있다.

2018년, 독일군의 고성능 잠수함(U보트) 'U-3523'이 덴마크의 스카겐(Skagen) 앞바다에서 발견되었다. 이 U보트는 히틀러의 기일부터 약 6일 뒤에 영국이 격침했지만 행방불명되었던 U보트라고 하며 승조원 전원이 사망했다고 기록되어 있다.

이 'U-3523'이 극비 임무를 수행하고 있었던 것이 아니냐는 소문에서 히틀러나 나치스 간부의 도주에 사용되었던 것이 아닐까 하는 설이 부상한 듯하다. 해저에 가라앉아 있는 'U-3523'의 인양작업은 미정이며, 히틀러 남미생활설의 진상은 아직 밝혀지지 않았다.

앤티가바부다

■ 카리브해의 비경, 핑크샌드 비치

앤티가바부다는 앤티가(Antigua) 섬과 바부다(Barbuda) 섬이라는 두 개의 섬으로 이루어진 카리브해의 섬나라다. 일본에서는 그리 유명하지 않지만, 서양에서는 인기 있는 휴양지다. 섬에 선주민이 있었다는 기록은 없으며, 1493년의 콜럼버스 도착 이후에 알려지게 되었다.

옛날부터 전해지는 전설은 찾아볼 수 없지만 바부다 섬에는 세계적으로 희귀한 해변이 있다. 모래밭 일대가 핑크색이라는 핑크 샌드 비치(Pink Sand Beach)다. 그 광경은 신비하면서도 아름답다. 사실 핑크색 모래의 정체는 아주 곱게 부서진 조개 껍질이 쌓여서 이루어진 것이라고 한다.

참고로 같은 서인도 제도에 있는 바하마에도 세계적으로 유명한 핑크 샌드 비치가 있다.

우루과이

■선주민을 모델로 한 성모상

우루과이는 지구상에서 일본의 딱 반대편에 위치하는, 남아메리카 대륙에서는 두 번째로 작은 나라다. 아르헨티나와 브라질 사이의 비옥하고 광대한 초원지대에 위치한다. 이곳은 잉카 제국에 지배되지 않았던 지역으로, 콜럼버스 도착 이전에는 과라니(Guarani)족이라는 선주민이 살고 있었다. '우루과이'라는 국명은 우루과이 강에서 따서 명명되었으며, 과라니 말로 '고둥이 많은 강'이나 '우루라는 새가 날아오는 강'을 의미한다고 한다.

수도인 몬테비데오에 있는 스페인의 식민지였던 1790년에 세워진 메트로폴리탄 대성당에는, 성모 마리아와 함께 우루과이의 수호성인으로 여겨지는 33명의 성모상들이 모셔져 있다. 이 성모상들은 과라니 족이 모델이 되었다고 하며, 선주민과 기독교의 조용한 융합을 느낄 수 있다.

에콰도르

■남아메리카의 에콰도르와 조몬인의 기묘한 관계

에콰도르의 과야킬(Guayaquil) 항에서 서쪽 해안선에는 패총유적 발디비아(Valdivia)가 있는데, 그곳에서 아메리카 대륙에서 가장 오래된 토기가 발견되었다. 유적의 이름을 따서 발디비아 문화(Valdivia culture)라고 불리며, 잉카 제국 이전의 기원전 4000년부터 1500년경까지 번영했다고 여겨진다.

발디비아 문화의 토기는 잉카 제국의 토기와는 상당히 다른, 독특한 기하학 무늬나 여성의 형태를 딴 것이 많다. 신기하게도 일본의 조몬시대의 토기와 아주 유사해서, 조몬시대 사람들이 넓은 태평양을 건너 멀리 남아메리카까지 와서 생활했던 것이 아닐까 하는 설이 있다. 에콰도르뿐만 아니라 멕시코나 북아메리카에서도 바다를 건너온 조몬인의 영향을 받은 것이 아닐까 하는 흔적이 있다고 한다.

■다윈과 갈라파고스 제도

동식물의 낙원, 에콰도르의 갈라파고스 제도에서는 찰스 다윈이 이 섬을 방문하여 진화론의 착상을 얻었다는 유명한 에피소드가 있다.

19세기에 다윈은 영국 해군의 측량선인 비글호를 타고 이 섬을 방문했다. 처음에는 지질학에 흥미를 갖고 있던 다윈은, 코끼리거북, 작은 새인 핀치, 흉내지빠귀와 만났다. 코끼리거북은 섬마다 다른 등껍질을 가지고 있었고, 핀치는 먹이에 맞는 부리를 가지고 있었다. 이러한 생물들의 특수성과 변이를 보고, 세대가 거듭되는 동안 자연선택에 의해 변화하여 다양한 종이 만들어져간다는 자연선택설을 떠올린 다윈은 『종의 기원』을 정리했다고 한다.

참고로 이때, 다윈이 갈라파고스 제도에서 가지고 돌아갔다고 하는 갈라파고스 코끼리거북은 2006년까지 살아있었지만 175세에 죽었고, 세계최고령 동물로서 기네스북에 인정받았다.

■태양 에차와 달 난투

에콰도르의 슈아르(Shuar)족의 시조를 둘러싼 신화. 태양인 에차(Etsa)와 달인 난투(Nantu)는 창조신 쿰파라(Kumpara)에게서 태어났다. 미녀인 난투에게 에차와 위대한 새인 쏙독새가 푹 빠져 있었다. 그녀는 상대하지 않고, 하늘 높이 올라갔다. 에차는 새를 양손양발에 묶어서 높이 날았고 난투가 있는 곳까지 도달했다. 에차는 사랑을 고백했지만 두 사람은 싸우게 되었고. 난투는 에차에게 맞게 된다. 이것이 첫 월식이 되었다고 한다.

한편 쏙독새는 밤하늘에서 늘어뜨려진 덩굴로 달까지 올라가려고 했지만, 난투는 덩굴을 잘라버렸다. 이후에 난투가 지상에 내려왔을 때에 쏙독새는 그녀를 뒤쫓았지만, 다시 하늘로 도망쳐버렸다.

결국 난투는 에차의 집요한 구애에 결혼했다. 두 사람 사이에 첫 아이가 나무늘보 우누시(Unushi)였다. 이것이 슈아르족의 시조가 되었다고 한다.

엘살바도르

■성장을 멈춘 시피티오

선주민 피필(Pipil)족의 전설. 옛날 시구아나바(Siguanaba)라는 여자가 태양신 틀랄록을 배신한 죄로 추한 여성으로 변해버렸다. 아들인 시피티오(Cipitío, '아이'라는 의미)도 열 살에서 성장을 멈춰버렸다. 게다가 발가락과 발꿈치의 방향이 반대가 되고, 재를 먹고 살아간다는 벌이 내려졌다. 밤이 되면 찌꺼기로 남은 재를 먹기 위해 설탕공장으로 숨어들어서 발자국을 남긴다고 한다. 발자국의 방향도 반대로 난다. 그래서 발자국을 발견한 사람들을 혼란시킨다고 한다. 어머니인 시구아나바에 대해서는 **우는 여자 시우아나바** 항목도 참조.

시피티오는 활달한 성격으로, 장난을 좋아한다고 한다. 현재는 텔레비전 방송『시피티오의 모험』이 인기를 얻는 등, 영웅적 존재가 되었다고 한다.

■ 우는 여자 시구아나바

시우아나바(Siguanaba)라는 요녀의 전설. '시구아'는 '여자', '나바'는 '울다'라는 뜻이라고 하며, 이밖에도 이름에 대한 다양한 설이 있다. 긴 머리카락과 허리까지 늘어진 유방이 특징으로, 한밤중의 강에서 빨래를 한다. 밤에 나가 노는 남자 앞에 나타나, 조롱하듯 웃으면서 남자를 죽인다고 한다. 중남미에서는 우는 여자라고 불리는 요녀의 전설이 많다(자세한 것은 중남미 전역의 **라 조로나** 항목도 참조).

가이아나

■ 가이아나의 잃어버린 선주민 문화

남아메리카대륙 북동부에 위치한 가이아나는 대서양과 카리브해에 접해있으며, 일본의 혼슈보다 조금 작은 국토를 가지고 있다. 국토의 약 8할이 열대우림이며, 거미 타란툴라나 잠자리, 개구리 등의 새로운 종이 다수 발견되는 등, 풍부한 자연이 펼쳐진 비경이다.

이 땅에는 과거에는 아라와크(Arawak)족 계열의 선주민이 살고 있었다. 국명은 선주민의 말로 '기아나(풍부한 물의 땅)'를 의미한다. 그러나 17세기 이후에 오랫동안 유럽 각국의 지배를 받았기 때문에 그들의 문화나 전설은 상실되어 버렸다고 한다.

현재는 식민지 시대에 끌려온 인도계와 아프리카계 자손이 다수를 점하고 있다.

■ 세계에서 가장 비싼 우표 '영국령 기아나 1센트 마젠타'

우표 수집가에게 가장 유명한 우표 중 하나가 '영국령 기아나 1센트 마젠타(British Guiana 1c magenta)'일 것이다. 과거에 영국령이었던 기아나(현재의 가이아나)에서는 영국에서 수입한 우표를 사용하고 있었다. 그러나 19세기 후반의 어느 시기에 우표가 부족해졌기 때문에, 우체국장이 현지의 신문사에 우표의 인쇄를 의뢰했다. 4센트와 1센트의 두 종류가 만들어졌고 위조가 불가능하도록 우편국원이 한 장씩 서명을 하기로 했다. 그 후에 영국에서 우표가 도착했기 때문에 널리 유통되지는 않았다고 한다.

몇 년 후, 한 소년이 할아버지에게 받은 편지들 안에 그 1센트 우표가 사용된 것을 발견한다. 우표에는 우편국원의 서명이 있었고, 우표 카탈로그에 실려 있지 않은 것을 알게 되었다. 이후, 이 귀중한 우표의 색이 마젠타(적갈색)인 것에서 '영국령 기아나 1센트 마젠타'라고 불리게 된다.

소년은 그 지역의 우표 수집가에게 우표를 양도했고, 이후로 베를린, 프랑스, 미국 등의 우표 수집가들의 손에 넘어갔다. 팔릴 때마다 가격이 뛰었는데, 2014년의 소더비 옥션에서는 무려 950만 달러에 낙찰되었다. 그리고 2021년 6월에 소더비 옥션에 출품된 것을 영국의 우표상이 830만 달러에 낙찰 받아, 영국령 기아나에서 태어난 우표는 본국인 영국으로 돌아가게 되었다.

쿠바

■약속을 지킨 헤밍웨이

쿠바 제2의 도시인 산티아고 데 쿠바(Santiago de Cuba)의 교외에 자비의 성모 국립 성당(Santuario Nacional de La Virgen de La Caridad del Cobre, 엘코브레 성당)이라고 불리는 성지가 있다. 이곳에 안치되어 있는 갈색 성모상(카리다)은 17세기에 '나는 이 섬의 주민을 지키는 마리아다.'라고 적힌 판과 함께 발견되었다는 구전에서 쿠바의 수호신으로서 모셔지고 있다.

이 교회는 노벨상 작가인 어니스트 헤밍웨이가 쓴 『노인과 바다』에 등장한다. 주인공 노인인 산티아고가, 물고기를 낚을 수 있다면 나중에 코브레 성당의 마리아님을 참배하겠다고 맹세한다며 중얼거리는 장면이 있다. 코브레의 성모상은 어부의 수호신이기도 했다. 하지만 이야기는 노인의 깊은 잠과 함께 끝나고, 코브레의 성당에 가는 묘사는 없었다. 이후에 헤밍웨이는 노벨상 메달을 이곳에 봉납했는데, 산티아고와 달리 약속을 지킨 것인지도 모른다.

■쿠바의 쥐라기 공원

쿠바 남동부, 바코나오 자연공원(Gran Parque Natural Baconao) 안에는 영화 『쥐라기 공원』을 실현시킨 듯한 시설이 있다. '선사시대의 협곡(Valle de la Prehistoria)'이라 이름 붙은 광대한 초원에는, 등신대의 공룡이나 멸종동물, 석기시대의 인간, 고대식물 등 200개를 넘는 동식물의 콘크리트상이 늘어서 있다. 이 근교의 형무소 죄수들의 손으로 만들어진 테마파크로, 선사시대로 시간여행을 떠난 듯한 감각을 맛볼 수 있을지도 모른다.

과테말라

■도둑에게 노새를 빼앗긴 남자

과테말라에 전해지는 민화. 신앙심 깊고 솔직한 돈 헤이수스 네우스모스카다는, 치안틀라(Chiantla) 시에서 노새를 사서 숙소 앞에 묶어두었다. 거기서 2인조 도둑이 나타나서, 한 명이 줄을 풀고 다른 한 명은 목에 줄을 묶고 엎드렸다. 잠시 후에 노새가 잘 있는지 보러 온 헤이수스는, 노새가 인간 남자로 바뀌었다고 착각하고 깜짝 놀란다. 도둑은 과거에 나쁜 짓을 해서 마녀의 마법에 걸려 노새가 되어 있었지만, 깨끗한 마음을 지닌 남자가 사줘서 마법이 풀렸다고 거짓말을 했다. 헤이수스는 그 말을 믿고 줄을 풀어서 도둑을 보내주었다. 도둑들은 합류해서 시장에 노새를 팔았고, 다음날 헤이수스는 똑같은 노새를 시장에서 발견한다. 헤이수스는 남자가 또 나쁜 짓을 해서 노새가 되었다고 믿고, "이번에는 모르는 사람에게 팔려가도록 해"라고 말했다고 한다. 칠레와 멕시코에서도 비슷한 이야기가 전해지고 있다.

■마야 문명 최대의 도시 티칼 유적

양질의 커피 생산지로 유명한 과테말라 북부, 페텐(Peten) 주의 밀림 속에 갑자기, 마야 문명 최대의 도시 티칼(Tikal, '정령의 목소리의 장소'라는 의미) 유적이 발견된다. 기원전 800년경부터 사람이 살기 시작했으며, 기원후 300년부터 800년대에는 인구가 수만 명에 달했고 건축, 조각, 수학, 천문학 분야가 발달했었다. 마야의 각 도시를 다스리는 중심지로서 번영했지만, 10세기에 갑자기 붕괴하여 정글에 묻혀버렸다.

이 도시가 다시 발견된 것은 1699년. 스페인인 선교사 아벤다뇨(Andrés de Avendaño) 일행이 토지의 선주민 이차(Itza)족으로부터 도망치던 중에 우연히 발견했다고 한다.

티칼 유적에는 여섯 개의 피라미드 사원이 있는데, 그 중 다수가 장례 의식에 사용되는 신전이었다고 한다. 재규어의 모습이 새겨진 1호 피라미드에서는 비취나 조개 장신구 등의 부장품이 출토되었으며, 유적 공원 내의 티칼 박물관이나 과테말라 시티 국립 고고학 민족학 박물관에서 볼 수 있다.

참고로 마야 문명에서는 사람 한 명에 대해 혼을 서로 공유하는 동물 파트너가 있다고 믿었다. 마야의 왕은 강한 힘과 권력의 상징인 재규어에게 수호되고 있었으며, 재규어의 신은 낮에는 하늘을 배회하고 밤에는 명계를 다스리는 왕이 된다고 한다.

그레나다

■노래하는 후추나무

그레나다에 전해지는 옛날이야기. 남편과 자식 남매와 살고 있던 어머니는 딸이 마음에 들지 않아서 죽여 버리자고 생각했다. 그래서 딸을 불러서, "나는 이제부터 외출하려는데, 만약 검은 새가 무화과 열매를 먹으러 오면 반드시 쫓아내도록 해라. 만약 막지 못한다면 너를 살려두지 않겠다"라고 말했다. 어머니는 집을 나온 뒤에 검은 새로 변신해서 무화과 열매를 먹기 시작했다. 딸은 어머니가 시키는 대로 쫓아내려고 했지만, 새는 무화과 열매를 다 먹어버리고 떠나버렸다.

이윽고 돌아온 어머니는 열매를 지키지 못한 딸을 나무라며 생매장했고, 딸을 묻은 장소에는 한 그루의 후추나무를 심었다. 딸이 살해당한 것을 모르는 오빠는, 어느 날 후추를 따러 갔다. 그러자 신기하게도 나무가 여동생의 목소리로 노래하기 시작하며 어머니에게 살해당한 것을 오빠에게 알렸다. 오빠가 아버지를 데려가자, 후추나무는 아버지 앞에서도 같은 노래를 불렀다. 그래서 아버지는 흙속에서 딸을 파내서 집으로 데리고 갔고, 어머니를 생매장했다고 한다.

■흡혈 늑대인간 루가루

서인도 제도의 동남부, 소(小) 안틸 제도(Antilles) 남부에 있는 섬나라 그레나다.

카리브의 전설에 의하면, 그레나다에는 루가루(Rougarou)라는 노녀 늑대인간이 있으며 인간의 간을 꺼내서 그 피를 마신다며 두려워하고 있었다. 어느 날, 미녀로 변한 루가루가 남성 의사와 사랑에 빠졌다. 의사와 하룻밤을 보내고서 본성을 드러낸 루가루가 의사의 간을 빼기 위해서 배에 발톱을 찔러 넣으려고 하는데, 아침 햇살이 비쳐들자 그녀의 몸은 말라 쪼그라들더니 먼지로 변했다고 한다.

'루가루'는 원래 프랑스어로 '늑대인간(Loup-garou)'을 뜻하는 말이다. 그레나다는 과거에 프랑스의 식민지였던 시대가 있었으므로 그 무렵에 생겨난 이야기인지도 모른다.

코스타리카

■디키스의 석구군(石球群)

코스타리카에는 심벌이라고 할 수 있는 이상한 돌이 있다. 1930년대에 코스타리카 남부 디키스 삼각주(Diquís delta) 인근 선주민의 집락에서 발견된, 200개 이상이나 되는 커다란 석구(石球)군이다. 코스타리카의 석구(Stone spheres of Costa Rica)라고도 불리며 수정 해골, 황금 스페이스셔틀(자세한 것은 멕시코의 **고대 마야의 수정 해골**, 콜롬비아의 **황금 비행기** 항목을 참조)과 나란히, 중남미 3대 오파츠 중 하나로 꼽히고 있다.

화강암으로 만들어진 거의 완전한 원형의 돌로, 표면은 매끈하다. 사이즈는 약 70센티미터부터 2미터 이상인 것까지 있다. 1000년 이상 전에 만들어진 것이며, 마그마가 굳어져 만들어진 바위를 단단하고 뾰족한 돌로 두드려서 공 모양으로 만든 것이 아닐까 하는 설이 있지만, 디키스 문화에는 문자가 없기 때문에, 제작법이나 목적은 확실치 않다. 선주민의 후예에 의하면, 석구를 만들 때에는 정령들이 힘을 빌려주었다는 전설도 있다.

■ 카르타고의 복수귀 라 세구아

과거 수도였던 코스타리카 중부의 도시 카르타고에 출몰하는 악령의 전설. 라 세구아(La Cegua)라는 이름인데, 미녀의 모습으로 남자를 유혹하고 암말의 괴물로 변신해서 습격해온다고 한다. 라 세구아의 머리는 피투성이인 말의 해골로, 눈 부분이 불타는 듯이 붉게 빛나고 있다.

17세기 말, 카르타고에 아름다운 여자가 살고 있었다. 여자는 스페인 군인과 사랑에 빠졌고, 남자는 결혼을 조건으로 여자의 몸을 원했다. 여자는 가톨릭의 가르침을 어기고 몸을 허락해버렸다. 그러나 얼마 후에 남자는 조국으로 돌아갔고 연락을 취할 수 없게 된다. 배신당한 슬픔과 정조를 잃은 것에 대한 죄책감 때문에 여자는 몹시 야위었고 결국 목숨을 잃었다. 그 후에 여자는 악령이 되어 카르타고 마을에 나타나서 남자를 습격하게 되었다고 한다.

콜롬비아

■ 말라죽지 않는 마테 나무

남아메리카에서 자주 마시는 마테차(Mate)의 전설이 콜롬비아에 남아있다. 옛날에 아름다운 딸을 가진 선주민 아버지가 있었다. 아버지는 딸이 젊고 아름다워서, 언제 자신의 곁을 떠나서 죽어버리는 게 아닐까, 혹은 누군가에게 잡혀가는 것은 아닐까 하고 매일 걱정했다.

어느 날, 대지를 창조한 신이 노인의 모습을 하고 지상에 나타나서 부녀의 오두막에 들렀다. 두 사람은 노인이 신이라는 것을 모르는 채로 아주 친절하게 대접했고, 만족한 신은 아버지에게 정체를 밝히고 소원을 하나 들어주기로 했다. 아버지는 "자신이 살아있는 한, 딸이 떠나기를 바라지 않는다"라고 말했다. 그러자 신은 딸을 영원히 녹색을 유지하고 사는 마테나무로 바꾸고, 언제까지나 젊고 아름다우며 죽지 않도록 했다. 이후로 남아메리카 사람들은 마테차를 사랑하고, 마시게 되었다고 한다.

■ 황금의 비행기

콜롬비아의 유적에서 기묘한 황금 공예품이 발굴되었다. 길이 5센티미터 정도의 장식품으로, 길쭉한 몸통에 삼각형의 날개가 나 있는 듯한 형태를 하고 있다. 어떠한 곤충이나 새, 물고기를 모티프로 한 물건이라고 생각되었다.

그러나 미국의 동물학자 아이번 T. 샌더슨(Ivan T. Sanderson)은 이 황금공예품이 어떠한 동물에도 해당되지 않으며, 현대의 제트기나 스페이스 셔틀 같은 물건이라고 주장했다. 즉 고대의 남아메리카에 비행기를 만들 수 있을 정도의 문명이 존재했음을 시사한다는 것이다.

이 황금의 비행기는 남미의 메기를 본뜬 것이 아닐까 하는 설도 있지만, 샌더슨의 발표 이후로는 '황금 스페이스셔틀', '황금 제트기' 등으로 불리는 오파츠로서 유명해졌다. 현재는 수도 보고타에 있는 황금 박물관에 전시되어 있다.

코스타리카의 석구, 수정 해골(자세한 것은 코스타리카의 **디키스의 석구군**, 멕시코의 **고대 마야의 수정 해골** 항목을 참조)과 함께, 중남미 3대 오파츠 중 하나로 꼽힌다.

■ 황금향 엘도라도를 꿈꾸며

15세기부터 16세기에 걸쳐 스페인 정복자(콩키스타도르)를 시작으로, 유럽인들을 매료시킨 전설이 있다. 그것이 남아메리카 대륙 어딘가에 있다는 소문이 퍼진 황금향 엘도라도 전설이다.

소문의 시작은 현재의 콜롬비아의 산악지대에 살고 있던 무이스카(Muisca)인(치부차[Chibcha]인)이 스페인인 탐험가에게 어느 의식에 대해서 이야기한 것이다. 당시 무이스카인은 새로운 족장으로 선발되면 축하하기 위해 온몸에 금박을 바르고 황금과 에메랄드를 신성한 호수에 던진다고 한다. 이 이야기를 들은 스페인인은 족장을 '엘 도라도(El dorado, 황금의 사람)'이라고 불렀다. 실제로 콜롬비아의 보고타 근처의 구아타비타(Guatavita) 호수에서 보석과 금 세공품이 몇 점 발견된 적이 있어서, 욕망에 휩쓸린 스페인인이나 포르투갈인, 영국인, 독일 탐험대들이 황금이 있을 듯한 장소를 찾아서 콜롬비아, 브라질, 가이아나 등을 탐험했다. 시간이 흐름에 따라, 전설의 엘도라도는 사람이 아니라 황금으로 가득한 도시의 전설을 가리키는 것으로 변해갔다.

많은 정복자들이 황금향을 찾아다녔고, 그 탐험은 가혹하기 짝이 없었다. 많은 유럽인과 선주민이 목숨을 잃었고, 보물은 찾지 못했다. 결국 탐험 중에 많은 사람을 살해한 로페 데 아귀레(Lope de Aguirre)에 의한 원정대를 마지막으로, 스페인에서는 '황금향은 존재하지 않는다'라는 결론을 내리고 유럽 각국에서도 포기와 실망이 퍼지기 시작했다.

그런 가운데, 17세기 초에 영국인 월터 롤리 경(Sir Walter Raleigh)은 엘도라도의 전설을 다른 전설인 잃어버린 황금도시 마노아(Manoa)와 결부시켜서 무모하다고도 할 수 있는 탐험에 나섰다. 그러나 결과는 참담해서, 폭풍에 배는 대파되고 롤리 경은 부하들의 반항으로 귀국할 수밖에 없었으며, 탐험 중의 전투로 아들을 잃은 데다 현지에서 허가 없이 스페인인과 싸운 죄로 인해 모국 영국에서 처형당하고 말았던 것이다. 무모한 탐험가들이 추구한 황금은 아직 발견되지 않았다.

자메이카

■그레이트 하우스의 유령 소동

카리브해의 섬나라 자메이카 제일의 리조트 타운이라면 몬테고 베이(Montego Bay)일 것이다. 이 도시가 영국의 식민지였던 시절, 플랜테이션의 소유자였던 부유층이 세운 그레이트 하우스가 지금도 각지에 남아있다. 그중에서도 1770년에 총독으로 부임했던 존 팔머(John Palmer)에 의해 세워진 로즈 홀(Rose Hall) 그레이트 하우스는 웅장하고 화려한 하얀 건물과 동시에 유령전설로도 유명하다.

19세기에 아일랜드에서 시집온 18세의 애니 팔머는 부두교의 흑마술을 사용해서 3년 후에 남편을 독살했다. 그 후에 두 번째, 세 번째 남편도 죽이고 불륜상대인 흑인 노예들도 희생시켰다. 끝내 애니는 노예들의 복수로 1831년에 살해당했다. 하지만 그 후로 화이트 위치('로즈 홀의 하얀 마녀'라고도 한다)라고 불리는 애니의 유령이 지금도 오후 6시가 되면 묘에서 되살아나서 건물에 나타난다고 한다. 이 건물은 가이드가 동행하는 투어로 견학이 가능하다.

■아난시가 노래한 '다섯'

카리브해의 서인도 제도에 있는 자메이카 섬에는 아프리카의 전설에 등장하는 트릭스터, 거미 아난시(Anansi)의 이야기(자세한 것은 아프리카·가나의 **거미 아난시 전설** 항목을 참조)가 전해진다.

사악한 아난시의 근처에 '다섯'이라는 이름의 마녀가 살고 있었다. 그녀는 자신의 이름을 몹시 싫어해서 "다섯이라는 말을 한 자는 죽어버려라"라는 저주를 걸었다. 나쁜 꾀가 떠오른 아난시는 그 이야기를 듣고 재빨리 시험하기로 했다. 다음 날, 아난시는 고구마를 다섯 개 길에 떨어뜨리고, 머리가 나쁜 척을 하며 지나가는 동물들에게 고구마를 세게 했다. 거위가 "다섯"이라고 말한 순간, 쓰러져 죽어서 아난시는 먹이로 삼았다. 그렇게 차례차례 사냥감을 먹어치웠지만, 마지막에 찾아온 비둘기가 무슨 수를 써도 "다섯"이라고 말하지 않아서, 참지 못한 아난시가 "이렇게 세는 거야! 하나, 둘, 셋, 넷, 다섯!"이라고 말해버려서 아난시 자신이 죽고 말았다.

수리남

■ 파라파라와와 농경의 시작

수리남이나 브라질의 트리오(Tiriyó)족에게 전해지는 전설. 옛날, 파라파라와라는 남자가 있었다. 이 무렵의 인간은 짐승고기나 물고기밖에 먹지 않았다. 어느 날, 파라파라와가 물고기를 잡다가 와라쿠라는 물고기를 잡았다. 물고기의 머리를 자르려고 하는데, 물고기가 미녀로 변했다. 아름다운 여성을 좋아하게 되어버린 파라파라와는 그녀에게 결혼을 신청했다.

파라파라와의 아내가 되기로 한 여성은, 아버지에게 결혼식을 위해서 먹을 것을 부탁했다. 그러자 큰 뱀의 모습을 한 아버지가 바나나나 고구마, 얌 등을 가지고 왔다. 아내는 파라파라와에게 이것들을 땅에 심으라고 말했다. 땅에 심은 식물은 쑥쑥 자라서 모든 마을 사람들에게 나눠줄 수 있을 정도로 많은 과일과 야채를 수확할 수 있었다.

이것이 농경의 시작이며, 사람들은 바나나나 감자를 재배할 수 있게 되었다고 한다.

세인트 크리스토퍼 네비스

■ 식민지 시대의 요새가 남아있는 섬

세인트 크리스토퍼 네비스는 세인트 크리스토퍼 섬(세인트 키츠[Saint Kitts]섬이라고도 한다)과 네비스(Nevis) 섬으로 이루어진 카리브해의 섬나라다. 1493년에 콜럼버스가 도착한 후, 유럽인의 정복에 의해 이 섬의 선주민인 카리브계 칼리나고(Kalinago)족의 문화는 두절되고 말았다. 현재는 식민지 시대에 데려온 아프리카계 노예의 자손이 많이 살고 있다.

세인트 크리스토퍼 섬의 서해안 언덕에는 식민지 시대를 떠올리게 하는 중후한 요새 터가 있다. '카리브 해의 지브롤터'라고 불리는 브림스톤 힐 요새 국립공원(Brimstone Hill Fortress National Park)은 영국군이 90여 년의 세월에 걸쳐 완성한 서인도 제도 최대의 요새로, 프랑스 함대와

격전을 벌였다. 1834년에 허리케인으로 파괴되어 방치되고 있었지만, 현재는 국립공원으로서 정비되었고 세계유산으로 등록되었다.

세인트 빈센트 그레나딘

■『캐리비안의 해적』의 촬영지

세인트 빈센트 그레나딘은 카리브해 남부에 위치하며 화산섬인 세인트 빈센트(St Vincent) 섬과 산호초인 그레나딘 제도(Grenadines)로 이루어진 자연이 풍요로운 영국 연방 가맹국이다. 세인트 빈센트 섬에는 카리브해의 선주민인 아라와크(Arawak)족이 남긴 어머니와 자식의 그림 등의 선각화가 남아있다. 300년부터 600년경에 바위에 새겨진 것으로, 라유 선각화 공원(Layou Petroglyph Park)에서 볼 수 있다.

카리브해라고 하면 카리브의 해적이 유명한데, 이 지역은 영화『캐리비안의 해적』의 촬영지이기도 하다. 실제로 17세기 후반부터 18세기에 걸쳐 해적들이 이 부근에서 활동했다고 한다. 변함없는 산의 자연과 하얀 모래의 해변, 아름다운 산호초는 당시의 카리브해의 모습 그대로라고 이야기되고 있다.

세인트루시아

■뷰 포르의 마술사

세인트루시아는 카리브해의 동쪽, 서인도제도에 있는 섬나라 중 하나다. 카리브해 연안 지역에는 민간신앙과 가톨릭의 교의가 융합해서 생겨난 부두교의 전설이 많이 남아있는데, 세인트루시아에 전해지는 마술사의 전설도 그 중 하나다.

세인트루시아 섬 남쪽의 뷰 포르(Vieux Fort)라는 마을의 마술사가, 한 남자에게 마법의 가루를 먹여서 잠들게 했다. 그 사이에 마술사는 정령으로 분장하고 그 남자의 아내과 동침했다. 그런 짓을 반복하고 있었는데, 어느 날 밤에 마법이 효과를 잃어서 마술사는 그 남자에게 찔려 죽고 말았다고 한다. 본래 마술사는 부두교에서 오비아(Obeah)라고 불리는 사람의 생사, 부와 권력을 조종하는 마술 같은 것을 다루는 자인데, 이 마술사는 힘을 제대로 다루는데 실패한 듯하다.

부두교(Voodoo)란 흑인 노예의 신앙과 기독교가 융합해서 생겨난 종교다. 아이티를 중심으로 퍼졌다. 로아(Lwa)라고 불리는 정령을 믿으며 빙의의식이나 마술 등을 행한다. 부두라는 말은 정령 보둔(Vodun)이라는 말에 유래한다. 자세한 것은 아프리카·베냉의 **팟세왕의 성스러운 숲** 항목을 참조.

칠레

■ 비자리카 호수의 흡혈뱀 피구첸

칠레 중부, 라 아라우카니아(La Araucanía) 주에 있는 비자리카 호수(Lake Villarrica)에는, 과거에 피구첸(Piguchen)이라고 불리는 흡혈뱀이 숨어있었다고 한다. 그 눈을 보면 마비되듯이 움직일 수 없게 되는 무서운 흡혈뱀으로, 선회하면서 공중을 날며 사냥감을 발견하면 돌개바람 같은 소리를 내며 덮쳐온다. 눈을 바라보며 사냥감을 봉인하면 몸을 말아서 조이고, 목덜미에 송곳니를 꽂아서 생피를 빤다고 한다.

이 흡혈뱀에 대항할 수 있는 것은 이 지역에 사는 선주민, 마푸체(Mapuche)족의 마치(Machi)라고 불리는 샤먼뿐이다. 구전에 의하면, 정령이나 영계와 소통하는 마치가 그 마력으로 피구첸보다도 빠르게 날며 일부러 피구첸이 자신을 뒤쫓게 만들다가 비자리카 호수에 뛰어들었다. 쫓아온 피구첸은 마치의 뒤를 따라 호수에 뛰어들었고, 그 순간 호수의 수면에 비친 자신의 모습을 보고 연기가 되어버렸다고 한다.

■ 칠로에 섬의 촌촌

촌촌(Chonchon)이란, 칠로에(Chiloé) 섬에 전해지는 무서운 생물이다. 촌촌은 원래는 인간의 요술사였으며, 부엉이 같은 외모에 잿빛 털에 덮여있다고도, 인간의 머리뿐인 모습에 커다란 귀로 공중을 난다고도 이야기되고 있다.

섬에서는 집 밖에서 촌촌의 목소리가 들리면 가족 중 누군가가 죽는다, 집에 병자가 있으면 촌촌이 피를 빨러 와서 죽게 만든다는 등의 이야기가 믿어지고 있다. 목소리가 "촌촌"이라고 들리는 것에서 이런 이름이 붙었다고 한다. 그리고 남자 아기를 납치해서 임분체(Imbunche)라고 하는 괴물로 바꿔서 종으로 삼는다고 한다. 임분체는 도망칠 수 없도록 한쪽 발을 뒤통수에 붙이고, 등에는 마법의 약을 발라서 추위를 느끼지 않는 검은 털이 나게 한다고 한다. 시종이 된 임분체는 촌촌이 사는 동굴을 인간으로부터 지키는 파수꾼을 하게 된다고 한다.

도미니카 공화국

■기괴한 형태의 흡혈귀 비엠비엔

도미니카 공화국은 카리브해의 대(大) 안틸 제도(Antilles), 이스파뇰라(Hispaniola) 섬의 동쪽에 있는 나라다. 남서부의 바오루코 산맥(Sierra de Bahoruco)에는 비엠비엔(Biembien)이라고 불리는 흡혈귀가 출몰한다고 한다. 원래는 18세기경에 도망친 노예들이었지만, 이윽고 흡혈귀로 변했다고 한다. 키가 작은 기괴한 형태의 괴물로, 뒤로 걷는 특징이 있다. 자신들이 믿는 신에게 피를 바치기 위해 인간의 내장을 찾아다닌다고 한다.

만약 이 산악지대에서, 낮은 으르렁거리는 소리나, 목을 울리는 듯한 기묘한 소리가 들려온다면, 가까이에 사냥감을 찾아 헤매는 비엠비엔이 있는지도 모른다고 한다.

■역사에서 사라진 카리브해의 선주민

도미니카 공화국에는 기원전 4000년 무렵부터 아라와크(Arawak) 족이라는 선주민이 살고 있었다. 아라와크족이란 카리브해의 라틴아메리카계 선주민족의 총칭으로, 플로리다 반도부터 베네수엘라 북쪽으로 이어지는 약 4000킬로미터의 열도군에 있는 대 안틸 제도 및 소 안틸 제도에도 살고 있었다. 그들은 수장을 중심으로 국가를 구축하고 있었지만 15세기에 콜럼버스가 도착한 이래, 유럽인의 정복이나 파괴에 의해 그 시대의 신화나 성지, 문화는 소실되고 말았다.

아라와크 어족계인 타이노족도 마찬가지로, 유럽인이 가지고 온 질병이나 침략 행위에 의해 절멸했다고 생각되고 있었다. 그러나 1802년, 그것은 '서류상의 대량학살'이며 역사에서 말소되었던 민족이었음이 국제조사에 의해 판명되었다. 타이노족의 후예는 지금도 카리브해 지역에 존재하고 있다고 한다.

■타이노족의 천지창조

카리브해의 이스파뇰라섬은 서인도 제도 중에서도 쿠바 다음으로 커다란 섬이다. 현재는 서쪽 절반이 아이티, 동쪽 절반은 도미니카 공화국이 되어 있다.

이 섬에 살고 있던 선주민인 아라와크(Arawak) 어족계의 타이노(Taino)족에는 1492년에 유럽의 입식자가 도착할 때까지의 역사를 다섯 개의 창조의 시대로 나타낸 신화가 전해지고 있었다.

제1의 시대의 시작, 최고신 야야(Yaya)는 자신에게 대항한 아들을 죽였다. 그리고 아들의 뼈를 거대한 표주박 안에 넣고 집에 매달아두었다. 며칠 후, 표주박을 들여다본 야야는 뼈가 물고기로 변해서 물속을 헤엄치고 있는 것을 발견해서, 아내는 물고기를 몇 마리 잡아서 조리하고 부부가 함께 식사를 즐겼다. 그러나 어느 날, 그 표주박이 깨져버렸다. 야야의 집에 침입한 적의 짓이라는 설도 있다. 이리하여 표주박에서 흘러넘친 물은 세계 전체로 퍼지고 섬들을 둘러싸는 카리브해가 되었다.

제2의 시대에는 최초의 인간인 타이노족이 나타났지만, 전부 남성이었다. 그들은 이스파뇰라 섬의 카오나오(Caonao)에 있는 두 개의 동굴 중 하나에서 나타나, 바다에서 물고기를 잡으며 살아가는 방법을 익혔다. 다른 하나의 동굴에서는 태양과 달이 떠올랐고, 태양은 인간들을 감시하며 일을 게을리 하는 자에게 벌을 주었다. 제3의 시대에는 여성이 나타났고, 이스파뇰라 섬에 인구가 늘고 집락이 생겨나고 삶이 풍족해졌다. 제4의 시대에는 사람들은 육지를 탐험하고 카리브해 이외의 섬들에도 건너가 평화롭고 행복하게 살았다.

그러나 1492년에 콜럼버스가 도착한 때부터 새로운 제5기가 되자, 유럽인이 가지고 온 병으로 인해 많은 타이노인이 목숨을 잃었다. 타이노인의 전통적인 삶은 파괴되고, 고난과 파멸과 함께 신화는 종언을 맞이한다.

도미니카 연방

■ 여자 악마 라 디아블레스

도미니카 연방은 카리브해 동쪽에 위치한 서인도 제도에 있는 섬나라로, 영연방에 속한 독립국 중 하나다. 스페인어를 공용어로 사용하며 이스파뇰라 섬에 있는 도미니카 공화국과는 다른 나라다. 마찬가지로 카리브해 연안 지역의 세인트루시아와 마찬가지로, 부두교의 전설이 많이 남아있는데, 라우댓(Laudat)에 남아있는 전설도 그 중 하나다.

도미니카섬의 라우댓이라는 지역의 어느 마을에, 라 디아블레스(La Diablesse)라고 불리는 여자 악마가 있었다. 그녀는 바람을 피운 자에게 벌을 주기 위해, 나무 뒤에 숨어서 부정을 행하려고 하는 남자를 기다리고 있다고 한다. 여자 악마는 아름다웠지만 발끝이 갈라져 발굽형태인 것을 신경 쓰고 있었다. 만약 발굽을 다른 사람이 본다면 곧바로 흉측한 악마의 모습으로 변해, 티투 협곡(TiTou Gorge)으로 날아서 도망간다고 한다.

트리니다드 토바고

■ 염소에게 속은 늑대

트리니다드 섬에 전해지는 옛날이야기로, 약한 동물이 지혜를 발휘해서 위기를 벗어나는 이야기가 있다.

어느 날 트리니다드 섬에 아주 세찬 소나기가 내려서 푹 젖은 염소는, 도와주겠다는 늑대의 집으로 피신했다. 그런데 늑대가 자신을 잡아먹을 생각인 것을 깨달은 염소는 기지를 발휘해서 바이올린을 연주하며 "어제 죽인 1만 마리의 늑대. 오늘은 몇 마리를 죽일까"라고 소리 내어 계속 노래했다. 염소의 노래에 경계심을 품은 늑대는 아내과 아이들을 집 밖으로 내보내고, 끝내 무서워져서 자기도 도망쳤다. 그 뒤로 염소는 결코 늑대의 집 앞을 지나지 않게 되었다고 한다.

■ 잡아먹힌 벌새와 피치 호수의 탄생

트리니다드 토바고는 트리니다드 섬과 토바고 섬으로 이루어진 카리브해의 최남단에 위치한 서인도 제도의 섬나라다.

다른 카리브해의 섬에서는 볼 수 없는 새도 포함해서 수많은 새가 서식하고 있으며, 국토 당 새의 종류가 세계에서 가장 많아서 버드 워처들에게도 인기 있는 나라다. 특히 16종류 이상이나 서식하는 벌새는 국조로서 지정되어, 선조의 정신이 깃든 새로서 사랑받고 있다.

벌새를 상처 입혔기 때문에 신에게 천벌을 받은 전설이 있다. 어느 날, 부족 간의 싸움에서 승리한 부족이 선조의 정신이 깃든 벌새를 잡아먹어버렸다. 그 때문에 신이 벌로서 땅바닥에서 피치(점성이 있는 검은 가스)를 분출시켜 마을을 집어 삼켜 없애버렸다고 한다. 그 후, 만들어진 흑갈색의 아스팔트의 호수는 피치 호수(Pitch Lake)라고 불리며, 트리니다드 섬의 남서부에 실제로 존재한다. 몇 백 톤이나 되는 세계 최대의 천연 아스팔트 산출량을 자랑하며, 호수 바닥에는 부주의하게 발을 들인 동물들의 수많은 시체가 있다고 이야기되고 있다.

■ 카리브해의 흡혈귀 수쿠얀과 추렐

서인도제도 남동부, 소 안틸 제도 남단의 트리니다드 섬과 북쪽의 토바고 섬에는 각각 무서운 흡혈귀가 숨어살고 있다고 한다.

트리니다드 섬 북쪽의 파라민(Paramin) 마을에는 수쿠얀(Soucouyant)이라는 여자 흡혈귀가 있다. 그 흡혈귀들은 아프리카에서 노예선으로 운반된 악마에 의해 만들어진 자들이다. 수쿠얀은 불덩어리로 변신할 수 있으며, 집의 열쇠 구멍을 통해 침입해서 잠든 여성을 깨물어 피를 빤다. 그리고 악마의 곁으로 돌아와서 피를 전달하고, 그 보상으로서 새로운 사악한 힘을 받는다고 한다.

한편, 토바고 섬의 카스타라(Castara)에는 악령 추렐(Churel. Churile 등으로 불리기도 한다)이 살고 있다. 추렐은 임신 중에 뱃속의 아기와 함께 사망하거나 출산 시에 목숨을 잃은 여성의 원령이다. 하얀 드레스를 입고 아기를 안은 모습으로 나타나, 아기와 함께 하룻밤 동안 울고 있다. 그리고 슬픔으로 인해 복수심에 휩싸인 추렐은 임산부에 빙의해서 유산시키고 그 태아의 피를 빨아먹는다고 한다.

니카라과

■남미 버전의 모모타로 전설

니카라과에는 죽은 자의 나라에 간 남자의 이야기가 전해지고 있는데, 그 결과는 일본의 모모타로 전설과 비슷하기도 하다.

어느 마을에, 아주 금슬 좋은 부부가 두 아이와 함께 살고 있었는데, 어느 날 아내가 병으로 죽어버렸다. 남편은 슬퍼하며 사촌에게 상담해서 죽은 자를 다시 불러오는 힘을 지닌 주술사를 소개받는다. 주술사는 남자에게 죽은 자의 나라로 가는 방법을 알려주고, 남자의 몸과 얼굴에 신비한 표식을 그리고서 "결코 지워서는 안 된다"라고 충고한다.

남자는 주술사가 시키는 대로 커다란 호수로 가서, 그곳에 떠 있는 작은 섬의 동굴을 통해 죽은 자의 나라로 향했다. 그러나 남자는 죽은 자의 나라에서 아내를 데리고 나오는 도중에 깜빡하고 몸의 표식을 지워버린다. 게다가 아내의 말을 듣고 더러워진 얼굴을 씻었더니, 마지막 표식도 사라져버렸다. 그러자 지금까지 곁에 있던 아내가 사라져버렸다. "아내는 먼저 돌아간 것일지도 모른다"라고 생각한 남자가 마을로 돌아가 보니, 이상하게도 그곳에는 모든 것이 완전히 변해버린 상태였다. 남자는 정신없이 아내를 찾아다녔지만 끝내 찾을 수 없었다.

그래서 이번에는 주술사를 소개해준 사촌을 찾아갔지만, 마을 사람들에게는 "오래전에 죽었다"라는 말을 들었다. 남자의 집이 있던 장소에는 새로운 집이 세워져 있었고 젊은이와 아가씨가 살고 있었는데, 남자는 그 두 사람이 자신의 자식들이라고는 깨닫지 못했다. 또, 아이들도 남자가 수염도 머리카락도 새하얀 노인이었기 때문에 오래전에 실종된 아버지라고는 알지 못했다. 그 뒤에 노인은 한동안 마을을 떠돌았지만, 어느 날 홀연히 사라져 버렸다. 남자는 죽은 자의 나라로 돌아간 것이 아닐까 하는 소문이 돌았다고 한다.

■니카라과의 산 헤로니모 축제

니카라과는 태평양과 카리브해에 접한 중부 아메리카의 나라다. 다른 남아메리카의 국가들과 마찬가지로, 식민지 시대를 거치는 동안 선주민이나 과거의 문화가 완전히 사라져버려서 현재는 메스티소(혼혈)가 국민의 대부분을 점하고 있다.

니카라과 서부에 있는 마사야(Masaya)라는 마을에서는 매년 산 헤로니모 축제(Fiestas de San Jeronimo)가 이루어진다. 수호성인으로서 모셔지는 성 헤로니모(성 히에로니무스)를 기념하는 축제로, 커다란 제단에 얹은 성 헤로니모를 가마처럼 짊어지고 거리를 행진한다고 한다. 이것은 과거에 성 헤로니모가 산에 틀어박혔던 것을 나타내며, 밤이 되면 가장한 사람들이 불을 피우며 밤을 밝게 비춘다고 한다.

아이티

■나방으로 변신한 마캉달

18세기의 아이티의 혁명가로 부두교의 사제이기도 했던 프랑수아 마캉달(François Mackandal). 흑인 노예로서 아이티의 플랜테이션에서 일했지만, 1740년에 농기구에 끼이는 사고로 한쪽 팔을 잃는다. 그 후에 다른 지구의 노예들과 함께 도망쳐서 흑인 노예들의 공동체에 합류한 뒤에는 풍부한 지식과 화술로 리더로서의 두각을 나타내기 시작했다. 공동체는 마룬(Maroons)이라고 불리며, 이후의 부두교의 원형이 되었다는 설이 있다.

전설에 의하면, 마캉달은 신비한 힘을 가지고 있었다. 이구아나나 펠리컨, 나방 등의 다양한 생물로 변신하는 힘이 있었고, 다양한 예언을 해서 신자를 늘리며 각지에 반란의 씨앗을 뿌려나갔다. 독약에 대한 지식도 풍부해서, 독살당한 백인의 수는 600명이라고도, 6000명이라고도 한다.

그러나 1758년에 마캉달은 신자의 배신으로 백인들에게 붙잡혀 화형에 처해진다. 그러나 화염이 타오르는 순간, 마캉달이 주문을 외자 밧줄이 뚝 끊기고 몸이 공중으로 날아올라, 나방이 되어 날아갔다고 한다.

그 이후, 마캉달은 노예들의 정신적 지주가 되어서 부두교의 의식이나 주문 등, 악한 것을 쫓는 부적이나 독살, 마술사 같은 의미로 마캉달의 이름을 외게 되었다고 한다.

■부두교의 살아있는 죽은 자, 좀비

근래에 호러 영화 등으로 알려진 좀비는 원래 부두교(Voodoo)라는 종교의 문화권에서 전해지는 '살아있는 죽은 자'의 호칭이다. 카리브해에 있는 아이티는 옛날부터 좀비의 목격담이 있었으며 흑마술로 인간이 좀비로 변한다고 믿고 있다. 부두교의 주술사가 지닌, 인골이나 동물의 뼈를 융합한 비약 '좀비 파우더'를 인간에게 사용함으로써 그 사람을 가사상태에서 뜻대로 조종할 수 있다고 한다.

1962년, 아이티에서 유명한 '좀비 사건'이 일어났다. 작은 마을에 살고 있던 클레어비우스 나르시스(Clairvius Narcisse)라는 남성이 병으로 죽어서 묘지에 매장되었다. 18년 후, 그의 여동생은 마을의 시장에서 클레아비우스라는 남자와 조우했다. 그 남자의 의상은 너덜너덜했고, 공허한 눈을 하고 있었다. 클레아비우스의 설명에 의하면, 누군가가 묘를 파내고 뺨을 때려서 눈을 뜨게 한 뒤에 데리고 나와 노예로 일을 시켰는데, 도망쳐 나왔다고 한다. 마을에서는 '클레아비우스가 좀비 파우더를 사용해서 좀비가 되어 돌아왔다'라고 대소동이 벌어졌다.

좀비는 소설이나 영화의 세계에서는 산 자를 습격하는 괴물로서 인기 재제다. 존. A. 로메로가 감독한 영화『살아있는 시체들의 밤(Night of the Living Dead)』이나, 미국의 텔레비전 드라마『워킹 데드』등이 유명하다.

■해골신사 삼디 남작

해골 같은 얼굴, 검은 옷, 머리 부분이 높은 모자에 검은 안경을 끼고, 담배와 스틱을 든 해골 신사가 삼디 남작(Baron Samedi)이다. 아이티의 부두교에 등장하는 로아(Lwa)라고 불리는 삶과 죽음을 관장하는 정령이라고 한다. 게데(Gede)라고 하는 부두교의 사신, 방탕과 호색 등을 관장하는 정령들의 우두머리, 혹은 게데의 화신이라는 설도 있다.

죽은 자의 혼을 명계로 이끌기 위해, 삼디 남작은 명계로 이어지는 '영원의 교차점'에서 죽은 자가 찾아오기를 기다린다고 한다. 또, 죽은 자를 좀비로 되살리는 비술을 다룬다고도 한다.

파나마

■파나마의 황금문화

파나마는 북아메리카와 남아메리카 대륙의 경계에 위치한, 활 같은 형태를 한 국가다. 기원후 250년경부터 16세기경까지 파나마에는 코클레(Coclé)인이라고 불리는 사람들이 번영하고 있었다.

코클레인은 풍부한 금을 뛰어난 기술로 가공하여 다양한 황금 공예품을 만들어냈다. 수도 파나마시티에 있는 산 호세 교회에서는 거대한 황금제단이 있는데, 이것도 코클레 문화의 황금으로 제작된 것이라고 한다. 1920년에 파나마 남부의 분묘에서 발굴된 길이 20센티미터 정도의 유물은 고대의 중장비가 아닐까 하는 설 때문에 '황금의 불도저'로서 수정 해골(자세한 것은 멕시코의 고대 마야의 수정 해골 항목을 참조) 등과 같은 오파츠로 꼽히고 있다.

2010년, 파나마 중부의 엘 카뇨(El Caño) 유적의 수장의 분묘에서 서력 700년부터 1000년경에 만들어진 황금 장식품이 많이 발견되어, 지금까지 발견된 코클레 문화의 유적 중에서도 최대 규모의 황금 분묘로서 화제가 되었다. 산제물이라 생각되는 25명 이상의 시신도 발견되었으며, 그 근처에는 아주 강한 독을 지닌 복어의 뼈나 수장의 아들의 것이라 생각되는 황금 의상 등도 발견되었다.

코클레 인은 문자를 갖지 않았기 때문에 여전히 그 문화나 습관 등의 많은 것이 수수께끼에 싸여 있다. 그러나 이 유물이 파나마의 황금문화를 해명하는 중요한 단서가 될지도 모른다.

바하마

■ 돼지가 헤엄치고 있는 해변

바하마 제도 북부, 점점이 이어지는 360개의 섬과 암초들로 이루어진 엑수마(Exuma) 제도. 그 한가운데 부근에 위치한 작은 무인도 빅 메이저 케이(Big Major Cay)에는 돼지가 헤엄치고 있는 '피그 비치(Pig Beach)'라고 불리는 장소가 있다.

구전에 의하면, 과거에 이 섬에는 부유층이 살고 있었는데 언젠가부터 섬은 방치되고 섬에서 가축으로 기르던 돼지만이 남겨지고 말았다. 돼지는 그 후에 자력으로 헤엄을 익혔다고 한다. 지금은 20마리 정도의 돼지가 살고 있으며, 섬이나 인간이 다가오면 먹이를 얻어먹기 위해 수풀에서 차례차례 나타나 바다까지 헤엄쳐온다고 한다. 그 광경이 근래 SNS 등에 퍼져서 피그 비치는 관광명소가 되었다.

■ 카리브의 해적

'카리브의 해적'이라고 하면 영화나 만화 등으로 알려진 유명한 해적이지만, 카리브해에 해적이 있었던 것은 사실이다. 18세기 전반에는 바하마 제도의 뉴프로비던스 섬의 수도 낫소(Nassau)에 3000명 정도 해적이 살고 있었다고 한다. 영국, 스페인 등의 상선에 탔던 전직 선원이나 마을의 죄인 등으로 구성되어 상선을 습격하며 배에서 지낸 것에서 '해적'이라고 불리게 되었다. 웨일스의 사략선 선장 캡틴 헨리 모건(Henry Morgan). 스티븐슨의 『보물섬』에도 등장하는 블랙 바트(Black Bart), 바솔로뮤 로버츠(Bartholomew Roberts). 여자 해적 앤 보니(Anne Bonny) 등, 개성이 풍부한 해적들이 많다.

그 중에서도 유명한 해적이라고 하면, 사상 최강이라고 두려움을 샀던 해적 '검은 수염'이란 별명으로 불리는 에드워드 티치(Edward Teach)다. 검은 수염을 땋고, 모자에 인화물을 붙인 그 모습을 보는 것만으로도 뱃사람들은 투항했다고 한다. 영화『캐리비안의 해적』의 주인공 잭 스패로우의 모델 중 한 명으로도 이야기되고 있다.

검은 수염은 영국의 사략선의 전 승조원으로, 퀸 앤즈 리벤지(앤 여왕의 복수)호를 타고, 카리브해 연안이나 북아메리카 동해안의 바다를 어지럽히며 금은보화를 약탈했다(자세한 것은 북아메리카·미국의 **검은 수염의 숨겨진 보물** 항목을 참조). 1718년에 노스캐롤라이나 연안의 오크라코크(Ocracock)섬에서 붙잡혀 참수 당했다고 하는데, 머리를 잘라 떨어뜨렸음에도 불구하고 몸은 수면에 떠 있는 채로 배 주위를 두 바퀴 헤엄치며 머리를 찾고 있었다는 전설이 남아있다. 지금도 오크라코크 섬 연안의 티치스 홀(Teach's Hole)이라는 해역에는, 검은 수염의 목 없는 유령이 나타난다는 소문이 있다.

■해적 키드의 보물 전설

1701년, 세계적으로 유명한 해적 캡틴 키드가 런던의 해적 처형장에서 처형되었다. 그러나 처형 전날, 키드는 보물의 존재를 적은 편지를 감추고 있었다. 키드는 '서인도 제도에서 10만 파운드 상당의 보물을 손에 넣었다. 교수형을 면제해준다면 그 보물을 정부에 넘기겠다'라는 편지를 제시했지만 기각되고 처형당했다.

그 뒤로 200년 이상이 지난 1929년, 키드의 이야기가 말뿐이 아니었다고 생각하게 만드는 증거가 발견되었다. 캡틴 키드라는 이름이 적힌 17세기의 참나무 책상에서, 낡은 양피지에 그려진 지도가 발견되었던 것이다. 그 후, 키드의 유품에서 새롭게 석 장의 지도가 발견되었으며, 그 지도들은 거의 같은 장소, 중국해에 있는 어느 섬을 가리키고 있었다고 한다.

키드가 숨긴 보물의 행방에 대해서는 카리브해나 북쪽의 노바스코샤 연안(자세한 것은 북아메리카·캐나다의 **오크아일랜드에 잠든 보물** 항목을 참조), 혹은 일본의 오키나와현의 오가미지마에 잠들어있다는 소문도 있으며 지금도 열심히 탐색이 이루어지고 있다.

파라과이

■과라니 족을 자랑으로 하는 나라

파라과이는 남아메리카 대륙의 중앙 부근에 있는 나라로, 나라 이름은 '풍부한 수량'이라는 의미의 파라과이 강을 따서 이름 붙여졌다. 기원전 1000년부터 기원전 500년경에 이 땅에 찾아온 과라니(Guarani)족이 살고 있던 땅으로, 그 후에 다른 남아메리카의 국가들과 마찬가지로 식민지화와 함께 스페인인과 과라니족의 혼혈이 진행되었다.

파라과이 사람들은 선조인 과라니 족을 자랑으로 삼고 있으며, 현재도 화폐나 호텔의 이름 등, 이쪽저쪽에 과라니어를 찾아볼 수 있다. 파라과이라는 이름은 '새의 관을 쓴 사람들의 나라'라는 과라니어라는 설도 있으며, 사람들은 적극적으로 과라니어를 말하려 한다고 한다.

국내에는 세계 유산에 등록되어 있는 트리니다드 유적(La Santísima Trinidad de Paraná), 헤이수스 유적(Ruins of Jesús de Tavarangue) 등, 선주민에 대한 포교를 진행한 예수회 전도소의 유적군이 남아있으며, 과라니족이 사는 집락이 되었다고 한다.

바베이도스

■ 움직이는 관

카리브해 동쪽에 위치한 바베이도스는, 일본의 타네가시마(種子島) 정도로 면적이 작은 섬나라다. 이 나라는 괴기현상으로 유명한 교회 묘지가 있다. 1807~1820년경에 그 지역의 유력자였던 토머스 체이스(Thomas Chase)가 매장되었을 때, 지하납골당 내에서 이미 있었던 관이 기묘하게 일어나 있었다. 깨끗하게 늘어서 있었을 관이, 멋대로 뒤집히거나 반입할 때와는 반대 방향을 향하고 있었던 것이다. 이 시점에서는 누군가의 장난일 것이라고 결론 내렸지만, 4년 후에 다시 그 지하납골당을 열자, 또다시 관의 위치가 흐트러져 있었다.

애초에 납으로 만들어진 관은 약 250킬로그램으로 아주 무겁고, 대리석 뚜껑은 시멘트로 굳혀져 있었다. 묘지의 입구를 시멘트로 굳히는 등의 대책을 세우고 바닥에는 모래를 뿌렸지만, 그 후에도 관이 움직이는 현상이 일어났고, 바닥의 모래에는 누구의 발자국도 없었다. 인간에 의한 장난이나 자연현상일 가능성은 낮다는 결론이 내려졌다.

체이스 일가에 원한을 품은 자에 의한 저주다, 관 중 하나에 들어있던 자살해서 죽은 여성의 영혼에 의한 짓이라는 소문이 퍼졌지만 원인은 알 수 없었다. 최종적으로 일가의 관은 다른 장소에 매장하고, 이 지하납골당은 비워졌다고 한다.

푸에르토리코

■추파카브라

푸에르토리코에서 목격되는, 무서운 흡혈귀의 전설.

1995년, 양이나 염소 등의 가축이 피를 빨려 죽어있는 사건이 일어났다. 목격한 지역 사람들 사이에서는 추파카브라(Chupacabra)라는 흡혈짐승의 소행이라는 소문이 돌게 되었다. '추파카브라'란 스페인어로 '염소의 피를 빠는 생물'이라는 뜻이다. 몸길이는 약 1미터에 이족보행을 하며, 곰 같은 머리를 지녔고 등에는 가시가 있는 생물이라고 한다. 온몸이 잿빛 털로 뒤덮여있다는 설과 비늘이 있다는 설이 있다. 추파카브라의 소문은 눈 깜짝 할 사이에 퍼져서, 같은 해에는 200건 이상의 목격정보가 있었다고 한다.

90년대 중반 이후에는 푸에르토리코뿐만이 아니라, 멕시코나 미국, 나아가서는 중국에서도 비슷한 사건이 잇따랐다. 추파카브라의 정체는 피부병에 감염된 코요테나 여우가 아니겠느냐는 설도 있다. 그러나 이족보행을 하는 등의 특징과는 합치되지 않는 부분도 있기 때문에 논의는 이어지고 있다.

■희대의 악당 페드로 데 우르데말라스

푸에르토리코에 전해지는 페드로 데 우르데말라스(Pedro de Urdemalas)라는 교활한 악당의 전설.

마누엘이라는 남자에게 빚을 지고 있던 페드로는, 마누엘에게 평범한 솥을 불을 붙이지 않아도 자연히 끓는 솥이라고 속여서 팔았다. 속은 마누엘이 화가 나서 찾아오자, 이번에는 어머니와 함께 연극을 벌여서, 죽은 사람을 되살리는 피리라고 말하고 평범한 피리를 비싸게 팔았다. 마누엘은 그 말을 믿고 아내를 죽여 버렸다가 체포되었고, 투옥 중에 죽어버렸다. 임금님은 페드로를 붙잡아서 자루 속에 넣고 절벽에서 떨어뜨리려고 했지만, 페드로는 이번에는 양을 몰고 지나가던 목동을 속여서 자기 대신으로 삼고 양을 데리고 도망쳤다. 그리고 임금님도 속여서 절벽에서 밀어 떨어뜨려버렸다.

페드로 데 우르데말라스는 악당을 대표하는 이름으로, 특히 16세기부터 17세기에 걸쳐 세르반테스를 필두로 하는 스페인 작가들 사이에서 이 인물을 주인공으로 삼은 이야기가 많이 그려지고 있다.

브라질

■두꺼비와 콘도르

브라질이나 칠레에 전해지는 개구리에 관한 민화. 어느 날, 하늘에서 동물들의 파티가 열리게 되었다. 두꺼비가 노래 연습을 하고 있는데, 기타를 잘 치는 콘도르가 날아왔다. 콘도르는 두꺼비는 하늘을 날 수 없으므로 하늘의 파티에는 참가할 수 없을 거라며 바보 취급했다. 그러나 두꺼비는 콘도르의 기타 안에 몰래 들어가서 하늘까지 갈 수 있었다.

기타에서 나타난 두꺼비는 동물들을 깜짝 놀라게 했고, 자랑하는 노래실력으로 커다란 박수를 받았다. 속은 콘도르는 돌아가는 길에도 기타 안에 숨어든 두꺼비를 하늘에서 떨어뜨렸다. 땅에 떨어진 개구리는 등을 돌에 부딪치고 만다. 두꺼비의 등에 울퉁불퉁한 혹이 있는 것은 이것이 원인이라고 한다.

■렌소이스 마라냥지스의 기적의 호수

브라질 북동부에 렌소이스 마라냥지스(Lencois Maranhenses) 국립공원이 있다. 포르투갈어로 '마라뇽의 시트'라고 하는 의미로, 도쿄도 23개구가 두 개 정도 들어가는 약 15만 5000헥타르에 이르는 광대한 모래언덕이 펼쳐져 있다. 석영 모래가 태양광을 반사해서 하얗게 반짝이며 바람에 의해 파도 형태로 만들어진 풍경이 매력적인 명소다.

이 사구에는 신비한 호수가 존재한다. 5월부터 10월에 걸친 우기가 되면 라고아(Lagoa)라고 불리는 에메랄드그린 빛깔의 아름다운 호수가 몇 백 개나 출현하며, 건기가 되면 호수는 소멸한다. 이 호수에는 많은 물고기나 거북이 살고 있는 것이 목격되었다. 호수의 물은 땅속에 있는 지하수가 솟아나온 것으로 생각되는데, 건기에는 물이 없어지는 호수에 어째서인지 물고기가 서식하는 것이다. 그 이유는 아직 해명되지 않았다고 한다. 그야말로 기적의 호수다.

■환상의 황금향 Z 전설

수수께끼의 유적 'Z'를 찾아서 밀림 속으로 사라진 전설의 탐험가가 있다. '불사신의 남자'라고 불렸던 영국의 탐험가 퍼시벌 해리슨 포셋(Percival Harrison Fawcett) 대령이다.

포셋은 1920년, 브라질의 리우 데 자네이루의 도서관에서 오래된 메모를 발견한다. 그것은 포르투갈인 탐험가가 18세기에 기록한 '수기 512번'으로, 태고의 대도시가 브라질의 정글에 존재한다고 기록되어 있었다. 그 도시는 은으로 덮여있고, 오래된 알파벳과 비슷한 문자가 기록된 벽으로 둘러싸여 있다고 한다.

사실 포셋은 옛날에 탐험가인 아버지와 함께 아마존을 조사했을 때, 밀림의 어딘가에 황금 도시의 유적 'Z'가 있다는 소문을 들은 적이 있었다. 그래서 포셋은 메모에 적힌 도시야말로 Z이며, 브라질의 마투그로수(Mato Grosso) 서부의 비경에 잠들어있다고 생각하고 탐색을 시작했다.

그러나 1920년의 첫 원정은 실패했다. 1925년 4월에, 아들인 잭과 친구, 현지인 두 명이라는 소수 정예 팀을 꾸려 정글에 들어갔고, 1개월 후에 지난번 탐색 지점까지 도달했다. 그러나 포셋은 아내에게 무사함을 전하는 편지를 보낸 후에 소식이 뚝 끊어져 버렸다. 영국에서는 13회에 걸쳐 구조대가 파견되었지만, 100명 이상이나 되는 구조대가 차례차례 행방불명되었다고 한다.

포셋이 목표로 했던 싱구(Xingu)강 상류 부근에서 대규모 유적지인 쿠히쿠구(Kuhikugu)가 발견되어서 이것이 도시 'Z'가 아닐까 하는 설도 있지만, 수수께끼의 실종을 당한 포셋 탐험대의 흔적은 발견되지 않았으며 지금도 관련성은 불명이다. 환상의 도시를 계속 찾아다닌 탐험가 포셋은 탐험영화 『인디아나 존스』 시리즈의 주인공 인디아나 존스의 모델 중 한 명이라고 이야기되고 있다.

■ 황금의 어머니

브라질에서 150년 이상 믿어지고 있는 여우불을 '황금의 어머니'나 '마인 데 오로'라고 부른다. 인간의 머리 정도의 크기로, 노란색이나 오렌지색 불이 천천히 움직인다고 한다.

1980년, 신시아라는 여성이 황금의 불을 목격했다. 그녀는 공중을 헤매는 듯이 오렌지색으로 빛나며 흔들거리는 구체를 발견했다. 같이 있던 정원사가 만지려고 하자 구체는 사라져버렸다고 한다. 그리고 15피트(약 4.5미터) 정도 떨어진 장소에 구체가 다시 출현한 것으로, 그 구체에는 의사가 있다고 생각되었다고 한다.

다른 이야기에서는, 황금의 어머니를 발견한 자는 빛나는 구체가 가로지른 쳐초의 수면을 들여다보면 자신의 운명을 볼 수 있다는 구전도 있다.

베네수엘라

■ 베네수엘라의 인류 최후의 비경

베네수엘라의 볼리바르(Bolivar)주에 있는 기아나 고지(Guiana Highlands)는, 20억 년 전에 만들어진 지형이라고 한다. 선주민 페몬(Pemon)족이 다양한 전승을 남기고 있는 이 지역에는 아직도 미지의 장소가 존재해서 '인류 최후의 비경'이라고 불리고 있다.

페몬족에게는 '가장 깊은 땅에 있는 폭포'라고 불리는 앙헬 폭포(Angel Falls)도 그 중 하나다. 기아나 고지의 카나이마 국립공원(Canaima National Park) 내에 있는 앙헬 폭포는 아우얀 테푸이(Auyán-Tepuí, '악마의 산'이라는 의미)에서 물이 떨어지는데, 그 높이가 무려 979미터에 달하기 때문에 떨어지는 도중에 물이 안개가 되어 폭포 구덩이가 존재하지 않는다. 구전에 의하면 아우얀 테푸이에는 악마가 살고 있으므로 결코 정상을 봐서는 안 된다고 한다.

기아나에는 최고봉인 마운틴 테이블, 로라이마(Roraima)산('거대한 나무 그루터기'라는 의미)도 우뚝 솟아 있다. 코난 도일의 소설『잃어버린 세계』의 무대로서도 알려져 있으며, 이것에 착상을 얻어 영화『쥐라기 공원』이 태어났다고 한다. 그야말로 태고의 공룡이 살아남아있을 것 같은 이 산은, 고생대 후기부터 중생대에 걸쳐 존재했다고 생각되는 초거대 대륙인 곤드와나 대륙의 흔적이 남은 지구에서 가장 오래된 대지로 여겨지고 있다.

■ 예쿠아나 족의 밤의 창조

베네수엘라 남부, 브라질과의 국경에 가까운 파리마 산지에서 대서양을 향해 흐르고 있는 오리노코(Orinoco) 강. 이 하천 상류에 살고 있는 예쿠아나(Ye'kuana)족에는 선량한 창조신 와나디(Wanadi)와 사악한 악마 오도샤(Odosha)와의 싸움에 대한 전설이 남아있다.

어느 날, 와나디는 생과 사를 지배하는 힘을 보여서 악마 오도샤를 얌전히 있게 만들려고 생각했다. 거기서 쿠마리아와(Kumariawa)라는 여성을 창조해서 바로 죽이고, 매장했다. 그녀를 되살릴 생각이었던 와나디는 그녀가 되살아날 때까지 오도샤가 손대지 못하도록 쿠데와라는 이름의 앵무새에게 묘를 지키게 했다. 그리고 조카인 이아라카루(Iarakaru)에게 밤의 어둠을 봉인한 약봉투를 주어서, 결코 열지 말도록 전하고 사냥을 나갔다.

그러나 와나디의 계획을 안 악마 오도샤는 그녀를 되살리지 못하게 하려고 묘에 불을 지르고, 뼈까지 불태웠다. 쿠데와는 당황하며 큰 소리를 질렀지만, 와나디는 멀리 갔기 때문에 들리지 않았다. 그리고 오도샤는 이아라카루를 유혹하여 약봉투를 열게 해서 세계에 밤을 해방시키고 말았다. 오도샤와의 승부에서 진 와나디는 낙심하고 천계로 돌아가 버렸다고 한다. 열대지역에 사는 오렌지색 날개를 지닌 앵무새의 울음소리는, 마치 쿠데와가 외치는 소리처럼 들린다고 한다.

■ 와라오 족과 통나무 배의 발명

베네수엘라 남부를 흐르는 오리노코 강

하구는 '오리노코 델타'라고 불리는 복잡하게 얽힌 세계 최대의 삼각주를 형성하고 있다. 이곳에 살고 있는 와라오(Warao)족 사람들은 하루의 대부분을 작은 통나무배를 타고 지낸다. 물과 통나무배와 깊은 관련을 지닌 와라오 족에는 다음과 같은 전설이 있다.

오리노코 강 부근에 두 명의 자매가 살고 있었다. 그 중 한 명에게는 아브리(Habri)라는 이름의 아기와 남편이 있었는데, 어느 날 남편이 악령에게 살해당했기 때문에 자매는 아브리를 데리고 숲으로 도망쳤다. 자매는 숲속에서 마법사 노녀 와우타(Wauta)와 만난다. 와우타는 마법으로 아브리를 어른으로 성장시켰고, 아브리는 나무를 베이 쓰러트리고 나무의 속을 파내서 통나무배를 만들었다. 그리고 오리노코 강에 통나무배를 띄우고, 어머니와 숙모와 함께 노를 저어 안전한 북쪽의 산으로 가서 그곳에서 살았다고 한다.

이렇게 와라오족은 최초로 통나무배를 발명했다. 와라오족은 지금도 나무를 사용해서 통나무배를 만들지만, 그 형태는 아브리가 처음에 만든 배의 형태라고 믿어지고 있다.

또한 전설에는 이어지는 이야기가 있는데, 통나무배의 변형담으로 이어진다. 아브리가 만든 통나무배는 오랫동안 방치되어 있었는데, 어느 날 신기하게도 뱀 여자로 변했다. 이 뱀 여자는 이 지역에 살고 있던 와라오족 사람들에게 '숲의 어머니' 혹은 '다우라니(Daurani)'라고 불리며 존경받았다. 숲의 어머니는 와라오족 곁에서 지내게 되었고, 최초의 샤먼이 되어 치료약의 지식으로 사람들을 도왔다고 한다.

■카다툼보의 등대

카리브해에 접한 베네수엘라의 북서부에는 남아메리카 대륙 최대의 마라카이보(Maracaibo) 호수가 있다. 이 호수에 흘러드는 카타툼보(Catatumbo) 강 하구 인근 마을에는 밤 8시경부터 새벽녘까지 빈번하게 벼락이 떨어진다. 낙뢰가 발생하는 날은 1년의 절반 이상, 한 시간에 최대 수천 번에 달한다고 한다. 전 세계에서 이 구역에만 볼 수 있는 현상으로, 세계에서 가장 번개가 많이 치는 장소로서 2014년에 기네스북에 올랐다.

소리는 없으며, 높이 2~10킬로미터에 달하는 벼락은 아주 환상적이라고 한다. 대항해시대에는 번갯불이 등대 대신으로 쓰이며 '카타툼보의 등대'라고 불리며 표식으로 이용되었다고 한다. 어째서 이 지역에만 낙뢰가 다발하는지에 대한 원인은 알려져 있지 않다.

벨리즈

■ 슈난투니치 유적의 유령

1981년에 영국으로부터 독립한 벨리즈는 아메리카 대륙에서 가장 새로운 나라이며, 카리브의 보물이라 불리는 아름다운 바다와 산호초가 유명하다. 국민의 1할이 마야족의 후예이며 마야 문명 시대의 유적이 많이 남아있다. 9세기경에 번영했다고 이야기되는 슈난투니치(Xunan-tunich) 유적도 그 중 하나다.

'슈난투니치'란 '돌의 여자'라는 의미다. 1892년에 하얀 옷을 입은 붉은 눈의 여자 유령이 목격되었는데, '돌의 여자'라는 이름은 이 유령을 따서 붙여졌다고 한다.

페루

■ 고대도시 쿠스코의 시작

잉카 제국의 초대 황제는 태양의 심벌이 달린 황금의 지팡이를 든 그림으로 그려지는 경우가 많다. 이것은 초대 황제가 태양신 인티(Inti)에 의해 파견되어 잉카를 지배했다는 전설이 있기 때문이다.

사람들이 아직 짐승처럼 살고 있었을 무렵. 사람들을 불쌍히 여긴 태양신 인티는 티티카카 호수에서 태어난 아들인 만코 카팍과 딸인 마마 오클로를 지상으로 보내기로 했다. 인티는 만코에게 황금의 지팡이(笏)을 주고, 티티카카 호수에서 출발해서 멈출 때에는 반드시 지팡이를 땅에 꽂아서 지팡이가 땅속 깊이 들어가는 곳에 도시를 세우라고 명령했다. 지팡이가 땅에 깊이 들어가는 것은 부드럽고 비옥한 토양의 증거이기 때문이다.

만코는 이 말을 따라 여행을 떠났고, 와나카우리(Wanakawri)산의 지면에 꽂은 지팡이가 땅바닥 깊이 파고들어갔기 때문에 그 땅에 도시를 세웠다. 이것이 잉카 제국의 수도인 쿠스코이며, 태양신의 자손인 만코 카팍은 초대 황제가 되고 마마 오클로를 아내로 삼았다고 한다.

다른 전승도 있다. 파카릭 탐푸(Paqariq Tampu)라고 하는 땅에 우추(Uchu), 카치(Kachi), 만코(Manco)라는 삼형제가 있었다. 힘이 강했던 카치를 두려워한 우추와 만코는 공모해서 카치를 죽여 버린다. 형제를 죽인 죄를 후회한 우추와 만코 곁에, 죽었을 카치가 날개를 단 모습으로 나타나 "쿠스코에 도시와 신전을 세워라"라고 명령한다. 두 사람이 이 말에 따라서 와나카우리에 갔더니 그곳에는 카치가 있었고, 왕의 증표가 되는 술 장식과 의식의 방법을 만코에게 가르쳐준 뒤에 우추와 함께 돌이 되었다. 남겨진 만코는 친족들을 불러들여서 쿠스코의 황제가 되었다고 한다.

또한, 잉카의 초대 황제는 창조신 비라코차가 만든 최초의 인간으로 한다는 전설도 있다. 자세한 것은 **잉카 제국의 창세 신화** 항목을 참조.

■나스카의 지상화는 어째서 그려졌는가?

페루 남서부 연안에 있는 나스카 고원에는 신기한 지상화가 그려져 있다. 벌새나 콘도르, 개, 원숭이, 거미 등의 생물 그림 외에도 사다리꼴이나 사각형, 소용돌이 등의 기하학적인 무늬도 있으며, 그 중에는 직경이 200미터나 되어서 지상에서 봐서는 그림이라고 판별하기 어려운 것도 있다. 이렇게 수수께끼에 가득 찬 지상화를 둘러싸고 지금까지 다양한 가설이 이야기 되어왔다. 달력이나 점성술 등의 천문학적인 의미가 있다는 설, 종교적인 춤의 무대라는 설, 그 중에는 지구 밖 생명체에 의해 그려졌다는 설, UFO를 타고 하늘에서 찾아온 우주인을 향한 메시지라는 설, 기하학적 무늬의 지상화는 UFO의 궤적을 그린 것이라는 설까지 있다.

이 중 유력한 설은 기원전 100년경부터 기원후 800년경까지의 나스카 문화를 구축한 사람들이 신에게 바치는 공물로서 그린 것이라는 설이다. 같은 나스카의 대지에 있는 카우아치(Cahuachi) 유적은 신성한 의식이 집행되고 있던 장소로 여겨지고 있는데, 일부의 지상화를 내려다보고 있을 뿐만 아니라 지상화의 모티프와 동일한 지도무늬 토기나 인간의 머리의 미이라 등이 출토되었다. 이 신전의 신관은 의식을 행할 때에 환각을 일으키는 약을 이용하고 있었다고 한다. 신관들이 원시적인 열기구에 타고 상공에서 지상화의 도안을 지시했었다는 설도 있다.

■마추픽추 유적의 수수께끼

페루의 공중도시 마추픽추(Machu Picchu)는 안데스 산맥의 표고 2450미터의 산 정상에 위치한다. 1913년에 탐험가 하이람 빙엄(Hiram Bingham III)에 의해 발견되어 '잃어버린 잉카 제국의 도시'로서 전세계의 주목을 받았다.

1450년경에 세워진 도시로, 훌륭한 석조 건조물들에는 거의 석회가 사용되지 않았다. 정확히 잘라낸 돌이 면도날 하나 들어갈 틈조차 없을 정도로 빈틈없이 쌓아올려져서 지진에도 강했다.

발견 당시, 마추픽추는 잉카의 지배자가 스페인의 침략으로부터 도망쳐 도달했다는 전설의 고대도시 빌카밤바(Vilcabamba)라고 여겨지고 있었다. 잉카의 태양신에게 바쳐진 신성한 '태양의 처녀들'이 살고 있던 장소라는 설도 있었다.

근래에 들어서는, 마추픽추는 성지이며 쿠스코에서 이어지는 순례의 땅이었을 가능성도 지적되고 있다. 전설에 의하면 최초의 잉카인은 티티카카 호수에 있는 태양의 섬을 나와 여행을 떠났는데(자세한 것은 **고대도시 쿠스코의 시작** 항목을 참조), 그 전설의 여행길을 본 따서 잉카 트레일이라는 순례의 길을 개척하고 성지 마추픽추에 들어가기 위한 경건한 마음을 갖게 만들었던 것이 아닐까 한다는 설이다.

그러나 1570년, 이 천공의 도시는 갑자기 방치되고 말았다. 이 도시를 건축한 목적, 살던 주민들, 도시를 포기한 이유 등 마추픽추에는 아직 많은 수수께끼가 감춰져 있으며, 새로운 단서와 발견을 찾아 연구가 진행되고 있다.

■바위섬이 된 여자 카비야카

안데스의 야우요스(Yauyos) 지방에서 창조신은 코니라야 비라코차(Coniraya Viracocha)라고 불리며, 트릭스터로서 널리 알려져 있다. 비라코차는 자신의 창조물의 상태를 보러 다니기 때문에 자주 지상에 찾아와 걸인으로 변신해서 사람들 사이를 방랑한다고 한다.

어느 날, 비라코차는 아름다운 여인 카비야카(Cavillaca)에게 한눈에 반한다. 카비야카가 루쿠마(Lucuma)라는 나무 아래서 쉬고 있어서, 비라코차는 아름다운 새가 되어 다가가서 자신의 씨를 둥글려 루쿠마 열매로 바꾸어서 카비야카에게 먹였다. 그러자 카비야카는 임신하고 남자아이를 낳았다.

아이가 한 살이 되자, 카비야카는 아이의 아버지를 찾으려고 남성 신들을 집으로 불렀다. 카비야카가 아이를 대지에 내려놓자, 아이는 말석에 있던 비라코차 곁으로 기어갔다. 넝마를 두른 비루한 남자에게 더럽혀졌다고 생각한 카비야카는 쇼크를 받은 나머지 아이를 내버려두고 집을 뛰쳐나갔다.

비라코차가 카비야카를 뒤쫓아 가는 도중에 콘도르와 만났다. 콘도르는 "바로 쫓아갈 수 있습니다"라고 격려해주어서, 그 사례로 강인한 비상력을 주었다. 다음에 여우를 만났는데, "뒤쫓아 가봤자 소용없습니다"라고 불쾌한 말을 해서 여우에게 사람들에게 미움 받고 쫓기는 저주를 내렸다. 그 후에도 좋은 대답을 한 푸마나 매에게는 축복을 주었고, 꺼림칙한 대답을 한 앵무새나 스컹크에게는 벌을 주었다.

그러나 비라코차가 간신히 뒤쫓았을 때에는 이미 늦어서, 카비야카와 아들은 파차카막(Pachacamac) 해안의 바위섬이 되어 있었다.

그 후, 터덜터덜 해안을 걷고 있던 비라코차는 아름다운 자매와 만나지만, 도망쳐버려서 화가 나 있어서, 자매의 어머니가 소중히 하고 있던 우르피 와착(Urpi Wachac)의 연못을 망가뜨려버렸다. 그 연못에서 기르고 있던 다양한 물고기가 바다로 풀려났기 때문에 바다에 물고기가 살 수 있게 되었다고 한다.

현재, 페루 중앙 해안지대에 있는 파차카막(Pachacamac, '천지의 창조자'라는 의미) 해안에는 파차카막 신전 터와 우르피 와착 연못, 바다에 떠 있는 두 모자(母子)의 바위섬이 지금도 있다고 한다.

■잉카 제국의 창세신화

잉카는 15세기 말부터 16세기경, 페루를 중심으로 한 안데스 산맥 일대에 번영했던 제국이다. 잉카의 기원을 기록한 신화는 몇 가지가 있는데, 가장 유명한 것은 창세신 콘 티키 비라코차(Kon tiki Viracocha, '물의 거품'이라는 의미)의 전설이다. 가면을 쓰고 두 손에 번개를 가진 비라코차의 돌 조각을, 잉카 제국의 수도인 쿠스코 고대유적에서 볼 수 있다.

어느 날, 원시의 암흑 속에서 현재의 페루 남부에 있는 티티카카 호수의 밑바닥에서 창세신 비라코차가 모습을 드러냈다. 비라코차는 최초에 거인족을 창조했다. 거인들은 한동안 암흑 속에서 살았지만 생각하는 힘을 갖지 못해서 대지를 활용할 수 없었다. 그래서 실망한 비라코차는 홍수로 최초의 시대를 끝내고, 거인들을 돌로 바꾸었다. 지금도 티티카카 호수 부근의 티와나쿠(Tiwanaku) 유적에 남아 있는 석상이 그것이다.

홍수가 끝난 뒤, 비라코차는 새로운 인간을 만들기로 했다. 우선은 태양과 달, 별을 만들어서 궤도를 정하고, 호수의 주변에 많은 돌 조각상을 만들고 생명을 불어넣어서 인간을 창조했다. 그 후에 비라코차는 입구가 셋 있는 동굴에 인간들을 집어넣고, 안에서 기다리도록 명령했다.

이윽고 밖으로 나와야 할 때가 찾아오고, 첫 번째 입구에서 최초의 남성 만코 카팍(Manco Cápac)과 아내 마마 오클로(Mama Ocllo)가 친족들을 데리고 나오기 시작했다. 그들은 쿠스코에 도시를 세우고 잉카 제국의 첫 지배자가 되었다. 다른 두 개의 입구에서는 농민이나 왕가를 섬기는 사람들이 나타났고, 최초의 잉카 촌락이 만들어졌다. 이 동굴은 현재의 쿠스코에서 약 25킬로미터 남서쪽에 있는 파카리탐보(Pacaritambo, '여명의 여관'이라는 의미)라는 장소에 있었다는 설도 있다. 또한 잉카의 초대 황제는 창조신 비라코차가 아니라 태양신 인티(Inti)에 의해 파견되었다는 전설도 있다. 자세한 것은 고대도시 **쿠스코의 시작** 항목을 참조.

비라코차는 인간들에게 작물을 키우는 법이나 언어, 문화를 가르쳐 준 뒤에 바다 속으로 사라졌다. 그 후에 비라코차는 자신의 창조물의 상태를 보기 위해 걸인으로 변장하고 페루에 몰래 돌아왔다. 그러나 사람들은 그 걸인이 신이라고 간파하지 못하고 계속 무시했기 때문에, 비라코차는 슬퍼하며 세계에서 떠나버렸다고 한다. 그리고 언젠가 비라코차가 돌아왔을 때는 거인족 때와 마찬가지로 인류를 홍수로 멸망시킬 것이라고 이야기되고 있다. 비라코차의 가면이 눈물을 흘리고 있는 것은 이 때문이라고 한다.

다른 전승에서는, 비라코차는 다양한 인간 민족이나 동물을 점토로 만들어서 각각의 장소에 배치했다. 그리고 두 명의 인간 아들들을 티티카카 호수에 남기고 일의 마무리를 거들게 하고, 비라코차는 두 명의 아들과 함께 외투를 배 대신으로 삼아 바다에 띄우고는 "다시 오겠다"라는 말을 남기고 서쪽으로 떠나갔다고 한다. 1532년, 잉카 제국에 스페인인이 나타났을 때, 잉카 사람들은 그들을 비라코차의 귀환이라고 착각하고 불러들였다는 설도 있다.

■ 잉카 제국의 황금전설

15세기부터 16세기에 걸쳐 번영한 잉카 제국. 문자를 가지지 않았으며, 현재 전해지는 잉카 제국의 모습이 정복자인 스페인 선교사의 구술기록 위주라는 특수성도 있어서 신비적인 이미지가 강하다.

그 중에서도 잉카 제국을 언급할 때 항상 따라붙는 것이 황금전설이다. 애초에 제국의 수도인 쿠스코의 건설 전설에 '황금의 지팡이'가 등장하는 등(자세한 것은 **고대도시 쿠스코의 시작** 항목을 참조), 잉카 제국과 금은 깊은 관련이 있다. 이 지역은 원래부터 광산자원이 풍부했고, 잉카 제국은 금은 세공품이나 광산자원 개발로 번영했다고 한다. 현재도 페루는 금, 은, 구리 같은 광물자원의 산출국이기도 하다.

그러나 16세기에 스페인인 프란시스코 피사로(Francisco Pizarro)가 이끄는 정복자들에게 패배하고 제국은 멸망하고 말았다. 잉카 제국의 황제 아타우알파(Atawallpa)는 몇 만명에 이르는 병사를 이끌면서도 단 180명뿐인 피사로의 세력에 패했다. 피사로는 아타우알파에게 막대한 몸값을 뜯어낸 뒤에 처형했고, 제국 안의 황금과 금 세공품을 긁어모았다. 피사로 일행은 그것들을 차례차례 녹여서 금괴로 바꾸어서 해외로 반출했다. 금괴의 양은 3톤에 이르며, 약 100억 엔은 되지 않을까 이야기되고 있다.

그 후, 스페인군은 계속 오지로 침입해서 잉카 제국 최후의 수도로 여겨지는 빌카밤바(Vilcabamba)를 정복하는데, 잉카 제국이 보유하고 있었을 막대한 황금 보물은 찾아볼 수 없었다. 잉카 제국 유적의 출토품에서도 금은 거의 포함되어 있지 않았다. 스페인인에게 침략당하기 전에 빌카밤바를 다스리고 있던 잉카 황제 투팍 아마루(Túpac Amaru)가 감췄다는 소문도 있다. 이 숨겨진 보물의 탐색은 몇 번이나 시도되었으나, 아직 발견되지 않았다.

■하늘에서 떨어진 여우

페루나 볼리비아 주변의 안데스 고지의 선주민들에게 전해지는 이야기. 어느 날, 새들이 참가하는 하늘의 연회에 참가해보고 싶어진 여우는, 콘도르에게 부탁해서 무례한 짓을 하지 않겠다는 조건으로 하늘로 데려가 달라고 했다.

여우는 하늘의 연회에서 맛있는 식사를 듬뿍 먹고는, 콘도르가 먹다 남긴 뼈를 집적거리거나 다른 새들과 다투는 등 예의에 어긋나는 짓을 반복했다. 화가 난 콘도르는 여우를 하늘에 남겨두고 가버렸지만, 친절한 새가 지상까지 로프를 늘어뜨려 준 덕분에 여우는 하늘에서 내려올 수 있었다. 그러나 여우가 로프를 타고 내려오는 도중에 만난 잉꼬들을 놀렸기 때문에, 잉꼬들이 로프를 잘라버려서 지상으로 곤두박질쳤다. 지면에 부딪힌 여우의 몸은 푹 익은 오렌지처럼 터져버렸고, 연회에서 먹은 옥수수, 감자, 보리 등이 흩어졌다. 이리하여 선주민은 천국의 곡물을 손에 넣고 재배하게 되었다.

안데스의 농민들에게 썩은 고기를 남기지 않고 먹는 콘도르는 산의 정령의 사자이자 존경의 대상이고, 밭을 어지럽히는 해로운 동물인 여우는 탐욕과 경멸의 심벌이 되었다. 그 밖에 파열되어 흩어진 여우의 내장이 선인장이 되거나, 뱃속에서 많은 여우가 태어났다는 등의 비슷한 이야기도 많다.

■후쿠마리

후쿠마리(Jukumari)는 케추아(Quechua)어로 안데스 산맥 원산지인 안경곰(Spectacled bear)을 나타내는 말이다. 이 곰에 관한, 페루의 케추아족에게 전해지는 옛날이야기가 있다.

어느 날, 수곰이 선주민 양치기의 딸을 납치해서 동굴에 가두고 부부가 되었다. 딸은 임신해서 남자아이를 낳았는데, 그 아이는 절반은 곰, 절반은 인간으로 힘이 아주 강했다. 성장한 남자아이는 어머니와 함께 동굴을 탈출했고, 추적해온 아버지 곰을 죽이고 마을로 돌아갔다.

어머니는 남자아이에게 세례를 받게 하고 '후안'이라는 이름을 붙이고 학교에 다니게 했는데, 곰처럼 힘이 강한 후안은 동급생과 잘 어울리지 못했다. 어머니는 사제에게 후안의 양육을 부탁하지만, 대식가인 후안을 돌보는데 애를 먹은 사제는 후안을 죽일 계획을 세운다. 처음에는 힘센 남자들을 자객으로 고용했지만 후안의 적수가 되지 못했다. 다음에 사자가 있는 산으로 후안을 보냈지만, 맹수를 복종시켜서 마을로 돌아왔다. 마지막으로 귀신이 나오는 저택으로 보냈는데, 후안은 귀신과의 승부에서 이기고 막대한 재산을 양도받는다. 이렇게 부자가 된 후안은 어머니와 오랫동안 행복하게 살았다고 한다.

잉카 시대부터 이어져 왔다는 쿠스코의 겨울 축제인 '코이요리티(Qoylluriti, 하얀 눈이라는 뜻)' 등에서는 '후쿠마리 춤'이라고 불리는 곰으로 변장한 춤이 선보여진다. 또한 크리스마스 시즌에는 후쿠마리의 이야기를 방불케 하는, 곰이 처녀를 짊어지고 도망치는 흙인형 민속 공예품도 장식된다고 한다. 후쿠마리의 전승은 지금도 사람들 안에 살아 숨 쉬고 있다.

볼리비아

■ 티티카카 호수에 떠 있는 태양의 섬과 달의 섬

볼리비아와 페루가 영유하는, 후지산보다도 높은 표고 3800미터 이상의 고지에 있는 티티카카 호수. 일본의 비와호의 약 12배 정도나 되는 바다처럼 넓은 호수의 거의 중앙에는 '태양의 섬'이라고 불리는 섬이 있다.

이 섬은 태양신 인티(Inti)가 잉카 제국을 세웠다고 하는 초대황제 만코 카팍과 아내인 마마 오클로를 창조한 장소라고 전해지고 있다. 탄생한 두 사람은 그 후에 황금의 지팡이를 의지해서 여행을 계속했고, 이후에 잉카 제국의 수도가 되는 쿠스코를 건축한다(자세한 것은 페루의 **고대도시 쿠스코의 시작** 항목을 참조). 만코 카팍이 태어난 곳은 태양의 섬이 아니라 티티카카 호수 남쪽의 티와나쿠(Tiwanaku, 자세한 것은 **푸마푼쿠 유적의 H형 블록의 수수께끼** 항목을 참조)라는 설도 있다.

태양의 섬에서 7킬로미터 정도 떨어진 장소에는 '달의 섬'이라는 작은 섬이 있다. 이곳은 잉카의 창조신 비라코차가 달을 조종한 장소라는 전설이 있으며, 이곳에 세운 유적은 '달의 신전'이라고 불리며 태양신 인티의 아내인 달의 여신 마마 킬라(Mama Quilla)를 모시기 위해 세워졌다고 이야기되고 있다. 당시에는 남자가 들어갈 수 없는 섬이어서 특정한 신분의 여성밖에 살지 못했으며, 달의 섬은 신전과 수도원의 두 가지 역할을 했다고 한다.

■ 푸마푼쿠 유적의 H형 블록의 수수께끼

남아메리카의 볼리비아와 페루 국경에 있는 티티카카 호수의 남쪽에 푸마푼쿠(Pumapunku) 유적이라는 수수께끼의 거석유적이 남아있다. 약 2000년 전에 세워졌다고 하며, 이곳에는 아이들이 나무 쌓기 놀이를 했던 것처럼 화강암 블록이 흩어져 있다. 이 블록은 어느 것이나 H형태로 만들어진 한 덩어리의 바위로, 크기는 8미터 정도나 된다. 마치 레이저 커팅을 한 것처럼 뒤틀린 곳이나 찌그러진 곳도 없이 정교하게 가공되어 있어서, 전동공구가 사용되었을 가능성이 검토될 정도라고 한다. 개당 몇십 톤이나 되는 대량의 거석을 채석장에서부터 어떻게 운반해왔는지도 수수께끼다.

전설에 의하면, 푸마푼쿠는 '대홍수가 덮친 뒤, 다른 세계에서 나타난 거인이 하룻밤 만에 문명을 쌓아올렸다'라고 이야기되고 있다. '나팔 소리로 거대한 돌을 공중에 띄워서 조립했다'라는 구전도 있어서 고도의 기술을 지닌 우주인이 이 땅에 찾아와서 건조했다는 우주인 건설설도 꾸준히 이야기되고 있다.

그리고 푸마푼쿠 유적의 근처에는 또 하나의 수수께끼의 고대유적, 티와나쿠(Tiwanaku) 유적이 있다. 잉카 제국보다도 이전에 번영한 광대한 거석문명의 유적지로, 기원전 200년경을 기원으로 하며 11세기경까지 번영하고 있었다고 한다. 이 티와나쿠 유적은 푸마푼쿠보다도 나중에 세워졌다는 것과 건축양식이 상이한 점으로 미루어 푸파푼쿠에 신 혹은 우주인이 강림한 것을 축하하기 위해 나중에 세워진 순례지였던 것이 아닐까 하는 설도 있다.

티와나쿠 유적의 '반지하 신전'은 신앙의 중심지였던 것으로 여겨지며, 다양한 인종을 본뜬 조각이 건물 측면에 새겨져있는데 그 중에는 마치 우주인 같은 형상도 있다고 한다. 게다가 입구로 여겨지는 '태양의 문'의 상부에는 하늘에서 온 내방자 같은 50개 정도의 새 인간의 조각이 수수께끼의 신(잉카 제국의 창조신인 비라코차라는 설도 있다)을 둘러싸듯이 새겨져있다.

고대 유적 푸마푼쿠는 경이적인 기술을 사용한 이성인에 의해 세워진 것일까. 이 거석문명은 자신들의 글자를 갖지 않았던 데다 유적의 파괴와 풍화로 인해 아직 밝히지 못한 수수께끼가 많다.

온두라스

■돌의 도시·코판 유적

마야 문명의 유적 중에서도 가장 많은 문자와 조각이 남아있는 곳이 온두라스와 과테말라의 국경 부근, 코판 강 근처에 있는 코판(Copán) 유적이다. 기원 5세기부터 약 400년에 걸쳐 마야 남동부를 지배한 대도시 유적으로, 놀라울 정도로 훌륭한 석조 조각이나 신전이 세워져 있으며 귀중한 마야문자가 빼곡하게 새겨져 있다. 이 코판을 둘러싼 전설이 있다.

과거에 번영을 이룬 코판의 도시도 서서히 쇠퇴의 때를 맞이하고 있었다. 도시에는 미신이 설치고 모두가 새로운 종교에 사로잡혀 있었는데, 한 남자는 이것을 물리치고 사람들을 설득하려고 했다. 결국 신을 모독한 죄로 사로잡힌 남자는 언덕 위에서 처형당하게 되었다. 사형집행인이 마지막으로 남자에게 할 말이 없느냐고 묻자, 남자는 고개를 들고서 "저주받은 마을이여, 내가 죽으면 전부 돌이 되어라!"라고 외쳤다. 그리고 남자가 처형되자, 남자의 말이 현실이 되어 건물도 사람도 동물도 마을 안에 있는 모든 것들이 눈 깜짝 할 사이에 돌로 변했다고 한다.

그로부터 수 세기 후, 폐허가 된 코판 마을이 발견되는데, 밭을 경작하는 남자나 과일 바구니를 머리에 인 여자 등의 석상이 있는 모습이 마치 마을의 시간이 멈춰버린 것 같았다고 한다. 그리고 언덕 위에는 남자와 사형집행인처럼 보이는 석상도 발견되었다고 한다.

■ 밀림에 잠든 하얀 마을

옛날부터 온두라스 동부의 모스키티아(Mosquitia) 지방의 정글에는 마야 문명과 다른 잃어버린 고대도시가 있다는 소문이 있었다. '시우다 블랑카(Ciudad Blanca, 하얀 마을)' 혹은 '카카오가 열리는 곳'이라고 불리는 장소다. 그곳은 에덴 같은 낙원이며, 한번 가면 돌아올 수 없다고 한다.

전설의 하얀 마을을 찾아서 많은 탐험가가 이 지역을 방문했는데, 1940년에 미국의 탐험가 시어도어 모드(Theodore A. Morde)는 밀림 속에서 수천 개의 유물을 발굴했다고 한다. 모드의 이야기에 따르면, 원주민에게 높은 석조 받침대에 원숭이신의 상을 모신 신전에 대해서 들었다고 하며 약탈의 우려가 있다는 이유로 장소를 밝히지는 않았다고 한다.

그 후, 21세기가 되어 처음으로 이 유적이 특정되었다. 2012년, 두 명의 영화제작자가 항공조사를 하던 중에 온두라스의 협곡에서 절반 정도 파묻힌 주거지 터의 윤곽이 밝혀진 것이었다. 2015년에는 온두라스와 미국의 합동원정대가 조사에 나섰고 더욱 많은 발견을 했다. 그곳에는 확실히 고대도시가 존재하고 있었을 뿐만 아니라, 하얀 마을은 전설에서 이야기한 것 같은 하나의 마을이 아니라 많은 고대도시 중 한 곳에 지나지 않았다는 점이다. 모스키티아 지방에는 전해지는 것보다 훨씬 규모가 큰, 새로운 '잃어버린 문명'이 잠들어있을 가능성이 있다. 고고학자에 의한 다양한 출토품의 조사는 지금도 이루어지고 있다.

멕시코

■ 거대 도시유적 테오티우아칸의 수수께끼

테오티우아칸(Teotihuacan)이란 멕시코시티에서 50킬로미터 정도 북동쪽의 멕시코 고원에 있는 아메리카 대륙 최대 규모의 거대한 고대도시 유적이다. 기원전 2세기경에 만들어져 4~6세기에는 최전성기를 맞이했을 것으로 여겨지고 있지만, 수수께끼에 감싸인 이 거대도시를 누가 만들었는가는 여전히 알지 못한다.

테오티와칸은 거대한 피라미드나 신전, 대로, 하수도를 완비하는 등, 계획적인 도시계획이 이루어져 있었던 듯하다. 피라미드는 1년에 2번, 태양이 바로 위에 뜨고, 그리고 정면으로 태양이 가라앉도록 설계되어 있었다. 신전에서 인골이 발견되었다는 것 등으로 미루어, 일상적으로 산 제물을 바치고 있었던 것으로 추정되었다. 그러나 이 정도로 훌륭한 발전을 이룬 도시임에도 불구하고 8세기경에 갑자기 멸망하고 말았던 것이다.

그 후로 공백기가 한동안 이어지다가 13세기경에 아즈텍인이 이 땅에 나타났다. 세월이 지나서 완전히 폐허가 되었던, 이 이름 없는 거대 도시 유적을 발견한 아즈텍인은 몹시 감동하고 이 도시에 '신들이 모이는 장소'라는 의미의 '테오티우아칸'이라는 이름을 붙였다. 그리고 이 유적을 활용해서 새롭게 도시를 구축하고 축복이나 예배의 의식에 사용하기 시작했다고 한다.

현재 테오티우아칸에 있는 '태양의 피라미드', '달의 피라미드', '케찰코아틀의 신전'이라는 유적의 이름은 전부 아즈텍인이 붙인 것으로, 아즈텍 신화가 투영되어 있다. 최초로 도시를 건설한 사람들의 근원에 관한 기록은 없으며, 과거에 도시에 살고 있던 사람들이 어디에서 오고 어디로 사라졌는가는, 지금도 확실치 않다.

■고대 마야의 수정 해골

멕시코나 벨리즈에서 발견된 수정으로 만들어진 두개골은, 일명 '크리스털 스컬'이라고도 불리는 중남미 3대 오파츠 중 하나다. 전 세계에 십여 개의 수정 해골이 있다고 하며, 아래턱을 분리할 수 있을 정도로 정교하게 만들어진 물건도 있다. 고대 마야문명 시대에 제작된 물건으로, 발견 당시에는 현대의 기술로도 만드는 것이 불가능하다며 화제가 되었다. 공예품으로서 아름다움도 높이 평가되었을 뿐만 아니라, 고대의 지혜가 담겨있다, 신비한 힘을 가지고 있다고 믿어지기도 했다. 수정 해골의 일부는 런던의 대영 박물관, 미국의 스미소니언 박물관 등에 소장되어 있다.

그러나 이후에 박물관이 과학적인 분석을 해보니, 수정 해골의 제작에 19세기 이후의 도구가 사용되었음이 판명되었다. 근래에는, 수정 해골은 마야 문명 시대에 제작된 것이 아니라는 설이 주류다. 다만 수정의 연대를 조사할 수는 없다는 것, 정교하게 제작된 것은 마야 문명에 고도의 기술이 있었기 때문이라는 설도 존재한다.

■ 고대도시 팔렝케와 우주인

멕시코 남동부, 치아파스(Chiapas)주의 밀림에 있는 고대도시 팔렝케(Palenque)는 멕시코의 마야 문명을 대표하는 유적이다. 3세기부터 10세기에 번영한, 석조 신전이나 광장이 특징인 장대한 도시다. 이 유적에서 우주인이나 우주선처럼 보이는 그림이 그려진 수수께끼의 석관이 발견된 것을 보고, 팔렝케를 다스리던 왕들은 지구 밖 생명체였던 것이 아니냐는 설이 있다.

1952년, 팔렝케를 조사하던 고고학자에 의해, 유적의 신전 지하에서 석관(분묘)이 발견되었다. 7세기경에 팔렝케를 다스리던 파칼(Pacal) 왕의 것으로, 지하의 묘실에 안치되어 있던 거대한 석관 안에는, 파칼 왕의 유해와 옥 가면 등의 부장품이 남아 있었다. 이 석관 뚜껑의 조각을 옆에서 보면, 신관이 엔진을 분사시킨 우주선 같은 탈 것을 조종하고 있는 것처럼도 보인다.

게다가 마야인은 고도의 천체 관측 기술을 지녔고 정확한 역법을 사용하고 있었다. 바퀴가 존재하지 않았는데 거대한 피라미드를 건설할 수 있었던 이유도 불명이며, 어째서 9세기경부터 도시가 방치되고 10세기 말부터 무인의 폐허로 변한 이유도 알지 못한다. 고도의 문명을 쌓아올렸음에도 불구하고 그 흥망에 대한 수수께끼가 많은 팔렝케이기에 이에 대한 다양한 설이 부상하는 것인지도 모른다. 멕시코시티의 국립 인류학 박물관에는 팔렝케의 석관에서 발견된 옥 가면이나 복원한 비문의 신전의 왕묘가 전시되어 있다.

■ 공룡의 토우

멕시코시티에서 북서쪽으로 약 100킬로미터 정도 떨어져 있는 아캄바로(Acámbaro)라는 마을에서, 1945년에 기묘한 토우(土偶)가 발견되었다. 발견자는 아마추어 고고학자인 발데마르 율수르트(Waldemar Julsrud). 이 지역에는 대량의 토우가 발견되었는데, 개나 낙타, 코뿔소 같은 동물들 사이에 명백히 공룡으로밖에 보이지 않는 것들이 있었다. 티라노사우루스나 스테고사우루스 등과 흡사한 이 토우들은 기원전 4000년~기원전 1000년경의 물건이라는 탄소 연대 측정의 결과도 나왔다.

공룡은 인류 탄생 이전의 약 6600만 년 전에, 거대 운석이 유카탄 반도에 충돌한 여파로 멸종되었다고 알려져 있다. 또한 아캄바로 부근에서는 인골과 공룡의 뼈가 같이 발굴되는 일도 있었다고 한다. 즉 이 공룡 토우는 기원전 4000년 시점에서 계속 살아있던 공룡이 있고 인간과 공존했던 증거가 될지도 모른다며 주목받았다.

그러나 이후에 이 토우는 그 시대의 흙으로 발견자가 만든 날조였다는 설이 유력해졌으며, 공룡 생존설을 뒷받침하지 않는 것으로 결론 내려졌다. 지구의 역사를 뒤흔들 오파츠라며 화제가 되었던 공룡 토우는, 현재는 시청 부근의 박물관에 전시되었다고 한다.

■과달루페의 성모

멕시코에서는 가톨릭 신자가 90%를 점한다고 이야기되고 있는데, 그중에서도 멕시코 사람들이 숭배하는 것이 과달루페(Guadalupe) 사원에 모셔진 갈색의 피부를 지닌 과달루페의 성모다.

1531년 겨울, 멕시코시티의 교외의 과달루페에 사는 후안 디에고(Juan Diego Cuauhtlatoatzin)가 테페약(Tepeyac) 언덕에서 갈색 피부에 흑발의 소녀와 만났다. 그녀는 자신은 성모 마리아라고 말하고, 이 언덕에 성당을 세웠으면 좋겠다고 주교에게 전언을 부탁했다. 디에고는 그 이야기를 주교에게 전했지만 주교는 믿어주지 않았다.

얼마 후, 디에고 앞에 다시 소녀가 나타나서는 테페약 언덕에 핀 장미를 따서 사교에게 보여주기를 바란다고 말했다. 겨울에 장미가 필 리가 만무하다고 생각하면서도 언덕을 오른 디에고는 놀랍게도 장미를 발견했다. 그 장미를 따서 자신의 망토에 감싸고 주교 앞에 가서 장미를 보여주자, 망토 안에는 갈색 피부에 검은 머리카락의 성모의 그림이 그려져 있었다. 이것을 본 사교는 디에고의 말을 믿고 성당을 세웠다고 한다.

그 교회가 테페약 언덕에 세워진 과달루페 성당(Basilica de Santa Maria de Guadalupe)이다. 성당 내에는 디에고의 것이라고 전해지는 망토가 지금도 장식되어 있다.

■로맨틱한 입맞춤의 오솔길

멕시코의 중앙고원의 산줄기에 있는 아름다운 세계유산 도시 과나후아토(Guanajuato). 중세 유럽을 연상시키는 도시로, 산의 경사면에 세워져있기 때문에 주거지역이 빽빽이 밀집해서 집들 사이의 길이 사람 한 명이 지나가는 것이 고작일 정도로 좁다. 맞은편 집의 발코니 너머로 연인 사이에 키스를 할 수 있을 정도라 '입맞춤의 오솔길'이라고 불리고 있는데, 이에 관한 멕시코판 로미오와 줄리엣이라고 할 수 있는 전설이 남아있다.

옛날에 견원지간이었던 두 가문의 집이 마주보며 서 있었다. 양 가문의 아들과 딸이 사랑에 빠져서, 밤이 되면 2층 창문으로 몸을 내밀어 입맞춤을 하고 있었다. 그런 두 사람을 목격한 딸의 아버지가 격노해서, 자신의 손으로 딸의 목숨을 끊어버렸다고 한다.

■마법사가 세운 피라미드

멕시코에 있는 우슈말(Uxmal) 유적은 치첸 이차와 나란히 이야기되는 마야 문명을 대표하는 도시국가 유적이다. 그곳에는 높이 38미터에 달하는 커다란 피라미드가 있는데, '마법사의 피라미드', 또는

'소인의 피라미드'라고 불리고 있다.

마야 전설에 의하면, 마법사 노파가 알을 따뜻하게 하자 소인이 태어났는데 그 소인이 단 하룻밤 만에 세웠다고 한다. 그 전설에서 이 피라미드의 이름이 붙었다. 정면 계단에는 비의 신 차크(Chaac)라고 생각되는 매부리코 신의 상이 정상까지 늘어서 있다.

■마야 달력과 종말예언

마야인은 오래전부터 천문학에 통달해서, 가장 오래된 마야 달력은 적어도 기원전 6세기로 거슬러 올라간다. 13과 20의 사이클을 조합해서 만들어지는 260일의 역법으로, 종교의식이나 제사 등에 사용되었다. 그 밖에 현대의 역법과 비슷한 태양력도 있으며, 거의 오차가 없이 정밀한 금성력, 화성력 등이 있었다고 한다.

근래, 그러한 우수한 천문학 지식을 지닌 마야 사람들이 "2012년에 세계가 멸망한다"라고 종말을 예언했다며 세계적으로 화제가 된 적이 있었다. 실제로는 세계의 종말을 예언한 것이 아니라 고대 마야 문명의 달력 중 하나인 장기 달력 박툰(Baktun)의 주기가 2012년에 끝나는 것이었다. 이 장기 달력은 약 14만 4000일을 1박툰으로 삼고, 이것을 13배한 약 512년을 역법의 1주기로 삼고 있다. 이 역법은 기원전 2114년 8월 13일경부터 시작되어, 현재의 제5주기(제5의 태양의 시대)의 끝나는 날이 2012년 12월 22일이었다는 것에서, 세계의 종말이라고 오해받아 화제가 되었다고 한다.

■마야 문명 종언의 수수께끼

멕시코 유카탄 반도의 밀림 속 오지에 도시와 신전을 남긴 채로, 어느 날 홀연히 모습을 감춰버린 마야 문명 사람들. 마야 문명의 종언에 대해서는 다양한 이야기가 오가고 있다.

기원전 1800년경에 탄생했다고 여겨지는 마야 문명은, 250년에서 900년경에 걸쳐 유카탄 반도에서 번영했다. 통일된 정치기능은 갖지 않고, 다양한 지역의 도시들로 이루어진 도시 문명이었던 마야는, 멕시코의 팔렝케(Palenque), 칼라크물(Calakmul), 과테말라의 티칼(Tical), 벨리즈의 카라콜(Caracol), 온두라스의 코판(Copan) 같은 수십 개의 도시국가가 번영했는데, 10세기경에 멸망해버렸다. 각 도시에 대한 자세한 것은 **도시국가 팔렝케와 우주인**, 과테말라의 **마야 문명 최대의 도시 티칼 유적**, 온두라스의 **돌의 도시, 코판 유적** 항목을 참조.

마야 문명은 전 세계의 많은 문명과는 달리 철기를 갖지 않고, 말 등의 대형가축도 사육하지 않았다. 기술 수준은 낮지만 치첸 이차(자세한 것은 **치첸 이차에 강림하는 신** 항목을 참조) 등의 장대한 건축물이나 미술품 같은 고도의 창작물을 많이 남기고 있다. 더욱 놀랍게도 정확한 천문학 지식을 가지고 있어서 금성이나 당시의 기술로는 어렵다고 여겨진 목성의 궤도 등도 파악하고 있다고 하며, 독특한 역법(자세한 것은 **마야 달력과 종말 예언** 항목을 참조)도 사용하고 있었다. 마야 문명은 '시간의 문명'이라고 불리기도 하며, 우주인이 날아와서 달력을 마야인에게 알려준 것이 아니냐는 설이 있을 정도다.

마야 문명이 멸망한 이유에 대해서는 지금도 여전히 논쟁이 벌어지고 있다. 자연재해나 기후 변화, 도시간의 분쟁, 종말 예언에 따른 도시 방치 등의 다양한 설이 있지만, 어느 것이나 마야 문명이 갑자기 사라진 이유를 충분히 설명해내지 못하고 있다고 한다.

■마야 신화(1) ~옥수수에서 태어난 인간

멕시코에 있는 과테말라 고지의 선주민 키체 마야(K'iche' maya)족의 신화에는, 다음과 같은 창세 이야기가 전해지고 있다.

처음에는 바다와 하늘만이 펼쳐져 있었다. 어느 날, '하늘의 마음'이라고 불리는 신들이 "대지!"라고 외치자 바다에서 대지가 안개처럼 나타났다. 산들이 일어서고, 계곡이 생기고, 삼나무 숲이나 소나무 숲이 만들어져갔다. 이어서 신들은 숲의 파수꾼으로서 사슴, 새, 퓨마, 재규어, 뱀을 창조하고 "말해라!"라고 이야기했지만, 동물들은 울부짖기만 해서 제물이 되어 잡아먹히는 운명이 되었다.

신들은 인간을 창조하기로 하고 처음에는 진흙을 반죽했는데, 몸이 물렁물렁해서 금방 부서져서 실패했다. 다음에 늙은 점술사들의 조언으로 나무로 인간을 만들었는데, 나무 인간은 혼도 지혜도 없었기 때문에 신들은 대홍수를 일으켰고, 나무 인간들은 원숭이가 되어 숲 속으로 도망쳤다. 신들은 아직 세계에 인간을 낳을 시기가 아니라고 생각했다.

그 후, 태양과 달이 태어나고 세계에 질서가 찾아왔다. 어느 날, 신들은 산고양이, 들개, 앵무새, 까마귀가 알려준 옥수수를 몹시 마음에 들어 했다. 그래서 노란 낟알과 하얀 낟알의 옥수수를 빻아 만든 가루를 이겨서 인간을 만들었다. 이렇게 해서 네 명의 남자들이 탄생했다. 네 명의 현명하고 아름다운 남자들은 재능이 넘쳤고, 이 세상의 모든 것을 전망하고, 이해할 수 있었다. 그러나 이것을 바람직하게 생각하지 않았던 신들은 네 명의 남자들의 눈에 안개를 불어넣어서 가까이에 있는 것밖에 보이지 않게 만들었다. 그 후, 신들은 네 명의 여자를 만들어서 남자들에게 주었다. 이렇게 키체족(마야인)의 선조가 탄생했다. 이어서 인간이 신에게 불을 요구하자, 감사의 표시로 산제물을 바친다는 조건으로 불을 주었다고 한다.

이 전설은 16세기 중반 경에 마야족의

상형문자를 키체 마야어로 기록한 '포폴 부(Popol Vuh)'라는 서적에 적혀 있다.

■마야 신화(2) ~쌍둥이 영웅전설 아버지 편

과테말라 중서부에 사는 키체 마야족에 의해 쓰인 '포폴 부'(민중의 서)에는 마야 신화에서 쌍둥이 영웅의 이야기가 남아있다.

창세신화(자세한 것은 **마야 신화(1) ~옥수수에서 태어난 인간** 항목을 참조)에 등장하는 점술사들에는 훈 후나푸(Hun Hunahpu)와 부쿠부 후나푸(Vucub Hunahpu)라는 쌍둥이 아들이 있었다. 그들은 노는 것을 좋아했는데, 공놀이 장에서 공놀이 하는 것을 특히 좋아했다. 그러나 이 공놀이장의 지하에는 마야의 명계(冥界)인 시발바(Xibalba)가 있고, 머리 위에서 들리는 소음에 견디다 못한 시발바의 왕들은 쌍둥이에게 놀이 시합을 제안했다. 명계로 불러들여서 쌍둥이의 숨통을 끊으려고 했던 것이다.

도전을 받아들이기로 한 쌍둥이는 시발바로 향했다. 그러나 그곳은 상상 이상으로 위험한 장소였다. 시발바의 왕들은 쌍둥이에게 불에 달군 돌에 앉게 하는 등의 많은 무서운 시련을 받게 했다. 게다가 '어둠의 관'이라는 집에 쌍둥이를 묵게 하고, 담배와 횃불을 건네주고는 "이 불을 꺼트리지도, 원래의 크기보다 작게 만들어서도 안 된다"라는 말도 안 되는 난제를 들이밀었다.

아침이 되고 다 타버린 담배와 횃불을 본 시발바의 왕들은, 쌍둥이에게 신의 재산에 손해를 입혔다는 죄로 사형을 선고하고 두 사람을 죽여 버렸다. 쌍둥이는 공놀이장의 흙에 묻혔는데, 훈 후나푸의 목은 본보기로서 나무에 매달렸다. 그러자 그 나무에서는 히카라(jícara, 호리병박) 열매가 열려서 머리가 나무 열매에 가려 보이지 않게 되었다. 그래서 지금도 호리병박 열매는 훈 후나푸의 열매라고 불리고 있다고 한다.

이 신기한 나무를 구경하려고 시발바의 왕의 딸 스킥(Xquic)이 나무에 가까이 다가가서 열매를 따려고 했다. 훈 후나푸가 "이 열매는 이미 전부 해골로 만들어졌다"라고 말했지만 상관하지 않고 열매를 따려고 한 딸에게 훈 후나푸가 침을 뱉자 스킥은 임신했다. 이윽고 스킥은 쌍둥이 아들을 낳았는데, 이 두 사람이 이후에 쌍둥이 영웅으로서 알려지게 되는 후나푸(Hunahpu)와 스발란케(Xbalanque)다. 성장한 쌍둥이의 전설은 **마야 신화(3) ~쌍둥이 영웅전설 아들 편** 항목을 참조.

■마야 신화(3) ~쌍둥이 영웅전설 아들 편

쌍둥이 영웅의 모험담은 '포폴 부프'라고 불리는 마야 신화를 그린 책의 주요한 부분이다.

어느 날, 쌍둥이 형제 후나푸(Hunahpu)와 스발란케(Xbalanque)는 아버지와 숙부가 마야의 명계인 시발바의 왕들에게 살해당한 것을 알았다(자세한 것은 **마야 신화(2) ~쌍둥이 영웅전설 아버지** 편을 참조).

원수를 갚기로 결의한 쌍둥이는 시발바의 왕들을 화나게 만들기 위해서 공놀이장에서 게임을 하면서 큰 소리로 떠들었다. 아니나 다를까, 왕들은 화가 나서 쌍둥이를 죽이기 위해 명계로 불러들였다.

쌍둥이가 명계에 도착하자, 시발바의 왕들은 차례차례 시련을 부여했고 쌍둥이는 매일 밤, 다른 건물에서 자게 되었다. 처음에 묵었던 '어둠의 관'에서는 아버지와 숙부가 목숨을 잃은 시련이 내려졌지만, 쌍둥이는 반딧불을 사용해서 난관을 돌파했다. 이어서 움직이는 검과 면도날이 장치된 '면도날의 관', 얼음으로 덮인 '한랭의 관', 굶주린 재규어가 우글거리는 '재규어의 관', 화염이 불타오르는 '화염의 관'으로 이어졌지만 쌍둥이는 어느 시련이나 지혜와 용기로 견뎌냈다.

그러나 마지막 시련이 되는 박쥐가 날아다니는 '박쥐의 관'에서는, 빈틈을 찔린 후나푸의 목이 잘려서 공놀이장에 매달리고 말았다. 그렇지만 스발란케는 포기하지 않고 커다란 호박으로 새로운 머리를 만들어 후나푸의 몸통에 붙이고, 왕들이 기다리는 시발바의 공놀이장으로 향했다.

시발바의 왕들은 후나푸의 목을 공 대신으로 삼아 공놀이(두 팀으로 나뉘어 무릎과 팔꿈치, 엉덩이를 사용해서 상대의 돌의 고리에 공을 넣는 게임)를 시작했다. 스발란케는 일부러 공을 경기장 밖의 숲으로 날려버린다. 공으로 변했던 토끼가 왕들의 주의를 끄는 사이에, 스발란케는 후나푸의 목을 되찾아와 몸에 붙여서 그를 되살렸다. 그 후에 다른 공으로 시합을 재개하고, 쌍둥이는 멋지게 시발바의 왕들에게 승리했다.

쌍둥이가 승리하자 시발바의 왕들은 분노에 미쳐 날뛰며 쌍둥이를 죽이려고 마음먹었다. 쌍둥이를 불태워 죽이고, 뼈를 부수고, 재를 강에 뿌렸지만 신기하게도 6일 뒤에 쌍둥이는 되살아나서 돌아왔다. 쌍둥이는 '죽은 자를 되살릴 수 있는 방법을 발견했기 때문이다'라고 주장하고, 그것을 증명하기 위해 스발란케가 후나푸의 목을 베고 심장을 뽑아낸 뒤에 금방 되살려보였다.

이것을 보고 흥분한 왕들은 나를 죽이고 기적을 행해 보라고 졸랐고, 쌍둥이는 부탁대로 왕을 죽였지만 이번에는 되살리지 않았다.

이렇게 쌍둥이의 속임수에 의해 명계 시발바는 함락되었다. 명계의 힘을 약하게 만든 쌍둥이 영웅은 지상으로 돌아온 뒤에 태양과 달이 되었다. 그리하여 천지에 빛이 생겨났고 지상에는 인간을 창조하기 위한 준비가 되었다. 신들은 다시 인간 만들기에 도전했고, 옥수수에서 인간을 창조하는 데 성공했던 것이다. 자세한 것은 **마야 신화(1) ~옥수수에서 태어난 인간** 항목을 참조.

■볼라도레스의 의식

멕시코만 연안의 관광도시 파판틀라(Papantla)에는 높이 30미터 이상의 기둥 위에서, 밧줄에 묶인 네 명의 인간이, 공중을 13회 돌면서 지면까지 내려온다고 하는, 오래전부터 전해지는 종교의식 '볼라도레스(Voladores, 공중을 나는 사람)'가 있다.

일설에 의하면, 천공에서 내려온 신을 목격한 선주민들이 신을 공경하며 재방문을 바라며 기도하는 의식이라고도 한다. 네 명의 인간들은 사냥감을 노리며 날아오는 매처럼 인간의 심장을 노리며 강림하는 태양신을 본뜨고 있다고 한다. 이 의식은 고대 유희의 발상지라고도 이야기되는 엘 타힌(El Tajín) 유적을 시작으로, 베라크루스(Veracruz) 지방 일대에서 견학할 수 있다.

■소치밀코의 인형섬

소치밀코(Xochimilco)는 멕시코시티에 있는 한적한 운하 마을이다. 과거에 커다란 호수였던 장소를 메우고 섬들을 연결해서 운하를 만들었다. 그 소치밀코 안에 한층 이상한 섬이 있다. 무수한 인형이 섬의 이쪽저쪽에 매달려 있는 '인형섬(Island of the Dolls)'이다. 찢어진 팔다리, 뜯긴 목, 사지가 없는 몸통 등, 어느 인형이나 낡고 망가져있으며 약한 바람으로도 기분 나쁘게 흔들린다.

섬에 인형을 매단 것은 돈 훌리안 산타나 바레라(Don Julián Santana Barrera)라는 남자다. 50년 이상 전에 산타나는 혼자서 이 섬에 살고 있었는데, 어느 날 빈사의 소녀가 이 섬에 떠내려 왔다. 산타나는 소생을 시도했지만 소녀는 숨을 거두고 만다. 다음 날, 섬에 여자아이의 모습을 한 인형이 흘러왔다. 산타나는 인형을 소녀의 것이 틀림없다고 생각하고 섬의 나무에 매달았다. 이후, 산타나는 소녀의 영혼의 공양을 위해 인형을 모아서 계속해서 섬의 나무들에 매달아갔다. 소녀의 영혼에 괴롭힘 당했기 때문에 인형을 많이 바쳐서 기쁘게 하려고 했다는 설도 있다.

그런데 수십 년 후인 2001년, 산타나가 강에 빠져 죽어있는 것을 그의 조카가 발견했다. 그 장소는 공교롭게도 소녀가 죽었다고 알려진 장소였다고 한다. 사람들은 섬의 망가진 인형들에 악령이 깃들어서 산타나를 홀려 죽였다는 소문이 돌았다. 지금은 관광객이 이 섬에 찾아와 유품인 인형을 공양하기 위해 섬의 나무에 매달고 가는 사람도 있다고 한다. "누군가의 시선을 느꼈다", "인형들이 속삭이는 소리를 들었다"라는 괴기현상과 조우한 사람도 있다고 한다.

■아즈텍 신화(1) ~아즈텍 신화의 천지창조

15세기부터 16세기에 걸쳐 멕시코 중앙부에서 번영한 아즈텍 왕국의 아즈텍인은, 현세가 시작되기 전에는 다른 세계가 있었다고 믿고 있었다. 아즈텍 신화에 의하면 지금의 세계는 다섯 번째로 창조된 세계로, 지금까지 멸망한 네 개의 시대와 태양이 있었으며 시대가 변할 때마다 태양이 되는 신도 그 세계에 사는 사람들도 바뀌었다고 한다. 이 신화는 다양한 패턴이 있는데 '그림에 의한 멕시코인의 역사'나 '태양의 전설'이라는 선주민 신화의 책에는 이하와 같은 전설이 기록되어 있다.

13층으로 이루어진 천상계의 최상층에서, 창조신은 네 명의 아들을 배치했다. 가장 위가 붉은 테스카틀리포카(Red Tezcatlipoca), 두 번째가 검은 테스카틀리포카(Black Tezcatlipoca), 세 번째가 케찰코아틀(Quetzalcoatl), 네 번째가 우이칠로포치틀리(Huitzilopochtli)다.

네 형제는 불, 하늘, 땅, 바다, 지하계, 한 쌍의 남녀, 성스러운 달력을 만들었으며 최초의 시대 '땅의 태양'은 검은 테스카틀리포카가 다스렸다. 거인들이 살고 있었지만 테스카틀리포카는 케찰코아틀의 큰 망치(창)로 바다로 밀어냈고, 용맹한 재규어 무리에 의해 거인들은 멸망했다. 테노치티틀란(Tenochtitlan) 부근에서 발굴된 매머드 같은 대형 동물의 화석이야말로 신화에 등장하는 거인의 뼈라고 아즈텍인은 생각했다고 한다.

다음 시대 '바람의 태양'은 케찰코아틀이 통치자가 되었다. 그러나 재규어로 변신한 테스카틀리포카에 의해 걷어차여서 사람들이나 집이나 나무들이 박살났다. 이때 살아남은 숲의 나무들로 도망친 사람들이 원숭이가 되었다.

세 번째 시대 '비의 태양'은 비의 신 틀랄록(Tlaloc)이 지배했다. 케찰코아틀은 하늘에서 불의 비를 내렸다. 모든 집이 불타고, 사람들은 죽어서 칠면조가 되었다.

네 번째의 시대 '물의 태양'은 틀랄록의 아내이며 강과 물을 다스리는 찰치우틀리쿠에(Chalchiuhtlicue, 비취의 치마를 입은 여자)가 다스렸지만, 이 세계에서는 세찬 비가 계속 내려서 사람들은 물고기로 변하고 홍수 때문에 천공이 무너져 내려 태양이 파괴되었다.

그리고 현재로 이어지는 다섯 번째 시대는 케찰코아틀이 지배하는 '움직임의 태양'이다. 지금의 태양을 창조할 때, 신 나나우아친(Nanahuatzin)이 희생하게 된 것에서, 아즈텍에서는 심장을 신에게 바치는 산제물의 의식이 이루어지게 되었다. 자세한 것은 **아즈텍 신화(2) ~다섯 번째의 태양 토나티우의 창조** 항목을 참조

■아즈텍 신화(2) ~다섯 번째 태양 토나티우의 창조

아즈텍 신화에 등장하는 네 명의 형제들은 끊임없이 싸우며 세계의 창조와 파괴를 반복하고 있었다(자세한 것은 **아즈텍 신화(1) ~아즈텍 신화의 천지창조** 항목을 참조). 네 번에 걸친 세계의 파괴 뒤에, 케찰코아틀은 형인 테스카틀리포카와 협력해서 사악한 바다의 괴물 틀랄테쿠틀리(Tlaltecuhtli)를 쓰러트리고 그 몸으로 다시 한 번 세상을 되살렸다(자세한 것은 **아즈텍 신화(3) ~괴물 틀랄테쿠틀리를 퇴치한 형제신** 항목을 참조).

그 후에 신들은 테오티우아칸(Teotihuacan)에 모여서 누가 태양이 되어야 할까를 논의했다. 거기서 테쿠시스테카틀(Tecciztecatl)이라는 오만한 신과 나나우아친(Nanahuatzin)이라는 병약하고 겸허한 신이 선발되었다. 두 신은 4일간 언덕에서 단식과 고행을 했다고 하며, 그 장소가 현재 남아있는 '태양의 피라미드'와 '달의 피라미드'라고 한다.

4일 후, 신들은 테오티우와칸의 성스러운 화로 앞에 모여서 의식을 진행했다. 우선 테쿠시스테카틀이 화염 속으로 뛰어들려고 했는데, 너무 뜨거워서 뒤로 물러서고 말았다. 그러자 용감한 나나우아친은 바로 화염 속으로 뛰어들었다. 그것을 보고 마음을 정한 테쿠시스테카틀도 화염 속으로 몸을 던졌고, 이어서 매와 재규어도 뛰어들었다. 매의 날개는 불타고 재규어에게는 검은 반점이 생겼다. 이 때문에 매와 재규어는 아즈텍 전사의 훈장이 되었다.

이윽고 동쪽 하늘에서 다섯 번째의 태양 토나티우(Tonatiuh)로서 되살아난 나나우아친이 나타났다. 태양은 너무 눈부셔서 아무도 제대로 볼 수 없었다. 이어서, 테쿠시스테카틀도 동쪽 하늘에 떠올랐는데, 세계가 너무 밝고 뜨거워는 것을 두려워한 신이 테쿠시스테카틀에게 도끼를 집어던졌기 때문에 테쿠시스테카틀은 상처를 입고 태양보다 빛이 약한 달이 되어버렸다.

그 후에 토나티우는 신들에게 충성의 표시를 원하며 공중에서 움직이려고 하지 않았다. 그래서 케찰코아틀이 신들의 심장을 하나씩 꺼내서 토나티우에게 바치자 현재의 '움직이는 태양(나우이 올린[Naui Olin])'이 탄생했다고 한다. 태양을 계속 움직이기 위해서는 희생한 신들처럼 인간도 역시 심장과 피를 태양에게 바쳐야만 한다고 여겨지고 있었다.

■아즈텍 신화(3) ~괴물 틀랄테쿠틀리를 퇴치한 형제신

아즈텍 신화의 형제신인 바람과 태양의 신 케찰코아틀과 밤의 신 테스카틀리포카는 라이벌 관계이지만, 두 형제가 협력해서 천지를 창조한 이야기가 있다.

네 번에 걸친 세계의 파괴 뒤(자세한 것은 **아즈텍 신화(1) ~아즈텍 신화의 천지창조** 항목을 참조), 두 명의 형제가 하늘에서 내려오자, 대지의 괴물 틀랄테쿠틀리(Tlaltecuhtli)가 모습을 드러냈다. 괴물은 팔꿈치나 무릎 등 온몸에 입이 있었고, 이를 갈고 있었다. 이렇게 야만적인 짐승이 있으면 천지창조가 불가능하다고 생각한 형제는 두 마리의 큰 뱀으로 변신했다. 한 마리가 틀랄테쿠틀리의 왼손과 오른발을, 다른 한 마리가 오른손과 왼발을 붙잡고 괴물을 두 쪽으로 찢었다. 그리하여 틀랄테쿠틀리의 상반신은 대지가 되었고 공중으로 던져진 하반신에서 하늘이 생겨났다.

하지만 틀랄테쿠트리가 참살당한 것으로 땅의 신들은 분노했고, 괴물을 위로하려고 대지에서 다양한 식물을 키우기로 했다. 밤이 되면 대지가 비명을 질렀기 때문에, 괴물을 달래며 작물의 열매를 맺게 하려면 인간 산제물의 혈육을 줘야만 하게 되었다고 한다.

■아즈텍 신화(4) ~케찰코아틀과 인간의 창조

1300년경부터 1521년에 걸쳐 현재의 멕시코 고원에 번영했던 아즈텍 왕국. 케찰코아틀(Quetzalcoatl)은 아즈텍인에게 가장 중요한 신 중 한 명이다. '케찰'이란 아즈텍어로 '깃털이 있는', '귀중한'이라는 뜻이고 '코아틀'은 '뱀'이라는 뜻이라서 깃털로 뒤덮인 뱀의 모습으로 그려지는 경우가 많다.

케찰코아틀의 신화에는 인간을 부활시키기 위해 명계까지 뼈를 가지러 가는 이야기가 있다. 네 번에 걸친 파괴(자세한 것은 **아즈텍 신화(1) ~아즈텍 신화의 천지창조** 항목을 참조) 뒤에 세계를 되살린 케찰코아틀은, 물고기로 변해서 홍수로 떠내려간 인간들을 명계에서 되찾아오기로 했다. 그래서 케찰코아틀은 바람의 신 에헤카틀(Ehecatl)로 변신해서 지하세계 믹틀란(Mictlan)으로 향했다.

케찰코아틀은 명계의 지배자 믹틀란테쿠틀리(Mictlantecuhtli)에게 인간의 뼈를 훔쳐서 도망쳤지만, 도중에 메추라기가 쪼아서 인간의 뼈에 상처가 나버렸다. 지상으로 돌아온 케찰코아틀은 타모안찬(Tamoanchan)이라는 곳에서 뼈를 여신 시우아코아틀(Cihuacoatl)에게 건넸다. 여신은 뼈를 잘게 부수었고 케찰코아틀이 자신의 피를 부어서 새로운 인간을 만들었다. 그러나 메추라기에게 찔린 뼈가 변형되어 있던 것을 깜빡 했기 때문에, 인간의 체격은 제각각이 되고 언젠가 죽을 운명이 되고 말았다고 한다.

그 후, 케찰코아틀은 인간이 굶주리지 않도록 곡물을 주었다는 이야기도 있다. 어느 날, 몇 마리의 개미가 포포카테페틀(Popocatepetl)산의 갈라진 틈으로 옥수수 씨를 운반하고 있었다. 케찰코아틀은 신경이 쓰여서 개미로 변신해서 쫓아가 보니, 갈라진 틈 끝에는 광대한 동굴이 펼쳐지고, 다양한 곡물과 씨앗이 있었다. 이 음식물을 인간에게 주려고 생각한 케찰코아틀은 다른 신들의 힘을 빌려서 비와 벼락으로 산을 파괴했다. 그리하여 옥수수 등의 곡물이 나라 안에 흩어졌고 사람들의 식량이 되었다고 한다.

■아즈텍 신화(5) ~밤의 신 테스카틀리포카

아즈텍 신화에서 또 한 명의 중요한 신이 테스카틀리포카(Tezcatlipoca)다. 바람과 태양을 다스리는 남동생 신인 케찰코아틀의 라이벌이자, 싸움과 변화를 나타내는 밤의 신이다. '테스카틀리포카'란 '연기를 토하는 거울'이라는 의미로, 암흑의 시간을 여행하는 것에서 '검은 태양'이라고도 불린다. 원래는 태양신이었지만, 남동생과의 싸움으로 그 지위에서 쫓겨나 명계의 신이 되어서 파괴와 전쟁을 좋아하게 되었다.

검은 몸, 흑색과 황색 줄무늬의 얼굴, 흑요석 거울(혹은 뱀)이 뒤통수와 오른발에 달려있는 모습으로 그려지는 경우가 많다. 검은 재규어의 모습으로 나타나며, 큰곰자리(재규어)의 화신이기도 하다. 재규어의 신 테페요료틀(Tepēyōllōtl, 산의 심장)이라고 불리는 경우도 있다.

테스카틀리포카는 밤이 되면 재규어의 모습으로 짖으며, 그 목소리는 바위나 분화하는 화산의 소리가 되었다. 해골모습으로 지상을 돌아다니는 경우도 있으며, 테스카틀리포카에게 이기려면 갈비뼈 뒤에 보이는 심장을 뜯어내는 것 외에는 방법이 없다고 한다. 또한, 테스카틀리포카는 사람들의 마음을 꿰뚫어보기 위한 거울을 가지고 다니고 있었으며, 거울에 비치는 상을 볼 수 있는 사람에게는 미래를 엿보게 해주었다고도 한다.

■예언과 코르테스

15~16세기에 걸쳐 멕시코 중앙부에서 번영했던 아즈텍 왕국의 전승에 의하면, 깃털이 난 뱀신 케찰코아틀이 밤의 신 테스카틀리포카의 책략에 의해 추방당할 때, "갈대의 1년에 돌아오겠다"라고 말하고 동쪽의 바다로 떠났다고 한다. 금성으로 모습을 바꾸고 하늘 높이 날아올랐다고 하는 설도 있다.

1519년에 스페인의 정복자 에르난 코르테스가 멕시코의 동해안에 도착했을 때가 케찰코아틀이 예언한 갈대의 1년이었다. 그에 더해서 스페인인은 케찰코아틀이 화신이었던 풍모와 마찬가지로 검은 수염에 하얀 피부, 십자가 문장을 가지고 있었다. 그래서 당시의 왕인 모크테수마 2세(Moctezuma II)는 신의 재래라고 믿고 코르테스에게 왕도 입성을 허락해 버렸다는 설이 있다.

코르테스가 도착한지 단 2년 만에 아즈텍 왕국이 멸망한 것은 이러한 역사의 아이러니가 있었는지도 모른다.

■ 죽으면 모두 미이라가 되는 마을

멕시코의 아름다운 세계유산도시 과나후아토(Guanajuato)의 서쪽 외곽에는 한층 특이한 관광명소가 있다. 100개 이상의 미이라가 쭉 늘어서 있는 미이라 박물관이다. 이곳에 안치되어 있는 미이라는 이집트의 미이라처럼 사후에 특별한 처치를 받은 것이 아니라 평범한 매장체다. 특수한 토양과 건조한 기후로 인해서 매장된 시신은 누구나 자연스럽게 미이라가 된다고 한다. 공동묘지에 매장되지 않은 시신 중에 상태가 좋은 것을 전시하게 되었다고 하는데, 진짜 미이라를 볼 수 있다는 것 때문에 지역에서도 인기 관광명소가 되었다고 한다.

■ 치첸 이차에 강림하는 신

고대도시 유적인 치첸 이차(Chichén Itza)는 마야 문명의 성지다.

치첸 이차를 상징하는 계단식 피라미드 '엘 카스티요(El Castillo)'에는 1년에 두 번 신이 모습을 보인다고 한다. 그 신이란 생명과 풍양을 관장하는 마야 신화의 신 쿠쿨칸(Kukulkan)이다. '깃털이 난 뱀'이라는 의미로, 사람들에게 학문이나 문화, 옥수수의 재배법 등도 알려주었다는 최고신이다.

춘분과 추분의 태양이 가라앉을 때, 석양을 받은 계단 서쪽으로 일직선의 그림자가 드리운다. 그 그림자는 북쪽의 계단 최하단에 장식된 뱀 머리 조각상과 이어지며, 뱀의 모습을 한 쿠쿨칸이 피라미드에 나타나는 것이다. 이 신비적인 현상은 2007년에 신(新) 세계 7대 불가사의에도 선정되었다.

엘 카스티요는 9단의 층으로 이루어진 계단식 피라미드인데, 4면에 있는 91개의 계단에 최상단의 신전 1단을 더하면 계단은 총 365단이 되어 태양력의 1년과 일치한다.

또한 마야 신화의 쿠쿨칸은 아즈텍 신화의 주요한 신인 케찰코아틀과 동일시되고 있다. 자세한 것은 **아즈텍 신화(4) ~케찰코아틀과 인간의 창조** 항목을 참조.

■ 치첸 이차의 저주

9~12세기경에 유카탄 반도에 번영했던 치첸 이차(자세한 것은 **치첸 이차에 강림하는 신** 항목을 참조)는 마야 문명의 중심적인 도시였다. 피라미드 형태의 유적인 엘 카스티요 신전 등이 있으며 현재는 관광 명소로서 유명하다.

'치첸 이차'란 마야인의 말로 '우물(혹은 샘)의 옆의 이차 사람'이라는 의미인데, 이 도시에는 저주 받은 우물이 있다고 한다. 이 땅은 빗물이 흡수되어버려서 강이 만들어지지 않는 석탄암 대지였기 때문에 항상 물 부족으로 고생하고 있었다. 그 때문에 비의 신이 있는 우물에 보물이나 젊은 여성, 아이를 제물로 바치는 기우제 의식이 이루어지고 있었다.

20세기가 되자, 미국의 탐험가 에드워드. H. 톰슨(Edward Herbert Thompson)이 보물을 찾아서 치첸 이차를 방문했다. 그리고 직경 약 5.8미터, 깊이 20미터의 거대한 우물(Cenote)을 발견한다. 톰프슨은 우물 안에서 보물을 건져내려고 했다. 그러나 톰슨이 고열로 쓰러지고, 준설기가 고장 나고 작업원이 현지의 부족에게 습격당해 목숨을 잃는 등의 재난을 겪는다. 이것들은 과거에 제물이 바쳐졌던 우물에 걸려있던 저주 때문에 보물을 빼앗으려는 자에 대한 천벌이라고 한다.

고열에서 복귀한 톰슨은 최종적으로 시가 500만 달러에 달하는 300여점의 보물을 가지고 돌아갔다. 그러나 톰슨을 가이드 했던 사람이 행방불명이 되었고, 그 가이드는 톰슨 대신에 저주를 받은 것이 아니냐고 이야기되고 있다.

■ 태양의 돌 아즈텍 캘린더

멕시코의 국립 인류학 박물관에서는 직경 3.6미터의 거대한 원반에 새겨진 아즈텍 캘린더(별명 '태양의 돌[Piedra del Sol]')를 볼 수 있다.

중앙에 혀를 쭉 내밀고 있는 태양신 주위에는, 네 개의 사각형에 둘러싸인 문양이 있다. 이것은 지금까지 창세와 파괴를 반복해온 네 개의 우주의 시대를 표시하고 있다고 한다. 시대마다 새로운 태양이 태어났다가 소멸했으며, 현재는 중앙에 있는 다섯 번째 태양인 토나티우의 시대라고 한다(자세한 것은 **아즈텍 신화(2) ~다섯 번째의 태양 토나티우의 창조** 항목을 참조). 다섯 번째 시대가 끝난 뒤의 제6의 시대에 대해서는 명시되어 있지 않다.

아즈텍 사람들은 20일을 한 달로 삼아 1년이 18개월, 거기에 공백의 5일간(윤일)을 더해서 1년을 365일로 정하고 있었다. 또한 아즈텍 문명은 마야 문명의 영향도 짙게 물려받고 있어서, 260일을 한 사이클로 삼는 의식이나 점성술을 위한 달력도 존재했다. 아즈텍 사람들 역시 달력을 보고 농사를 짓고 절기마다 산제물을 바치는 의식을 했던 것이다.

■ 호수 위의 도시였던 테노치티틀란

멕시코의 수도 멕시코시티는, 현재는 분지이지만 과거에는 텍스코코(Texcoco)라는 호수에 있는 고대도시였다.

1300년경, 이 땅에는 아즈텍 왕국이라는 나라의 수도 테노치티틀란이 있었다. '테노치티틀란'이란 나우아틀(Nahuatl)어로 '돌처럼 단단한 선인장'을 의미한다. 이 도시는 아즈텍 사람들이 '뱀을 입에 문 매가 선인장에 앉은 땅에 도시를 세워라'라는 신탁에 따라, 호수 위의 섬에 건설했다고 한다. 돌로 만들어진 훌륭한 도시로, 수로와 다리가 도처에 설치되어 있었다고 한다. 최전성기에는 약 30만 명이나 살고 있었다고 하는데, 15세기경에 에르난 코르테스 지휘하의 스페인 군이 식민지로 삼은 후에 텍스코코 호수를 메우기 시작했기 때문에, 현재 같은 분지가 되었다고 한다.

처음에 테노치티틀란을 보았던 스페인인은 놀라서 "몽환의 세계가 이런 것인가, 라고 우리는 저마다 말했다. 높은 탑, 신전, 건물 등이 물속에 우뚝 솟아있어서, 병사들 중에는 꿈을 꾸는 것이 아닌가 하고 눈을 의심하는 자도 있었다"라고 적었다고 한다.

중남미 전역

■라 조로나

중남미에는, 라 조로나(La Llorona)라는 우는 여자의 전설이 각지에 있다. 멕시코의 마리아라는 여자의 전설은 특히 유명하다. 옛날에 마리아는 귀족 출신의 스페인 병사와 사랑에 빠졌다. 두 사람은 함께 살기 시작했는데, 마리아가 쌍둥이 남자아이를 출산했을 무렵, 남자가 다른 여자에게로 변심한다. 남겨진 마리아는 아이들 때문에 남자가 자신을 떠났다며 쌍둥이를 강에 던져버린다. 빠져 죽은 자신의 아이를 보고 후회한 마리아도, 강에 몸을 던져 죽어버렸다고 한다.

이후, 강에 슬픔과 후회의 눈물을 계속 흘리는 마리아의 유령이 나타나게 되었다고 한다. 그 목소리를 들은 자에게는 불행이 찾아온다고 이야기되고 있다.

엘살바도르에도 우는 여자의 전설이 있다. 자세한 것은 엘살바도르의 **우는 여자 시구아나바** 항목을 참조.

■버뮤다 트라이앵글

'마의 삼각지대'라고 두려움을 샀던 버뮤다 트라이앵글에서는 옛날부터 다양한 사고가 다발했다. 가장 유명한 미스터리는 미해군 항공사건사에 남는, 1945년에 일어난 '플라이트 19 실종사건'이다.

플로리다주의 포트 로더 데일 해군기지에서 이륙한 미해군의 다섯 대의 훈련기가 버뮤다 제도를 비행 중에 "하얀 물 속에 있는 것 같다"라는 수수께끼의 메시지를 남기고 소식이 끊어졌다. 해군은 곧바로 구조기를 파견했지만, 그 구조기까지도 실종되어 하루에 14명의 승조원이 사라지고 말았다. 그 후에도 같은 해역에서 비행기나 배의 수수께끼의 실종사건이 이어져서, 사건이 다발하는 플로리다와 버뮤다 제도, 푸에르토리코를 잇는 삼각형 해역이 버뮤다 트라이앵글이라 명명되고 두려움을 사게 되었다.

또한 1970년, 파일럿 브루스 거넌(Bruce Gernon)이 바하마에서 플로리다주의 팜비치 국제공항을 향해 비행 중에 버뮤다 트라이앵글에서 이상한 구름의 터널에 돌입했다고 주장했다. 구름의 터널 안에서 마치 다른 차원의 세계에 끌려 들어온 듯한 감각이 엄습했고, 결과적으로 통상의 절반의 시간으로 플로리다에 도착했다고 한다. 그 찰스 린드버그도 1927년에 기묘한 구름의 터널에 돌입하여 자기이상을 경험했다고 저서에 이야기하고 있다.

버뮤다 해역의 기묘한 현상에는 아틀란티스 대륙의 생존자나 우주인이 관여하고 있다는 등의 소문도 돌았다. 최근에는 사고의 배경에는 과학적인 근거가 있으며, 해저에 쌓인 메탄가스 덩어리가 해면이나 상공에 분출됨으로써 배나 비행기를 고장나게 만드는 것이 아닐까 하는 주장도 있다.

■버진 제도의 유래

버진 제도(Virgin Islands)는 카리브해 북동쪽의 푸에르토리코 동쪽 해상에 있는 영국령과 미국령 섬들이다. 1493년에 콜럼버스가 두 번째 항해에서 도달했을 때, 투명한 바다와 아름다운 해변, 나무로 뒤덮인 섬들을 본 콜럼버스는 그 깨끗하고 아름다운 대자연의 모습을 보고 성 우르술라의 전설을 따서 '버진'이라는 이름을 붙였다고 한다.

성 우르술라(Saint Ursula)란 전설의 성녀의 이름으로, 4세기경에 실재했다고 하는 영국인 왕의 딸이다. 우르술라는 이교도의 왕자의 구혼을 받고 '기독교로 개종', '로마로의 순례', '동반자를 붙인다'라는 세 가지 조건을 제시했다. 왕자가 이 조건을 허락해서 순례 후에 결혼식을 올리게 되었던 우르술라는, 1만 1천명의 미혼 소녀들을 데리고 로마로 순례의 여행을 떠났다. 그런데 돌아오는 길에 훈족에게 습격당해 소녀들은 학살당하고 우르술라도 가슴에 화살을 맞아 사망했다. 이후에 1만 1천명의 천사들이 나타나 훈족을 쫓아냈다는 전설도 있다.

■케이맨 제도의 보물섬 전설

카리브해 서부에 위치한 세 개의 섬, 그랜드 케이맨, 케이맨 블랙, 리틀 케이맨으로 이루어지는 케이맨 제도(Cayman Islands). 그 중에서도 케이맨 블랙은 영국의 유명한 소설가 로버트 루이스 스티븐슨의 모험소설 『보물섬』의 무대가 되기도 한 해적들의 섬이기도 하다.

1530년, 콜럼버스의 네 번째 항해에 의해 발견된 케이맨 제도는 이후에 영국령이 되어 입식이 진행되었다. 최초로 섬에 살던 사람은 해병이나 난파선의 선원이었다고 하는데, 점차 해적들이 케이맨 제도에 침입하게 된다. 검은 수염(에드워드 티치), 헨리 모건 같은 유명한 카리브의 해적들이 근거지 중 하나로 삼았다고 한다.

케이맨 블랙에 있는 다수의 동굴에 보물을 숨겼다는 전설이 있는데, 현재까지 아무도 발견하지 못했다. 이 전설에 따라 매년 11월 6일부터 16일까지 11일간, 해적으로 분장한 참가자들이 노래하고 춤추는 '해적 페스티벌'이 개최되며, 섬 전체가 해적 무드에 젖는다. 검은 수염의 보물에 대해서는 북아메리카·미국의 **검은 수염의 숨겨진 보물** 항목을 참조.

■타르 꼬마

남아메리카에 널리 전해지는 유명한 동화.

어느 곳에 장난을 좋아하는 토끼가 있었다. 여우가 토끼를 괴롭히려고 콜타르로 만든 꼬마 인형을 길가에 놓아두었다. 지나가던 토끼가 인사를 했지만 인형은 아무런 대답도 하지 않았다. 화가 나서 토끼는 주먹으로 인형의 얼굴을 때리자, 손이 인형에 들어붙었다. 토끼는 화가 나서 다른 한손으로 때렸고, 두 발로 뛰어올라 박치기를 했지만 손도 발도 머리도 인형에 달라붙어버려서 옴짝달싹도 할 수 없게 되고 말았다.

거기서 여우가 히죽거리며 나타났다. 여우의 짓이라고 깨달은 토끼는 슬픈 목소리로 "들장미 덤불에만은 집어넣지 말아줘"라고 애원했다. 여우는 그 말을 듣고는 인형에서 토끼를 떼어내서 들장미 덤불에 던졌다. 그러자 덤불 속에서 토끼의 기운찬 목소리가 들리더니 "나는 들장미 덤불에서 자랐으니까, 들장미가 나를 구해줬어"라고 말하고 웃으며 도망쳤다고 한다.

이렇게 똑똑한 토끼는 블레어 래빗이라고 불린다. 지혜를 사용해서 라이벌을 앞지르는 모습은, 아프리카의 트릭스터 아난시(자세한 것은 아프리카·가나의 **거미 아난시 전설** 항목을 참조) 이야기와 비슷하다. 아프리카 사람들이 노예로서 남아메리카의 여러 나라에 끌려왔을 때, 아난시 이야기가 새로운 무대에서 새로운 이야기가 되어 퍼져나갔다고 여겨진다.

01 column 지도에만 있는 장소

세계에는 지도에 기록되어 있지만 현실에는 존재하지 않는 장소가 있다.

예를 들면 1925년, 미국에서 발행된 어느 지도에는 뉴욕 주의 '애글로(Agloe)'라는 마을이 실려 있었는데, 이것은 지도 제작회사가 다른 회사가 이 지도를 그대로 도용했을 경우에 금방 알 수 있도록 저작권 대책으로 창작한 가공의 마을이었다.

18세기의 문헌에는 실려 있지만 21세기에 들어서자 실재하지 않는 것이 판명된 '샌디섬(Sandy Island)'이라는 섬도 있다. 프랑스령인 뉴칼레도니아 영해 안에 있다고 생각되었던 이 섬은 2012년이 되자 그 부근에는 아무것도 없고 바다만이 있음을 알았다.

근래에는 구글맵 상에서 영국의 랭커셔 주에 기록되어 있던 마을 '아글턴(Argleton)'이 실제로는 없는 곳이라는 사건도 있었다. 이 마을은 2009년에 발견되어서 커다란 화제를 모았는데, 같은 해 말에 지도에서 사라지고 말았다.

2012년, 일본에서도 iOS의 애플리케이션 '지도(Map)' 상에 '파칭코건담역(パチンコガンダム駅)'이라는 수수께끼의 역이 출현했다. 도쿄도의 오우메(青梅線)상에 나타난 이 역은, 다음 해 3월에는 앱에서 사라졌다.

이밖에도 남태평양의 마리아 테레사 암초(The Maria Theresa Reef), 미국의 마을 고블루(Goblu)와 비토스(Beatosu) 등, 이러한 사례는 많이 있다.

만약 당신이 평소에 보고 있는 지도에도 존재하지 않는 장소가 있는지도 모른다.

Europe
유럽

① 아이슬란드
② 아일랜드
③ 아제르바이잔
④ 알바니아
⑤ 아르메니아
⑥ 안도라
⑦ 영국
⑧ 이탈리아
⑨ 우크라이나
⑩ 우즈베키스탄
⑪ 에스토니아
⑫ 오스트리아
⑬ 네덜란드
⑭ 카자흐스탄
⑮ 북마케도니아
⑯ 키프로스
⑰ 그리스
⑱ 키르기스스탄
⑲ 크로아티아
⑳ 코소보
㉑ 산마리노
㉒ 조지아
㉓ 스위스
㉔ 스웨덴
㉕ 스페인
㉖ 슬로바키아
㉗ 슬로베니아
㉘ 세르비아
㉙ 타지키스탄
㉚ 체코
㉛ 덴마크
㉜ 독일
㉝ 투르크메니스탄
㉞ 노르웨이
㉟ 바티칸
㊱ 헝가리
㊲ 핀란드
㊳ 프랑스
㊴ 불가리아
㊵ 벨로루시
㊶ 벨기에
㊷ 폴란드
㊸ 보스니아 헤르체코비나
㊹ 포르투갈
㊺ 몰타
㊻ 모나코
㊼ 몰도바
㊽ 몬테네그로
㊾ 라트비아
㊿ 리투아니아
51 리히텐슈타인
52 루마니아
53 룩셈부르크
54 러시아

아이슬란드

■달을 붙잡으려고 했던 이야기

아이슬란드에 전해지는 민화.

어느 날 밤, 마을 사람들은 남쪽의 산의 꼭대기에 커다란 보름달이 걸려있는 것을 보았다. 달을 가지고 있으면 겨울밤에도 밝게 지낼 수 있을 거라고 생각한 마을 사람들은 산꼭대기에 올라서 달을 붙잡으려고 했다. 그런데 마을 사람들이 산 정상에 도착하자 달은 높은 하늘을 달려서 남쪽으로 가버렸다. 마을 사람들은 서둘러 산을 내려가 이번에는 남쪽의 높은 산으로 향했다. 그런데 또다시 달은 더욱 먼 하늘로 가버렸다.

마을 사람들은 달은 자신들을 두려워하는 거라고 생각하고, 최대한 자상하게 불렀다. 그러나 달은 그 목소리에 대답하지 않고, 점점 계속해서 하늘 저편으로 가버렸고, 마을 사람들은 녹초가 되어 집에 돌아왔다고 한다.

이처럼 달을 붙잡으려고 하는 이야기는 세계 각지에 있다.

■도로공사를 중지시킨 요정들

2015년 8월, 아이슬란드에서 도로공사 중에 실수로 '엘프의 교회(Ófeigskirkja)'라고 불리는 바위를 묻어버렸다. 그 후로 공사 현장에서는 도로가 침수 되거나, 현장에서 작업하던 인부가 부상을 당하거나 중장비가 부서지는 등의 다양한 재난이 이어졌다고 한다. 엘프들의 분노를 진정시키기 위해 아이슬란드 도로 관리국은 이 엘프의 바위를 다시 캐내는 작업을 실시했고, 깨끗하게 흙을 씻어냈다고 한다. 이 바위에 관련된 비슷한 사건이 1971년에도 일어났었다고 전해진다.

아이슬란드인에게 엘프는 생활의 일부에 녹아있으며, 몇 백 명이나 되는 사람들이 작은 엘프의 존재를 느끼거나 실제로 목격했다는 이야기가 있다.

■소원이 이루어지는 성스러운 산 헬가펠

요정전승이 많이 남아있는 아이슬란드의 스나이펠스네스(Snæfellsnes) 반도. 아이슬란드인에게 성지이며, 빙하와 용암대지, 화산, 폭포, 동굴, 해안선 등의 압도적인 대자연을 감상할 수 있다. 아이슬란드의 역사 이야기집인 '사가(Saga)'에도 빈번하게 등장하며, 쥘 베른의 소설『지구 속 여행(Voyage au centre de la Terre)』에서는 지구의 중심으로 통하는 입구가 있다고 여겨지는 장소이기도 하다.

이 반도에 있는 표고 73미터의 작은 산인 헬가펠(Helgafell, '성스러운 산'이라는 의미)에는 한 번도 뒤를 돌아보지 않고 누구와도 이야기를 나누지 않고 산 정상까지 똑바로 걸어가서, 산 정상에 있는 돌들 안에서 동쪽을 향해 소원을 빌면 세 가지 소원이 이루어진다는 구전이 있다고 한다. '아이슬란드인의 사가' 작품에 등장하는 가공의 히로인 구드룬(Guðrún)이 매장된 장소라고도 한다.

아일랜드

■ 디어드라와 노이시우의 슬픈 사랑

아일랜드의 켈트 신화에서 이야기되는 슬픈 사랑 이야기.

얼스터 왕국의 궁정에서 봉사하는 이야기꾼 소녀인 디어드라(Deirdre)는 장래에 아주 아름다워질 것이라는 예언을 들었다. 그래서 국왕인 콘코바르 막 네사는 디어드라를 몰래 키웠고 나이가 차면 왕비로 삼으려고 생각하고 있었다.

어느 날, 디어드라는 도축된 송아지의 피가 하얀 눈이 되고, 까마귀가 그 하얀 눈을 쪼아서 피를 마시는 것을 목격했다. 이 광경이 마음에 새겨져서 까마귀처럼 까만 머리카락, 눈처럼 새하얀 피부, 피처럼 붉은 뺨을 지닌 남성과 결혼하고 싶다고 바랐다.

이윽고 그 조건에 딱 맞는 남성이 나타났다. 국왕의 기사 중 한 명인 노이시우(Naoise, 노이슈)였다. 두 사람은 사랑에 빠져서 국왕으로부터 도망치려고 야반도주했다. 두 사람은 폭풍우치는 바다를 건너서 스코틀랜드로 도망쳤지만, 왕은 두 사람을 꾀어들어서 얼스터 왕국으로 귀환시키고, 노이시우를 처형했다. 디어드라는 노이시우를 배신하지 않고 마차에서 뛰어내려 목숨을 끊었다고 한다.

■ 성 패트릭의 연옥

아일랜드 더니골(Donegal)주의 더그(Derg) 호수에 떠 있는 섬에는, 무서운 연옥으로 이어지는 문인 '성 패트릭(성 파트리키우스[Patricius])의 연옥(St Patrick's Purgatory)'이 있다고 한다.

5세기경, 기독교 신자인 패트릭은 신의 목소리를 따라 호수로 찾아왔다. 호수에 떠 있는 섬의 어딘가에 있는 지옥으로 이어지는 동굴에 들어가서 천국과 지옥의 존재를 알고 귀환하라, 라는 지시였다.

패트릭은 짙은 안개가 낀 더그 호수를 조각배를 타고 건넜다. 그러자 얕은 여울에서 사나운 큰 뱀 코라(Corra)가 거대한 모습을 드러내고 그를 한입에 삼켜버렸다. 패트릭은 코라의 몸 안을 베면서 나아가며 이틀 밤낮이 걸려 탈출했다. 그때, 괴로워 신음하는 코라의 피로 호수가 시뻘겋게 물든 것에서 '붉은 호수'라는 의미의 더그 호수라는 이름이 붙었다. 코라의 몸은 두 개의 커다란 바위가 되고, 호수에 떠있는 두 개의 섬이 되었다.

패트릭은 한쪽 섬에서 지옥으로 가는 문을 발견했다. 문을 열고 들어가자 등 뒤에서 문이 닫혀서 동굴에 갇히고 말았다. 패트릭이 각오하고 암흑 속을 쭉 나아갔더니, 무수한 신음소리가 들려오면서 연옥에 도달했다. 패트릭은 하루밤낮을 지옥의 광경을 목격한 뒤, 지상으로 돌아오는 길을 발견했다. 생환한 패트릭은 새로운 고행에 임했고, 사후에 성 패트릭으로서 성인의 반열에 들게 되었다고 한다.

이후에 이 '성 패트릭의 연옥'에 관한 다양한 전설이 남았다. 그 중 하나에, 잉글랜드의 스티븐 왕을 모시고 있던 기사 오웬의 전설이 있다. 오웬은 폭력적이며 타락적인 삶을 살고 있었는데, 어느 날 자신의 죄를 깊이 뉘우치려고 성 패트릭의 연옥에서 속죄의 고행을 하려고 했다. 동굴의 깊은 곳으로 들어가 연옥에 도달하자, 오웬은 달궈진 금속의 구멍에 떨어져서 불타는 듯한 고통을 견딘다. 하루 꼬박 지옥을 맛본 뒤에 지상으로 돌아오자, 오웬의 죄는 용서받고 남은 인생을 경건한 마음으로 살았다고 한다.

■옹구스의 꿈

옹구스(Óengus)는 아일랜드 신화에 등장하는 사랑의 신이다. 최고신 다그다(Dagda, 자세한 것은 **죽을 좋아하는 신 다그다왕** 항목을 참조)와, 강의 여신 보안(Boann)과의 사이에서 태어난 아들이다. 막 오그(Mac Óg, '젊은 아들'이라는 의미)라고도 불리는 용모 수려한 젊은 신으로, 변신능력을 지녔으며 전승에서는 괴로워하는 연인들을 도와주는 장면에서 활약한다. 옹구스 자신이 백조 처녀와 사랑하는 이야기도 있다.

어느 날, 옹구스는 꿈속에서 미녀 케르(Caer)를 보고 사랑에 빠졌다. 그러나 케르는 평소에 백조 모습을 하고 있었고, 인간 모습으로 돌아가는 것은 1년에 한 번뿐이었다. 옹구스는 자신이 백조 모습으로 변신해서 백조 케르에게 다가갔다. 케르는 옹구스를 받아들이고 마법의 노래를 불러주었다. 두 마리의 백조는 옹구스의 궁전으로 향했고, 행복하게 살았다고 한다.

아일랜드의 수도 더블린 북부, 보인(Boyne) 강 하류는 브루 나 보냐(Brú na Bóinne, '보인의 궁전'이라는 의미)라고 불리고 있다. 전승에서는 옹구스의 주거지였다는 장소로, 두 마리의 백조는 이 부근에 날아왔는지도 모른다. 이 지역은 기원전 3000년경에 만들어졌다고 여겨지는 하트 형태의 석실묘 뉴그레인지(Newgrange) 등, 수수께끼의 거석군이 많이 남아있으며, '보인 계곡의 유적군'으로서 세계유산에 등록되어 있다.

■와일드 로즈

아일랜드의 유령 전설.

어느 마을에 엘리자 데이라는 이름의 아름다운 여성이 있었다. 그녀는 강변에서 자란 들장미처럼 아름다웠기 때문에 '와일드 로즈(들장미)'라고 불리며 사람들에게 사랑받았다.

어느 날, 한 남자가 마을에 찾아와서 엘리자와 사랑에 빠졌다. 첫날, 남자는 엘리자의 집을 찾아가서 그녀에게 키스를 했다.

둘째 날, 남자는 엘리자에게 붉은 장미를 한 송이 가져와서 그녀에게 지금까지 만난 여성 중에서 가장 아름답다고 말하고, 내일 들장미가 붉게 자란 강변에서 만나고 싶다고 말했다. 셋째 날, 남자는 엘리자를 그 강에 데리고 갔고 엘리자는 강변에서 조용히 흐르는 물을 보고 있었다. 그런데 남자는 그녀의 입술에 키스를 한 뒤, 등 뒤에 감추고 있던 돌로 그녀의 머리를 내리쳤다. "모든 아름다운 것은 죽어야만 한다." 남자는 그렇게 속삭이며 그녀의 입에 붉은 장미를 물린 뒤에 시체를 강에 던졌다. 엘리자의 몸은 천천히 물속으로 가라앉았고, 시체는 찾을 수 없었다.

그 이후로, 이 강변에 엘리자 데이의 유령이 헤매고 다니는 모습이 목격되게 되었는데, 머리의 상처에서 붉은 피를 흘리고 있으며 손에는 붉은 장미가 쥐어져 있다고 한다.

그 유령은 생전 그녀가 불렸던 이름과 같은 '와일드 로즈'라고 불리고 있다고 한다.

■ 전설의 이계·영원한 젊음의 나라

고대 아일랜드인은 이 세상의 어딘가에 '영원한 젊음의 나라'가 있다고 믿고 있었다. 그 나라에서는 나이를 먹는 일이 없으며 병에도 걸리지 않고, 마법사나 괴물들이 살고 있다고 한다. 이 신비한 나라에 갔던 젊은 연인들의 전설이 있다.

아일랜드의 젊은이 오신(Oisin)은 영웅 핀 막 쿨(Fionn mac Cumhaill, 자세한 것은 **핀 막 쿨과 마법의 연어** 항목을 참조)의 아들이다. 아버지와 마찬가지로 피오나 기사단의 용감한 전사임과 동시에 우수한 음유시인이었으며, 호기심이 왕성한 모험가이기도 했다. 어느 날 사냥을 하러 나갔을 때, 오신은 멋진 백마를 탄 아름다운 여성과 만났다. 그 여성은 니아브 킨 오일(Niamh Cinn-Óir, '금발의 니아브'라는 의미)으로, 전설로 전해지던 영원한 젊음의 나라의 왕녀였다. 사랑에 빠진 젊은 두 사람은 니아브의 백마를 타고 영원한 젊음의 나라로 향했고, 그곳에서 오랫동안 행복하게 지냈다.

이윽고 오신은 고향의 상황이 신경 쓰여서 니아브에게 아일랜드로 돌아가겠다고 말한다. 니아브는 백마를 빌려주면서, 고향에 도착해도 절대 말에서 내리지 말라고 충고했다. 오신은 알겠다고 말하고서 백마를 타고 아일랜드에 도착했는데, 고향은 완전히 딴판으로 변했고 아는 사람들도 이미 세상을 떠나 있었다.

오신은 젊은이들이 거대한 바위를 들어 올리는 곳을 지나가다가 돕기 위해 깜빡 말에서 내려버렸다. 그러자 두 발이 땅바닥에 닿은 순간, 오신은 순식간에 나이를 먹어버렸다. 아일랜드에서는 영원한 젊음의 나라에서 지냈던 시간보다도 훨씬 오랜 시간이 지나 있었던 것이다. 오신은 두 번 다시 영원한 젊음의 나라로 돌아갈 수 없다고 깨닫고, 죽어버렸다.

오신의 운명은 일본의 우라시마 전설을 떠올리게 한다.

■죽을 좋아하는 신, 다그다 왕

아일랜드 신화에 의하면, 켈트족보다도 먼저 최초로 아일랜드에 찾아온 것이 투하 데 다난 신족이다. 요정의 선조라고도 하며, 인간의 모습을 한 용모가 수려한 신들이었다고 한다. 그들을 하나로 묶는 최고신인 왕이 다그다(Dagda, '선한 신'이라는 의미)다.

다그다는 범상치 않은 마력을 지녔으며, 내용물이 바닥나지 않는 '다그다의 가마솥'과 한쪽으로 때리면 죽고 다른 한쪽으로 때리면 살아난다고 하는 '마법의 곤봉'이라는 신비한 마법 도구를 두 개 가지고 있었다. 굉장한 괴력의 소유자였으며, 싸움에 강하고 전쟁터에서는 전쟁의 여신 모리간(Mórrígan)이 까마귀의 모습으로 다그다 곁에 있으며 예언을 내려주었다고 한다.

다그다에게는 활기차고 익살스러운 일면이 있어서, 웃음을 부르는 전설이 남아 있다. 어느 날 다그다는 대립하던 포모르(Fomoire) 신족과의 싸움을 멈추기 위해, 적진에 정전을 협상하러 갔다. 포모르 신족은 승낙했지만, 다그다를 함정에 빠뜨려 죽일 계획을 세웠다.

양군의 화평을 축하하는 연회 자리에서 포모르 신족은, 연회에 모인 투하 데 다난 신족 모두가 배불리 먹을 정도의 죽을 만들어서 다그다에게 혼자서 죽을 다 비우지 못한다면 죽이겠다고 협박했다. 포모르 신족은 절대 혼자서는 다 먹을 수 없는 양이라고 생각했지만, 다그다는 죽을 몹시 좋아했기 때문에 많은 죽을 혼자 깨끗하게 비우고 잠이 들어 버렸다. 어이가 없어진 포모르 신족은 크게 웃고 양 진영은 싸움을 끝냈다.

아일랜드 동부의 나반(Navan) 남쪽 근교에는 '타라의 언덕(Hill of Tara)'이라는 언덕이 지금도 남아있다. 이후에 고대 켈트인이 왕의 대관식을 거행하는 등의 성지로서 사용했지만, 원래는 투하 데 다난 신족의 성지였다는 전설이 있다. 그들은 이윽고 토지를 떠나고, 요정이 되었다고 한다.

■켈트 최강의 영웅 쿠 홀린

쿠 홀린은 아일랜드의 켈트 신화에서 등장하는 영웅 중 한 명이다. 태양신 루(Lugh, 루그)와 북아일랜드 왕국의 얼스터의 왕 콘코바르 막 네사(Conchobar mac Nessa)의 여동생 사이에서 태어난 반신반인으로, 얼스터 왕국의 붉은 가지 기사단에 소속된 소년병이다.

원래는 세탄타(Setanta)라는 이름이었지만, 아직 어릴 적에 쿨란(Culann)이라는 대장장이의 정원에 있던 아주 사나운 경비견을 맨손으로 죽여 버렸다. 그래서 소년은, 쿨란이 다른 개를 찾을 때까지 자신이 경비견이 되겠다고 제안한 것에서 쿠 홀린('쿨란의 맹견'이라는 의미)이라고 불리게 되었다.

어느 날, 코나흐타(Connacht) 왕국의 여왕인 메이브가 얼스터 왕국의 심벌인 쿨리(Cúailnge, 쿠아룬게)의 붉은 소를 빼앗기 위해서 대군을 이끌고 공격해 왔다. 저주가 걸린 얼스터의 전사들은 병에 걸려서 움직일 수 없었지만, 신의 피를 이은 쿠 홀린에게는 저주가 통하지 않았다. 쿠 홀린은 성인이 되기 전이었지만 싸울 수 없는 얼스터의 전사들 대신 혼자서 코나흐타 군과 맞섰다.

격렬한 싸움이 이어지는 동안 쿠 홀린은 죽음의 전조라고도 할 수 있는 불길한 환상을 보았다. 유리잔의 와인이 피로 변하는 환영이나, 피에 물든 옷과 무기를 울면서 씻고 있는 소녀의 환영을 본 것이었다. 그러나 쿠 홀린은 환영을 뿌리치고, 페르디아드(Ferdiad)와의 1대 1 대결에서 승리한다. 실은 페르디아드는 속아서 코나흐타 왕국의 병사로서 싸우고 있던 그의 맹우였다.

쿠 홀린은 계속 싸웠지만, 끝내 창이 쿠 홀린의 몸을 꿰뚫었다. 쿠 홀린은 돌기둥까지 기어가서 자신의 몸을 묶고 꼿꼿이 선 채로 숨을 거두었다고 한다.

아일랜드의 수도인 더블린 한 구석에 맹견과의 싸움, 페르디아드와의 사투 등의 쿠 홀린의 생애를 그린 모자이크 벽화가 있다. 클로카파모어(Clochafarmore)에는 쿠 홀린이 죽을 때까지 몸을 묶고 있었다는 전설의 입석(Menhir)이 남아있다.

■태양의 전사 루

그 이름에 '빛나는 자'라는 의미를 지닌 루(Lugh, 루그)는 아일랜드의 켈트 신화에 등장하는 금발의 미청년인 태양신이다. 아버지는 데 다난(Dé Danann) 신족이고 어머니는 마족이라는 혼혈로, 천계와 명계의 피를 계승한 그는 지식, 의술, 마술, 음악 등 모든 것에 재능을 지니고 있었기 때문에 '일다나흐(Ildánach, 무엇이든 할 수 있는 남자라는 의미)'라고도 불리고 있었다. 전사로서의 활약도 눈부셔서, 외할아버지에 해당하는 마안 발로르(Balor)에게 괴롭힘 당하고 있던 데 다난 신족의 누아다(Nuada) 왕을 구하기 위해, 루는 신들의 군세를 통솔해서 싸웠고 마안 발로르와 1대 1 대결을 해서 승리를 가져왔다고 한다.

루의 출생이나 마안 발로르와의 싸움에 대해서는 많은 전승이 있는데, 예를 들면 다음과 같은 전설이 있다.

언젠가 손자에게 살해당할 것이라는 예언을 들은 발로르는 딸인 에스니(Ethnea)을 토리(Tory) 섬의 탑에 가둔다. 어느 날, 기술의 신의 아들인 키안(Cian)이 탑 안의 아름다운 숙녀 에스니를 발견하고 두 사람은 몰래 사랑을 나눈다. 이윽고 아이가 태어나지만 발로르에게 들키지 않도록 키안은 아이를 데리고 도망쳤다. 알아차린 발로르가 추적해왔지만 키안은 아일랜드의 수호신이자 바다의 신인 마나난 막 리르(Manannán mac Lir)에게 부탁해서 바다로 도망쳤다. 발로르가 폭풍을 일으키자 마나난은 마법으로 진정시켰고, 발로르가 바다를 불로 바꾸자 마나난은 돌로 바꾸었다. 무사히 도망친 키안에게 마나난은 보수를 요구했고, 키안은 이 아이밖에 줄 수 있는 것이 없다고 말하자 마나난은 아이를 데리고 바다의 왕궁으로 데리고 돌아가 둘 다우나(Dul Dauna, '전지전능'이라는 의미)라고 이름 붙이고 키웠다. 이윽고 둘이 성장하자 활의 달인이 되었다. 어느 날, 멀리서 작은 배가 보여서 둘이 활을 쐈더니, 작은 배의 사람이 맞았고 그것이 마안 발로르였다고 한다.

참고로 바다의 신 마나난 막 리르는 아일랜드의 수호신으로서 사랑받고 있으며, 때로는 마법의 무기나 도구를 줘서 영웅들을 구한 존재다. 신의 전사 루에게는 어떠한 거친 파도도 넘을 수 있는 배인 '웨이브 스위퍼(Wave-sweeper)'와 어떤 상대에게도 이길 수 있는 검인 '프라가라흐(Fragarach)', 육지뿐만 아니라 바다도 달릴 수 있는 말을 주었으며, 최강의 전사 쿠 홀린(자세한 것은 **켈트 최강의 영웅 쿠 홀린** 항목을 참조)에게는 투구를 주었다고 한다.

■핀 막 쿨과 마법의 연어

핀 막 쿨은 켈트 신화에 등장하는 신의 피를 이은 영웅이다. 아일랜드의 피오나 기사단의 지도자이자 죽은 아버지의 뒤를 이은 용감한 전사이며, 그 강함 때문에 고대 켈트의 신 루(루그)와 동일시 되는 경우도 있다.

핀은 힘뿐만 아니라 지혜로운 자이기도 했다. 핀은 아직 딤나(Deimne, 데우네)라고 불렸던 어린 시절에 '예언자 핀'이라고 불리는 시인 곁에서 수업을 하고 있었다. 시인은 7년에 걸쳐 전 세계의 모든 지식을 얻었다고 하는 '지혜의 연어'를 보인(Boyne) 강에서 낚아서 그 연어를 딤나에게 구우라고 명령했다. 딤나는 송어를 굽는 동안에 엄지손가락을 데어서 자기도 모르게 손가락을 입에 물어버렸다. 이것을 시인에게 보고하자 시인은 "연어를 먹을 자격이 있는 것은 딤나다"라고 말했고, 그날부터 딤나는 시인의 이름을 물려받아 '핀'이라고 불리게 되었다. 송어를 먹은 핀은 그 이후로 엄지손가락을 입에 넣으면 뭐든지 알 수 있게 되었고 예언도 할 수 있었다고 한다.

이윽고 핀은 용감한 전사로 성장했다. 아일랜드에 몰려오는 많은 적을 격퇴하고, 때로는 무서운 괴물로부터 사람들을 지켰다. 매년 에린의 수도인 타라(Tara)에 알렌 막 미나(Aillén mac Midgna)라는, 화염의 숨결을 토하는 이형의 악사(樂師)가 나타나서 위병을 하프 음색으로 잠재운 뒤에 궁전을 불태우고 있었다. 타라의 전사들이 핀에게 도움을 청하자, 핀은 독이 든 마법의 창을 준비하고 있다가 하프 소리가 들리자 창끝에서 흘러 떨어지는 독의 증기를 들이마셔서 졸음을 쫓았다. 그리고 모습을 보인 알렌을 창으로 찔러 죽여서 수도를 구했다고 한다.

켈트 신화나 전승에서는 이따금씩 '마법의 연어'가 등장하는데, 이것은 지혜나 지식의 상징으로서 신성한 존재로 여겨지고 있다고 한다. 북아일랜드의 중심도시인 벨파스트를 흐르는 라간(Lagan)강의 하구에서는 거대한 연어 모뉴먼트를 볼 수 있다.

■ 환상의 섬 하이 브라질의 수수께끼

하이 브라질(Hy-Brasil)이란 켈트 신화에 등장하는 서쪽 섬의 이름이다. 이 신화 상의 작은 섬은 14세기부터 19세기 사이에 유럽에서 만들어진 세계 지도에 실제로 그려져 있었다. 아일랜드 서쪽 바다에 있다고 여겨졌으며, 몇 번이나 탐색이 이루어졌지만 발견에 이르지 못했다고 한다.

전설에 의하면 하이 브라질은 마법이 걸려 있기 때문에, 평소에는 짙은 안개로 가려져서 보이지 않지만 7년에 한 번만 모습을 보인다고 한다. 이 전설을 믿은 뱃사람들은 차례차례 탐험을 떠났다. 15세기의 영국 브리스톨(Bristol)에 남아있는 기록에 의하면, 브라질 섬을 찾기 위해 토머스 크로프트 선장이 두 척의 배로 출항했지만, 발견에 이르지 못했다. 1498년에 북아메리카를 향해 출항하고 행방불명 되어버린 탐험가 존 캐벗(John Cabot)도 하이 브라질의 발견을 시야에 넣고 있었다는 설이 있다.

17세기경 스코틀랜드의 선장 존이 프랑스에서 아일랜드로 항해하던 중에 섬을 발견했고, 네 명의 부하가 상륙해서 하룻밤을 지냈다고 주장했다. 섬에는 커다란 토끼, 돌로 만든 성, 한 명의 마술사가 있었으며 마술사가 금은보화를 주었다는 이야기가 전해진다.

또 영국의 렌들샴(Rendlesham) 숲에서

일어난 UFO소동(자세한 것은 영국의 **렌들샴 숲의 UFO** 항목을 참조)과 뭔가 관련이 있는 것이 아니냐는 설도 있다.

아제르바이잔

■나스레딘 호자의 우화

나스레딘 호자(Nasreddin Hoca)는 주로 튀르키예에 전해지는 우화(寓話)의 주인공으로, 아나톨리아 반도를 중심으로 동유럽과 북아프리카, 중앙아시아에 이르기까지 널리 알려져 있다. 아제르바이잔에도 다음과 같은 이야기가 있다.

어느 날, 호자는 친구가 친절히 대해 준 답례로 "자신의 소지품 중에서 원하는 것을 하나 주겠다"라고 말했다. 친구는 고민하더니 "차분히 생각하고 싶으니 내일까지 시간을 달라"라고 말했다. 다음 날, 친구가 호자를 찾아왔다. 친구가 "약속하던 물건을 받으러 왔다"라고 말했다. 호자는 "네가 '내일까지 시간을 달라'라고 말했으니까 시간을 주지 않았느냐"라고 대답하고 아무 것도 주지 않았다고 한다.

호자의 이야기는 중동·튀르키예의 **나스레딘 호자와 냄비를 낳는 냄비** 항목도 참조.

■바쿠의 소녀 망루전설

카스피해 서쪽에 위치한 아제르바이잔. 수도 바쿠는 카스피해에 툭 튀어나온 압셰론(Absheron) 반도 남부에 있다. 과거에 항구 도시로서 번영하고 이체리 셰헤르(Icheri Sheher)이라고 불리는 구 시가지(Old city) 구역에는 당시의 흔적이 남아 있으며, 세계문화유산으로 등록되어 있다. 구 시가지에 있는 소녀의 망루(Maiden Tower, 소녀의 탑, 퀴즈 칼라시[Qız qalası])는 12세기에 세워진 높이 약 30미터의 요새다.

옛날에 바라지 않던 상대와의 결혼에 내몰린 왕녀가 있었다. 왕녀는 탑의 건설을 결혼 조건으로 삼았다. 그리고 탑이 완성되자, 왕녀는 탑 위에서 몸을 던져 죽어버렸다고 한다. 탑의 이름은 이 비극적인 전설에 유래한다.

■예언자 히드르와 생명의 약

히드르(Khidr)란 아라비아어로 '녹색의 사람'을 의미하는 단어다. 예언자 히드르는 물과 불사를 다스린다고 이야기 되고 있다. 모든 병을 낫게 하고, 영원한 젊음을 준다고 한다. '생명의 물'의 행방을 알렉산드로스 대왕에게 알려준 인물이 히드르이며, 이슬람교도가 많은 아제르바이잔에도 예언자 히드르의 전설이 있다.

시야잔(Siyazan) 가까이에 있는 베슈바르마그(Beshbarmag) 산에서 히드르는 '생명의 잎사귀'를 찾고 있었다. 그러다가 정상에서 샘을 발견한다. 그 물을 마시면 불로불사를 얻을 수 있다고 한다.

알바니아

■밀알 할머니

알바니아 각지에서 이야기된다고 하는 유명한 민화.

옛날에 어느 마을에 밀알을 가지고 있는 할머니가 있었다. 어느 날, 할머니는 "미사를 듣고 싶으니까, 나의 밀알을 지켜보고 있어줘"라고 이웃사람에게 부탁했다. 그 사람은 "우리 집에는 암탉이 있으니까, 그 녀석이 먹어버릴 거야"라고 거절했지만 할머니는 상관하지 않고 밀알을 놓고 갔다. 아니나 다를까, 할머니가 돌아와 보니 암탉이 밀알을 먹어버리고 말았다. 할머니는 "그러면 대신에 그 암탉을 줘"라고 말해서 암탉을 받아갔다.

다음에 할머니는 다른 집에 돼지가 있는 집에서 암탉을 맡겼다. 그러자 돼지가 암탉을 잡아먹어버려서 돼지를 받아갔다. 이번에는 말이 있는 집에 돼지를 맡겼다. 그러자 말이 돼지를 죽여 버려서 말을 받아갔다. 그 다음에는 말고기를 좋아하는 딸이 있는 집에 말을 맡겼다. 그러자 딸이 말을 잡아먹어버려서 할머니는 딸을 자루에 넣어서 데려왔다.

할머니는 자루를 끌고 다른 집에 가서, 자루를 놓고 나갔다. 그 집 사람은 자루 안에 소녀가 있음을 알아차리고 풀어준 뒤, 그 대신 개를 넣어두었다. 이윽고 돌아온 할머니가 집에 돌아가서 자루를 열었더니 사나운 개가 튀어나와서 할머니를 잡아먹어버렸다고 한다.

동화 '좁쌀 한 톨'와 비슷하지만 마지막의 파멸하는 부분이 흥미롭다.

아르메니아

■롱기누스의 창은 아르메니아에 있다?

북서부의 아라라트 평야에 있는 오래된 도시 에치미아진(Echmiadzin)에는 4세기 초에 건설되어서 세계에서 가장 오랜 역사를 지닌 대성당이 있다. 아르메니아에서 가장 숭상 받는 에치미아진 대성당에는 롱기누스의 창이 보관되어 있다고 한다.

롱기누스의 창이란 성창(聖槍)이라는 별명이 있으며, 성배(자세한 것은 유럽 전역의 **성배 전설과 성배의 행방** 항목을 참조)와 나란히 대표적인 그리스도의 성유물(聖遺物) 중 하나다. 십자가에 매달린 예수 그리스도가 사망한 것을 확인하기 위해서 로마 병사인 롱기누스(Longinus)가 예수의 옆구리를 찔렀다는 창이다. 롱기누스는 창에서 떨어진 예수의 피가 눈에 들어가, 약해져있던 시력이 회복되었다고 한다. 그 후에 세례를 받아 성자가 되었다고 전해지고 있다.

현재 롱기누스의 창이라고 여겨지는 물건은 여럿 존재한다. 그 중 하나가 바티칸의 산 피에트로 대성당(St. Peter's Basilica)에 있다. 예루살렘에서 동로마 제국으로 건너간 물건이 로마 교황 곁에 도달한 것이다. 현재는 비공개이지만, 대성당에 있는 성창을 손에 든 성 롱기누스 상 아래에 보관되고 있다고 한다. 두 번째 창은 오스트리아의 빈에 위치한 역대 신성 로마 황제의 근거지였던 호프부르크(Hofburg) 궁전에 있다. 십자가가 새겨진 성정(聖釘, 예수의 손과 발을 십자가에 박았던 못)이 묻혀있다고 한다. 이 성창은 예수가 십자가형에 처해진 것보다도 몇 세기 뒤에 만들어진 것이라는 의견도 있다. 아돌프 히틀러의 야망은 이 성창을 봤을 때에 영감을 얻었다는 일화로 유명하다.

그리고 에치미아진 대성당에 있는 롱기누스의 창은 예수의 열두 사도 중 한 명인 유다 타태오에 의해 아르메니아로 운반되었다고 여겨지고 있다. 200년간 동굴 안에 숨겨져 있던 후, 대성당에 보관되게 되었다고 한다. 다만 이 창은 로마 병사가 아니라 유태인 병사가 사용하던 물건이라고 한다.

그 밖에도 롱기누스의 창은 아서왕 전설(자세한 것은 영국의 **아서왕은 실재했는가?** 항목을 참조)에 등장하거나 칼 대제가 성창의 힘으로 이슬람군을 격파했다거나 하는 많은 전설이 있으며, 이 창을 지닌 자는 세계정복을 달성했다고 한다.

일본에서는 안노 히데아키 감독의 애니메이션『신세기 에반게리온』시리즈에 등장하는 아이템으로서도 유명하다.

■ 성 그레고리우스 전설

과거에 아르메니아의 영토였던 아라라트(Ararat)산은, 현재는 튀르키예령이지만 고대부터 현재에 이르기까지 아르메니아인의 성지다(자세한 것은 중동·튀르키예의 **아라라트산의 노아의 방주 전설** 항목을 참조). 아르메니아는 세계에서 처음으로 기독교를 국교로 삼은 나라다. 아라라트산의 산기슭에 있는 호르비랍(Khor Virap) 수도원에는 기독교를 국교로 만드는 데 진력한 성 그레고리우스(Gregory the Illuminator)를 둘러싼 전설이 남아있다.

당시의 아르메니아 왕은 고대부터 믿던 신들을 신앙하고 있었고, 이 땅에서 포교 활동을 하던 그레고리우스는 붙잡혀서 지하 감옥에 유폐되었다. 13년의 세월이 흘렀을 무렵, 아르메니아 왕이 병에 걸린다. 왕의 누나의 권유로 그레고리우스를 해방하자 왕의 병이 나았다고 한다. 이 공덕이 인정되어 301년, 아르메니아는 기독교를 국교로 삼았다. 그레고리우스가 갇혔던 지하 감옥이 있던 땅에 세운 수도원이 호르비랍 수도원이다. 아르메니아 말로 '호르'는 '깊은', '비랍'은 '구멍'이라는 의미다. 현재의 건물은 17세기에 재건된 것이지만, 부지 안에는 그레고리우스가 투옥된 지하 감옥이 남아있다.

안도라

■ 메리첼의 장미의 기적

안도라(Andorra)는 피레네 산맥 동부에 있는, 프랑스와 스페인 국경 사이에 끼인 작은 나라다.

안도라 북부, 카닐료(Canillo) 교구의 메리체이라는 마을에는, 안도라의 수호성인 메리첼의 성모(Our Lady of Meritxell)를 기리는 교회가 있으며, 이런 전설이 있다. 어느 날, 메리첼 마을 사람이 길을 가다가 한겨울인데도 활짝 피어있는 장미 아래에 성모자상이 놓여있는 것을 목격했다. 마을 사람은 성모자상을 교회에 안치했는데, 몇 번을 옮겨놓아도 이상하게도 성모자상은 길가의 장미 아래로 돌아가 있었다. 게다가 한겨울인데도 장미 주변만은 눈이 쌓이지 않았다고 한다. 이 기적에서 메리첼 사람들은 그곳에 교회를 세우고 성모자상을 안치했다고 한다. 안도라에서는 매년 9월 8일을 메리체이 성모의 축일로서, 국내외에서 많은 순례자가 방문했다고 한다.

영국

■ 거인왕 브란의 머리

고대 브리튼 섬의 왕 브란(Bran), 혹은 벤디게이드브란(Bendigeidfran, '축복받은 브란'이라는 의미)은, 켈트의 민간전승을 정리한 '마비노기(Mabinogi, 마비노기온[Mabinogion]이라고도 한다)'에 등장한다. 고대 브리튼섬 사람들을 지킨 인기 있는 영웅이다.

브란은 초인적인 거인으로, 힘이 강하고 마음씨 자상한 용사였다. 어느 날, 여동생인 브란웬(Branwen)이 아일랜드의 왕 마솔르프(Matholwch)에게 시집을 갔는데, 심한 구박을 받았기 때문에 이를 응징하기 위해 아일랜드에 선전포고를 했다. 그러나 죽은 자를 소생시키는 큰 가마솥을 지닌 아일랜드군은 강했고, 어떻게든 쓰러뜨리기는 했지만 브리튼군의 피해도 컸다. 아일랜드군의 독창에 치명상을 입은 브란은, 자신의 목을 쳐서 브리튼 섬에 묻어달라고 동료들에게 부탁했다. 신기하게도 브란의 목은 계속 말을 할 수 있었고, 고향으로 돌아갈 때까지 일행을 계속 격려했다. 그리고 매장 후에도 부적이 되어 브리튼을 계속 지켰다고 한다.

북웨일스의 흘란고슬렌(Llangollen)에 남아있는 13세기경에 세워진 디나스 브란(Dinas Bran, '브란의 요새'라는 의미) 유적은 거인왕 브란의 성 옛터라고 믿어지고 있다.

■고대 이집트에서 되살아난 소녀

어떤 계기로 전생의 일을 기억해냈다고 생각하는 사람이 전 세계에 존재한다. 20세기 전반, 전생에 고대 이집트인이었다고 주장하는 영국인 소녀가 있어서 화제가 되었다.

1930년, 런던에서 태어난 도로시 에디(Dorothy Louise Eady)는 3살 때에 계단에서 굴러 떨어져 호흡이 정지되어 사망 선고를 받았다. 하지만 호흡을 되찾았고, 그 이후에 자신의 전생이 고대 이집트의 무녀였으며 세티 1세라는 파라오의 외도 상대였음을 알았다고 한다. 3000년 전의 기억을 되찾은 소녀는 어느 날 일가끼리 대영박물관을 방문했을 때, 고대 이집트 유물 전시실에 들어가자 광란상태에 빠져서 조각상에 입을 맞추고 미이라의 관에 달라붙어서는 "내 동료와 나만 있게 해줘으면 한다"라고 외쳤다고 한다.

이윽고 그녀는 이집트로 이주해서 이집트 고고학 조사의 조수로서 일했으며, 세티 1세가 세운 아비도스 신전에 '귀향'한 뒤에 신전에서 살다가 생애를 마쳤다고 한다.

■기적의 남극탐험대

20세기 초, 불굴의 정신과 강력한 리더십으로 남극의 절해에서 생환한 기적의 탐험대가 있다. 영국의 탐험가인 어니스트 섀클턴(Ernest Shackleton)이다.

1914년, 섀클턴은 남극대륙 횡단을 목표로 남극과 남아메리카 대륙의 중간 지점인 사우스조지아섬을 출발했지만, 자신의 배인 인듀어런스(endurance)호가 유빙에 갇혀버렸다. 여기서부터 섀클턴 탐험대의 생존을 건 가혹한 싸움이 시작된다.

섀클턴은 스물일곱 명의 대원들과 세 척의 구명보트를 타고 배를 떠나 어떻게든 전원이 무사히 엘레펀트 섬까지 도착했지만, 그곳은 배가 지나갈 리 없는 절해의 입구였다. 섀클터는 모든 대원을 생환시키기 위해서 사우스조지아섬으로 돌아가서 구조선을 요청하기로 마음먹는다. 하지만 그러기 위해서는 죽음의 얼음 바다를 목조 구명보트 하나를 타고 1500킬로미터나 건너가야 했다. 성공 가능성이 전혀 보이지 않는 계획이었지만, 섀클턴은 엘레펀트 섬에 대부분의 동료를 남겨두고 부선장에게 "반드시 돌아온다"라고 약속하고서 신뢰하는 다섯 명의 선원과 함께 절해를 향해 노를 젓기 시작했다. 14일 째, 잠도 자지 않고 쉬지도 않고 항해를 계속한 그들은 사우스조지아 섬의 남단에 도착한다. 그러나 구명선이 있는 기지인 북쪽에 가려면 남극의 알프스라고 불리는 3000미터를 넘는 산들을 넘어야만 했다. 섀클턴은 체력이 떨어진 선원 세 명을 남단에 남겨두고 불굴의 정신으로 산을 넘는데 성공하고, 기지에 도착해서 구조선을 불렀다. 다음 날에는 섬 남단에 남기고 온 동료를 구조했고, 남아메리카의 많은 나라들의 원조를 얻어서 엘레펀트 섬에 남기고 온 대원들을 전원 구조했다. 엘레펀트 섬을 출발한 지 4개월 뒤의 일이었다.

섀클턴은 그 후에 제1차 세계대전 후에 다시 남극횡단에 도전하지만, 도중에 병으로 쓰러져 1922년에 세상을 떠난다. 탐험 그 자체는 실패했지만, 불굴의 투지와 강렬한 리더십으로 이뤄낸 섀클턴의 기적적인 생환극은 인류탐험 사상 최대의 영광 중 하나로 전해지고 있다.

■꽃에서 태어난 아내와 슬레이의 고난

12세기경에 편찬된 켈트 민간전승을 정리한 『마비노기(마비노기온)』에는 웨일스, 고대 켈트 신화나 전설 등, 네 개의 커다란 이야기가 그려져 있으며, 마법사가 등장하는 이야기도 많다.

웨일스 북서부, 그위네드(Gwynedd)의 영주 마스(Math fab Mathonwy)의 아내 아리안로드(Arianrhod)는 태어난 아들을 미워해서 이름도 주지 않고 인간 아내를 들여서는 안 된다고 저주를 걸었다.

마법사인 그위디온(Gwydion)은 여동생 아리안로드의 아들을 불쌍히 여겨서 여동생을 속이고 슬레이 슬라우 거페스(Lleu Llaw Gyffes, '정교한 손을 지닌 빛나는 자'라는 의미)라는 이름을 붙였다. 그리고 마술의 힘을 지닌 마스와 협력해서 참나무, 금작화, 메도우 스위트의 꽃으로 아름다운 처녀를 만들었다. 처녀는 블로데이웨드(Blodeuwedd, '꽃처럼 보이는 것'이라는 의미)라고 이름붙이고, 슬레이의 아내가 되었다.

그런데 블로데이웨드는 고귀한 남성 그로누 페빌(Gronw Pebr)과 사랑에 빠져, 슬레이를 버린다. 그것도 모자라 그로누와 협력해서 방해되는 슬레이를 죽이려고 꾀했다. 그로누의 창이 슬레이를 찌른 순간, 슬레이는 매의 모습으로 변해 참나무로 날아갔다. 그위디온의 마법 덕분이었다.

그위디온이 슬레이를 사람의 모습으로 돌려주자, 슬레이는 복수로 그로누를 죽였다. 블로데이웨드는 부정을 저지른 벌로서 그위디온에 의해 밤의 생물인 올빼미로 바뀌었다. 올빼미가 된 블로데이웨드는 지금도 낮에 모습을 보일 수 없게 되었다고 한다. 이렇게 고난을 극복한 슬레이는 그위네드의 영주가 되었던 것이다.

■네스 호의 네시 전설

스코틀랜드 북부, 하이랜드 지방에 있는 네스 호의 네시라고 하면 세계에서 가장 유명한 미확인생물(UMA)다. 네스 호에는 옛날부터 괴물이 살고 있다는 전설이 있는데, 가장 오래된 기록은 565년이다.

전언에 의하면, 성 콜룸바와 그 제자들이 호반을 걷고 있는데, 아무도 없는 조각배가 호수 위에 떠 있는 것을 발견했다. 이 작은 배를 회수해오라는 말을 들은 성 콜룸바의 제자가 물속에 들어가서 헤엄쳐서 작은 배에 다가갔다. 그러자 거대한 괴물이 나타나서는 무서운 포효를 질렀다. 성 콜룸비가 십자가를 꺼내서 괴물을 향해 해를 끼치지 말라고 명령하자 괴물은 방향을 바꾸어 얌전히 호수바닥으로 가라앉아갔다고 한다.

네스 호의 괴물이 자주 화제에 오르게 된 것은 1933년부터다. 같은 해 4월 스코틀랜드인 부부가 네스 호 주위를 드라이브 하던 중, 갑자기 호수면에 파도가 일더니 거대한 생물이 몸을 뒤틀면서 물 속으로 뛰어드는 모습을 목격했다. 다음 해에는 네시가 호수에서 고개를 내민 사진이 촬영되어 전 세계에 네시 실존논쟁이 펼쳐졌다.

지금까지 몇 번이나 네스 호에서 대규모 조사가 이루어졌지만, 현재까지 네시가 실재한다는 증거는 발견되지 않았다. 고대 생물 플레시오사우루스의 자손이라고 믿는 사람도 있다.

■두 마리의 용을 목격한 마술사 멀린

세계에서 가장 유명한 마술사 중 한 명이 켈트의 전승에 등장하는 멀린일 것이다. 5세기 후반부터 6세기에 걸쳐 브리튼 섬 남서부에 활약했던 아서왕이나 그 아버지인 우서(Uther Pendragon)를 도운 대마법사로, 스톤헨지의 건설에도 관여했다는 이야기가 있다. 어머니는 악마에게 납치된 남웨일스 왕의 딸이며, 악마의 자식으로서 태어난 멀린은 강력한 마력과 많은 지식을 물려받았다.

역사서『브리튼 열왕사』에 의하면 소년 시절의 멀린의 에피소드가 이야기되고 있다. 브리타니아의 보티건 왕이 웨일스의 마운트 스노든에 탑을 쌓도록 명했을 때, 몇 번을 시도해도 탑이 계속 무너져서 점술사에게 묻자 점술사는 "아버지가 없는 소년의 피를 탑의 초석에 뿌려라"라고 답했다. 그래서 조건에 해당하는 멀린이 끌려왔는데, 멀린은 왕 앞에서 "그 점술사는 틀렸다"라고 지적하고 탑 아래의 동굴에서 두 마리의 용이 싸우고 있다고 고했다. 그 말이 맞았기 때문에 왕은 멀린의 목숨을 살려주었다. 그리고 멀린은 나라의 미래나, 왕의 실각 등을 차례차례 예언하고 예언자로서 명성을 얻었다.

그 후에 우서를 브리타니아의 왕이 되도록 이끌고 콘월 공의 딸인 이그레인(Igraine)에게 마음을 전하게 하는 등, 아서의 출생에도 크게 관여한다. 멀린은 아서를 양육하고 아서가 왕이 된 뒤에도 많은 조언을 하며 거들었다. 멀린은 그를 너무 사랑해서 제정신을 잃어버린 호수의 귀부인 니무에(Nimue, 비비안)에 의해 최후를 맞는다. 멀린은 호박의 구슬에 갇히고 니무에는 떡갈나무로 변신하더니 그의 곁에 조용히 잠들었다.

또한 마술사 멀린의 실재나 전설의 모델이 된 인물을 둘러싸고는, 6세기에 실재했던 시인이자 점술사였던 미르딘(Myrddin) 설, 기도나 점술을 행하는 드루이드 승려 등의 다양한 설이 있다.

■ 런던탑에 갇힌 두 명의 왕자

런던 동부의 템스 강 북쪽에 서 있는 런던탑은 화이트 타워가 중앙에 우뚝 서 있고 성벽과 그 외벽 주위가 해자로 둘러싸인 성채다. 11세기에 잉글랜드의 왕 윌리엄 1세가 세운 유서 있는 건조물은, 세계문화유산으로 등록되어 있는 런던 굴지의 관광 스팟이다. 한편 감옥, 처형장으로서 사용되었던 것으로도 알려져 있으며, 토머스 모어(Thomas More)나 앤 불린(Anne Boleyn) 같은 역사상의 인물들이 런던탑에서 처형되었다. 그래서인지 헤아릴 수 없을 정도로 많은 유령 목격담이 보고되고 있다. 세계 유수의 심령 스팟이기도 하다.

15세기, 이 탑에 유폐된 채로 행방불명된 두 명의 왕자가 있다. 랭커스터 가(家)와의 장미전쟁에 승리해서 왕위에 오른 요크 가(家)의 에드워드 4세의 아들들이다. 에드워드 4세 사후, 단 12살의 아들인 에드워드 5세가 왕위를 계승했다. 그러나 적자가 아니라는 이유로 아버지의 남동생인 글로스터공 리처드(이후에 리처드 3세)에 의해 퇴위에 몰린다. 그리고 대신에 왕위에 오른 리처드 3세는 에드워드 5세와 아홉 살 난 동생을 런던탑에 유폐했다. 그 후에 두 명의 왕자의 소식은 알 수 없게 된다. 리처드 3세에게 살해당한 것이 틀림없다고 소문이 났지만 진상은 여전히 불명이다.

사태가 변한 것은 약 200년 후, 1674년에 런던탑 지하에서 소년의 것으로 생각되는 두 개의 두개골이 발견되었다. 원통함 속에 죽은 두 명의 왕자는 유령이 되어 지금도 런던탑을 떠돌고 있다고 한다. 이 사건을 바탕으로 19세기에 영국 화가 존 에버렛 밀레이(John Everett Millais)는 '탑 안의 왕자들(Princes in the Tower)'을 그렸다.

또한 런던탑에서는 16세기에 간통 의심을 받아 처형된 헨리 8세의 왕비 앤 불린의 유령이 자신의 목을 옆구리에 끼고 걸어 다닌다는 소문도 유명하다.

■렌들샴 숲의 UFO

1980년, 영국 서퍽(Suffolk)주에 있는 렌델샴 숲(Rendlesham Forest)에서 UFO가 목격되었다. 숲으로 들어가는 UFO 같은 물체를 미 공군의 감시 레이더가 탐지하고, 지상에서도 상공에서 빛나는 비행물체가 목격되었다. 군인 2명이 숲을 수색하다가 검은 UFO를 발견했는데 한 명이 기체를 건드리자 머릿속에 0과 1의 숫자가 흘러들어왔고, 이후에 그가 쓴 숫자를 해석하니 0과 1의 2진 코드는 중남미 벨리즈의 카라콜 신전, 이집트의 기자의 피라미드 등의 고대유적의 좌표를 나타내고 있었다는 소문도 있다. 그 밖에도 아일랜드의 하이 브라질(자세한 것은 아일랜드의 **환상의 섬 하이 브라질의 수수께끼** 항목을 참조)의 위치를 나타내는 암호도 있었다고 한다.

이 메시지들의 의미가 해독된다면 숲에 숨어있던 UFO의 목적도 해명될지도 모른다.

■로빈 후드 전설

영국 역사상, 아서왕 다음으로 유명한 영웅이라면 로빈 후드일 것이다. 잉글랜드 중앙부에 있는 왕실림인 셔우드 숲(Sherwood Forest)에 숨어 살며, 부자들로부터 돈을 빼앗아 가난한 사람들에게 나눠주는 마음씨 착한 의적이다. 활의 명수이며 무법자 집단의 유쾌한 동료들과 함께 노팅엄의 왕명대(지금의 경찰장관)에 대항했다.

로빈 후드가 등장하는 최초의 문헌은 1377년에 쓰인 윌리엄 랭글런드(William Langland)의 시 『농부 피어스(Piers Plowman)』다. 이 무렵부터 로빈 후드의 전승이 성립되었다는 증거인데, 과연 로빈 후드에는 모델이 있었을까?

실은 임무관이었던 아버지가 살해당하고, 싸움 때문에 정당한 상속권을 박탈당해 반역자로서 숲에서 도망생활을 할 수밖에 없었던 젊은 전직 귀족 로버트 후드(로빈은 로버트의 단축형)이 아닐까 하는 설이 있다. 로빈은 숲에서 도망생활 중에 잉글랜드 왕에게 사면되어 궁정으로 가게 되었는데, 이윽고 7일간만 숲으로 돌아가는 허가를 왕에게 제출하고 숲에 돌아간 뒤, 두 번 다시 왕궁으로는 돌아가지 않았다고 한다.

또한 웨스트요크셔의 커크리스 여자 수도원(Kirklees Priory)에는 로빈의 묘가 있으며, 그가 병에 걸렸을 때에 여자수도원의 원장이 독을 먹여서 피를 토하고 살해되었다는 이야기도 전해지고 있다. 친구인 리틀 존에게 수도원의 창문으로 화살을 쏴달라고 부탁해서, 활이 떨어진 장소에 매장되었다고 한다. 그러나 19세기 초, 묘는 철도 건설작업 중에 파괴되어 로빈 후드의 실재를 증명하는 흔적은 소멸되고 말았다.

그 밖에 로빈 후드 전설의 기원은 숲의

요정 설이나 켈트계 신(神) 설 등 다양한 민간전승이 있으며, 지금까지 시나 회화, 이야기, 민요, 영화, 연극 등 헤아릴 수 없을 정도로 많은 분야에 등장하고 있다.

■마술사 멀린과 스톤헨지

스톤헨지는 잉글랜드의 솔즈베리 평원에 서 있는, 전 세계 사람들을 매료시키는 고대유적 중 하나다.

기원전 3000년 전부터 기원전 2000년 사이에 만들어진 열석유적으로 높이 4~5미터, 50톤 가까운 무게의 거석들이 직경 약 30미터의 원형으로 배치되어 있다. 무엇을 위해 세워졌는가는 아무도 모른다. 고대 드루이드교의 기도의 장, 거인이 마든 탕치장, 신들의 모뉴먼트, 광대한 천문 관측 장치, 선조를 매장한 신성한 땅 등 다양한 설이 있지만 아직도 목적은 수수께끼에 싸여 있다.

12세기에 제프리 오브 몬머스가 쓴 브리튼 섬의 왕들의 역사 기록서 『브리튼 열왕사』에 의하면 다음과 같은 전설이 이야기되고 있다.

브리튼인들의 왕 암브로시우스 아우렐리아누스(Ambrosius Aurelianus)가 마술사 멀린(자세한 것은 **두 마리의 용을 목격한 마술사 멀린**을 참조)에게 솔즈베리 평원을 습격한 색슨인에게 살해당한 브리튼인들을 추도하려면 어떻게 해야 좋을지를 상담했다. 멀린은 "죽은 자들이 매장된 토지에 썩을 일 없는 추도비를 세워라. 아일랜드의 킬라라우스(Killaraus) 산에 있는 '거인의 춤(Giant's Dance)'에 사람을 보내라"라고 고했다.

아우렐리아누스와 멀린이 아일랜드로 향하자 거석이 늘어선 신비한 구조물을 발견한다. 신비한 힘이 작용하고 있는 것인지, 거석은 아주 무거워서 인간은 들어 올릴 수 없었다. 멀린은 "이 돌은 어느 것이나 치유의 효과가 있다"라고 말하고, 마법을 사용해서 돌을 잉글랜드로 옮기고 킬라라우스 산에 서 있던 때와 마찬가지로 거석을 늘어놓았다. 그것이 지금의 스톤헨지라고 한다.

스톤헨지에는 아우렐리아누스와 아서왕의 아버지인 우서 펜드래곤도 매장되어 있다거나 마술사 멀린이 아서왕에게 교육을 한 장소라는 설도 있다. 아서왕과 스톤헨지를 결부시켜 이야기하게 된 것은 몬머스의 기술이 계기인 듯하다.

21세기에 들어서는 스톤헨지 안쪽에 배열되어 있는 블루스톤은 멀리 떨어진 웨일스의 채석장에서 운반되어 왔다는 것, 치유를 바라며 이 땅을 방문한 사람이 있었다는 것 등이 판명되었다. 스톤헨지를 둘러싼 수수께끼의 연구는 지금도 이어지고 있다.

■설원에 남은 기괴한 발자국

1855년, 잉글랜드 남서부 데번주의 눈

덮인 설원에 남은 수수께끼의 발자국을 둘러싼 전설.

2월 9일, 데번주에 사상 최대의 한파가 덮치고 하룻밤 사이에 지표가 5센티의 눈으로 덮였다. 다음 날 아침, 설원에는 새나 짐승의 발자국들 사이에 뭐라 말할 수 없는 기묘한 발자국이 있었다. 사이즈는 길이 10센티에 폭 7센티 정도의 갈라진 발굽 같았고, 20센티마다 두 다리로 걸은 듯한 흔적이었다.

놀랍게도 수수께끼의 발자국은 약 160킬로미터에 걸쳐 이어져 있었다. 토트느스(Totnes) 교구의 공원 중앙부터 갑자기 시작되어, 리틀햄(Littleham)의 들판 한복판에서 홀연히 사라져있었던 것이다. 발자국은 지그재그를 그리면서 헛간을 지나고, 정원을 지나고, 지붕을 넘고, 직경 15센티의 구멍을 지나고 하수관 안을 기어 지나고 있었다. 안에는 뜨거운 다리미를 댄 것 같은 발자국이 얼어붙은 눈 위에 나 있어서, 발굽이 고온이었을 가능성도 있다.

이 길게 이어진 발자국은 수백 명의 사람들이 목격했으며, 개를 데리고 이 발자국이 지난 덤불을 조사하려고 했더니 개가 겁에 질려 도망쳐버렸다고 한다. 이 발자국에 대해서는 여우, 고양이, 수달, 캥거루, 편자가 깨진 작은 말 등 다양한 설이 나왔지만, 어느 것이나 납득이 가는 답은 얻을 수 없었다. 깨진 발굽을 지니고 이족보행으로 걷는 생물이라면 악마 밖에 없을 거라며 일몰 후가 되면 외출을 삼가는 사람이 속출했다고 한다. 발자국의 정체는 지금도 불명이지만, 그 지역 사람들에게는 '악마의 발자국'으로 전해지고 있다.

■셰익스피어란 누구인가

16세기경에 활약한 윌리엄 셰익스피어는『햄릿』등의 4대 비극을 시작으로 수많은 희곡을 남긴 영국의 천재 극작가다. 그러나 그 인생은 다양한 의문에 차 있다.

1564년, 잉글랜드의 스트랫퍼드 어폰 에이본(Stratford upon Avon)이라는 시골 마을에서 태어난 셰익스피어는 아버지가 장갑 장인이었고, 평민 출신이라 고등교육을 받지 않았다. 18세 때에 앤 해서웨이라는 여성과 결혼해서 세 명의 자식을 두었으며, 아내와 아이를 내버려 두고 모습을 감춰버린다. 갑작스러운 증발 후, 그는 런던에 나타나 20대에 무대 배우 겸 극작가로서 성공을 거둔다. 30대 중반에는 인기 극작가로서 승승장구 했고, 49세에 은퇴 후에 고향인 스트랫퍼드 어폰 에이본으로 돌아가 연극과 무관한 생활을 보냈다고 한다. 그리고 1616년 4월, 셰익스피어는 친구들과 밤새 술을 마신 뒤에 죽었다고 한다.

셰익스피어는 문학이나 의학, 법학, 박물학이라는 전문적이며 폭넓은 지식을 작품에 반영했는데, 이 학문들을 어떻게 익힌 것일까. 신기하게도 고향에는 그에 대한 일화가 아무것도 남지 않았으며, 그가 소유했다는 장서나 자신의 작품 인쇄본은 한 권도 찾아볼 수 없었다. 요컨대 스트랫퍼드의 온화한 중년 신사의 모습과 인기 극작가를 연결하는 구체적인 링크가 보이지 않는 것이다. 이 의문들로 인해 19세기에 한 가지 설이 부상했다. 셰익스피어의 작품을 쓴 것은 다른 인물이 아닐까?

그 정체에 대해서는 많은 설이 있지만, 가장 유력시 되는 것이 셰익스피어의 정체는 거의 동시기에 활약했던 영국의 철학자이자 법률가이자 문인인 프랜시스 베이컨(Francis Bacon)이 아닌가 하는 설이다. 베이컨은 신분도 높고 당시에 가장 박식한 인텔리 중 한 명이며, 그의 저작물과 셰익스피어의 희곡에 관련이 있는 점이 보이는 것이 근거라고 한다. 그 밖에 영국의 극작가이자 시인인 크리스토퍼 말로(Christopher Marlowe) 설, 제17대 옥스퍼드백 에드워드 드 베일(Edward de Vere) 설, 셰익스피어를 사랑했다는 수녀인 앤 와틀리(Anne Whateley) 설 등 여섯 명의 다른 인물 후보가 있을 정도로 '윌리엄 셰익스피어'란 펜네임이며 신분을 감추고 싶은 고귀한 신분의 익명 극작가가 있었다는 설이 뿌리 깊이 남아있다.

현재 그의 고향인 스트랫퍼드에는 생가가 남아있으며, 셰익스피어의 숨결을 느끼려는 관광객으로 북적이고 있다.

■아발론 섬과 성배가 잠든 땅

영웅 아서왕이 죽고 매장된 장소로 여겨지는 곳이 아발론(Avalon)이라고 불리는 섬이다. 서쪽 바다 위에 있는 상상속의 섬이라고도, 웨일스의 어딘가에 있다고도 이야기되고 있다. 아서왕은 죽은 것이 아니라 싸움에서 입은 부상을 치료하기 위해 마녀 모르간 르 페이(Morgan le Fay, 자세한 것은 **엑스칼리버를 훔친 마녀** 항목을 참조)가 데려간 장소라는 설도 있다.

잉글랜드의 서머싯에 있는 원추형 언덕인 글래스턴버리 토(Glastonbury Tor)는, 과거에는 삼면이 강과 습지대로 둘러싸여 있었다. 그래서인지 섬처럼 얼굴을 내밀고 있었던 이 언덕이야말로 전설의 아발론 섬이라는 전승이 있다. 1191년, 아서왕과 왕비 귀네비어의 이름이 새겨진 관이 글래스턴버리의 대수도원에서 발견되었다. 다만 묘는 약탈로 어지럽혀졌고, 유골은 폐기되어버린 상태였다.

그리고 글래스턴버리 토는 성배전설의 무대로도 이야기되고 있다. 그리스도의 제자인 아리마태아의 요셉(Joseph of Arimathea)이 이 땅에 성배를 묻었고 그 장소에서는 지금도 물이 솟아나는데, 그것이 글래스턴버리 토 교외에 있는 '성배의 우물'이라 불리는 우물이라고 한다(자세한 것은 유럽 전역의 **성배전설과 성배의 행방** 항목을 참조).

그 밖에 글래스턴버리 토는 켈트 신화의

요정왕 그윈 압 너즈(Gwyn ap Nudd)와 인연이 있는 땅이라고도, 켈트 신화에 등장하는 이계(異界) 안눈(Annwn)으로 가는 입구가 있는 장소라고도 한다. 안눈은 형체도 시간의 흐름도 없는 이공간으로, 정령과 마물만이 살고 있다. 14세기의 시를 모은『탈리에신의 서(Book of Taliesin)』에도 등장하며, 계속 유열과 불사를 주는 '풍양의 냄비'를 찾아 아서왕과 원탁의 기사가 안눈을 여행하는 에피소드가 그려지고 있다.

■아서왕은 실재했는가?

5세기 후반부터 6세기에 걸쳐 브리튼섬 남서부에서 활약한 영웅 아서왕. 아서왕과 원탁의 기사 이야기는 예로부터 많은 사람들에게 사랑받았고, 예술가들의 상상력을 자극해왔다.

바위에 꽂힌 검을 뽑은 사람이 잉글랜드의 정식 왕이 된다고 해서, 많은 사람들이 검을 뽑기 위해 도전했지만 실패했다. 이 검을 멋지게 뽑은 사람이 약관 열다섯 살의 아서였다. 그는 그 후에 명검 엑스칼리버(Excalibur, 자세한 것은 **엑스칼리버가 잠든 호수** 항목을 참조)를 손에 넣고, 수많은 모험을 떠나고, 용감한 원탁의 기사들과 무엇과도 바꿀 수 없는 스승이자 조언자인 마술사 멀린 등의 도움을 받아 훌륭하게 나라를 통치했다.

아서왕은 15세기에 토머스 맬러리(Thomas Malory)의 소설『아서왕의 죽음』등에 묘사된 창작상의 인물로 여겨지는 한편, 아서왕이 실재할 가능성을 나타내는 유적도 발견되고 있다고 한다.

1960년대 후반, 잉글랜드의 서머싯에 있는 캐드버리(Cadbury)의 언덕에서 6세기 무렵에 견고한 요새가 존재했다는 것이 밝혀졌다. 어느 무장집단이 이곳을 거점으로 활약했었다고 하며 그 우두머리가 아서라고 불리고 있었다. 6세기경이라면 아서왕이 활약했었다고 여겨지는 시대다. 인근 지역의 전설에 의하면 아서왕과 가신들은 지금도 이 언덕 아래의 동굴에 계속 잠들어있으며, 나라에 위기가 닥치면 잠에서 깨어나 나라를 위해 싸운다고 한다. 동굴의 입구는 철문으로 보호되고 있지만 7년에 한 번, 세례 요한의 축일에 문이 열리고 아서왕과 가신들이 말을 타고 사냥을 나서며 서턴 몬티스(Sutton Montis) 교회 근처에 있는 샘에서 말들을 쉬게 한다는 소문이 있다.

오래된 문헌에도 아서왕이 실재한다고 생각하게 만드는 서술이 있다. 830년경, 웨일스의 역사가 넨니우스(Nennius)가 기록한『브리튼인의 역사(Historia Brittonum)』에는 아서왕의 12번의 싸움을 기록하고 있으며, 12세기에 제프리 오브 몬머스(Geoffrey of Monmouth)가 기록한『브리타니아 열왕사(Historia Regum Britanniae)』에는 왕으로 승격한 아서와 왕비 귀네비어, 마술사 멀린 같은 인물의 이름이 등장한다. 그리고 10세기에 쓰인『웨일스 연대기(Annales Cambriae)』에는 아서왕이 538년에 사망했다는 기술도 있다고 한다.

■아일린 모 등대지기 실종사건

대서양의 한복판에 떠 있는 플래넌(flannan) 제도의 최대의 섬 아일린 모(Eilean Mòr) 섬에는 아직도 해결되지 않은 미스터리어스한 실종사건이 일어났다.

1900년 12월 15일, 이 부근을 지나가던 배가, 등대의 불빛이 꺼진 것을 알아차렸다. 다음 날, 조세프 무어 선장이 조사를 가보니, 있어야 할 세 명의 등대지기가 없었다. 테이블에는 식사 도중의 머튼과 감자가 놓여있고, 12월 15일의 등대일지에는 '폭풍은 그쳤고 바다는 온화하다. 아무 일도 없다'라고 적혀 있었다. 등대 안은 아무 일도 없었던 것처럼 고요했고, 그저 세 명의 등대지기만이 흔적을 전혀 남기지 않고 사라져버렸던 것이다.

세 사람이 거대한 파도에 휩쓸려간 것이 아닐까 하는 설도 있지만, 당일의 바다는 잔잔했다. 방수 코트가 한 벌 남아있었던 것으로 보아 한 명은 등대 안에 남아있었다고 추측되며, 세 명 전원이 방파제에서 발을 헛디뎠다고 생각하기는 어렵다. 섬에 나타난다는 소문이 돌던 바이킹의 유령에 홀려 끌려가버린 것일까. 지금에 이르기까지 수수께끼는 해명되지 않은 채, 등대는 현재도 그곳에 있으며 원격조작으로 제어되고 있다.

■악마가 던진 돌

잉글랜드 남부의 열석(列石)유적인 스톤헨지의 입구에는, 높이 5미터 정도의 길쭉하게 튀어나온 돌이 있다. '힐 스톤' 혹은 '수도사의 발꿈치'라고 불리는 이 돌에는 이런 전설이 남아있다.

어느 날, 악마가 아일랜드의 여자로부터 돌을 많이 구입해서, 한 장의 천에 싸서 솔즈베리 평원으로 운반했다. 다 옮기고 나서 "이 돌이 어떻게 이곳으로 운반되었는지 아무도 알 수 없을 거다!'라고 악마가 의기양양하게 외치고 있는데, 우연히 수도사가 지나가다 악마의 오만한 말을 듣고 웃었다. 혼잣말을 다른 사람이 들어버린 데다 비웃음당하기까지 한 악마는 미칠 듯이 화가 나서 수도사를 향해 돌 하나를 던졌다. 돌은 수도사의 발뒤꿈치에 맞고 지면에 깊이 박혔다. 그 이래로 그 돌은 '힐 스톤', 혹은 '수도사의 발뒤꿈치'라고 불리게 되었다고 한다.

■에든버러성의 괴기현상

영국, 스코틀랜드의 랜드마크인 에든버러성. 16세기 경, 바위산 위에서 에든버러의 시가지를 내려다보도록 세워진 이 요새에는 수많은 초상현상이 일어난다는 소문이 있다.

예를 들면 성의 외벽에는 북을 두드리면

서 서 있는 목 없는 고수의 유령이 목격되었다. 전설에 의하면 1296년에 이곳이 잉글랜드의 왕 에드워드 1세에 의해 포위되었을 때, 포위 3일째 되는 날에 잉글랜드군이 총공격을 개시하는 것을 깨달은 고수가 스코틀랜드 사람들에게 이 사실을 전하려고 했다. 그러나 잉글랜드인에 의해 고수는 머리가 귀에서 귀까지 베여 떨어지고 말았다. 이것이 잉글랜드인에게 살해된 최초의 희생자였다고 전해지고 있다.

17세기에는 성에서 시가지로 빠져나가는 긴 지하도가 발견되었다. 구전에 의하면 어느 젊디 젊은 백파이프 연주자가 이 터널의 조사를 명령받았다. 백파이프를 연주하면서 터널을 나아가는 것으로 지상에서 터널의 진로를 파악하려고 했던 것이다. 그런데 소리는 도중에 뚝 끊어지고, 백파이프 연주자는 터널 안에서 영원히 모습을 감춰버렸다. 그 유령이 지금도 지하도 안을 헤매고 있으며, 이 안을 걷고 있으면 갑자기 백파이프 소리가 들려온다고 한다.

이 성의 광장은 16세기초에 마녀재판에 의해 몇백 명이나 되는 마녀가 화형에 처해졌으며, 광장을 둘러싼 통로에는 불타며 울부짖는 여성의 모습을 보거나 실제로 화염에 불타는 듯한 감각을 느끼는 사람도 있다고 한다.

참고로 J. K. 롤링의 『해리포터』 시리즈에 등장하는 호그와트 마법학교(호그와트성)은 에든버러성이 모델이라고 이야기되고 있다. 성이나 시가지를 돌아보는 다양한 고스트 투어도 개최되고 있으며, 호러를 좋아하는 관광객에게 인기 있는 스팟이다.

■ 엑스칼리버가 잠든 호수

아서왕 전설은 마법의 힘을 지닌 명검 엑스칼리버와 함께 이야기되는 경우가 많다. 명검을 넣은 칼집에는 치유의 힘이 있으며, 가지고 있는 것만으로도 칼에 베여도 피를 흘리지 않고 깊은 부상을 입지 않기 때문에 아서왕에게 수많은 승리를 가져왔다고 한다.

엑스칼리버를 손에 넣은 경위에 대해서는 다양한 전설이 있는데, 15세기에 쓰인 토머스 맬러리의 『아서왕의 죽음』에 의하면, 수수께끼의 '호수의 처녀'에게 받은 것이라고 한다.

아서왕이 오랫동안 애용했다는 검이, 어느 날 결투에서 부러져버렸다. 이 검은 아서왕이 젊은 시절에 돌에서 뽑은 명예로운 검이었다(자세한 것은 **아서왕은 실재했는가?** 항목을 참조. 전설에 의하면 돌에 꽂혀있던 검을 엑스칼리버로 보는 이야기도 있다). 검을 잃고 며칠 뒤, 호수에 찾아온 아서는 호수 한복판에 하얀 호화로운 비단을 두른 팔이 쑥 튀어나와 있는 것을 발견한다. 그 손에는 아름다운 검과 칼집이 들려 있었다. 이것을 본 아서는 장래에 소원을 이룬다고 약속하고, 모습을 보이지 않는 수수께끼의 존재인 '호수의 처녀'에게 검과 칼집을 받았다. 이것이 아서왕을 도운 전설의 명검 엑스칼리버다.

그러나 이후에 이부 누나인 모르간 르 페이(자세한 것은 **엑스칼리버를 훔친 마녀** 항목을 참조)가 훔쳐가서, 아서는 치유의 칼집을 잃고 만다. 그 때문에 아서는 싸움에서 치명상을 입고, 부하 기사인 베디비어에게 엑스칼리버를 호수의 처녀에게 반납하라고 명한다. 베디비어는 두 번 망설인 뒤에 세 번째에야 간신히 검을 호수에 던졌고, 그러자 호수 중앙에서 팔이 뻗어 나와서 검을 받고 수면 아래로 가라앉았다고 한다.

『아서왕의 죽음』에 나온다고 하는 호수 중 하나가 콘월 지방의 도즈마리(Dozmary) 호수다. 2017년, 일곱 살 소녀가 도즈마리 호수에서 물놀이를 하던 중에 호수 밑바닥에 있던 중세풍 검을 발견했다. 지역지는 '엑스칼리버인가?'라며 주목했지만 소녀의 아버지는 '영화에서 사용된 소도구일 것이다'라고 부정적인 코멘트를 했다고 한다.

■ 엑스칼리버를 훔친 마녀

아서왕의 이부 누나인 마녀 모르간 르 페이('르 페이'란 요정이라는 의미)가 명검 엑스칼리버(자세한 것은 **엑스칼리버가 잠든 호수** 항목을 참조)를 훔친 이야기가 있다. 전설에 의하면, 아서에게 적의를 품었던 모르간은 어느 날 밤에 그의 방에 몰래 들어갔다. 아서는 칼집에서 꺼낸 상태의 엑스칼리버를 쥔 채로 자고 있었는데, 그 곁에는 마법의 칼집이 놓여있었다. 그래서 모르간은 칼집을 들고 나가서 말을 타고 도망쳤고, 추격자를 깨닫자 호수의 가장 깊은 곳을 향해 칼집을 던졌다. 이리하여 마법의 칼집을 잃어버린 아서는 이후에 치명상이 되는 상처를 싸움 중에 입게 된다.

모르간 르 페이는 마술사 멀린의 제자이기도 해서, 사람을 미혹하는 마법이나 변신술, 하늘을 나는 술법 등에 능했다. 마법의 섬 아발론을 통치하는 여왕이라고도 이야기되고 있다. 아서의 아들인 모드레드의 양어머니이기도 하며, 아버지의 험담을 아들에게 불어넣어 아버지와의 사이에서 불화가 생기도록 했다. 그러는 한편, 마법을 사용해서 아서를 구한 적도 있는 변덕스러운 마녀였다고 한다.

■『왕자와 거지』의 모델인 에드워드 6세

16세기의 어느 가을날, 잉글랜드의 에드워드 왕자와 거지 아이 톰이 같은 날에 태어났다. 그 두 사람이 우연히 만나고, 쏙 닮은 두 사람은 옷을 바꿔 입고 서로의 입장이 되어 차례차례 위기를 극복해간다……. 이것은 아동문학으로서 널리 읽힌 『왕자와 거지』 이야기다. 1881년에 미국의 작가 마크 트웨인이 발표한 소설인데, 이 잉글랜드의 왕자에는 모델이 있다.

주인공 에드워드 왕자의 모델은 1537년에 태어난 잉글랜드 튜더 가문의 헨리 8세의 왕자다. 고작 9살의 나이에 즉위한 에드워드는, 병약했지만 조숙하고 온화한 소년이었다. 정열적으로 치세에 노력하고, 수도원을 수리해서 가난한 아이와 고아를 위한 교육 시설이나 보호소로 만들어서 여러 복지시설에 기부했다고 한다. 당시의 가혹한 세계에서 자애로운 정치가 이루어졌지만, 소년왕 에드워드 6세는 1553년에 폐결핵으로 죽는다. 아직 열다섯 살의 어린 나이였다.

■음악영매사 브라운 부인

런던에 사는 영국인 주부 곁에 프란츠 리스트를 필두로 한 대작곡가들의 영이 나타나, 자신들의 새로운 곡을 차례차례 구술필기 시켰다고 한다. 좀처럼 믿기 어려운 이야기지만, 1960년대 중반부터 1980년경까지 실제로 있었던 사건이라고 하며, BBC가 브라운 부인의 다큐멘터리도 제작했다.

로즈마리 브라운 곁에 음악가가 나타난 것은, 그녀가 일곱 살 때다. 긴 백발을 늘어뜨리고 검은 가운을 입은 영혼이 "당신을 음악가로 만들어주겠다"라고 말했다고 한다. 이후에 그 영혼은 프란츠 리스트였다는 것을 알게 된다. 그 후에 한동안 리스트의 영혼은 나타나지 않았지만 1964년에 두 번째로 그녀 앞에 나타났고, 베토벤이나 슈베르트, 쇼팽, 바흐 같은 작곡가들의 영혼도 나타나서 차례차례 작곡을 시작했다. 머릿속에 홍수처럼 흘러드는 음악을, 브라운 부인은 열심히 받아 적었다.

부인의 곡은 음악평론가 사이에서 평가가 갈리긴 했지만, 곡조는 명작곡가의 작품과 많이 닮았다고 한다. 명성이 자자한 작곡가들의 음악이라고 위작하려면 상당한 음악적 소양이 필요하지만, 브라운 부인은 음악 지식은 빈곤했고 피아노 레슨은 받았었지만 자신이 적은 곡을 연주조차 할 수 없었다. 음악가나 심리학자가 조사했지만 사기의 증거는 찾을 수 없었다.

일설에 의하면 그녀에게는 영매의 힘이 있어서 일종의 텔레파시로 작곡가의 미발표작품의 악보를 받아 적은 것이 아니냐는 이야기가 있다. 브라운 부인은 마지막까지, 음악가들의 영혼에게 받은 작품이라고 주장했다고 한다.

■음유시인 탈리에신

탈리에신(Taliesin)은 6세기 후반, 웨일스 북부에서 활약했다고 하는 전설적인 음유시인이다. 10세기경에는 이 전설적인 시인이 만들었다고 하는 『탈리에신의 서』라는 시집이 만들어졌다.

웨일스 왕을 섬겼던 음유시인이자 마술사로서 켈트의 전승이나 아서왕 전설(자세한 것은 **아서왕은 실재했는가?** 항목을 참조) 등에도 등장하며, 켈트의 민간전승을 정리한 '마비노기(마비노기온)'에 의하면, 그 출생 에피소드는 신비함에 가득 차 있다.

탈리에신이 소년이었을 무렵, 그위온(Gwion)이라고 불리고 있었다. 마녀 케리드웬(Cerridwen)을 섬기고 있던 그위온은 마녀가 만든 영약을 섞던 중에 손가락에 튄 영약이 너무 뜨거워서 그만 손가락을 핥아버렸다. 그러자 영약의 효과로 모든 지식을 얻게 되었다. 그위온이 영약을 핥은 탓에 영약의 효과가 없어지자 케리드웬은 미친 듯이 화를 냈다. 그위온은 토끼, 물고기, 새로 변신하면서 도망쳤지만, 마지막에 보리알로 변신했을 때 케리드웬에게 먹혀버렸다.

그 후에 마녀는 혼자서 임신했다. 이윽고 낳은 아이가 너무나도 아름다워서 죽일 생각을 하지 못하고 가죽자루에 담아서 바다에 흘려보냈는데, 그 아기를 그위즈노(Gwyddno)왕의 아들인 엘핀(Elffin)이 줍게 되었다. 그 아이는 그위온의 환생이었다. 엘핀이 바다에서 가죽자루를 발견하고 열었을 때에 눈부시게 빛나는 얼굴이 보였기 때문에, 아기의 이름을 '빛나는 눈썹'이라는 의미의 탈리에신이라고 붙였고 소중히 양육했다. 탈리에신이 13세 때, 엘핀이 숙부의 기분을 상하게 해서 궁정에 갇히는 몸이 되었을 때에 탈리에신이 단신으로 궁정에 들어가서 시가(詩歌)와 예언을 선보여 엘핀을 구출했다고 한다.

탈리에신은 이후에 아서왕을 섬기는 궁정 시인이 되었고, 마술사 멀린에게 불려가 아서왕의 운명이나 우주의 진리에 대해서 대화를 나누었다고도 이야기되고 있다.

■정부의 실험? 홍수로 괴멸된 마을

1952년 12월, 잉글랜드 남서부 데번주의 황야에 있는 린마우스(Lynmouth)라는 아름다운 마을을 파멸적인 홍수가 덮쳤다. 예년의 250배나 되는 비가 계속 내려, 긴 비로 인해 침수상태였던 토양이 무너져, 댐을 붕괴시켰던 것이다. 하룻밤 사이에 34명의 마을 사람이 희생되었고 수백명이 집을 잃었다.

기상전문가에 의하면 수일 전에 대서양 상에 발달한 한랭전선이 원인이었지만, 그 후에 국방성의 과학자가 마을 근처에서 인공강우 실험을 하고 있었음이 판명되었다. 3년 전부터 영국 정부에서 비밀리에 행하고 있던 '적운작전'이라 불리는 기상실험이다. 어떤 물질을 구름에 살포함으로써 인공적으로 비구름을 만들어내서 적의 움직임을 봉쇄하거나 비행장의 안개를 걷어내기 위한 군사목적의 연구였다. 파일럿 중 한 명은 홍수가 일어나기 전에 마을 근처의 상공을 비행해서 강우량을 늘리기 위한 소금을 살포했다고 증언했지만, 공개된 공문서의 일부는 소실되어 있었다고 한다. 그 후 영국 기상청은 그런 실험이 1995년 이전에 실시된 적은 없다고 발표했다. 대홍수가 인공강우 실험이 부른 인재였는가는 불명인 채로, 연구의 존재 자체를 숨기는 듯이 마무리되었다.

■ 케른 아바스의 거인

잉글랜드 도싯주의 케른 아바스(Cerne Abbas)라는 마을에서 가까운 언덕에 당당한 나체의 거인의 그림이 그려져 있다. 거의 1000년 전에 그려진 그림으로 키는 55미터에 가로폭은 51미터 정도이며 오른손에 길이 37미터의 거대한 곤봉을 들고 있다. 급경사면의 풀과 토양을 깎아서 고랑을 만들고 석회암을 노출시켜서 그린 힐 피규어(Hill figure)라는 방식으로 그려져 있다.

이 거인의 정체에 관한 많은 전설이 있는데, 그 중 하나로 덴마크에서 온 마을 사람을 위협하고 가축을 습격한 진짜 거인이었다는 이야기가 있다. 케른 아바스의 마을 사람들은 어느 날 밤에 힘을 합쳐서 언덕 위에서 자고 있던 거인을 쓰러뜨렸다. 그리고 무서운 거인이 있었음을 잊지 않도록 시체의 윤곽을 따라서 언덕에 새겼다는 것이다. 이 전설에는 이어지는 이야기가 있는데, 이 거인은 밤이 되면 되살아나서 가까운 강까지 물을 마시러 온다는 이야기도 있다.

또 케른 아바스의 거인의 사타구니에는 남성의 심벌이 그려져 있는 것에서, 예로부터 이곳에 자면 아들을 얻을 수 있다는 이야기가 전해진다. 처녀가 거인 주위를 세 바퀴 돌고 연인의 변심을 막았다는 일화도 남아있다.

역사가에 의하면, 그리스 로마 신화에 등장하는 헤라클레스가 모델이고 180에서 193년경에 이 지역의 신과 융합한 모습이 아닐까 추정하고 있다.

지금으로부터 3000년 전이라는 유사 이전, 버크셔 다운스(Berkshire Downs) 가장자리의 언덕에 그려진 길이 110미터의 '어핑톤의 백마(Uffington White Horse)'와 같은 방법으로 그려져 있으며, 인근 어핑턴에 사는 사람들이 말에 대한 숭배의 심벌로서 만들었다고 생각되고 있다.

■ 코팅리의 요정 사건

1920년경 영국의 코팅리(Cottingley)에 살고 있는 열여섯 살과 열 살의 자매가 요정의 사진을 촬영해서 잡지에 투고했다. 이 사진을 보고 셜록 홈즈를 탄생시킨 작가인 코난 도일도 절찬했다고 한다. 사진이 조작 되지 않았다는 검증 결과가 발표 되자 사진의 진위에 대한 커다란 논쟁이 일었다. 도일은 만년에 신비주의에 경도되어 요정의 존재를 믿고 있었다. 그로부터 60년 뒤인 1983년, 지금까지 입을 다물고 있던 촬영자 자매가 "그림책에서 잘라낸 요정 그림을 사진으로 찍은 것이다"라고 날조를 인정했다. 이렇게 코팅리 요정 사건에 종지부가 찍혔지만, 자매는 만년에 이런 말을 남겼다. "우리들이 촬영한 다섯 장의 사진 중 네 장은 잘라낸 그림을 찍은 것이지만 마지막 한 장만은 진짜였다."

이탈리아

■ 보이니치 사본의 수수께끼

보이니치 사본(Voynich Manuscript)이란 발견된 지 100년 이상 지났지만 아직 아무도 해독하지 못한 기서를 말한다. 발견자는 폴란드계 미국인 고서수집가 윌프레드 보이니치(Wilfrid M. Voynich). 1912년, 보이니치는 이탈리아의 몬드라고네(Mondragon)에서 이상한 필사본을 발견했다. 그곳에는 본 적 없는 기묘한 문자나 기호, 지구상에서는 존재하지 않는 식물의 그림이나 나신의 여자 그림 등이 그려져 있었다.

보이니치가 사본의 해독과 연구를 진행해 보니, 함께 발견된 편지에서 사본은 15세기 후반에서 16세기경에 만들어진 것이며 신성 로마제국의 황제 루돌프 2세가 소유하고 있었던 것 등을 알 수 있었다. 그러나 누가 무슨 목적으로 만들었는가, 까지는 알아내지 못했다.

보이니치가 전 세계에 학자나 암호 전문가에게 수고의 해독을 의뢰했지만, 중세의 암호판을 사용했다는 설, 만주문자라는 설, 고대 아즈텍의 나와틀어라는 설 등의 다양한 설이 부상했으나 오늘날에 이르기까지 사본의 내용을 해독한 자는 없다. 16세기경에 활동한 존 디(John Dee)나 에드워드 켈리(Edward Kelley) 같은 유명한 연금술사가 장난으로 만든 서적이 아닐까 하는 설도 있다.

현재 보이니치 사본은 수수께끼를 감춘 채로 미국의 예일 대학에 보관되어 있으며, 누구라도 해독에 도전할 수 있도록 전 213페이지를 스캔한 화상이 인터넷상에 무료 공개되고 있다.

■ 성흔이 새겨진 신부

자기도 모르는 사이에 몸에 상처가 생기는 일이 있는데, 이런 상처를 성흔(聖痕)이라고 부른다. 성흔은 대개 예수 그리스도가 십자가에 못 박혔을 때에 입은 상처와 같은 위치에, 주로 손발과 오른쪽 옆구리에 생겨난다고 한다. 그 밖에도 두 어깨의 타박상은 십자가를 짊어지고 옮겼을 때의 고통을, 눈썹 부근의 출혈은 가시면류관을 썼을 때에 입은 상처를 표현한다고도 이야기되고 있다.

제1차 세계대전 후, 그리스도의 상흔을 체현해서 '기적의 사람'으로서 유명해진 인물이 있었다. 이탈리아의 피오 신부(Padre Pio)다. 최초로 성흔이 나타난 것은

1915년 9월로, 피오 신부는 두 손과 두 발, 오른쪽 옆구리에 아픔을 호소했지만 의학적인 원인은 보이지 않았다. 3년 후인 1918년 9월, 포차(Foggia)의 교회의 제단에서 기도를 올리던 중, 두 손과 두 팔과 옆구리에서 피가 흘렀고 피오 신부는 고통스러운 나머지 기절했다. 의사단이 진찰했지만, 이 상처를 의학적으로 설명할 수는 없었다.

피오 신부는 성흔을 소유했을 뿐만 아니라 천리안의 소유자로서도 알려져서, 죽음의 시기를 예언하거나, 멀리 떨어진 장소에 있으면서 모습을 보이기도 했다. 피오 신부의 성흔이나 투시력의 명성은 전세계에 퍼졌지만 신부는 1968년에 세상을 떠날 때까지 이름을 팔거나 선전행위는 하지 않고 친절하고 온화한, 경건한 가톨릭 신부로서 살았다.

성흔의 원인은 성스러운 표식, 하늘의 계시, 신자를 미혹하는 악마의 소행, 무의식의 자기암시, 스트레스 등 다양한 설이 있지만 원인은 아직도 해명되지 않았다.

■아이스맨 '외치'의 저주

알프스 산맥의 이탈리아와 오스트리아 국경 부근에 있는 외츠(Oetz) 계곡에서 발견된 미이라를 둘러싼 도시전설.

1991년, 어느 부부가 에치 협곡을 등산 중에 한 구의 미이라를 발견했다. 얼음 속에 묻혀서 냉동보존되어 있었기 때문에 보존상태가 양호한 미이라였다. 조사 결과, 미이라의 정체는 기원전 3000년 이전의 석기시대의 남성이었다고 판명되었다. 발견 장소에서 따서 '외치(Oetzi)'나 '아이스맨'이란 이름으로 불리고 있다.

고고학적으로 중요한 발견으로서 뉴스가 된 외치는 수년 후, 다른 화제로 소동이 일어나게 되고 만다. 1993년, 외치에 대해 발표하기 위해 학회로 가던 법의학자 라이너 헨이 사고로 죽는다. 이어서 발견 시에 가이드를 했던 인물, 외치의 다큐멘터리를 제작하고 있던 인물이 사망한다. 이어서 발견자 부부가 2004년에 산에서 행방불명된 후, 외치 협곡에서 시신이 발견되었다. 시신의 발견자인 구조대원도 1시간 후에 심장발작으로 사망했으며, 그 후에도 관계자의 기묘한 죽음이 이어지며 합계 일곱 명이 목숨을 잃었다고 한다. 이것들은 '외치의 저주'에 의한 것이라고 소문이 나게 된다. 현재는 이탈리아의 고고학 박물관에 보존되어서 연구가 이어지고 있지만 여덟 번째의 저주의 희생자는 나오지 않고 있다고 한다.

■영혼이 알려준 『신곡』 원고의 행방

14세기의 이탈리아 르네상스의 거장 단테 알리기에리(Dante Alighieri)가 쓴 장대한 신성희곡 『신곡(神曲, Divina Commedia)』에 관련된 전설. 단테가 1321년에 세상을 떠났을 때, 『신곡』의 원고 일부가 빠져 있었다고 한다. 아들인 야고보와 피에트로는 아버지의 유품들을 몇 달 동안 찾았지만 도저히 찾을 수 없었다.

그들이 포기했을 무렵, 어느 날 밤에 야고보는 아버지가 나오는 꿈을 꾸었다. 백의를 입고 빛에 비추인 아버지 단테에게 야고보는 작품을 완성시켰는지를 물었고, 단테는 고개를 끄덕이고서 그의 방에 있는 비밀의 장소를 알려주었다.

눈을 뜬 뒤, 야고보는 변호사의 입회하에 꿈에서 들은 장소를 찾았다. 그러자 벽에 작은 가림막이 있었고, 그것을 들어 올리자 작은 벽장이 나타났다. 그 문을 열었더니 곰팡이에 뒤덮인 몇 장의 종잇조각이 있었는데 그것이 『신곡』의 빠진 페이지였다고 한다. 야고보의 꿈에 단테가 나타나지 않았더라면 걸작 『신곡』은 미완성인 채로 발표되었을지도 모른다.

■카푸친 수도회 지하묘지의 아름다운 미이라

'세계에서 가장 아름다운 미이라'로서 유명한 소녀 미이라가 이탈리아 최남부, 시칠리아 섬의 오래된 도시 팔레르모에 있는 카푸친(Capuchin) 수도회의 지하묘지에 잠들어있다.

그 소녀의 이름은 로자리아 롬바르도. 1920년, 2살의 나이로 죽은 로자리아는 아버지의 바람으로 미이라로서 수관되었다. 카푸친 수도회는 가톨릭 중에서도 경건한 종파로, 사후에 부활하는 것을 믿으며 죽은 자를 미이라로서 보관하고 있었던 것이다. 같은 시기의 다른 미이라는 거의 백골화 되었지만, 로자리아만은 시간이 정지한 것처럼 아름다움을 계속 유지하고 있다. 어떠한 방법으로 로자리아를 미이라화했는지, 그 기술은 확실히 알지 못한다.

■토리노의 성의(聖衣)

이탈리아의 토리노 대성당에 있는 성의란 예수 그리스도가 십자가형에 처해졌을 때에 매장한 뒤에 부활하고 승천할 때까지의 3일간, 예수의 시신을 감싸고 있던 아마포를 말하며, 성해포(聖骸布)라고도 한다. 토리노 대성당의 사보이아(Savoia)공 예배소에 안치되어 있던 성유물 상자에 들어있던 길이 4.4미터, 폭 1.1미터 정도의 오래된 천이다. 기묘하게도 이 천에는 수염을 기른 알몸의 남성의 모습이 사진으로 촬영한 것처럼 또렷하게 새겨져 있는 것이다.

1902년, 프랑스인 이브 드라주 박사가 성의를 조사하자, 아마포에 감싸여 있던 것은 채찍형을 당하고 십자가에 못 박힌 남성의 시신으로, 천에 물든 땀과 향료로 인해 형체가 찍힌 것이라고 보고했다. 1931년에 사진가가 이 천을 촬영해서 조사했을 때도, 아마포에는 그림물감이나 안료를 사용한 흔적을 찾아볼 수 없었다. 게다가 사진을 자세히 조사하자 아마포에 찍힌 형체에서 손목에 못 박힌 상처가 있는 것과 십자가형의 후유증이라고도 할 수 있는 근육의 뒤틀림이 있다는 것도 밝혀졌다.

이 조사 결과를 바탕으로 아마포에 감싸여 있던 시신은 예수 그리스도이며 예수의 형상이 되어 천에 나타났다고 주장했다. 1988년에는 처음으로 아마포를 잘라서 이루어진 연대측정 결과는 성의가 중세에 만들어진 것, 즉 예수의 죽음보다 훨씬 이후 시대라고 판정되었으나, 2013년에 이탈리아의 연구자가 재검사를 하자 기원전 300년부터 기원 400년, 즉 예수가 살던 시대의 것이라고 판명되었다. 성의의 얼룩은 화가의 손에 의해 만들어진 것이라고 주장하는 의견도 있으나, 어떠한 기법이나 이유로 천에 예수의 모습을 그렸는지는 알 수 없다.

성의의 진위 여부의 결판은 나지 않은 채로, 현재는 토리노 대성당에서 은제 관 안에 보관되어 있으며, 약 100년에 몇 번 꼴로 일반에 공개하고 있다.

우크라이나

■ 성자의 미이라가 잠든 동굴

수도 키이우의 드네프르 강 근처의 언덕에 있는 페체르스카야 대수도원(Kyiv-Pechersk Lavra, 키예프 동굴수도원)은, 그리스에서 찾아온 수도사들이 살게 된 동굴을 기반으로 한다. 11세기에는 러시아 최고의 수도원 중 하나로서 창건되었다. '페체르'란 '동굴'이라는 의미다.

수도사들의 손으로 더욱 파 들어간 동굴에는 수도사들의 시신이 매장되어 있었다. 자연적인 조건이 겹쳐서 시신은 부패하지 않고 미이라화 되었다. 현재도 100구 이상의 미이라가 보존되고 있으며, 이것을 사람들은 '기적'이라고 굳게 믿고 있다고 한다. 미이라가 안치되어 있는 장소에는 기본적으로는 신자만이 출입이 허락되어 있지만, 일부는 신자 이외에도 일반 공개되어 키이우 유수의 관광 스팟이 되었다.

■『전함 포템킨』과 오데사의 계단

우크라이나 남부에 위치한 오데사(Odesa)는 흑해에 접한 항구마을이다. 이 나라에는 영화가 원인으로 호칭이 변한 계단이 있다. 1925년에 예이젠시테인(Sergei Mikhailovich Eisenstein) 감독에 의한 소련

영화 『전함 포템킨』의 가장 유명한 장면에 등장하는 계단이다.

그곳에서 시민들이 병사에게 학살당하고 계단을 굴러 떨어져가는 유모차가 인상적인 장면이다. 지금도 오데사에 남아있는 이 장면은, 1830년대부터 40년에 걸쳐 만들어진 것으로, 당시에는 볼리바드(Boulevard) 계단이나 리슐리외(Richelieu) 계단이라고 불리고 있었으나 영화로 인해 너무 유명해져 버려서 현재는 '포템킨 계단'이라고 불리고 있다.

■ 키이우를 세운 삼형제

우크라이나의 수도 키이우에 관한 전설. 12세기에 편찬된 러시아에서 가장 오래된 연대기 『지나간 세월의 이야기(원초연대기)』에 의하면, 5세기 말 슬라브인의 유력 부족인 포랴닌족이 드네프르강 부근에 키, 시체크, 호레프 삼형제와 여동생 뤼비지가 마을을 만들었다고 한다. 6세기부터 7세기경에는 본격적인 도시가 형성되었고, 9세기에 성립된 키이우 공국(키이우 루시, Kyivan Rus)의 수도가 되었다. 이것이 현재의 키이우의 시작이라고 하며 '키이우'는 '키의 마을'이라는 의미다. 키이우 공국이 13세기에 몽골군의 침공으로 멸망할 때까지, 키이우는 러시아의 중심지로서 번영했다.

우즈베키스탄

■ 사라진 소그디아나

소그디아나(Sogdiana)란 중앙아시아의 고도(古都) 사마르칸트를 중심으로 하는, 제라프샨(Zeravshon) 강 주변의 옛 이름이다. 옛날에는 농업이 발달하고 동서간의 교통의 요지로서 번영했다. 현재의 우즈베키스탄과 타지키스탄의 일부에 해당한다.

이곳에는 기원전부터 소그드인(Sogd)이라는 이란계 주민이 살고 있으며, 독자적인 언어나 문자를 사용하고 있었다. 그리스의 알렉산드로스 대왕이나 아랍인인 이슬람 왕조 등의 지배를 받으면서도 장사수완을 발휘해서 활약의 장을 넓혔다.

소그드인은 당나라의 수도인 장안에도 다수가 진출했고, 당나라의 군인으로서 안사의 난을 주도했던 안록산의 아버지도 사마르칸트 출신의 소그드인이었다. '녹산'이란 소그드어로 '밝은 빛'이라는 의미다. 또한 소그드어는 위구르 문자에 차용되어, 몽골 문자나 만주 문자로 발달했다고 이야기되고 있다. 이렇게 중앙아시아에서 동아시아로 영향을 준 소그드인이었지만, 11세기가 지날 무렵에는 독자성을 잃어갔다. 소그드인은 각지로 흩어지고, 소그드어도 사어가 되어버렸다.

현재 사마르칸트 근교에서 소그드인의

도시유적과 문서가 발견되어 그들의 생활이나 문화가 밝혀지려 하고 있다고 한다.

에스토니아

■마법의 스카프와 바다의 여왕

에스토니아에 전해지는 민화. 어느 해, 에스토니아의 수도 탈린(Tallin)에 있는 항구에서는, 전혀 물고기가 잡히지 않게 되었다. 난처해진 어부들은 바다의 여왕과 친하다는 카렐이라는 할아버지에게 도움을 청했더니, 카렐 할아버지는 마법의 삼각형 스카프를 빌려주었다. 첫 번째 모서리를 묶으면 배가 나아가고, 두 번째 모서리를 묶으면 물고기가 모이지만, 세 번째 모서리는 묶어서는 안 된다고 했다.

마법의 스카프는 배를 여왕의 해역으로 몰아서 고기를 조금 나누어 받는 물건이었다. 그러나 욕심이 난 어부들은 스카프의 세 번째 모서리도 묶어버렸다. 그러자 여왕이 분노해서 폭풍이 불어 바다가 거칠어졌고, 어부들은 목숨만 간신히 건진 채 작은 섬에 표착했다. 사정을 들은 섬에 사는 소인이 마법 스카프의 매듭을 전부 풀자 폭풍이 뚝 그쳤다. 반성한 어부들은 배를 몰아서 무사히 탈린으로 돌아왔다고 한다.

■멈추지 않는 재채기

발트해의 북동안에 있는 에스토니아에 전해지는 민화. 어느 날 지저분한 차림새의 노인이 커다란 집의 문을 두드리며 하룻밤만 재워달라고 청했다. 그러나 안주인은 노인의 행색을 슬쩍 보고는 쫓아버렸다. 다음에 노인이 이웃에 있는 작은 집 문을 두드리자, 작은 집의 여주인은 바로 집에 들여보내주었다. 다음 날 아침, 노인은 집을 나설 때에 “아침에 시작된 것은 저녁까지 이어지겠지요”라는 말을 남기고 떠나갔다. 여주인은 문득 아이들에게 자투리 천으로 새로운 옷을 지어주자는 생각이 들어서 자투리 천을 재단하려고 자를 갖다 댔다. 그러자 천은 점점 늘어났고, 해가 저서 여주인이 간신히 측정을 미쳤을 때에는 도저히 다 쓸 수 없을 정도로 천이 길게 늘어나 있었다.

이 소식을 듣고 큰 집의 안주인은 분해하며 심부름꾼을 시켜 노인을 찾게 했고, 억지로 집에 데려와서 하루 묵게 했다. 노인은 사흘이나 머무른 뒤에 간신히 떠나려고 했지만, 아무 말도 하지 않았다. 안주인이 불러 세우자 노인은 “아침에 시작된 것은 저녁까지 이어지겠지요”라고 말하고 떠나갔다. 안주인은 재빨리 자를 꺼내서 천의 길이를 재려고 했는데, 문득 코가 간지러워져서 커다란 재채기를 했다. 그랬더니 계속 재채기가 나와서 해가 질 때까지 멈추지 않았다고 한다.

오스트리아

■ 모차르트의 사인의 수수께끼

오스트리아가 낳은 천재 작곡가 모차르트. 18세기에 활약하며 많은 명곡을 남긴 그는 고작 서른다섯의 젊은 나이에 세상을 떠났다. 모차르트의 죽음에는 당시부터 수수께끼가 많았다고 한다.

모차르트는 1791년 가을에 병으로 쓰러지고 12월 5일에 숨을 거뒀다고 한다. 공식적으로는 속립열(粟粒熱, Sweating sickness)이 원인이라고 하며, 이 전염병은 고열과 발진을 일으키며 경우에 따라서는 2, 3시간 만에 죽음에 이르기도 한다고 한다. 그러나 15세기부터 16세기에 유행한 병이라 17세기에 속립열에 걸릴 가능성은 희박하지 않느냐는 이야기도 있다. 또한 모차르트가 아내에게 "나를 질투하는 자가 나에게 독을 먹였다"라는 내용의 편지를 남긴 것에서, 모차르트의 라이벌이었던 궁정악장 살리에리에 의한 독살이라는 소문이 퍼졌다. 현재는 이 설은 부정되고 있으나, 당시의 모차르트에게 적이 많았던 것은 사실로 보인다.

또한 모차르트는 공동묘지에 매장되었기 때문에 시신은 행방불명되고 말았다고 한다. 현재 모차르트의 묘가 있는 빈의 성 마르크스 묘지에도 유골은 묻혀있지 않다.

■ 저주받은 자동차와 사라예보 사건

사라예보 사건이란, 1914년 6월 28일에 보스니아 헤르체코비나의 사라예보를 방문 중이었던 오스트리아 황태자 프란츠 페르디난트 부부가 세르비아인 청년에게 암살당한 사건이다. 이 사건을 계기로 오스트리아는 세르비아에 선전포고했고, 이것이 제1차 세계대전의 계기가 되었다. 이때, 부부가 타고 있던 것이 이후에 '저주받은 벤츠'라고 불리는 벤츠 450이라는 자동차였다고 한다.

이 차는 부부와 동승했던 포티오레크(Oskar Potiorek) 장군의 것이었는데, 그는 전쟁에 패한 뒤에 마음의 병을 얻어 사망했다. 세 번째의 소유자가 된 도르메리아 대위는 차를 인수한지 고작 9일 뒤에 교통사고를 일으켜 두 명의 생명을 빼앗은데다, 자신도 나무에 충돌해서 사망했다. 차는 수리되었지만, 그 뒤에도 소유자가 바뀔 때마다 사고나 소유자의 자살 등의 불행한 일이 일어났다. 원래는 붉었던 차체는 청색으로 다시 칠했지만 불행의 연쇄는 멈추지 않았다. 점차 저주받은 죽음의 차라는 소문이 돌게 되었다.

현재 페르디난트 부부가 탔던 차는 빈에 있는 군사(軍史) 박물관에 소장되어 있다. 지금도 볼 수 있지만, 사실 이 차는 벤츠가 아닌데다 차체도 검은 색이다. 과연 저주받은 벤츠는 실재했던 것일까, 아니면 단순한 도시전설이었을까. 어째서 이런 소문이 생긴 것인가에 대해서는 수수께끼에 싸여 있다.

네덜란드

■위작왕 판 메이헤런

1945년에 발견한, 미술계를 뒤흔들었던 위작사건.

베르메르는 17세기에 활약한 네덜란드를 대표하는 화가로 '진주 귀고리를 한 소녀'나 '우유를 따르는 여인' 등이 유명하다. 1945년, 제2차 세계대전에서 패한 나치 독일의 미술품이 오스트리아에서 발견되었다. 그 중에 베르메르의 작품이라 생각되는 '간음한 여인과 그리스도(Christ with the Adultress)'가 있었다. 세상에 발표되지 않은 베르메르의 작품이 발견되었다며 화제가 되었다. 그리고 적국에 귀중한 그림을 팔아넘겼다며 이 회화의 원 소유자라는 네덜란드의 화가이며 화상인 한 판 메이헤런(Han van Meegeren)이 국가반역죄로 체포되었다.

그러나 법정에서 충격적인 사실이 밝혀지게 되었다. '간음한 여인과 그리스도'는 베르메르가 아니라 메이헤런 자신이 그린 위작이라고 고백한 것이다. 그리고 로테르담의 보이만스 미술관이 구입했던 '엠마오의 저녁식사(The Supper at Emmaus)' 등, 미술 전문가가 베르메르의 작품이라고 감정한 작품도 메이헤런의 손에 의한 위작이라고 밝혔다. 당초에는 메이헤런 같은 무명 화가가 베르메르의 화풍을 모방할 수 있을 리 없다고 회의적이었던 재판소는, 증거로서 위작을 새롭게 작성시켰다. 그러자 메이헤런은 위작 '학자들 사이의 그리스도'를 그려낸다. 이리하여 메이헤런은 희대의 위작왕으로 유명해지게 되었다.

젊은 시절에 메이헤런은 그림의 재능이 있어서 화가가 되고 싶어했다. 그러나 당시의 네덜란드는 추상화나 전위적인 작품이 유행하고 있었다. 고전기법을 좋아했던 메이헤런은 예술잡지에서 당시의 미술 평론가들을 비판했고, 그 때문에 화가로서 평가받는 일 없이 화단에서 사라져버렸던 것이다. 이것을 계기로 복수심이 생겨나, 평론가들을 기만하는 위작을 만들어내는 동기가 되었다고 한다.

카자흐스탄

■외눈의 아리마스포이인

고대 그리스의 전승이나 헤로도토스의

『역사』에는, 황금을 지키는 괴조 그리폰과 싸웠다는 외눈의 거인족 아리마스포이(Arimaspoi)인이 등장한다. 아리마스포이인은 유라시아 대륙의 스텝 지대에 살고 있었다고 한다. 이 땅이 카자흐스탄의 초원에 해당한다는 설이 있다(유럽 북부나 몽골 고원이라는 설도 있다).

스키타이(Scythia)인의 말로 '아리마' 또는 '아리'가 '1', '스푸' 또는 '마스포스'가 '눈'이라는 의미라고 한다('말을 사랑하다'라는 의미라는 설도 있다). 스키타이인은 아리마스포이인에게 공격당한 이세도네스(Issedones)인에 의해 더욱 서쪽으로 쫓겨 갔다. 거기서 아리마스포이인의 존재가 그리스에 전해진 듯하다.

참고로 카자흐스탄 북동부의 도시 카라간다(Karaganda)에서는, 약 3000년 전에 건설되었다고 하는 피라미드 유적이 발견되었다. 아리마스포이인이 피라미드 건설에 관여했던 것은 아닐까 하는 설도 있다.

■카자흐스탄의 태양 신앙

현재는 이슬람교도가 다수를 점하는 카자흐스탄이지만, 옛날부터 태양 신앙이 뿌리내리고 있다고 한다. 이슬람교를 국교로 삼는 나라에서는 국기에 이슬람교를 상징하는 초승달과 별의 모티프가 사용되는 경우가 많은데 카자흐스탄의 국기에는 중앙에 태양과 매가 그려져 있다.

수도 누르술탄(Nur-Sultan, 옛 이름 아스타나)에는 높이 105미터의 바이테렉 타워(Bayterek Tower)가 세워져 있다. '바이테렉'이란 카자흐어로 '포플러 나무'를 의미하며, 이것은 카자흐의 신화에 등장하는 '생명의 나무'를 가리킨다고 한다. 바이테렉 타워 정상에는 금색의 구체가 얹혀 있는데, 이것은 성스러운 새 삼루크(Samruk)의 알을 나타내고 있다. 삼루크는 매년 생명의 나무에 알을 낳는데, 그 알이 태양이라고 믿어지고 있다고 한다.

또한 남동부의 알마티(Almaty) 주에 있는 탐갈리(Tamgaly)라는 협곡에는 기원전 14세기경의 유적이 있으며, 주변에는 중앙아시아에서 최대 규모라는 암각화가 5000점 이상이나 남아있다. 세계유산으로도 등록되어 있는 암각화에는 주로 동물들이 많이 그려져 있는데, 그중에는 신인 태양을 둘러싼 인간이나 동물을 그린 것도 있어서 이 땅에 태양 신앙이 있었음을 나타내고 있다.

북마케도니아

■알렉산드로스 대왕의 위업과 국명의 유래

알렉산드로스 대왕은 기원전 4세기에 마케도니아 왕국의 필리포스 2세의 아들로서 태어났다. 소년기는 고대 그리스의 철학자 아리스토텔레스의 가르침을 받고, 국왕에 즉위한다. 왕이 된 알렉산드로스 대왕은 동방원정을 떠나서 아케메네스조(朝) 페르시아를 격파하고 차츰 영토를 넓혀간다. 그리고 단 10년 만에 이집트부터 중앙아시아, 인도 북서부에 이르는 대제국을 세웠지만 32세의 젊은 나이에 급서했다.

알렉산드로스 대왕의 위업은 영웅담으로서 세계 각지에 이야기되게 되었고, 점차 역사상의 위인의 틀을 넘어 픽션 속의 영웅으로 변해갔다. 이집트 왕의 아들로 여겨지기도 했고, 중동에서는 유태교도나 이슬람교도가 되기도 했다. 그를 둘러싼 전설은 아제르바이잔의 **예언자 히드르와 생명의 약**, 유럽 전역의 **여전사의 나라 아마존**, 중동·튀르키예의 **고르디우스의 매듭** 항목도 참조.

이렇게 진위가 뒤섞인 수많은 전설을 남기고 있는 알렉산드로스 대왕이지만, 그가 이룬 공적은 사후 2300년 이상 지난 현재까지 영향을 주고 있다.

현재의 북마케도니아는 발칸 반도 중부, 그리스 북쪽에 접한 나라다. 6세기경부터 7세기에 슬라브인이 이 땅에 자리를 잡았고 15세기 이후에는 오스만 제국의 지배하에 있었다. 유고슬라비아의 일원이었지만 1991년의 유고슬라비아의 해체와 함께 마케도니아로서 독립했다. 그러나 영내에 마케도니아 지방을 가지고 있는 인근 그리스가 이 지방을 노리는 야심을 감춘 것이 아니냐며 '마케도니아'를 국명으로 삼는 것에 강하게 반대했다.

또한 그리스의 주장 뒤에는 알렉산드로스 대왕의 위업이 크게 관여하고 있다는 설도 있다. 알렉산드로스 대왕과 마케도니아의 문화는 고대 그리스 문명으로 이어지는 것이다. 한편 '마케도니아'에 사는 사람들은 고대 그리스 문명과 관계가 없고 그리스와는 다른 슬라브어파에 속한다. 따라서 국명에 '마케도니아'를 사용하는 것에 그리스가 저항감을 가진 것이 아니냐고 이야기되고 있다. 즉 '마케도니아'는 그리스의 것이라는 주장이다.

그 결과, 쌍방의 합의하에 마케도니아는 2019년에 헌법상의 국명을 '북마케도니아 공화국'으로 변경했다.

키프로스

■아프로디테가 표착한 해안

이탈리아 화가 보티첼리의 명화 '비너스의 탄생'에는 갓 탄생한 미(美)와 사랑의 여신 아프로디테(그리스 신화에서의 이름. 로마 신화에서는 비너스라고 불린다)가 커다란 가리비 위에 서 있고, 서풍의 신에 의해 해안으로 운반되는 장면이 그려져 있다.

전설에 의하면 미와 사랑의 신 아프로디테는 티탄 족의 우라노스(자세한 것은 그리스의 신들의 이야기(1) ~**우라노스 vs 크로노스** 항목을 참조)의, 바다에 내던져진 남근에서 끓어오른 하얀 거품에서 생겨났다. 그 후, 키테라(Kythira)섬에서 키프로스 섬으로 건너갔기 때문에 이 섬은 아프로디테의 고향이라고도 말할 수 있다. 로마 제국이 되기 전까지는 아프로디테가 수호신으로서 신앙되었다고 한다.

아프로디테가 표착했다는 전설의 해안이 키프로스 섬의 도시 파포스(Paphos)에 있는 페트라 투 로미우(Petra tou Romiou) 해안이다. 이 해안에 있는 '아프로디테의 바위' 주변에서 수영을 하면 영원한 아름다움을 얻을 수 있다는 구전이 있지만, 파도가 거칠기 때문에 아쉽게도 수영은 추천되지 않는다고 한다.

■조각상을 사랑한 피그말리온

키프로스 섬에는 아프로디테의 전설이 많이 남아있지만, 자신이 만든 조각상을 사랑한 남자의 전설이 있다.

피그말리온 왕은 현실의 여성에게 환멸을 느꼈다. 그리고 어느 날, 하얀 상아로 한 명의 여인의 조각상을 조각하기 시작했다. 완성된 것이 너무나도 아름다운 여인의 조각상이었기 때문에 피그말리온은 진심으로 조각상을 사랑하게 되고 만다. 그 조각상은 미와 사랑의 여신 아프로디테를 쏙 닮아있었다. 키프로스 섬의 수호신은 아프로디테였고, 왕에게 이상적인 타입이기도 했던 것이다.

피그말리온은 이 여인의 상에 생명을 불어넣어주기를 바라며 아프로디테에게 계속 기도를 올렸다. 그러자 조각상의 피부가 부드러워지며 온기를 띠기 시작했다. 아프로디테는 조각상을 사랑하는 인간을 불쌍히 여기고 끝내 소원을 이루어주었던 것이다. 그 여인은 갈라티아(Galatea, '유백색 여자'라는 의미)라고 불렸고, 피그말리온과 결혼했다. 오비디우스(Ovidius)의 『변신 이야기(Metamorphoses)』로 널리 알려진 이야기가 되었다. 이 전설에서 태어난 심리학 용어가 '피그말리온 효과'로, 타인에게 기대 받는 것으로 인해 성과가 올라가는 현상을 가리킨다.

참고로 갈라티아의 자손인 아도니스에게도 아프로디테의 전설이 남아있다. 자세한 것은 그리스의 **사랑하는 여신 아프로디테** 항목을 참조.

그리스

■그리고 로마가 건설되었다

이탈리아의 수도 로마의 건설을 둘러싼,

트로이의 영웅 아이네이스(아이네이아스)의 전설. 고대 로마의 시인 베르길리우스(Vergilius)의 서사시 『아이네이스』에 실려 있다.

트로이 전쟁 패배 후, 아이네이스는 아버지를 업고 트로이를 탈출해서 "이탈리아에서 새로운 도시의 건설을 거들게 된다"라는 신탁을 따라 신천지를 목표로 움직인다. 오랜 여행 끝에 시칠리아 섬에서는 아버지를 잃고, 표착한 카르타고에서는 여왕 디도의 연인이 되지만 아이네이스는 디도를 두고 이탈리아의 테베레 강 하구에 있는 라티움(Latium)으로 향한다. 디도는 아이네이스가 떠나자 슬픈 나머지 스스로 목숨을 끊었다.

아이네이스는 도착한 이 땅에서 왕의 딸인 라비니아(Lavinia)와 결혼하고, 테베레 강 유역에 새로운 도시 라비니움을 건설했다. 이윽고 늑대 젖을 먹고 자랐다고 하는 버림받은 아이 로물루스와 레무스라는 쌍둥이 형제가 나타나는데, 이 쌍둥이가 실은 아이네이스의 피를 이은 자손이었다. 이렇게 로물루스와 레무스에 의해 그리스 신화의 세계가 계승되는 형태로 로마가 건설된 것이었다.

■ 델로스 섬에서 태어난 쌍둥이 신

그리스 남동부의 에게 해에 델로스(Delos)섬이라고 불리는 작은 섬이 떠있다. 고대 그리스의 해상 교역이나 종교의 중심지였던 이 섬은, 그리스 신화의 쌍둥이인 아폴론과 아르테미스가 태어난 섬으로 알려져 있다.

최고신 제우스와 동침하여 티탄 신족의 레토(Leto)라는 여신이 임신했다. 그런데 태어날 아이가 아주 아름다울 것이라는 예언을 들은 제우스의 아내 헤라가 질투해서, 태양빛을 쬔 모든 땅에게 레토를 출산하게 해서는 안 된다고 명령했다. 몸이 불편한 레토가 어찌할 바를 모르고 있자, 바다에 오르튀기아(Ortygia)라는 작은 섬이 떠올랐다. 레토는 그곳에서 출산하려고 그 작은 섬으로 건너갔는데, 헤라가 다시 방해해서 출산의 여신 에일레이티이아(Eileithyia)에게 레토가 있는 곳에 가서는 안 된다고 명령했기 때문에 레토는 진통이 시작되어도 아이가 태어나지 않고 9일 밤낮으로 고통 받아야만 했다. 레토의 괴로움을 동정한 다른 여신들이 에일레이티이아를 데려와서야 레토는 간신히 아폴론과 아르테미스를 낳을 수 있었다. 쌍둥이가 태어나자마자, 섬은 눈부신 황금색으로 빛났기 때문에, 작은 섬은 '눈부시게 빛난다'라는 의미의 델로스 섬이라 불리게 되었다고 한다. 그러나 헤라의 질투는 가라앉지 않아서 태어난 쌍둥이를 죽이려고 큰 뱀 괴물 피톤(Python)을 섬에 보냈다. 갓 태어난 아폴론은 일어서서 황금의 활로, 다가오는 피톤을 활 한 방으로 처치했다고 한다. 피톤은 원래 성지 델포이의 수

호자이며 예언의 힘을 가지고 있었다. 이후에 아폴론이 델포이(자세한 것은 **지구의 배꼽에 있는 아폴론의 신탁소** 항목을 참조)에 가서 피톤을 기리며 스스로 신전의 주인이 되었기 때문에, 예언의 힘을 익혔다고 이야기되고 있다. 이렇게 아폴론은 태양신, 아르테미스는 사냥의 신으로서 올림포스 12신에 더해지게 되었다.

현재 델로스 섬은 아폴론을 모시는 아폴론 신전을 시작으로 많은 유물이 남아있으며 세계유산에 등록되어 있다.

■디오니소스의 광연

전 세계에 포도주를 널리 퍼뜨린 제우스의 아들이 있다. 그것이 올림포스 12신 중 한 명인 풍요와 술의 신 디오니소스(Dionysos)로, 로마 신화에서 말하는 주신(酒神) 바커스(Bacchus)다.

아티카 지방을 방문한 디오니소스는 흔쾌히 맞이해 준 이카리오스(Icarios)라는 농민에게 포도의 재배와 와인 제조법을 알려주었다. 이카리오스는 기뻐하며 마을 사람들에게 와인을 나누어주었다. 그러나 술에 익숙하지 않은 사람들은 몹시 취했고, 이것이 독을 먹은 것이라 착각하고서 이카리오스를 살해하고 말았다. 그러자 마을에는 기근과 역병이 덮쳤고, 이것을 신의 벌이라고 믿은 사람들은 디오니소스를 신앙하게 되었다.

디오니소스를 믿은 사람들은 제사를 올렸지만, 술을 마시고 남자도 여자도 잔뜩 취해서 날뛰거나, 짐승을 맨손으로 붙잡고 날고기를 먹는 등의 눈뜨고 볼 수 없는 소동을 반복했다고 한다. 이 광연에 어머니도 참가하고 있다는 것을 안 테베 왕 펜테우스(Pentheus)는 디오니소스와 신자들을 붙잡아 감옥에 넣었다. 그러나 디오니소스는 간단히 빠져나와 펜테우스를 속여서 비밀 의식의 장소로 데리고 간다. 그리고 만취 상태였던 그의 어머니를 포함한 여성 신도들에게 찢겨 죽게 만들었다. 자신에게 거스른 자에게는 엄벌을 내리는 것으로 디오니소스는 더더욱 두려움을 사게 되었다고 한다.

참고로 포도의 수확이나 술을 만드는 축제는 노래나 춤 등의 축제를 동반하기 때문인지 디오니소스는 연극과의 관련이 깊으며, 이후에 그리스 연극의 발생에 관여했다고도 이야기되고 있다.

■밤하늘에 반짝이는 그리스 신화의 세계

사실 우리는 하늘의 별자리나 행성을 통해 그리스 신화의 세계와 매일 접하고 있다. 별의 위치를 선으로 연결해서 동물이나 영웅 형태를 그리는 별자리가 생겨난 것은 기원전 3000년경의 메소포타미아 지방이라고 이야기되는데, 별자리는 이윽고 그리스로 전파되어 그리스 신화의 이야기가 결합하게 되었다.

예를 들면, 겨울의 별자리인 오리온자리는 해신 포세이돈의 아들이며, 거인이자 미남자인 사냥꾼 오리온이 별자리가 된 것이다. 오리온자리 아래에 올라오는 큰개자리의 주성 시리우스는 오리온의 사냥개다. 오리온은 아폴론의 여동생인 아르테미스와 사랑을 하는데, 이를 탐탁지 않게 생각했던 그녀의 오빠 아폴론의 함정으로 아르테미스의 화살에 맞아 죽는다(전갈에게 쏘여서 죽었다는 이야기도 있다). 사후에 오리온과 사냥개는 하늘에 올라가, 아틀라스의 일곱 딸인 플레이아데스(Pleiades, 황소자리의 플레이아데스 성단)을 뒤쫓는 한편, 맹독의 전갈(전갈자리)을 두려워해서 천공을 도망 다닌다고 한다.

또한 행성에는 그리스 신화의 중요한 신들의 이름이 붙어있다. 최고신 제우스(로마신화에서는 유피테르)는 목성(Jupiter), 해신 포세이돈(로마 신화에서는 넵튠)은 해왕성(Neptune), 명왕성(Pluto), 사랑과 미의 여신 아프로디테(로마 신화에서는 비너스)는 금성(Venus), 전쟁의 신 아레스(로마 신화에서는 마르스)는 화성(Mars), 전령의 신 헤르메스(로마 신화에서는 메르쿠리우스)는 수성(Mercury) 등이 있다.

그 밖에도 커피숍 체인인 스타벅스의 로고에는 바다의 마물 세이렌(Siren)이 사용되었다거나, 스포츠 메이커인 나이키의 이름은 승리의 여신 니케(Nike)에서 따온 것이고, '나르시시스트'나 '피그말리온 효과'(자세한 것은 키프로스의 **조각상을 사랑한 피그말리온** 항목을 참조)처럼 그리스 신화의 일화를 바탕으로 한 심리학 용어도 많다. 그리스 신화는 우리 곁에 숨어서, 현대에도 계속 살아있는 것이다.

■비극의 영웅 오이디푸스 이야기

오이디푸스(Oedipus)는 그리스 신화에 등장하는 테베의 왕 라이오스(Laius)와 왕비 이오카스테(Jocasta)의 아들이다. 라이오스는 "아들에게 살해당한다"라는 델포이의 신탁을 받았었기 때문에 태어난 오이디푸스를 산속에 버리게 한다. 버려진 오이디푸스는 양치기가 줍게 되고, 이후 코린토스 왕의 아이로서 양육되었다.

성인이 된 후, 오이디푸스는 "아버지를 죽이고 어머니를 아내로 삼는다"라는 델포이의 신탁을 받게 되어 코린토스에는 돌아오지 않기로 결의한다. 여행 중에 우연히 만난 라이오스를 친아버지인줄 모르고 죽이고, 스핑크스를 퇴치한 공적으로 테베의 왕이 되어 친어머니인줄 모르고 이오카스테와 결혼해서 아이를 얻고 만다. 이후에 진상을 안 오이디푸스는 스스로 자신의 눈을 멀게 하고 딸인 안티고네(Antigone)와 함께 테베를 떠났고, 이후에 아테네의 왕이 된 영웅 테세우스(자세한 것은 영웅전설 (3) ~**테세우스의 미노타우로스 퇴치** 항목을 참조)에게 간병 받은 뒤에 명계로 여행을 떠났다.

이 전설은 고대 그리스의 극작가인 소포클레스가 쓴 비극 『오이디푸스 왕(Oedipus Rex)』으로 잘 알려져 있다. 세네카, 코르네이유(Pierre Corneille), 지드(Andre Gide) 등 많은 작가가 제재로 삼은 것 외에도 러시아의 작곡가 스트라빈스키(Igor Stravinsky)가 오페라 오라토리오 『오이디푸스 왕(Oedipus rex)』을 작곡하는 등, 시대를 초월하여 계속 이야기되고 있다. 참고로 프로이트의 심리학 용어인 '오이디푸스 콤플렉스'는 이 전설에서 명명되었다.

■ 사랑하는 여신 아프로디테

미와 사랑의 여신 아프로디테는 티탄 족의 우라노스(자세한 것은 신들의 이야기(1) ~ **우라노스와 크로노스** 항목을 참조)의 남근에서 끓어오른 하얀 거품에서 태어났다. 올림포스 12신 중 한 명으로 로마 신화에서는 비너스(베누스)라고 불리고 있다.

그 출생부터 성애(性愛)의 매력에 넘치는 아프로디테는 대장장이와 공예의 신인 헤파이스토스(Parnassos)라는 남편이 있었지만, 그는 추한데다 일밖에 모르는 인물이라 아프로디테는 때때로 남편을 배신하고 신들이나 인간과 사랑을 나누었다.

아프로디테는 키프로스 섬의 미청년 아도니스를 사랑했다. 명계의 신의 아내인 페르세포네도 그를 좋아했는데, 서로 그를 빼앗으려는 쟁탈전으로 발전할 정도라 제우스가 중재에 나서야만 했다. 아도니스도 아프로디테를 사랑했지만, 불행히도 아도니스는 사냥을 하던 중에 목숨을 잃었고 그의 피에서 붉은 꽃 아네모네가 태어났다고 한다. 트로이이(트로이아라고도 한다)의 아름다운 왕자 안키세스(Anchises)를 사랑해서, 인간 여성으로 변해서 하룻밤을 보낸 적도 있다. 두 사람 사이에서 태어난 아이네이스(Aeneas, 아이네이아스)는 이후에 트로이의 장군이 되고, 트로이의 수도가 함락된 뒤에는 많은 나라들을 방랑한 끝에 로마 건국의 시조가 된 인물이다.

한편, 화가 나면 무서운 일면도 있었다. 아프로디테의 자식인 에로스는 금 화살과 납 화살로 사람의 마음을 조종하는데, 아프로디테의 분노를 산 자는 에로스의 화살로 사랑의 괴로움을 맛보게 되었다. 에로스는 로마 신화에서는 큐피드(Cupid)라고 불리고 있다.

■ 신들의 이야기(1) ~우라노스 vs 크로노스

그리스 신화에서 천지개벽과 만물의 시작 이야기는, 기원전 8세기부터 기원전 7세기에 걸쳐 헤시오도스(Hesiodos)가 기록한 『신통기(Theogony, 神統記)』가 널리 알려져 있다.

아득한 옛날, 천지가 만들어지기 전의 우주에는 모든 것이 뒤섞인 카오스(혼돈)밖에 없었다. 그 카오스에서 갑자기 창조신이 태어났다. 대지의 여신 가이아다. 가

이아는 누구와도 접하지 않고 천공의 신 우라노스(Uranus)를 낳았다. 그리고 산이나 바다, 언덕 등을 만들고 세계의 형태를 정리한 뒤, 가이아는 아들 우라노스와 동침했다. 그러나 태어난 것은 생각지도 못했던 괴물들이었다. 외눈의 키클롭스(Cyclopes)와 50개의 머리와 100개의 팔을 가진 거인 헤카톤케이레스(Hekatoncheir)다. 우라노스는 아버지이면서도 기괴한 자식들을 기피해서, 땅 밑에 가두어버렸다. 그 뒤에 가이아는 이후에 티탄(Titan) 신족이라 불리는 여섯 명의 남신과 여섯 명의 여신을 낳았다.

가이아는 괴물이라고 해도 소중한 자식인 키클롭스와 헤카톤케이르를 땅 밑에 가둔 남편 우라노스를 미워했다. 그래서 티탄 12신족의 막내인 크로노스(Cronus)를 불러서 거대한 낫을 건네주고 우라노스를 쓰러뜨리라고 지시했다.

어머니의 부탁을 받은 크로노스는 몰래 매복하고 있다가, 우라노스가 가이아와 교접하는 무방비한 순간을 노려 낫을 단숨에 휘둘렀다. 그리고 낫은 우라노스의 남근을 직격하고 절단했다. 곧바로 피가 뿜어져 나오고 대지를 물들이며 무서운 성격을 지닌 신들이 태어났다. 가이아는 찢긴 아버지의 남근을 바다로 던졌다. 바다에 떨어진 남근에서 하얀 거품이 일더니 태어난 것이 미와 사랑의 여신 아프로디테(자세한 것은 **사랑하는 여신 아프로디테** 항목을 참조)였다.

거세된 우라노스는 이렇게 세계의 지배권을 아들 크로노스에게 빼앗겼다. 그러나 사라지기 전에 아들에게 "너도 자신의 자식에게 왕좌를 빼앗길 것이다"라고 불길한 예언을 남겼던 것이다.

■ 신들의 이야기(2) ~제우스 vs 크로노스

천공신 우라노스가 추방되고 세계의 지배권은 아들 크로노스와 티탄 신족이 쥐게 되었다. 크로노스는 누나인 레아(Rhea)를 아내로 삼지만, 아버지 우라노스의 불길한 예언이 머리에서 떠나지 않았다. 의심에 사로잡힌 크로노스는 터무니없는 행동에 나선다. 태어나는 아이들을 차례차례 삼켜버린 것이다.

이것에 격노한 아내 레아는 여섯 번째 아이를 구하기 위해 크레타 섬에서 몰래 출산하고 님프(정령)들에게 키우게 했다. 그 아이가 이후에 그리스 신화의 최고신이 되는 제우스다. 그리고 레아가 배내옷에 싼 돌을 크로노스에게 주자, 크로노스는 그것을 삼키고서 아이를 처치했다며 안심했다.

이윽고 훌륭하게 자란 제우스는 아버지 크로노스를 쓰러뜨리기로 결의한다. 제우스는 크로노스 몰래 구토제를 먹여서 다섯 명의 형제자매들을 토해내게 만드는데 성공한다. 이리하여 구출된 형이 포세이돈, 하데스, 누나인 데메테르, 헤스티아, 헤라였다. 남매들은 아버지의 뱃속에서 훌륭하게 성장했던 것이다.

제우스는 구출한 남매들과 함께 크로노스와 티탄 신족들에 맞서 전쟁을 벌였다. 제우스 측이 거점을 둔 곳이 올림포스 산이고 티탄 신족이 거점으로 삼은 곳이 오트리스(Othrys) 산이다. 이때 올림포스의 신들과 티탄 신족 간의 총력전을 '티타노마키아(Titanomachia, 티탄과의 싸움)'라고 부른다. 양자의 힘은 팽팽해서, 10년에 걸친 격렬한 전쟁이 계속 되었다.

제우스는 할아버지 우라노스에 의해 땅 밑에 갇혀있던 키클롭스와 헤카톤케이르를 구해내서 아군으로 삼았다. 대장장이 기술에 뛰어났던 키클롭스는 제우스에게는 번개를, 포세이돈에게는 삼지창을, 하데스에게는 모습을 감추는 투구를 주었다. 헤카톤케이르는 100개의 팔로 거대한 바위를 계속 던져서 티탄 신족을 바위 아래에 깔리게 했다. 패배한 티탄 신족은 제우스 일행의 손에 의해 땅 밑으로 떨어졌고, 헤카톤케이르를 감옥의 파수꾼으로 삼아서 탈출할 수 없도록 했다. 이렇게 크로노스는 예언대로 아들 제우스와 삼형제에게 쓰러지고, 세계의 지배권을 넘겨주게 된 것이다.

신화에 등장하는 올림포스 산은 그리스 중부의 도시 테살리아(Thessaly)와 마케도니아의 경계를 이루는 산으로, 그리스 최고봉인 2917미터다. 제우스를 최고신으로 하는 올림포스 12신 외에도 많은 그리스 신화의 신들이 산 정상에 거처를 두고 있다고 한다.

■ 신들의 이야기(3) ~제우스 vs 티폰

제우스와 신들은 티타노마키아에 승리하지만 자기 자식인 티탄 신족들이 땅 밑에 갇힌 것으로 이번에는 할머니 가이아가 격노했다.

가이아는 남편 우라노스의 남근의 피에 의해 태어난 기가스(거인)들을 부추겨서 올림포스의 신들에게 전쟁을 일으켰다. 이 무렵에 제우스 곁에는 전쟁의 여신 아테나를 필두로 한 많은 신들이나 헤라클레스(자세한 것은 **여신 아테나로부터의 선물**, 영웅전설(2) ~**헤라클레스의 열두 가지 모험** 항목을 참조) 등의 인간과 신 사이에서 태어난 영웅들이 있어서 양측은 다시 격렬한 총력전을 벌이게 되었다. 영웅 헤라클레스에 의해 기가스가 쓰러지자, 분노에 찬 가이아는 최종병기로서 최강최흉의 뱀인 괴물 티폰(Typhon)을 낳았다.

티폰은 100개의 머리를 지녔으며 온몸에 날개가 돋아난 뱀의 괴물로, 머리는 하늘에 닿고 두 팔은 동쪽과 서쪽 끝까지 닿을 정도로 거대했다. 신들은 몇 년 동안이나 티폰을 상대하느라 애를 먹었고, 제우스도 부상을 입었다. 그러나 제우스는 시칠리아의 에트나 산을 들어 올려 티폰에게 떨어뜨림으로써 끝내 승리를 거머쥐었다. 제우스에게 쓰러진 티폰은 지금도 에트나 산에 깔려있으며, 에트나 산이 분화하는 것은 이따금씩 티폰이 불을 토하기 때문이라고 한다. 또한 타이푼(Typhoon, 태풍)이나 티푸스(Typhus) 같은 이름은, 열기나 양기를 띠는 현상에서 기인하기에 괴물 티폰이 어원이라고도 이야기되고 있다.

이렇게 가이아는 패배하고 제우스를 최고신으로서 올림포스의 신들이 세계의 지배권을 획득했던 것이었다. 이 가이아와의 최종 결전은 '기간토마키아(Gigan-thomachia)'라고 불리고 있다.

■신들의 이야기(4) ~프로메테우스의 불

그리스 신화에서 인간의 기원에는 몇 가지 신화가 있는데, 인간을 창조한 것은 젊은 티탄족인 프로메테우스(Prometheus)라는 이야기가 있다. 프로메테우스는 티탄족이면서도 제우스의 편이었던 인물로, 동생인 에피메테우스(Epimetheus)와 함께 흙을 물로 반죽해서 새, 물고기, 동물 등을 만든 뒤, 신의 모습과 비슷하게 인간을 만들고서 인간에게 배를 모는 법, 집을 세우는 법, 숫자나 수학 등 살아가기 위한 기술이나 지혜를 전수했다.

또 신에게 제물로서 동물의 고기를 바치는 의식도 가르쳤다. 하지만 인간은 동물의 어느 부분을 신에게 바치고 어느 부분을 식량으로 삼아야 좋은지 몰랐다. 그래서 인간의 편이었던 프로메테우스는 인간에게 맛있고 영양이 있는 고기와 내장을 먹게 해주려고 생각해서, 가죽으로 고기와 내장을 감싼 것과 비곗살로 뼈를 감싸 맛있게 보이게 만든 것을 준비해서 제우스에게 후자를 선택하게 만들도록 했다.

속아서 화가 난 제우스는 벌로서 인간에게 불을 빼앗았다. 책임을 느낀 프로메테우스는 신들의 대장간에서 불을 훔쳐서 인간에게 주고, 불을 사용한 조리법이나 금속을 가공하는 법 등을 가르쳤다. 이 일로 더더욱 격노한 제우스는 프로메테우스를 붙잡아서 코카서스 산맥의 바위산에 묶고, 큰 매에게 간장을 쪼아 먹게 했다. 게다가 밤이 되면 간장은 재생되기 때문에 프로메테우스는 영원한 벌을 계속 받는 것이었다. 몇 백 년이나 지난 후에 영웅 헤라클레스(자세한 것은 영웅전설(2) ~**헤라클레스의 열두 가지 모험** 항목을 참조)가 찾아와서 큰 매를 죽일 때까지 그 고통은 계속되었다고 한다.

프로메테우스가 포박된 코카서스는 러시아 남서부, 조지아, 아제르바이잔과의 경계에 있는 산맥으로 흑해와 카스피해 사이에 끼어있는 지역에 있다.

또한 이 신화에 빗대어 원자력을 '프로메테우스의 불'이라고 부르기도 한다.

02 column 하일브론의 괴인

이 세계에는 과학기술의 발달 때문에 우발적으로 태어나버리는 가공의 인물이 있다. 1993년부터 2008년에 걸쳐 국경을 넘어, 다양한 범죄현장에서 동일 DNA가 검출되었다. 범죄 전부에 한 명의 인물이 관여하고 있다고 생각되며, 검사 결과로 보아 여성일 가능성이 높았기 때문에 '얼굴 없는 여자', 혹은 독일의 하일브론(Heilbronn) 시에서 일어난 경관 살해사건을 계기로서 DNA 공통성이 판명되었기 때문에 '하일브론의 괴인'이라고 불렸다.

하일브론의 괴인은 다양한 사건에 관여하고 있었다. 독일을 중심으로 살인사건이나 마약거래, 절도, 약물 등, 그 수는 40건 이상에 미치고 있었다. 또 유럽 전토를 돌아다니며 계속해서 범죄를 저지르는 하일브론의 괴인에게는 고액의 현상금이 걸리게 되었다.

그렇지만 이상한 점이 차차 발견되었다. 절도 사건을 일으킨 소년이 남긴 콜라 캔이나 프랑스에서 소사체로 발견된 난민 남성에게서도 하일브론의 괴인과 같은 DNA가 검출된 것이다.

그리하여 이 의문에 대한 자세한 조사가 이루어졌다. 그 결과, 이 DNA는 수사에 사용된 면봉을 납품한 업자의 DNA였다는 진상이 밝혀졌다. 발달한 과학기술이 가능하게 만든 조사가, 오히려 가공(架空)의 범인을 추적하게 만들게 된 것이 참으로 아이러니하다.

■신들의 이야기(5) ~판도라의 항아리

프로메테우스가 불을 훔친 뒤, 제우스는 풍요로워져가는 인간들을 보고 벌을 주려고 생각했다. 그래서 탄생한 것이 인류 최초의 여성 판도라로, 프로메테우스의 남동생 에피메테우스에게 보내졌다. 미리 형에게서 "제우스에게 선물을 받지 마라"라는 충고를 들었음에도 불구하고 아름다운 판도라에게 매료된 에피메테우스는, 그녀를 아내로서 받아들이고 만다.

제우스는 신으로부터 선물이라고 말하며 판도라에게 항아리를 들려 보냈다. 이윽고 호기심을 이기지 못한 판도라는 항아리의 뚜껑을 열어버린다. 그러자 안에서 검고 불길한 연기가 피어오르고 모든 재앙과 불행이 순식간에 튀어나갔다. 판도라는 당황하며 뚜껑을 덮었지만, 항아리 안에는 단 하나 '희망'만이 남아있었다. 그것으로 인간은 아무리 불행한 상황에도 희망만 있으면 구원받을 수 있게 되었다.

현대에서는 '판도라의 상자'로서 유명한 전설이지만 원래의 신화에서는 항아리였으며, 시대가 변함에 따라 생활양식이 변해서 상자가 된 듯하다.

■신들의 이야기(6) ~대홍수와 인류재생

대홍수의 전설은 세계 각지에 있지만, 그리스 신화에도 홍수 전설이 남아있다.

프로메테우스가 준 불과 판도라가 해방시킨 재앙에 의해 더더욱 타락의 길을 걸어가는 인류를 보고, 제우스는 대홍수를 일으켜 멸망시키자고 결심했다.

사로잡힌 몸이었던 프로메테우스는 이것을 알아차리고 아들인 데우칼리온(Deucalion)에게 홍수가 오는 것을 알린다. 이윽고 지상에는 대홍수가 일어나자, 데우칼리온은 아내와 함께 방주에 타고 9일 낮 9일 밤을 표류한 뒤에 파르나소스(Parnassos)산 정상에 얹히게 되었다. 그러나 인류가 멸망해버린 것을 한탄하고 있자, 신들로부터 "너희들의 어머니의 뼈를 뒤로 던져봐라"라는 신탁이 내려왔다. 부부는 어머니는 대지, 뼈란 바위를 뜻하는 것이 아닌가 하고 생각하고 어깨 너머로 돌을 던져보았다. 그러자 데우칼리온이 던진 돌은 남자가 되고 아내가 던진 돌은 여자가 되어서 움직이기 시작했다. 이렇게 인류는 다시 늘어나기 시작했다고 한다.

신에게 홍수에 대한 고지를 받고서 방주를 타고 목숨을 부지한 인류가 그 이후의 선조가 된다는 전설은 『구약성서』의 '노아의 방주' 전설(자세한 것은 튀르키예의 **아라라트산의 방주 전설** 항목을 참조)과 비슷하다. 오리엔트의 티그리스 강과 유프라테스 강 유역에는 과거에 실제로 홍수가 일어났던 흔적이 몇 군데나 남아있다. 고대 바빌로니아의 『길가메시 서사시』(자세한 것은 중동·이라크의 **길가메시와 엔키두의 모험** 항목을 참조)를 필두로 서아시아 지역에 많은 홍수 전설이 남아있는 것에서, 이 전설들이 노아의 방주 전설이나 그리스 신화에 영향을 주었던 것이 아닐까 생각되고 있다.

■ 안티키테라 섬의 기계

1900년, 그리스의 에게 해 서부, 안티키테라 섬의 앞바다에서 고대의 침몰선이 발견되었다. 그 잔해에서 발견된 것이 안티키테라 섬의 기계(Antikythera Mechanism)라고 불리는, 고대 그리스 시대에 만들어진 것이라 여겨지는 청동제 톱니바퀴 장치다.

기원전 80년경의 물건이라 추정되는 이 톱니바퀴에는, 고대 그리스 문자로 달력이나 별자리에 관한 문자나 눈금이 새겨져 있었다. 연구팀이 복원을 시도한 결과, 이 기계는 당시 그리스에서 사용되고 있던 여러 가지 역법이나 별의 운행을 계산하기 위한 고도의 천문 관측 기계임을 알았다. 상당히 정밀도가 높아서 '세계에서 가장 오래된 컴퓨터'라고 불리고 있다.

■ 여신 아테나에게 받은 선물

성스러운 산 올림포스에 사는 신들은 제우스를 최고신으로 삼고, 그 형제자매나 자식들로 구성된 올림포스 12신이 신들의 상위에 위치한다. 올림포스 12신중에서도 많은 이야기에 등장하고 활약이 눈에 띄는 신이 지혜와 전쟁의 신 아테나(Athena)다.

아테나는 지혜로운 여신 메티스(Metis)와 제우스의 자식이지만, 제우스는 아버지 크로노스에게서 "태어난 아이에게 왕위를 빼앗길 것이다."라는 불길한 예언을 듣고 있었다. 이것을 걱정한 제우스는 뱃속에 아이를 배고 있던 메티스째로 삼켜버린다. 이렇게 제우스는 지혜를 손에 넣었는데, 뱃속의 아이는 제우스 안에서 착실히 성장을 계속하고 있었다. 어느 날, 심한 두통에 괴로워하던 제우스는 아들이자 대장장이와 공예의 신인 헤파이스토스에게 명령해서 도끼로 자신의 머리를 가르게 한다. 그러자 쩍 하고 갈라진 제우스의 머리에서 창을 들고 완전히 무장한 여신이 튀어나왔다. 이것이 아테나로, 그녀는 아버지를 위협하지 않고 가장 신뢰할 수 있는 신 중 한 명이 되었다.

어느 날 아테나는 숙부인 해신 포세이돈과 아티카 지방을 둘러싸고 싸우게 되었는데, 시민이 보다 기뻐하는 선물을 하는 쪽이 승자가 되기로 했다. 포세이돈은 삼지창으로 지면을 쳐서 소금물을 나오게 했다. 아테나는 올리브 나무를 내놓아서 가까운 언덕에 심었다. 사람들은 먹을 수도 있고 짜면 기름을 얻을 수 있는 올리브를 좋아했고, 아테나의 승리가 되었다. 그리스에서 재배하기 쉬운 올리브는 지금도 귀중한 수출품이 되어 있다.

이리하여 아테나는 이 도시의 수호신이

되었고, 도시는 아테나의 이름을 따서 '아테나'라고 명명되었다. 수호신이 된 아테나는 이후에 등장하는 헤라클레스, 오디세우스 같은 유명한 영웅들의 위기를 몇 번이나 구해주었다.

고대 그리스의 수도인 아테나가 있었던 아크로폴리스 언덕 위에는 지금도 여신 아테나를 모시는 파르테논(Parthenon) 신전이 서 있다. 신성한 황금비로 건축된 아름다운 신전으로, 파르테논이라는 이름은 그리스어로 '처녀궁'에서 유래하며 처녀신인 아테나를 나타내고 있다.

■ 영웅전설(1) ~페르세우스의 메두사 퇴치

그리스 신화에 등장하는 영웅은 인간과 신 사이의 자식인 반인반신(半人半神)인 경우가 많다. 영웅을 의미하는 히어로(hero)의 어원이 '헤로스(Hērōs, 반신[半神])'인 것처럼, 신처럼 불사가 아닌 존재의 특수한 힘을 지닌 인간으로서 신화세계에서 활약한다.

영웅 페르세우스는 그리스의 도시 아르고스를 다스리는 아크리오시오스(Acrisius) 왕의 딸 다나에(Danae)와 최고신 제우스 사이에서 태어난 아이이다. '다나에의 자식에게 죽는다.'라는 신탁이 내려졌기 때문에 왕은 다나에와 태어난 아이 페르세우스를 나무 상자에 넣어서 바다에 흘려보낸다. 두 사람은 세리포스(Serifos)섬에 표착했고, 페르세우스는 훌륭하게 성장했다. 그러던 어느 날, 아름다운 다나에를 자기 것으로 삼고 싶다고 생각했던 섬의 왕 폴리덱테스(Polydectes)의 간계에 빠져, 세 자매 괴물 고르곤 퇴치에 나서게 된다. 세 자매 중 메두사는 불사는 아니었지만 본 사람을 돌로 변하게 만드는 힘을 지녔으며, 머리에 살아있는 뱀이 나 있는 무서운 괴물이었다.

이것을 본 제우스가 힘을 빌려주려고 아테나(자세한 것은 **여신 아테나에게 받은 선물** 항목을 참조)와 헤르메스를 파견한다. 그리고 헤르메스의 하늘을 나는 신발, 하데스의 모습을 감추는 투구(자세한 것은 신들의 이야기(2) ~**제우스 vs 크로노스** 항목을 참조), 아테나의 청동 방패, 헤파이스토스의 다이아몬드 검이라는 최강의 장비를 페르세우스에게 준다. 페르세우스는 대양(大洋) 오케아노스(Oceanos)의 저편에 있는 고르곤의 섬으로 날아가, 메두사에게 몰래 접근해서 잘 연마된 청동 방패로 메두사의 모습을 비추어 눈을 직접 보지 않도록 하며 목을 베어 떨어뜨린다. 세리포스 섬에 돌아온 페르세우스는 어머니 다나에를 덮치려고 하던 왕을 메두사의 머리의 마력으로 돌로 만들고, 어머니의 고향인 아르고스로 여행을 떠났다. 메두사를 퇴치하고 돌아가는 길에 메두사의 목으로 해적을 쓰러뜨리고 쇠사슬에 묶여있던 에티오피아의 왕녀 안드로메다를 구출해서 아내로 삼는 이야기도 유명하다.

페르세우스는 그 후에 실수로 할아버지인 아크리시오스 왕을 죽이게 된다. 공교롭게도 신탁이 이루어지고, 어머니의 고향인 아르고스에 돌아가도 나라를 다스릴 생각이 들지 않아서 아르고스에 가까운 티린스(Tiryns)라는 소국의 왕과 영지를 바꾸고 조용히 살았다고 한다.

페르세우스는 사후에 하늘로 올라가 별자리가 되었다. 그것이 한 손에는 검을 치켜들고 다른 한 쪽에 메두사의 목을 쥔 모습의 페르세우스자리다. 변광성 아르고스는 페르세우스가 지닌 메두사의 목의 이마에 빛나는 별이다. 페르세우스자리 곁에는 아내인 안드로메다자리, 아내의 어머니이자 미모를 자랑하는 카시오페아자리, 메두사의 피에서 태어난 천마 페가수스자리, 안드로메다를 잡아먹으려고 하다가 돌이 된 해수(海獸) 고래자리 등도 볼 수 있다.

참고로 그리스나 로마의 유적이나 유럽의 집 입구에는 메두사의 머리가 장식되어 있는 경우가 많은데, 본 사람을 돌로 바꾼다는 마력의 덕으로 악한 기운을 쫓는 부적의 효과가 있다고 한다. 이것이 동방에 전해져, 이윽고 도깨비기와(鬼瓦)의 기원이 되었다는 설도 있다.

■ 영웅전설(2) ~헤라클레스의 열두 개의 모험

영웅 헤라클레스(Heracles)의 이름은 '헤라의 영광(glory of Hera)'이라는 의미다. 그리스 최대의 영웅으로서 유명하지만, 제우스의 아내 헤라의 저주로 많은 고통을 겪으며 그 이름과는 정반대의 고난에 가득 찬 인생을 보냈다.

헤라클레스는 영웅 페르세우스와 안드로메다의 손녀이자 미케네의 왕녀 알크메네(Alcmene)와 최고신 제우스 사이에서 태어난 아이다. 알크메네의 아름다움에 반한 제우스가 그녀의 남편으로 변해서 아이를 갖게 했던 것이다. 이것에 질투한 제우스의 아내 헤라는 아기인 헤라클레스에게 독사를 보냈지만, 아기 때부터 힘이 강했던 헤라클레스는 뱀을 손으로 쥐어 으깨버렸다고 한다.

성인이 된 헤라클레스가 결혼해서 아이를 얻자 헤라는 더더욱 증오심이 강해져서, 헤라클레스가 이성을 잃게 만들어 자식들을 자기 손으로 죽이게 한다. 제정신을 차린 헤라클레스는 절망하고 방랑의 여행을 떠난다. 그리고 델포이의 아폴론의 신탁에서 '속죄를 위해 열두 개의 시련을 받아라.'라는 선고에 따라, 미케네 왕에게 받은 열두 개의 난제에 도전하게 된다. 그 난제란 사자 퇴치, 큰 뱀 히드라 퇴치, 축사 청소, 크레타 섬의 난폭한 황소의 생포, 아마조네스의 여왕의 허리띠 획득, 황금 사과의 입수, 명계의 파수견 케르베로스의 생포 등 극히 어려운 것들뿐이며 전부 목숨을 건 모험들이었다. 시련을 받는 도중에 사로잡혀 있던 프로메테우스(자세한 것은 신들의 이야기(4) ~**프로메테우스의 불** 항목을 참조)를 구출한 것도 헤라클레스였다. 헤라는 방해하려고 했지만, 헤라클레스는 이것들 전부를 멋지게 해결했던 것이다. 그 후에도 헤라클레스는 다양한 모험을 반복했는데, 최후에는 아내의 실수로 인해 목숨을 잃고 만다.

사후의 헤라클레스는 생전의 공적을 인정받아 올림포스에 받아들여져서 신이 되었다. 이리하여 간신히 헤라는 헤라클레스를 인정했던 것이다.

헤라클레스는 별자리가 되어, 초여름에 북쪽 하늘에서 볼 수 있다. 그 밖에 사자는 사자 다리, 큰 뱀 히드라는 물뱀자리, 헤라가 방해를 위해 보냈지만 헤라클레스가 밟아 으깨버렸던 게는 게자리가 되는 등, 헤라클레스의 모험에 등장하는 괴물들도 별자리로 남아있다.

■ 영웅전설(3) ~테세우스의 미노타우로스 퇴치

그리스 신화에서 유명한 영웅 중에서도 테세우스(Theseus)는 드물게도 신의 피를 잇지 않은 인간 영웅이다. 아테네의 왕인 아이게우스(Aigeus)의 아들로서 태어난 테세우스는, 고대 그리스의 수도 아테네의 아티카 지방에서 특히 인기가 높다. 테세우스의 위업으로 유명한 것은 에게 해의 크레타 섬에 있는, 소의 머리에 인간의 몸을 한 괴물 미노타우로스(Minotauros)를 퇴치한 것이다.

미노타우로스란 해신 포세이돈이 미노스왕에 대한 복수로서 그의 아내 파시파에(Pasiphae)에게 황소에게 욕정하는 저주를 걸어서 태어난 사람과 소의 아이이다. 인육을 좋아하는 무서운 괴물로, 미노스 왕에 의해 미궁 라비린토스에 감금되어 그 안에서 산제물을 먹으면서 살고 있었다. 그리고 그 산제물은 전쟁으로 패배한 아테네가 정기적으로 바치는 젊은 남녀 아홉 명이었다.

테세우스는 아버지를 위해 산제물 중 한 명으로서 잠입하기로 하고 검은 돛을 올린 배를 타고 크레타 섬을 향해 출발했다. 그리고 괴물을 쓰러뜨리면 하얀 돛을 올리고 돌아오겠다고 아버지와 약속했다.

크레타 섬에 도착한 테세우스에게 한 눈에 반한 미노스 왕의 딸 아리아드네(Ariadne)는 테세우스를 구하려고 미궁의 제작자인 명공 다이달로스(Daedalus)에게 탈출방법을 묻는다. 그리고 테세우스에게 실타래를 건네며 실을 풀면서 나아가면 안전하게 돌아올 수 있다고 알려주었다. 이리하여 테세우스는 미궁에 들어가서 격투 끝에 미노타우로스를 쓰러뜨리고, 산제물인 자들을 데리고 미궁을 탈출했다. 참고로 이 전설에서 미궁에 들어간 사건을 해결하는 열쇠를 예시로서 '아리아드네의 실'이라는 단어가 만들어졌다.

테세우스는 배를 타고 귀국길에 올랐지만, 하얀 돛을 올리고 돌아오겠다는 아버지와의 약속을 완전히 잊고 있었다. 아테네의 왕 아이게우스는 아들이 돌아오기를 애타게 기다리고 있었는데, 어느 날, 멀리서 검은 돛의 배가 다가오는 것을 보고 아들이 죽었다고 믿고 절망해서 바다에 몸을 던졌다. 왕의 이름에서 뛰어내린 바다는 에게 해라고 불리게 되었다고 한다.

그 후 아테네 왕이 된 테세우스는 아티카 지방의 도시들을 통합하여 수도 아테네를 중심으로 한 통일국가를 만들었다. 보다 강한 영웅을 동경했지만, 제우스의 딸인 절세 미녀 헬레네를 아내로 삼으려 하거나 명계의 신의 아내 페르세포네를 명계에서 유괴하려고 하는 등 무모한 모험을 반복했기 때문에, 끝내 나라에서 추방당해 스키로스 섬에서 허망한 죽음을 맞이한다.

1900년경 전설의 왕 미노스가 건조했다고 생각되는 크노소스 궁전 터가 발견되었다. 기원전 17세기경에 세워진 것으로 추정되며 방의 벽화에는 당시의 종교의식 중 하나로 여겨지는 '황소 뛰기(Minoan Bull-leaper)' 등이 보이는 등, 궁전 터 출토품의 모티프에는 소가 자주 등장할 뿐 아니라 다수의 작은 방이 복잡하게 배치된 미로 같은 구조였다. 이 사실에서 영웅 테세우스의 미노타우로스 퇴치의 전설이 된 미궁은 이 크노소스 궁전이 아닐까 여겨지고 있다.

■ 오르페우스의 슬픈 노래

그리스 신화에 등장하는 수금(리라)의 명수 오르페우스(Orpheus)는 님프(요정)인 아내 에우리디케(Eurydice)를 진심으로 사랑하고 있었다. 그러나 어느 날 에우리디케가 뱀에게 물려 죽고 만다. 슬퍼한 오르페우스는 명계로 아내를 되찾으러 간다. 오르페우스는 수금을 연주하며 파수견 케르베로스와 스틱스 강의 뱃사공 카론을 돌파하고, 끝내 명왕 하데스와 왕비 페르세포네(Persephone) 곁에 도착한다. 오르페우스가 두 사람 앞에서 수금을 연주하자 감동한 하데스는 에우리디케가 지상으로 돌아가는 것을 허락했다. 다만 아내를 데리고 명계에서 나갈 때까지 결코 뒤를 돌아봐서는 안 된다는 말을 들었다.

오르페우스는 아내의 손을 잡고 지상으로 향했지만, 앞으로 한 걸음이면 명계에서 나갈 수 있는 곳에서 아내 쪽을 돌아보고 말았다. 그 순간 에우리디케는 명계로 끌려갔고, 오르페우스는 혼자서 밖으로 나갈 수밖에 없었다.

명계에서 나갈 때까지 뒤를 돌아봐서는 안 된다는 이야기는 기독교의 성서나 일본의 『고사기』에서도 보이며, 소설이나 무대, 영화 등 다양한 형태로 계속 이야기되고 있다.

■지구의 배꼽에 있는 아폴론의 신탁소

올림포스 12신중에도 에이스라 할 수 있는 신이 아폴론이다. 예술이나 문학, 의학, 빛의 신이면서도 겉모습도 젊고 아름다운 청년신이다. 아폴론에게는 불행한 연애 이야기가 많아서 히아신스 꽃이 된 소년 히아킨토스(Hiacinthus)나 트로이의 왕녀 카산드라(Cassandra) 등이 알려져 있는데, 그 중에도 유명한 것이 아름다운 님프(정령)인 다프네(Daphne)와의 비련의 이야기다.

이전에 아폴론에게 비웃음당한 적이 있는 사랑의 신 에로스는, 아폴론에게 장난을 치기로 했다. 아폴론에게는 금 화살을 쏴서 다프네라는 소녀를 사랑하게 만들고, 다프네에게는 납 화살을 쏴서 아폴론을 싫어하도록 만들었다. 그 결과, 다프네는 아폴론으로부터 도망치기 위해서 제우스에게 부탁해서 월계수의 모습으로 변해버렸다. 정신을 차린 아폴론은 그 월계수로 왕관을 만들어서 영원히 썼다고 한다. 오비디우스(Ovidius)의 『변신 이야기(Metamorphoses)』에 실려 있다.

또한 아폴론은 예언의 신이기도 했다. 어느 날, 아폴론은 델포이(Delphi)라는 도시에서 날뛰고 있던 큰 뱀을 쓰러뜨린다. 이 일에 고마워한 마을 사람들은 아폴론을 모시는 신전을 세우자, 아폴론은 사례로 신전의 무녀 한 명에게 예언의 힘을 주었다. 그 이래, 신탁을 받은 무녀 피티아(Pythia) 곁에, 많은 사람이 찾아와 신탁을 받을 수 있게 되었다고 한다.

현재 델포이에 남은 아폴론 신전의 신탁소는 기원전 8세기경에 세워졌다고 한다. 최고신 제우스가 두 마리의 독수리를 지구 양쪽 끝에서 출발시켜서, 딱 마주친 장소가 이 땅이었다고 한다. 그래서 고대 그리스 세계에서 이 땅은 대지의 배꼽(지구의 중심지)으로 여겨지고 있었다.

■지장(智將) 오디세우스의 대모험

지혜로운 영웅 오디세우스(Odysseus)는 트로이 전쟁에서 활약했던 장수이자 이오니아해의 작은 섬인 이타카(Ithaca)섬(이타케 섬이라고도 한다)의 왕이다. 10년에 이르는 전쟁을 마친 오디세우스는 트로이에서 고향인 이타카 섬으로 돌아가려고 했지만, 그 여행은 지중해를 표류하는 고난의 여행길이었다. 호메로스(Homeros)의 서사시 『오디세이아(Odysseia)』에는 외눈 거인 키클롭스와 싸우거나, 노랫소리로 뱃사람을 유혹하는 세이렌의 덫을 극복하거나 하는 오디세우스의 장대한 모험담이 그려지고 있다.

여행 도중에 아이아이에(Aeaea) 섬에 들른 오디세우스는 사람을 동물로 바꾸는 힘을 지닌 마녀 키르케(Circe)와 만난다. 오디세우스 일행은 키르케가 건네준 치즈와 밀가루와 벌꿀에 망각의 약을 섞은 포도주를 마시고 돼지로 변해버렸다. 그러나 오디세우스는 전령의 신 헤르메스에게 키르케의 마법을 무효화하는 약초를 받아두고 있어서 위기를 넘긴다. 서로의 힘을 인정한 두 사람은 사랑에 빠지고, 일행은 키르케와 함께 1년을 섬에서 지냈다. 또한 님프(정령) 칼립소(Calypso)의 섬에 흘러갔을 때에는 칼립소와 친밀한 관계가 되어, 섬에서 9년간 살게 되기도 했다. 이렇게 10년의 배 여행을 거친 오디세우스는 간신히 고향인 이타카 섬으로 돌아가서 아내 페넬로페에게 구혼하려는 자들과의 싸움에서 승리하고 아내와 재회했던 것이었다.

현재 이오니아 제도에 떠 있는 작은 섬 이타카 섬이 호메로스가 말하는 오디세우스의 고향 섬이라고 생각되고 있으며, 오디세우스의 동상이나 궁전 유적 등 유서 깊은 관광명소가 늘어서 있다.

참고로 오디세우스의 영어명은 '율리시즈(Ulysses)'라고 하며, 이후에 호메로스의 『오디세이아』를 바탕으로 그려진 것이 아일랜드의 작가 제임스 조이스(James Joyce)의 소설 『율리시즈』다.

■ 추락한 이카로스

이카로스(Icarus)는 미노스 섬의 명공 다이달로스의 아들이다. 다이달로스는 괴물 미노타우로스(자세한 것은 영웅전설(3) ~ **테세우스의 미노타우로스 퇴치 항목을 참조**)에 크게 관여한 인물 중 하나다. 미노스 왕의 아내 파시파에가 황소와 교접하기 위한 정교한 암소상이나, 미노스 왕이 미노타우로스를 가두었던 미궁 라비린토스를 만든 것이 다이달로스다.

어느 날 왕의 딸인 아리아드네에게 미궁의 탈출방법을 알려준 것으로 미노스 왕의 분노를 사서, 다이달로스와 아들인 이카로스는 바다에 둘러싸인 탑에 갇히고 만다.

거기서 다이달로스는 새의 깃털을 촛농으로 나무틀에 붙여서 한 쌍의 날개를 만들어 탑에서 탈출하려고 계획했다. 아버지와 아들은 그 날개로 하늘을 날아서 탈출했지만, 하늘을 날게 된 기쁨에 이카로스는 아버지의 충고를 무시하고 계속 하늘 높이 날아갔다. 그 결과, 태양의 열로 촛농이 녹기 시작하자 깃털이 떨어져버렸고 이카로스는 바다에 추락하고 만다. 다이달로스는 시칠리아 섬에 도착해서 아들의 죽음을 슬퍼했다고 한다. 이카로스가 떨어진 바다는 이후에 이카리아(Icaria) 해라고 불리게 되었다.

■ 트로이 전쟁(1) ~황금 사과를 둘러싼 파리스의 판결

트로이 전쟁은 기원전 8세기경, 고대 그리스의 음유시인 호메로스가 쓴 서사시 『일리아스』, 『오디세이아』에 나오는 그리스와 트로이 간의 전쟁이다. 과거에는 신화의 일이라고 생각되고 있었으나, 19세기의 독일의 고고학자 슐리만의 유적 발굴(자세한 것은 중동·튀르키예의 **트로이의 도시와 슐리만** 항목을 참조) 이래, 기원전 13세기경에 실제로 일어난 전쟁을 바탕으로 한 전설일 가능성이 높다고 여겨지고 있다.

전쟁의 계기는 트로이의 이다(Ida) 산에서 벌어진 '황금 사과' 사건이다. 바다의 여신 테티스(Tethys)의 결혼식 때에 불화의 여신 에리스(Eris)만 초대받지 못하는 일이 벌어졌다. 에리스는 화가 나서 결혼식을 망치려고 "가장 아름다운 여신에게 바친다"라고 적힌 황금 사과를 결혼식장에 던졌다. 그러자 평소에 미모에 자신이 있던 세 여신인 헤라, 아테나, 아프로디테가 사과는 자신의 것이라고 주장하기 시작했다.

난처해진 제우스는 트로이의 왕자인 파리스에게 심판을 부탁한다. 여신은 각자 권력, 승리, 미녀라는 보상을 파리스에게 주기로 약속했고, 파리스는 미녀를 약속한 아프로디테를 선택한다. 그리고 아프로디테는 절세 미녀인 헬레네를 파리스에게 주겠다고 약속한다. 헬레네는 최고신 제우스와 아이톨리아 출신의 레다(Leda) 사이에서 태어난 딸로, 그리스 전역에서 구혼자가 찾아올 정도로 아름다웠다. 결혼할 당시에 싸움이 벌어지는 것을 염려한 그녀의 아버지 스파르타 왕은 "누가 헬레네의 남편이 되더라도 구혼자는 서로를 도우라"라는 맹세를 시켰고, 헬레네는 미케네의 왕자 메넬라오스와 결혼했다. 그러나 그런 사정을 알 도리가 없던 파리스는 헬레네를 유괴해서 트로이로 데리고 와버렸던 것이다.

아내를 빼앗긴 미케네의 왕자는 격노했다. 헬레네 탈환을 기치로 내걸고서 형이자 미케네 왕인 아가멤논을 총대장으로 삼았고, 앞서 했던 맹약에 따라 구혼자들이 그리스 전토에서 계속 집결했다. 그 중에는 지혜로운 영웅 오디세우스와 불사의 영웅 아킬레우스도 있었다.

펠로폰네소스 반도 북부의 고대 도시 미케네 유적의 분묘에서는 황금 마스크나 황금 세공품 등이 발견되었는데, 그 중 하나인 아트레우스의 보물고는 기원전 13세기의 것으로 여겨지며 아가멤논의 묘가 아닐까 이야기되고 있다.

■트로이 전쟁(2) ~영웅 아킬레우스의 폭주와 맹우의 죽음

총 병력 10만에 이르는 그리스 군이 출항하고 트로이에 상륙한다. 양군은 결판을 내지 못한 채로 전쟁은 9년간 이어졌다.

어느 날, 아가멤논은 아폴론 신전을 습격해서 무녀 한 명을 유괴했다. 화가 난 아폴론은 그리스군 진영에게 역병을 돌게 했다. 이 참상을 수습하기 위해 병사들은 무녀를 해방시키라고 아가멤논에게 요구했다. 아가멤논은 떨떠름하게 승낙했지만, 대신에 아킬레우스의 여자를 빼앗았기 때문에 아킬레우스는 화가 나서 전선에서 이탈해버렸다.

영웅 아킬레우스가 자리를 비우자 그리스군은 형세가 불리해졌다. 아킬레우스의 맹우인 파트로클로스(Patroclus)가 설득해도 아킬레우스는 요지부동이었다. 그래서 파트로클로스는 아킬레우스의 갑옷을 빌려서 전선으로 돌아가서 군을 고무했다. 그러나 파트로클로스를 아킬레우스라고 착각한 트로이의 왕자 헥토르에 의해 살해당하고 만다.

맹우가 자기 대신에 죽었다는 것을 알고 분노에 타오른 아킬레우스는 전장으로 복귀한다. 그리고 헥토르와 일대일 대결 끝에 원수를 갚는다. 그래도 분노가 가라앉지 않았던 아킬레우스는 헥토르의 시체를 전차에 매달아 끌고 다녔다. 트로이의 왕 프리아모스의 탄원에 의해 시신은 반환되었지만, 이 만행은 신들의 분노를 샀다.

그 후에 아마존(자세한 것은 유럽 전역의 **여전사의 나라 아마존** 항목을 참조)의 군세나 에티오피아의 전사 멤논(Patroclus) 등의 군세가 트로이의 원군으로서 싸웠지만, 아킬레우스는 차례차례 격파해나간다. 그러나 계속 폭주하는 아킬레우스의 모습을 본 신들은 끝내 그를 버렸다. 아킬레우스가 트로이의 성문에 밀고 들어갔을 때, 그에게 형 헥토르를 잃은 왕자 파리스는 아폴론의 지시로 아킬레우스의 발뒤꿈치를 노려서 활을 쏘았다. 불사신을 자랑하는 아킬레우스였지만, 유일한 약점인 발뒤꿈치를 꿰뚫려서 사망하게 된다. 아킬레우스는 바다의 여신 테티스의 자식으로 갓 태어났을 때에 명계의 강물 속에 넣어서 불사신의 몸이 되었지만, 테티스가 아킬레우스의 발뒤꿈치를 쥐고 강물 속에 넣었기 때문에 발뒤꿈치만은 불사신이 되지 않았던 것이다.

아킬레스건이라는 말은 영웅 아킬레우스에서 태어난 말로, 이 전설을 따서 '강자가 지닌 유일한 약점'이라는 의미로도 사용되고 있다.

■트로이 전쟁(3) 비책! 트로이의 목마 작전

영웅 아킬레우스의 죽음으로 인해 그리스군은 의기소침해지긴 했으나, 트로이 함락이 목전인 상태였다. 그러나 도시 트로이를 둘러싼 성벽은 강고해서 어떠한 공격도 통하지 않았다.

거기서 지장(智將) 오디세우스가 비책을 내놓는다. 이른바 '트로이의 목마'라고 불리는 작전이다. 그리스군은 거대한 목마를 만들어 트로이의 성문 앞에 둔다. 그리고 자기들의 진영을 불태우고 배를 연안으로 이동시켰다. 이것을 본 트로이군은 그리스군이 철수하고 있다고 믿고, 신으로부터 받은 선물이라 생각하며 성문 앞에 놓인 목마를 성 안으로 반입했다.

이때 신관 라오콘(Laocoon)과 트로이의 왕녀 카산드라가 불길하다며 제지했지만 받아들여지지 않았다. 라오콘은 아폴론(혹은 아테나)의 분노를 사서 아들과 함께 큰 뱀에게 졸려 죽었고, 카산드라는 예전에 아폴론이 예언을 결코 사람들이 믿지 않는다는 저주를 걸어두었기 때문이었다. 신의 분노로 살해된 라오콘을 본 트로이 시민은 목마는 신의 선물이라고 더욱 굳게 믿었다.

그러나 목마 안에는 그리스군의 정예병들이 숨어 있었다. 그리고 밤에 트로이군이 모두 잠들자, 목마 안에서 일제히 튀어나와 트로이를 파괴했다. 마을은 불타고 약탈과 살육이 펼쳐지며 눈 깜짝 할 사이에 괴멸했다. 이리하여 10년에 걸친 트로이 전쟁은 종결되고 그리스 군이 승리했던 것이다.

현재 튀르키예의 히살리크(Hisarlik) 언덕에 발굴된 유적이 트로이라고 생각되고 있다. 자세한 것은 중동·튀르키예의 **트로이의 도시와 슐리만** 항목을 참조.

■하데스의 사랑과 사계절의 유래

최고신 제우스의 형인 명계의 왕 하데스는 어느 날 풍요의 여신 데메테르(Demeter)의 딸 페르세포네(Persephone)를 사랑하게 되어서 명계로 납치해버린다. 딸을 잃은 데메테르의 슬픔은 너무나도 커서, 대지가 메마르고 전 세계가 기아에 빠지고 말았다. 보다 못한 제우스가 딸을 돌려주라고 요구하자 하데스도 승낙했지만, 이미 페르세포네는 명계에 있는 동안 석류 열매를 3분의 1정도 먹어버린 상태였다. 명계의 것을 먹은 자는 그 주민이 된다는 규칙이 있었기 때문에, 페르세포네는 지상에 영원히 머무를 수 없고 1년 중 3분의 1은 명계에서 살아야만 하게 되었다.

그 결과, 페르세포네가 없는 동안에는 데메테르가 슬퍼해서 열매를 맺을 수 없는 추운 겨울이 되고, 지상으로 돌아오면 밝은 봄이 되어 추목이 자라는 여름과 수확의 가을이 찾아오게 되었다고 한다.

키르기스스탄

■스카즈카 계곡의 용의 전설

키르기스스탄의 스카즈카 계곡(Skazka Canyon)의 '스카즈카'란 러시아어로 '옛날이야기'라는 의미다. 기암(奇巖)이 이어지는 이 계곡에는 용을 둘러싼 전설이 있다.

옛날에 이 땅에는 한 마리의 용이 살고 있었다. 근처의 마을에는 요정처럼 아름다운 소녀가 살고 있었다. 용은 소녀에게 저주를 걸었고, 그것 때문에 마을에 홍수가 일어나버렸다. 자신의 행위를 후회한 용은 몸을 바위로 바꾸었다고 한다. 이것이 지금의 스카즈카 계곡이며, 이 전설을 따라 '요정의 협곡(Fairy Tale Canyon)'이라고도 불리고 있다. 날카로운 바위가 이어지는 광경이 용의 등처럼 보였는지도 모른다.

깎아지른 듯한 바위가 벽처럼 이어지기 때문에 '만리장성(그레이트 월)'이라고 불리는 경우도 있다고 한다.

크로아티아

■브라나 호수에 가라앉은 자매

크로아티아에서 가장 커다란 호수인 브라나(Vrana) 호수. 이 호수의 성립을 둘러싼 전설이 남아있다.

현재 브라나 호수가 있는 장소는 원래 초원이었다. 그곳에는 가반카 가문의 두 자매가 살고 있었다. 언니는 부자여서 큰 집에 살고, 여동생은 가난해서 작은 집에 살고 있었다.

어느 날 하얀 수염의 노인이 여동생의 집에 동냥하러 찾아왔지만, 가난해서 줄 수 있는 것이 없다고 말하자, 노인은 "당신이 구운 흰 빵이 있습니다"라고 말했다. 여동생이 아무것도 들어있지 않았을 빵 화덕의 뚜껑을 열어서 확인하니, 신기하게도 진짜 둥근 밀 빵이 있었다. 그리고 노인의 말을 따라 포도주 저장고를 들여다보았더니, 텅 비어있었을 술통에는 아주 맛 좋은 포도주가 가득 들어있었다.

노인은 빵과 포도주를 먹더니, 자신이 떠난 뒤에 큰 소리가 들릴 테니 돌아보지 말고 도망칠 것, 천둥이 울리는 하늘에서 화살이 떨어져서 심술궂은 언니가 벌을 받을 것, '불쌍한 언니'라고 말해서는 안 된다고 말하고 떠나갔다.

그 뒤에 노인의 말 대로 커다란 소리가 들리고, 천둥이 울리고 화살이 떨어졌다. 여동생은 역시 걱정이 되어서 돌아보고는 "불쌍한 언니!"라고 외치고 말았다. 그 순간 땅에 커다란 구멍이 뚫리더니 가반가 가문의 자매는 함께 구멍으로 떨어지고 말았다. 한동안 들판에는 물이 넘쳐나며 집들이 떠내려갔고, 구멍에 물이 고여서 브라나 호수가 생겼다고 한다. 호수가 갓 생겼을 무렵에 물고기를 잡으려고 하면 옛날의 큰 집의 지붕이 그물에 걸렸다고 한다.

코소보

■마더 테레사에 관련된 땅

코소보에는 마더 테레사와 관련된 스팟이 있다. 마더 테레사는 오스만 제국의 코소보주(현재는 북마케도니아의 수도 스코페[Skopje])에서 태어났다. 현재의 코소보는 알바니아인이 90%를 점하고, 그 대부분이 이슬람교도다. 마더 테레사는 소수파인 가톨릭교도 부모와 함께 어릴 적부터 코소보 남동부 마을에 있는 교회에 다녔다고 한다.

현재 수도 프리슈티나(Prishtina)에는 '마더 테레사'의 이름을 딴 대성당이나 대로, 광장이 있다. 또 코소보 미술관에는 스테이플러 바늘로 그려진 마더 테레사의 초상화가 소장되어 있다. 이것은 2016년에 알바니아인 아티스트인 사이미르 스트라티(Saimir Strati)가 만든 것으로, 150만개의 스테이플러 침을 사용한 모자이크화로서 세계 최대다. 기네스북에도 등록되어 있다.

■프리즈렌의 물 긷는 곳

코소보 남부에 있는 프리즈렌(Prizren)은 오스만 제국령 시절의 건물이 남아있는 도시다. 구 시가지에 있는 샤디르반(Shadirvan) 광장에는 메흐메트 파샤의 튀르키예식 공중목욕탕(Sokollu Mehmet Pasha Bath)이나, 시난 파샤의 모스크(Sinan Pasha Mosque) 등이 남아있다. 이 '샤디르반'이란 '물 긷는 곳'이라는 의미로, '이곳의 물을 마시면, 다시 한 번 프리즈렌에 돌아올 수 있다'라는 구전이 있으며, 관광 명소가 되어 있다.

산마리노

■석공 마리노의 건국 전설

이탈리아 반도 북동부에 위치한 산마리노는 유럽에서 가장 오래된 공화국이라 불리고 있다. 티타노(Titano)산의 정상에 수도를 둔, 이탈리아에 둘러싸인 작은 나라다. '산마리노(San Marino)'란 '성 마리누스(Saint Marinus)'라는 의미로, 가톨릭 성인의 이름에서 유래한다.

4세기에 마리노라는 기독교도 석공이 있었다. 당시의 로마 황제 디오클레티아누스에 의한 기독교 박해로부터 달아난 마리노는 티타노산에 틀어박혔다. 그의 곁에는 기독교 신도가 모이고 공동체를 이루었다. 마리노의 신앙심에 감동한 영주는 바위산을 마리노에게 주었다고 한다. 이것이 산마리노 건국의 시작의 전설이다.

조지아

■사람과 살았던 수인(獸人) 알마스

알마스(Almas)란 코카서스 지방에서 오래전부터 목격정보가 있는 미확인 생물이다. 예티나 빅풋 등과 같은 형태의 수인 타입이다(자세한 것은 아시아·아시아 전역의 **히말라야 산맥의 예티**, 북아메리카·북아메리카 전역의 **수인 빅풋** 항목을 참조). 신장은 인간과 다르지 않은 1.5~2미터 정도이며 온몸이 적갈색 털로 덮여있다. 발이 빠르며, 시속 60킬로미터 정도의 속도로 달린다고 한다. 인간처럼 말을 한다는 보고도 있다.

러시아를 중심으로 몇 천 건이나 되는 목격정보가 있지만, 조지아의 자치공화국인 아브하지아(Abkhazia)에는 사람과 함께 생활했었다는 알마스의 기록이 남아있다. 소련의 보리스 포르셰네프(Boris Porschnew) 박사의 저서에 의하면, 19세기말에 아브하지아의 산에서 알마스로 여겨지는 특징을 갖춘 생물이 포획되었다고 한다. 마을에 끌려온 알마스는 암컷이었고, 자나라는 이름이 붙여졌다. 자나는 마을에 왔을 무렵에는 날뛰는 일도 있었다고 하지만, 점차 마을의 생활에 적응해갔다. 자나는 신체능력이 높아서, 발은 말처럼 빠르고 겨울에도 의복을 필요로 하지 않았다고 한다. 그리고 인간 남자와 결혼해서 네 명의 아이를 낳았다고 기록되어 있다.

그 후에 20세기가 되어 미확인 생물 연구가가 이 마을을 찾았다. 자나의 자식이라고 여겨지는 인물의 묘를 조사하기로는, 그 아이는 현생인류 호모 사피엔스가 아니라 네안데르탈인의 특징을 갖추고 있었다고 한다. 네안데르탈인은 동시대에 살았던 호모 사피엔스보다도 뇌가 크고 굳건한 육체를 갖고 있었다. 높은 신체능력을 가지고 있던 자나는 절멸했을 네안데르탈인의 생존 개체일 가능성이 시사되었던 것이다.

그러나 2015년에는 묘에 묻힌 아이의 어머니인 자나는 현생인류였을 가능성이 높다는 영국 유전학자에 의한 조사결과도 나왔다. 또한 근래의 연구에서는 아프리카계를 제외한 현대인 대다수는 네안데르탈인의 유전자를 2%정도 물려받고 있음이 판명되었다. 알마스의 정체는 인류사에 크게 관계된 수수께끼가 감추어져있을지도 모른다.

스위스

■호문쿨루스를 만든 연금술사 파라켈수스

중세시대, 수많은 연금술사들은 호문쿨루스를 제조하려고 했었다. 호문쿨루스란 라틴어로 '작은 사람'이라는 의미다. 주로 연금술사가 만들어낸 '인조인간'을 부르는 명칭으로 사용된다.

호문쿨루스 실험으로서 남아있는 최초의 기록은 16세기 스위스의 유명한 연금술사인 파라켈수스(Paracelsus)가 했던 것이다. 그의 저서 『물질의 본성에 대해서(De Natura Rerum)』에 의하면, 인간의 징자를 40일간 증류기에서 밀폐하고 부패시킨 뒤, 인간의 혈액을 보급함으로써 작은 사람, 즉 호문쿨루스를 만들 수 있다고 한다.

파라켈수스는 금속 화합물을 내복약으로서 처음 채용하고, 의화학의 길을 개척한 의학자의 시조로서도 유명하다. 본명은 필리푸스 아우레올루스 테오프라스투스 봄바스투스 폰 호헨하임(Philippus Aureolus Theophrastus Bombastus von Hohenheim)이라고 한다. 너무 이름이 길어서, 35세 무렵부터는 폰 호엔하임을 그리스 라틴 풍으로 불러서 파라켈수스라고 자칭하게 되었다고 한다. 그는 유럽 각지에서 의학을 공부하고, 바젤에서 의사 겸 대학교수가 되었다. 그러나 중세부터 이어지는 고전의학에 비판적이었던 그는, 권위 있는 의학서를 불태우거나 당시에 주류였던 라틴어가 아닌 독일어로 강의를 하는 행위 등으로 종교개혁가 루터에 빗대어 '의학계의 루터'라고도 불렸다고 한다. 그 결과, 고작 1년만에 바젤에서 추방당했고, 그 후로는 평생 각지를 방랑했다고 한다.

혁명적이고 파란에 가득한 인생을 보낸 파라켈수스는, 막대한 양의 의학서와 연금술서를 남겼다. 그에게 연금술은 금을 만들기 위해서가 아니라 사람들을 구하기 위한 약을 만드는 행위였다. 인간을 위한 연구 과정에 호문쿨루스의 제조가 있었던 것일지도 모른다. 호문쿨루스 실험은 파라겔수스의 저서 이외에 물적 증거가 없으며, 실험이 성공했는가는 불명이다. 참고로 파라켈수스의 일화는 이후에 독일의 시인 괴테에게 영향을 주어서 『파우스트』에도 인조인간 호문쿨루스가 등장하며, 파라켈수스가 파우스트의 모델이었다는 설도 있다.

스웨덴

■뇌신 토르의 최강의 무기 묠니르

북유럽 신화의 최고신 오딘의 아들인 토

르는, 어스 신족에서도 최강을 자랑하는 호쾌한 뇌신(雷神)이다.

토르의 트레이드마크라고 하면 던져도 부메랑처럼 손으로 돌아오는 마법의 망치, 묠니르('Mjǫllnir, '분쇄하는 것'이라는 의미)다. 토르는 타고난 괴력으로 망치를 휘두르고, 압도적인 힘으로 신족이나 인간을 거인족의 공격으로부터 지키며 수많은 무용담을 남겼다. 그러나 자랑하는 그 무기를 딱 한 번 도둑맞은 적이 있다.

범인은 거인족의 스림(Thrym). 아름다운 여신 프레이야와 결혼하고 싶었던 스림은 묠니르와 교환해서 프레이야를 신부로 넘기라고 요구했다. 토르가 로키(자세한 것은 북유럽의 **간계의 신 로키** 항목을 참조)에게 상담하자, 로키의 제안으로 토르는 신부 의상을 입은 프레이야로 변장하고 로키는 시녀인 척을 하고서 거인족의 나라를 방문하게 되었다.

스림의 저택에서는 연회가 열리자, 신부 모습의 토르는 황소 한 마리, 연어 여덟 마리, 세 통의 벌꿀술을 먹어치워서 거인족을 놀라게 했다. 무사히 묠니르를 되찾은 뒤, 토르는 신부 의상을 벗어던지고 연회에 모인 거인족들을 전부 죽였다고 한다.

스웨덴 남동쪽의 욀란드(Öland) 섬에서는 묠니르를 본뜬 펜던트가, 중부의 쇠데르만란드(Södermanland) 지방에서는 묠니르 그림이 그려진 룬 석비가 발견되었다. 토르는 농민들을 중심으로 신봉되고 있으며, 그의 가호를 원한 바이킹은 묠니르를 본뜬 부적을 몸에 지녔다고 한다.

스페인

■ 청소를 하는 엘프 두엔데

스페인에서는 집에 살면서 밤이 되면 나타나는 두엔데(Duende)라는 엘프가 있다고 믿어지고 있다. 여자 두엔데는 중년 여성 같은 외모로, 녹색이나 적색, 회색 옷을 입고 있는 경우가 많다. 손가락이 긴 것이 특징이다. 남자 두엔데는 챙이 없는 모자나 어두운 색 두건 등을 쓰고 있다.

두엔데는 밤이 되면 벽에서 나와서 아침까지 집의 청소나 수리를 해준다. 다만 집을 정리하지 않는 자에게는 나쁜 짓을 하는 일도 있다고 한다. 또 성격이 나쁜 두엔데도 있다. 그들은 청소 따윈 하지 않고 방을 어지럽히거나 물건을 부수기도 한다. 그런 끝에, 자고 있는 집 사람에게 악몽을 꾸게 하는 일도 있다고 한다.

■ 후스토 할아버지가 직접 만든 대성당

스페인의 마드리드 교외에 있는 메호라다 델 캄포(Mejorada del Campo)라는 마을에서 혼자서 대성당을 계속 만드는 인물이 있다. 1925년에 태어난 후스토 가예고 마르티네스(Justo Gallego Martínez)다. 후스토는 1961년에 신의 계시를 받고, 건축 지식도 없는 채로 대성당을 만들기 시작했다. 공장 등에서 폐기물을 받아와서 조금씩 만들었다고 한다. 2005년에 대성당을 만드는 모습이 기업의 광고에서 방송되어 화제가 되었다. 대성당은 후스토 가예고 마르티네스 대성당이라고 불리며 대성당 앞의 길은 가우디 길이라고 불리고 있다.

슬로바키아

■ 열두 개의 달의 형제

1993년에 체코슬로바키아에서 독립한 슬로바키아에 전해지는 민화.

마르시카는 계모와 그 딸인 호레나에게 매일 구박 받고 혹사당하며 지냈지만, 아름답고 고운 마음씨를 잃지 않았다. 어느 날, 변덕스러운 호레나가 봄에 피는 꽃을 갖고 싶다고 말하자 계모는 마르시카에게 꽃을 구해오라며 한겨울의 숲으로 내몬다. 마르시카는 눈이 내리는 숲에서 얼어 죽을 위기에 처하지만, 숲의 작은 산에서 만난 1월부터 12월의 정령들에게 도움을 받아 꽃을 손에 넣는다.

그 후에도 호레나는 여름에 열리는 딸기나 가을에 열리는 사과를 먹고 싶다고 고집을 부렸고, 마르시카는 그때마다 계모의 성화로 어쩔 수 없이 집을 나서게 되었지만 달의 정령의 도움을 받아 난제를 해결했다. 마르시카가 가지고 돌아온 사과가 너무나 맛있어서 욕심이 난 호레나는 사과를 잔뜩 따려고 자루를 들고 한겨울의 숲으로 뛰어갔다. 계모는 호레나의 뒤를 따라갔고 두 사람은 영영 돌아오지 않았다. 마르시카는 집의 주인이 되었고, 봄이 오자 아름다운 젊은이와 결혼하고 행복을 손에 넣었다고 한다.

이 민화를 바탕으로 러시아의 아동문학 작가 마르샤크(Samuil Yakovlevich Marshak)가 쓴 이야기가 아동극 『12개월(Twelve Months)』이다.

슬로베니아

■ 환수 즈라토로크와 에델바이스

즈라토로크(Zlatorog)는 '금의 뿔(Goldhorn)'이라는 뜻으로, 훌륭한 금의 뿔이 난 하얀 수컷 샤모아(Chamois, 영양 같은 동물)와 비슷한 생김새의 환수다. 슬로베니아의 유리스케 알프스(Julijske Alpe)에 있는 표고 2863미터의 트리글라우(Triglav) 산 일대에 살고 있다고 한다.

전승에 의하면, 즈라토로크는 트리글라우 산 정상의 어딘가에 있는 보물이 감춰진 낙원을 지키면서 세 명의 처녀와 살고 있었다. 그런데 어느 날, 사냥꾼에게 들켜서 화살에 맞아 죽고 만다. 즈라토로크가 흘린 피는 대지에 퍼지고, 호수를 찢었다. 그러자 대지의 갈라진 틈에서 에델바이스 꽃이 피기 시작하고, 즈라토로크를 되살렸다. 에델바이스는 '알프스의 영원한 꽃'이라고 불리며, 건조해도 색이나 형태가 변하지 않는 것에서 '불사'의 상징으로 여겨진다. 즈라토로크는 사냥꾼에게 복수하고, 산 정상의 낙원을 파괴하고서 보물과 함께 어딘가로 떠나갔다고 한다.

세르비아

■바위기둥이 늘어선 악마의 마을 자볼야바로시

세르비아 남부의 마을 프롤롬반자(Prolom Banja) 근교에 있는 자볼야바로시(Đavolja Varoš)는 기둥 같은 바위가 늘어서 있는 관광지다. 바위기둥의 높이는 2~15미터로 화산재가 퇴적된 지층이 융기하고 침식된 결과, 첨탑처럼 생긴 바위 202개가 숲처럼 늘어선 경치가 만들어졌다.

'자볼야바로시'는 세르비아어로 '악마의 마을(Devil's Town)'이라는 의미로 악마에 관련된 전설이 있다. 옛날에 이 땅에 오빠와 여동생이 살고 있었다. 두 사람 앞에 악마가 나타나, 남매이지만 결혼할 것을 강요받는다. 두 사람의 결혼식에는 202명의 참가자가 모였다. 그러나 남매의 결혼은 신의 분노를 샀고, 신은 모든 이들을 바위로 바꿔버렸다고 한다.

■세르비아의 흡혈 호박

포드리마(Podrima) 부근에 사는 롬족(집시)들 사이에서는 보름달이 뜨는 밤에 호박을 집 밖에 놔두면 흡혈귀로 변한다는 믿음이 있다고 한다. 특히 호박이나 수박처럼 인간의 머리를 닮은 것이 흡혈귀가 되기 쉽다고 하며, 흡혈귀로 변한 호박을 퇴치하려면 뜨거운 물에 적신 수건으로 비비는 것이 유효하다고 전해진다.

다른 지역에서도 생 호박을 연말까지 그대로 놔두면 흡혈귀로 변신해버린다는 전설이 있다.

타지키스탄

■남쪽으로 발을 향하고 자면 안 된다?

일본에는 옛날부터 불교의 영향으로 '머

리를 북쪽으로 향하고 자는 북침(北枕)은 재수가 없다'라는 징크스가 있다. 붓다가 입멸할 때에 머리를 북쪽으로 향했다고 해서 베개의 방향에 신경을 쓰는 것인데, 실은 타지키스탄에도 이와 비슷한 풍습이 있다.

타지키스탄에는 이슬람교도가 많은데, 가정에는 각 집마다 이슬람교의 성지 메카 방향으로 성서인 코란과 알라의 표식이 놓여 있다. 타지키스탄에서 메카는 남쪽 방향에 있으므로 집의 가장 남쪽에 놓아두는 경우가 많다고 한다. 메카와 알라의 표시에 발을 향하는 것은 실례이므로 남쪽으로 발을 둬서는 안 된다고 한다.

■호수 수면의 괴물과 싸우려고 했던 호랑이

구 소련의 타지키스탄, 우즈베키스탄 등에 사는 타지크 족에게 전해지는 민화로, 이런 이야기가 있다.

어느 숲에 흉포한 호랑이 왕이 있었는데, 숲의 동물들은 매일 한 마리씩 순서대로 공물을 바쳐야만 했다. 어느 날, 한 마리의 토끼가 호랑이의 점심식사로 뽑히고 말았다. 하얀 토끼는 공포에 질린 나머지, 목이 바짝 타들어가서 호수의 물을 마시러 갔다. 그리고 호수의 수면에 비친 모습을 보고 멋진 아이디어가 떠올랐다.

호랑이가 배고파하면서 기다리고 있는데 하얀 토끼가 헐떡이면서 달려왔다. 호랑이가 재빨리 잡아먹으려고 하자, 하얀 토끼는 공물인 남동생을 무서운 괴수에게 빼앗겨버렸다고 말했다. 화가 난 호랑이는 하얀 토끼에게 괴수가 있는 장소를 안내하라고 말했다. 그러자 하얀 토끼는 호랑이를 호반까지 데리고 가서 호수를 가리키며, "이 아래를 보면 당신의 눈에 보일 겁니다. 믿지 못하겠다면 저를 입에 물고 들여다보세요"라고 말했다.

호랑이가 토끼를 입에 물고 호수를 내려다보자, 확실히 흉포해 보이는 호랑이가 이를 드러낸 채로 토끼를 물고 자신을 노려보고 있었다. 호랑이는 물고 있던 토끼를 던져버리고, 큰 소리로 위협하면서 깊은 호수로 뛰어들었다. 첨벙하는 소리가 나고, 호랑이는 호수에 빠져 죽어버렸다.

체코

■프라하의 골렘 전설

유대인의 전승에 옛날부터 등장하는 것이 진흙으로 만든 움직이는 인형, 골렘(Golem)이다. '골렘'이란 히브리어로 '태아, 형체 없는 것'이라는 의미로, 원래는 신에 의해 태어나기 전의 태아 상태를 가리키고 있었다고 한다. 전설상의 진흙 인형인 골렘은 이마에 히브리어로 '에메트

(emeth, 진리)'라고 적으면 움직이기 시작하고, 거기서 한 글자를 지워서 '메트(meth, 그는 죽으리라)'라고 만들면 움직임을 멈추고 흙으로 돌아간다고 전해지고 있다.

체코의 수도 프라하에는 골렘의 전설이 많이 남아있다. 신성 로마 황제 루돌프 2세의 치세 하에 있었던 16세기, 프라하에 사는 유태인들은 기독교도의 시민과 대립하고 있었다. 거기서 랍비(유태교의 율법사)인 뢰브(Loew)가 강의 진흙으로 골렘을 만들어내서 그들을 지켰다고 한다. 골렘은 명령을 충실히 따랐지만, 어느 날 골렘에 대한 명령을 잊어버린다. 골렘이 프라하 마을에서 날뛰기 시작하자 뢰브는 골렘을 흙으로 돌려보냈다고 한다.

골렘의 전설은 많은 소설이나 연극, 영화로 그려지고 있으며, 오스트리아의 작가 구스타프 마이링크(Gustav Meyrink)의 소설 『골렘』, 독일의 파울 베게너(Paul Wegener)가 감독하고 주연한 영화 『골렘(Der Golem, Wie Er In Die Welt Kam)』 등이 유명하다.

현재 프라하 구 시가지의 광장에는 골렘상이 서 있다. 유태인의 수호자이기도 한 골렘 마스코트 인형이 토산품이 되는 등, 인기 캐릭터가 되었다고 한다.

■호우스카성의 지옥의 문

블라체(Blatce)에 있는 호우스카(Houska)성은 단애절벽 위에 선 고딕식 건축물이다. 이 성에 있는 예배당의 바닥 돌 아래에는 바닥이 보이지 않을 정도로 깊은 구멍이 뚫려 있다. 마물의 통로라고 하며, 밤이면 밤마다 무서운 괴물들이 드나들고 있다는 전승이 있던 것에서, '지옥의 문(구멍)'이라고 불리고 있다. 구멍에서 나오는 마물들은 지역 사람들이 기르는 가축을 습격한다고 한다.

어느 날, 구멍에 대해서 조사하려고 한 귀족이 있었다. 형량 경감을 조건으로 밧줄을 묶은 사형수 남자를 구멍으로 들여보냈던 것이다. 사형수가 구멍으로 들어가고 잠시 후에 갑자기 비명이 들려왔다. 당황하며 밧줄로 사형수를 끌어올려 보니, 남자의 머리카락은 새하얗게 변해있고 정신 이상을 일으켰다고 한다.

그 밖에도 구멍에서 기분 나쁜 소리가 들려왔다거나 성 근처에서 악마를 보았다는 목격정보가 끊이지 않았고, 해가 지면 마을 사람들은 결코 이 구멍에 다가가지 않았다고 한다.

■베오울프 이야기

8세기경에 중세 영국에서 지어졌다고

하는 작자미상의 『베오울프(Beowulf)』는 옛 영어(앵글로=색슨어)로 쓰인 현존하는 가장 오래된 서사시다. 영웅 베오울프가 그 힘과 용기와 우정으로 무서운 괴물을 퇴치해나가는 이야기다.

어느 날 스웨덴 남부의 예아트(Geats)족의 왕자인 베오울프는 덴마크로 여행을 떠났다. 덴마크에서 흐로스가르(Hrothgar) 왕과 만난 베오울프는 밤이면 밤마다 무서운 괴물 그렌델(Grendel)이 저택에 난입해서 사람을 잡아먹고 있다는 이야기를 듣는다. 베오울프는 왕에게 괴물 퇴치를 제안하고, 괴물을 잠복하고 있다가 맨손으로 싸워서 죽였다.

그러나 아들의 죽음을 알고 격노한 괴물 그렌델의 어머니는 복수를 꾀했다. 그래서 베오울프는 그녀의 거처인 늪지로 향해서 어머니와 격투를 벌였는데, 어머니의 피부는 비늘로 덮여서 두꺼웠고 보통 무기로는 대항할 수 없었다. 그러자 베오울프는 그녀의 무기고에서 날카로운 검을 훔쳐서 그 무기로 어머니를 쓰러뜨렸다. 이리하여 덴마크에 평화를 가져온 베오울프는 예아트 족의 나라로 돌아가서 왕이 되었다.

50년 후, 늙은 베오울프 왕은 최후의 싸움에 도전한다. 어느 날 도둑이 용의 보물고에 숨어들어 귀중한 잔을 훔친 것 때문에 격노한 용이 예아트 족의 사람들을 습격하고 날뛰게 된 것이다. 베오울프왕은 용감한 전사들과 용에게 도전했지만, 그 싸움은 아주 힘든 것이었다. 많은 전사들이 공포에 질려 도망쳤지만 베오울프왕과 충성스러운 전사 위글라프(Wiglaf)만이 함께 싸웠다. 베오울프왕이 검으로 덤벼들고 용에게 목을 붙잡힌 그때, 위글라프는 용의 옆구리에 단검을 찔러 넣었다. 두 명의 연계 공격으로 용은 약해지고, 끝내 쓰러져 죽었다. 그러나 베오울프 왕도 치명상을 입은 상태였다. 최후까지 그를 따랐던 위글라프를 후계자로 선택하고, 왕은 자신의 무기와 갑옷을 주고 숨을 거두었다.

■ 어부를 구한 마법사 앙게콕

덴마크 왕국에 속하면서도 독자 자치정부를 지닌 그린란드는, 북아메리카 북동쪽에 위치한 세계 최대의 섬이다. 앙가쿡(Angakkuq)이란 옛날부터 그린란드인에게 알려진 마법사 같은 존재다. 의사 같은 역할도 하며, 그린란드 사람들의 병을 진료해준다고 한다.

어부들 사이에서는 바다표범이 흉어(凶漁)일 때에 앙가쿡을 부른다고 한다. 바다표범이 잡히지 않는 것은 신비한 힘을 지닌 여자 때문이라고 한다. 여자는 바다표범이 경비를 담당하는 바다 밑의 집에 살며, 그 미모와 마력으로 바다표범들을 노예로 삼고 있다고 한다. 그래서 앙가쿡은 그 여자를 찾아내서 그녀의 마력을 타파한다. 그러면 여자에게 홀려있던 바다표범들이 제정신으로 돌아와서 흉어가 해결된다고 한다.

■ 오딘이 획득한 룬 문자

룬 문자(Runes)란 주로 직선과 사선으로 구성된 고대 스칸디나비아의 문자로, 북유럽 일부에서는 17세기경까지 사용되고 있었다. 룬이라는 것은 '비밀, 신비'이라는 의미로, 현재도 점이나 주술, 액세서리 등에 쓰이는 인기 모티프다.

북유럽 신화에 의하면 최고신 오딘이 익힌 문자라고 이야기되고 있다. 오딘은 챙이 넓은 모자를 쓰고 망토를 두른 노인으로, 손에는 창 궁니르를 들고 어깨에 올라탄 커다란 까마귀 후긴(사고)과 무닌(기억)을 사역마로 삼아서 전 세계의 정보를 수집하고 있다.

오딘은 전쟁의 신임과 동시에 지식이나 마술을 관장하는 신이기도 했다. 세계수 위그드라실(자세한 것은 북유럽의 **세계수 위그드라실과 아홉 개의 세계** 항목을 참조)의 뿌리 중 하나에는 우르드의 샘(Urðarbrunnr)이라는 샘이 있는데, 여기서 신비의 룬 문자가 생겨나 있었다. 이 지식을 획득하고 싶었던 오딘은 자신의 몸을 위그드라실의 가지로 묶어 거꾸로 매달고, 창에 꽂힌 채로 9일 낮밤을 지내는 고행 끝에 룬 문자의 비밀을 체득했다고 이야기되고 있다.

룬은 각각의 문자가 독자적인 의미를 지니며, 마력을 감추고 있다. 고대 스칸디나비아의 신관들은 룬 문자 자체나 그 배열에 마력이 깃들어 있다고 믿었고, 주문을 쓰거나 죽은 자를 추도하는 룬 문자를 사용했다. 그러나 10세기부터 11세기에 기독교가 이 땅에 퍼지자 이교를 연상시키는 룬 문자는 점차 쇠퇴해갔다고 한다.

덴마크의 예링(Jelling)에는 룬 문자가 새겨진 석비로 유명한 예링 분묘군이나 룬 문자 석비군이 있다. 거대한 석비에는 당시의 덴마크인들이 기독교를 받아들이고 개종한다고 기록된 문장도 룬 문자로 새겨져 있다.

독일

■ 꿈을 꾸게 하는 잔트만

잔트만(Sand man, 영어명 샌드맨)은 독일의 수마(睡魔)로, 모래남자라고도 한다. 그가 짊어진 자루에 들어있는 마법의 모래를 끼얹으면 누구나 곧바로 잠들어 버린다고 한다. 밤늦게까지 자지 않는 아이가 있으면 눈을 도려내기 때문에, 독일의 아이들은 두려워했다고 한다.

■ 나치스의 비밀 자금

아돌프 히틀러를 당수로 삼고 1933년부터 1945년까지 독일의 정권을 쥐고 있던 나치스는 제2차 세계대전을 일으키고 패전했다. 동시에 나치스도 붕괴했는데, 히틀러나 당의 간부들이 감추고 있었다고 하는 비밀 자금의 행방은 밝혀지지 않은 것이 많다고 한다.

히틀러의 자금은 남아메리카로 이동되었다는 설이 있다. 히틀러는 1945년 4월에 사망했다는 것이 정설인데, 사실은 그가 남아메리카로 도망쳤다는 소문도 있다(자세한 것은 중남미·아르헨티나의 **히틀러는 남아메리카에서 살아있었다?** 항목을 참조). 그것을 뒷받침하는 듯한 사실이 있다. 1997년에 브라질 중앙은행에서 열린 금고에, 약 5억 엔 상당의 금이 들어있었다. 소유자가 사망했기 때문에 유족이 개시를 요구한 것으로 판명되었다. 소유자는 2차 세계대전 중에 독일에서 이주해온 남성이었다. 그는 남아메리카로 도망쳤던 나치의 협력자가 아닌가 하는 이야기가 돌고 있다.

나치스의 전국 선전부장이었던 간부인 괴벨스도 자금을 숨기고 있었던 것이 아니냐는 의혹이 있다. 그는 신문, 방송, 출판, 영화 분야 등을 완전히 장악하고 그것들의 수입이 그대로 괴벨스의 호주머니에 들어가고 있었다고 이야기되고 있다. 그러나 사생활에서 그는 아주 인색했다고 한다. 일설에 의하면 남아메리카나 일본으로 망명하기 위해 미리 자금을 해외로 운반해두었다고도 이야기되고 있다. 괴벨스는 히틀러를 뒤따라 자살했기 때문에 진상은 어둠 속에 있다.

그 밖에도 비행기로 금괴를 수송하던 중에 격추되어 알프스의 호수에 가라앉았다, 해외로 수송하려고 했지만 독일이 패전했기 때문에 대량의 귀금속이 호수에 버려졌다, 바티칸의 금고에 맡겨져 있다, 자금을 실었던 U보트가 침몰했다, 등의 나치스의 비밀자금을 둘러싼 소문은 끊이지 않는다. 이것들도 소문의 극히 일부이며, 많은 가능성이 계속 지적되고 있다.

■니벨룽겐의 노래

1200년경에 쓰인 『니벨룽겐의 노래』는 왕자 지크프리트의 활약과 죽음을 그린 영웅 서사시다.

이 이야기는 고대 스칸디나비아나 중세 독일에서 널리 알려졌던 시구르드의 이야기(자세한 것은 북유럽의 **시구르드의 용 퇴치** 항목을 참조)를 바탕으로 쓰였다. 지크프리트(Siegfried)는 시구르드(Sigurd)의 독일어 이름이다.

이 북유럽과 독일의 전설을 바탕으로 독일의 작곡가 리하르트 바그너(Wilhelm Richard Wagner)가 악극 4부작 『니벨룽겐의 반지』를 작사작곡했다.

■루트비히 2세의 유령

19세기에 바이에른 왕 루트비히 2세는 퇴위된 지 3일 후에 호수에서 사망한 채로 발견되었다. 죽음의 진상을 둘러싸고는 자살설, 타살설, 사고설 등 지금도 논쟁이 끊이지 않는다.

최근에는 루트비히 2세가 세웠던 노이반슈타인 성에서 그의 유령을 보았다는 소문이 있으며, 이런 체험담이 있다.

13세의 소녀가 성내에서 행방불명되었는데, 그 후 약 80킬로미터 떨어진 다른 성에서 발견되었다. 소녀의 증언에 의하면, 성의 침실에서 왕의 유령을 보았는데 병사들이 왕을 호수로 끌고 가서 총살했다고 한다. 그 후에 소녀가 정신을 차리자 다른 성에 있었고, 그곳은 왕이 죽기 직전에 유폐되어 있던 성이었다고 한다.

또 이런 이야기도 있다. 루트비히 2세는 생전에 친했던 사촌 여동생 시시(이후에 오스트리아 헝가리 제국의 황후 엘리자베트)의 꿈속에 나타나서 앞으로의 시시의 인생에는 많은 슬픔이 있을 것, 죽음은 갑자기 찾아올 것이라고 예언했다. 그 후에 시시가 이른 운명은 왕이 예언했던 대로가 되었다.

현재 루트비히 2세가 죽은 호반에는 왕의 혼을 위로하기 위한 예배당과 십자가가 세워져 있다.

■ 저주받은 U보트

저주받은 군함 전설은 전 세계에 있는데, '저주받은 U보트'로 유명한 것이 제1차, 제2차 세계대전에서 독일 해군이 운용한 'U보트 65호'라는 잠수함을 둘러싼 전설이다.

U보트 65호는 1916년에 벨기에의 브뤼허(Bruges)에서 건조되었지만, 건주 중부터 불길한 사고를 당했다. 조선 중의 낙하사고로 작업원 한 명이 사망했다. 최초의 항해에서는 기관실에서 연기가 가득 차서 기관실에 갇힌 작업원 3명이 질식사했다. 다음 테스트 항해에서 갑판의 낙하사고로 수병 한 명이 행방불명되었다. 잠수테스트에서는 함의 침하가 멈추지 않아서 해저에 떨어져 12시간이나 움직이지 않았다. 검사에 합격하여 첫 출격 준비 중에 수뢰의 탄두가 폭발하여 작업원 11명이 사망했다. 이때의 희생자 중에 한 명의 소위가 있었는데, 그 후에 소위의 유령이 팔짱을 끼고 함수에 서 있는 모습을 몇 명이나 되는 승조원이 목격했다.

그 후에 첫 출격에서 기지로 귀환한 U보트 65호는 대공습과 조우했다. 무사히 위기를 넘긴 것으로 생각했지만, 선장이 상륙용 발판에 발을 디딘 순간, 폭탄이 떨어져서 파편에 맞아 사망했다.

역시나 사태를 무겁게 본 독일 제국 해군당국은 U보트 65호를 목사에게 구마의식을 시켰으나 다음 출격 시에 포수 1명이 발광하고 장전수 1명이 익사하고 기관장이 골절상을 당했다. 그리고 1918년 7월, 아일랜드 연안을 표류하고 있던 U보트 65호를 발견한 미국 잠수함이 공격하려고 한 그때, U보트 65호는 대폭발을 일으키고 바다 아래로 가라앉았다. 대폭발 직전, 미국 잠수함 선장은 잠망경으로 U보트 65호의 함수에 팔짱을 끼고 있는 괴이한 '인간이 아닌 자'를 목격했다고 한다.

다만 U보트 65호를 둘러싼 전설과 사실에는 상당한 차이가 있다. 빈발하는 함의 불행한 사고와 갑판에 선 망령의 소문이 퍼짐에 따라 '저주 받은 U보트'의 전설이 완성되었는지도 모른다는 설도 있다.

■카스파 하우저의 출생의 비밀

1828년, 뉘른베르크에서 신원불명의 소년이 보호되었다. 입고 있는 옷은 너덜너덜하고 발걸음은 비틀거리고 말을 제대로 하지 못하는 10대 초반으로 보이는 소년이었다. 그는 '카스파(카스파르) 하우저(Kaspar Hauser)'라는 이름만 쓸 수 있었다고 한다. 야생동물처럼 자란 그의 존재는 독일 국내에서도 화제가 되었다. 그는 일시적으로 감옥에 들어갔지만, 매일 수많은 사람들이 카스파를 구경하기 위해 방문했다고 한다. 그러나 카스파는 많은 구경꾼들을 신경도 쓰지 않았다고 한다. 수개월 만에 말을 익힌 카스파에 의하면, 창문이 판자로 가려진 동굴같은 작고 어두운 방에서 물과 빵만을 먹으며 자랐다고 한다.

결국 카스파는 시에 보호되게 되었다. 지역 사람들이 그의 신원을 밝히려고 많은 관심을 기울였지만 카스파의 부모가 누구인가, 어째서 감금된 장소에서 키워졌는가, 하는 등의 상세한 사항이 밝혀지는 일은 없었다.

다음 해, 카스파가 누군가에게 습격당하는 살인미수 사건이 발생했다. 그리고 1833년에 또다시 습격당했고, 이번에는 누군가에게 옆구리를 칼에 찔려 죽고 말았다. 현장에는 거울 문자로 쓰인 "하우저는 범인의 정체를 알고 있다. 그것은 바이에른 국경에서 온 M. L. O다"라는 메모가 남겨져 있었다. 범인은 잡히지 않았고, 카스파의 사후에는 그의 정체만이 화제가 되었다. 나폴레옹 1세나 바덴공 카를 프리드리히 같은 고귀한 신분의 피를 잇고 있었다, 지주에게 시집간 딸의 사생아였기 때문에 존재를 감춘 것이라는 등의 설 등이 있었다. 그가 습격당한 사건에 대해서도 상속권 다툼에 휘말렸다는 설부터 주목을 받기 위해서 카스파 자신이 꾸민 자작극이라는 설까지 있었다.

많은 소문이 있었지만, 어느 것이나 확정 정보가 없는 채로 지금에 이르렀다.

■프랑켄슈타인 성과 전설

프랑켄슈타인이라고 하면 영국인 작가 메리 셜리가 쓴 소설에 등장하는 커다란 머리를 지닌 기분 나쁜 거한을 연상하지만, 그 이름을 딴 성이 독일에 있다. 독일의 프랑크푸르트 근교, 뮐탈(Mühltal) 지역의 산 위에 세워진 프랑켄슈타인 성

(Frankenstein Castle)이다. 13세기경, 폰 프랑켄슈타인이라는 귀족이 소유하고 있었던 것에서 프랑켄슈타인 성이라고 불리게 되었다.

전설에 의하면, 1673년에 이 성에서 태어난 요한 콘라드 디펠(Johann Konrad Dippel)은 궁정 연금술사로서 일하는 한편, 시체의 해부실험을 하고 있었다. 시체에서 혼을 꺼내서 다른 몸에 넣는다는 소문이 돌았고, 프랑켄슈타인 성의 어딘가에서 시체에서 괴물을 만들어냈다는 소문이 들리게 되었다고 이후에 그림 형제가 기록하고 있다.

메리 셜리가 프랑켄슈타인 성의 이야기를 전해 들었는지 여부는 불명이지만, 소설의 등장인물인 스위스의 과학자 빅터 프랑켄슈타인이 인간의 시체를 얼기설기 엮어서 괴물을 만드는 이야기는 디펠의 에피소드와 공통점이 많아서 그가 소설의 모델이 되었던 것이 아닐까 하고 이야기되고 있다.

■하멜른의 피리 부는 사나이

'하멜른의 피리 부는 사나이'로 유명한, 중세 독일에서 일어난 어린 아이 집단 실종사건. 이 사건은 그림 형제에 의해 동화로 만들어져 현대까지 널리 알려진 전설이지만, 실제로 있었던 사건일지도 모른다는 이야기가 바탕이 되었다고 한다.

1284년, 하멜른 마을에 낯선 한 남자가 나타났다. 남자는 쥐 퇴치를 생업으로 삼고 있어서, 피리를 불자 마을 안의 쥐들이 줄줄이 모여들었다. 그리고 쥐들은 피리 소리에 이끌리듯이 남자의 뒤를 따라갔고, 강까지 끌려가서 전부 물에 빠져 죽었다고 한다. 남자는 보수를 요구했지만, 마을 사람들이 지불하지 않았기 때문에 화가 난 채로 마을을 떠났다.

후일, 모자를 쓰고 사냥꾼 의상을 입은 남자가 다시 하멜른 마을에 찾아왔다. 남자가 피리를 불기 시작하자 마을 아이들이 어디에서랄 것도 없이 하나둘씩 모여들었다. 아이들은 남자의 피리 소리에 이끌려 산에 들어갔고, 약간의 아이들만 남은 채로 130명 가까운 아이들이 모습을 감추고 말았다. 행방불명된 아이들은 집에 돌아오지 않았고, 전대미문의 실종사건이 되었다.

■힌터카이페크 일가 참살사건

1922년, 뮌헨 인근에 있는 힌터카이페크(Hinterkaifeck)라는 작은 마을에서 일어난 미해결 사건

피해자는 2살 난 아이를 포함한 일가 여섯 명으로, 아이들과 메이드를 제외한 네 명은 헛간에서 살해되어 있었다. 헛간에는 머리를 곡괭이로 가격당한 시체가 늘어서 있고, 한 명씩 불러들인 흔적이 있었다고 한다. 자택에는 현금이 남아있었던 것, 범인이 며칠 간 집에 머무른 흔적이

있었던 점에서 강도가 아닌 지인에 의한 원한 쪽으로 수사가 진행되었다.

일가는 인근 주민과의 교류가 적었고, 용의자는 발견되지 않았다. 그래서 여섯 명의 머리를 잘라내서 머리를 매체로 삼은 영매사에 의한 수사도 진행되었다고 한다. 그러나 결국 범인은 붙잡지 못했고, 지금도 미해결인 상태다.

투르크메니스탄

■다르바자의 지옥의 문

수도인 아시가바트(Ashgabat)의 북쪽 260킬로미터에 위치한 마을 다르바자(Darvaza)의 카라쿰 사막에는, 50년간 계속 불타고 있는 구멍이 있다. 구멍 안에서 업화가 타오르는 모습에 빗대어 그 지역에서는 '지옥의 문'이라고 불리는 그 구멍은, 직경 약 90미터에 깊이 약 30미터의 거대 크레이터다.

1971년, 소련의 지질학자들이 천연가스를 조사할 때에 지반이 붕괴되어 거대한 구멍이 뚫려버렸다. 지하에서 유독가스가 계속 흘러나올 것을 염려한 당시의 소련 당국은 구멍을 메우지 않고 불을 붙여서 가스를 처리하려고 했다. 그러나 가스는 계속 흘러나왔고, 지금도 계속 불타오르고 있다. 1991년에 투르크메니스탄이 독립한 이후로도 가스 연소는 막을 방법이 없었고, 언제까지 계속 탈지 아무도 알 수 없다고 한다.

관광지로 삼기를 원한 정부에 의해 주위의 촌락이 파괴되는 등의 문제도 일어나고 있지만, 현재는 해외에서 많은 관광객이 방문하는 관광 스팟이 되었다.

노르웨이

■바다의 괴물 크라켄

옛날부터 많은 뱃사람들이 믿었던 전설의 괴물로, 유럽의 바다에 출몰했으며 특히 노르웨이나 스웨덴의 목격정보가 많다. 약 1000년 전에 덴마크의 왕 스벤 1세가 책 속에서 '크라켄(Kraken)'이라고 적은 것이 최초의 기술로 여겨지고 있다.

덴마크의 주교 폰토피단(Erik Pontoppidan)의 저서 『노르웨이 박물지(Forsøk til Norges naturlige historie)』에 의하면, 크라켄은 전장 1.5마일(약 2.4킬로미터)이나 되며 해초를 두른 몸은 섬으로 착각할 정도라고 한다.

겉모습은 문어나 오징어 새우 같은 모습으로 그려지는 경우가 많지만, 확실하게 정해지지 않았다. 소용돌이를 일으켜서 배를 전복시키기 때문에 유럽의 뱃사람들 사이에서 두려움을 사고 있었다. 배의 선원이 전원 행방불명된 메리 셀레스트호 사건(자세한 것은 북아메리카·북아메리카 전역의 **메리 셀레스트 호 사건** 항목을 참조)도 크라켄의 짓이라는 설도 있다. 한편 크라켄의 성격은 온후하다는 전설도 있다.

크라켄의 정체는 거대한 대왕오징어라는 설이 유력한데, 지구상의 생물 중에서 가장 크다고 하는 대왕고래(흰수염고래)조차 전장 20~30미터 정도임을 생각하면 현재 알려져 있는 생물 중에 들어맞는 것이 없다는 의견도 있다. 아직 수수께끼가 많은 심해에 크라켄이 숨어있을지도 모른다.

■ 실연한 트롤과 토르가텐의 바위

트롤(Troll)이란 북유럽의 전승에 등장하는 털북숭이 요정이다. 거인이나 소인의 모습으로 그려지는 경우가 많다. 트롤을 둘러싼 전설의 바위가 노르웨이 중서부의 브론노이슨(Brønnøysund)에 있다. 6억년 전에 대륙 간의 충돌로 생겼다는 화강암으로, 토르가텐(Torghatten)이라고 불린다. 높이 258미터의 거대한 단일암석으로 중앙에 작은 구멍이 뚫려있는 것이 특징이다.

옛날에 어느 트롤이 인간 여자를 사랑했다. 아름다운 여자였지만 트롤의 사랑은 이루어지지 않았다. 그러나 여자를 다른 누구에게도 빼앗기고 싶지 않다고 생각한 트롤은 차라리 여자를 죽여 버리자고 생각했다. 여자를 향해서 화살을 날린 순간, 산의 왕이 나타나서 모자를 던졌다. 모자는 화살로부터 여자를 지켰다. 그 다음 날, 모자는 거대한 바위가 되어 있었다고 한다. 바위에 뚫린 작은 구멍은 트롤이 날린 화살이 뚫은 것이라고 전해지고 있다.

트롤에 관련이 있는 바위는 노르웨이 남부의 옷타(Odda)에도 있다. 노르웨이어로 '트롤의 혀'라는 의미의 트롤퉁가(Trolltunga)라는 이름의 바위다. 암반이 피요르드의 절벽에 튀어나와 있어, 거인 트롤의 혀처럼 생겼기에 이런 이름이 붙었다고 한다.

바티칸 시국

■ 시스티나 경당의 그림의 비밀

미켈란젤로가 그린, 시스티나 경당의 벽화 '최후의 심판'을 둘러싼 전설이 있다. 최하단 우측의 지옥에 있는 명관 미노스는 당시 교황청의 의전 담당자 비아조(Biagio da Cesena)의 얼굴과 비슷하다고 이야기되고 있다. 그림에 계속 트집을 잡혀서 화가 난 미켈란젤로가 지옥의 악마의 얼굴을 그와 비슷하게 그려서 그림 속에서 복수를 했다는 것이다. 복수는 이것뿐만 이 아니었다.

이 그림은 당초에 모두가 나체여서 허리에 천을 두르고 있지 않았다. 그러나 성직자들로부터 외설적이라는 비판의 목소리가 쇄도했기 때문에, 완성 후에 모든 인물에게 허리에 천을 두르도록 가필해야만 했다. 최근에 그림의 수복작업으로 허리의 천의 일부를 제거해보니, 미노스의 성기는 제대로 뱀에게 물려있었다고 한다.

■ 여교황 요한나

855년, 교황 레오 4세(Pope Leo IV)가 죽은 뒤에 영국 신사인 마인츠의 요한이 뒤를 이어서 교황 요한이 되었다. 그런데 교황이 되고 2년 후, 요한은 로마에서 행렬 도중에 강렬한 아픔에 사로잡혀 의식을 잃는다. 그 후, 요한은 아들을 출산하고 사망했다. 교황 요한의 정체는 여교황 요한나(Päpstin Johanna)였던 것이다.

이 전설은 13세기경에 소문이 퍼져 사람들은 몇 세기나 되는 동안 여교황이 존재했다고 믿어왔다. 로마 교황의 행렬은 요한나가 출산했다고 여겨지는 장소는 피해서 지나갔다고 이야기되고 있다. 하지만 실제로는 레오 4세의 뒤를 이은 것은 베네딕토 3세(Pope Benedict III)였고 여교황이 실재했다고 언급하는 문서는 남아있지 않다. 교황청은 여교황의 존재를 부정하고 있으며, 현재는 실재했을 가능성이 없다고 여겨지고 있다.

헝가리

■ 저주받은 곡 '글루미 선데이'

'글루미 선데이'는 1936년에 발표되어 유럽에서 대히트한 샹송곡이다. 프랑스의 샹송 가수 다미아 등의 많은 가수들이 커버한 곡으로, 제2차 세계대전 직전의 사회 분위기도 영향을 주었는지 어둡고 슬픔이 느껴지는 가사가 사람들의 공감을 얻었다고 한다. 그러나 이 곡을 들은 사람은 자살한다는 소문이 나면서 '자살의 성가'라고 불리게 된다. 헝가리만으로도 157명이 이 곡을 듣고 자살했다고 이야기되며, 독일, 프랑스, 미국에서도 자살자가 속출했다. 영국에서는 '글루미 선데이'를 방송 금지했다고 한다.

게다가 이 곡을 작곡한 셰레시(Seress Rezső)가 전 애인과 연락을 취한 다음 날, 전 애인이 '글루미 선데이'라는 메모를 남기고 자살했고 셰레시 자신도 30년 뒤에 자살했다.

'글루미 선데이'와 자살자의 자살 이유의 직접적인 인과관계는 밝혀지지 않았지만, '저주받은 곡'이라는 딱지가 붙은 채로 현재에 이르고 있다.

■ 피의 백작부인 엘리자베트 바토리

16세기말부터 17세기 초엽의 헝가리 왕국에서 백작부인에게 많은 소녀가 참살당하는 사건이 일어났다. '피의 백작부인'이라고 불리는, 엘리자베트 바토리(Elizabeth Báthory, 바토리 에르제베트[Báthori Erzsébet])의 전설이다.

합스부르크 가문과도 혈연관계에 있는 트란실바니아의 명문 귀족으로 태어난 엘리자베트는, 1575년에 페렌츠 나더슈디(Ferenc Nádasdy) 백작과 15세의 나이로 결혼한다. 현재의 슬로바키아에 있는 체이테 성에 머무르게 되는데, 집을 비우는 일이 많은 남편을 기다리는 나날을 보내던 중에 그녀는 영지의 젊은 여성들을 성으로 불러들여 참살하기를 즐기게 된다.

미모의 소유자였던 엘리자베트는 아름다움이 쇠하는 것을 막기 위해서는 젊은 여자의 피가 필요하다고 생각하게 된다. 성의 어느 방에 팔다리를 묶은 여성을 감금하고 온몸에 바늘을 찌르거나, 하인에게 목을 찢게 해서 흘러나온 대량의 피를 마시거나 뒤집어썼다고 한다. 피를 얻기 위한 방법은 점점 잔혹해져서, 고문도구가 사용되게 된다. 안쪽에 날카로운 가시가 튀어나온 통에 여성을 넣고 공중에 매달아서 흔듦으로써 피의 샤워가 쏟아지게 하는 '철의 새장', 사람 한 명이 들어갈 크기의 속이 빈 철제 인형 안에 여성을 집어넣고, 안쪽에 설치된 가시나 칼로 피를 짜내는 '철의 처녀'가 유명하다. 이렇게 얻은 피는 엘리자베트가 들어갈 욕조를 채웠다고 한다.

그녀의 범행은 10년에 달하며, 희생된 여자는 50명이라고도 600명이라고도 한다. 1610년에 끝내 악행이 발각된다. 재판 끝에 엘리자베트는 체이테 성에 감금되었고, 4년 후에 54세의 나이로 죽었다고 한다.

핀란드

■ 노인의 모습으로 태어난 배이내뫼이넨

핀란드에는 다음과 같은 창세신화가 전해지고 있다.

태고의 옛날 대기의 여신 일마타르(Ilmatar)가 끝나지 않는 파도 사이를 떠돌고 있었다. 일마타루는 임신해서 배가 커져있었지만, 아이가 좀처럼 태어나지 않아 괴로워 신음하고 있었다. 그러자 일마타르의 무릎 위에 한 마리의 오리가 날아내리더니 일곱 개의 알을 낳았다. 일마타르가 움직이자 알은 떨어져 깨지고, 그 조각에서 세계가 생겨났다. 껍질의 절반은 하늘이 되었고 나머지 절반은 육지가 되었다.

뱃속의 아이는 700년을 자궁 속에서 지낸 뒤에 간신히 나왔지만, 나왔을 때에는 이미 노인이 되어 있었다. 이것이 이 세상에 태어난 최초의 인간이자, 노령의 마술사인 배이내뫼이넨이다. 넓은 바다를 떠도는 배이내뫼이넨의 무릎 위에 독수리가 내려와 앉아서 여섯 개의 알을 낳고, 그 알이 물속으로 굴러 떨어져서 세계가 만들어졌다는 다른 전설도 있다.

배이내뫼이넨은 바다를 8년간 떠돈 뒤, 핀란드가 되는 육지에 도착한다. 이윽고 북방지방으로 여행을 떠난 배이내뫼이넨은 마술사 로우히(자세한 것은 **마술사 로우히와 마법의 맷돌 산포** 항목을 참조)부터 난제를 풀어내는 등의 모험을 거친 후, 태양이 가라앉는 방향으로 배를 타고 떠났다. 언젠가 핀란드 사람이 필요로 할 때에 돌아오겠다고도 말했다.

핀란드의 서사시 『칼레발라』의 내용이다.

■마술사 로우히와 마법의 맷돌 삼포

마술사 로우히(Louhi)는 핀란드의 영웅 배이내뫼이넨(자세한 것은 **노인의 모습으로 태어난 배이내뫼이넨** 항목을 참조)의 모험이야기에 등장한다.

핀란드의 대지에 찾아온 배이내뫼이넨은 거인인 요우카하이넨(Joukahainen)의 여동생인 아이노(Aino)와 결혼하고 싶다고 바랐다. 그래서 우수한 음유시인이기도 했던 배이내뫼이넨은 요우카하이넨에게 음악 시합을 신청하고, 승부에서 승리한다. 그러나 아이노는 나이 든 배이내뫼이넨의 신부가 되기를 거부하고 바다에 몸을 던지고 말았다.

아이노에게 실연한데다 깊은 상처를 입은 배이내뫼이넨은 북쪽 지방으로 여행을 떠나고, 북쪽의 대지 포흐욜라(Pohjola)에 도착한다. 그 땅의 지배자였던 마술사 로우히를 만나자, 로우히는 "만약 삼포를 만들 수 있다면, 딸인 포흐야와 결혼시키겠다."라고 배이내뫼이넨에게 약속했다. 삼포라는 것은 소금, 밀가루, 금을 낳을 수 있는 마법의 맷돌을 말한다. 배이내뫼이넨은 우수한 대장장이였던 그의 제자 일마리넨(Ilmarinen)에게 삼포 제작을 부탁했고, 고생 끝에 삼포를 만든 일마리넨은 로우히의 딸 포흐야와의 결혼을 허락받았다. 로우히가 약속한 것은 삼포를 '만든 자'와의 결혼이었음을 깜빡했던 배이내뫼이넨은 또다시 실연했다.

그러나 이후에 쿨레루보(Kullervo)라는 노예에 의해 포흐야가 살해당하고, 배이내뫼이넨, 일마리넨, 그리고 과거에 포흐야에게 구혼한 적이 있는 무모한 전사 레밍카이넨(Lemminkäinen)이 합세해서 세 명이 집결한다. 포흐욜라의 땅이 마법의 삼포에 의해 얻은 부와 음식을 독점하고 있음을 알게 된 그들은, 셋이서 삼포를 훔쳐내서 핀란드로 가지고 돌아가자고 계획을 세웠다.

세 사람은 포흐욜라에 도착하자 배이내뫼이넨이 마법의 칸텔레(Kantele, 하프 비슷한 현악기)를 연주했다. 이 악기의 음색을 들은 자는 마법으로 깊은 잠에 빠지는 것이다. 로우히 일행이 잠이 든 틈에 세 사람은 삼포를 배로 옮기고 바다로 향했다. 그러나 잠에서 깨어나 쫓아온 로우히의 공격에 의해 삼포는 바다 밑바닥에 가라앉아버렸다. 밀가루와 금을 만드는 부분은 부서져버렸지만, 삼포는 지금도 바다 밑바닥에서 소금을 계속 만들고 있다고 한다. 배이내뫼이넨은 최대한 삼포의 조각을 모아서 핀란드 사람들에게 나누어주었다고 한다.

핀란드의 서사시 『칼레발라(Kalevala)』에 실려 있다. 핀란드의 작곡가 장 시베리우스는 『칼레발라』에서 인스피레이션을 얻어, 교향시 『포흐욜라』나 『쿨레르보』 등을 작곡했다.

■ 여우불이 밤하늘을 나는 마을

핀란드의 최북부에 위치한 래플랜드(Lapland)는 지역 대부분이 북극권에 들어가는 극한의 땅으로, 오로라의 명소이기도 하다.

이 지역에는 오로라가 어디에서 나타나는가에 대한 전설이 있다. 이나리 마을에 사는 선주민족 사미(Sami)인의 전설에 의하면, 여우가 북극권의 설원을 달릴 때에 꼬리가 설원에 닿아서 불꽃을 튀긴다. 그것이 밤하늘에 날아올라 오로라가 된다고 한다. 그 전설에서 핀란드에서는 오로라를 '여우불(Foxfire)'이라는 의미의 레본투레트(Revontulet)라고 부른다.

사미인은 원래 유목이나 수렵을 하며 살고 있었지만, 현재는 대부분이 한 곳에 머물러 살면서 순록 사육 등을 하는 민족이다. 이 땅에서 기독교가 퍼지기 이전에 사미인은 삼라만상에 깃든 정령들을 신앙하고 있었다. 디즈니 영화 『겨울왕국 2』에 등장하는, 가공의 민족 노덜드라 사람들은 사미인이 모델이라고 한다. 그래서 이 영화의 엔딩 크레디트에는 사미인들에 대한 감사의 뜻이 적혀 있다.

프랑스

■ 루르드의 샘

피레네 산맥 기슭에 있는 작은 마을 루르드(Lourdes)에 있는 기적의 샘의 전설. 1858년, 루르드에 사는 가난한 소녀 베르나데트(Bernadette)가 동굴 근처에서 장작을 줍고 있을 때, 하얀 옷을 입은 아름다운 귀부인과 조우한다. 귀부인은 베르나데트 앞에 몇 번이나 나타났고, 어느 날 귀부인의 인도로 땅을 파자 샘이 나왔다고 한다. 발견된 샘의 물을 건드린 자의 병이 낫는 기적이 일어났고, 이후에 '기적의 샘'으로서 전 유럽에 알려지게 된다. 그 귀부인은 성모 마리아라고 여겨지며 동굴에는 대성당이 만들어지고 입구에는 마리아상이 세워졌다.

지금은 가톨릭의 성지가 되어, 매년 500만 명이 넘는 사람들이 기적을 바라며 세계 각지에서 방문하고 있다.

■별이 된 생텍쥐페리

프랑스의 소설가이자 하늘을 사랑하는 비행사이기도 했던 생텍쥐페리의 최후를 둘러싼 이런 전설이 있다.

1944년, 생텍쥐페리는 정찰비행을 나간 채로 소식이 두절되었다. 그의 최후는 오랫동안 수수께끼에 싸여 있었는데, 2004년, 마르세유 연안에서 생텍쥐페리의 비행기인 듯한 잔해가 발견되었다. 그 후, 옛 독일군 파일럿이 그의 비행기인줄 모르고 격추했다고 증언했다. 실은 파일럿 자신이 생텍쥐페리가 쓴 소설『어린 왕자』의 팬이었다고 한다.

■불사신 생제르맹 백작

18세기의 프랑스, 파리의 사교계를 중심으로 유럽 궁정사회에 혜성처럼 나타나, 시공을 초월하는 타임 트래블러로서 소문이 난 남자가 있다. 불로불사를 자칭하는 생제르맹 백작이다.

생제르맹이 처음 역사에 등장하는 것은 1710년경의 베네치아다. 프랑스에서 게오르기 백작부인(Comtesse de Georgy)이 백작을 만났을 때, 그는 50세 전후로 보였다고 한다. 그리고 40년 후인 1750년경, 생제르맹 백작은 파리의 사교계에 상쾌하게 나타나 상류 계급 사람들에게 주목을 받게 되었는데, 백작의 외모는 신기하게도 40년 전과 같은 50세 전후였다. 게오르기 백작부인이 퐁파두르 부인의 파티에서 생제르맹 백작과 재회했을 때, 조금도 나이를 먹지 않은 백작의 모습을 보고 깜짝 놀라 말을 걸자, 생제르맹 백작은 "저는 40년 전에 당신을 베네치아에서 뵈었던 사람입니다. 변하지 않은 것처럼 보이겠습니다만, 저는 나이를 꽤 많이 먹은 인간입니다"라며 미소를 지으며 대답했다. 그리고 베네치아에서의 만남에 대해 자세히 이야기해서 부인은 그를 믿지 않을 수 없었다고 한다.

생제르맹 백작은 검은 벨벳 옷을 걸치고, 하얀 새틴 넥타이를 맨 작은 체구의 남자였다. 행동은 아주 세련되고 다양한 언어를 구사하며, 의학이나 음악, 회화, 화학, 문학 등 풍부한 지식과 교양을 지닌 데다, 부자에 카리스마를 겸비하고 많은 시종을 거느리고 있었다. 자신을 300살이라고도 4000살이라고도 말하며, 예수 그리스도나 시바의 여왕과 만난 적이 있다고도 이야기했다.

이탈리아의 모험가이자 작가인 카사노바도 생제르맹과 직접 이야기를 나눈 인물이다. 그 저서『회상록』에 그때의 체험담을 다음과 같이 기록하고 있다. "이 기괴한 남자는 만능약의 제조법을 정통하고, 삼라만상을 자신의 뜻대로 움직일 수 있으며, 다이아몬드를 녹일 수 있다는 등의 이야기를 했다. 뻔뻔스러운 신사라고 생각했지만, 신기하게도 불유쾌한 기분은 들지 않았다."

1748년에는 프랑스 왕 루이 15세를 배알해서 상처 하나 없는 다이아몬드를 헌상하고, 1774년에는 루이 16세와 마리 앙투아네트를 배알하고, 부부의 불행한 미래를 예언했다고도 한다. 1784년에 독일에서 서거했다고 이야기되고 있으나, 사후에도 생제르맹과 만났다는 소문이 끊이지 않는다. 외모는 당시와 다름없는 50세 전후인 채로 프랑스의 나폴레옹, 영국 수상 처칠과 회담했다는 소문도 있었다. 그야말로 시간을 초월해서 존재했다고밖에 생각되지 않는 생제르맹 백작. 그는 지금도 세계의 어딘가를 여행하고 있는지도 모른다.

■ 슈발의 이상궁(理想宮)

조제프 페르디낭 슈발(Joseph Ferdinand Cheval)이라는 우편배달원이 혼자서 만든 궁전이 있다. 프랑스 남동부 드롬(Drôme) 주의 오트리브(Hauterives) 마을에 현존하는 동서고금의 다양한 건축양식과 모티프가 혼재한 공상적인 궁전이다.

어느 날, 슈발은 특이한 형태의 돌에 발이 걸려 넘어진 뒤에 "커다란 궁전을 만들자"라고 결의했다. 건축이나 석공 지식을 갖지 않은 채로 홀로 돌을 모으고 다듬어, 33년이나 되는 세월을 들여서 이상궁(Palais idéal, 理想宮)을 완성시켰다. 슈발이 세상을 떠난 후, 시인 앙드레 브르통(André Breton)이나 화가 피카소 등이 절찬했고 1969년에는 프랑스 정부 중요건조물로 지정되었다. 현재는 전 세계에서 관광객이 방문하는 일대 관광 스팟이 되었다. 이 실화는 2018년에『L'incroyable histoire du facteur Cheval(영어명: The Ideal Palace)』라는 이름으로 영화화 되었다.

■ 어린이 십자군

1212년 봄부터 여름에 걸쳐 독일과 프랑스에서는 기묘한 민중운동이 계속 일어났다. 봄, 독일의 쾰른 부근에서 니콜라스라는 소년이 천사에게 메시지를 받았다고 주장하며 수천 명의 농민이나 목동들을 이끌고 이탈리아까지 행진을 시작한 것이다. 그 목적은 예루살렘의 해방이며, 무기 없이 무방비한 채로 걸어서 바다를 건널 계획이었다.

한편, 같은 해 여름, 프랑스의 클로이

(Cloyes) 마을(현재의 샤르트르 남쪽)에서 에티엔(Étienne)이라는 목동이 순례자 차림을 한 그리스도에게 프랑스 왕 앞으로 보내는 편지를 받았다고 한다. 그는 주위에 모여든 3만 명의 소년소녀들과 예루살렘으로 향해서 출발했다.

그러나 그 무방비한 여행의 결말은 비참해서, 지중해에 배를 탄 아이들은 해난사고를 당하거나 악덕상인의 손에 의해 노예로 팔려가는 등, 대부분의 아이들이 행방불명 되고 말았다고 한다. 이 행군의 참가자는 점점 불어나서 수만 명에 달했다고도 하며, 이후에 역사가가 이 일련의 운동을 '어린이 십자군(Children's Crusade)'이라는 이름을 붙였다.

■잔 다르크 생존설

1431년, 잔 다르크는 영국군에 붙잡혀 화형에 처해졌다. 19세였다. 잔 다르크는 13세 때부터 천사의 목소리를 듣기 시작했다고 한다. 프랑스 북부의 마을 오를레앙이 포위되었다는 소식이 그녀가 사는 작은 마을에 전해지자, 천사가 "가서 포위로부터 마을 사람들을 구하라"라고 잔에게 명령했다고 한다. 고작 1년도 채 되지 않아 잔은 놀라운 활약을 보였고, 프랑스의 랭스(Reims)에서 샤를 7세의 즉위에 입회했다. 그러나 부르고뉴 왕국의 군대에 붙잡혀 영국군에게 끌려가서 마녀의 낙인이 찍히고 산채로 화형 당했다.

그런데 잔이 처형당하고 5년 뒤인 1436년, 로렌에 자신이 처녀 잔느라고 주장하는 한 여성이 나타났다. 가짜가 잔의 이름을 사용한다고 생각되었지만, 잔의 두 남동생인 프티장과 피에르는 "여자가 남동생을 만나고 싶어 한다"라는 이야기를 듣고 그녀를 만나자마자 깜짝 놀랐다. 두 사람의 눈앞에 있던 것은 누나인 잔이었다고 한다. 두 남동생 외에도 영국군과 싸웠을 무렵에 그녀를 알던 많은 사람들이 그녀를 잔 다르크로서 환대했다고 한다. 그녀는 이후에 로베르 데 아르무아스(Robert des Armoises)라는 귀족과 결혼하고 아르무아스 부인이 되어서 두 명의 아이를 낳고 메츠(Metz)에서 조용히 살았다고 한다.

당시 재판관이나 간수 중에도 그녀를 지지하는 몇 명의 아군이 있었던 것이나, 그녀의 처형 때에 구경꾼들이 상당히 멀리 떨어져 있어서 처형되는 여성을 제대로 식별할 수 없었던 점 등에서 잔을 구출하는 음모가 성공했을 가능성이 있다.

다만 공백기인 5년간에 대해 그녀가 명확히 이야기하지 않았던 것, 프랑스 왕과 알현했을 때에 왕이 그녀를 가짜라고 판정했던 것 등에서 아르무아스 부인이 진짜 잔 다르크였는지는 유야무야된 상태다.

■정체불명의 철가면 사나이

1703년 11월 19일, 한 죄수가 프랑스의

바스티유 감옥에서 옥사했다. 그 남자는 감옥에 갇혀있던 34년간 얼굴에 철가면을 쓰고 있었고, 가면을 떼면 즉시 죽이라는 명령이 내려왔다고 한다. 그의 신원을 아는 자는 극히 일부이며, 죄수는 다음 날 '마르시올리(Marchioly)'라는 이름으로 매장되었다.

많은 연구가가 이 철가면의 수수께끼에 도전하려고 했다. 볼테르는 『백과전서(Encyclopédie)』라는 책 안에서, 루이 13세의 아내인 안 도트리슈가 재상 마자랭(Jules Raymond Mazarin) 추기경의 아이를 낳았고 이후에 태어난 루이 14세와 용모가 비슷하다는 소문이 퍼지는 것을 두려워하여 자식의 얼굴을 가면으로 가리고 감옥에 유폐했다는 것이다.

소설가 알렉산드르 뒤마는 1847년에 소설 『철가면(Homme au masque de fer)』에서 수수께끼의 죄수는 루이 14세의 쌍둥이 형제라고 적었고, 이로 인해 철가면 사나이의 수수께끼가 단숨에 세상에 퍼졌다. 이 설은 소설이 출판되기 반세기 이상 전인 루이 13세 시대의 재상 리슐리외의 회상록에 의해 게시되었다.

다양한 기상천외한 설이 돌아다녔지만, 철가면 사나이는 리슐리외가 고용한 '씨내리'의 아들이라는 설이 있다. 루이 13세에게는 성적불능자라는 소문이 있었다. 그래서 젊고 잘 생긴 총사대 대장 프랑수아 도제르 드 카보예(François Dauger de Cavoye)가 리슐리외에 의해 씨내리로 선발되었고, 안은 회임했다. 그러나 도제의 아들인 두 명의 형제 외스타슈(Eustache)와 루이(Louis)가 루이 14세와 용모가 닮았다는 문제가 있었다. 그런데 동생 루이는 왕에 대한 충성심을 맹세했지만, 원래부터 행실이 불량했던 외스타슈는 왕에 대한 협박 등을 일삼았기 때문에 비밀리에 유폐되었다는 것이다.

이 설이 올바르다고 한다면 철가면 사나이는 루이 14세와 얼굴이 비슷한 배다른 형제이며 왕 자신도 사생아라는 이야기가 된다. 진상은 알 수 없는 채로, 한 명의 죄수에게 죽을 때까지 가면의 착용을 강요했다는 기괴한 사건만이 역사에 사실로서 남아있다.

■죽음의 무도와 스트라스부르의 무도병

14세기에 유럽에서 페스트(흑사병)이 유행하고 있을 때, 페스트가 만연한 지역에서는 사람들이 미친 듯이 춤추는 경우가 있었다. 이것은 '죽음의 무도(Dance Macabre)'라고 불리며 죽음의 공포에 빠진 사람들이 집단 히스테리에 빠졌기 때문이라고 이야기된다. 15세기가 되면 페스트에 대한 액막이 행사가 되어갔다고 한다.

1518년에는 프랑스 북동부, 독일과의 국경 근처에 있는 스트라스부르(Strasbourg)에서 '죽음의 무도'에 관련된 사건이 일어난다. 어느 날, 한 여성이 갑자기 길에서 춤추기 시작했다. 그러자 춤에 참가하는 사람이 늘어났고, 1개월 뒤에는 400명 정도가 되었다고 한다. 공무원이 멈추려고 해도 사람들의 춤은 멈추지 않고 먹지도 마시지도 않고 계속 춤을 춘 결과, 100명이 심장발작이나 과로로 사망해 버렸다고 한다. 원인불명의 소동이었지만, 집단 히스테리에 의한 것이라고도, 호밀빵에 묻어있던 맥각균의 영향이라고도 이야기되고 있다.

또한, '메멘토 모리(죽음을 생각하라)'는 기독교의 종말관과 연결되어, 중세 말기의 유럽에서는 '죽음의 무도'는 예술의 모티프가 되었다. 죽음의 상징인 해골이 고리를 이루며 춤추는 모습이 벽화나 판화로 그려졌다. 후세에서도 헝가리의 작곡가 프란츠 리스트(Franz Liszt)가 『죽음의 무도(Totentanz)』라는 곡을 남겼다.

■카르나크 열석의 수수께끼

프랑스 북서부의 브르타뉴 지방에 있는 카르나크(Carnac)에 3000 이상의 돌이 약 3킬로미터에 걸쳐 늘어서 있는 거석기념물이 있다. 카르나크 열석(Carnac alignments)이라고 불리는 이 돌들은 동서로 똑바로 늘어서 있고, 하나의 돌이 기둥 모양으로 선 '입석(선돌, 멘히르[Menhir])'이나 다수의 돌로 거대한 돌을 떠받치는 '지석묘(고인돌, 돌먼[dolmen])' 등으로 구성되어 있다.

몇 천년 전의 신석기 시대부터 청동기 시대 무렵까지 만들어졌다고 여겨지고 있지만, 누가 무엇을 위해 만들어 놓았는지는 알지 못한다. 그래서 지금까지 다양한 설이 이야기되어 왔다.

카르나크의 수호성인인 성 코르넬리가 이교도의 병사들에게 쫓겨서 해안까지 찾아왔을 때에, 성 코르넬리가 병사들을 돌로 바꾸었다는 전설이 남아있다. 다만 카르나크 열석은 기독교의 성립보다 이전부터 있었다고 생각되고 있기 때문에, 고대의 사람들이 신을 모신 곳이라거나, 정령이나 거인이 거석을 놓았다는 설도 있다. 그 밖에도 열석이 늘어선 동서 라인을 서쪽으로 뻗으면 10월만의 일몰 위치가 되며, 이때가 브르타뉴 지방의 겨울작물인 밀의 파종 시기이기 때문에 농경에 관여하는 달력이었다는 의견도 있다.

■파도 아래의 나라 이스(YS)

고대 켈트의 전승에 의하면, 파도 아래의 나라에 대한 전설이 몇 가지 남아있다. 그 중에서도 유명한 것이 대륙계 켈트인들에 의해 건설된 이스(YS)라는 도시다.

이스는 5세기경, 현재의 프랑스 브르타뉴 지방에 있었다고 여겨지는 도시로, 그라드론 마르(Gradlon Meur)라는 훌륭한 왕에 의해 만들어진 굳센 제방에 의해 보호되고 있었다. 그러나 그라드론 왕의 딸

다유(Dahut)가 수문을 열어버렸다. 술에 취해서라거나 사악한 인물이 부추겨서라는 등, 이유는 전승에 따라 다르지만 어쨌든 대량의 바닷물이 이스의 거리를 덮쳤고, 대홍수에 의해 이스는 바다 아래로 가라앉고 말았다. 사라진 이스는 해저에서 번영을 계속하고 있다고 믿는 자도 있고, 브르타뉴의 해안을 지날 때에는 바다 소리에 섞여 교회의 종소리가 들려온다고 이야기되고 있다.

불가리아

■포비티 카마니의 돌이 된 거인

불가리아 동부에 있는 바르나(Varna)는 흑해에 접한 항구 도시다. 기원전에 고대 그리스의 식민도시 오디소스로서 건설된 역사를 지닌, 유서 깊은 도시다. 현재는 불가리아 유수의 휴양지가 되었으며, 국내외에서 많은 사람이 방문하고 있다. 이 바르나에서 20킬로미터 정도 떨어진 곳에 있는 사막지대에 새로운 관광 스팟이 될 만한 장소가 있다고 한다.

포비티 카마니(Pobiti Kamani, 스톤 포레스트, 카멘나타 고라)라고 불리는 기석군(奇石群)이다. 큰 것은 높이 10미터나 되는데, 똑바로 선 원기둥 형태의 바위가 늘어선 광경은 건조물 기둥 유적처럼도 보이지만 실제로는 자연현상에 의해 형성된 것이다. 이 바위들을 둘러싼 전설이 있다.

옛날에 이 지역에 한 청년이 살고 있었다. 청년은 신과 약속을 나누고 불사(不死)를 손에 넣었다. 약속이란 '신의 비밀을 말하지 않는다'라는 것이었다. 그러나 어느 날, 청년이 사랑하는 여자가 바다의 거인들에게 붙잡히고 말았다. 거인들은 "신의 비밀을 밝히면 여자를 구해주겠다"라고 청년에게 말했다. 여자를 구하기 위해, 청년은 불사의 몸을 잃을 각오로 신의 비밀을 이야기하려고 한다. 그 순간 신이 나타나서 바다의 거인들을 돌로 바꿔버렸다. 청년은 무사히 여자를 구할 수 있었다. 이때 돌이 된 거인들이 포비티 카마니의 기석군이라고 한다.

그 밖에도 이 돌들은 다수의 거인에 의해 세워진, 고대부터 성지로 취급된 장소였다는 설도 있다.

벨로루시

■성령대성당의 기억의 이콘

러시아와 폴란드 사이에 위치한 벨로루시는 1991년에 소비에트 연방의 붕괴와 함께 독립한 나라다. 러시아의 영향력이

짙으며 국민의 8할 이상이 러시아 정교회를 믿고 있다.

수도 민스크의 스비슬라치(Svislach) 강 근처의 언덕에 있는 성령 대성당(Holy Spirit Cathedral)은 17세기에 세워져 있는 바로크 양식의 건축물이다. 원래는 가톨릭 교회였지만, 19세기 중반에 러시아 정교회의 교회가 되었다. 여기에 기적을 일으키는 이콘이 있다고 한다. 이콘(Icon)이란 주로 러시아 정교나 그리스 정교 등의 동방정교회에서 숭배의 대상이 된 성화(聖畵)를 말한다. 예수 그리스도나 성모 마리아, 성인을 그린 것이 많다.

성령 대성당에 있는 '민스크의 성모'는 성모와 어린 예수를 그린 이콘이다. 15세기 중반에 몽골군과 싸웠을 때에 키이우(현재의 우크라이나의 수도)의 드네프르 강에 던져진 이콘이 있었다. 이콘은 강을 거슬러 올라와 상류에 있는 민스크까지 흘러갔다고 한다. 이 사건 이후로 '민스크의 성모'는 기적을 일으킨다고 믿어지고 있다.

■ 이반과 악마

러시아 문화권에서는 '이반'이라는 이름의 삼형제의 막내가 주인공인 이야기가 많다. 한국에서는 러시아 소설가 톨스토이가 쓴 『바보 이반』이 유명하다. 벨로루시에서도 이반이 등장하는 민화가 있다.

옛날에 부모와 삼형제가 사는 평민 가족이 있었다. 아주 가난한 집이었는데, 어머니가 죽고 아버지도 병이 들었다. 아버지는 가난하지만 아들들에게 각각 선물을 주었다. 장남에게는 노란 고양이, 차남에게는 맷돌, 막내 이반에게는 짚신을 만들기 위한 나무껍질을 남기고 아버지는 죽어버렸다.

어느 날, 장남이 노란 고양이를 데리고 다른 나라로 여행을 떠났다. 밤이 되어 어느 민가에 묵으려고 하자 "우리 집에는 쥐들이 많아"라는 말을 들었다. 장남은 "그래도 상관없습니다"라고 말하고 하루 묵자, 다음 날에는 고양이가 수많은 쥐를 잡아놓았다. 고양이라는 것을 몰랐던 그 집 사람들은 고양이를 원했지만 장남은 양보하지 않았다. 고양이에 대한 이야기는 그 나라 전체에 퍼져서 장남은 임금님에게 불려갔다. 임금님의 궁전에서도 많은 쥐를 퇴치하자, 임금님은 고양이를 갖고 싶어 해서 장남은 많은 은과 고양이를 교환했다. 부자가 된 장남은 자신의 나라로 돌아와서 결혼하고 행복하게 살았다.

장남을 보고, 차남도 맷돌을 들고 여행을 떠나기로 했다. 차남은 숲 근처에서 발견한 작은 집에 묵기로 했다. 그러자 밤중에 도둑들이 오두막에 들어왔다. 차남이 있는 줄 모르고 도둑들은 훔친 금화를 세고 있었다. 그때, 차남이 몸을 뒤척이다가 맷돌을 건드려서 커다란 소리가 났다. 깜짝 놀란 도둑들은 오두막에서 앞 다투어

도망쳤고, 차남은 많은 금화를 손에 넣었다. 그리고 자기 나라로 돌아와서 행복하게 살았다.

막내 이반도 형들과 마찬가지로 여행을 떠났다. 여행 도중에 짚신이 망가져버렸다. 늪지 부근에서 짚신을 다시 만들기 위해 아버지에게 받은 나무껍질로 끈을 만들고 있는데, 늪에서 악마가 나타났다. 악마에게서 "뭘 만들고 있느냐"라고 물어서 이반은 "너희들 악마를 붙잡아 팔려 하고 있다"라고 대답했다. 깜짝 놀란 악마는 "우리를 붙잡지 않는다면 대신에 뭐든지 원하는 것을 주겠다"라고 말했다. 그래서 이반은 "모자 가득히 들어갈 정도의 금화를 갖고 싶다"라고 대답했다. 악마가 늪 속에서 금화를 꺼내러 간 사이에, 이반은 몰래 땅바닥에 구멍을 파고 그 위에 구멍 뚫린 모자를 놓았다.

악마가 돌아와서 모자에 금화를 넣었지만 모자는 전혀 가득차지 않았다. 이상하게 생각하면서도 악마는 다시 늪으로 돌아가 금화를 가지고 왔고, 간신히 모자 가득히 금화가 찼다. 그러나 모자를 들어 올렸을 때에 구멍을 팠던 것을 들켜버렸다. 속았다는 걸 깨달은 악마는 화가 나서, 늪에서 힘이 센 악마를 데려와서 씨름에서 이기면 금화를 건네주겠다고 말했다. 이반은 가까이에 있던 곰을 발견하고 "저건 나의 할아버지다. 먼저 할아버지와 씨름을 해봐라"라고 말했다. 제 아무리 악마라도 곰에게는 이길 수 없었다. 다음에는 발이 빠른 악마를 불러와서 달리기 경주를 하게 되었다. 이반은 가까이에 있던 토끼를 발견하고 "저기에 있는 나의 아이와 달리기 승부를 해라"라고 말했다. 악마가 토끼에게 다가가자, 깜짝 놀란 토끼는 도망가고, 악마라도 따라갈 수 없었다. 마지막에 휘파람 불기가 특기인 악마가 찾아와서 승부를 도전했다. 이반은 악마에게 "눈을 감지 않으면 큰 일이 벌어질 거다"라고 말했다. 눈을 감은 악마의 이마를 향해서 이반은 몽둥이를 휘둘렀다. 깜짝 놀란 악마에게 "다음에는 좀 더 굉장한 피리를 불 거다"라고 말하자, 악마는 금화를 놓고 도망갔다.

이렇게 이반은 악마로부터 많은 금화를 손에 넣고 자기 나라로 돌아갔다고 한다.

벨기에

■ 몽스의 천사

제1차 세계대전 중인 1914년, 영국과 프랑스 연합군이 독일군(프러시아군)과 벨기에의 몽스에서 교전하고 있었다. 몽스는 벨기에 서부의 에노(Hainaut)주의 주도다.

연합군은 독일군에게 포위되어 절체절명의 위기에 빠졌다. 그때, 상공에 빛나는 것이 나타났다. 빛은 황금빛 옷을 입은 3명 정도의 사람의 형체로 보였다고 한다. 그 중 한 명은 커다란 날개를 펼치고 있는 듯 보였다. 연합군의 병사들은 천사가 강림했다고 생각했고, 신의 가호를 받았다고 믿은 그들은 독일군의 포위를 뚫고 생환했다고 한다. 상공에 빛나는 빛은 적병인 독일군도 목격했으며, 빛에 감싸인 순간에 몸을 움직일 수 없었다고 한다. 이 기적은 '몽스의 천사(Angels of Mons)'라고 불리며 계속 이야기되고 있다.

실은 이 에피소드는 영국의 작가 아서 메이첸(Arthur Machen)이 1915년에 발표한 소설 『궁병(The Bowmen)』과 흡사하다. 아서 자신도 몽스의 패전 기사를 신문으로 읽고, 그 후에 교회에서 소설의 내용을 떠올렸다고 이야기하고 있다. 아마도 실제 사건과 소설 내용이 혼동되어서 사실처럼 인식되게 되었던 것이 아닐까 이야기되고 있다.

다만 영국 여단장이 1914년 9월에 쓴 편지에 몽스의 천사에 대한 기술이 있거나, 몽스에서 부상당한 병사들을 간호한 간호사가 병사들로부터 천사 이야기를 들었다는 등, 소설 발표 이전부터 천사 목격담이 있었다고 한다. 몽스의 천사에 의한 기적이 정말로 있었는가는, 아직 논의의 여지가 남아있는 듯하다.

폴란드

■나치스의 보물을 실은 황금열차

제2차 세계대전 말기, 나치 독일은 지배하에 있던 폴란드에 보물을 실은 열차를 묻었다는 전설이 있다. 200억 엔 상당이라고 이야기되는 금괴나 장식품, 예술품을 실었다고 하는 열차는 '황금열차'라고 불리며 전 세계의 트레저 헌터가 발굴을 시도해왔다.

1945년에 소련(현재의 러시아)군이 밀려왔을 때에 나치스는 폴란드에 건설한 터널 안에 보물을 감췄다고 한다. 어디까지나 지역에 전해지는 소문에 지나지 않는다고 생각되고 있었지만, 2015년에 상황이 크게 변했다. 독일인과 폴란드인 트레저 헌터가 폴란드 남서부에 있는 바우브지흐(Wałbrzych)라는 마을을 조사하다가 음파 탐지기로 나치의 열차가 묻혀있다는 지점을 알아냈다고 발표한 것이다.

그들에 의하면 지하 8~9미터에 100미터 정도의 열차가 묻혀있다고 주장하며 2016년에 발굴 작업을 진행했다. 작업은 2주에 걸쳐 이루어졌으나 황금열차를 발견하는데 이르지 못했다. 그러나 땅속에 뭔가가 묻혀있다는 것은 확실하기에 앞으로의 조사가 기대되고 있다.

보스니아 헤르체코비나

■ 메주고리에의 성모

보스니아 헤르체코비나의 남부에 산간에 있는 메주고리예(Medjugorje)라는 작은 마을에서 일어난 성모 마리아를 둘러싼 전설. 1980년대부터 이 마을에는 성모 마리아가 나타난다는 기적이 일어나고 있다고 한다. 1981년, 지역의 젊은이들이 언덕을 걷고 있는데, 성모 마리아를 목격했다. 이후 목격담이 잇따랐기 때문에 소문은 마을 밖에도 퍼졌다. 그리고 많은 가톨릭 교도가 메주고리예를 순례하게 되었다. 현재는 인구 수천 명의 작은 마을에 연간 200만 명의 신자가 방문한다고 한다.

다만 메주고리예의 성모의 출현에 대해서는 바티칸의 로마 교황청이 조사를 진행하고 있으나 공식적으로는 인정하고 있지 않으며, 현시점에서는 논의가 이어지고 있다고 한다.

■ 비소코의 거대 피라미드

수도 사라예보의 북서쪽에 있는 도시인 비소코(Visoko)에 이집트의 피라미드보다도 오래되었다고 여겨지는 거대 피라미드가 있다고 한다. 미국의 아마추어 고고학자 세미르 오스마나기치(Semir Osmanagić)가 제창하는 설로, 2006년부터 발굴조사가 이루어지고 있다. 피라미드처럼 정돈된 사각뿔의 구릉은 약 1만 2000년경에 만들어진 인공 건조물이라고 한다. 현재는 오스마나기치는 일대의 토지를 구입하고 피라미드 공원으로 만들었다. 치유의 힘을 감춘 파워 스팟으로서 많은 사람이 방문하고 있다고 한다.

다만 고고학자들은 산의 형태는 자연적으로 형성된 것이며 인공 피라미드라는 설에 대해서는 의문시하는 목소리가 많다고 한다.

포르투갈

■ 나가사키에 가라앉은 마드레 데 데우스 호

에도 시대 초기 나가사키 앞바다에 가라앉은 포르투갈 화물선이 있다. 금은이나 생사(生絲)를 대량으로 싣고 있었던 마드레 데 데우스(Madre de Deus)호다. 일본, 마카오, 중국에서 교역을 하고 나가사키에 기항한 배였다.

당시, 히젠국(현재의 나가사키현)의 시마바라번과 포르투갈 사이에서는 트러블이 있었다. 데우스 호가 기항하기 1년 전, 시바바라번의 배가 마카오에 있을 때에 포르투갈인과 분쟁이 벌어져 일본측에 사상자가 생겼던 것이었다. 데우스 호에는 이 문제를 해결하기 위한 행정관 안드레 페소아(André Pessoa)도 승선해 있었다.

페소아가 도쿠가와 이에야스에게 직접 사죄함으로써 사태를 진정시키려고 했지만 면회는 바로 실현되지 않았고, 포르투갈인 상인과 나가사키 봉행 사이에도 분쟁이 일어나서 점점 시마바라번과의 관계가 악화된다.

끝내 나가사키 봉행과 시마바라번은 막부로부터 페소아를 체포하는 허가를 얻는다. 위기를 느낀 페소아는 데우스 호를 출항시키려고 했지만 나가사키 봉행과 시마바라번의 배와 병사의 총공격에 의해 데우스 호는 불타고 바다에 가라앉았다.

막부는 바다에 가라앉은 데우스 호의 화물을 회수했다. 큰 수고를 들여서 70상자의 은이 인양되었는데, 당시의 기록에 의하면 실려있던 은은 150상자는 되었다고 한다.

남은 절반의 은을 포함한 포르투갈의 보물은 지금도 나가사키의 바다 밑바닥에 가라앉아 있다.

■파티마의 성모의 기적

1917년 5월 13일, 포르투갈의 수도 리스본의 북동쪽 110킬로미터 정도 되는 곳에 위치한 파티마(Fátima)라는 작은 마을에서, 세 명의 어린아이가 수수께끼의 귀부인을 목격했다.

정오 무렵, 아이들이 코바 디 이리아(Cova da Iria)라는 언덕에서 양을 돌보고 있는데, 갑자기 벼락과 함께 강한 바람이 불었다. 그리고 떡갈나무 근처에 눈부신 빛에 감싸인 귀부인이 나타났다. 하얀 옷에 금색 망토를 두른 귀부인은 오른손목에 은색 로자리오를 차고 있으며 "세계평화를 위해 기도하세요"라는 말을 남기고, 매월 13일에 나타날 것을 약속하고 떠나갔다고 한다. 다음 달 13일, 어디에서 소문이 난 것인지 언덕에는 구경꾼이 모여 있었다. 귀부인은 다시 나타났고, 아이들에게 말을 걸었다. 그러나 구경꾼에게는 귀부인의 모습이 보이지 않았다고 한다. 다음 달 이후에도 구경꾼은 계속 늘었고, 세 명의 아이들은 사람의 마음을 혼란스럽게 한다며 당국에게 구속되어서 8월에는 언덕에 갈 수 없었다. 그러나 그것이 오히려 화제를 불러, 9월 13일에는 더욱 군중이 늘어났다. 아이들 중 한 명은 자신들 이외에도 알 수 있는 기적을 일으켜달라고 귀부인에게 고했다.

그리고 다음 10월 13일, 기적은 일어났다. 8만에서 10만 명으로 불어난 군중의 눈앞에 귀부인은 아이들에게만 모습을 보였으나, 떠나갈 때에 태양을 움직였다고 한다. 내리고 있던 비가 멈추고 구름 사이에서 얼굴을 내민 태양빛이 다양한 색으로 빛나거나, 회전하고 급강하했던 것이다. 그 이상현상은 모인 군중들도 목격했고, 그 자리에 있던 기자가 다음날 신문으로 보도했다. 이후에 교황청에 의해 파티마의 성모에 의한 기적으로 인정받았다.

6개월간에 걸친 아이들과의 대화 중에 성모는 세 가지 예언을 했다고 한다. 그 내용은 교황청에 전달되었으나, 세 번째 예언에 대해서는 공표되지 않았다. 소문에 의하면 로마 교황은 실신할 정도의 충격을 받고, 제3의 예언을 봉인했다고 한다. 그 봉인은 지금도 풀리지 않고 있다.

파티마에는 1953년에 성당이 세워지고 로마 가톨릭의 성지로서 매월 13일에 순례자가 방문하게 되었다. 특히 5월과 10월에는 많은 순례자가 모인다고 한다.

몰타

■ 몰타는 환상의 아틀란티스인가?

몰타섬은 이탈리아 시칠리아섬 남쪽에 위치한 나라로 '지중해의 배꼽'이라고도 불린다. 그 옆의 고조(Gozo)섬에는 몰타 거석신전(Megalithic Temples of Malta)이라 불리는 수수께끼의 유구(遺構)가 30개 이상 남아있다. 가장 오래된 지간티야(Ġgantija) 유적('거인의 탑'이라는 의미)은, 이집트의 기자의 피라미드보다 1000년 이상 전인 기원전 3600년경에 만들어진 것으로 여겨지는 인류 최고(最古)의 신전 중 하나다.

신전에는 의미를 알 수 없는 공통된 소용돌이 문양이 새겨져있고, 토기나 장식품, 인골 등이 발견되었다. 그러나 여기에 살고 있던 사람들의 정체는 불명이며, 이집트 문명이나 그리스 문명이 번영하기 전인 아득한 옛날의 신석기 시대에 바퀴도 금속도 사용하지 않고 어떻게 거석을 운반하고 신전을 건설했는지는 불명이다.

그리고 수수께끼를 부르는 유적이 카트러츠(Cart ruts)다. 폭, 깊이 1미터 정도의 두 줄이 한 조인 평행한 고랑이, 이 시대에는 있을 리 없는 바퀴의 자국처럼 새겨져있다. 시칠리아 섬이나 아프리카 대륙에도 비슷한 궤적이 있는 것에서, 몰타가 아직 대륙에 이어져 있던 시대에 만들어진 것이 아닐까 하고 추측되며, 그 중에는 1만 2천년 전의 구석기시대에서 몰타에 거석신전을 세운 고도의 문명이 있었다고 주장하는 사람도 있다.

일설에 의하면 환상의 대륙 아틀란티스(자세한 것은 유럽 전역의 **아틀란티스 대륙은 실재하는가** 항목을 참조)의 모델이 되었던 도시라고 한다. 지금으로부터 기원전 2200년경, 몰타 섬과 필플라(Filfla)섬(현재는 무인도)를 잇는 육교가 해저의 지각활동에 의해 붕괴하며 거대한 쓰나미가 몰타 섬을 덮쳐서 수수께끼의 거석문화의 모든 것이 소멸했다고 여겨지고 있다. 이 시대에 소실된 거석문화가 고대 이집트의 연대기에 기록되어 그리스에 전해지고, 이 전설을 모델로서 기원전 5세기부터 기원전 4세기경 플라톤이 '아틀란티스'로서 기록한 것이 아닐까 하는 설도 있다.

모나코

■국명과 헤라클레스의 기묘한 관계

남유럽의 지중해 측에 위치한 프랑스에 둘러싸인 소국 모나코. 기원전 10세기경에 고대 페니키아인이 세운 항구 도시로, 그 후에 그리스에 지배되었다. 과거에 영웅 헤라클레스를 모시는 신전이 있었다고 하며, 그 신전을 모노이코스(Monoikos, '유일한'이라는 의미)로 읽은 것에서, 모나코라는 국명이 되었다고 한다. 헤라클레스는 12가지 불가능한 난제에 도전한 그리스 신화 최대의 영웅으로, 자세한 것은 그리스의 **영웅전설(2) ~헤라클레스의 12가지 모험** 항목을 참조

현재 모나코는 가톨릭을 국교로 삼고 있으며, 데보타(Sainte-Dévote)라는 성녀가 수호성인이다. 성녀 데보타는 4세기 경, 숨이 끊어진 상태에서 작은 배에 타고 표착한 전설의 여성으로, 그 표착지라고 하는 고마테(Gaumates) 협곡에는 성 데보타 교회(Sainte-Dévote Chapel)가 세워져있다. 성녀 신앙이 뿌리 깊은 나라의 이름이 이교의 영웅과 관계되어 있다는 점이 흥미롭다.

몰도바

■소를 뒤쫓다가 나라를 세우다

루마니아 북동부에 위치한 몰도바. 17세기에 쓰인 『몰다비아 연대기(Descriptio Moldaviae)』에 의하면, 몰도바 건국에는 다음과 같은 전설이 있다.

어느 날, 루마니아의 트란실바니아 북부의 마라무레슈(Maramureș)에 사는 드라고슈 보다(Dragoș Vodă)가 사냥을 나가서 한 마리의 들소를 발견했다. 드라고슈는 들소를 쫓아서 야산을 헤치고 들어가, 강변까지 쫓아가서 간신히 잡았다. 그리고 문득 주위에 펼쳐진 광대한 땅이 마음에 들어서, 소를 처치한 땅에 머물러 살며 초대 몰도바공(公)이 되었다고 한다. 몰도바 국기 중앙에 소가 그려져 있는 것은 이 때문이다.

또한 들소를 강까지 몰아넣었을 때, 애

견 몰다(Molda)가 힘이 다해 쓰러져버렸다. 드라고슈는 애견의 죽음을 슬퍼하여 그 강을 애견의 이름을 따서 몰도바 강이라고 이름 붙였다고 하며, 그 강 일대 지역이 몰도바라고 불리게 되었고, 이어서 그 지역의 이름이 국명이 되었다. 즉 몰도바라는 국명은 개의 이름에서 생겨난 것이다.

몬테네그로

■기적이 일어나는 오스토로그 수도원

수도인 포드고리차(Podgorica)에서 차로 한 시간 정도 걸리는 곳에 위치한 오스토로그 수도원(Ostrog Monastery)은 17세기에 성 바실리예(Vasilije)가 창설했다. 단애 절벽의 산 위에 달라붙듯이 세워져 있는 이 수도원에서는 기적이 일어나는 것으로 유명하다.

안쪽의 교회에 안치되어 있는 성 바실리예의 시신에 기도를 올리면 기적이 일어난다는 것이다. 제2차 세계대전이 격화되는 와중에도 오스토로그 수도원에는 한 발의 총탄도 맞지 않았다는 전설이 남아 있다.

현재도 몬테네그로 최대의 순례지로서 매년 많은 신자가 찾고 있으며, 규칙을 지키면 타 종교인도 성 바실리예의 시신과 대면할 수 있다.

라트비아

■다우가바 강의 물의 정령

러시아가 수원지인 다우가바(Daugava) 강은 벨로루시를 지나서 라트비아로 흘러오며, 리가(Riga) 만으로 흘러가는 국토를 양분하는 강이다. 이 강에는 물의 정령이 살고 있다고 하며, 수도 리가의 주민에게 질문을 던진다고 한다. 그것은 "리가는 이미 완성되었나?"라는 질문으로, 만약 "완성되었다"라고 대답하면 마을이 홍수로 잠겨버린다고 한다. 따라서 리가에 사는 사람들은 물의 정령에게 질문을 받으면 "아직 완성되지 않았다"라고 대답해야만 한다고 한다.

■영웅 라츠플레시스의 전설

라트비아에는 북쪽의 에스토니아와 남쪽의 리투아니아 사이에 끼어있는 발트 3국 중 하나다. 라트비아인이나 리투아니아인, 프로이센인들은 발트 신화의 신들을 믿고 있었다. 12세기말의 독일 기사단에 의한 이교 박멸을 목적으로 하는 침공

이후로는 기독교가 포교되어 갔는데, 현재도 가요나 습속 안에 발트 신화의 영향을 남기고 있다고 한다.

19세기 후반에 시인 펌퍼스(Andrejs Pumpurs)에 의해 쓰인 『라츠플레시스(Lāčplēsis)』에서는, 라트비아에서는 모두가 알고 있는 전설의 영웅 라츠플레시스의 활약이 그려지고 있다. 기독교 전래 이전에 전해지던 발트의 신들이나 마녀의 이야기, 하지제(夏至祭, Midsummer)의 상황 등이 기록되어 있으며, 라트비아의 옛 문화와 풍습을 알기 위한 자료가 되고 있다.

곰인 어머니에게 태어난 라츠플레시스는 무적을 자랑하는 긍지 높은 용사였다. 그는 검을 한 손에 들고 항상 외적으로부터 사람들을 지켰다. 어느 날, 라트비아를 공격해 온 독일 기사단과도 용감하게 싸웠는데, 약점이 알려져 버렸다. 어머니에게 물려받은 곰의 귀가 약점이었던 것이다. 약점을 공략당해서 라츠플레시스는 패배하고 말았지만, 숙적인 독일 암흑기사와 함께 절벽에서 떨어져 강 속에 가라앉았다고 한다.

11월 11일은 1919년에 라트비아에서 독일군을 격퇴한 역사적인 날이라고 한다. 독일의 흑기사와 싸운 라츠플레시스의 모습과 겹쳐지는 것에서, 매년 이 날은 '라츠플레시스의 날'로서 기념하는 이벤트가 이루어진다.

■토끼의 꼬리가 짧은 이유

라트비아에는 토끼 꼬리를 둘러싼 옛날 이야기가 있다.

옛날, 토끼가 숲의 외곽에서 휘파람을 불고 있었다. 그 멋진 휘파람소리를 들은 개는 부는 법을 알려달라고 부탁한다. 토끼는 개의 입 모양이 너무 길쭉해서 제대로 휘파람을 불 수 없다고 대답한다. 개는 어떡하면 입을 넓힐 수 있을까를 묻자, 토끼는 톱으로 자르면 된다고 말했다. 개는 아픔을 참고 톱으로 입을 넓힌 뒤에 토끼 흉내를 내서 휘파람을 불어보았다. 그러나 '가후가후' 하는 소리 밖에 나지 않고 깨끗한 소리가 나지 않았다. 화가 난 개는 토끼를 뒤쫓았지만, 토끼는 구멍으로 도망쳐 들어갔다. 그러나 긴 꼬리만이 구멍에서 튀어나와 있어서, 개에게 물어 뜯겨 버렸다.

이것이 토끼의 꼬리가 짧은 이유이며, 이후로 개는 토끼를 발견하면 뒤쫓게 되었다고 한다.

리투아니아

■발트 제국의 성스러운 쌍둥이

동유럽의 발트해 연안 지역에서 이야기되는 발트 신화. 이 지역에 기독교가 들어오는 13세기 이전의 창세신화에 의하면, 성스러운 쌍둥이가 세계를 만들었다고 한다.

과거에 디에바스(Dievas)라는 하늘의 신과, 벨나스(Velnias)라고 하는 성스러운 쌍둥이가 큰 바다의 한복판에 있는 바위의 위에서 싸우고, 그 이후에 세계가 만들어졌다. 그들이 싸웠던 바위가 세계의 중심지가 되었다.

디에바스는 높은 산에 있는 천계에 궁전을 세우고 농원과 말을 가지고 있다. 용모는 아름답고 천계에서는 은색의 망토를 두르고 있지만, 지상에 내려올 때는 잿빛 아마천 망토를 두른 늙은 걸인 모습으로 변한다고 한다. 세계를 창조한 뒤에는 자주 지상을 방문해서 농민의 밭에 다가가 곡물의 씨를 뿌려주거나 곡물 밭의 이삭을 건드리며 걸어서 인간에게 풍요를 가져온다고 한다. 대조적으로 벨나스는 대지에 진흙을 토해내서 산들을 만드는 등, 트릭스터로서 인간들을 방해해간다.

그 밖에 별자리의 가운을 두르고 잿빛 말이 끄는 전차를 타고 하늘을 여행하는 달의 신 메눌리스(Menulis), 구리 수염이 나며 도끼를 한손에 들고 수컷 염소가 끄는 이륜 전차를 타고 요란하게 하늘을 달리는 번개의 신 페르쿠나스(Perkūnas)라는 천계의 신이나 대지의 어머니 제미나(Žemyna)라는 다른 세계의 신들 등, 다채로운 신들이 발트 신화의 세계에 등장한다.

리히텐슈타인

■ 리히텐슈타인 가문이 지킨 보물

리히텐슈타인은 오스트리아와 스위스 사이에 끼어있는 작은 나라다. 1719년에 신성 로마 황제인 카를 6세가 리히텐슈타인 가문의 영지인 셸렌베르크(Schellenberg)와 파두츠(Vaduz)를 통합하여 리히텐슈타인 공국(Fürstentum)으로 승격시켰다.

리히텐슈타인 가문의 역사는 미술품과 깊은 관계가 있다. 17세기에 초대 당주인 카를 1세의 미술품 컬렉션을 당시의 신성 로마 황제 루돌프 2세가 마음에 들어 해서, 후작 작위를 부여받는다. 이후에 리히텐슈타인 가문은 훌륭한 미술품의 수집을 가훈으로 삼아왔다. 루벤스의 그림인 '성모 승천'이나 금박으로 장식된 로코코풍의 '황금 마차(The Golden Carriage)' 등, 개인 컬렉션으로서는 영국 왕실에 버금가는 수를 자랑하고 있다.

리히텐슈타인 가의 미술품이 가장 큰 위기를 맞았던 것은 제2차 세계대전 때였다. 많은 컬렉션이 놓여있던 오스트리아가 나치 독일에 병합되고 미술품의 국외 반출도 금지된다. 당시의 당주 프란츠 요제프 2세(Franz Josef II)는 컬렉션을 지키기 위해 리히텐슈타인의 수도 파두츠로 비밀리에 이송할 계획을 세웠다. 그림의 이름은 가짜로 바꾸고 '황금마차'는 해체해서 운반하는 등, 다양한 방법을 동원한 필사적인 작업이었다고 한다. 리히텐슈타인 가문의 보물은 이런 노력을 통해 전쟁의 불길로부터 지켜졌던 것이다.

오랫동안 공개되지 않았던 미술품들은 2004년, 빈의 여름 별궁에서 간신히 공개되었다.

루마니아

■꼬챙이 대공 블라드 3세와 흡혈귀 드라큘라

사람이나 가축을 습격해서 피를 빠는 흡혈귀는 동유럽을 중심으로 세계 각지에 전해지는 괴물이다. 가장 유명한 흡혈귀라고 하면 19세기 말에 쓰인 브램 스토커의 괴기소설 『드라큘라』나 그것을 바탕으로 한 연극, 영화 등에 등장하는 불사의 귀족 드라큘라 백작일 것이다. 루마니아 중부의 트란실바니아 지방을 무대로 활동하며, 검은 망토를 몸에 두르고 밤이면 밤마다 관 속에서 나와 미녀의 생피를 찾아다니고 피를 빨린 자도 흡혈귀로 변해버린다, 라는 이야기다.

지금은 완전히 이미지가 정착된 드라큘라의 모델이 되었다고 이야기되는 것이, 15세기에 실재한 블라드 체페쉬(Vlad Țepeș) 공작이다. 트란실바니아에서 태어나서 오스만 제국과의 싸움에서 활약한 용장이지만, 성격의 잔인함으로도 널리 알려져 있다. 어느 도시의 주민 3만 명을 단 하루 만에 학살했다, 전장에서 수천 명이나 되는 오스만 제국군 병사들을 말뚝에 꿰어 죽였다, 산 채로 인간의 가죽을 벗겼다, 솥에 삶거나 불에 태워 죽였다, 등의 끔찍한 소문이 전해지고 있다. 특히 꼬챙이에 꿰는 것을 즐겼다고 해서 '블라드 체페쉬 공작('블라드 꼬챙이 공'이라는 의미)'라고 불리게 되었다.

현실은 소설보다도 기이하다는 말이 있는데, 실제로 블라드 공의 행동은 흡혈귀보다도 훨씬 소름끼치는 것이었던 듯하다.

■죽일 수 있는 흡혈귀 스트리고이

루마니아에서 '죽일 수 있는 흡혈귀'라고 불리는 요괴가 스트리고이(Strigoi)이다. 붉은 머리카락과 푸른 눈동자가 특징으로, 심장을 두 개 가지고 있다. 특정한 조건의 죽음을 맞이한 자가 스트리고이가 된다고 한다. 사람들은 죽은 자가 스트리고이가 될 수 없도록, 시체의 심장에 말뚝을 박거나, 실을 잣는 도구로 몸을 꿰뚫는 등의 대책을 세운다고 한다. 만약 시체의 왼쪽 눈만이 뜨고 이쪽을 노려보고 있다면 스트리고이가 될 징조라고 이야기되고 있다.

룩셈부르크

■ 인어공주 멜뤼지나와 두 개의 약속

인어공주의 전설은 유럽 각지에 있는데, 룩셈부르크에는 건국에도 관여한 멜뤼지나(Melusina)라는 인어공주의 전설이 있다.

어느 날, 지크프리트 1세(Sigfried, Count of the Ardennes)가 사냥 도중에 알제트(Alzette) 계곡에 길을 잃고 들어갔다. 그러자 높이 우뚝 솟은 암벽 위에서 아름다운 노랫소리가 들려왔다. 올려다보니, 그곳에는 로마인의 성 옛터에 앉은 멜뤼지나라는 미녀가 있었다. 지그프리트는 멜뤼지나에게 매료되어 사랑을 고백한다. 멜뤼지나도 역시 그를 좋아하게 되었는데, 구혼을 받아들이는 대신에 두 가지 조건을 내세웠다. 한 가지는 이 절벽에 집을 세울 것. 다른 한 가지는 일주일에 한 번, 혼자만의 시간을 달라는 것이었다. 지크프리트는 물론 승낙했고, 알제트 계곡에 성을 세웠다. 이것이 룩셈부르크의 기원이다.

결혼 후, 두 사람은 행복하게 살고 있었는데, 어느 날 친구에게 부추김당해서 지크프리트는 아내와의 약속을 깨고 만다. 멜뤼지나가 혼자만의 시간을 보낼 때에 몰래 방을 엿보았더니, 그녀는 풍만한 금발을 빗으면서 목욕을 하고 있었는데 다리가 비늘에 반짝이는 물고기의 꼬리로 변해 있었다. 누군가가 모습을 훔쳐본 것을 깨달은 멜뤼지나는 창피한 나머지 창문으로 몸을 던졌고, 알제트 강에 뛰어들었다. 그리고 두 번 다시 지크프리트 곁으로 돌아오지 않았다고 한다.

알제트 계곡에는 전설을 따서 강을 바라보는 핑크색 멜뤼지나 조각상이 놓여 있다. 이 전설에는 이어지는 이야기가 있는데, 멜뤼지나는 7년에 한 번씩 알제트 강에 모습을 보이며 강에서 구출해줄 사람을 기다리고 있다고 한다. 멜뤼지나가 나타나는 해가 되면 신문에도 보도되며, 2018년에는 인어를 목격했다는 소문도 있었다고 한다. 다음에 멜뤼지나가 나타나는 것은 2025년이라고 한다.

러시아

■ 디아틀로프 고개 사건

1959년에 소련(현재의 러시아)의 우랄 산맥에서 남녀 아홉 명이 의문의 죽음을 당한 사건이 일어났다.

대학생인 이고리 디아틀로프(Igor Alekseyevich Dyatlov)를 리더로 하는 젊은이 아홉 명이 스키를 타기 위해 설산에 들어갔다가 소식불명이 되었다. 그 후의 수색으로 다섯 명의 시신이 발견되었고, 몇 달 뒤에 나머지 네 명의 시신도 발견되었다. 그들은 홀라트샤흘(Kholat Syakhl) 산(현지의 만시[Mansi]어로 '죽음의 산'이라는 의미)의 경사면에 텐트를 치고 있었는데, 발견 했을 텐트는 안쪽에서 찢겨 있었다. 발견된 시신의 상태는 기묘한 점이 많았다. 의복을 벗고 있었다는 점, 두개골이나 늑골이 짓눌리듯이 부러져 있었다는 점, 안구나 혀가 없었다는 점, 시신에 방사능 오염이 보였다는 점 등이다.

그들에게 무슨 일이 일어났는가는 진전이 없는 채로 갑자기 수사는 중지된다. 많은 수수께끼를 남긴 이 사건의 현장은 리더의 이름을 따서 '디아틀로프 고개(Dyatlov Pass)'라고 불리게 된다. 그들의 사인(死因)에 대해서는 다양한 억측과 음모론이 생겨났고, 유품인 카메라 필름에 발광체가 찍혀있었던 것에서 UFO에 의한 것이라는 설도 부상했다. 당초에는 눈사태가 일어나기 힘든 장소였다고 생각되었지만, 근래의 연구에 의하면 눈사태에 의해 시신이 손상되었다는 의견도 있다.

■아나스타샤 생존설

1918년 7월, 러시아 로마노프 왕조 최후의 황제인 니콜라이 2세와 알렉산드라 황후, 다섯 명의 아이들(오르가, 타티아나, 마리야, 알렉세이, 아나스타샤)은, 예카테린부르크 근교의 이파티에프 저택에 감금되었다. 그리고 하녀나 의사 4명과 함께, 전원이 처형되어 비밀 장소에 묻혔다고 한다.

그런데 한동안 막내인 아나스타샤가 지원자에게 구출되어 비밀리에 탈출했다는 소문이 돌았다. 1920년에는 베를린의 다리에서 몸을 던졌다가 구출된 안나 앤더슨(Anna Anderson)이라는 여성이 나타났다. 그녀의 용모는 아나스타샤와 공통점이 많았고, 본인밖에 모르는 궁정시대에 대해서 이야기했다. 미디어가 주목하거나 니콜라이 2세의 친족 일부도 그녀를 진짜라고 인정한 것에서 약 50년에 걸쳐 안나 앤더슨 = 아나스타샤라는 논의가 이어졌다.

1991년에는 황제 일가로 보이는 유골이 발굴되어 DNA감정이 이루어졌는데, 다섯 명의 시신 밖에 발견되지 않았기 때문에 아나스타샤 생존설의 기대가 높아졌다. 그러나 2007년에 유골 발굴 현장 근교에서 남자아이와 여자아이의 시체가 발견되었고, DNA감정으로 두 사람 다 황족임이 확인되어 니콜라이 2세 일가 전원이 살해되었다는 것이 확정되었다.

아나스타샤라고 주장하던 안나 앤더슨은 DNA감정에 의해 폴란드의 공장노동자 프란치스카 샨츠코프스카(Franziska

Schanzkowska)였음이 판명되었다. 이리하여 아나스타샤 생존설에 종지부가 찍히게 되었다.

■아름다운 바실리사 (Vasilisa the Beautiful)

유명한 『신데렐라』처럼 심술궂은 계모에게 괴롭힘 당하는 아이의 이야기는 다양한 지역에 있는데, 러시아에도 바실리사라는 소녀의 이야기가 있다.

바실리사라는 아름다운 소녀는, 계모나 의붓 언니들의 질투로 인해 매일 집안일을 전부 하는 등의 괴롭힘을 당하고 있었다. 그러나 바실리사는 생전의 어머니에게 받은 마법의 인형을 가지고 있었다. 이 인형이 여러 가지를 알려준 덕분에 바실리사는 힘든 잡무들을 척척 처리할 수 있었고, 외롭지 않았다.

어느 날, 계모는 숲에 사는 무서운 바바 야가(자세한 것은 요**괴노파 바바 야가** 항목을 참조)에게 불씨를 받아오라고 바실리사에게 명령했다. 바실리사가 만나러 가자, 심술궂은 바바 야가는 "불씨를 줄 테니, 섞여 있는 콩과 겨자열매를 골라 놔라"라는 의미 없고 엉뚱한 일들을 차례차례 그녀에게 명령하고, 즐거워했다. 한밤중이 되자, 바실리사는 인형의 조언에 따라 정원에서 빛나는 두개골을 하나 집어 들고서 마녀의 집을 몰래 빠져나왔다. 그리고 무사히 집에 돌아온 뒤, 바실리사는 계모와 의붓 언니들 앞에 빛나는 두개골을 들어올렸다. 그러자 두개골의 불타오르는 빛을 뒤집어 쓴 계모와 의붓 언니는 한 순간에 재가 되어버렸다고 한다.

■영구동토에서 되살아난 태고의 바이러스

천연두는 오랫동안 인류를 괴롭혀온 감염력이 강한 전염병이지만, 1980년에 WHO(세계보건기구)에 의해 근절이 선언되었다. 그러나 2014년, 시베리아의 영구동토 깊은 곳에서 3만년 이상 전의 신종 바이러스가 발견되었다. 러시아와 프랑스의 연구팀이 발표한 자료에 의하면 길이 약 1.5 마이크로미터인 거대 바이러스로, '피토바이러스(Pithovirus)'로 명명되었다.

연구 결과, 인체에는 무해하다고 하지만 피토바이러스의 증식과정은 천연두 바이러스와 비슷했다고 한다. 연구팀은 영구동토의 얼음 속에는 인체에 유해한 바이러스가 잠들어있을 가능성이 있다고 지적한다. 이대로 지구 온난화가 계속되면 태고의 바이러스가 부활할 지도 모르는 것이다.

또 2019년 9월에 시베리아의 도시 노보시비르스크(Novosibirsk) 근처의 연구시설에서 폭발사고가 일어났다. 이 시설은 세계에서 두 곳뿐인 천연두 바이러스를 보관하고 있는 연구센터다. 다행히도 사고에 의해 바이러스가 인근에 위험을 끼치는 일은 없었다고 한다.

그러나 언제 어떠한 계기로 위험한 바이러스가 인류를 위협하게 될지 알 수 없다고 할 수 있을 것이다.

■ 오를로프 다이아몬드와 그레이트 무굴

오를로프 다이아몬드(Orlov Diamond)란, 18세기의 러시아의 여제 예카테리나 2세에게 정부였던 그레고리 오를로프가 준 약 195캐럿의 다이아몬드다. 귀족이며 군인이었던 오를로프는 당시에는 황태자였던 표트르(이후의 표트르 3세)의 아내인 예카테리나와 사랑에 빠져, 표트르 3세에 대한 쿠데타를 꾸몄다고 한다. 예카테리나가 여제가 된 뒤에도 불륜관계를 계속해서 높은 지위를 얻었다.

그 후에 예카테리나의 명령을 받아, 오를로프는 튀르키예와의 정치교섭 임무를 받는다. 거리가 멀어지자, 예카테리나의 정적이 꾸민 책략이나 그녀의 새로운 연인의 존재에 의해 예카테리나의 마음은 오를로프로부터 멀어졌다. 변심을 두려워한 오를로프는 네덜란드의 암스테르담에서 거대한 다이아몬드를 손에 넣어 그녀에게 보냈고, 왕홀(王笏, scepter)을 장식하게 되었다. 그러나 예카테리나의 마음을 되돌릴 수는 없었다고 한다.

실은 이 다이아몬드의 정체가 '그레이트 무굴(Great Mogul)'이라고 불리는 인도 최대의 다이아몬드였다는 설이 있다. 이 다이아몬드는 인도 남부의 도시 마드라스(Madras, 현재의 첸나이[Chennai])에 있는 힌두교 사원에 있던 여신상의 눈에 박혀있었는데, 17세기에 행방불명되었다고 한다. 18세기에 프랑스인 병사가 훔쳐내서 몇 사람인가의 손을 거친 끝에 네덜란드의 암스테르담에 도달했고, 오를로프가 구입했다는 것이다. 그레이트 무굴은 영국의 빅토리아 여왕에게 헌상되었다는 설도 있다.

현재 오를로프 다이아몬드는 왕홀에 장식된 형태로 모스크바의 크렘린궁에 소장, 전시되고 있다.

■ 요괴 노파 바바 야가

바바 야가(Baba Yaga, '야가 할머니'라는 의미)는 슬라브인의 다양한 민화나 전승에 등장하는 마녀다. 괴물 같은 개나 검은 고양이와 함께 숲속에 사는 주름투성이의 노파로, 바라보는 자를 돌로 바꾸는 힘을 가지고 있다고 한다. 바바 야가가 좋아하는 것은 어린 아이의 고기로, 숲을 배회하며 미아가 된 어린아이를 찾고 있다. 숲을 이동할 때는 거대한 돌절구를 타고, 절굿공이를 노처럼 사용해서 공중을 저어서 날며 폭풍을 일으킨다고 한다. 숲속 깊은 곳에는 바바 야가의 마법의 집이 있다. 집의 토대에는 암탉의 발이 달려 있어서 달릴 수 있으며, 정원의 울타리에는 그녀가 잡아먹은 인간의 두개골이 쭉 늘어서 있고, 밤이 되면 랜턴처럼 불이 들어온다고 한다.

러시아에 전해지는 민화에, 이러한 무서운 마녀를 속인, 마리아사라고 하는 용감한 소녀의 이야기가 있다. 어느 날, 심술궂은 계모에게 명령을 받아서 마리아사는 바늘과 실을 빌리러 바바 야가에게 찾아갔다. 그녀는 도중에 숙모의 집에 들러서 마녀의 집에 있는 개에게 물리지 않을 방법과 검은 고양이에게 말을 거는 방법을 배웠다. 바바 야가에게 갇히게 된 마리아사는 숙모에게 배운 방법으로 검은 고양이에게 말을 걸어보았다. 그러자 친절한 검은 고양이는 수건과 빗을 가지고 도망치도록 알려주었다.

마리아사가 빈틈을 보고 도망치자, 바바 야가는 곧바로 쫓아왔다. 거기서 마리아사가 수건을 던지자 곧바로 강이 생겼고, 빗을 던지자 빗은 숲이 되었다. 마녀는 앞길이 막혀서 마리아사는 무사히 도망칠 수 있었다고 한다.

■퉁구스카 대폭발

1908년 6월 30일. 시베리아의 포트카멘나야(Podkamennaya) 퉁구스카강 근처에서 거대한 폭발이 일어났다. 그것은 히로시마나 나가사키에 떨어진 원폭의 몇 배나 되는 위력으로, 면적 2100평방 킬로미터의 나무들을 쓰러트렸다. 기적적으로 희생자는 나오지 않았지만, 폭발의 충격파는 매그니튜드 5의 지진에 필적했다고 한다. 대체 무슨 일이 일어났던 것일까.

폭발의 목격자에 의하면 하늘에 푸르스름한 빛의 기둥이 나타난 뒤, 격렬한 섬광과 함께 대포 같은 소리가 들리더니 수백 킬로미터에 걸쳐 충격파가 퍼졌다고 한다.

1921년에 지질학자 레오니드 쿨리크(Leonid Kulik)가 처음으로 본격적인 과학 조사를 시작했을 때는 이미 사건으로부터 13년이나 경과해 있었다. 당초에는 거대한 운석의 충격에 의한 것이라고 생각되고 있었으나, 검증을 위해 현지를 방문한 쿨리크는 소행성이 충돌한 듯한 거대 크레이터는 어디에도 없었음을 알게 된다. 운석이 아니라 얼음 혜성이었다, 소행성이 공중 폭발한 충격이었다, 대기권에 돌입한 혜성이 핵융합 반응을 일으켰다, 블랙홀이 지구를 통과했다는 등의 다양한 설이 부상했다.

천재 과학자 니콜라 테슬라가 발명했다고 하는 '살인광선(강대한 위력의 광선병기)' 실험의 사고였다는 설도 있다. 테슬라 사후, 살인광선의 연구 자료가 행방불명되었다는 소문도 있다. 무시무시한 위력의 파괴병기를 위험하다고 생각해서 테슬라 자신이 기술을 봉인했다는 것이다.

사건으로부터 100년 이상이 지났지만 아직도 폭발의 원인은 알지 못한다. 본격적인 조사가 개시될 때까지 13년이나 걸린 이유도 불명이며, 러시아 당국이 어떠한 사실을 은폐하고 있는 것이 아닐까 하는 견해도 있다.

러시아 동유럽

■물의 님프 루살카의 슬픈 사랑

슬라브 민족의 나라에 옛날부터 전해지는, 물의 님프(정령)의 비련을 둘러싼 이야기가 있다.

물의 님프인 루살카(Rusalka)는 동료들과 호수 안에서 살고 있었다. 어느 날, 루살카는 호수에 찾아온 왕자와 만나고 두 사람은 사랑에 빠진다. 루살카는 육지에서 왕자와 살고 싶다고 바랐지만, 호수의 마녀는 육지에서 살게 되면 불사신이 아니게 되고 목소리도 잃으며, 두 사람의 사랑이 끝나면 왕자에게 나쁜 일이 일어날 것이라 예언했다. 그래도 루살카는 육지에 올라갔고, 이윽고 왕자와 결혼했다.

그러나 왕자는 다른 나라의 왕녀에게 마음을 빼앗기고, 루살카에 대한 애정이 옅어지기 시작했다. 루살카는 왕자와 있어도 행복해질 수 없다고 깨닫고 호수로 돌아오려고 했지만, 이미 불사신이 아니기 때문에 호수 안으로 돌아가면 죽어버린다는 것을 깨닫고 있었다. 마녀는 왕자를 죽이면 불사신으로 돌아올 수 있다고 루살카에게 제안했지만, 루살카는 아직 왕자를 사랑하고 있어서 그 제안을 거부했다. 그때, 왕자가 루살카를 찾아서 호수까지 찾아와서, 루살카는 왕자에게 작별의 키스를 한다. 그러자 왕자는 키스가 원인이 되어 죽어버렸다. 예언이 적중하고 절망한 루살카는 목숨이 끊어질 때까지 호수 안에 가라앉았다.

루살카의 비련의 이야기는 푸시킨(Alexander Pushkin)이나 고골(Nikolai Gogol) 등의 문학이나 체코의 작곡가 안토닌 드보르작(Antonín Dvořák)의 오페라 『루살카』의 음악 등 폭넓게 다루어지고 있다. 『인어공주』라고 하면 덴마크의 안데르센 판이 유명하다. 그것과 많이 비슷한 이 슬라브 민화판 『인어공주』는 안데르센 판에 영향을 주었는지도 모른다.

■불사신 코셰이의 최후

악의 화신 코셰이(Koschei, '오래된 뼈'라는 의미)는 슬라브 민족의 신화나 전설에 등장하는 괴물이다. 해골 같은 모습으로, 죄 없는 소녀를 납치하고, 게다가 불사신으로 알려져 있었다.

어느 날, 잘생기고 젊은 이반(Ivan Tsarevich) 왕자가 전사여왕 마리야 몰레브나(Marya Morevna)와 만나 서로에게 사랑에 빠져 결혼했다. 이반 왕자는 몰레브나의 궁전에서 살게 되었는데, 어느 날 마리야가 출정하게 되어 집을 비운 동안, 궁전의 자물쇠를 채운 지하 감옥만은 엿보지 말아달라는 말을 하고 갔다. 그런데 이반은 호기심을 이기지 못하고 지하감옥을 열었다. 그곳에는 야윈 노인이 쇠사슬에 묶여 있었다. 그는 물을 요구했고 노인을 불쌍히 여긴 이반은 물을 준 순간, 노인은 쇠사슬을 끊고 이반을 붙잡아 궁전에서 빠져나갔다. 이 노인이 바로 불사신의 악인 코셰이로, 마리야와의 싸움에서 패배하여 붙잡혀있었던 것이었다.

마리야는 돌아온 뒤에 무슨 일이 벌어졌는지 즉시 깨닫고 남편을 구출하러 떠났다. 그러나 매복하고 있던 코셰이에게 패하고 마리야는 온몸을 찢기고 만다. 그곳에 마리야의 세 명의 오빠가 나타나서 매, 까마귀, 독수리로 변신하여 뿔뿔이 흩어진 시체에 생명의 물을 부어 그녀를 되살려주었다. 그러나 그 무렵에는 코셰이는 말을 타고 멀리 도망쳐버린 뒤였다.

마리야는 코셰이를 쫓아갈 수 있는 말의 소유자를 딱 한 명 알고 있었다. 숲에 사는 바바 야가(자세한 것은 러시아의 **요괴 노파 바바 야가** 항목을 참조)였다. 마리야가 바바 야가에게 부탁하자, 볼품없는 생김새의 망아지를 나누어주었다. 마리야가 올라타자 망아지는 신기하게도 준마로 변했고, 끝내 코셰이를 따라잡았다. 그리고 코셰이의 말이 돌에 걸려 넘어진 것을 노려 마리야는 지면에 내동댕이쳐진 코셰이를 검으로 찔렀다. 그 몸을 불태우자 코셰이의 혼은 돌아갈 장소를 잃고, 두 번 다시 되살아나지 않았다. 이렇게 용감한 마리야는 이반 왕자와 궁전으로 돌아와 평화롭게 살았다고 한다.

■소년 이반과 불새

불새는 슬라브 민화에 이따금씩 등장한다. 깃털이 화염처럼 빛나는 다채로운 색의 공상상의 새로, 불새를 붙잡으려고 하는 자에게 재앙이 내린다고 한다. 러시아의 옛날이야기에서는 불새를 생포한다는 난제에 임하는 젊은이의 이야기가 있다.

어느 곳에 황금 사과가 열리는 과수원을 가진 왕이 있었다. 밤이 되면 누군가가 과수원에서 사과를 훔쳐가서, 파수꾼 소년 이반에게 조사를 시켜보니 불새가 사과를 쪼아 먹고 있었다. 아름다운 새여서 왕은 이반에게 불새를 붙잡으라고 명령했다. 이반이 불새를 쫓아가자, 회색 늑대가 나타나서 불새를 붙잡는 법을 알려주었다. 배운 대로 하자 불새는 간단히 붙잡혔고, 이반은 궁전에 가지고 돌아갔다. 이반의 활약에 만족한 왕은, 이번에는 왕비로 삼고 싶다고 생각한 왕녀 엘레나 공주를 찾아서 데려오라고 명령했다.

엘레나 공주와 만난 이반은 서로 사랑에 빠졌다. 그러나 왕이 엘레나 공주와 결혼하고 싶어했기에 두 사람이 맺어지는 것은 어려웠다. 거기서 회색 늑대가 다시 나타나서 이반을 도와주었다. 늑대는 공주의 모습으로 변신해서 왕 곁으로 갔고, 왕이 공주에게 입맞춤을 하려고 한 순간에 변신을 풀자 왕은 깜짝 놀라 죽어버렸다. 이렇게 이반과 엘레나 공주는 결혼하고, 이반은 새로운 왕이 되었다. 그 후에 불새를 놓아주고, 이따금씩 과수원에 나타나 사과를 쪼아 먹어도 신경 쓰지 않았다.

불새에 대한 이야기에는 몇 가지 버전이 있는데, 주요 등장인물은 동일하다고 한다. 이반은 왕의 막내아들이고 후계자의 시련으로서 불새를 붙잡는데, 질투한 형들에게 살해당하고 회색 늑대의 마법으로 되살아난다는 이야기도 있다. 변신능력을 지닌 회색 늑대는 슬라브 민간전승에 자주 등장하는 마법의 늑대다.

불새의 이미지는 예술가에게 영향을 주어서 러시아 문학이나 회화 외에 러시아의 작곡가 이고르 스트라빈스키 작곡의 발레 음악 『불새』등, 많은 예술작품의 제재가 되었다.

북유럽

■간계(奸計)의 신 로키

로키는 북유럽 신화에 등장하는 신 중 한 명이다. 겉모습은 아름답지만, 성격은 변덕스럽고 꼬여있는 인물이다. 손재주가 좋고 못된 꾀에 능해서 신들이나 인간을 곤란하게 만드는 똑똑하면서도 어리석기도 한 트릭스터다. 거인 부모에게서 태어났지만 오딘 휘하의 아스 신족에게 받아들여져서 뇌신 토르나 무지개의 파수꾼 헤임달과의 관계도 깊다. 북유럽 신화에는 신비한 아이템이 많이 등장하는데, 그 대부분은 로키가 소인(드워프)를 속여서 만들게 하고 신들에게 준 물건이다. 적인지 아군인지 애매모호하며 미스터리어스한 악신 로키가 일으킨 악행은, 작은 장난부터 이후에 중대 사건을 일으키는 악의 있는 행위까지 다양하다.

◎토르의 아내의 머리카락을 밀어버리다

어느 날 아침, 토르의 아내 시프(Sif)가 눈을 떠보니 대머리가 되어 있었다. 간밤에 로키가 숨어들어서 한 가닥도 남기지 않고 잘라버렸던 것이다. 격노한 토르에게 위협받은 로키는 소인들에게 황금의 가발을 만들게 해서 목숨을 부지했다. 로키에게 칭찬받아 기분이 좋아진 소인들이 만든, 마법의 창 궁니르(Gungnir)와 마법의 배 스키드블라드니르(Skidbladnir)는 이후에 신들에게 헌상되었다.

◎안드바리의 저주의 반지

어느 날 로키, 오딘, 회니르(Hœnir)가 인간계인 미드가르드를 여행할 때, 로키가 식량을 위해 수달을 죽였다. 그런데 실은 그 수달은 오트르(Ótr)라는 인간 남자가 변신한 모습이었고, 아들을 살해당한 아버지 흐레이드마르(Hreidmar)는 분노해서 신들을 포박하고 몸값으로 황금을 요구했다. 황금을 모으는 역할로서 해방된 로키는 안드바리라는 소인(드워프)에게 가진 황금을 전부 내놓게 했고 소중히 간직하던 반지도 빼앗았다. 안드바리는 화가 나서 "그 반지와 황금을 가진 자는 불행한 죽음을 맞이할 것이다"라는 저주를 걸었다. 하지만 로키는 시치미 떼는 얼굴로 저주 걸린 반지와 보물을 흐레이드마르에게 넘기고 오딘 일행을 해방시켰다. 그 안드바리의 반지를 둘러싸고 발발하는 사건은 **시구르드의 용 퇴치** 항목을 참조.

◎빛의 신 발드르의 살해

오딘과 아내 프리그(Frigg) 사이에서 태어난 발드르('빛나는 것'이라는 의미)는 모든 신들에게 사랑받은 깨끗한 빛의 신이다. 어느 날, 발드르가 죽음의 악몽에 시달리자 그를 걱정한 어머니 프리그는 전 세계의 모든 생물에게 부탁해서 발드르를 상처 입히지 않도록 맹세시켰다. 신들은 발드르에게 돌이나 창을 던져보았지만 어떤 것도 그를 상처 입힐 수 없었다. 이것을 보고 재미없어진 로키는 프리그를 속여서, 어린 겨우살이 나무에게는 그 맹세를 받아내지 않았다는 사실을 들었다. 그리고 발드르의 동생이자 장님인 신 호드(Hǫðr)에게 어린 겨우살이 나무로 만든 화살을 건네주었다. 로키의 지시에 따라 호드가 화살을 날리자 그 화살은 발드르를 꿰뚫고 그는 목숨을 잃었고, 이로 인한 신들의 경악과 비탄은 헤아릴 수가 없었다. 이 사건을 계기로 시작된 종말전쟁에 대해서는 **세계의 끝 라그나로크** 항목을 참조. 그 후에도 로키의 책략에 의해 발드르를 명계에서 되살리는 것이 불가능해지고 말았다. 복수에 불탄 신들의 손에 의해 로키는 포박되고 세계의 종말까지 유폐되게 된다. 유폐된 로키가 독사의 독액으로 고통 받을 때마다 대지가 흔들려 지진이 일어난다고 한다.

■물푸레나무에서 태어난 인간

북유럽 신화에 의하면, 세계의 중심에는 세계수(우주수, 자세한 것은 **세계수 위그드라실과 아홉 개의 세계** 항목을 참조) 한 그루가 서 있는데 그 나무는 물푸레나무라고 한다.

물푸레나무는 인류 탄생에도 관여하고 있는데, 어느 날 최고신 오딘이 해안을 걷고 있을 때에 발견한 물푸레나무 유목에서 최초의 인간 남성 아스크(Askr)를 만들어냈다고 한다. 목질이 단단한 물푸레나무는 다양한 도구를 만들기에 적합하고 커다란 나무로 성장한다는 점에서, 오래 전부터 유럽에서는 신비한 힘이 있다고 믿어지고 있었던 듯하다. 북유럽에서는 물푸레나무에 룬 문자를 새겨서 부적으로 만들곤 했다. 유럽에서는 물푸레나무의 어린 가지를 쪼개서 그 사이에 병에 걸린 아이가 지나가게 하면 회복된다거나 벼락으로부터 사람을 지켜준다는 전승도 있었다. 물푸레나무의 어린 가지는 수원지나 광맥을 발견하는 다우징 로드로 흔히 사용되었다고 한다.

참고로 북유럽 신화에서 최초의 인간 여성은 느릅나무 유목에서 태어났다는 이야기도 있다. 느릅나무도 역시 장수하기 때문에 신이 깃든 신성한 나무로서 유럽에서는 숭배되고 있으며, 사람들을 지켜보듯이 묘나 교회에 심어지고 있었다고 한다.

■ 베르세르크가 된 영웅 시그문드

북유럽 신화의 최고신 오딘에게 고무되어 죽음을 두려워하지 않는 전사가, 광전사 베르세르크(버서커)라 불리는 남자들이다. 갑옷 대신에 곰 가죽을 걸치고 무기를 잃더라도 맨손으로 싸우며, 이로 상대의 무기를 깨물어 부수고 목덜미를 물어뜯는 등, 야수처럼 싸운다고 한다. 늑대나 곰의 모습이 되어 싸운다고도 하며, 북유럽 신화에서 전해지는 볼숭 일족의 영웅 시그문드(Sigmundr)는 일족의 복수를 위해 광전사가 되어 늑대로 변신해서 싸웠다고도 이야기되고 있다.

어느 날 볼숭 가의 저택에 수수께끼의 노인이 나타나더니 큰 사과나무에 검을 찔러 넣고 "뽑은 자에게 바친다"라고 말하고 떠나갔다. 시그문드만이 검을 뽑을 수 있었는데, 이후에 마검 그람(Gramr)이라고 불린 이 검을 탐낸 가우틀란드(Gautland) 왕에 의해 볼숭 일족이 모두 살해되고 만다. 시그문드는 변신한 여동생임을 모르고 여성과 동침하고, 태어난 자식과 함께 가우틀란드 왕을 쓰러뜨리고 복수를 이루지만 여동생과 아들을 잃는다. 이후에 결혼해서 아이를 얻지만, 아내를 둘러싼 타국과의 전쟁이 발발한다. 어느 날, 수수께끼의 노인이 나타나서 마검 그람을 부수었고, 시그문드는 허무하게 전사하고 만다.

그에게 마검을 주었다가 빼앗은 노인은 바로 오딘이었다. 시그문드는 오딘의 눈에 들 정도의 영웅이었기에 그의 혼을 발할라에 데려오려고 했던 것이다. 시그문드가 이후에 낳은 아들이 영웅 시구르드인데, 그는 그를 사랑한 발키리의 복수로 죽었다는 전설도 있다. 자세한 것은 **시구르드의 용 퇴치** 항목을 참조.

또한 전승에 의하면 노르웨이의 최초의 통일왕으로 여겨지는 9세기의 하랄 1세(Harald I)의 친위대 일부는 죽음도 두려워하지 않는 베르세르크였다고도 전해지고 있다.

■ 세계수 위그드라실과 아홉 개의 세계

핀란드를 제외한 스칸디나비아 반도의 노르웨이와 스웨덴에 덴마크, 아이슬란드를 더한 게르만 어족 사람들에 의해 구전

전승으로 이어져왔던 북유럽 신화. 12세기경에 문자화되어 아이슬란드에서 정리된 『시의 에다』와 『스노리의 에다』, 네 개의 『사가('이야기'라는 의미)』에 전설이 남아 있다.

그 세계관은 독특해서, 세계의 중심에는 거대한 한 그루의 세계수(世界樹, 우주수라고도 한다)가 우뚝 솟아 있고, 그 나무 주위에 신들의 세계나 인간의 세계, 거인의 세계 등의 아홉 개의 세계가 존재한다고 한다.

세계에는 최초에 '서리의 거인'이라고 불리는 원초의 거인 유미르(Ymir)와 수많은 거인들이 있었다. 그러나 나중에 태어난 신족 오딘(Odin)과 그 형제가 거인들을 살육하고, 원초의 거인 유미르의 몸을 조각조각으로 해체했다. 두개골은 하늘이 되고, 살은 대지가 되고, 뇌는 구름이 되고, 뼈는 산이나 바위가 되고, 피는 바다나 강이 되어 세계가 창조되었다.

대지의 중앙은 산처럼 솟아오른 장소가 있고, 그곳에 아스 신족이라는 신들이 사는 나라 아스가르드(Asgard)가 있고, 그곳에서 내려다보이는 장소에는 인간의 나라 미드가르드(Midgard)가 있다. 미드가르드는 유미르의 눈썹에 의해 만들어진 거대한 울타리에 둘러싸여 있으며, 그곳에서 멀리 떨어진 땅에는 살아남은 거인들이 사는 나라 요툰헤임(Jotunheim)이 있다. 그밖에 죽음의 나라, 서리와 얼음의 나라, 불의 나라, 백색요정의 나라 흑색요정의 나라, 반 신족의 나라가 있다.

북유럽 신화의 이러한 세계관은 소설, 만화, 영화, 게임, 예술작품 등으로 인기 모티프가 되고 있으며, 신화의 세계를 새로운 시점에서 즐길 수 있다. 근래에는 마블 코믹스의 영화 『어벤저스』 등, 신의 나라 아스가르드의 왕의 아들 토르나 그 남동생 로키가 등장해서 인기를 얻고 있다.

참고로 요일에 몇 개는 북유럽 신화의 신에서 유래하고 있는데, 화요일은 전쟁의 신 티르의 날(Tuesday), 수요일은 최고신 오딘의 날(Wednesday), 목요일은 천둥의 신 토르의 날(Thursday), 금요일은 사랑과 풍요의 여신 프레이야의 날(Friday)로, 북유럽의 신들은 의외로 가까이에서 느끼는 존재들이기도 했던 것이다.

■세계의 끝 라그나로크

라그나로크(Ragnarok)는 북유럽 신화의 신들이 몰락하는 운명의 날이다. 거인이나 마물들이 신의 나라 아스가르드에 공격해 들어와서 일대결전이 벌어진 후, 양자 모두 전멸한다고 예언된 세계의 멸망이다.

라그나로크의 불길한 예언을 누구보다도 경계했던 것이 최고신 오딘이다. 오딘이 지배하는 발할라(Valhalla) 궁전에는 죽은 인간 전사들의 혼인 에인헤랴르(Einherjar)가 모이는 장소가 있었다. 선택받은 용감한 전사들은 매일 연습장에서 싸움을 반복하고, 밤이 되면 상처는 치유되며 저택에 돌아가 연회를 즐긴다고 한다. 오딘은 이렇게 우수한 전사를 모아서 최종전쟁 라그나로크에 대비하고 있었던 것이다. 전장에서 전사의 운명을 정하고 발할라로 데려갈 혼을 선택하는 것은, 하늘을 나는 말을 타고 전장을 달리는 발키리(Valkyrie)다. 영웅의 혼을 데려오기 위해 일부러 전사하게 만드는 경우도 있었다고 한다.

빛의 신 발드르(Baldr, 자세한 것은 **간계의 신 로키** 항목을 참조)의 죽음이 전조가 되어, 3년간, 세계는 추운 겨울에 감싸였다. 기아가 발생하고 사람들의 마음은 어지러워졌으며, 태양이 사라진 암흑의 혼란 속에 발드르 살해의 죄로 갇혀있던 로키는 속박에서 풀려나 늑대 펜리르(Fenrir), 큰 뱀 요르문간드(Jörmungandr), 명계의 여왕 헬(Hel)과 함께 서리 거인들을 이끌고 신의 나라 아스가르드를 공격한다. 헤임달(Heimdall)이 뿔피리를 불어 신들이 집결하고, 전면 전쟁이 발발했다.

오딘은 늑대 펜리르에게 잡아먹히고 토르는 큰 뱀 요르문간드를 죽인 뒤 숨을 거두었으며, 티르는 명계의 파수견 가름(Garmr)과 공멸했고, 프레이는 불의 나라의 거인 수르트(Surtr)에게 쓰러지는 등, 주요 신들이 차례차례 쓰러져갔다. 최후에는 거인 수르트의 검에 의해 대지가 화염에 휩싸이고 세계는 바다에 가라앉아 멸망한다. 이것이 고대 북유럽 인의 상상한 세계의 운명이었다.

그러나 그 후의 세계의 부활도 짧게 예언되어 있다. 가라앉은 대지가 바다에서 떠올라 재생하고, 빛의 신 발드르는 명계에서 되살아났다. 살아남은 신들과 한 쌍의 인간에 의해, 현재로 이어지는 새로운 세계가 재건되었다고 한다.

독일의 작곡가 리하르트 바그너가 작사 작곡한 4부 구성의 가극 『니벨룽의 반지』의 최종장 '신들의 황혼'으로서 널리 알려져 있다.

■시구르드의 용 퇴치

북유럽의 유명한 이야기로 안드바리(Andvari)라는 소인(드워프)의 저주가 걸린 반지를 몸에 지닌 용사 시구르드의 이야기가 있다. 통칭 '볼숭 사가'라고 하며, 이후에 중세 독일의 영웅 서사시 『니벨룽겐의 노래』의 바탕이 된 전설이기도 하다(자세한 것은 독일의 **니벨룽겐의 노래** 항목을 참조).

저주에 걸린 안드바리의 반지와 보물(자세한 것은 **간계의 신 로키** 항목을 참조)을 손에 넣은 흐레이드마르(Hreidmar)는 보물을 아들들에게 나눠주지 않았기 때문에 아들인 파프니르와 레긴에게 살해당했다. 파프니르는 욕망에 눈이 멀어 용으로 변하고, 보물을 독점하고 황야에서 보물을 지키고 있었다. 동생인 레긴은 볼숭 사가의 왕 시그문드(자세한 것은 **베르세르크가 된 영웅 시그문드** 항목을 참조)의 아들 시구르드를 양육하고 있었는데, 시구르드를 부추겨서 용이 된 파프니르를 죽이도록 꾸민다. 시구르드는 멋지게 용을 쓰러뜨렸는데 그때에 튀긴 피를 뒤집어쓰고 동물의 말을 알아듣게 되어서(용의 심장을 불로 구울 때 손가락에 튄 용의 피가 뜨거워서 자기도 모르게 손가락을 핥았기 때문이라는 설도 있다) 레긴이 자신을 죽이고 보물을 독차지하려는 속셈임을 알았다. 그 때문에 시구르드는 레긴의 목을 치고 반지와 황금을 손에 넣고서 여행을 떠났다.

그 후에 시구르드는 오딘을 섬기는 발키리 시구르드리바(Sigrdrífa, 인간계에서는 브륀힐드[Brunhild]라고 한다)와 만나고, 시구르드는 반지를 건네며 결혼 약속을 하고 헤어진다. 그렇지만 망각의 약을 먹은 시구르드는 결혼 약속을 잊고, 규키(Gjúki) 왕의 딸 구드룬(Gudrun)과 결혼한다. 게다가 시구르드리바를 다른 남성과 결혼시키기 위한 계획을 세우기까지 한다. 시구르드를 미워한 시구르드리바는 책략으로 시구르드를 사촌에게 암살시킨 뒤, 자신도 가슴을 찔러 죽는다. 이윽고 규키 왕의 일족도 멸망하고 저주의 반지도 보물도 행방불명 되어버렸다고 한다.

■운명을 다스리는 세 여신

세계수 위그드라실의 우르드의 샘을 지키는 여신은 노른이라고 불리는 세 자매로, 각각 우르드(Urd, '과거'라는 의미), 베르단디(Verdandi, '현재'라는 의미), 스쿨드(Skuld, '미래'라는 의미)라고 한다.

세 자매는 위그드라실이 말라죽지 않도록 샘의 물을 관리하거나, 인간 아기가 태어날 수 있도록 방문하거나, 수명이나 운명을 결정하는 등의 일을 했다고 한다. 노른의 방문에 의해 신비한 운명을 갖게 된 노르나게스트(Nornagest)라는 남자의 전설이 남아있다.

덴마크의 어느 집에, 아기가 태어났다. 그때, 운명의 세 여신이 나타나서 예언을 했는데, 마지막 여신인 스쿨드는 머리맡에 세워진 촛불이 다 타는 것과 동시에 그는 숨이 끊어질 것이라고 예언했다. 아버지는 아기에게 노르나게스트('노른의 손님'이라는 의미)라고 이름 붙이고, 노르나게스트의 어머니는 촛불을 불어서 끄고 서랍 안에 숨겼다. 그래서 노르나게스트는 300살이 지나도 건강하게 살아있었다. 그러나 기독교로 개종한 뒤, 노른의 저주에서 벗어난 것을 증명하기 위해 촛불을 꺼내서 불을 붙였다. 그러자 노르나게스트는 점점 늙어갔고, 촛불이 다 타는 것과 동시에 숨을 거두었다고 한다. 그가 이야기한 시구르드 등의 영웅전을 정리한 것이 네 개의 『사가』 중 하나인 『노르나게스트의 사가』라고 불리고 있다.

유럽 전역

■ 성배전설과 성배의 행방

성배는 예수 그리스도가 최후의 만찬에서 사용했다고 하는 술잔 형태의 용기이며, 십자가에 못 박힌 예수의 피를 담은 그릇이기도 하다고 한다. 브리튼 섬의 영웅인 아서왕이 찾던 아이템으로 유명하며, 성배(그레일)을 둘러싼 '성배전설'은 중세 유럽 문학에서 인기 모티프였다. 많은 전설에서 성배에는 병을 치유하는 힘이 있다고 하며, 롱기누스의 창(자세한 것은 아르메니아의 **롱기누스의 창은 아르메니아에 있다?** 항목을 참조)과 마찬가지로 예수 그리스도의 성유물 중 하나이기도 하다.

아서왕 전설(자세한 것은 영국의 **아서왕은 실재했는가?** 항목을 참조)에 의하면, 예수의 제자인 아리마태아의 요셉에 의해 예루살렘에서 영국의 아발론섬으로 운반되었다고 한다. 그 후, 성배의 행방은 알 수 없게 되었고, 이를 찾아내는 것이 기사의 사명으로 여겨졌다. 랜슬롯의 아들이자 원탁의 기사 중에서 가장 고결하다고 여겨진 갤러해드 일행이 모험 끝에 성배를 찾아냈다고 하는데, 갤러해드 앞에 요셉이 강림했으며 성배가 나타난 순간에 갤러해드는 빛에 꿰뚫려 승천하고 성배도 하늘로 올라갔다고 한다.

그 후에 성배의 행방은 알 수 없지만, 성배는 실재했다는 설은 뿌리 깊으며 세계 각지에 '성배'가 현존하고 있다. 성배는 원래 예루살렘의 신전에 놓여있었지만, 1세기에 로마 군에게 침략 당했을 때에 신관에 의해 유럽으로 옮겨졌다. 그 신관들이 템플 기사단이 되어 성배를 감추고 계속 지켜왔다고 한다. 14세기에 템플 기사단이 이단으로 간주되어 멸망당했을 때도 성배는 지켜져서 세인트 클레어 예배당으로 옮겨졌다는 전설도 남아있다.

그 밖에 영국 웨일스의 '난테오스 성배(Nanteos Cup)', 이탈리아 제노바 대성당의 '제노바 성배(Sacro Catino)', 스페인의 발렌시아 대성당의 '발렌시아 성배(Valencia Chalice)', 튀르키예에서 발견되어 현재는 미국의 메트로폴리탄 미술관에 있는 '안티오크 성배(Antioch chalice)' 등이 성배로 여겨지고 있다.

영국의 잉글랜드 남서부에 있는 글래스턴버리는 아서왕의 묘가 있다고 여겨지는 마을이다(자세한 것은 영국의 **아발론 섬과 성배가 잠든 땅** 항목을 참조). 이 땅에 아리마태아의 요셉이 성배를 묻었다는 전설이 있으며, 성배로부터 물이 솟아나온다고 하는 '성배의 우물(채리스웰)'이 있다. 2000년 이상 물이 마르지 않았다고 하는 샘으로, 철분을 많이 함유해서 피 같은 맛이 난다는 성스러운 물을 찾아 많은 사람들이 방문하고 있다고 한다.

예로부터 많은 문학, 회화, 영화 등의 예술 작품 속에 중요한 아이템으로서 등장해온 예수의 성배. 그 행방은 여전히 알 수 없다.

■ 아틀란티스 대륙은 실재하는가

기원전 4세기의 고대 그리스의 철학자 플라톤이 기술한 전설의 섬이 아틀란티스(Atlantis)다. 대화편(The Dialogues) 『티마이오스(Timaeus)』와 『크리티아스(Critias)』에서 플라톤은, 헤라클레스의 기둥(지브롤터 해협의 입구)이라 불리는 해협 앞에 있던 강대한 힘을 가진 섬이 유럽과 아시아 전체의 지배에 나섰지만, 신의 벌에 의해 하룻밤 만에 대지진과 홍수로 괴멸했다고 기술되어 있다.

이것은 화산 폭발에 의해 멸망한 에게해의 틸라섬(산토리니 섬)에 힌트를 얻은 플라톤이, 강대한 나라들의 오만함을 야유하는 우화로서 아틀란티스의 이야기를 그렸던 것이 아니냐고 이야기되고 있다.

아틀란티스에 대한 이야기가 역사적 사실인지는 알 수 없다. 하지만 지금도 전 세계의 탐험가들을 열광시키고 있으며, 스페인, 바하마 제도, 인도 등 많은 해저에서 고대도시로 보이는 흔적이 발견되고 있다. 19세기에 활약한 플라톤의 번역가 조엣(Benjamin Jowett) 박사는 이렇게 적고 있다. "아틀란티스는 구름 속에 떠 있는 섬 같은 것이다. 믿는 자에게는 어디에서나 보일지도 모른다."

■ 여전사의 나라 아마존

아마존(Amazon)족이란 그리스 신화에 등장하는 여자들만의 부족이다. 군신 아레스와 님프(정령) 하르모니아(Harmonia) 사이에서 태어난 자손이라고 하며, 활을 다루고 말을 모는데 능숙한 용맹한 여전사들이다. 1년에 한 번만 타국에 가서 남자와 동침하고, 여자아이를 낳으면 전사로 키워낸다고 한다.

기원은 오래되어서 다양한 그리스 신화의 전승에 등장한다. 트로이 전쟁(자세한 것은 **그리스의 트로이 전쟁**(1)~(3) 항목을 참조)에서는 아마존족의 여왕 펜테실레이아(Penthesilea)도 트로이 세력의 응원을 위해 달려와 그리스의 영웅 아킬레우스와 대결했다. 펜테실레이아는 아킬레우스에게 쓰러지고 말지만, 펜테실레이아가 죽기 직전에 너무나 아름다워서 아킬레우스는 사랑에 빠졌다는 비극 외에 다양한 전승에 등장한다. 영웅 헤라클레스나 영웅 테세우스(자세한 것은 **그리스의 영웅전설**(2), (3) 항목을 참조)와 싸웠다는 전승도 있다. 마케도니아의 알렉산드로스 대왕에게 항복을 권유받았고 받아들였다는 이야기도 있다.

아마존족은 흑해에서 튀르키예 부근, 러시아의 스키타이에 걸쳐 살고 있었다고 하며, 이 지역에서 실제로 무기를 부장품으로 삼는 여성의 묘가 발견되었다. 여성의 시신에는 전쟁에서 입은 듯한 상처도 보이며 몸에 문신이 되어 있었다.

콜럼버스는 아마존족의 전설을 믿고 있어서 신대륙에서 조우하기를 기대하고 있었다고 한다. 실제로 아마존족과 비슷한 부족도 조우했던 사건도 있었으며, 1541년, 스페인 식민자인 프란시스코 디 오레야나(Francisco de Orellana)가 남아메리카를 탐험하던 중에 하천유역에 있는 집락에서 냉혹한 여지휘관들이 있는 부족에게 습격당했다고 전해지고 있다. 그 때문에 아마존족에서 이름을 따서 '아마존 강'이라고 불리게 되었다고 한다.

■정체불명의 군주 프레스터 존

12세기의 유럽에서 십자군을 구원하는 구세주적 존재로서 믿어진 영웅이 있다. 수수께끼의 기독교 국가의 위대한 왕 프레스터 존(Prester John)이다.

1165년 무렵, 비잔틴 제국 황제 마누일 콤니노스는 기묘한 서신을 받는다. 발송자는 동방의 나라를 통치하는 프레스터 존이라는 군주로, 72개의 왕국을 거느리고 있으며 역사상 가장 위대한 왕에게 필적하는 인물이라고 자신을 소개했다. 영토에는 코끼리나 그리폰, 사티로스(Saturos), 거인, 귀녀 등이 있으며 가난한 자나 도둑 등은 존재하지 않는 풍요롭고 매력적인 왕국이라고 했다. 또한 프레스터 존은 기독교도이며, 성지에 군대를 파견해서 무슬림과 싸우겠다고 적혀 있었다고 한다.

교황 알렉산데르 3세는 기뻐하며 동맹을 맺으려고 답신을 보냈지만, 프레스터 존으로부터의 답장은 받지 못했다. 그 후, 프레스터 존을 찾기 위해 수백 년 간에 걸쳐 중앙아시아나 아프리카에서 수색이 이어졌지만, 결국 프레스터 존도 강대한 기독교 왕국도 발견할 수 없었다. 마르코 폴로, 바르톨로메우 디아스(Bartolomeu Dias), 바스코 다 가마(Vasco da Gama) 같은 탐험가도 동방에 있다는 프레스터 존을 찾으려 했지만 발견할 수 없었다.

이윽고 1165년 무렵에 도착한 서신은 대담한 장난이었으며 프레스터 존은 가공의 인물이라는 결론에 이르렀다고 한다.

03 column 전설의 검

신화나 전설에 등장하는 무기는 많이 있지만, 그 중에서도 잘 알려진 것은 검(劍)이 아닐까.

일본신화에서 삼신기(三神器) 중 하나로 꼽히는 쿠사나기의 검(草薙の劍), 영국의 '아서왕 전설'에서 아서왕의 검으로 여겨지는 엑스칼리버(Excalibur) 등은 유명할 것이다. 아서왕의 전설에는 그 밖에도 원탁의 기사인 랜슬롯이 지닌 아론다이트(Arondight), 가웨인이 지녔다는 갈라틴(Galatine) 등의 다양한 검이 등장한다.

그 밖에도 검이 등장하는 이야기는 많다. 기독교의 성인 중 한 명으로 꼽히는 성 게오르기우스도 아스칼론(Ascalon)이라는 이름의 창 혹은 검을 사용하며, 이것를 사용해서 악룡을 퇴치했다는 전설이 남아있다. 켈트 신화의 얼스터 전설이라 불리는 이야기에는 영웅 퍼거스 막 로이가 사용하는 칼라드볼그(Caladbolg)라는 도신이 뻗어 나오는 검이 등장한다. 중세 독일의 서사시『니벨룽겐의 노래』에는 전사 지크프리트가 애용하며 수많은 공적을 거뒀다는 발뭉(Balmung)이 이야기되고 있으며, 아일랜드의 민화 속에서 빈번하게 등장하는 빛의 검 클라브 솔라스(Claíomh Solais)라는 것도 있다.

이처럼 조금만 찾아보면 다양한 명검의 이야기와 만날 수 있다. 지금도 소설이나 만화, 게임 같은 창작물 속에서 사용되는 것도 많다. 오랜 시간을 넘어 사람들 사이에 이어져가기에, 이것들은 전설의 검인지도 모른다.

Middle East
중동

1 아프가니스탄
2 아랍에미리트
3 예멘
4 이스라엘
5 이라크
6 이란
7 오만
8 카타르
9 쿠웨이트
10 사우디아라비아
11 시리아
12 튀르키예
13 바레인
14 팔레스타인 & 이스라엘
15 요르단
16 레바논

아프가니스탄

■반데 아미르 호수의 치유의 물

바미얀(Bamiyan) 지방에 있는 반디 아미르(Bandi Amir) 호수는 '사막의 진주'라고 불리기도 하는 아름다운 코발트블루의 호수다. 여섯 개의 호수로 이루어져 있으며, 2009년에는 아프가니스탄 최초의 국립공원으로 지정되었다.

이 호수와 하즈라트 알리를 둘러싼 전설이 있다. 하즈라트 알리는 이슬람교 수니파의 제4대 칼리프다. 이 땅에서 용과 싸워서 승리했던 알리는, 특별한 힘을 사용해서 여섯 개의 호수를 만들어냈다고 한다. 이 호수의 물에는 병을 치료하는 힘이 있다고 믿어지고 있으며, 호수에 들어간 신자가 많다고 한다. 호수 중 하나인 반디 하이바트(Bandi Haibat) 근처에는 알리가 있었다고 하는 장소가 있다. 현재는 작은 사당이 세워져 있으며 많은 순례자가 방문하고 있다.

■염소를 쟁탈하는 국기(國技) 부즈카시

아프가니스탄에는 부즈카시(Buzkashi)라는 독특한 국기(國技)가 있다. 기원은 확실치 않지만, 중앙아시아에서 오래전부터 이루어지고 있는 경기다. '부즈카시'란 '염소 잡아당기기'라는 의미인데, 현재는 머리를 떼어낸 송아지를 사용하고 있다.

말에 탄 사람이 10명씩 두 팀으로 나뉘어, 염소를 격렬하게 뺏고 빼앗긴다. 염소가 일종의 공 같은 역할을 하는 경기로, 염소를 골에 넣으면 점수를 얻는다. 수도 카불에서 이루어지는 경기는 공식 룰에 따라 이루어지지만, 북부 지역에서는 한 번에 500명의 선수가 참가하거나 기수들이 단독으로 싸우는 등의 자유로운 룰로 이루어지고 있다고 한다. 아주 능숙한 승마 기술과 강인한 육체가 필요한 경기로, 부즈카시 선수는 '차판다즈(Chapandaz)'라고 불린다.

일설에 의하면, 과거 중앙아시아를 석권했던 몽골 기수들의 영향을 받았다고도 이야기되고 있다. 그들이 말을 탄 채로 전리품인 양이나 염소를 빼앗는 모습을 본 아프가니스탄 북부 주민들이 대항수단으로서 기마대를 결성한 것이 부즈카시로 이어졌던 것이 아닐까 하는 설이다.

현재는 내전이 오랫동안 이어졌던 것 때문에 전통문화인 부스카시의 존속이 위험해지고 있다고 한다.

■자상한 마토우와 동물의 비밀 이야기

아프가니스탄에 전해지는 민화 중 하나.

마토우라는 청년이 여행 중에 산의 동굴에서 하룻밤을 보냈을 때, 늑대, 여우, 호랑이의 대화를 엿듣고 많은 비밀을 알았다.

친절한 마토우는 양치기에게 늑대가 양들을 노리고 있음을 알려주었다. 또, 여우가 말했던 방법으로 만능약을 만들어서 왕국의 공주의 병을 치료해주었다. 그리고 호랑이가 말했던 보물이 묻혀있다는 커다란 돌이 있는 산에 집을 짓고, 공주와 결혼해서 행복하게 살았다고 한다.

과거에 마토우에게 말을 빼앗은 적이 있는 악당은 마토우의 이야기를 듣고 따라하려고 했다가 보복을 당했다고 한다.

아랍에미리트

■ 여권을 지닌 매

매 사냥은 아랍의 유목민 베두인(Bedouin)족의 전통적인 문화다. 세계의 매 장인의 반 수 이상이 아라비아 반도에 살고 있다고 이야기되고 있다. 총이 전래되기 이전의 시대, 유목민에게 매에 의한 사냥은 살아가기 위한 수단이었다. 코란에도 매가 붙잡은 생물은 정결하며 먹어도 괜찮은 것으로서 인정되었다고 한다.

현재는 수렵 목적은 아니게 되었으나, 축제나 스포츠적인 경기로서 존속되고 있다. 다만 매가 사냥하는 새의 격감에 따라, 매 사냥은 중앙아시아나 북아프리카 일부 지역에서만 이루어지게 되었다. 매 사냥을 즐기는 것은 국외까지 갈 수 있는 부유층에 한정되어버렸다.

아랍에미리트에서는 귀중한 매의 밀렵을 방지하기 위해, 매 한 마리마다 인간과 마찬가지로 여권이 지급되고 있다. 발찌의 식별번호와 같은 것이 여권에 적혀있고, 매가 이동할 때에는 입국관리관의 심사와 여권의 도장, 날짜 기입 등이 필요하다.

2000년대 초에는 두바이의 왕자가 매 사냥을 일반시민도 즐길 수 있도록 상금을 건 경기대회를 개시했다. 이후, 매를 사육하는 시민이 급증했다고 한다.

예멘

■ 세계 최고(最古)의 도시, 사나 구시가

아라비아 반도에 있는 예멘의 수도 사나(Sanaa)에는 '인류 최고(最古)의 도시'라고 불리는 구시가지(Old City of Sanaa)라는 지역이 있다. 이 지역에는 돌과 햇볕에 말린 벽돌을 쌓아올린 직방체 형태를 한 탑 같은 건물에 사람들이 살고 있다. 1000년 이상 전에 이스라엘인에 의해 만들어졌다고 한다. 구약성서에 등장하는 시바의 왕국(자세한 것은 **시바의 왕국** 항목을 참조)도 이 땅에 있으며, 로마인에게 '행복의 아라비아' 라고 불릴 정도로 번영했다고 한다.

이 땅에 처음으로 도시를 세운 것은 노아(자세한 것은 튀르키예의 **아라라트산의 노아의 방주 전설** 항목을 참조)의 아들인 셈이라는 전설이 있어서 '마디나트 삼(셈의 거리)'라고 불리는 경우도 있다고 한다.

■소코트라 섬의 용의 피를 흘리는 나무

소코트라(Socotra)섬은 인도양의 갈라파고스라고도 불리는, 예멘 남부의 아덴만에 위치한 작은 섬이다. 인구는 4만 2천명 정도이고 섬에는 거의 사람의 손이 닿지 않은 자연이 남아있다. 독특한 생태계가 발달해 있으며, 이 섬에 서식하는 800종 이상의 식물 중 37%가 고유종이다.

그 중에서도 소코트라 섬을 대표하는 종이 '용혈수(龍血樹, Dragon tree)'라고 불리는, 용의 피를 흘리는 나무다. 혹이 있는 굵은 줄기가 펼쳐지고, 잎과 나뭇가지가 우산 같은 지붕을 만드는 기묘한 형태로 자란다. 굵은 기둥에 상처를 내면 피처럼 새빨간 수액이 흘러나온다.

섬의 전설에 의하면, 어느 날 두 형제가 죽을 때까지 싸웠는데, 그들이 흘린 피에서 태어난 나무라고 한다. 코끼리와 싸우고 상처를 입은 용의 피에서 태어났다는 전설도 있다. 용혈수에서 채취된 용혈은 예로부터 희소품으로서 널리 알려져 있으며, 약이나 안료, 화장품 등에 사용되어 왔다. 중국에서는 한약재로서도 귀중히 여겨지고 있다고 한다.

■시바의 왕국

시바의 왕국은 현 예멘의 남부 부근에 있었다고 여겨지는 수수께끼의 고대왕국이다. 구약성서 '열왕기'에 의하면, 기원전 10세기경에 시바의 왕국에서 아름다운 여왕이 이스라엘 왕국의 현명한 왕 솔로몬을 만나기 위해 찾아왔다. 여왕은 금은보화나 유향 등의 많은 보물을 낙타에 싣고 왔는데, 솔로몬 왕의 지혜를 시험하는 문제를 낸 여왕은 솔로몬의 대답에 감탄하고 보물을 헌상했다고 한다.

전승에 의하면 솔로몬 왕은 시바의 여왕에게 한눈에 반했고, 이윽고 두 사람은 사랑의 결실로 아이를 얻었다. 그 아이가 이후의 에티오피아(악숨 왕국)의 초대 황제 메넬리크 1세(Menelik I)가 되며, 그때에 언약궤(자세한 것은 아프리카·에티오피아의 **잃어버린 아크의 행방** 항목을 참조)가 에티오피아로 옮겨왔다고 이야기되고 있다.

시바의 여왕은 코란에서는 빌키스(Bilqis), 에티오피아에서는 마케다(Makeda)라는 이름으로 불린다. 현재 예멘 서부의 도시 말리부 주변에서는 사바(Saba) 왕국이라는 고대왕국의 유적이 다수 발견되고 있으며, 시바와의 연결이 있다고 보는 연구자도 있으나 시바의 여왕이 실재했는지 여부는 지금도 논의가 이루어지고 있다.

이스라엘

■ 고대 가나안 사람과 수수께끼의 여왕

가나안은 구약성서에 '젖과 꿀이 흐르는 땅'이라고 기술되어 있는 지역의 옛 이름이다. 팔레스티나와 시리아 남부 주변을 가리키며, 신이 최초의 예언자인 아브라함의 자손에게 주겠다고 말한 '약속의 땅'이다. 이 땅에 살던 가나안 사람들은, 이집트나 이스라엘에 정복당한 이후로 역사의 무대에서 사라져버렸다. 근래의 연구로 가나안 사람의 유전자는 현대의 유태인이나 아랍인에게 물려졌음이 판명되었다.

그런 가나안 땅에, 당시로서는 보기 드문 여성 통치자가 있었다는 설이 있다. 도시국가의 집합이었던 가나안에, 공물로 이집트에 보낸 점토판에 '사자(獅子)의 여왕'이라는 기술이 있었던 것이다. 어느 도시를 다스리고 있었는가는 알 수 없지만, 2008년에 가나안에 있던 도시국가 벳 세메스(Beit shemesh)의 유적에서 한 장의 점토판이 발굴되었다. 그곳에는 문자는 없었지만, 상반신은 벗고 무릎길이의 치마를 입은 인물이 양손에 꽃을 들고 있는 모습이 그려져 있었다. 이 인물이 '사자의 여왕'인 것이 아니냐며 금세 화제가 되었다. 한편, 이 인물이 남성이라는 설도 있으며, 아직 확증은 얻지 못하고 있다.

■ 기적의 호수 갈릴리 호수

이스라엘 북부에 있는 갈릴리(Galilee) 호수는 예수 그리스도가 다양한 기적을 일으켰다고 하는 성스러운 호수다. 갈릴리 해, 티베리아스(Tiberias) 호수, 티베리아스 해, 키나레트(Kinneret) 해 등의 별명이 있다. '해(海)'라고 불리지만 담수호다.

신약성서에 의하면 예수의 포교 활동의 중심지였다고 하며, 예수는 이 땅에서 갈릴리 호수의 어부였던 베드로 형제를 제자로 삼았다. 다섯 개의 빵과 두 마리의 물고기로 5000명의 굶주림을 해소하거나, 선상에서 풍랑을 잠잠하게 만드는 등의 많은 기적을 행했다고 한다. 현재 갈릴리 호수 주변에는 오병이어의 기적 교회(Church of the Multiplication of the Loaves and Fish), 산상 수훈 교회(The Church of the Beatitudes) 등, 예수의 전설을 딴 이름의 교회가 세워져 있으며 순례자나 관광객으로 북적이고 있다.

■ 메기도의 언덕

이스라엘에 있는 도시 메기도(Megiddo)의 유적은 성서에 관련된 유적으로서 세계유산에 등록되어 있다. 가나안 사람(자세한 것은 **고대 가나안 인과 수수께끼의 여왕** 항목을 참조)들이 살고 있던 고대부터, 이후로 이집트, 이스라엘, 아시리아, 페르시아에 지배당했기 때문에 25층이나 되는 여러 시대의 도시 유적이 층층이 겹쳐져 있다. 또 청동이나 철기 시대의 유구(遺構)나 고대 이스라엘 솔로몬 왕의 마구간 등이 발견되었다.

메기도의 언덕은 전쟁의 땅으로서 구약성서에 몇 번이나 등장했고, 신약성서의 요한계시록에 기록되어 있는 세계 최종전쟁의 땅 아마겟돈을 가리킨다고 이야기되고 있다. '아마겟돈(Armageddon)'은 히브리어로 '므깃도의 언덕'이라는 의미다. 요한계시록에 의하면, 아마겟돈의 땅에 악마들이 군을 통솔하고 나타나서 천사와의 최종 전쟁이 벌어진다고 한다.

실제로 메기도는 교통의 요지에 있었기 때문에 어느 시대에서나 전쟁터가 되는 경우가 많았다. 기원전 15세기 경, 이집트의 토트메스 3세(Thotmes III)가 메기도에 진군해서 가나안을 항복시킨 것이 메기도에서 벌어진 가장 오래된 싸움이라고 한다. 25층에 이르는 도시의 층은, 메기도가 수많은 파괴와 재생을 반복해왔음을 증명하고 있다.

과연 메기도에서 최종전쟁은 이루어지는 것일까. 그것을 알 방법은 없지만, 현재 메기도의 언덕은 이스라엘의 관광 스팟으로서 사람들을 따스하게 맞이하고 있다.

■사라진 이스라엘의 10개 부족

이스라엘의 10개 부족(지파)이란 구역 성서에서 기록되어 있기는 하지만 역사의 도중에 기록에서 모습을 감춘 부족을 말한다.

구약성서에 의하면 기원전 10세기경, 약속의 땅 가나안(자세한 것은 **고대 가나안 사람과 수수께끼의 여왕** 항목을 참조)에는 열두 부족이 있었다. 그들은 할아버지 아브라함의 손자 야곱의 아들이나 손자를 조상으로 삼고 있으며, 선조의 이름을 부족 이름으로 삼고 있었다. 기원전 930년에는 아셀, 단, 에브라임, 갓, 잇사갈, 므낫세, 납달리, 르우벤, 시므온, 스불론의 10개 부족으로 이루어진 이스라엘 북왕국과 유다와 베냐민의 두 부족으로 이루어진 유대왕국으로 분열했다. 그로부터 200년 후에 이스라엘 북왕국은 아시리아왕 살마네세르 5세(Shalmaneser V)에 의해 침략, 정복당했다.

왕국을 잃은 10개 부족은 메소포타미아나 메디아(현재의 이란, 이라크, 시리아)로 탈출한 듯했지만, 그 후에 어떠한 운명을 맞이했는지는 알지 못한다. 9세기, 유태인 여행자가 삼바티온(Sambation)강의 맞은편 연안에 10개 부족의 모습을 보았다고 증언했다. 이어서 남아메리카나 아프가니스탄, 남아프리카, 페르시아(현재의 이란) 등에서 10개 부족의 자손을 보았다는 여행자도 있다. 자신들이 10개 부족의 자손이라고 주장하는 자도 많으며, 이스라엘의 잃어버린 10개 부족의 행방은 지금도 많은 사람들의 관심의 표적이 되고 있다.

참고로 10개 부족이 일본인과 관계가 있다는 주장도 있다. 일본 신사의 구조나 글자가 히브리어 글씨와 비슷하다는 점을 들어, 동쪽으로 나아간 10개 부족이 일본에 도달해서 일본인의 선조가 되었다는 설로 '일유공조론'이라고 불리는 설이다.

10개 부족의 자손이 고대 중국에 도달했고 진나라의 시황제의 핏줄로 이어진다는 설도 있다. 자세한 것은 아시아·중국의 **시황제 출생의 비밀** 항목을 참조

■ 사해문서

사해(死海, Dead Sea)란 이스라엘과 요르단에 걸쳐있는 커다란 호수로, 인간이 물에 뜰 정도로 높은 염분농도를 자랑한다. 세계에서 가장 해발이 낮은 위치에 있으며, 어류가 살수 없기 때문에 '사해'라고 불리고 있다.

1946년, 잃어버린 양을 찾던 양치기 남자가 이 호수 북서부의 쿰란(Qumran) 동굴 안에서 우연히 수수께끼의 항아리를 발견했다. 항아리 안에는 양피지로 된 두루마리가 들어있었는데, 기원전 250년경부터 기원후 70년경에 쓰여진 것으로 보이는 구약성서의 원전 같은 오래된 사본이었다. 이것을 계기로 주위의 동굴 등에서 차례차례 양피지나 파피루스 두루마리 등, 문서 조각들이 발견되었다. 히브리어로 쓰인 이 문서들은 '사해문서(Dead Sea Scrolls)'라고 불리며 예수 그리스도 시대의 유대교나 성서 성립의 수수께끼에 다가가는 귀중한 단서로서, 20세기 최대의 고고학적 발견으로 여겨지고 있다.

■ 솔로몬왕의 샤미르

구약성서에는 철이나 돌, 단단한 보석 등을 절단하는 '샤미르(Shamir)'라고 하는 수수께끼의 힘이 등장한다. 기원전 10세기경에 솔로몬 왕이 솔로몬 신전을 건설할 때, 쇠는 전쟁에서 사용되는 금속이라 신성한 장소를 만드는 데 사용하는 것이 금지되어 있었다. 그래서 석재를 잘라내고 가공할 때에 샤미르가 사용되었다고 한다. 샤미르의 사용은 기원전 16세기경의 모세 시대부터 있었다고 한다. 샤미르에 대해서는 다음과 같은 전설이 있다.

솔로몬 왕이 쇠로 된 도구를 사용하지 않고 신전을 세우려고 했을 때, 쇠로 만든 도구라도 어려운 곳을 깎아내는 힘을 가진 샤미르라는 도구가 있음을 알았다. 그래서 솔로몬이 정령들을 불러내서 이야기를 물어보니, 샤미르는 보리알 정도의 크기의 벌레인데, 아주 강력하며 악신(惡神) 아스모데우스(Asmodaeus)가 자세히 알고 있다는 이야기를 들었다. 그래서 솔로몬이 아스모데우스를 찾아내서 물어보니, 샤미르는 바다의 왕자의 것이며 왕자에게

충성을 맹세한 쇠물닭(moorhen)이 샤미르를 관리하고 있다고 했다. 샤미르를 손에 넣고 싶으면, 쇠물닭의 둥지를 찾아서 유리판으로 덮으라고 알려주었다.

거기서 베나야(Benaiah)라는 인물이 쇠물닭의 둥지를 찾아서 유리판으로 덮었다. 얼마 후 쇠물닭이 찾아왔지만 유리판이 덮여있었기 때문에 새끼가 있는 곳에 갈 수 없었다. 그래서 쇠물닭이 샤미르를 유리판 위에 놓는 것을 노리고 있다가 재빨리 샤미르를 손에 넣었다고 한다.

그 밖에 샤미르의 정체를 설명하는 이야기는 많은데, 벌레가 아니라 동쪽 끝의 사막에 있는 사무르의 돌이나 현자의 돌이라는 설도 있다.

샤미르는 양털로 감싸고 보리와 비슷한 곡물로 채운 납 상자에 넣어 엄중히 보관되어 있었지만, 신전을 세운 뒤에는 어딘가로 사라져버렸다고 한다.

■왕자와 황금 사과

옛날에 어느 나라에 한 임금님이 있었다. 임금님에게는 세 명의 아들이 있었고, 셋째 마레크 잠시드가 가장 용기 있는 왕자였다. 어느 해, 임금님이 가지고 있는 사과나무에 황금 사과가 일곱 개 열렸다. 그러나 매일 밤 하나씩 사과가 도둑맞고 만다. 왕자들이 사과나무를 감시하게 되는데, 장남과 차남은 잠이 들고 만다. 막내인 마레크만이 깨어있었고, 사과를 노리는 털북숭이 손을 발견하고 칼로 베었다. 핏자국을 따라가 보니 우물 안으로 도망친 듯했다. 우물은 아주 뜨거워서, 두 형은 들어갈 수 없었다. 마레크만이 우물에 들어가서 안에 있던 용(악마인 경우도 있다)을 검으로 퇴치했다. 용은 세 명의 여인을 붙잡고 있었고, 마레크는 그녀들을 우물에서 구출해냈다. 그러나 마레크는 두 형에게 속아서 우물에 홀로 남겨지게 된다.

그 후에도 마레크는 매의 새끼를 노리는 뱀을 쓰러뜨리거나 어느 공주를 구출하기도 했고, 암흑계에 떨어진 뒤에는 일곱 개의 머리를 지닌 악마와 싸우는 등, 덮쳐오는 다양한 곤란을 극복하다가 끝내 구해준 매에 의해 지상세계로 돌아올 수 있었다. 마지막에는 사자를 쓰러뜨리는(봉을 부러뜨리거나, 쇠사슬을 끊는 것인 경우도 있다) 경기에 형들과 참가하여, 마레크가 가장 우수한 성적을 거두고 왕위를 이어 공주와 맺어지게 되었다.

이란에서는 잘 알려진 민화로, 비슷한 이야기가 많이 존재한다. 또 주인공이 지하세계에서 세 명의 왕녀를 구출하고, 동료에게 배신당하면서도 마지막에는 왕녀와 결혼한다는 이야기는 프랑스 등에도 전해지고 있다.

이라크

■ 고대인의 발명? 바그다드 전지(Bagdad Battery)

1930년대, 독일의 고고학자 빌헬름 쾨니히(Wilhelm König)는 바그다드 근교의 쿠주트 라부(Khujut Rabu)에서 기묘한 항아리를 발굴했다. 기원전 250년경의 파르티아(Parthia)에서 사용되었던 물건으로 항아리 안에서 쇠막대와 구리판으로 만든 원통이 봉인된 상태로 발견되었다. 기원후 224년부터 640년에 번영한 사산조 페르시아 시대의 것이라는 설도 있다.

쾨니히는 이것은 원시적인 전지(電池)이며, 은제품에 금도금을 하기 위해 사용된 물건으로 생각했다. 그래서 항아리에 전해액이 될 수 있는 포도즙이나 식초 등을 채우고 실험해보니, 실제로 약한 전류를 발생시킬 수 있음을 알았다. 만약 정말로 고대문명에서 전지가 사용되었다고 한다면 인류에서 전기의 사용개시 시기가 크게 앞당겨지게 되지만, 이 기술이 폐기된 이유 등, 실험 이상의 사실은 아무것도 알지 못한다.

■ 길가메시와 엔키두의 모험

고대도시 우루크(Uruk)는 수메르(Sumer)인(자세한 것은 **수메르와 이성인** 항목을 참조)에 의한 도시국가 중 하나로, 메소포타미아 지방(현재의 이라크 주변)의 유프라테스 강 유역에 있었다. 최전성기에는 약 5만명이나 살고 있었다는 우루쿠의 성벽과 신전 유적은 지금도 유프라테스 강 근처에 남아있으며, 기원전 4천년까지 거슬러 올라가는 곳도 있다.

길가메시 왕은 우루쿠 제1왕조(기원전 2500년경)에 실재했던 왕이라 생각되며, 후세의 전승에서 많은 무용담이 창작되었다. 신들과 인간들의 교류나 영웅의 모습을 그린 『길가메시 서사시』는 기원전 1800년 전에 만들어진 가장 오래된 문학 작품 중 하나로 여겨지고 있다.

우루쿠의 길가메시(Gilgamesh) 왕은 무자비한 정복왕이었다. 신들은 왕을 괴롭히기 위해서 괴력의 야만인 엔키두(Enkidu)를 보내지만, 두 사람의 힘은 완전히 호각이었고 몇 시간에 걸친 싸움 끝에 두 사람은 친구가 되었다. 엔키두와 모험 여행을 떠난 길가메시 왕은, 신에게 거역하고 레바논 삼나무 숲의 파수꾼(자연의 정령)인 훔바바(Humbaba)를 죽인다. 이어서 아름다운 여신 이슈타르(Ishtar, 이난나)에게 받은 구혼을 거절했고, 격노한 여신이 보낸 황소도 죽였다. 그 때문에 신의 분노를 사서 신에 의해 엔키두가 죽고 만다.

친구를 잃고 죽음을 가까이에서 느낀 길가메시는, 실의에 빠져 여행을 계속하며 영원한 목숨을 지닌 우트나피쉬팀(Utnapishtim)을 만나러 가서 불사신이 되는 방법을 청했다. 우트나피쉬팀은 아득한 옛날에 방주를 만들어 대홍수를 벗어났기 때문에, 신들로부터 영원한 목숨을 얻은 자였다. 그의 조언으로 길가메시는 명계에 가서 불사의 약초를 손에 넣었지만, 불운하게도 뱀이 그것을 먹어버리고 만다. 길가메시는 끝내 죽음은 피할 수 없는 것이라고 깨닫고, 자신의 운명을 받아들이고 왕국으로 돌아가 좋은 지배자가 되었다.

■바빌론을 창조한 신 마르두크

도시국가 바빌론은 기원전 2천 년경, 메소포타미아 지방(현재의 이라크 주변)의 티그리스 강과 유프라테스 강 사이에 아모리인(Amorites)에 의해 세워졌다고 여겨지는 도시국가 중 하나다. 이후에 강대한 도시국가로 성장하는 바빌론이 사람이 아니라 신에 의해 어떻게 만들어졌는가 하는 창세신화가 서사시 『에누마 엘리시('그때, 위에서'라는 의미)』에 적혀있다. 이 이야기에는 고대국가 바빌론을 창조했다는 신 마르두크가 등장한다.

과거에 우주에는 담수의 신 아프수(Apsu)와 염수의 신 티아마트(Tiamat)가 각자 평화롭게 살고 있었다. 어느 날 둘이 만나자 담수와 염수가 섞였고, 많은 신들이 태어났다. 그러나 우주가 시끄럽게 된 것에 화가 난 아프수는 어린 신들을 멸하려고 했다. 아버지가 자신들을 죽이려고 하는 것을 깨달은 지혜의 신 에아(Ea)는 먼저 아버지 아프수를 죽이고, 자신이 담수의 지배자가 되었다. 이윽고 에아와 여신 담키나(Damkina) 사이에 태어난 아들이 이후에 바빌론을 창조하는 마르두크다.

마르두크는 어릴 적에 천공신 아누(Anu)에게 네 개의 바람을 조종하는 힘을 받았다. 이 바람을 가지고 놀고 있을 때, 마르두크는 실수해서 염수의 신 티아마트가 지배하는 바다에 폭풍을 일으키고 말았다. 이것에 격노한 티아마트는 킨구(Kingu)라는 신을 지휘 하에 악마의 군세를 모아서 마르두크에게 선전포고를 했다. 호전적인 마르두크는 신들을 통솔해서 악마의 군세를 요격하고, 네 개의 바람의 힘으로 티아마트를 주여서 몸을 찢었다.

그 몸의 일부로 산을 만들고, 티아마트의 눈물로 티그리스 강과 유프라테스 강을 만들었다. 이어서 킨구도 죽여서 킨구의 피로 최초의 인간 룰루(Lullu)를 만들었다. 그리고 룰루와 그 자손이 살기 쉽도록 대도시 바빌론을 만들었던 것이다.

■바빌론의 공중정원

기원전 225년경, 그리스의 수학자 필로(Philo of Byzantium)가 '일곱 개의 봐야 할 것(The Seven Sights of the World)'을 제창했다. 그것이 지금의 '세계 7대 불가사의'로서 알려진 기자의 피라미드, 올림피아의 제우스상, 에베소의 아르테미스 신전, 할리카르나소스의 마우솔로스 영묘, 로도스 섬의 거상, 파로스의 등대, 그리고 바빌론의 공중정원이다. 각각의 자세한 것은 아프리카·이집트 아랍에미리트의 **피라미드 거인 건설설, 파로스의 등대는 고대병기?** 튀르키예의 **가장 오래된 7대 불가사의 할리카르나소스의 마우솔로스 영묘** 항목을 참조.

이중 현존하고 있는 것은 약 4천년전에 건조된 기자의 피라미드뿐이지만, 대부분은 문헌이나 유적 등으로 보아 존재했을 가능성이 높다고 여겨지고 있다. 그런데 기원전 6천년 경에 바빌론 왕 네부카드네자르 2세에 의해 만들어졌다는 바빌론의 공중정원만은 유적이 전혀 발견되지 않았다. 필로에 의하면 공중정원은 높이 25미터, 60평방미터의 계단식 입체 정원으로 대추야자나 무화과 등의 다양한 초목들이 심어졌으며 대량의 물을 정원 전체에 공급하는 관개시스템이 완비되어 있었다고 한다.

그러나 이 시대에 어떻게 25미터나 되는 높이에 물을 끌어올렸는가, '공중'이란 무엇을 의미 하는가 등, 수수께끼가 많아서 실재 여부를 둘러싸고 지금도 의견이 갈리고 있다.

■바빌론의 무슈후슈와 모켈레 음벰베의 기묘한 관계

20세기 초, 유럽의 고고학 팀이 기원전 575년에 네부카드네자르 2세에 의해 건설된 이슈타르의 문을 발굴했다. 이 문에는 황소, 사자, 용 3종류의 동물이 그려져 있었다. 이 용은 바빌로니아의 최고신 마르두크(Marduk, 자세한 것은 **바빌론을 창조한 신 마르두크**를 참조)라고 생각되지만, 이상하게도 다른 전설상의 동물은 수 세기 사이에 형태가 변화했음에도 불구하고, 무슈후슈(과거에는 시르슈[Sirrush]라고 읽었다) 만은 어느 유적을 봐도 실재하는 동물 묘사와 마찬가지로 모습이 변하지 않았다.

무슈후슈의 특징은 비늘에 감싸인 길쭉한 몸통, 강인한 네 다리, 긴 목과 꼬리, 뿔이 난 머리다. 이것들은 아파토사우루스나 디플로도쿠스 같은 초식 수장룡의 특징과 유사해서 후슈후슈의 모습은 아직 발견되지 않은 살아있는 공룡에 기초하고 있는 것이 아니냐는 설도 있다.

또한 중앙아프리카에서 발견된 벽돌이 이슈타르의 문에 사용된 것과 아주 유사했기 때문에 바빌로니아인 건축가가 아프리카에서 벽돌을 입수했을 가능성도 있다고 한다. 이에 아프리카 중부의 콩고에서 미확인 수서생물 모켈레 음벰베(Mokele-mbembe, 자세한 것은 아프리카·콩고 공화국의 **모켈레 음벰베는 공룡의 생존 개체?** 항목을 참조)의 목격 보고가 다발하고 있다는 점에서, 과거 바빌로니아인이 실재하는 모켈레 음벰베를 보고 무슈후슈로서 예술에 반영했을 가능성도 지적되고 있다.

■ 수메르인과 이성인

기원전 4천년 경, 현재의 이라크 주변인 메소포타미아 지방 남부의 티그리스 강과 유프라테스 강 하류에 갑자기 나타나서 우르(Ur), 우루크(Uruk), 라가시(Lagash) 같은 도시국가를 만들고 번영한 수메르 문명.

메소포타미아 문명의 기초를 쌓은 문명으로, 인류최고(最古)의 문자라 여겨지는 쐐기 문자, 60진법을 기준으로 한 수학, 지구라트(Ziggurat)라고 불리는 거대한 신전, 함무라비 법전의 원류라 이야기되는 수메르 법전, 인류최고(最古)의 문학『길가메시 서사시』(자세한 것은 **길가메시와 엔키두의 모험** 항목을 참조) 등, 인류 사상 획기적인 많은 발전을 이루었다.

건축, 관개, 농경, 기하학, 천문학, 문학, 국가의 민주적 통치 방법 등, 현대로 이어지는 문명의 기초 대부분을 쌓아올린 문명임에도 불구하고, 이 문명을 번영시킨 수메르인의 민족 계통은 불명이며, 수수께끼투성이다.

고대 메소포타미아에서는 기원전 6천년 경부터 우바이드(Ubaid)인이라고 불리는 인류가 정주하고 있었던 듯하나, 기원전 4천년 경에 갑자기 수메르인이 이 땅에 나타났다. 그리고 폭발적인 문명의 진화를 일으킨 후, 홀연히 역사로부터 모습을 감추어 버린 것이다. 주변의 지역과는 언어 계통이 다른 그들이 어디에서 오고 어디로 사라져버렸는가는 현재도 전혀 알지 못한다.

고대 아시리아의 수도 니네베(Nineveh)에서 발견된 점토판에 의하면 '195조 9552억'이라는 어처구니없는 숫자가 점토판에 새겨져 있었다. '니네베 정수(Nineveh constant)'라고도 불리는 이 기묘한 숫자를 조사해봤더니 태양계에 속한 행성, 위성, 주요 혜성의 공전, 회합주기의 정확한 정수배에 해당함을 알았다. 이 사실들에서 우주인이 인류에게 문명을 전수했다는 우주고고학을 제창하는 자도 적지 않다고 한다.

■ 수메르인이 숭배한 금성의 이난나

기원전 4천년 경, 메소포타미아 지방(현재의 이라크 부근)에 도시국가를 세운 수수께끼의 민족 수메르인(자세한 것은 **수메르인과 이성인** 항목을 참조). 그들이 널리 숭배하고 있던 신들 중 하나가 금성의 여신 이난나(Inanna, 바빌론에서는 이슈타르라고 불린다)다. 이난나의 이야기에는 계절이 바뀌는 이유가 설명되어 있다.

여신 이난나는 양치기였던 풍요의 신 두무지(Dumuzid)와 결혼하여 둘이서 대도시 우루크를 지배하고 있었다. 이난나는 어둠의 신 에레쉬키갈(Ereshkigal)이라는 아주 사이좋은 쌍둥이 언니를 만나고 싶어서, 종신(從神)인 닌슈부르(Ninshubur)에게 3일 이내에 돌아오지 않으면 신들에게 도움을 청하라고 부탁하고 언니가 사는 명계로 위험한 여행을 떠나기로 했다. 명계의 여행은 가혹했지만, 끝내 이난나는 언니와 만났고 둘은 포옹했다. 그러나 에레쉬키갈을 빼앗길 거라고 생각한 명계의 파수꾼들에게 이난나는 생기를 빼앗기고 갇히고 만다.

닌슈부르는 신들에게 도움을 청했고, 트릭스터 신 엔키(Enki)가 거들어서 이난나를 생환시키는 데 성공했다. 그러나 이난나가 명계를 떠나는 대신에 이난나를 대신할 자를 보내야만 하게 되었다. 이난나 지상에 돌아오니 자신이 자리를 비우고 있을 때에 남편 두무지가 유일한 지배자가 되어 있었다. 이것에 화가 났던 이난나는 자신을 대신할 자로서 남편을 명계에 보내기로 결정했지만, 두무지의 누나인 게슈틴안나(Geshtinanna)도 대신 가겠다고 말해서, 두무지와 누나가 반년간 교대로 명계에 가게 되었다. 이리하여 두무지는 지상에 반년간 머무르며 봄과 풍작을 가져오고, 작물의 수확이 끝나면 반년간 명계로 여행을 떠났다. 계절이 매년 변하는 것은 두무지가 지상과 명계를 반년마다 오가기 때문이다.

■ 에덴 동산은 어디에 있는가?

구약성서에는 아담과 이브, 노아의 방주, 바벨탑 등과 같이, 이 세계의 성립을 이야기하는 전설이 많다.

구약성서의 '창세기'에 의하면 아담과 이브가 있던 '에덴 동산'은 동방에 있으며, 에덴에서 한 줄기의 강이 흘러나와서 동산을 윤택하게 했으며 강은 갈라져서 네 줄기의 강이 되었다고 기록하고 있다. 이 중에 두 줄기의 강이 티그리스 강과 유프라테스라고 기록되어 있는 것에서, 에덴 동산은 현재의 이라크나 이란, 튀르키예 부근에 있었다는 설이 유력하다.

최근에 에덴 동산을 찾고 있던 성서 고고학자들은 에덴 동산을 특정했다고 주장한다. 이라크 남동부에서 쿠웨이트에 걸친 아흐와르(Ahwar) 습지대에 있으며, 유네스코 세계 유산에도 등록되어 있다. 이 습지에는 기원전 4000년 전부터 기원전 3000년 전에 걸쳐 사람이 정주를 시작했다고 여겨지며, 티그리스 강과 유프라테스 강에 의해 비옥해진 것이 근거 중 하나가 되었다.

한편 구약성서의 예언서 중 하나인 '에스겔서'에 의하면, 현재의 레바논에 있는 신성한 산 위에 에덴이 있다고 기재되어 있다. 에덴에서 최초로 흘러나온 강을 요르단 강으로 간주하고 현재의 이스라엘에 있었다는 설이나, 네 줄기의 강 중 하나인 기혼(Gihon)강을 나일 강으로 간주하고 북아프리카에 있었다는 설도 있다.

또한 바레인에도 에덴 동산이 있었다고 주장하는 장소가 있다(자세한 것은 바레인의 **수메르의 낙원 디르문과 에덴 동산, 생명의 나무**

와 에덴 동산 항목을 참조).

이란

■사이버 병기? 스턱스넷

2010년, 이란의 우라늄 농축 시설 내의 중요한 설비가 '스턱스넷(Stuxnet)'이라 불리는 컴퓨터 바이러스의 공격을 받고 가동불능에 빠졌다. 이 일로 이란의 핵병기 개발계획이 적어도 수개월, 혹은 몇 년은 늦어졌다고 한다.

스턱스넷은 Windows 컴퓨터에 감염되는 것으로 작용하며, 핵시설에서 사용되는 특정 프로그램을 표적으로 공격한다. 미국이나 인도 등의 국가 시스템도 공격받았지만, 이란의 감염수가 특히 많아서 대혼란을 일으켰다고 한다.

바이러스의 특성상 사이버 병기의 가능성이 지적되며, 미국, 이스라엘, 요르단, 중국, 러시아 기업과의 연결 등 다양한 설이 부상했으나 결론은 나지 않은 상태였다. 스턱스넷의 코드를 해독하여 'Myrtus(미르투스)'라는 시크릿 코드를 히브리어로 변환하면 왕녀 에스델을 가리키는 것에서, 구약성서 '에스델기(유태인에 의한 페르시아인에 대한 복수담)'과의 관련을 주장하는 사람도 있었다.

■소인 미이라 유적

이란의 구디즈(Godeez) 성 부근의 샤다드(Shahdad) 유적은 3~7세기의 도시다. 2005년에 이 유적에서 작은 미이라가 발견되었다. 신장은 고작 25센티미터. 인간 아기의 미이라라고 생각되었으나, 검사를 해보니 10대 중반의 젊은이라는 결과가 나왔다.

유적 자체에도 수수께끼가 많아서, 발굴된 유구는 입구나 통로 등의 사이즈가 아주 작았고 벽의 높이는 80센티미터 이하여서 인간 성인이 살기에는 너무 작았다. 이 사실에서 샤다드 유적에 살았던 것은 소인이었던 것이 아닐까 이야기되고 있다. 이 유적은 현지에서는 '드워프(소인)의 도시'라고 불리고 있다고 한다.

2013년에는 같은 국가 내에 다른 유적에서 이번에는 신장 7센티미터 정도의 더욱 작은 미이라가 발견되었다. 이란에는 과거에 소인 집단이 살고 있었는지도 모른다.

■아후라 마즈다의 악과의 싸움

고대 페르시아(현재의 이란)의 신화에 의하면 선한 신과 악한 신의 세력 다툼이 인간에 영향을 미치고, 선과 악이 어느 한 쪽의 길을 선택하는가는 인간의 선택에 의한 것임을 나타내고 있다.

최초의 신 주르반(Zurvan, '시간'이라는 의미)이 아후라 마즈다(Ahura Mazdah, '지혜가 있는 신'이라는 의미)와 아흐리만(Ahriman. 앙그라 마이뉴[Angra Mainyu]라고도 한다. '파괴의 영혼'이라는 의미)라는 두 명의 아들을 낳았다. 두 아들이 태어나기 전, 주르반이 "최초의 아이가 세계를 지배한다"라고 예언을 한 것을 아흐리만은 태내에서 들었다. 그래서 아흐리만은 창조주의 지위를 노리고 억지로 먼저 주르반의 몸에서 나왔고, 그 후에 아후라 마즈다가 태어났다. 아후라 마즈다는 피부가 하얗고 좋은 향기에 감싸여 있었지만, 아흐리만은 피부가 검고 냄새가 났다.

주르반은 장남인 아흐리만에게 창조의 권리를 주었지만, 아흐리만은 아무것도 할 수 없었다. 그래서 차남인 아후라 마즈다에게 권리를 주자 아후라 마즈다는 온갖 창조를 시작했다. 태양과 달, 별, 보후 마나흐(Vohu Manah, '선한 사고'라는 의미) 등의 여섯 신을 만들고, 마지막으로 인간인 가요마르드(Gayomard)을 만들었다. 이 인물이 최초의 페르시아 왕이 되었다.

사악한 아흐리만은 이것을 시샘하여 악마나 위험한 생물을 낳았다. 아후라 마즈다는 아흐리만을 암흑의 세계에 가두었지만, 아흐리만은 복수를 계속하며 고통, 질병, 기아, 죽음 등을 차례차례 창조했다. 가요마르드는 병에 걸렸고, 인간은 죽음에서 벗어날 수 없게 되었다.

아흐리만이 인간을 계속 괴롭히는 것을 깨달은 아후라 마즈다는 인간에게 '선택의 자유'라는 무기를 주었다. 이리하여 인간은 평생 동안 선량한 길을 걸을 것인지, 악한 길을 걸을 것인지를 선택할 자유가 생겨났다. 두 신의 팽팽한 싸움은 계속 이어지지만, 세계의 종말에 아후라 마즈다가 새로운 신인 사오시얀트(Saoshyant, '구세주'라는 의미)를 데리고 돌아와 사오시얀트가 아흐리만을 쓰러뜨리고 지상의 모든 인간이 선량하고 지혜롭게 된다고 믿고 있다.

이후에 기원전 2천년 경, 아후라 마즈다로부터 계시를 받은 조로아스터(차라투스트라)가 선악이원론으로 이루어지는 조로아스터교를 전파했다. 조로아스터가 썼다고 하는 성전『아베스타(Avesta)』에는 아후라 마즈다에 대한 찬가가 정리되어 있다. 사원에서는 아후라 마즈다의 상징인 빛(성스러운 불)을 꺼뜨리지 않는다고 한다.

■ 영웅 로스탐과 젊은 전사 소흐라브의 결투

고대 페르시아(현재의 이란)의 서사시 '샤 나메(Shahnameh. 왕의 서[The Book of Kings])'는 1010년경에 페르시아의 시인에 의해 완성되었다. 신화나 공상상의 동물과의 싸움도 섞어가면서 650년경까지의 고대 페르시아의 역사를 그린 책으로, 그 중에는 다음과 같은 비극 이야기도 있다.

페르시아의 로스탐(Rostam)은 용과 백

귀 등을 퇴치한 적이 있는 영웅으로, 모든 싸움에 승리를 거두고 있었다. 어느 날 로스탐은 애마 라크시(Rakhsh)와 함께 사냥을 나갔는데, 도중에 애마가 도둑맞고 만다. 그 발자국을 따라가는 중에 사만간(Samangan) 왕국에 도착하여 로스탐은 왕의 딸 타하미네(Tahmineh)와 사랑에 빠진다. 그녀가 로스탐의 아이를 배었을 무렵, 애마가 발견되어 로스탐은 고향으로 돌아가게 되었다. 로스탐은 떠날 때, 타하미네에게 부적으로 보석을 건네고 태어나는 아이에게 주도록 부탁했다. 타하미네는 소흐라브(Sohrab)라는 남자아이를 낳고, 이윽고 투란(Turan)이라는 나라의 군대에 들어가, 으뜸가는 전사로 성장했다.

그 후에 투란과 페르시아가 전쟁을 하게 되었고, 소흐라브는 군대를 이끌며 페르시아인의 성을 공격했다. 성을 지키기 위해 영웅 로스탐도 전장에 나타났다. 두 영웅은 일대일 대결로 양군의 승패를 결정짓기로 했다. 어느 한쪽이 죽을 때까지 끝나지 않는 싸움이 되었지만, 서로가 아버지와 아들이라는 사실은 몰랐다.

로스탐과 소흐라브의 힘은 막상막하였고, 결투는 다음 날까지 이어졌다. 이틀째의 싸움에서 로스탐의 공격에 의해 소흐라브는 깊은 상처를 입고 낙마하고 만다. 빈사의 소흐라브는 어머니에게 받은 부적을 보이며 아버지가 적을 쓰러뜨려줄 거라고 로스탐에게 말하고 숨이 끊어졌다. 로스탐은 지금 막 죽인 젊은 전사가 자신의 아들이었음을 그때서야 알게 되었던 것이다.

■ 침묵의 탑

세상에는 다양한 매장법이 있는데, 일본에서는 불가능하며 또한 실제로 보기도 어려운 방법이 새에게 시체를 쪼아 먹게 해서 죽은 자를 장송하는 '조장(鳥葬)'이다.

이란 중부의 도시 야즈드(Yazd)에 있는 침묵의 탑(Tower of Silence, 다크마[Dakhma])은 조로아스터교(자세한 것은 **아후라 마즈다의 악과의 싸움** 항목을 참조)의 조장이 이루어지는 장소다. 조로아스터교에서 물이나 불, 흙 등의 자연은 신성한 것이라 그것들을 인간의 시신으로 더럽히는 것은 금기시 되며, 조장은 최고의 공양으로 여겨진다.

침묵의 탑에서는 19세기 초반까지 실제로 조장이 이루어지고 있었다고 한다. 이 탑에는 지붕이나 천장이 없어서, 돌로 쌓인 원형의 구조물 안에 시신이 놓이면, 대머리독수리 등이 날아와서 살을 쪼아 먹고 간다.

조장이 이루어지는 침묵의 탑은, 인도의 뭄바이에 최대 규모의 구조물이 있다.

오만

■고대도시 '원기둥의 이람'의 행방

오만, 사우디아라비아, 예멘, 아랍에미리트 4개국에 걸친 룹알할리(Rub' al Khali) 사막은 아라비아 반도에 펼쳐진 세계 최대급의 사막이다. 1990년, 어느 탐험가가 NASA의 위성화상을 이용해서 룹할할리 사막에 묻힌 유적을 발견했다. 이곳에는 높은 벽과 탑이 존재했는데, 지면이 함몰되어 있어서 붕괴해서 모래에 묻혀있던 것으로 추측되었다. 탐험가는 이 유적이야말로 아랍의 전설에 남은 '원기둥의 이람(Iram of the pillars. 우바르[Ubar]라고 불리는 경우도 있다)'이라고 주장했다. 이람은 고대에 존재했다고 여겨지는 도시로, 원기둥이 늘어서 있었다고 한다.

전설에 의하면, 과거에 이람을 지배하고 있던 사람들은 타락해서 알라의 가르침에 등을 돌렸다. 알라는 모래바람을 일으켰고 일주일간 이어진 모래바람에 의해 마을은 폐허로 변하고, 사막에 삼켜져버렸다고 한다.

이람이 실존했는가, 어디에 있었는가에 대해서는 명확하지 않으며, '사막의 아틀란티스'라고 불리는 경우도 있다. 예멘이나 이집트, 시리아에 있었다는 설도 있다. 이 유적이 이람이라는 주장에는 부정적인 의견도 있지만, 고대도시의 수수께끼를 해명하는 힌트가 될지도 모른다.

■바하라 성채에 깃든 마술사의 영혼

오만의 세계 유산인 바흘라(Bahla) 성채는, 북부의 제벨 알 아흐다르(Jebel Al Akhdar)산기슭에 있는 예로부터 해상무역이 번성한 요새도시다. 7세기경부터 건설이 진행되어 증개축이 반복되며 16세기경에 완성된 도시로, 이슬람교가 전래되기 전에는 흑마술이 번성한 지역이었다고 한다.

지금으로부터 1천년 이상 전, 바흘라 사람들은 마술사 남자를 붙잡아서 돌을 던져 죽였다. 그리고 마술사의 제자가 그의 묘에 제사를 지내지 못하도록 성채의 초석을 놓아서 묘를 부쉈다. 그 이래로 마술사의 유령이 뒷골목에 나타나게 되었고, 거대한 성채가 완성되자 마술사의 영혼은 묘 아래에서 흑마술을 외며 부족의 지도자들에게 파멸과 혼돈을 초래했다고 한다.

과거에 성채 밖에 있던 수크(Souq, 야외시장) 중앙에는 유향수(乳香樹)가 서 있는데, 마술사의 원령이 깃들어있다고 믿어지고 있었다. 이 나무를 건드리는 자에게는 커다란 재앙이 내린다고 하며, 어느 날 나무를 베어야 하게 되어서 한 남자가 도끼를 나무 기둥에 찍은 직후, 나무가 불타오르며 주위를 전부 불태워버렸다는 이야기가 전해지고 있다. 성벽에는 지금도 마술사의 영혼이 깃들어서, 성벽의 수복작업을 방해하거나 성벽 주변의 주택가에 출몰한다고 한다.

카타르

■도하의 인공섬 '더 펄'의 유래

도하 북서쪽 약 100킬로미터 정도에 있는 알 주바라(Al Zubarah)에는 카타르 첫 세계유산이 된 '알 주바라 고고학 유적(Al Zubarah Archaeological Site)'이 있다. 알 주바라는 18세기에 진주 교역으로 번영한 항구 도시다. 유적은 도시를 지키기 위한 성채였다고 한다.

진주는 어업이 중심이었던 카타르를 오랫동안 지탱해온 주요 산업이었으며 기원전부터 세계에 수출해 왔다. 그러나 20세기 초에 일본에서 진주 양식이 성공하면서 양식 진주가 값싸게 풀리면서 카타르의 진주 산업은 순식간에 몰락해갔다. 그 후에 유전이 발견되어서 석유산업이 나라의 경제를 지탱해가게 된다.

카타르의 수도 도하에는 '더 펄(The Pearl)'이라고 명명된 인공섬이 있다. 국가 프로젝트로서 25억 달러 정도의 비용을 들여 건설된 진주를 모티프로 한 원형 섬으로, 상공에서 보면 진주 목걸이처럼 보인다. 현재는 석유와 천연가스가 주요 산업이 된 카타르이지만, 진주는 지금도 특별한 존재이며 카타르의 상징으로 취급되고 있다.

쿠웨이트

■공룡을 그린 암각화

약 6600만 년 전에 멸망했다고 여겨지는 공룡. 최초의 인류가 지구에 등장한 것이 빨라야 700만년 전임을 생각하면 공룡과 인류가 공존했다고는 생각할 수 없다. 그러나 중남미·멕시코의 **공룡의 토우**, 아시아·캄보디아의 **앙코르 와트의 공룡 부조** 등, 공존설을 뒷받침하는 듯한 오파츠가 있다.

근래, 쿠웨이트에 있는 동굴에서 4족 보행하는 초식공룡으로 보이는 어미와 새끼의 암각화가 발견되었다. 조사에 의하면 수천 년 전에 그려진 것이라고 한다. 공룡이 인류와 같은 시대까지 살아남았다는 설의 증거로서 이후에 계속 발견될지도 모른다.

사우디아라비아

■ 저주받은 도시 마다인 살레

사우디아라비아 북서쪽의 고대유적 마다인 살레(Mada'in Salih)에는 저주받은 기원 전설이 있다. 코란에 의하면, 유일신 알라가 낳은 암낙타를 죽인 벌로, 사무드(Thamud)인이라고 불리는 사람들은 도시째로 멸망했다. 예언자 살레(Salih)와 적은 동료만은 목숨을 건져서, 이후로 이 땅은 마다인 살레(살레프의 마을)라고 불리게 되었다고 한다.

■ 카바 신전의 성스러운 흑석

매년 몇백만 명이나 되는 이슬람교도가 순례를 위해 성스러운 도시 메카를 향한다. 이슬람교에서도 가장 신성한 장소라 여겨지는 것이 메카에 있는 카바(Kaaba) 신전이라는 입방체의 건물이다. 현재는 세계 최대의 모스크인 마스지드 알 하람(Masjid al-Haram) 내에 있다. 순례자들은 카바 신전 주위를 반시계 방향으로 일곱 번 돌고, 한 바퀴 돌 때마다 신전 아래쪽에 있는 성스러운 '흑석(알=하자르, 알=아스와드)'을 손으로 만지거나 입맞춤을 한다. 가까이 갈 수 없는 경우에는 손가락으로 가리킨다.

이 수수께끼에 감싸인 흑석은, 전승에 의하면 605년에 예언자 무함마드가 카바 신전의 동쪽의 벽에 수납한 것이라고 믿어지고 있다. 아담과 이브의 시대에, 두 명이 지상에서 최초로 쌓아야 할 제단의 위치를 알려주기 위해서 하늘에서 내려온 돌이라고도 이야기되고 있다. 적어도 이슬람교의 시작보다도 오래된 시대의 물건임은 확실하며, 아라비아 반도에서 다른 신들을 믿고 있던 고대 사람들도 이 돌을 숭배하고 있었다고 한다.

근래에 런던 자연사 박물관에 의해, 우주에서 낙하한 운석일 가능성도 지적되고 있다.

시리아

■ '눈에서 비늘이 떨어지다'의 어원

'눈에서 비늘이 떨어지다(Scales fall from one's eyes)'란 어떠한 계기로 망설임이 사라져서, 갑자기 상황을 제대로 이해하게 된다는 의미의 관용구다. 사실 이 말은 신약성서에 적혀있는 에피소드가 바탕이 되었다. 그 무대가 시리아의 수도 다마스커스다.

1세기 경, 바울(사울)은 당초에 기독교를 박해하고 있었다. 그가 다마스커스 지역에 찾아왔을 때에 갑자기 눈부신 빛에 감싸여 눈이 멀고 만다. 그때, 예수 그리스도의 "나를 박해하는 것은 어째서냐. 마을에 가면 소식이 있을 것이다"라는 목소리가 들렸다고 한다. 바울이 마을에 가서 도움을 청하니, 아나니아라는 인물이 나타나서 예수의 심부름꾼이라고 고하고, 바울의 눈 위에 손을 얹었다. 그러자 눈에서 비늘 같은 것이 떨어져서 시력을 되찾았다. 그는 이 사건 이후로 예수의 가르침을 믿게 되었다고 한다.

■다마스커스강 제조법의 비밀

다마스커스강은 현재의 시리아의 수도인 다마스커스를 중심으로 채취되고 있었기 때문에 이름 붙은 강철이다. 4세기경부터 다마스커스 주변에서 제조되고 있었다고 하며, 중세의 중동이나 인도에서 검이나 나이프의 칼날 재료로 사용되고 있었다. 압도적인 기술력으로 다마스커스강의 칼날은 믿기지 않을 정도의 날카로움과 튼튼함을 자랑해서, 공중에서 머리카락을 둘로 자를 수 있었을 정도라고 한다. 게다가 미술품으로서도 아주 귀중했다고 한다. 인도의 세계유산인 델리의 철기둥도 다마스커스강으로 만들어졌다는 설이 있다. 자세한 것은 아시아·인도의 **녹슬지 않는 델리의 철기둥** 항목을 참조.

그러나 18세기 중반을 경계로 다마스커스강은 만들어지지 않게 되었고, 그 제조법은 영원히 상실되고 말았다. 어째서 쇠퇴해버렸는지는 자세한 것은 알 수없다.

현존하는 칼날을 분석해서 다마스커스강을 재현하는 실험이 몇 번이나 이루어졌지만, 이상하게도 당시의 제조법을 완벽하게 재현하려면 최첨단 테크놀로지를 구사하는 것 이외에는 방법이 없었다고 한다. 몇백 년이나 전의 대장장이가 어떻게 해서 이 정도의 예술성을 지닌 고도의 금속을 만들어낼 수 있었을까. 영원히 잃어버린 제조법의 비밀이 아쉬워진다.

■잔학한 여신 아나트

여신 아나트(Anat)는 시리아에 있는 고대도시 우가리트(Ugarit)의 신들의 이야기에 등장한다. 천공신 바알(Baal, 자세한 것은 **천공의 신 바알** 항목을 참조)의 여동생인 여신 아나트는, 우가리트의 토지의 풍요를 관장하는 신이기도 했지만, 아주 호전적인 성격이었다.

아나트는 우가리트 근교에 있는 두 개의 도시 사람들을 학살하거나, 병사들을 궁전의 저녁식사에 초대한 뒤에 큰 낫으로 전원의 목을 베어버린 적도 있었다. 아나트의 잔학행위는 토지를 더욱 비옥하게 만들기 위한 것이라고 사람들은 믿었고, 아나트에게 산제물을 바쳤다고 한다.

어느 날, 오빠인 천공신 바알이 죽음의 신 모트(Mot)에게 결투를 신청했다. 모트는 바알을 한입에 삼켜서 명계로 데리고 갔다. 바알이 없어진 지상에는 비가 내리지 않아서 가뭄이 들었다. 신들은 바알이 죽었다고 생각하고 한탄하고 슬퍼했으며, 아나트는 오빠를 찾아서 명계로 내려가서 목숨을 돌려달라고 모트에게 부탁했다. 그러나 모트가 들은 척도 하지 않았기 때문에, 화가 난 아나트는 검을 손에 들고 덤벼들어서 뼈를 쥐어뜯고, 살을 잘라 찢고, 불태우고, 돌맷돌로 산산이 부수고, 유골을 새들에게 던져주었다. 원한을 푼 아나트가 지상으로 돌아오자 바알이 돌아와 있었다. 바알은 모트와 싸울 때에 태양의 신 샤파시(Shapash)의 조언에 따라 대신할 몸으로 바꿔치기 해서 산 속에 몸을 숨기고 있었던 것이다.

이리하여 바알이 돌아온 지상에는 다시 비가 내리게 되었고, 작물이 쑥쑥 자라게 되었다고 한다.

■ 천공의 신 바알

1920년대 현재의 시리아 북부에 있는 고대도시 우가리트의 유적에서 기원전 1200년경의 점토판이 차례차례 발견되었다. 그곳에는 우가리트의 신들의 이야기가 기록되어 있었다. 신화의 대다수는 주인공인 천공신 바알의 싸움을 그린 서사시로, '바알사시집성'이라 불리고 있다.

바알은 여신 아셰라(Asherah, 아시라트[Athirat])와 최고신 엘(El) 사이에서 태어났다. 바알은 성장함에 따라 힘을 늘리고 천공을 다스리는 힘을 얻었다.

바알에게는 해신 얌(Yam)이라는 형이 있었다. 점차 힘을 얻어가는 동생을 질투한 얌은 바알에게 싸움을 도전한다. 바알은 한 번 붙잡혔지만, 공예의 신 코타르와 하시스(Kothar wa Khasis)가 멀리 떨어진 장소에서도 공격할 수 있는 마법의 곤봉을 만들어주었다. 바알은 마법의 곤봉으로 얌을 쓰러뜨리고 그 몸을 갈기갈기 찢어서 흩어버렸다.

바알은 형에게 승리했지만, 다른 신처럼 훌륭한 궁전을 갖지 못했다. 거기서 여동생인 싸움의 여신 아나트(자세한 것은 **잔학한 여신 아나트** 항목을 참조)에게 불만을 털어놓자, 아나트는 아버지 곁으로 가서, 오빠에게 궁전을 갖게 해달라고 협박했다(그 직후에 지진을 일으켰다고도 한다). 바알은 공예의 신 코타르 와 하시스에게 부탁해서 아름다운 장식품이나 가구를 만들게 해서 어머니에게 헌상했다. 이리하여 바알은 부모의 허가를 얻어서 우가리트의 신전을 손에 넣게 되었다.

이것이 고대도시 우가리트의 시작이다. 유적의 조사에 의하면 기원전 1800년경에는 대도시로 발전해서, 이집트나 지중해 연안 국가들과의 교역으로 번영했다고 한다.

튀르키예

■고르디우스의 매듭

'고르디우스의 매듭(Gordian Knot)'이란 아무도 해결할 수 없을 것 같은 난제나, 과감한 수단을 사용하지 않으면 해결이 불가능한 곤란한 문제를 가리키는 속담이다. 이 말의 어원이 된 에피소드가 있다.

옛날에 프리기아(Phrygia, 현재의 튀르키예)의 수도 고르디온(Gordion)에는 이 도시를 세운 고르디우스왕이 묶었다는 전설의 밧줄이 있었다. 밧줄은 복잡한 매듭으로 묶여있어서, 이것을 푼 자는 아시아의 패왕이 될 수 있다는 전설이 있었다. 기원전 4세기경, 마케도니아의 알렉산드로스 대왕이 동방 원정 중에 고르디온을 방문해서 고르디우스의 매듭에 도전했다. 그러나 좀처럼 풀 수 없었기 때문에, 대왕은 검으로 밧줄을 잘라버렸다. 이리하여 매듭은 풀렸다. 그 후에 알렉산드로스 대왕은 대제국을 건설하여 전설을 실현시켰다고 한다.

■나스레딘 호자와 냄비를 낳는 냄비

나스레딘 호자(Nasreddin Hoca)라는 인물은 튀르키예를 중심으로 한 서아시아에서 중앙아시아, 더 나아가서 유럽에까지 널리 알려진 우화(寓話)의 주인공이다. 호자가 등장하는 우화 중에는 다음과 같은 이야기가 있다.

어느 날, 호자는 이웃집에서 커다란 냄비를 빌렸다. 돌려주는 날에 냄비 안에 작은 냄비를 넣어두자, 이웃이 "이 작은 냄비는 뭐지?"라고 물었다. 호자가 진지한 얼굴로 "커다란 냄비가 새끼를 낳아서 같이 돌려주는 거요"라고 대답하자, 이웃은 크고 작은 두 냄비를 받아갔다. 다음 날, 호자가 다시 이웃집으로부터 커다란 냄비를 빌렸다. 이번에는 며칠이나 지나도 호자가 냄비를 돌려주지 않아서, 이웃이 돌려달라고 요구했다. 호자는 "커다란 냄비가 죽어버렸소"라고 대답했다. 깜짝 놀란 이웃이 "냄비가 죽을 리 없잖아"라고 말하자, 호자는 "냄비가 새끼를 낳았다고 했을 때는 믿었으면서, 죽는 걸 믿지 않는 건 어째서요?"라고 대답했다고 한다.

호자가 활약했던 시기는 13세기라고 하는 설과 14세기 말부터 15세기 초라는 설이 있다. 튀르키예에는 호자의 것이라고 생각되는 묘가 있다고 한다. 호자가 주인공인 우화는 유럽·아제르바이잔의 **나스레딘 호자의 우화** 항목도 참조.

■반 호수의 거대생물

튀르키예 동부에 있는 튀르키예 최대의 호수인 반(Van) 호수에는 1990년부터 수수께끼의 거대 생물(Lake Van Monster)의 목격정보가 있다. 몸길이는 15미터에서 20미터나 된다. 고래처럼 몸을 뒤틀며 헤엄치고, 때로는 수면에 나타나서 물을 뿜거나 점프를 하거나 한다고 한다. 낮은 신음소리 같은 울음소리를 들은 사람도 있다.

1994년에는 그 지역의 공무원도 이 생물과 조우했었다고 하며, 1997년에는 반 대학의 조교가 목격하고 비디오카메라로 수면을 헤엄치는 생물의 형체를 촬영해서 화제가 되었다.

예로부터 반 호수에는 '비샤프(Vishap)'라는 용 같은 거대 생물이 숨어살고 있다는 전설이 있었다. 반 호수의 수심은 400미터 정도이기도 해서, 오랜 옛날에 멸망했던 고래의 조상격인 고대생물이 몰래 살아가고 있을 가능성도 있다.

■세계 최고(最古)의 유적 괴베클리 테페

튀르키예 남서부, 아나톨리아 평원 외곽에 지금으로부터 약 1만 1천 년 전의 고대 유적이 발견되었다. 세계 최고(最古)의 신전, 종교시설이라 생각되는 괴베클리 테페(Göbekli Tepe) 유적에서는, 최근 고고학의 정설을 뒤엎을만한 발견이 계속 보고되고 있다.

실은 괴베클리 테페에는 사람이 살았던 흔적이 없으며, 주위에도 인간의 거주 흔적이 없다. 지금까지는 인간에 의한 농업이나 목축문화가 생겨난 이후에 종교나 신전이 생겨났다고 생각되어 왔다. 그러나 이 유적은 그 정설을 뒤엎고, 아무것도 없는 장소에 신전이 세워져 있는 것이다. 이 사실에서, 어느 날 갑자기 종교가 탄생했음을 나타내고 있으며, 신이라 여겨지는 누군가가 내려온 장소라는 의견도 있다.

이어서 유적에서는 수수께끼의 거석기둥이나 조각이 다수 발견되고 있다. 거대 돌기둥에는 세계 최고(最古)의 상징문자가 새겨져 있으며, 별자리의 동물들이 조각되어 있었다. 이것을 해석해보니 기원전 1만 950년 전의 별자리 배열과 일치했다는 보고도 있다. 샨르우르파(Şanlıurfa) 박물관에는 괴베클리 테페에서 발굴한 유물이 보관되어 있으며, 현재도 조사가 진행되고 있다.

■아라라트산의 노아의 방주 전설

중동에서 가장 표고가 높은 아라라트산은 튀르키예 동부와 아르메니아의 국경에 위치한 성스러운 산이다. 이 산에는 구약성서에서 아주 유명한 이야기 중 하나인 '노아의 방주 전설'이 남아있다.

구약성서에 의하면, 타락한 인간에게 실망한 신이 인류를 일소하기 위해 지상에 대홍수를 일으켰다. 하지만 선한 사람인 노아와 가족만은 구하기 위해 노아에게 방주를 만들도록 명령했다. 방주가 완성되자 노아는 모든 동물을 한 쌍씩 태워서 대홍수로부터 지켰다. 홍수로 수위가 올라가자 죄를 범한 자들이 방주에 타려고 몰려들었지만, 노아의 가족을 지키기 위해 신은 사자를 호위로 두었다. 이윽고 150일 후에 물이 빠지기 시작했고, 7개월이 지난 달의 17일에 방주가 표착한 장소가 아라라트산의 정상이었다고 한다. 노아와 동물들은 방주를 떠나 지상에 흩어져서 자손을 늘려나갔다.

사람들은 기원전 3세기 무렵부터 아라라트산에 방주의 흔적이 없을까 하고 수색을 계속해왔다. 1876년에 영국의 탐험가가 삼림 한계를 넘은 아라라트산의 고지에서 톱으로 잘린 듯한 널빤지를 발견했다. 1955년에는 탐험가인 페르낭 나바라(Fernand Navarra)가 노아의 방주가 떠돌았다고 하는 약 5000년 전의 목재를 아라라트산의 빙하에서 발견했다. 2010년에는 중국의 탐험가가 일곱 개의 방으로 나뉜 대규모 목조건조물을 산 정상 부근에서 발견하고 방주가 존재했음의 증거라고 주장하고 있다.

구약성서의 '창세기'에는 아라라트산은 고대 아르메니아의 지역에 있다고 기록되어 있는 것에서도 아라라트산이 방주의 종착점이라는 설이 유력하지만, 이란이나 이라크라는 주장도 있다.

또한, 아라라트산은 아르메니아 민족에게 오래전부터 신앙의 땅이었다. 자세한 것은 유럽·아르메니아의 **성 그레고리우스 전설** 항목을 참조.

■ 이스탄불의 UFO

2008년, 이스탄불의 마르마라(Marmara)해 연안에서 많은 주민이 수수께끼의 비행물체를 목격했다는 정보가 잇따라 들어왔다. 목격담에 의하면, 오렌지색으로 빛나는 타원형의 물체, 혹은 양쪽 가장자리에 붉은 빛이 점멸하는 길쭉한 나뭇잎 형태의 물체가 밤낮을 가리지 않고 날고 있었다고 한다. 그 중에는 동영상 촬영에 성공한 사람도 있었다. 심야에 바다 위를 날아가는 물체를 찍은 고해상도 영상은 커다란 화제를 불렀고, 곧바로 UFO소동이 벌어졌다. 영상에는 콕피트 같은 부분으로 누군가가 밖을 보고 있는 모습도 찍혀 있었다고 한다.

튀르키예의 과학자들이 영상을 조사했지만 가짜라는 증명은 할 수 없었다고 한다. 현재도 하늘을 날고 있던 물체가 무엇인지는 밝혀지지 않았지만, 이 사건 이래로 이스탄불에는 UFO의 목격정보가 다수 들어오게 되었다고 한다.

■ 최고(最古)의 7대 불가사의 할리카르나소스의 마우솔로스 영묘

세계 최고의 7대 불가사의라고 일컬어지는 것이, 기원전 2세기경의 고대 그리스의 수학자 필로가 제창한 일곱 개의 거대한 건조물이다. 튀르키예 남서부의 항구 마을 보드룸(Bodrum)에 과거에 할리카르나소스(Halikarnassos)라는 고대 도시가 있었다. 이 도시에 세워져 있던 마우솔로스(Mausolus) 왕의 영묘는, 기자의 피라미드나 바빌론의 공중정원 등과 함께 필로의 7대 불가사의 중 하나로 꼽히고 있다. 각각의 자세한 사항은 아프리카·이집트의 **피라미드 거인건설**설, 이라크의 **바빌론의 공중정원** 항목을 참조.

마우솔로스는 기원전 4세기에 있었던 카리아(Caria)의 왕이다. 수도인 할리카르나소스를 한눈에 볼 수 있는 언덕 위에 왕과 아내인 아르테미시아(Artemisia)가 잠든 영묘가 있었다. 그리스에서 초청한 건축가나 예술가들의 손에 의해 건축된 높이 약 55미터, 3층 구조의 묘소였다. 조각과 부조로 장식된 장려한 건물이었다고 한다.

유감스럽게도 12세기경에 일어난 지진으로 붕괴하여, 현재는 기단만이 남아있다. 마우솔로스의 조각상이나 조각 등, 일부 출토품은 영국의 대영박물관에 소장되어 있다.

■카네슈의 60인의 아이들

고대도시 카네슈(Kanes)의 유적은 튀르키예의 퀼테페(Kültepe)에 있다. 현재는 진흙과 점토 덩어리가 남아있을 뿐이지만, 과거에 중요한 상업의 중심지였던 이 도시는 히타이트인의 신화에 이따금씩 등장한다.

과거에 카네슈의 여왕에게는 30인의 아들이 있었다. 그녀는 아이들의 많음에 압도되어 아들을 전부 배에 태워서 강으로 흘려보내서 버렸다. 그 후에 여왕은 다시 30명의 딸을 낳았고, 이번에는 자신이 키웠다. 신들은 강에 흘려보낸 아들들을 구출해서 신들의 외모로 모습을 바꾸었다. 성장한 아들들은 어머니와 만나고 싶어져서 여행을 떠났다. 끝내 여왕과 만났지만, 여왕은 그들이 자신의 아들이라고 깨닫지 못하고 30인의 딸들과 결혼해주기를 바랐지만, 아들들은 거절하고 돌아갔다고 한다.

■카파도키아는 거대지하 셸터

버섯 같은 기암으로 유명한 튀르키예 동주의 아나톨리아 고원에 있는 카파도키아(Cappadocia).

그 지하에는 8층 정도나 되는 거대한 지하도시가 개미집처럼 뻗어나가 있다. 지하도시는 지금까지 다섯 개가 발굴되었으며, 10만명을 넘는 사람들이 생활할 수 있다고 한다. 그 중 하나인 총 8층 구조의 지하도시 카이마클리(Kaymaklı)에는 주거, 교육, 학교, 클리닉, 가축의 우리, 와인 창고, 식량 창고 등이 정비되어 미로 같은 통로로 이어져 있다. 게다가 2013년에는 지하도시끼리 무수한 통로로 이어져있다는 사실도 판명되었다.

원래는 고대 히타이트인이 7세기경에 만들었고 이후에 기독교 신자들이 사용했던 것으로 보이지만, 이 정도로 거대한 지하공간을 만든 이유는 밝혀지지 않았다. 기독교 신자가 로마제국의 박해로부터 도망치기 위해 이주했다는 통설 외에, 실은 고대의 핵 셸터였던 것이 아닐까, 라는 설이 있다. 모헨조다로에도 핵전쟁 같은 흔적이 남겨져있고(자세한 것은 아시아·파키스탄의 **모헨조다로에 남은 고대 핵전쟁의 흔적** 항목을 참조), 튀르키예의 하투사(Hattusa) 유적에도 벽돌로 만든 성벽이나 건물이 화염으로는 불가능한 극도의 고온에 녹아서 굳어있는 흔적이 발견되었다. 그리고 아프리카의 가봉의 오쿠로 광산(자세한 것은 아프리카·가봉의 **오쿠로 천연원자로** 항목을 참조)에서는 약 20억년 전부터 천연 원자로가 존재했었다는 것도 알려져 있다. 이 사실들에서 고대에 핵이나 그것에 필적하는 병기를 사용한 전쟁이 이루어졌을 가능성도 남아있다.

■ 튀르키예의 고대 로켓

튀르키예의 고대 로켓은 오파츠라 불리는 미스터리어스한 고대유물 중 하나다. 1975년에 튀르키예의 토프라크칼레(Toprakkale)에서 발견된 로켓 비슷한 형태의 돌 조각으로, 지금으로부터 3천년전 정도의 고대에 만들어진 물건이라고 한다.

현대의 로켓과 우주비행사와 닮은 형태로 조각되었으며, 발굴된 장소는 과거에 튀르키예 동부를 중심으로 번영했던 고대 왕국의 수도였다는 점에서 지구를 내방한 우주인이 지구인에게 문명을 전수한 증거라는 설이 주장되기도 했다. 이스탄불 고고학 박물관에 수납되어 있다고 하는데 전시되지는 않았다.

■ 트로이의 수도와 슐리만

1870년대, 독일의 아마추어 고고학자인 슐리만(Heinrich Schliemann)이 튀르키예 북서부에 있는 히살리크(Hisarlik) 언덕에 고대 트로이의 유적을 발견해서 전 세계에 충격을 주었다. 트로이란 고대 그리스의 전설의 영웅들이 벌인 트로이 전쟁의 무대가 되었던 도시로, 호메로스의 저서 『일리아스』에 등장한다. 자세한 것은 유럽·그리스의 **트로이 전쟁(3) ~비책! 트로이의 목마 작전** 항목을 참조.

슐리만이 유적을 발견할 때까지 트로이는 어디까지나 전설상의 도시에 지나지 않는다고 생각되고 있었다. 그러나 어릴 적에 호메로스의 이야기에 매료되었던 슐리만은, 트로이는 실재했다고 믿고 있었다. 트로이의 존재를 증명하는 것을 평생의 꿈으로 삼은 그는 무역상을 운영하며 부를 쌓았고, 40대가 되어 사업에서 은퇴한 뒤 사재를 털어 발굴 작업을 진행해서 끝내 트로이 유적을 발견했던 것이다. 몇 층이나 겹쳐진 도시 유적들 중 하나가 트로이일 가능성이 높다고 생각되었다. 그의 성급한 발굴 방법이 비판받기도 했지만, 트로이가 실재했음을 증명하고 소년 시대부터의 꿈을 이루었던 것이다.

세계 문화유산에도 등록되어 있는 튀르키예의 차나칼레에 있는 히살리크 언덕은, 현재는 관광명소가 되어 있다. 언덕에는 트로이 전쟁에 사용되었다는 '트로이의 목마'가 복원되어 장식되어 있다. 차나칼레 시내에도 '트로이의 목마'가 야외 전시 되어 있지만, 이쪽은 2004년에 공개된 할리우드 영화 『트로이』에서 사용되었던 '트로이의 목마'가 기증된 것이다.

■피리 레이스의 지도에 실린 얼음 밑의 남극대륙

1929년, 튀르키예의 이스탄불에 있는 토프카프 궁전(Topkapi Palace)에서 독일인 연구자가 신기한 지도를 발견했다. 튀르키예인 항해사인 하지 아메드 무히딘 피리(Hacı Ahmet Muhittin Pîrî Bey)가 1513년에 만든 지도다. 통칭 피리 레이스(Piri Reis)의 지도라고 불리는 이 지도에는, 신대륙을 갓 발견한 시대였음에도 불구하고 남극대륙이 또렷하게 그려져 있었다.

사람들이 남극대륙을 조사하기 시작한 것은 19세기 초다. 그러나 피리 레이스의 지도에는 남극대륙의 퀸 모드랜드(Queen Maud Land)와 일치하는 해안선이 그려져 있었을 뿐만 아니라, 그려진 남극대륙은 기원전 4000년 전에 얼음 아래에 가라앉아 있던 것이었다.

대체 어떻게 얼음 아래의 남극대륙을 그린 것일까. 작가이자 유사고고학자 에리히 폰 데니켄(Erich von Däniken)은 기원전 4000년 경, 지구를 방문한 이성인이 작성한 지도를 피리가 참고했을 가능성이 있다고 주장한다. 그밖에는 중국의 장수였던 정화의 선단이 작성한 것을 바탕으로 했다는 설(자세한 것은 아시아·중국의 **정화의 대항해** 항목을 참조) 등도 있는 등, 피리의 세계지도를 둘러싼 수수께끼는 많다.

■하늘을 나는 이콘과 쉬멜라 수도원

흑해 연안의 트라브존(Trabzon)에 있는 쉬멜라 수도원(Sumela Monastery). 단애절벽에 달라붙듯이 세워진 이 수도원은 튀르키예의 암굴교회 중에서도 가장 아름답다고 이야기되며, 한 면의 벽 전체에 몇 층이나 되는 프레스코화도 그려져 있다.

전해지는 이야기에 따르면, 그리스도의 제자 중 한 명인 성 루카가 그린 성모 마리아의 초상화(이콘)가 그리스의 아테네에서 트라브존까지 하늘을 날아서 왔다고 한다(천사들에 의해 운반되어 왔다는 설도 있다). 어느 날, 성 소프로니오스(Sophronios)와 성 바르나바(Barnabas)라는 두 명의 수도사의 꿈에 대천사 가브리엘이 나타났다. 두 사람은 천사의 말을 듣고, 각각의 장소에 인도되듯이 여행을 했고, 이 절벽의 동굴에서 이콘을 발견했다. 그리고 386년, 두 사람은 맨손으로 바위를 뚫으며 이 신비한 이콘을 안치하기 위한 수도원을 만들었다고 한다.

그 이래로 전설의 이콘을 보기 위해 많은 순례자들이 방문하게 되었다고 한다. 2021년 7월에 5년에 걸친 복원작업이 종료되었다. 현재는 견학이 재개되었다.

■ 행방불명되었던 동로마 황제의 보물

튀르키예에 있는 이스탄불은 옛날에는 비잔티움, 로마제국의 지배 이후로는 콘스탄티노플로 개칭되어, 그 후에는 동로마 제국과 오스만 제국 시대에도 수도로서 번영한 요지다.

13세기에 십자군과 베네치아군이 콘스탄티노플을 침략했다. 세계의 3분의 2의 부가 있다고 이야기된 콘스탄티노플이었지만, 동로마 제국 황제의 보물은 발견되지 않았다고 한다. 그 행방에 대해서는 베네치아 군이 십자군보다 한 발 앞서 가지고 갔다, 십자군이 세운 라틴 제국이 소유하고 있었지만 이후에 오스만 투르크에게 빼앗겼다는 설 등이 있다.

■ 히타이트의 날씨의 신 테슈브

테슈브(Teshub)란 폭풍을 일으키는 날씨의 신이다. 기원전 1600년경부터 아나톨리아(현재의 튀르키예)에 살고 있던 히타이트의 중요한 신으로, 가뭄이 자주 일어나던 지역이었기 때문에 천후신의 행위에 의해 지상의 상태가 결정된다고 믿어지고 있었다.

어느 날, 테슈브는 불을 뿜는 뱀 일루양카(Illuyanka)의 토벌에 실패하고 고민하고 있었다. 그러자 딸인 이나라(Inara)와 그녀의 연인인 인간 남성 후파시야(Hupasiya)에게 상담했고, 두 사람은 어느 계획을 떠올렸다. 이후, 두 사람은 성대한 연회를 열고 일루양카와 일족들을 불러들였다. 일루양카 일행들은 계속해서 내오는 음식과 술을 배불리 먹은 결과, 지하로 통하는 구멍도 통과할 수 없을 정도로 몸이 뚱뚱해졌고 졸음이 몰려왔다. 방심한 일루양카는 붙잡히고, 테슈브가 날리는 벼락의 무기에 의해 살해되었다.

■ 히타이트의 선과 악의 형제

기원전 1600년경부터 아나톨리아(현재의 튀르키예)에 살고 있던 히타이트인은 대부분 농민이었다. 그래서 암소는 특히 귀중한 생물이었으며 힘과 부의 상징이기도 했다. 암소의 소중함을 전하는 이야기가 있다.

옛날에 부유하기는 하지만 자식이 없었던 압푸(Appu)라는 남자가 있었다. 압푸가 태양신에게 기도하자 두 명의 아이를 얻게 되었다. '선(Ḫandanza)'과 '악(Idalu)'이라고 이름 붙은 아이들은, 압푸가 죽자 농장과 암소 두 마리를 상속받았다. 한동안 시간이 지나자 악은 선과 갈라서고 싶어져서 상속받은 것을 똑같이 나누자고 제안했다. 악은 선을 속이고 힘이 강한 암소를 얻으려고 했지만 실패하고, 선은 태양신의 가호를 얻어 히타이트는 번영했다고 이야기되고 있다.

바레인

■생명의 나무와 에덴 동산

바레인은 페르시아만에 위치한 작은 섬이다. 고대 바빌로니아, 아시리아 시대에는 무역 중계지로서 번영했다.

바레인의 수도 마나마(Manama) 남부의 사막 한 가운데에, 주위에는 전혀 물이 없음에도 불구하고 400년 이상 살고 있던 아카시아 나무가 있다. 주위에 아무런 식물은 없고 홀로 덩그러니 남겨져 있는 이 아카시아 나무는 '생명의 나무'라고 불리고 있다. 모래에 둘러싸인 가혹한 환경에서 어째서 말라죽지 않고 계속 살아있는지, 과학적으로는 설명이 불가능하다고 한다. 몇 만년이나 전에 벌어진 전쟁 때에 불타버린 나뭇가지에서 재생했다는 이야기도 전해진다.

일설로는 생명의 나무가 자란 것은 이 땅이 구약성서에 등장하는 에덴 동산이 있었다는 장소였기 때문이란 이야기가 있다. 에덴 동산의 소재지는 현재의 이란, 이라크, 튀르키예 부근에 있었다는 설이 유력하다(자세한 것은 **수메르의 낙원 딜문과 에덴 동산**, 이라크의 **에덴 동산은 어디에 있었나?** 항목을 참조). 그러나 어느 설이나 결정적인 증거는 발견되지 않았다. 생명의 나무라 불리는 신기한 아카시아 나무가 서 있는 장소에 에덴 동산이 있었는지도 모를 일이다.

■수메르의 낙원 딜문과 에덴 동산

딜문(Dilmun)이란 메소포타미아(현재의 이라크 주변)의 남동부에 있었다고 여겨지는 낙원의 이름이다. 수메르인의 신화에 등장하는 딜문의 소재에 대해서는 오랫동안의 논의 끝에 바레인섬에 있었다는 설이 가장 유력하다. 딜문은 페르시아만과 인더스강 방면을 오가는 배의 중계점으로서 번영했다고 한다.

지우수드라(Ziusudra, '생명을 본 자'라는 의미)를 주인공으로 하는 수메르의 신화에 의하면, 과거에 대홍수로 인류가 멸망했을 때에 지우수드라만이 신에 의해 목숨을 건졌다고 한다. 살아남은 지우수드라에게 신이 살라고 한 곳이 딜문이다. 이 에피소드가 발전하여 이후에 구약 성서의 노아의 방주(자세한 것은 튀르키예의 **아라라트산의 노아의 방주 전설** 항목을 참조)가 되었다고 이야기되고 있다.

이 사실에서 딜문은 아담과 이브가 살았던 에덴 동산과도 관련이 있다는 의견도 있다. 에덴 동산이 어디에 있었는가는 많은 설이 있지만, 딜문의 소재지라고 여겨지는 바레인에 있었다는 설도 뿌리 깊다. 에덴 동산에 대해서 자세한 것은 **생명의 나무와 에덴 동산**, 이라크의 **에덴 동산은 어디에 있었나?** 항목도 참조.

팔레스타인 & 이스라엘

■ 성지 예루살렘

세계 최고(最古)의 도시 중 하나로서 유태교, 기독교, 이슬람교의 성지로 여겨지는 장소가 예루살렘이다. 유태교의 성지인 '통곡의 벽', 이슬람교 외에 유태교나 기독교의 성지이기도 한 '바위의 돔(Dome of the Rock)', 골고다 언덕에 세워진 기독교의 성지 '성분묘 교회(The Church of the Holy Sepulchre)'가 있다. 신성한 유적의 보고인 이곳에는 각각의 기원에 대한 전설이 있다.

◎통곡의 벽

전언에 의하면 기원전 10세기경, 고대 이스라엘의 솔로몬왕이 이 지역에 최초의 신전을 세웠다. 그 후에 헤로데왕에 의해 개축된 신전 일부가 지금도 남아있으며, 그것이 신전의 언덕에 있는 통곡의 벽이다. 전설에 의하면 헤로데왕이 신전을 개축하는데 11년의 세월이 걸렸지만, 그 동안에는 신기하게도 비는 밤에만 내렸으며 공사를 중단할 필요가 없었다고 한다. 이 신전은 서기 70년에 로마인에 의해 파괴되었지만, 이후에 유태인의 성지가 되었다. 유태인은 '서쪽 벽(Western Wall)'이라고 부르며 매주 금요일이 되면 벽에 이마를 대고 기도를 올린다.

◎바위의 돔

통곡의 벽과 마찬가지로, 성전산(Temple Mount)에 세워진 이슬람교도의 신전이 바위의 돔이다. 여기는 예언자 무함마드가 하룻밤 만에 메카에서 이곳까지 여행했다는 기적이 전해지고 있으며, 이 땅에서 신과 대화를 나누기 위해 꿈속에서 천마를 타고 승천했다고도 한다.

한편으로는 유태교의 전설도 있어서, 이스라엘 민족의 시조인 아브라함이 신에 대한 충성심을 표시하기 위해 아들인 이삭을 신에게 바치려 했던 바위로 여겨지고 있다.

◎성분묘 교회

예수가 십자가에 못 박힌 뒤에 그 시신을 장사지냈다고 여겨지는 골고다 언덕에는, 성분묘 교회가 세워져 있다. 4세기에 콘스탄티누스 1세가 이 땅을 발굴했을 때, 그의 어머니인 성 헬레나는 묘의 근처에서 십자가를 3개 발견했다. 예수가 못

박혔던 십자가를 판별하기 위해 병에 걸린 남자에게 세 개의 십자가를 각각 만져보게 했는데, 그 중 하나를 건드리자 남자의 병이 기적적으로 회복되었기 때문에 예수가 못 박혔던 진짜 십자가로 인정되었다. 교회에는 예수의 성흔에 향유를 발랐다고 하는 붉은 대리석 판이나 예수가 매장되었다고 하는 돌무덤도 남아있다.

요르단

■솔로몬 왕의 전설의 광산

기원전 10세기 경, 고대 이스라엘의 왕인 솔로몬 왕은 아주 풍부한 지혜와 부를 가지고 있었다. 구약성서에 의하면 솔로몬 왕은 황금 잔을 사용하고, 황금의 갑옷을 걸치고, 금과 상아로 만들어진 왕좌에 앉았다고 한다. 솔로몬 왕의 막대한 부의 대부분은 '오피르(Ophir)'라고 불리는 수수께끼의 지역에 있는 광산에서 채취되었다고 한다. 페니키아의 왕 히람(Hiram I)과 함께 오피르에 선단을 보내서 부를 쌓았다고 이야기되고 있다. 그러나 오피르가 대체 어디에 있는지는 알지 못한다.

오피르의 장소에 대해서는 옛날부터 다양한 설이 주장되어 왔다. 고대 그리스의 학자 프톨레마이오스는 현재의 파키스탄이나 말레이시아, 인도네시아라고 지적했다. 영국의 시인 존 밀튼은 저서 『실락원』 내에서 아프리카 남부, 현재의 모잠비크 부근이라고 언급했다. 한편, 콜럼버스는 아이티에 있다고 생각했고, 스페인의 탐험가 알바로 데 멘다냐(Alvaro de Mendana)는 발견한 대양주의 섬들이야말로 오피르라고 믿고 '솔로몬 제도'라고 이름 붙였다.

2008년, 요르단의 키르베트 엔 나하스(Khirbet en-Nahas)에서 최대 규모의 고대의 구리 광산 및 제련소가 발견되었다. 연대측정 결과, 솔로몬 왕의 시대와 일치한 것에서 솔로몬 왕의 부를 지탱한 구리 채굴 장소일 가능성이 부상했으나, 아직 자세한 것은 알지 못하고 조사가 진행되고 있다.

■진이 보호하는 고대도시 페트라

요르단 남서부 외곽에 있는, 중동을 대표하는 거대도시 페트라(Petra) 유적. 장밋빛 건물이 인상적인 아름다운 마을의 기초를 쌓은 것은 기원전 6세기경에 이 땅에 살고 있던 나바테아인(Nabataeans)으로, 이윽고 시리아에까지 미치는 교역대국으로 발전했다.

여기에 도달하기 위해서는 시크(Siq, 협곡)라고 불리는 단애절벽의 좁은 외길을 지나가야만 한다. 이 좁은 길은 길이가 약 2킬로미터에 폭은 장소에 따라서 3~6미터이며, 양쪽의 벽의 높이는 약 80미터나 된다. 마을의 좁은 입구는 진(Jinn)이라 불리는 정령이 지키고 있다고 한다. 시크의 입구는 양쪽에 '진의 석비'라고 불리는 두 개의 거대한 바위가 있고, 이 부근에 멈춰 서자 모습이 보이지 않는 진의 기척을 강렬하게 느꼈다는 관광객도 있다. 옛 이슬람교의 문헌에도 등장하는 진은 선량한 때도 있거니와 사악한 때도 있는 정령으로, 연기가 나지 않는 극열의 화염을 몸에 두르고, 명계에 살고 있다.

숨겨진 계곡에 있는 것 때문에 페트라는 도적이 보물을 숨기는 장소였다는 전설도 있다. 바위를 깎아 만들어진 신전 알 카즈네(Al-Khazneh)는 스필버그 감독의 영화 『인디아나 존스/최후의 성전』의 무대도 되었던 건물이지만, 무엇을 위해서 세워졌는가는 지금도 여전히 수수께끼다.

참고로 이곳을 발견한 것은 스위스인 탐험가 요한 루드비히 브루크하르트(Johann Ludwig Burckhardt)다. 1812년에 니제르(Niger) 강의 수원지를 찾는 여행 도중에 지역 사람들에게 엄중하게 보호되는 숨겨진 계곡 이야기를 들은 그는, 아랍인으로 변장하고 계곡 안에 있는 묘를 참배하고 싶다고 말해서 계곡으로 잠입하는데 성공하여 페트라를 발견했다.

레바논

■바알베크의 거석

기원전 3000년 경, 지중해의 교역으로 번영한 페니키아인은 자신들의 나라를 '레바논'이라고 불렀다. 이후에 페니키아인은 쇠퇴하고, 현재의 레바논은 아랍인이 95%를 점하고 있다. 지중해에 접한, 일본의 기후현 정도의 크기의 소국이다.

수도 베이루트는 북동쪽, 베카 고원에 있는 바알베크(Baalbek)는 로마 시대의 고대 유적이다. 요르단의 페트라 유적(자세한 것은 요르단의 **진이 보호하는 고대도시 페트라** 항목을 참조), 시리아의 팔미라 유적과 함께 중동 3대 유적 중 하나다. 페니키아의 신 중 최고신인 바알이 모셔져 있는 페니키아 인의 성지이기도 하다(자세한 것은 시리아·아랍에미리트의 **천공의 신 바알**, 아프리카·튀니지의 **성지 토페와 페니키아의 신** 항목을 참조). '바알베크'란 '베카 고원의 신'을 의미한다. 이후에 로마의 최고신 주피터(유피테르)와 선주민의 신인 하다드(Hadad)와 습합되어 주피터, 비너스, 바커스를 모시는 세 개의 신전이 건설되었다. 이 유적이 남은 바알베크는 세계 유수의 로마 신전 유적이며 세계 유산으로 등록되어 있다.

이 중 주피터 신전에 '바알베크의 거석'이나 '남방의 거석'이라 불리는 3개의 거대한 암석이 있다. 길이 약 21미터에 폭

약 5미터, 높이 약 4미터의 너무나 거대한 그 돌의 무게는 추정 2000톤에 이르며 현대의 기술로도 움직이기가 어렵다고 한다. 게다가 아름다운 직방체로 잘려있어서 고대인들이 대체 어떤 방법으로 이 돌을 잘라냈는지 궁금증을 자아낸다. 이집트의 피라미드처럼 거인이 돌을 운반했다고 이야기되는 경우도 있다고 한다(자세한 것은 아프리카·이집트의 **피라미드 거인 건설설** 항목을 참조).

중동 전역

■마법의 말 "열려라, 참깨"의 수수께끼

『천일야화』의 '알리바바와 40인의 도둑'은 이슬람 세계에 전해지는 이야기 중 하나다. 도적들이 "열려라, 참깨"라는 마법의 말로 바위산에 들어가는 모습을 본 주인공 알리바바가 도적이 떠나간 뒤에 동굴에 들어가서 보물을 가로채고, 최종적으로는 모르지아나(Morgiana)라는 소녀와 함께 도적단을 지혜로 쓰러뜨린다.

이야기에는 말하면 바위가 움직이고, 주문을 잊으면 동굴에서 나갈 수 없다는 마법의 말로 '참깨(Sesame)'라는 단어가 등장한다. 어째서 참깨인가 하는 결정적인 이유는 알 수 없지만 단단한 바위 등을 절단한다는 수수께끼의 힘 '샤미르(자세한 것은 이스라엘의 **솔로몬 왕의 샤미르** 항목을 참조)'와 결부시켜서, 식물이 바위틈에서 자라며 바위에 금이 가게 만든다는 이야기처럼, 참깨가 꿋꿋이 자라는 모습에서 단단한 바위를 여는 힘을 연상시켜서가 아닐까 하는 설도 있다.

■아라비아의 정령 진

진(Jinn)이란 아라비아에 전해지는 정령이나 마신(魔神)을 가리킨다. 마법의 힘을 지녔고 보통은 눈으로 볼 수 없는 존재이며, 연기 같은 기체에서 고체로 몸을 자유롭게 바꿀 수 있다. 인간형 이외에도 뱀이나 고양이 등으로도 변신한다. 인간에게 행복을 가져오는 진도 있지만 재앙을 퍼뜨리는 진도 있다고 한다.

진의 선조는 불이었다고 하며, 막대한 지식량을 자랑하지만 이스라엘의 왕인 솔로몬 왕만은 이길 수 없었다고 한다.

『천일야화』의 '알라딘과 마법의 램프'는 진이 램프의 정령으로서 등장하는 이야기로서 유명하다.

Africa
아프리카

① 알제리	② 앙골라	③ 우간다	④ 이집트	⑤ 에스와티니
⑥ 에티오피아	⑦ 에리트리아	⑧ 가나	⑨ 카보베르데	⑩ 가봉
⑪ 카메룬	⑫ 감비아	⑬ 기니	⑭ 기니비사우	⑮ 케냐
⑯ 코트디부아르	⑰ 코모로	⑱ 콩고	⑲ 콩고 민주공화국	⑳ 상투메 프린시페
㉑ 잠비아	㉒ 시에라리온	㉓ 지부티	㉔ 짐바브웨	㉕ 수단
㉖ 세이셸	㉗ 적도 기니	㉘ 세네갈	㉙ 소말리아	㉚ 탄자니아
㉛ 차드	㉜ 중앙아프리카공화국	㉝ 튀니지	㉞ 토고	㉟ 나이지리아
㊱ 나미비아	㊲ 니제르	㊳ 부르키나파소	㊴ 부룬디	㊵ 베냉
㊶ 보츠와나	㊷ 마다가스카르	㊸ 말라위	㊹ 말리	㊺ 남아프리카 공화국
㊻ 남수단	㊼ 모리셔스	㊽ 모리타니아	㊾ 모잠비크	㊿ 모로코
51 리비아	52 라이베리아	53 르완다	54 레소토	

알제리

■타실리 나제르의 하얀 거인

알제리 남부, 리비아와의 국경 부근의 사하라 사막에는 '타실리 나제르(Tassili n'Ajjer)'라고 불리는 장대한 암벽화군이 있다. 약 1만년 전부터 2000년경에 걸쳐 다양한 민족에 의해 그려져 왔던 것으로, 확인되는 것만으로도 1만 5천년 이상은 된다. 타실리 나제르란 투아레그(Touareg)어로 '물이 있는 대지'라는 의미로, 사막으로 변하기 전에는 물과 녹음이 풍부한 땅이었음을 나타내고 있다.

탐험가이자 민속학자, 프랑스인 앙리 로트(Henri Lhote)가 제2차 세계대전 직후에 원정 중에 타실리 나제르에서 훌륭한 암벽화를 발견했을 때, 그 중에 우주복을 입은 외계인의 모습을 발견하고 고대인이 우주인과 접촉했다는 증거라고 확신했다고 한다.

암벽화에는 말이나 양, 낙타, 사자, 코끼리 등 많은 동물이 그려져 있는 것 외에, 드레스나 긴 옷을 걸친 남성이나 여성의 모습도 있었다. 그 중에 한층 눈에 띄는 존재가 '하얀 거인' 혹은 '위대한 신 마르스'라고 불리는 수수께끼의 거인화다. 3미터 정도 되는 키에 머리에 달린 안테나 같은 물체, 두 팔에 장착된 장치 같은 것 등 명백히 인간과는 다른 이상한 풍모에서 우주복을 입은 이성인이 아니냐는 이야기가 돌았다.

이후에 스위스의 작가 에리히 폰 데니켄이 로트의 설을 인용하여 과거에 우주복을 입은 외계인이 지구를 방문했으며 자신들의 존재증명으로서 암벽화나 조각상, 나스카의 지상화나 스톤 헨지 등을 남겼다고 주장했다. 각각에 대한 자세한 것은 남아메리카·페루의 **나스카의 지상화는 어째서 그려졌는가?**, 유럽·영국의 **마술사 멀린과 스톤 헨지** 항목을 참조.

앙골라

■기상천외한 식물 웰위치아

나미비아의 해안 근처에 나미브 사막지대에만 자라는 아주 기묘한 식물이 있다. 웰위치아(Welwitschia)라는 겉씨식물로, 1859년에 이 식물을 발견한 오스트리아인 탐험가인 프리드리히 벨비치(Friedrich Welwitsch)의 이름을 따서 붙였다. 일본에서는 '기상천외', '사막만년청'이라고도 불리며, 단일종이라 이와 비슷한 식물은 이 세상에 존재하지 않는다.

짧은 봉오리에서 평생 단 두 장뿐인 거대한 잎사귀가 자란다. 게다가 살아있는 한 잎사귀는 계속 자라나가며 서서히 찢어져가므로, 성장하면 리본처럼도 보인다고 한다.

그 수명은 평균 600년이며 2000년 이상 생육하는 것도 있어서, 세계 최고령 식물 중 하나로 꼽히고 있다.

우간다

■닭이 가축이 된 이유

아프리카 동부의 우간다의 간다(Ganda)족에 전해지는 옛날이야기에는 야생 닭이 어째서 인간의 마을에 살며 인간에게 사육되게 되었는가 하는 내용이 있다. 빅토리아호(湖) 북쪽에 사는 간다 족은 농경과 목축을 하며 살았기 때문에 소중한 가축인 닭에 대한 관심이 엿보이는 내용이 많다.

옛날, 숲에 살고 있던 닭은 다른 동물들로부터 두려운 존재였다. 모두가 닭의 새빨간 볏을 불타오르는 불꽃이라고 생각했기 때문이다. 어느 날, 표범의 집에 불씨가 꺼져서 닭의 볏에서 불씨를 받으려고 표범 가족이 닭의 집에 찾아왔다. 닭 부부가 자고 있어서 표범 가족은 몰래 닭의 볏에 지푸라기를 가져다 댔는데, 불은 옮겨 붙지 않았고 오히려 볏은 차가웠다. 비밀이 들통나버린 닭 부부는 숲에서 살 수 없게 되어서 인간들의 마을로 가서 인간과 함께 살게 되었다고 한다.

■부간다 왕국의 킨투 전설

과거에 우간다의 땅에 있던 부간다(Buganda) 왕국은 18세기부터 19세기에 걸쳐 번영한 간다족에 의한 왕국이다. 19세기 말에는 영국의 식민지가 되었는데, 1938년에 '킨투의 후예'라고 자칭하는 조직이 식민지 정부에 대해 반대운동을 일으켰다.

킨투(Kato Kintu)란 부간다 초대 국왕의 이름이다. 동방에서 찾아와서 왕국을 세웠다는 킨투는 부간다 왕국 외에 인근 나라의 전설에도 등장하며 영웅시 되는 전설의 인물이다.

간다족에 전해지는 신화가 있다. 옛날 킨투라는 목동 청년이 있었다. 그곳에 최고신 꿀루(Ggulu)의 딸 남비(Nambi)와 오빠들이 찾아왔는데 난비는 킨투에게 한 눈에 반한다. 꿀루는 킨투를 하늘로 데려오기 위해 남비의 오빠들에게 킨투의 소를 훔치게 했다. 소를 찾아다니던 킨투는 남비의 안내를 받아 하늘로 찾아온다.

꿀루는 다양한 시련을 주며 킨투를 시험했다. 남비의 힘을 빌려서 시련을 극복한 킨투는 꿀루에게 남비와의 결혼을 허락받고 가축과 씨앗을 선물 받았다.

지상으로 돌아오려고 하는 킨투에게, 꿀루는 "남비의 오빠인 와룬베(Walumbe)에게 들키면 반드시 두 사람을 따라갈 것이므로 절대 돌아오지 말고 계속 나아가라"라는 경고를 듣는다.

그러나 지상으로 향하던 중에 남비가 깜빡한 물건을 가지러 돌아와 버렸기 때문에 와룬베에게 들키고 만다. 와룬베는 두 사람과 함께 지상으로 내려왔다.

킨투와 남비 사이에 세 명째의 아이가 태어났을 때, 와룬베가 찾아와서 아이를 달라고 했다. 두 사람이 거절하자 네 명째 때에도 찾아왔다. 다시 두 사람이 거절하자 와룬베는 아이를 죽여 버리겠다고 위협했다. 킨투는 그때까지 '죽음'이라는 것을 몰랐다. 그 후에 정말로 아이가 죽어버리자 난처해진 킨투가 꿀루에게 상담했고, 남비의 오빠인 카이쿠지(Kaikuzi)가 와룬베를 하늘로 데려오기 위해 파견 되었다.

위기를 느낀 와룬베는 지하로 달아났고, 킨투의 아이들의 목숨을 계속 빼앗았다. 거기서 킨투는 "와룬베가 빼앗은 이상의 생명을 낳아서, 자손이 끊어지지 않게 하겠다"라고 말했다. 이 상황을 보고 있던 꿀루는 카이쿠지와 자신은 하늘에서, 킨투는 지상에서, 와룬베는 지하에서 살라고 말했다. 이리하여 하늘과 지상과 지하라는 3개의 세계가 만들어졌다고 한다. 그리고 킨투의 자손은 '죽음은 피할 수 없지만 불멸하다'라는 운명을 짊어지게 되었다.

간다족의 기원이 되는 전설은 지금도 소중히 여겨지고 있으며, 간다족은 킨투의 자손이라는 인연을 가지고 있다.

우간다는 1962년에 독립을 이루고 부간다왕 무테사 2세(Mutesa II)가 초대 대통령으로 취임했다. 그러나 1966년에 오보테(Obete) 수상이 쿠데타를 일으켜 왕국은 사라지고 말았다.

이집트

■ 고대 이집트의 사후 세계

고대 이집트인은 사후에 명계 두아트(Duat)에서 내세를 보낸다고 믿었다. 사람은 죽으면 카(Ka, 생명력)와 바(Ba, 혼)가 육체에서 떨어지므로, 카와 바가 돌아올 수 있도록 육체를 보존할 필요가 있다고 생각했다. 그래서 죽은 자의 몸은 미이라로 만들고, 심장 등의 중요한 장기는 카노푸스 단지(Canopic jars)라는 용기에 보관되었다.

또 두아트에서는 생전의 행실을 재판받는다고 믿었다. 죽은 자의 혼은 명계의 신 오시리스(자세한 것은 **오시리스와 세트의 싸움** 항목을 참조)가 다스리는 두아트로 여행을 떠나고, 재판 받는 동안, 심장의 무게가 계측된다. 거대한 천칭 한 쪽에 심장, 다른 한 쪽에 진리와 정의를 다스리는 여신 마아트(Maat)의 깃털을 얹는다. 깃털보다 가벼우면 선량한 인간으로서 두아트에서 영원히 살 수 있었다. 한편, 깃털보다 심장이 무거우면 현세에서 죄를 많이 저지른 증거로 여겨져, 여신 암미트(Ammit, '죽은 자를 잡아먹는 자'라는 의미)에게 심장을 먹혀서 완전한 죽음이 찾아온다.

고대 이집트의 사생관은 파피루스에 기록된『사자의 서(Book of the Dead)』라는 종교서에 정리되었으며, 아름다운 삽화로 유명한 '아니의 파피루스(Papyrus of Ani)'는 현재 대영박물관에 소장되어 있다.

■고대도시 타니스의 보물 전설

고대도시 타니스(Tanis)는 과거에 이집트에 존재했던 이집트 제31왕조의 수도다. 아랍어로는 산 알 하가르(San Al Hagar)로 나일강 삼각주에 있었다고 여겨지는데, 약 2000년 전, 강의 흐름이 변해서 땅속 깊이 묻혀버렸다.

인디아나 존스가 주인공인 영화『레이더스/잃어버린 성궤』에서, 성궤(The Ark of the Covenant, 언약궤. 자세한 것은 에티오피아의 **사라진 성궤의 행방** 항목을 참조)가 있다고 여겨지는 땅속에 묻힌 도시로서 등장했다. 구약성서에는 '소안'이라는 이름으로 모세가 기적을 일으킨 땅으로서 등장한다.

1929년, 프랑스의 고고학자 피에르 몽테(Jean Pierre Marie Montet)에 의해 왕가의 무덤이 발견되었고, 이곳에서는 투탕카멘의 묘에 필적할 정도의 황금 가면이나 보물이 출토되었다. 이어서 2011년에는 NASA의 인공위성이 촬영한 적외선 화상에 의해 땅속에 묻혀있는 타니스의 도시 흔적이 드러났다. 피라미드나 1000개를 넘는 묘, 3000개 이상의 주거지 흔적이 발견되었고 타니스의 보물 일부는 이집트 박물관에 전시되어 있지만, 전설의 성궤는 아직 발견되지 않았다.

■그리스도와 결혼한 소녀

이집트의 시나이 반도 남부에 위치한 시나이산 기슭에, 비뚤어진 사각형 형태의 성 카탈리나 수도원(Saint Catherine's Monastery)이 있다. 이 땅은 모세가 계속 불타는 가시덤불을 발견한 장소(자세한 것은 **모세의 약속** 항목을 참조)이기도 하다. 이 불타는 가시덤불의 땅에, 4세기경 로마 황제 콘스탄티누스의 어머니인 헬레나(Helena)에 의해 불타는 가시덤불 예배당(Chapel of the Burning Bush)이 세워지고, 6세기경에 그 예배당을 둘러싸듯이 성 카탈리나 수도원이 세워졌다고 한다.

수도원의 이름이기도 한 성 카탈리나는 기독교에서도 중요시되는 성인 중 한 명이다. 알렉산드리아 출신의 카탈리나는 지성과 미모를 겸비한 소녀로, 기독교의 세례를 받았을 때에 그리스도와 결혼하는 환상을 보았다고 한다. 그 후 로마 황제

막센티우스(Maxentius)는 카탈리나를 아내로 맞아들이려 했으나 이미 그리스도의 아내라 생각했던 카탈리나는 이것을 거부한다. 그리고 막센티우스에게 기독교 박해를 그만두라고 호소했기에 격노한 황제에 의해 거열형에 처해졌다.

그러나 전해지는 말에 따르면, 칼날이 달린 바퀴는 카탈리나가 닿은 순간 이상하게도 산산조각으로 부서져버렸다고 한다. 그 때문에 카탈리나는 참수되었다고 한다. 카탈리나의 시신은 천사에 의해 시나이산 정상으로 운반되었고, 이후에 여행하던 수도사에게 발견되어 매장되었다. 수도원의 주 성당에는 카탈리나의 유해가 들어있는 관이 안치되어 있다고 한다.

■ 멤논의 노래하는 거상

이집트, 룩소르 시가지의 나일강 서안에 세워진 멤논의 거상(Colossi of Memnon). 과거에 신왕국 시대의 아멘호테프 3세(Amenhotep III)의 장제전이 있었는데, 이후의 왕들에게 파괴되어서 현재는 신전이 없고 두 개의 거상만이 세워져 있다.

그런데 어느 때부터 거상이 노래한다는 기괴한 소문이 흐르기 시작했다. 새벽이 되면 상 주변에서 마치 노래하는 듯한 소리가 메아리치듯이 들려온다는 것이었다. 휘파람을 부는 것 같은 소리나, 금관악기를 부는 듯한 소리라고 한다.

실은 기원전 27년에 발생한 지진으로 상에 금이 간 것이 소리의 원인이었다고 이야기되고 있다. 극심한 온도차에 의한 뒤틀림이나 바람에 의한 소리가, 상이 이따금씩 노래하는 듯이 들린 것이라고 한다.

■ 모세의 약속

이집트의 시나이 반도에 있는 시나이 산은 별명 제벨 무사(Jabal Musa, 모세의 산이라는 의미)라고 한다. 구약성서의 '출애굽기'에 의하면 모세는 여기서 신의 목소리를 들었다는 전설이 남아있다.

기원전 13세기경, 시나이 산의 황야에서 양을 기르고 있던 모세는, 산에서 아무리 시간이 지나도 완전히 불타버리지 않는 가시덩굴을 발견하고 신기하게 생각해서 다가갔다. 그러자 "여기는 성스러운 땅이니 다가와서는 안 된다"라는 신의 목소리를 들었다. 신은 모세에게 이집트에서 박해를 받고 있는 이스라엘 민족(유태인)을 약속의 땅 가나안으로 인도하라고 명령하고, 모세는 신의 목소리에 따르기로 한다.

모세는 이스라엘 백성을 이끌고 이집트 탈출을 꾀했지만, 도중에 이집트의 파라오의 군대에 추격당하게 되었고, 앞길이 '갈대의 바다(홍해로 여겨진다)'에 막혀버렸다. 그러자 모세는 여기서 기적을 일으킨다. 모세가 기도하고 지팡이를 하늘을 향해 치켜들자, 눈앞의 바다가 좌우로 갈라진 것이다. 바다 밑바닥이 나타나서 모세와 백성들이 바다의 사이를 걸어서 맞은

편 해안에 건너가자 바다는 원래 모습으로 돌아왔고, 추격자 이집트군은 바다 속에 가라앉아 전멸했다.

그 후에 여행을 계속하는 동안 모세는 혼자서 시나이 산에 올라가서 신에게 받은 십계명을 새긴 두 장의 석판을 들고 산에서 내려온다. 이후로 십계는 유태교의 중심적 율법이 된다. 그리고 이스라엘 백성은 시나이 사막을 계속 방랑하다가 약 40년 후에 약속의 땅 가나안(현재 이스라엘과 그 주변)에 이주했다고 이야기되고 있다.

■사라진 대왕의 묘

클레오파트라나 칭기즈칸 등, 묘의 행방을 알 수 없는 역사상의 유명인물은 많다. 알렉산드로스 대왕도 마찬가지다.

30세까지 세계 사상 굴지의 대제국을 건설한 알렉산드로스 대왕은 영토 확대를 위해 동방 원정을 나간 기원전 323년, 바빌론 체재 중에 말라리아에 걸려 10일간 고열에 시달리다가 32세의 젊은 나이로 급사했다. 대왕의 시신은 고향인 마케도니아로 운반되어 매장되었을 테지만, 후계자의 지위를 노린 장군 프톨레마이오스에 의해서 시신은 이집트의 알렉산드리아로 운반되었다.

프톨레마이오스는 알렉산드리아를 자신의 도시로 삼고, 이곳에 대왕의 묘를 세우겠다고 말했다. 그러나 로마 제국 카라칼라(Caracalla) 황제의 참배를 마지막으로, 대왕의 묘소는 기록에서 모습을 감추고 만다. 이윽고 4세기에서 8세기에 걸쳐 발생한 지진이나 쓰나미에 의해 물속이나 지하에 매몰되어버려서 장소조차 알 수 없게 되어버렸다고 한다.

그 후에 이집트가 이슬람 세력의 지배하에 들어가자, 대왕의 묘는 완전히 잊히고 역사의 저편으로 매몰되고 말았다.

■사라진 알렉산드리아 도서관의 수수께끼

기원전 331년에 건설된 고대도시 알렉산드리아는 세계 유수의 학문의 중심지로서 발전했고, 세계 최대의 건물이 몇 개나 있었다. 그 중 하나가 40만권(70만권이라는 설도 있다)의 장서를 자랑하는 도서관이다. 프톨레마이오스 1세나 2세에 의해 건설된 곳인데, 수백 년간 여러 번의 화재로 파괴되어 장서 대부분이 불타 소실되어 버렸다고 한다.

미증유의 문화적 손실로서 계속 이야기되고 있지만, 정확한 기록이 남아있지 않은데다 중세에 자연재해가 잇따라서 이 지역 대부분이 수몰되어 버렸다. 로마의 장군 율리우스 카이사르가 프톨레마이오스 군과 충돌했을 때나 스스로 함선에 불을 붙여 탈출을 꾀하려 했을 때에 육지에까지 불이 번져 도서관을 포함한 건물들이 불타버린 것이 아니냐는 다양한 설이 있기는 하나, 도서관이 언제 누구에게 파괴당했는가는 지금도 여전히 수수께끼다.

■ 성 메나스가 기적을 부른 마을

이집트의 나일강에 끼어있는 삼각지대, 삼각주 지방에 있는 아부 메나(Abu Mena)라는 유적에는 4세기경에 실재했던 성 메나스(Menas of Egypt)라는 인물에 관한 전설이 남아있다.

285년에 멤피스 근교에서 태어난 메나스는 로마군에 입대하지만 로마 제국에 의한 기독교 탄압이 강해졌기 때문에 군을 떠났다. 어느 날, 순교자에게 면류관을 씌우는 천사의 모습을 목격하고 개안한 메나스는, 스스로 기독교도임을 공언했기 때문에 붙잡혀 모진 고문을 받은 끝에 목이 잘려 순교했다.

이야기에 의하면, 메나스의 시신은 3일간 불탔지만 아무런 변화도 보이지 않았다고 한다. 메나스를 아끼던 자들이 낙타에 실어서 시신을 서쪽 사막으로 운반했는데, 어느 장소에서 낙타가 움직이지 않게 되어서 메나스의 시신을 매장했더니 메마른 대지에서 물이 콸콸 솟아났다고 한다. 그 땅에 순례자가 방문하게 되었고, 5세기경에는 성 메나스 시라는 도시가 생겼다. 그 후에 폐허가 되었고, 현재는 아부 메나라고 불리는 도시 유적으로서 세계 유산에 등록되어 있다.

■ 신비의 빛이 비쳐드는 아부심벨 신전

기원전 13세기경, 이집트 남부 누비아(Nubia) 지방의 사막에 바위산을 깎아서 만들어진 아부심벨 신전(Abu Simbel Temple). 건설한 자는 제19왕조 람세스 2세(Ramses II)로, 람세스 2세를 모신 대(大)신전과 왕비 네페르타리(Nefertari)를 모신 소(小)신전으로 이루어져 있다. 대신전 입구에는 왕좌에 앉은 20미터의 람세스 2세상이 네 개나 늘어서 있고, 벽면 가득히 신성문자 히에로글리프(Hieroglyph)나 신들의 부조가 새겨져 있다.

이 신전이 신비의 고대유적으로 여겨진 이유는 1년에 딱 2번인 10월 22일(추분)과 2월 22일(춘분), 아침 햇살이 신전의 가장 구석에 있는 지성소에 비쳐들어 신상을 비추도록 설계되어 있기 때문이다.

지성소에는 태양신 라(Ra)를 자칭한 람세스 2세의 상 등 네 개의 신상이 모셔져 있는데, 어둠을 좋아하는 프타(Ptah) 신상에만은 빛이 비치지 않도록 되어 있다.

1960년, 아스완하이댐(Assuan High Dam) 건설에 의한 수몰을 피하기 위해 많은 국가의 구제활동으로 현재의 장소로 이전되었으며, 이것이 세계유산 창설의 계기가 되었다.

■ 오시리스와 세트의 싸움

오시리스(Osiris)와 세트(Set)라는 형제신

이 이집트의 왕위를 둘러싼 비극적인 싸움을 벌이는 신화가 고대 이집트에서 전해진다.

과거에 이집트 최초의 왕은 오시리스였고, 여동생인 이시스(Isis)를 아내로 삼았다. 민중에게 사랑받은 훌륭한 왕이었지만, 사악한 남동생 세트가 형의 권력을 시기했고 그의 아내인 이시스를 좋아했다. 세트는 오시리스를 속여서 나무 상자에 가두고 나일 강에 던져서 죽여 버린다. 이시스는 오시리스의 시신을 찾아냈지만, 세트에게 들켜서 시신이 토막나버렸다. 이시스는 세트의 아내이자 여동생인 네프티스(Nephthys)와 함께 오시리스의 조각난 시신을 일일이 찾아서 이어 붙여 최초의 미이라를 만들었다. 이시스가 솔개로 변신해서 남편의 몸 위를 날자 오시리스는 잠시 동안 되살아났고, 이시스와의 사이에 호루스(Horus)가 태어나자 명계로 여행을 떠났다.

성장한 호루스는 이집트의 왕위에 올랐던 사악한 세트에게 도전했다. 몇 번이나 싸움을 반복한 뒤, 세트는 호루스에게 보트 경주 승부를 제안했고 배는 돌로 만들어야만 한다고 주장했다. 그래서 호루스는 나무배를 돌로 만든 배처럼 보이게 만들었고, 돌로 만든 세트의 배만 가라앉았다. 화가 난 세트는 하마로 변신해서 호루스의 배를 전복시켰으나 신들의 힘으로 호루스는 목숨을 건졌다. 이리하여 호루스는 왕이 되고 세트는 추방되었다.

호루스는 왕이 되자 아버지 오시리스를 칭송했다. 어느 때에는 아버지를 명계에서 데려오려고 자신의 눈을 내놓으려고 했다고 한다. 이윽고 호루스는 천공의 신이 되어 매의 모습으로 변했고, 태양과 달은 호루스의 눈이라고 이야기되게 되었다. 오시리스는 명계에 머물며 사후의 재생과 부활을 상징하는 신이 되었다. 이 신화는 그리스인 저술가 플루타르코스(Plutarchos)의 『이시스와 오시리스에 대하여』에 정리되어 있다.

■왕가의 계곡의 저주

이집트의 나일강 중류 유역에 있는 '왕가의 계곡'은 고대 이집트의 신성국 시대에 만들어진 암굴묘군(巖窟墓群)이다. 기원전 1250년경에 토트메스 1세(Thotmes Ⅰ)가 최초로 묘를 만들었다고 한다. 도굴을 피하기 위해서 계곡의 바닥이나 절벽 중간을 파듯이 묘가 만들어졌고, 현재는 투탕카멘 왕 등의 왕묘를 포함한 60개 이상의 묘가 발굴되었다.

왕가의 계곡은 이집트 굴지의 관광 스팟이지만, 이곳 상공에는 이따금씩 이상한 현상이 일어난다고 한다. 1931년, 이집트 국내선 여객기가 왕가의 계곡 상공을 비행하던 중에 갑자기 라디오에 이상이 생겨서 들리지 않게 되어버렸다. 이와 같은 현상이 몇 번이나 이어져서, 어느 사이엔가 파일럿들 사이에 여객기의 소음이 왕가의 계곡에 잠든 파라오의 분노를 산 것이 아니냐는 소문이 돌았다. 항공사는 소문을 부정하며 모든 항공기의 라디오를 새것으로 교환했지만 계속 같은 현상이 일어났다고 한다. 이 때문에 여객기의 항로에서 왕가의 계곡은 제외하게 되었다. 현재 왕가의 계곡 상공에는 촬영 등을 위한 소음이 적은 소형기만이 날고 있다고 한다.

■ 캄비세스 2세의 사라진 군대

기원전 6세기경, 고대 페르시아의 왕 캄비세스 2세(Cambyses II)는 이집트의 테베(현재의 룩소르)를 출발해서 아몬인을 공격하기 위해 사하라 사막의 일부인 서쪽 사막을 행진했다. 그러나 그로부터 7일 후, 사막 안에서 행방불명되었다고 한다. 오아시스가 있는 마을에 들렀던 것까지는 알았지만, 그 후에 군대는 아몬인이 있는 곳에 도달하지 않았고 테베에도 돌아오지 않았다고 한다. 그리스의 역사가 헤로도토스는 저서 『역사』 내에서 이 사건에 대해, 목적지까지 절반 정도 나아간 곳에서 남쪽에서 수많은 회오리가 일어나서 군대가 회오리에 삼켜져 흔적도 없이 사라졌다, 라고 언급하고 있다.

이 사건을 둘러싸고 20세기에 몇 번이나 조사가 이루어졌지만 아무것도 발견할 수 없었고, 감쪽같이 사라져버린 군대의 수색은 아직도 이어지고 있다.

■ 태양신 라의 천지창조

고대 이집트의 창세신화는 여러 가지가 있는데, 만물이 무한의 바다에서 출현하는 모습을 묘사하며 태양신 라가 창조신으로서 등장하는 것이 많다.

최초에 누(Nu. 혹은 눈[Nun])라는 아무것도 없는 바다가 있었다. 태양신 라(Ra)가 자신의 이름을 외자 누에서 모습이 나타났고, 재채기를 하자 코에서 마른 공기의 신 슈(Shu)가, 침을 뱉자 입에서 습한 공기의 여신 테프누트(Tefnut)가 태어났다. 라는 두 사람을 바다 저편으로 보냈다. 그 후에 라는 누를 내려 보내서 벤벤(Benben)이라고 불리는 바위로 된 작은 산을 출현시켰다. 라는 돌 위에 서서 모습을 마음속에 떠올리고 그 이름을 말로 입 밖에 내서 동물이나 식물을 태어나게 했다. 그 다음에 라는 자신의 눈을 떼어서 여신 하토르(Hathor)를 낳아서 여행을 떠난 두 사람을 데려오게 했다. 하토르가 돌아와 보니 라의 얼굴에는 새로운 눈이 달려있었고, 자신은 더 이상 필요 없는 존재라고 한탄한 하토르의 눈물에서 최초의 인간이 태어났다.

슈와 테프누트는 대지의 신 게브(Geb)와 하늘의 신 누트(Nut)라는 두 명의 아이를 낳았는데, 두 명은 아버지의 허가 없이 동침하여 하늘의 별을 낳았다. 그 때문에 슈는 노해서 둘을 하늘과 땅으로 떼어 놓았다. 이리하여 두 명 사이에 틈이 생겨서 생물이 살 수 있게 되었다. 젊은 두 사람은 마술의 신 토트(Thoth)에게 도움을 청해서, 토트의 계획으로 창조를 허락받았기 때문에 그 후에 이집트의 위대한 신들을 낳았다고 이야기되고 있다.

■ 투탕카멘의 저주

1922년, 이집트 남부에 있는 '왕가의 계곡'에서 고대 이집트의 제18왕조 투탕카멘왕의 묘가 발견되었다. 발견자는 영국의 고고학자 하워드 카터였는데, 당시에는 투탕카멘 왕의 존재 자체가 의문시되고 있었다. 발굴 작업을 지원하고 있던 카나본 경이 5년이 지나도 성과가 없는 카터에게 발굴 작업 중지를 요구했을 즈음에, "앞으로 한 번만"이라고 부탁하고 발굴을 계속한 카터의 집념에 의해 세기의 대발견을 달성할 수 있었다고 한다.

사람의 눈에 띄지 않는 장소에 세워져 있었기 때문인지 도굴을 피한 투탕카멘왕의 묘 상부에는 '파라오의 안식을 깨는 자는 죽음의 날에게 살해당할 것이다'라는 비문이 적혀 있었다. 묘의 조사에 관련된 사람들이 차례차례 의문의 죽음을 당한 일 때문에, 묘를 파헤친 자에게 '투탕카멘의 저주'가 발동한 것이 아닐까 하는 소문이 돌았다.

우선 지원자인 카나본 경이 발굴로부터 다섯 달 뒤에 사망했다. 임종할 때에는 카이로 시내가 원인 불명의 정전이 되었고, 같은 시각에 영국에 있는 그의 애견이 돌연사 했던 것에서 저주 때문이 아니냐는 이야기가 나왔다고 한다. 그 후에도 8년간 묘의 발굴 조사에 관여했던 2명이 차례차례 사망했다. 그러나 발굴 그룹의 중심인물인 카터만은 무사해서 65세까지 살아남았다.

지하에 있는 묘에 몇 천년 동안 봉인되어 있던 고대의 세균이나 독극물이 발굴자를 죽음으로 몰아넣었던 것이 아닌가, 감염증을 일으키는 모기에게 물려서 죽은 것이 아닌가, 등의 다양한 설이 있지만, 투탕카멘왕을 둘러싼 저주의 진상은 아직 해명되지 않았다. 투탕카멘 왕묘에서 출토된 물건 대다수는 이집트의 카이로 박물관에서 볼 수 있다.

■ 파로스의 등대는 고대병기?

기원전 3세기경, 알렉산드로스 대왕의 안을 기초로 하여 프톨레마이오스 2세가 약 20년에 걸쳐 완성시켰다는 파로스 섬의 등대. 고대세계의 '7대 불가사의' 중 하나로, 120미터나 되는 높이를 자랑하며 56킬로미터 밖에서도 등대의 빛이 보였다고 한다. 이 높이를 능가하는 등대는 현대에도 만들어지지 않았다.

등대에는 '크니도스(Cnidos)인인 덱시파네스(Dexiphanes)의 아들 소스트라토스(Sostratos), 바다를 항해하는 자들 대신에 구세주인 신들에게 이것을 바친다'라는 비문이 새겨져 있었다. 어느 기술에 의하면, 갤리선에 탄 침략자를 탑 정상에 설치한 반사경으로 태양빛을 모아 배에 초점을 맞춰 불태웠다고도 이야기되고 있으므로 고대병기였을 가능성도 있다. 탑은 1400년 이상에 걸쳐 사용되었지만, 14세기경에 대지진으로 붕괴했다. 그 후에 15세기의 맘루크(Mamluk) 왕조 시대에 이 땅에 카이트베이 요새(The Citadel of Qait-bay)가 세워지고 현재는 그 요새의 유적지가 되었다.

파로스의 등대는 오랫동안 전설로 생각되어 왔지만, 1996년에 알렉산드리아 동쪽 만의 해저에서 대규모 고대유적이 발견되었을 때 등대 흔적으로 보이는 건조물도 발견되어 조사가 진행되고 있다. 자세한 것은 **해저에 잠든 클레오파트라의 궁전** 항목을 참조.

■피라미드 거인 건설설

이집트의 3대 피라미드는 약 4500년 이상 전부터 이집트의 기자에 우뚝 서 있는 '세계 7대 불가사의'의 대표적 건축물이다. 한 개 당 평균 2.3톤이나 되는 무거운 석회석 블록을 약 230만개나 운반해서 만들어졌다고 한다. 그러나 이 정도로 무거운 거석을 어떠한 방법으로 140미터 이상 높게까지 쌓아올렸는가는 아직도 알 수 없다. 최근에는 주위에 나선형 슬로프를 만들어 거석을 운반했다는 설이 제창되고 있지만, 지구 밖에서 온 거인들이 거석을 운반한 것이 아니냐고 주장하는 사람도 있다.

이집트에는 거인이 있었다고 생각되는 유물을 곳곳에서 찾아볼 수 있는데, 기린과 키가 비슷한 장신의 거인, 거인과 인간과의 싸움 등이 벽화에 그려졌으며 거인의 손가락의 미이라로 보이는 유물도 발견되었다. 쿠푸왕의 피라미드 내부에는 높이 8.5미터라는 인간에게는 너무 높은 거대 슬로프가 있는데, 거인이 거석을 운반하기 위해 사용되었다는 주장이다. 이 거인의 정체야말로 고대 이집트에서 오시리스 신(자세한 것은 **오시리스와 세트의 싸움** 항목을 참조)으로서 숭배되었던 오리온 성인이라는 것이다.

룩소르에 있는 하트셰프수트 장제전(Mortuary temple of Hatshepsut)에는 거대한 오시리스 신의 기둥이 늘어서 있는데, 이 기둥의 높이가 거인의 추정 신장과 거의 일치하는 것에서도 오시리스신=오리온 성인을 등신대로 재현한 모습이 아니냐는 설도 있다.

■피라미드 오리온 미스터리

1990년대, 벨기에의 건축기사이자 작가인 로버트 보발(Robert Bauval)은 기자의 3대 피라미드의 배치에 대해서 어떤 사실을 깨달았다. 하늘에 빛나는 오리온자리의 삼형제별과 딱 일치하는 배치였던 것이다. 오리온이란 그리스 신화에 등장하는 사냥꾼을 말하는데, 오리온자리는 원래 고대 이집트의 명계의 신 오시리스(자세한 것은 **오시리스와 세트의 싸움** 항목을 참조)의 고향이며 삼형제별 중 어딘가에 살고 있다고 생각되고 있었다.

보발의 계산에 의하면 기원전 2500년 당시의 천체의 배치에서는 피라미드 내부에 있는 네 개의 통기구에서 직접 오리온자리가 보였다고 한다. 또한, 통기구는 파라오의 혼을 오시리스가 사는 삼형제별로 보내기 위한 길로 추정된다고 주장했다.

3대 피라미드는 4면이 정확히 동서남북을 향하게 설계되어있던 점 때문에 어떠한 천문학적인 의미가 있다고 여겨지고 있다. 한편, 고대에 지구를 방문한 지구 밖 생명체와의 관계를 의심하는 설도 있다. 자세한 것은 **피라미드 거인 건설설**을 참조.

■ 피라미드보다 오래된 스핑크스의 건조

짐승의 몸에 인간의 얼굴을 지닌 스핑크스(Sphinx)는 아라비아어로 '아브 알 홀(Abu al-Haul, 두려움의 아버지)'이라고 한다. 원래는 수염이 있었지만 영국인에게 깎여서 지금은 대영박물관에 있으며, 이집트 정부는 반환을 요구하며 교섭중이라고 한다. 신이나 파라오를 수호하는 성스러운 짐승으로, 수수께끼를 내는 것으로 유명하다.

머리가 카프레(Khafre)왕과 같은 시기인 기원전 2500년경에 만들어졌다는 것이 정설이다.

그런데 1991년에 미국의 지질학자 로버트 쇼크(Robert M. Schoch)는 스핑크스 본체나 주위에 보이는 세로 방향으로 파인 홈에 주목했다. 이것이 비에 의한 침식의 흔적이라고 생각한 그는, 스핑크스가 이 지역에 장기간의 대량 강우가 있었다는 기원전 7000년 전후에 만들어졌다는 설을 제창했다.

이집트에 초대 왕조가 나타난 것은 기원전 3000년경이다. 이 설이 옳다면 기자의 3대 피라미드보다도, 이집트 왕조보다도 훨씬 이전부터 스핑크스가 이 땅에 있었다는 이야기가 된다.

게다가 스핑크스에는 또 하나의 수수께끼가 있는데, 스핑크스의 지하에는 대피라미드의 지하부분으로 통하는 몇 개의 지하도나 지하보관고가 있다는 소문에 대한 것이다. 이 수수께끼들이 해명되는 날이 기대된다.

■ 해저에 잠든 클레오파트라의 궁전

기원전 30년, 로마에 패배한 여왕 클레오파트라는 독사에게 자기 몸을 물게 해서 스스로 목숨을 끊었다고 이야기되고 있다. 이렇게 고대 이집트의 프톨레마이오스 왕조는 멸망한다. 클레오파트라의 궁전이 있었다고 여겨지는 곳이 이집트 제2의 도시 알렉산드리아다.

1996년, 알렉산드리아의 동쪽 만 내의 수심 약 8미터의 해저에 대규모 고대유적이 잠들어있음을 알게 되었다. 기원전 332년에 알렉산드로스 대왕에 의해 건설된 거대도시 알렉산드리아는, 5세기의 지진과 쓰나미에 의해 수몰되어 환상의 도시가 되어 있었다. 그 도시의 프톨레마이오스 왕조의 궁전 터나 여왕 클레오파트라의 궁전 유적이 발견된 것이다.

해저의 궁전 유적에서는 원기둥의 받침대나 성우(星牛)의 봉납대 등, 클레오파트라의 궁전의 일부라 여겨지는 유물이나 유구가 발견되었다. 게다가 세계 7대 불가사의 중 하나인 '파로스의 등대(자세한 것은 **파로스의 등대는 고대병기?** 항목을 참조)인 듯한 건조물도 발견되었다. 또, 과거에 알렉산드리아와 길쭉한 융기지로 이어져있던 안티로도스(Antirhodos) 섬의 남서부 해안에서는 두 개의 스핑크스와 클레오파트라의 아들인 카이사리온의 석상 머리 부분 등도 발견되는 등, 이 땅에 왕궁이 있었음을 뒷받침하는 유구가 차례차례 발견되고 있다.

그러나 바다에 가라앉은 고대유적에는 아직 많은 수수께끼가 남아있으며, 클레오파트라의 묘도 발견되지 않았다. 여왕의 궁전에 이어 묘도 발견될지, 이후의 조사가 주목되고 있다.

■ 호루스의 눈

이집트에서 자주 보이는 외눈의 부적은 호루스의 눈(별명은 와제트[Wadjet]의 눈)이라고 한다. 이것은 천공의 신 호루스의 눈을 나타내고 있다. 호루스는 아버지인 오시리스의 적인 작은 아버지 세트(Set)와 싸우던 중에 왼쪽 눈에 상처를 입고 말았다. 그러나 마술의 신 토트가 낫게 해주었다는 신화에서, 호루스의 눈에는 치유의 의미가 있다고 여겨졌다. 사람들은 사악한 존재를 물리치는 부적으로서 호루스의 눈의 모티프를 몸에 지니게 되었다고 한다.

■ 히에로글리프를 만든 마술의 신 토트

신전이나 묘, 석비 등 다양한 장소에 기록되어 있는 고대 이집트의 상형문자 히에로글리프(Hieroglyph)는 신비한 힘이 깃든 신성한 문자였다. 신이나 죽은 자에게 기도할 때 등에 이 문자를 기록해두면 현실이 된다고 믿어지고 있었고, 이 문자를 읽고 쓸 수 있는 것은 왕이나 신관 같은 소수의 사람들이었다.

고대 이집트의 마술의 신인 토트가 이 문자를 만들었다고 전해진다. 지혜나 문자, 시간, 지식, 달의 신이기도 하며 그 모습은 따오기 혹은 개코원숭이의 머리를 지녔으며, 가느다란 부리는 초승달, 흑색과 백색의 깃털은 달의 차고 이지러짐을 표현한다고 한다. 태양신 라의 아들인 토트는 아버지에게 지혜를 물려받았고, 천문학, 법률, 음악, 의학 등도 고안했다. 명계인 두아트에서 죽은 자의 혼에 내려진 판결을 기록하기 위해 갈대 펜과 파피루스를 손에 들고 대기하고 있다고 한다.

참고로 토트는 이후에 그리스 신화의 전령의 신 헤르메스와 습합되어, 헤르메스 트리스메기스투스(Hermes Trismegistus)라고 불리는 신비학, 점성술, 연금술의 신이 되었다. 기원전 3세기부터 기원후 1세기경, 신의 지혜가 담긴 헤르메스 문서가 기록되었다. 이 문서는 이후에 헤르메스주의(Hermeticism)라고 불리는 마술철학으로 발전했으며, 서양의 신비주의와 마술의 발전에 큰 영향을 주었다고 한다.

에스와티니

■냐냐불렘부와 이끼의 공주

2018년에 스와질랜드(Swaziland)에서 국명을 바꾼 에스와티니(Eswatini). 옛 국명인 '스와질랜드'는 '스와지(Swazi)족의 땅'이라는 의미다. 스와지족에 전해지는 민화 중에 이런 이야기가 있다.

옛날에 어느 임금님의 집에 아주 아름다운 키틸라(Kitila)라는 딸이 있었다. 그러나 아버지는 다른 한 명의 왕비와 그 딸인 마핀다네(Mapindane) 쪽을 사랑하고 키틸라와 어머니를 냉대했다. 임금님은 키틸라와 어머니를 미워한 나머지, 냐냐불렘부(Nya-Nya Bulembu)라는 기묘한 마력을 가진 괴물의 가죽을 입히려고 꾀한다. 냐냐불렘부란 '이끼로 덮인 천한 자'라는 의미로, 물속에 살며 이빨과 발톱은 길고, 가죽위로 이끼가 빽빽하게 자라는 무서운 모습의 괴물이었다. 임금님은 추한 괴물 가죽을 입히면 키틸라와 그 어머니가 괴물로 착각되어 다른 사람들에게도 미움받을 것이라 생각했던 것이다.

임금님의 시종들은 명령에 따라 냐냐불렘부를 잡아서 그 시체를 키틸라와 어머니의 집으로 운반했다. 막상 괴물의 몸을 가르자, 몸 안에서 목걸이나 팔찌 등의 세공품이나 아름다운 자수가 된 주머니나 깔개가 나왔다. 깜짝 놀란 하인들이 가죽을 벗기자, 이번에는 아무것도 나오지 않았다. 간신히 발톱과 이빨을 남기며 가죽을 벗겨서 키틸라에게 입히자, 냐냐불렘부의 마력 때문에 가죽이 살에 달라붙어 벗겨지지 않게 되었다.

아름다웠던 키틸라는 무서운 이빨이 달리고 녹색 이끼 가죽에 덮인 괴물의 모습이 되어버렸다. 그러나 또 한 명의 딸인 마핀다네와는 사이가 좋아서, 작은 새에게 먹이를 주거나 하며 항상 함께 놀았다. 그렇게 몇 년의 시간이 흘렀고, 마핀다네는 아름답다는 소문이 자자한 딸이 되었지만 키틸라는 여전히 추한 괴물이었다. 1년에 한 번 있는 수확제 날이 찾아왔다. 키틸라와 마핀다네가 평소처럼 놀고 있는데, 많은 비둘기가 날아와서는 순식간에 마핀다네를 하늘 높이 납치해가 버렸다. 그 후에 마핀다네는 낯선 나라에 내려오게 되었는데, 그 나라의 국왕이 첫눈에 반해서 왕비가 된다. 자신의 나라 이름을 아는 자도 없을 정도로 먼 나라였지만, 마핀다네는 행복하게 살았다고 한다.

한편, 귀여운 딸을 갑자기 납치당한 마핀다네의 어머니는 무사했던 키틸라를 더욱 미워하게 되어, 왕의 딸에게 시킬 일이라고는 도저히 생각되지 않는 일을 시키며 괴롭혔다. 아버지도 "너의 추한 얼굴을 인간뿐만 아니라 새들에게도 보여주도록 하거라. 새들도 틀림없이 도망칠 거다."라는 말을 했고, 사람들로부터는 키틸라가 아니라 냐냐불렘부라는 이름으로 불리게 되었다. 잔인한 취급에 키틸라는 눈물을 흘렸고, 어머니는 "분명 언젠가 좋은 일이 있을 거란다."라며 위로했다. 그렇게 들판으로 나간 키틸라 앞에, 노인의 모습을 한 요정이 나타났다. 자비로운 표정의 요정은 한 자루의 지팡이를 키틸라에게 건네주면서 "이 지팡이를 한시도 몸에서 떼지 말고 가지고 있도록 해라. 지팡이를 휘두르며 소리치면 새가 떨어질 것이고, 물을 뒤집어쓰면 옛날 모습으로 돌아갈 수 있을 것이다"라고 말했다.

그 말대로 옥수수 밭에서 지팡이를 들고 소리치자 옥수수를 쪼아 먹던 새들이 떨어졌고, 강에서 목욕을 하자 살에 달라붙었던 냐냐불렘부의 가죽이 녹아 떨어졌다. 키틸라는 기뻐했지만, 강에서 나오면 다시 이끼가 낀 가죽에 감싸여버리는 것이었다.

그로부터 몇 개월 뒤, 마을에 현명하고 늠름한 청년이 나타났다. 그는 큰 나라의 왕자였는데, 여행을 하면서 신부를 찾고 있었다. 왕자는 키틸라의 아버지인 왕에게 "공주님은 안 계십니까?"라고 물었고, 임금님과 마핀다네의 어머니는 "한 명이라면 있다"라고 말하고 왕자를 밭으로 안내했다. 밭에 있던 아이들이 "냐냐불렘부라면 강에서 목욕을 하고 있다"라고 말해서 엿보았더니 그곳에는 무서운 녹색 이끼의 괴물이 있었다. 그런데 괴물이 강에 들어가자 아름다운 모습으로 변하는 것이 아닌가. 그것을 본 왕자는 키틸라의 아름다움에 반해버리고 말았다.

키틸라의 아버지 곁으로 돌아간 왕자는 "저 괴물을 좋아하게 되었습니다. 괴물과의 결혼을 승낙해주십시오"라고 말했다. 임금님은 깜짝 놀라긴 했지만 왕자와 키틸라의 결혼을 승낙한다. 자기 나라로 돌아간 왕자는 냐냐불렘부의 모습의 키틸라를 맞이한다. 국민들은 어째서 왕자가 저런 괴물과 결혼한 것이냐며 불만에 차서 소리쳤고, 키틸라는 쫓겨나는 것이 아닐까 하고 겁먹었지만 왕자는 자상하게 맞이해주었다.

그리고 결혼식 당일, 키틸라가 목욕을 하러 강에 갔다. 평소처럼 가죽이 벗겨져서 아름다운 숙녀의 모습으로 돌아왔을 때, 가죽이 공중에 떠오르더니 하늘로 날아가 버렸다. 가죽은 키틸라의 어머니의 곁으로 날아갔고, 어머니는 키틸라가 본래 모습으로 돌아갔다는 것을 확신하고 기뻐했다. 아름다움을 되찾은 키틸라는 왕자와 행복하게 살았다고 한다.

아프리카판 '신데렐라'라고도 말할 수 있는 민화다.

에티오피아

■목동 칼디와 커피 열매

커피 재배가 번성한 에티오피아에는 커피 기원에 관한 전설이 있다. 어느 날, 염소를 기르던 칼디(Kaldi)는 수수께끼의 붉은 열매를 먹은 염소가 밤까지 흥분해 있는 것을 깨달았다. 그래서 시험 삼아 붉은 열매를 먹었더니 기운이 샘솟고 정신이 맑아졌다. 그 이야기를 들은 수행승도 먹었더니 수행중의 졸음에 괴로워하지 않게 되었다. 이 붉은 열매가 바로 커피 열매로, 졸음 쫓는 열매로서 사람들 사이에 퍼져나갔다고 한다. 일본의 식료품 판매 체인점인 칼디 커피 팜(KALDI COFFEE FARM)의 이름은 이 전설에서 따온 것이라고 한다.

■벌이 무리지었던 명군의 마을

에티오피아 북부, 암하라(Amhara) 주에 있는 세계 유산의 마을 랄리벨라(Lalibela)는 12세기까지 로하(Roha)라고 불리고 있었다. 이 마을이 랄리벨라라고 불리게 된 이유가 있다.

1162년, 이후에 에티오피아를 지배한 자그웨(Zagwe) 왕조의 왕인 게브레 메스켈(Gebre Meskel Lalibela)이 탄생했을 때, 벌이 몰려들었다. 왕족과 로하의 백성은 이것이 명군 탄생의 길조라고 받아들이고 '벌에게 선택받은 자'라는 뜻의 '랄리벨라'라고 이름 붙였고 마을 이름으로도 삼았다고 한다.

현재 랄리벨라에는 세계유산에도 등록되어 있는 11개의 암굴교회 유적이 남아있다. 한 덩이의 바위를 깎아서 만들어진 십자가형 성 게오르기우스 교회(Church of Saint George)가 유명하다.

■사라진 성궤의 행방

기독교 콥트파의 고대도시 악숨(Axum) 서부에는 4세기경에 세워지고 17세기경에 재건된 시온의 성모 마리아 교회(Church of St. Mary of Zion)가 있다. 이 작은 교회의 보물고에는 모세의 십계를 담은 '성궤(The Ark, 언약궤)'가 안치되어 있다고 한다.

구약성서의 기술에 의하면 성궤는 십계가 새겨진 석판을 담기 위해 신이 모세에게 만들라고 명령한 상자다. 길이는 약 110센티미터에 높이와 폭은 약 66센티미터로, 전체가 금으로 덮이고 뚜껑 위에는 케루빔(Cherubim)이라는 천사 두 명이 서 있다.

성궤에는 신비한 힘이 있었다. 성궤를 짊어진 사제들이 요르단강에 발을 들이자 강물이 멈춰서 강을 건널 수 있었다. 또 여리고(Jericho)에서는 성궤를 짊어지고 뿔피리를 불며 여리고성 주위를 계속 돌자 벽이 무너졌다. 고대의 해설서에 의하면, 성궤는 불을 뿜어서 땅에 있는 뱀이나 전갈을 일소하는 힘도 있으며, 불신자가 성궤를 보면 목숨을 잃는다고 한다.

성서에는 과거에 성궤가 솔로몬왕이 세운 예루살렘 제1신전에 있었다고 적혀 있지만, 어느 샌가 모습을 감추고 말았다. 에티오피아의 역사서에 의하면 에티오피아 초대왕인 메넬리크 1세가 솔로몬왕에게 성궤를 인계받아 고대도시 악숨에 가지고 돌아왔으며, 이후 800년간 유태교 교단이 계속 지켰다고 한다. 솔로몬왕의 아들인 메넬리크와 시바의 여왕이 에티오피아로 운반했다는 설도 있다. 이윽고 템플 기사단이 성궤를 손에 넣었으며, 성궤를 지키고 있던 유태교도는 기독교로 개종해서 어느 교회에 성궤를 숨겼다. 그 후에 1960년대에 시온의 성모 마리아 교회가 재건되어서 그곳에 성궤를 안치했다고 한다. 그러나 성궤를 수납한 장소에는 한 명의 파수꾼밖에 들어갈 수 없기 때문에 정말로 실재하는가는 불명이다.

그 밖에 짐바브웨에 있다(자세한 것은 짐바브웨의 **또 하나의 성궤** 항목을 참조), 예루살렘의 지하 터널에 숨겨져 있다, 요르단의 네보(Nebo)산의 정상에 있다, 프랑스로 운반되었다. 예루살렘 신전에 안치되어 있었을 때에 네부카드네자르에 의해 파괴되어버렸다는 등, 사라진 성궤의 행방에 대해서는 다양한 설이 있다.

에리트리아

■ 전설의 국가 푼트 왕국

동아프리카의 홍해 연안에 위치한 에리트리아. '아프리카의 뿔'이라고 불리는 이 지역 일대에는 빙하기 말부터 이미 인간이 살았던 흔적이 남아있다. 그곳에서 번영했다고 여겨지는 것이 푼트 왕국(Land of Punt)이며, 고대 이집트와도 교역했었다고 한다. 금이나 향목, 상아, 노예 등을 수출했었다고 하며, 당시에는 '신의 나라'라고 불릴 정도로 풍요로운 왕국이었다고 한다.

그러나 이집트 제20왕조를 마지막으로 교역이 두절되었고, 푼트 왕국의 존재는 이후로 완전히 사라져버렸다. 왕국의 역사나 정확한 위치는 현재도 알지 못하고 있으며, 아라비아 반도에 있었다는 설도 있다.

가나

■거미 아난시 전설

아프리카의 서부, 특히 가나의 아샨티족에서는 거미 아난시(Anansi)는 트릭스터로서 다양한 이야기에 등장한다. 이야기에는 창조신으로서 하늘의 신 냐메(Nyame)가 등장하는 경우가 많다. 아난시가 중개역이 되어 냐메를 설득해서 지상의 인간에게 태양과 달, 낮과 밤을 주었다는 신화도 있다. 아난시는 몸집이 작고 힘도 강하지 않지만, 장난을 좋아하며 지혜를 짜내서 강한 생물에게 승리를 거둔다. 어느 날 아난시는 전 세계의 모든 이야기를 가지고 있는 냐메가 너무 부러워서, 냐메에게 이야기를 양보해달라고 부탁했다. 이야기를 독점하고 싶었던 냐메는 아난시에게 "말벌, 비단뱀, 표범을 붙잡아오면 이야기를 넘겨주마"라고 난제를 들이밀었다. 냐메는 아난시는 반드시 실패할 것이라고 생각하고 있었지만, 아난시는 꾀를 내서 그 동물들을 함정에 빠뜨려서 냐메 곁에 전부 붙잡아왔다. 냐메는 크게 감탄하고, 약속대로 세상의 모든 이야기를 아난시의 것으로 해주었다. 아난시의 이야기가 아프리카 서부에 널리 이야기되는 것은 이 때문이라고 한다.

■카쿰 국립공원의 괴물 아산보삼

가나에 있는 카쿰 국립공원(Kakum National Park)의 열대우림에서는 기분 나쁜 괴물이 출몰한다는 소문이 있다. 카쿰 국립공원의 수목 사이를 구름다리로 건너는 '캐노피워크' 중에 쇠갈고리를 연마하는 듯한 기분 나쁜 금속음을 들은 관광객이 많다고 한다. 이 괴물은 가나의 아샨티(Ashanti)족에 전해지는 아산보삼(Asanbosam)이라는 환수라 여겨지고 있다. 정글의 높은 나무에 숨어 사는 아산보삼은 발에 쇠갈고리가 달린 털북숭이 괴물로, 방심한 인간을 발견하면 위에서 달려들어서 다리로 목을 조르며 발톱으로 찍어서 죽이고, 고기를 먹고 뼈만을 토해낸다. 그리고 아산보삼의 독이 잔뜩 배어있는 뼈는 곧 아산보삼으로서 부활한다고 한다.

카보베르데

■섬나라인데 녹색의 곶이라 불리는 나라

카보베르데는 포르투갈어로 '녹색의 곶'이라는 의미다. 그러나 카보베르데는 섬나라이며 녹색이라는 이미지와는 거리가 먼, 물이 적은 메마른 섬들이다. 어째서 이런 이름이 붙었는가 하면, 1444년에 유럽인이 카보베르데에 가까운 세네갈에 도달했을 때에 배에서 보이는 반도가 녹색으로 가득 차 있었기 때문에 카보베르데(현재의 캅베르 반도[Cap-Vert])라고 이름 붙였는데, 그 곶에서 가까우 섬들이어서 이 이름을 붙였다고 한다. 또한, 당초의 기록에 의하면 섬에는 '울창한 삼림'과 '믿기지 않을 정도로 물고기들이 많은 강'이 있었다고 한다. 하지만 실제로는 가뭄으로 고통 받는 섬들이었기에, 섬에 도달한 기쁨을 자랑하기 위한 표현이었던 것이 아니냐는 의견도 있다.

■카보베르데의 전통곡 '사이코다요'

아프리카 서부에 있는 섬나라 카보베르데에는 일본과의 연결이 느껴지는 재미있는 제목의 노래가 있다. 카보데르데 제2의 도시이자 어업 거점이기도 한 민델루(Mindelo)라는 도시에서 전통적으로 불리는 노래인 'Saiko Dayo'라는 노래다. 이것은 일본어 '최고야(最高だよ)'라는 말이 유래가 되었다.

1960년, 수많은 일본인이 참치를 잡기 위해 어업 거점이었던 민델루 항구를 방문했다. 민델루 사람들은 일본의 참치잡이 어선을 환영하며 선원들과 친하게 교류했다고 한다. 그리고 일본인들이 그들을 향해 "최고야"라고 말하거나 참치를 많이 잡으면 "최고야"라고 외친 것에서, 카보베르데의 음악가가 '최고야'라는 말을 익혀서 이 노래를 작곡했다고 이야기되고 있다.

가봉

■오클로의 천연원자로

중앙아프리카에 위치한 가봉의 남동부에 있는 오클로(Oklo) 광산에서 1972년에 발견된 우라늄 광산을 둘러싼 전설.

이 광산에는 통상의 천연 우라늄에 비해 우라늄235가 극단적으로 적다는 특징이 있었다. 우라늄의 핵분열 과정에서 생겨나는 막대한 열에너지가 원자력이며, 우라늄235은 핵분열하기 쉬운 성질이 있다. 우라늄235의 비율이 적다는 것은 오클로 광산이 있었던 장소에서 과거에 핵분열이 일어났을 가능성이 있다는 뜻이다. 프랑스의 원자력청은 약 17억년 이상 전에 자연현상으로서 핵분열이 60만년 동안 이어졌었다고 발표했다. 그러나 당시의 지구는 대륙이 지각변동하고 대기도 불안정한 상황이었는데 지속적인 핵분열이 가능했겠는가 하는 이론의 여지가 있다.

또한, 남아프리카 공화국에 세계 최대의 운석 구덩이인 브레드포트 돔(Vredefort Dome)이 남아있는 것처럼, 약 20억년 전에 아프리카 대륙에 소행성이 충돌했던 적이 있다. 이때 우주에서 누군가가 날아왔고, 그로부터 약 3억년 후에 그들의 손에 의해 핵실험이 이루어진 것이 아닐까 하는 설이 있다. 오클로 광산의 천연 우라늄은 그 흔적이었다는 것이다. 약 440만년전에 아프리카에서 인류가 탄생하기 아득히 전에, 아프리카에는 고도의 기술을 지닌 누군가가 존재하고 있었을지도 모른다.

카메룬

■루무시키 마을의 게 점의 마술사

카메룬과 나이지리아의 국경에 위치한 만다라(Mandara) 산맥. 그 중에도 높이 솟은 기암(奇巖)들이 이어지는 룸시키(Rhumsiki) 마을은 프랑스의 문호 앙드레 지드가 『콩고 기행(Travels in the Congo)』 중에서 '세계 제일의 기이한 경치'라고 기록한 경승지다. 토착 신앙이 남아있는 이 땅에는, 진귀한 '게 점(Nggàm)'을 치는 마술사가 있다. 가까운 강에서 잡아온 게 한 마리를 모래나 돌, 뼈 등이 들어간 항아리 안에 넣고, 그 게의 발자국의 모양을 보고 점의 결론을 내린다고 한다.

■물의 정령 젠구

카메룬의 강이나 바다에는 인어 같은 외모의 젠구(Jengu)라는 아름다운 정령이 살고 있다고 한다. 긴 곱슬머리와 벌어진 치아가 특징이다. 병을 낫게 하거나 행운을 가져다준다고 한다.

감비아

■바카우의 치유의 악어 연못

감비아 서쪽, 대서양 연안에 있는 도시 바카우(Bakau)의 카치칼리(Kachikally)에 약 80마리나 되는 악어가 사는 연못이 있다. 이 악어 연못은 기적의 힘이 깃든 성스러운 땅으로 믿어지고 있다.

전설에 의하면, 100년 정도 전에 야자나무 수액을 모으던 남자가 이 연못을 발견하고 하룻밤 노숙했다. 다음 날, 남자는 악어에게 발견되었지만 악어들은 남자를 공격하지 않고, 옆을 지나서 연못 안으로 들어갔다. 그 모습을 보고 남자는 이 연못이 신성한 곳이라고 깨달았다.

현재, 이 연못은 박물관과 병설되어 '크로코다일 풀'이라는 이름으로 보장(Bo-jang) 가문 사람들에게 관리되고 있다. 임신을 바라는 여성이 이 연못에서 목욕과 기도를 올린 뒤에 연못물을 성수로서 받아갔다. 그리고 잠자리에 들기 전에 이 물을 자신의 몸에 뿌렸다고 한다. 병이나 불행한 일을 겪는 사람들도 이곳을 방문해서 치유의 힘을 받을 수 있기를 기도하며 콜라나무 열매 등을 연못에 바친다고 한다. 악어와 접할 수 있으므로 관광객에게도 인기 있는 스팟이라고 한다.

■악마의 용 닌키난카

2003년, 감비아의 국립공원의 자연 보호관이, 맹그로브(Mangrove)가 우거진 습지대에서 수수께끼의 수서생물을 목격했다. 늪지에서 고개를 내민 그 생물은 뿔이 난 말 같은 머리, 뱀이나 악어처럼 긴 몸통을 지녔고, 몸길이는 10~50미터나 되었다고 한다. 그 수서생물은 언젠가부터 현지어로 '악마의 용'을 의미하는 닌키난카(Ninki nanka)라고 불리게 되었다.

그 뒤에도 닌키난카의 목격 정보는 이어졌고, 불을 뿜고 있었다거나 날개가 달려 있었다는 설도 있다.

이 생물을 목격한 인간은 병에 걸리고 몇 주 이내에 죽어버린다는 소문까지 있었다.

2006년에는 영국의 동물학자들로 이루어진 연구 팀이 조사에 착수했지만, 실재한다는 증거를 발견할 수 없었다고 한다.

기니

■악어의 재판

기니에 전해지는 민화. 어느 여름날, 강물이 더위로 말라서 바다로 나갈 수 없게 된 악어 가족이 곤경에 처해 있었다. 그곳을 친절한 어부가 지나가다가, 더 이상 인간을 습격하지 않겠다는 약속을 받고 악어 가족을 바다까지 업어서 운반해주었다. 그런데 바다에 도착하자 악어는 약속을 깨고 어부를 잡아먹으려고 했다. 그곳을 소가 지나가고 있어서, 어부는 어느 쪽이 옳은지 소에게 재판을 부탁했다. 그렇지만 소는 지금까지 인간에게 받은 취급을 떠올리고, "인간은 못된 녀석이니 잡아먹어도 된다."라고 판결했다. 그 뒤에 지나가던 말도, 당나귀도 마찬가지였다.

그러나 현명한 토끼가 지나가다가 재판을 하게 되었을 때, "공정한 재판을 하기 위해, 처음에 했던 일을 보여줬으면 한다" 라고 말해서 악어 가족은 떨떠름하게 어부에게 명령해서 원래 있었던 강까지 업고 가게 했다.

강에 도착하자 토끼는 곧바로 어부에게 조언했고, 어부는 악어 가족을 말라붙은 강바닥에 던져버렸다. 현명한 토끼는 "도움을 받았는데도 못된 짓을 한 벌이다"라고 악어에게 이야기하고 어부와 함께 떠나갔다. 악어 가족은 다시 말라붙은 강바닥에 남겨지게 되었다.

기니비사우

■여성에게 프러포즈 받으면 거절할 수 없다.

기니비사우에서는 많은 사람들이 현지의 전통종교를 믿고 있으며, 아직도 독자적인 문화나 관습이 남아있다고 한다. 우리에게는 아직 익숙하지 않은, 수수께끼가 많은 나라다.

모권 사회인 오랑고(Orango) 섬에는 예로부터 여성이 프러포즈를 하는 풍습이 있다고 한다. 남성은 프러포즈를 거절할 수 없지만, 일부다처제이므로 2명째 이후의 제안도 받을 수 있다고 한다. 여성 쪽에서 구혼하는 이유는 여성 쪽이 상대를 일편단심으로 생각하기 때문이라고 한다. 다만 남편이 있어도 다른 남성에게 프러포즈하는 경우도 있다고 한다.

케냐

■마사이족에게 소가 주어진 이유

목축생활을 하는 케냐의 마사이(Maasai)족에게 소는 없어서는 안 되는 존재다. 마사이족이 어째서 소를 키우기 시작했는가에 대한 이야기 중 하나로 이런 전설이 있다.

옛날, 도로보(Dorobo)족(소를 갖지 않은 사람들)이 코끼리가 사는 땅에서 살고 있었다. 어느 날, 한 남자가 실수로 어미 코끼리를 죽여 버렸고 새끼 코끼리는 무서워져서 도망쳤다. 새끼 코끼리는 마사이족 남자 레 에요(Le-eyo)와 만났고, 이야기를 들은 레 에요가 그 땅에 가자, 도로보 족의 남자가 신의 사자와 이야기를 하는 것을 목격했다. 신의 사자는 남자에게 "내일 아침 숲의 공터까지 오면 멋진 선물을 주겠다"라고 전했다. 이것을 들은 레 에요는 선물을 가로채려고 남자보다 빨리 약속 장소로 향했고, 약속했던 남자라 착각한 신의 사자는 레 에요에게 집에 돌아가서 집 주위에 울타리를 만들고 집 안에서 기다리라고 말했다. 그 말대로 했더니 집 밖에서 무시무시한 천둥이 치기 시작했다. 레 에요가 집 밖의 상황을 엿보았더니 창조신이자 하늘의 신 엔카이(Enkai)가 하늘에서 거대한 가죽을 늘어뜨리고 있었고, 그 위를 수많은 소떼가 떨어져 내리는 중이었다. 이렇게 소를 얻은 레 에요는 그 이후로 목축을 하며 살게 되었고, 도로보족은 지금까지 살던 대로 계속 사냥을 하며 살게 되었다고 한다.

■코마록 언덕에 있던 신비한 모자(母子)

케냐에 있는 우캄바니(Ukambani)는 조용한 평원과 언덕이 펼쳐져있는 땅으로, 아캄바(Akamba)족의 고향이다. 이곳에 있는 코마록(Komarock)의 언덕은 옛날부터 성지로서 사람들이 기도를 올려온 장소라고 한다. 전설에 의하면 코마록이란 아캄바어로 '잔다'라는 의미가 변형된 말이라고 한다.

옛날에 장작을 모으러 이 언덕에 온 여성이, 바위 위에 아기를 안고 앉아있던 수수께끼의 여성과 만났다. 그 여성은 팔을 자상하게 흔들면서 자장가를 부르고 있었다고 한다. 이후에 성모에게 기도를 올리는 자리로서, 이 언덕에 세워진 것이 코마록 사원(Komarock Shrine)이다. 성모가 처형 후의 예수를 안고 있는 약 21미터나 되는 거대한 동상이, 사원의 심벌이 되어 있다.

코트디부아르

■어째서 '죽음'이 찾아오는가?

아프리카에는 '죽음의 기원'을 둘러싼 다양한 이야기가 전해지고 있다. 코트디부아르의 남서부에 사는 단(Dan)족 사람들에게는 이런 이야기가 전해오고 있다.

옛날에 사냥을 잘하는 젊은이가 숲에서 '죽음'과 만났다. 두 사람은 함께 사냥을 하면서 한동안 숲에서 지냈고, 젊은이는 '죽음'에게 사냥감을 나누어 받기도 했다. 며칠 후, '죽음'이 젊은이에게 "빚을 갚아라"라고 재촉해 왔고, 젊은이는 어쩔 수 없이 아이 한 명을 '죽음'에게 주었다. 이때부터 인간은 죽게 되었다고 한다. 이 이야기는 아프리카 서해안 각지에서 전해져 오는 이야기다.

코모로

■실러캔스의 섬

아프리카 대륙 동부와 마다가스카르 섬 사이의 모잠비크 해협에 위치한 3개의 섬으로 이루어진 작은 섬나라 코모로. 그 섬 중 하나인 앙주앙(Anjouan)섬에는 약

6500만년 전인 백악기에 멸종되었을 고대어 실러캔스(Coelacanth)가 지금도 서식하고 있다고 한다.

1938년, 코모로 제도의 앙주앙섬의 심해에서 약 3억 5000만년 전과 다르지 않은 모습인 채로 발견되었기 때문에 실러캔스는 '살아있는 화석'이라 불렸다. 실러캔스가 살아남은 이유는 3억 5천만년이나 되는 기간 동안 심해의 환경이 거의 변하지 않았기 때문이라고 여겨지고 있다. 코모로 제도에는 옛날부터 아주 드물게 포획되고 있으며, 먹을 수 없는 물고기라 어부들 사이에 '곰벳사(Gombessa, 쓸모없는 물고기)'라고 불리고 있었다. 현재는 그 희소가치 때문에 '행운을 부르는 물고기'라는 의미로 바뀌었다고 한다.

지금까지 남아프리카, 탄자니아, 인도네시아의 심해에서도 발견되었지만, 심해어이기 때문에 산채로 잡히는 일은 없으며 생태는 수수께끼에 싸여있다.

아프리카 대륙에는 익룡처럼 생겼다는 콩가마토(자세한 것은 잠비아의 **준즈 온천의 익룡 콩가마토**), 대형공룡을 떠올리게 하는 모켈레 음벰베(자세한 것은 콩고 공화국의 **모켈레 음벰베는 공룡의 생존 개체?** 항목을 참조) 등 미확인 생물의 목격 정보가 많아서, 그 밖에도 태고의 생물이 살아남아있을 가능성이 있을지도 모른다.

콩고 공화국

■ 모켈레 음벰베는 공룡의 생존 개체?

콩고 공화국의 북부, 리쿠알라(Likouala)주에 있는 담수호인 텔레 호(Lake Tele)에는 환수인 모켈레 음벰베가 살고 있다고 한다. 멸종되었을 공룡 아파토사우루스(별명 브론토사우루스)의 생존 개체가 아닐까 하고 생각되고 있으며, 현지에서는 몸길이 5~10미터의 모켈레 음벰베가 텔레 호에서 다른 생물과 격투하고 있는 모습이 몇 번인가 목격되었다고 한다. 운석의 낙하에 의해 탄생한 텔레 호 주변에는 미개척의 열대우림이 펼쳐져 있어서 신종 생물이 숨어있을 가능성도 높다고 한다.

1776년, 프랑스의 성직자가 현지에서 세 개의 발톱이 달린 발자국을 발견하고, 조사를 진행하는 중에 풀을 먹고 있는 모켈레 음벰베와 조우했다. 1980년대에 로이 맥칼(Roy Mackal)이라는 생물학자가 현지를 방문해서 선주민들로부터 이야기를 들어보니, 피그미 족 사람들이 모켈레 음벰베를 죽여서 먹었는데 고기를 먹은 사람들 대부분이 죽어버렸다고 한다. 이 사고 이래로 선주민들 사이에서는 이 환수의 화제는 터부시되었고, 외부인에게 이야기하면 큰 불행을 불러들인다고 생각하게 되었다고 한다.

콩고 민주공화국

■냥가족의 영웅 음윈드의 모험

콩고의 냥가(Nyanga)족에는 영웅 음윈도(Mwindo)의 이야기가 오래전부터 전해지고 있다. 냥가족의 수장인 셈윈도와 아내 사이에 음윈도라는 아들이 태어났다. 신기하게도 그는 태어났을 때부터 말을 하고, 걷고, 하늘을 날 수 있었다. 신비한 힘을 지닌 아들을 두려워해서 아버지 셈윈도는 아들을 큰북 속에 가두고 강에 떠내려 보내서 죽이려고 했다. 그러나 큰북은 음윈도의 숙모 곁으로 흘러가서 음윈도는 구출되었다.

아버지에게 도전하기로 결심한 음윈도는 외삼촌들과 함께 아버지의 집으로 쳐들어가서 많은 하인을 죽였지만, 셈윈도는 명계로 도망쳤다. 음윈도는 아버지를 뒤쫓아 명계로 향했고, 거기서 명계의 지배자인 무이사(Muisa)와 사투를 벌였다. 그러나 마법의 파리채를 가진 음윈도가 무이사에게 승리하자 아버지는 항복하고 지금까지의 행동을 사죄했다. 음윈도는 아버지를 용서하고 기적적인 힘으로 아버지의 하인들을 되살린 뒤, 모두 함께 지상으로 돌아가서 나라를 둘로 나누어 지배하게 되었다.

어느 날, 사냥을 나간 하인들이 용에게 습격당하자 음윈도는 하인들을 지키기 위해서 용을 죽였다. 그러자 고슴도치 모습을 한 벼락의 신 은쿠바(Nkuba)는 화를 내며 음윈도를 하늘로 데리고 가서 벌로서 가혹한 시련을 차례차례 내렸다. 시련에 의해 모든 동물은 신성한 것이며 목숨을 존중해야 하는 존재임을 배운 음윈도는, 지상에 돌아간 뒤에 사람들에게 생명의 소중함을 설파하고 신과 동물에게 경의를 표하는 것을 잊지 않았다고 한다.

이 이야기는 노래나 춤, 피리나 북의 음악을 동반한 연극으로 만들어져, 냥가족들 사이에서 오래전부터 계속 계승되어 내려온 것이라고 한다.

■보드게임 '만칼라'를 퍼뜨린 영웅왕

'만칼라(Mancala)'는 최근에 교육용 완구로서 널리 알려진 인기 있는 보드게임이다. 아라비아어로 '움직인다'라는 뜻인 만칼라는 예로부터 아프리카와 동남아시아에서 옛날부터 사랑받아온, 세계에서 가장 오래된 보드 게임 중 하나라고도 이야기된다.

만칼라는 원래 아랍 세계에서 태어난 놀이인데, 17세기에 부숑고족을 통치한 왕인 샴바 볼롱공고가 아프리카에 퍼뜨렸다고 이야기되고 있다. 샴바가 이것을 퍼뜨린 것은 당시 백성들 사이에 도박이 성행하고 있었기 때문이라고 한다. 그런 상황에서 만칼라를 소개했더니, 무해하고 즐겁게 놀 수 있어서 사람들은 푹 빠지게 되었다고 한다.

2인용 게임으로, 게임판에 난 작은 홈에 돌이나 나무열매 등의 작은 말을 교대로 넣어가며, 말을 많이 얻은 쪽이 승리한다. 게임판에 따라 홈의 수나 놀이 방법이 달라지지만, 적보다 많은 말을 얻는 쪽이 승리한다는 것이 기본적인 공통 룰이다.

■부숑고 족의 지배자 샴바 볼롱공고

콩고 남동부에 사는 부숑고(Bushongo)족에서는 17세기에 실재했던 영웅 샴바 볼롱공고(Shamba Bolongongo)의 전설이 이야기 되고 있다.

부숑고족의 왕 샴바 볼롱공고는 어린 시절부터 호기심이 왕성하고 학문을 몹시 좋아했다. 그는 어느 날, 자신이 다스리는 백성들의 생활이나 바람을 알고 싶어져서 나라 안을 돌아다니는 긴 여행을 했다고 한다.

많은 학식을 얻고 여행에서 돌아온 샴바는 왕이 되어 부숑고족 사람들에게, 라피아야자(Raffia)의 섬유에서 천을 짜는 방법, 야자나무에서 기름을 얻는 방법, 담배 등의 많은 새로운 기술을 차례차례 알려주었다. 남아프리카에서 현재도 먹고 있는 카사바(Cassava)에서 독을 빼고 올바르게 조리하는 방법도 샴바가 전파했다고 이야기되고 있다. 또, 폭력을 혐오한 샴바는 화살과 숑고(투척 나이프의 일종)를 싸움에 사용하는 것을 금지하고, 범죄에 대해서 누구보다도 엄하게 벌했다.

이렇게 샴바가 다스리는 부숑고족에는 평화가 찾아왔고, 많은 부족이 연합해서 강대한 파벌을 이루었다고 한다.

상투메 프린시페

■일장기가 들어간 돛을 단 어부들

아프리카 중서부, 적도 바로 아래의 기니만에 위치한 작은 섬나라인 상투메 프린시페. 그 이름은 인도에서 순교한 기독교의 성인 토머스(상투메)와, 15세기에 많은 탐험가를 파견한 엔리케 항해왕자(프린시페)의 이름을 딴 나라다. 일본에서 멀리 떨어진 나라이지만, 실은 의외로 일본과의 연결을 느낄 수 있다.

풍부한 어장에 둘러싸인 이 나라의 주요산업 중 하나가 어업이다. 수제 조각배로 먼 바다까지 나가는 사람이 많은데, 그 작은 배들에 달려있는 돛에는 이상하게도 일장기 마크가 들어가 있는 것이 많다고 한다.

이것은 일본에서 식량원조로 들어온 쌀의 쌀 포대를 작은 배의 돛을 만드는 재료로 사용하는 사람이 많았기 때문이다. 강풍에 돛이 찢어지지 않도록, 튼튼하며 잘 찢어지지 않는 쌀 포대가 돛의 재료로 인기가 높았다고 한다.

1975년에 독립한 상투메 프린시페는 관광객이 적긴 하지만, 녹음이 풍부한 섬들에는 이곳밖에 서식하지 않는 동식물도 많다. '아프리카의 갈라파고스'라고 불릴 정도로 인간의 손이 닿지 않은 자연도 많이 남아있다.

잠비아

■곡물을 태워버린 일라족

잠비아의 일라(Ila)족에게 전해지는 신화. 옛날에 신은 인간을 지상으로 보냈다. 그때, 식량으로서 곡식을 주고 "이것을 키워라"라고 명령했다. 사람들은 곡식을 키워서 수확했다. 많은 곡식을, 사람들은 낮이나 밤이나 질릴 정도로 먹었다. 그래도 곡식이 없어지지 않아서, 더 이상 필요 없다고 생각하고 불태워버리고 만다. 그랬더니 이번에는 먹을 것이 없어져서 사람들은 굶주리기 시작했다. 그들은 신이 있는 곳으로 돌아갔다. 사람들의 행동을 알게 된 신은 이번에는 과일을 주었다.

곡식을 잃은 사람들은 그때부터 과일과 뿌리채소만 먹을 수밖에 없게 되었다고 한다.

■지운두 습지의 익룡 콩가마토

잠비아의 광대한 늪지대, 지운두(Jiwundu) 습지에는 하늘을 나는 공룡이 발호하고 있다고 한다.

그 수수께끼의 생물은 콩가마토(Kongamato, '작은 배를 부수는 자'라는 의미)라고 하며, 맹렬한 속도로 급강하해서 사람들을 습격하거나 카누를 전복시킨다고 한다. 콩가미토에게 습격당해 깊은 부상을 입은 지역 주민의 증언에 의하면, 몸길이는 1.5~2미터에 가까우며 긴 부리에는 날카로운 이가 나 있고, 몸에는 털이나 깃은 없었다고 한다. 물속에서 갑자기 튀어나와 카누를 뒤집고, 어부의 배에 날카로운 부리를 찔러 넣었다는 소문도 있다.

잠비아의 카온데(Kaonde)족에는 옛날부터 콩가마토의 존재가 알려져 있다. 그들의 전설에 의하면 거대한 붉은 도마뱀 같은 몸통에 거대한 부리와 날카로운 이빨이 있고, 박쥐같은 날개를 지닌 익룡 비슷한 생물이라고 한다. 사람들은 콩가마토에게 습격당하지 않도록 '무치 와 콩가마토(Muchi wa Kongamato)'라고 불리는 부적을 몸에 지니고 있다고 한다.

시에라리온

■거대운석 기베온의 낙하지점?

아프리카 서부, 대서양 연안의 나라인 시에라리온에는 기베온이라고 불리는 거대 운석이 대지에 박혀있는 장소가 있다고 한다. 소문에 의하면 궁극의 파워 스팟 중 하나로 이야기되고 있지만, 정확한 위치나 자세한 정보는 알려져 있지 않다.

기베온(Gibeon)이란 1938년에 나미비아에서 발견된 철과 니켈로 이루어진 철운석으로, 이름은 발견된 인근 지명에 유래한다. 약 4억 5천년전에 지구에 떨어졌다고 생각되며, 우주의 에너지가 깃들어있다는 설도 있다.

■멘데족의 신의 이름

멘데(Mende)족에 전해지는 신화. 하늘과 땅, 동물을 만든 신은 맨 마지막에 인간 남녀를 만들었다. 신은 사람들이 원하는 것을 뭐든지 주었다. 사람들은 뭔가 갖고 싶은 것이 있을 때마다 신에게 부탁했다. 신이 뭔가를 줄 때마다 "가져가라"라고 말해서, 사람들은 그것이 신의 이름이라고 생각했다.

어느 날, 사람들이 너무나 많은 것을 바라는 것에 질려버린 신은, 사람들이 자고 있는 동안에 아주 먼 곳으로 떠나버렸다. 신을 잃어버린 사람들에게, 신은 "나쁜 짓을 하지 말고 사이좋게 살아라"라는 말만 남겼다. 신이 높은 곳으로 올라가버려서, 사람들은 신을 '높은 곳'이라는 이름으로 부르게 되었다. 높은 곳에 있는 신은 사람들에게 한 마리의 닭을 주었고, 만약 서로에게 나쁜 짓을 했을 때 신에게 바치라고 말했다.

그래서 사람들은 지금도 나쁜 짓을 했을 때에 닭을 신에게 바쳐서 속죄한다고 한다.

지부티

■'혹성탈출'의 모델이 된 호수

지부티에는 마치 지구가 아닌 것 같은 광경이 펼쳐진 장소가 있다.

아라비아 반도 맞은편, 홍해와 아덴만에 접하고 있는 지부티는 일명 '아프리카의 뿔' 밑동 부근에 위치한 작은 나라다. 연간 강수량이 적은 건조지대인데다, 대륙판의 경계에 있는 대지구대(Great Rift Valley)가 남북으로 뻗어있어서 지각변동에 의한 지진이 잦다. 또 대지구대에 의해 낙차가 심한 지형이 많다.

아베(Lake Abbe) 호수는 이상한 형태의 암석들이 늘어서 있는 것으로 유명하다. 여기는 영화 『혹성탈출』의 촬영지였던 것으로 유명한 장소로, 높이 50미터나 되는 석회암이나 활발한 화산활동의 영향으로 솟아나는 80도 이상의 온천 등이 있다. 높이 솟아오른 바위 사이에서 수증기가 뿜어져 나오는 광경이 마치 다른 별에 있는 듯한 느낌을 주는 신비한 스팟이다.

짐바브웨

■또 하나의 성궤

구약성서에 등장하는 '성궤(언약궤)'. 모세가 신에게 받은 십계명을 새긴 석판이 들어있던 이 상자는 이스라엘 제3대 왕인 솔로몬왕에 의해 예루살렘 제1신전에 안치되었다. 그런데 기원전 586년, 바빌로니아 사람들에 의해 예루살렘이 침략 당했을 때 성궤는 행방불명되고 말았다(자세한 것은 에티오피아의 **사라진 성궤의 행방** 항목을 참조).

최근에 런던 대학의 교수 튜더 파핏(Tudor Parfitt)이 짐바브웨의 렘바(Lemba)족이 지닌 큰북 같은 형태의 신성한 물체인 '은고마 룬군두(Ngoma lungundu, 벼락의 큰북)'야말로 성궤라고 주장했다. 렘바족이 성궤를 가지고 떠났다는 것이다.

조사에 의해, 은고마는 구약성서에 등장하는 성궤보다 새로운 상자임이 판명되었지만, 파핏은 구약성서의 '신명기'에 기록되어 있는 것처럼 모세가 만든 '또 하나의 성궤'가 존재하며 그것이 짐바브웨에 와 있었다고 주장한다. 요컨대 성궤가 두 개 있다는 것이다.

그러나 2010년경, 짐바브웨 박물관에 수장되어 있던 은고마까지도 행방불명되고 만다. 성궤는 2개 존재하고 있었던 것일까? 모든 것은 여전히 수수께끼에 싸여 있고, 전설의 성배 찾기는 계속되고 있다.

■빅토리아 폭포의 불사조

아프리카 남부에 있는 짐바브웨와 잠비아와의 국경에 걸쳐있는 빅토리아 폭포는 세계 3대 폭포로 꼽히는 명소다. 이 폭포에는 임푼둘루(Impundulu)라는 이름의 불사조가 나타난다고 한다. 임푼둘루는 인간 정도의 크기에, 피에 굶주려서 아이나 여성을 습격한다. 커다란 날개나 갈고리를 사용해서 번개나 폭풍을 부를 수도 있다고 한다. 또한, 미녀로 변신해서 젊은 남성을 빅토리아 폭포로 꾀어 들여 폭포 밑으로 떨어뜨린다고 한다. 새의 모습으로 돌아와 날아가고, 다시 돌아와서 피를 먹는다. 임푼둘루는 불에 태우는 것 외의 방법으로는 죽지 않는다고 한다. 아프리카 남부의 줄루(Zulu)족, 음폰도(Mpondo)족, 코사(Xhosa)족의 민간전승에 전해지고 있다.

또 임푼둘루는 자신의 벼락이 떨어진 땅에 알을 낳는다고 하며, 그 귀중한 알은 마술에 이용된다. 그 때문에 임푼둘루에게 가치를 발견하고 사육을 시도하는 마술사도 있다. 인간의 피를 주고 밤에는 자유롭게 사냥감을 잡도록 풀어주는 방법을 쓰면, 주인에게 충실하게 봉사한다고 한다.

수단

■ 실체가 없는 신 주오크

수단 남부에 사는 실루크(Shilluk)족의 신화에는 주오크(Juok)라는 창조주가 등장한다. 주오크(별명 조크)는 만물 안에 존재하는 실체가 없는 신이다. 신성한 영 그 자체를 뜻하며, 이 신의 착상이 인간이나 동물의 운명을 결정하는 것이다.

고대의 실루크족의 전설에 의하면, 주오크는 강의 물이나 모래에서 인간을 만들어냈다고 한다. 최초에는 조잡한 만듦새에 진흙덩어리처럼 땅바닥에 누워있을 뿐이었지만, 곡식을 심기 위한 팔과 물체를 보기 위한 눈, 돌아다니기 위한 다리를 만들어주었다. 이윽고 주오크가 인간 만들기에 질리자, 인간에게 생식기를 주어서 스스로 인간을 늘려가게 했다고 한다.

■ 쿠시 왕국의 메로에 문자

수단 북부에 있는 메로에라는 장소에는 기원전 9세기(6세기라는 설도 있다)에서 기원후 4세기에 번영한 흑인에 의한 가장 오래된 왕국이라고 불리는 쿠시(Kush)의 수도가 있었던 땅이다.

고대 이집트 문화의 영향이 강해서, 메로에에서는 소형 피라미드나 신전 등의 유적이 발견되고 있다. 2018년에는 피라미드에서 인골이나 부장품이 발굴되어 조사가 진행되고 있다. 그러나 사자신(獅子神) 아페데마크(Apedemak) 등, 이집트의 영향을 받지 않은 독자적인 신도 섬기고 있었던 듯하다. 아직 발굴되지 않은 구역도 많아서 왕국의 상세한 실태는 밝혀지지 않았다.

발굴 중에 문자가 새겨진 석판이 발견되었다. 쿠시 왕국에서 사용되고 있었던 문자로, 메로에(Meroë) 문자라고 불린다. 이집트의 히에로글리프를 개량하여 쿠시인이 독자적으로 발명한 문자로 생각되는데, 아직 해독은 진행되지 않았다. 현재는 대영박물관에 소장되어 있다.

언젠가 메로에 문자가 해독되면 수수께끼가 많은 쿠시 왕국의 실태가 밝혀질지도 모른다.

세이셸

■ 신화의 열매 코코 데 메르

7세기경에 아랍인이 상륙할 때까지 무인도였던 세이셸. 아프리카 대륙 동해안의 난바다에 115개의 섬들로 이루어진, '지상 최후의 낙원' 등으로 불리기도 하는 아름다운 경관이 매력이다.

국토의 약 절반이 자연보호 구역으로 지정되어 있는 세이셸의 풍요로운 자연을 대표하는 것이, 세계 최대라고 불리는 코코 데 메르(Coco de Mer)이라는 야자열매다. 프랄린(Praslin)섬 근처에서만 생육하는 고유종으로, 코코 데 메르의 군생지가 있는 발레 드 메(Vallee de Mai) 자연보호구는 세계 유산에 등록되어 있다.

수령 1000년을 넘는 것도 있다는 이 나무에는 가장 큰 것이 60센티미터에 20킬로그램 정도의 열매가 열린다. 크기와 무게로 기네스북에도 인증된 세계 최대의 종자다. 둘로 나뉜 둥그스름한 형태가 여성의 둔부를 떠올리게 해서 풍요의 상징으로 여겨지고 있다. 발아부터 과실이 열릴 때까지 15년에서 25년 정도 걸리며, 수분부터 과일이 숙성 될 때까지도 7년을 요한다고 한다. 수령도 야자과의 식물 중에서 가장 길다고 이야기되며, 암나무는 500년, 수나무는 1000년을 산다고 한다.

세이셸은 '아담과 이브의 섬'이라고도 불리는데, 암나무와 수나무가 있는 코코 데 메르에 유래한다. 수나무의 꽃송이가 마치 남성기 같은 형태라서, 그 지역에서는 보름달이 뜨는 밤에는 수나무가 암나무에게 다가가서 수분한다는 구전이 있다. 그 순간을 목격한 자는 눈이 멀어버린다고도 한다.

적도 기니

■ 국기에 그려진 신목 케이폭 나무

아프리카 중서부에 있는 적도 기니의 국기 중앙에는 한 그루의 거목이 그려져 있다. 이것은 케이폭(Kapok)이라는 나무로, 주로 아프리카나 중남미, 동남아시아 등의 열대지방에 자라는 수목이다. 성장하면 큰 것은 60미터 정도까지나 자라는 거대한 나무로, 별명은 판야(Panja), 세이바(Ceiba) 등이 있다. '카폭'이라는 솜 같은 섬유가 열매를 감싸고 있으며, 베개 등의 충진재로 사용되고 있다.

이 나무는 적도 기니에서는 '신목(神木)'으로 여겨지고 있지만, 실은 중남미의 고대 마야 문명 사람들에게도 '세계의 중심에 있는 성스러운 나무'이며, 마야 사람들은 죽으면 그 혼이 전설의 나무인 카포크

(판야나무)를 올라서 하늘로 올라간다고 믿었다고 한다.

세네갈

■인면박쥐 지나 포이로

아프리카 대륙 최서단인 세네갈 및 감비아에서는, 지나 포이로(Guiafairo)라고 불리는 수수께끼의 생물이 이따금씩 목격된다. 박쥐같은 몸에 사람의 머리가 달렸기 때문에 '인면(人面)박쥐'라고도 불리며, 발에는 날카로운 세 개의 갈고리 발톱이 있으며, 거대한 날개를 펼치면 1미터 이상이 된다고 한다. 목격정보에 의하면 지나 포이로는 몸에서 강한 악취를 풍기는데, 이 냄새를 맡은 자를 호흡 곤란에 빠뜨려서 죽음에 이르게 하는 경우가 있다고 한다. 공중에서 갑자기 사라지는 경우도 있다

플라잉 폭스라고 불리는 큰박쥐의 돌연변이가 아닐까 하는 설도 있지만, 정체는 여전히 수수께끼에 싸여 있다.

■장밋빛 호수 라코즈

세네갈에는 세계적으로 보기 드문 호수가 있다. 깊이가 고작 3미터 정도로 얕고, 햇살로 물이 증발해버리기 때문에, 아주 염분 농도가 높고, 해수의 10배나 된다고 한다. 정식 명칭은 레트바(Retba) 호수이지만, 물이 장미 같은 핑크빛이라서 '장밋빛 호수'라는 의미의 '라코즈(Lac Rose)'라고 불리고 있다.

물이 장밋빛으로 물든 이유는 두날리엘라 살리나(Dunaliella salina)라는 녹조가 대량번식하기 때문이라고 이야기되고 있다.

기후나 시간에 따라 호수의 색이 변하는데, 건기인 11월부터 5월 사이에는 더욱 선명한 빛깔이 된다고 한다.

소말리아

■악마가 사는 라스 길의 동굴

소말리아 북부에는 기원전 5000년경에 그려진 동굴 벽화가 있다. 아프리카에서도 가장 오래 전에 그려진 벽화로, 커다란 뿔이 있는 소 등의 동물과 인간이 빨간색이나 오렌지색, 갈색, 백색으로 컬러풀하게 표현되어 있다. '라스 길(Laas Geel)'이란 소말리어로 '낙타가 물을 마시는 구멍'이라는 의미다.

지역 사람들은 라스 길을 악마가 사는 동굴로 믿어서 산제물을 바치며 악마에 의한 피해를 막고 있었다고 한다. 2002년에 프랑스의 고고학 팀에 발견된 이래, 현재는 소멸 위기에 노출되어 있다고 한다.

탄자니아

■남성을 덮치는 괴물 포포바와

아프리카 동남부에 속한 탄자니아나 잔지바르(Zanzibar) 제도에는 포포바와(Popobawa)라고 불리는 수수께끼의 괴물이 목격되고 있다. 밤중에 민가에 숨어들어서 인간 남성을 습격한다고 한다. 포포바와가 나타나면 악취가 나거나 폴터가이스트 현상이 발생한다는 소문도 있다. 이 괴물로부터 몸을 지키기 위해서는 취침 전에 돼지기름을 몸에 바르거나 코란을 외거나 모닥불 옆에서 잔다는 방법이 유효하며, 지역에 따라서는 마을의 남성들을 모아서 모닥불 곁에서 하룻밤을 보내는 방법도 있다고 한다.

1970년대에 탄자니아의 외딴 섬에서 처음으로 목격된 뒤, 1995년에는 마을에서 집단 패닉 사건으로 발전했다고 한다. 포포바와에게 습격 받은 집은, 그 일을 이웃에게 고하지 않으면 다시 습격당한다는 전설도 생겨났다. 최근에도 목격 보고는 이어지고 있는데, 2007년에 목격되었을 때에는 마을 사람들이 밤새 불을 켜고 가족과 모여 지내며 습격에 대비했다고 한다.

■생물을 돌로 바꾸는 나트론 호수

탄자니아에 있는 나트론 호수(Lake Natron)는 '메두사의 호수'나 '죽음의 호수', '화염의 호수'라고도 불린다. 호수의 물은 화염처럼 선명한 붉은 빛으로, 가라앉은 생물을 돌로 만드는 무서운 호수다.

일본의 비와(琵琶)호 이상의 넓이이며, 수심은 약 3미터로 얕다. 건조 지대에 있는 호수의 물이 점점 증발해서 염분 농도가 높아진 염호다. 암모니아와 같은 수준의 강알칼리성의 물이 채워져 있다. 그 때문에 염분을 좋아하는 미생물이 대량으로 발생하고 있는 것이 물이 붉은 빛깔인 이유라고 한다. 또한 고농도의 탄산나트륨도 많이 포함되어 있기 때문에, 호수에 가라앉은 생물의 시체 등은 석화된다고 한다. '나트론'이란 탄산나트륨과 탄산수소나트륨을 주성분으로 하는 천연 광물로, 고대 이집트에서 미이라를 만들 때에 방부제로서도 사용되었다.

아주 재미있는 특성을 지닌 호수이지만, 앞으로 100년만 있으면 물이 전부 말라서 염류평원이 되어버릴 것이라고 한다.

■킬리만자로의 산악 전설

탄자니아에 있는 킬리만자로는 스와힐리어로 '빛나는 산'을 의미하는 아프리카 대륙 최고봉이다. 키보(Kibo), 마웬지(Mawenzi), 시라(Shira)라는 독립된 세 개의 봉우리로 이루어져있으며, 산신(山神)에 관한 전설이 차가(Chaga)족에 남아있다.

마웬지 신은 몸이 크고 힘이 강한 키보 신에게 도움을 받을 뿐이었다. 어느 날, 키보가 외출한 동안 마웬지는 멋대로 키보의 집에 들어가서 많은 음식과 숯을 가지고 나갔다. 돌아온 키보는 은혜를 원수로 갚은 마웬지의 행동에 격노했고, 마웬지를 뒤쫓아 가서 힘껏 때렸다. 마웬지의 산 정상의 윤곽이 울퉁불퉁해진 것은 이때의 상처 때문이라고 한다.

인근에 사는 부족 사람들은 키보의 분노를 지금도 두려워하고 있다. 또한 산 중앙에는 정령들이 지키는 귀중한 돌이 숨겨져 있는데, 이것을 파내려고 하는 자에게는 반드시 죽음이 찾아온다고 한다.

차드

■ 세계에서 가장 오래된 사람은 차드인?

2001년, 차드 중부의 니제르 국경 부근의 주라브 사막(Djurab Desert)에서 약 700만년 전의 두개골 및 턱뼈와 치아가 발견되었다. 이 화석은 이후에 사헬란트로푸스 차덴시스(Sahelanthropus tchadensis)라고 명명되었다. 다자(Daza)족 계열의 말로는 투마이(Toumai, '생명의 희망'이라는 의미)라 불렸다. 아프리카 대륙에서는 약 700만 년 전에 침팬지나 보노보(Bonobo)의 조상과 인간의 조상이 분기했다고 생각되고 있는데, 차덴시스가 인간의 조상인지에 대해서는 지금도 논의가 갈리고 있다. 현재 가장 오래된 인류는 약 440만년 전에 등장한 아르디피테쿠스 라미두스(Ardipithecus ramidus)라는 설이 유력하지만, 만약 차덴시스가 인간의 조상으로 확인되면, 분기의 시기는 크게 올라가게 된다.

중앙아프리카 공화국

■ 괴물 고양이 아단다라

중앙아프리카 공화국 동부나 수단 남서부 등에 사는 아잔데(Azande)족에는 무서운 괴물 고양이 아단다라(Adandara)의 전설이 있다. 구전에 따르면 아단다라는 인간 여성과 고양이가 교합해서 태어난 요술을 사용하는 괴물 고양이로, 밝은 빛깔의 털과 빛나는 눈을 지녔다. 남성은 목격하기만 해도 죽는다는 소문도 있다. 여성끼리 관계를 갖는 것을 '아단다라같다'라고 형용하는 경우도 있다고 한다.

■ 수수께끼의 수서생물 모우로우 은구우

모우로우 은구우(Mourou-Ngou)는 중앙

아프리카에서 목격된 미확인 생물이다. 선주민인 반다(Banda)족의 말로 '물의 표범'을 의미하며, 목격정보에 의하면 몸길이는 4미터 정도다. 무서운 육식동물로, 평소에는 물속에 숨어있지만 배가 고프면 수면으로 얼굴을 드러내고 코끼리까지도 습격해서 잡아먹는다고 한다.

튀니지

■ 성지 토펫과 페니키아의 신

튀니지의 관광지인 카르타고 유적은 세계유산으로도 등록되어 있다. 카르타고는 베르베르인(Berber)이 살던 땅에 이주해온 페니키아인이 세운 무역도시로, 기원전 814년에 건설되었다. 해양민족이었던 페니키아인은 카르타고를 거점으로 지중해 교역을 독점했다.

카르타고에 있는 유적인 중 하나인 토펫(Tophet)은 페니키아인의 최고신인 불의 신 바알 함몬(Baal Hammon)과 그 아내인 풍양의 신(명계의 신이라는 설도 있다) 타니트(Tanit)를 모신 성역이다. '토펫'이란 성서에도 등장하는 지명으로 유아를 불에 던지는 의식이 이루어지던 예루살렘 근처에 있는 계곡의 이름이다. 페니키아 인에게는 신에게 산제물로 유아를 바치는 관습이 있었다고 한다. 유아들이 불속에 던져져 산제물이 된 것을 뒷받침 하듯이 부지내에 있는 묘의 뼈항아리에서는 탄화된 유아의 뼈가 발견되었다. 일설에 의하면 고대에는 어린 나이에 죽은 아이들이 많았기 때문에 공양을 위해 화장한 것이 아니냐는 이야기도 있다.

■ 턱수염과 함께 잠든 이발사

튀니지에 있는 오래된 도시 카이루안(Kairouan, 프랑스어로는 케르앙이라고 불린다)은 북아프리카에 세워진 첫 이슬람의 도시로, 가장 오래되고 가장 큰 모스크가 있다.

구시가의 서쪽에는 이슬람교의 개조(開祖)인 무함마드의 친구인 전속 이발사 아브 자마 알 발라위(Abu Zama Al Balawi)가 잠든 모스크가 있다. 시디 사하브 모스크(Mosque of Sidi Sahab, '성스러운 친구의 모스크'라는 의미)라고 하는데, 그는 생전에 무함마드의 턱수염을 항상 지니고 다녔다고 하며, 현재는 그 턱수염과 함께 묘에 잠들어 있다고 한다. 그 때문에 카이루안은 이슬람교도에게 성지가 되어 있다.

토고

■ 영양의 영혼에게 납치된 수장

토고의 다곰바(Dagomba)족에게 전해지는 유령 이야기. 옛날에 자신의 위대함을 나타내고 싶었던 수장이 있었다. 그래서 그는 부족 사람들에게 "이제부터 말이 아닌 줄무늬 영양만 탈 수 있다"라고 선언했다. 그 때문에 부족 사람들은 숲에 가서 줄무늬 영양을 찾아야만 하게 되었다. 간신히 영양을 붙잡아 수장 곁으로 데려와서 안장을 채운 영양에 수장이 올라타자, 영양은 숲으로 달려갔다. 그리고 수장을 태운 채로 사라져버렸다. 부족 사람들은 필사적으로 찾았지만, 수장도 영양도 발견할 수 없었다. 실은 이 영양은 유령이었던 것이다.

이 사건이 있은 뒤로, 이 마을에서는 수장이 죽을 때가 되면 줄무늬 영양이 집 밖에 나타난다는 소문이 퍼지게 되었다고 한다.

■ 흡혈 반딧불이 아체

전통적인 애니미즘이나 부두 신앙이 번성하는 토고에는 아체(Adze)라는 흡혈 반딧불이가 있다고 한다. 토고나 가나에 사는 에웨(Ewe)족의 전승에 의하면, 밤이 되면 이 흡혈 반딧불이는 문의 아래 틈을 통해 집안으로 들어온다. 그리고 자고 있는 아이들에게 다가가서 조금씩 피를 빤다고 한다.

또, 흡혈 반딧불이는 인간에게 빙의해서 마녀로 바꿔버릴 수도 있다. 그러나 붙잡히거나 숲으로 돌아갈 수 없게 되면 그 사람은 인간의 모습으로 돌아오고 흡혈 반딧불이는 도망쳐버린다. 이런 식으로 사람들 사이의 의심과 망상을 자극하며 분쟁의 씨앗을 뿌리는 악마로서 두려움을 사고 있다고 한다.

나이지리아

■ 마녀 아내

하우사(Hausa)족에 전해지는 마녀에 대한 구전이 있다. 옛날, 한 남자에게 세 명의 아내가 있었다. 세 명 모두 주술력을 갖고 있었지만, 첫 번째와 두 번째 아내는 마녀였다.

어느 날, 마녀인 아내 두 명은 세 번째 아내에게 숲에서 요술 춤을 추자고 꾀었다. 세 번째 아내는 마녀들이 뭔가를 꾸미고 있다고 생각하고 핑계를 대서 거절했다. 그 후에 세 번째 아내는 남편에게 마녀들이 좋지 않은 일을 생각하고 있음을 알렸다. 그 말을 들은 남편은 외출하는 척하고 집안에 숨기로 했다.

남편이 없다고 생각한 마녀들은 요술 춤을 추면서 노래하기 시작했다. 한 명은 남편의 간을, 다른 한 명은 남편의 심장을 먹고 의식의 공물로 삼고 싶다고 노래했다. 그 자리에 숨어있던 남편이 나타나서 마녀들을 내쫓았다. 그리고 세 번째 아내와 행복하게 살았다고 한다.

■ 요루바족의 뇌신 샹고

샹고(Shango)는 나이지리아의 요루바족의 전설적인 인물이다. 전승에 의하면 요루바족 중에서도 최강을 자랑하는 오요(Oyo) 왕국의 3대 왕이었다. 호전적인 성격에 자만심이 강한 샹고는, 폭군이라 불리면서도 오요 왕국의 영토를 차차 확대해나갔다. 초인적인 힘을 지녔고 벼락을 조종했다고 이야기되고 있다.

그러나 이후에 신하에게 배신당해서 격노한 샹고는 숲에서 자살했다고 한다. 벼락을 조종하는 연습을 할 때에 실수로 처자식을 죽게 만들어서 자책하다 자살했다는 설도 있다.

사후에 사람들은 그의 초인적인 힘이나 무훈을 기리면서, 혹은 앙화를 두려워해서 샹고를 신으로 모셨다. 그리하여 샹고는 벼락을 조종하는 뇌제가 되었다고 한다. 샹고의 심벌은 커다란 날의 도끼로, 뇌제 샹고는 화려한 무훈, 보복적인 정의, 자연의 힘, 파괴적인 격정 등의 상징이 되었다. 뇌제 샹고를 모시는 신자들의 모임이 지금도 있다고 한다.

■ 요루바족의 대지 이페의 탄생

나이지리아의 요루바(Yoruba)족의 왕(오오니[Ooni]라고 불린다)은 성지 이페(Ife)를 지키는 신의 자손이라 믿어지고 있다. 요루바족의 창세 신화에는 육지와 생물이 탄생한 이유가 다음과 같이 전해지고 있기 때문이다.

태초에 최고신 올로룬(Olorun, 올로두마레[Olodumare]라고도 한다)이 다스리는 하늘과, 바다의 여신 올로쿤(Olokun)이 다스리는 바다가 있었다. 어느 날, 하늘에 사는 오바탈라(Obatala)라는 신이 대지와 생물을 만들어 살기 쉬운 곳으로 만들고 싶다고 생각했다. 올로룬은 이것을 허가하고 아들인 지식과 지혜의 신 오룬밀라(Orumila)를 보내서, 오바탈라에게 달팽이 껍질에 든 모래, 야자열매, 하얀 암탉, 검은 고양이를 주었다.

오바탈라는 바다에 내려와, 바다 위에 모래를 뿌려서 육지를 만들었다. 그 위에 암탉을 놓자, 암탉은 땅바닥의 모래를 긁어 흩뿌려서 아프리카 대륙 형태를 만들었다. 오바탈라는 그 대지를 이페라고 이름 붙이고, 집을 세우고 야자열매를 심고 검은 고양이와 살기 시작했다. 이윽고 동료를 갖고 싶어진 오바탈라는 점토로 인간의 형태를 만들고 최고신 올로룬에게 생명을 불어넣어 달라고 해서 최초의 인간을 탄생시켰다. 하늘의 신들은 차례차례 대지 이페로 내려왔고, 인간들을 지켜보면서 살게 되었다.

대지가 늘어나고 바다가 줄어들어서 바다의 여신 올로쿤은 불만을 품었다. 올로쿤은 대지에 대홍수를 일으켜서 가라앉히려고 했지만, 곧바로 오룬밀라가 물을 도로 밀어냈다. 이것에 격노한 올로쿤은 최고신 올로룬에게 베 짜기 승부를 제안한다. 신들 사이에서도 최고의 실력을 지닌 올로쿤은 자신의 승리를 확신했지만, 올로룬의 하인인 카멜레온 아게모(Agemo)의 계략으로 인해 올로룬을 최고신으로 인정하고 패배를 받아들이게 되었다.

나미비아

■나미브 사막과 죽음의 계곡

대자연을 체감하는 관광지로서 인기인 아프리카 남부의 나미비아. 이 땅의 서부에는 약 8000만년 전에 탄생했다는, 세계에서 가장 오래된 사막이라 불리는 나미브(Namib) 사막이 있다. 세계 유산에 등록되어 있으며, 오렌지색 사구가 이어진 아름다운 광경이 펼쳐져 있다. '나미브'는 선주민인 산(San)족의 말로 '숨겨진 집'이라는 의미다.

나미브 사막에서 가장 유명한 관광 스팟이 소수스블레이(Sossusvlei)다. 사막의 가장 깊은 곳에 있으며, 오렌지색의 모래 속에 위치한 새하얀 분지다. 이것은 500년 전까지 호수가 있었던 흔적으로, 현지의 말로는 '데드프레이(죽음의 계곡)'이라 불리고 있다. 현재는 메마른 호수 근처에 말라죽은 나무가 늘어서 있다. 선 채로 말라죽은 나무는 마치 미이라 같다고 한다.

또한 데드프레이에는 아주 드물게 호수가 출현한다는 소문이 있다. 그 정체는 우기에 내린 비가 지하수맥을 통해 만들어지는 호수로 '환상의 호수', '기적의 호수' 등으로 불리고 있다.

니제르

■테네레의 나무

아프리카 서부, 니제르의 사하라 사막 중남부 일대를 테네레(Tenere) 사막이라고 한다. 테네레란 투아레그(Tuareg)족의 말로 '아무것도 없는 곳'이라는 뜻으로, 문자 그대로 광대한 사막이 펼쳐져 있다.

과거에 이 사막 한복판에 고독하게 서 있는 아카시아 나무가 있었다. '세계에서 가장 외진 곳에 있다'고 여겨진 나무로 알려진 나무로 테네레가 사막으로 변하기 전부터 자라고 있었다고 여겨졌는데, 나무뿌리가 지하 36미터까지 뻗어있었다고 한다.

그러나 1973년에 리비아인 운전사의 추돌사고로 쓰러져버렸고, 현재는 그 장소에 철로 만든 나무가 놓여있다.

부르키나파소

■로로페니 유적군의 수수께끼

아프리카 서부, 부르키나파소의 로로페니(Loropeni)에는 거대한 돌 벽으로 이루어진 수수께끼의 유적이 있다. 요새처럼 둘러싸고 있는 돌담의 높이는 최대 6미터나 되며, 안쪽에는 방처럼 보이는 벽으로 나뉜 구획이 있다. 이 지역은 3세기부터 13세기경에 쇠의 주조기술로 번영한 부라 문화(Bura culture)가 있었으며, 그 후에는 모시(Mossi) 왕국이 19세기까지 이어졌고 현재도 모시(Mossi)족이나 줄라(Jula)족 같은 많은 민족이 살고 있다. 참고로 국명인 '부르키나(Burkina)'는 모시어로 '고결한 사람'을 뜻하고, '파소(Faso)'는 줄라어로 '조국'을 뜻한다.

그러나 이 건조물은 적어도 11세기 이전의 것으로 여겨지며, 누가 무엇을 위해 만들었는가는 밝혀지지 않았다. 모시 왕국 이전에 고도의 문명이 있었을 가능성을 나타내는 귀중한 유적군으로서 부르키나파소의 첫 세계유산으로 지정되었다.

브룬디

■브룬디의 구두전승

탄자니아, 르완다, 콩고 민주공화국에 둘러싸여, 서쪽으로는 추정 2000만년 전에 탄생한 고대 호수 탕가니카 호수(Lake Tanganyika)에 접한 브룬디.

구승전통이 뿌리내리고 있는 브룬디에서는 민화나 우화가 음악 형식으로 이야기된다. 이마나(Imana)라는 창조신이 여행을 하는 이야기, 토지의 역사나 소를 둘러싼 이야기 등이 인기이며, 의상을 입은 장신의 무용수 인토레(Intore)와, 고수(鼓手) 탐브리네르(Tambourinaire)가 왕족이나 관광객 앞에서 연기한다고 한다. 브룬디는 부하(Buha)주에서 온 캄바란타마(Ntare I Rushatsi Cambarantama)라는 왕에 의해 건국되었다는 전설이 있는데, 선주민족의 문화는 수수께끼에 싸여있다. 2019년, 브룬디의 영화감독에 의해 왕의 생애를 묘사한 단편 2D 애니메이션 영화가 제작되었다.

베냉

■마우와 리사

베냉에 사는 폰(Fon)족의 창세신화에는 다양한 구전이 있는데, 나나 불루쿠(Nana Buluku)라는 신에게서 태어났다. 달의 여신 마우(Mawu)와 태양의 남신 리사(Lisa)라는 쌍둥이의 전설이 침투해있는 듯하다.

달과 풍요과 자비의 여신 마우는 서쪽에 살았고 태양과 힘과 전쟁과 빛의 남신 리사는 동쪽에 살았다. 마우와 리사는 일식과 월식이 있을 때마다 융합해서 다양한 신을 낳았다고 한다. 두 사람이 하나가 된 마우 리사(달과 태양)이라는 양성구유의 창조주인 경우도 있다.

구전에 의하면, 마우는 무지개의 뱀 아이다 웨도(Ayida-Weddo)의 등에 올라타고 이쪽저쪽을 다니며 모든 것을 창조했다. 모든 일이 완료되자 너무 무거워서 불안정한 지구를 떠받치기 위해, 아이다 웨도에게 지구에 몸을 휘감아 지탱해달라고 부탁했다. 그리고 마우는 무거운 세계를 지탱해주는 뱀을 식히기 위해 뱀 주위를 바다로 둘러쌌다.

아이다 웨도는 지금도 지구를 빙 둘러싸고 자신의 꼬리를 입에 문 채로 지탱해주고 있지만, 이따금씩 자세를 편하게 고치려고 몸을 비틀기 때문에 지진이나 쓰나미가 일어난다고 한다. 만약 뱀이 자신의 꼬리를 삼켜버리면 그때는 세상이 붕괴하는 때라고 한다. 뱀신의 이름은 '다'이며, 인간은 다의 똥에서 만들어졌다는 설도 있다.

■망각의 나무와 귀향의 나무

베냉의 우이다(Ouidah)는 부두교의 성지이며, 노예무역에 관련된 역사가 많이 남아있는 마을이다. 과거에 노예들이 해안의 선착장까지 걸어갔던 '노예가도(Route des Esclaves)'가 있었던 장소로, 현재는 노예들의 석비나 죽은 자들의 비석, '돌아올 수 없는 문(The Gate of No Return)'이라고 불리는 문 등이 남아있다. 그 길 도중에 있었던 것이 '망각의 나무(The Tree of Forgetfulness)'라 불린 나무인데, 현재는 나무는 없어지고 석비만 서있다. 남성은 아홉 번, 여성은 일곱 번 나무 주위를 돌면 과거의 기억을 완전히 잊어버린다는 전설이 있었다고 한다.

'귀향의 나무(The Tree of Return)'라는 나무도 있었는데, 나무 주위를 세 번 돌면 아메리카대륙에 건너가도 혼은 고향인 베냉으로 돌아올 수 있다고 사람들이 믿었다고 한다.

■팟세 왕의 성스러운 숲

아프리카 서부, 베냉에 있는 우이다

(Ouidah)라는 도시의 '성스러운 숲'에는 이런 전설이 남아있다. 팟세(Kpasse)라는 민중에게 사랑받은 왕이 우이다를 다스리고 있었는데, 왕이 죽을 때, 이로코 나무 모습으로 변했다. 그리고 성스러운 숲 안에서 사람들을 지켜보며, 지금도 살아있다고 한다.

베냉은 부두교 발상지로 이야기되는 나라로, 성스러운 숲은 부두교의 신들을 모신 일대성지다. 이 숲에는 기묘한 모습을 한 신의 상이 몇십 개나 서있는데, 그들은 부두교의 기원이 된 태고의 정령 보둔(Vodun)이라 불리고 있다.

16세기에 노예무역이 이루어지고 있던 시대에 우이다에서는 많은 사람들이 노예로서 중남미로 끌려갔다. 그때 사람들은 정령 보둔을 믿고 있었는데, 현지에서는 보둔 신앙이 박해받게 되었다. 이윽고 보둔 신앙은 기독교의 교의와 합쳐져 현재의 부두교가 탄생했다고 이야기되고 있다.

보츠와나

■산족의 일런드 창조

아프리카 남부의 칼라하리 사막에 오래전부터 살아왔던 산(San)족은 부시맨이라고도 불리는 수렵민족으로, 가장 오래된 선조는 10만년전으로 거슬러 올라간다고 한다.

산족에게 일런드(Eland, 아프리카 산 영양의 일종)는 신성한 동물로 여겨지며, 다음과 같은 신화가 남아있다.

과거에 창조신 맨티스가 일런드를 만들었다. 그 모습이 너무나도 아름다웠기 때문에, 일런드에게 벌꿀을 주고, 벌집으로 털을 빗어서 광택을 내며 소중하게 키우고 있었다. 어느 날, 쾀망 아(Kwam-mang-a)라는 남자가 일런드를 발견하고 활로 쏘아 죽였다. 그 살을 동료와 나눠먹었더니 아주 맛있어서 계속 사냥을 하게 되었다. 소중한 일런드를 잡아먹혀 슬픔에 빠진 맨티스는 일런드의 담낭을 찔러 어둠을 방출해서 밤의 세계를 만들었다. 텅 빈 담낭을 하늘에 던졌더니 달이 되었다. 이후로 하루에 낮과 밤이 생겨나서 쾀망 아 일행은 달빛으로 사냥할 수 있는 것을 기뻐했다고 한다.

보츠와나의 초딜로(Tsodilo) 구릉에 남아있는 암벽화군에는 기원전 4000년경부터 산족이 그린 4500개 이상의 암벽화가 남아있으며, 그중에는 일런드도 그려져 있다.

■산족의 창조신과 세계수 칼라하리의 나무

아프리카 남부, 칼라하리 사막에서 보이는 칼라하리의 큰 나무는 산족 사람들에게는 신성한 나무로 여겨지고 있다. 산족의 신화에서는 세계수로 취급되며, 창세의 이야기에 관련되어 있다.

과거에 모든 인간과 동물은 서로를 이해하고, 창조신 |카겐(|Kaggen, 산족 언어의 흡착음을 '|'라는 기호로 표현한다)와 함께 지하 세계에서 사이좋게 지내고 있었다.

어느 날 인간과 동물을 지상으로 인도하려고 마음먹은 |카겐은 지상에 거대한 나무를 만들고, 나무 아래로 긴 터널을 파서 지하와 지상을 연결했다. 터널을 빠져나온 인간과 동물은 아름다운 지상이 마음에 들어서 계속 지상에 살기로 했다. |카겐은 "이 신천지를 부수지 않도록 결코 불을 사용하지 마라"라고 경고하고서 인간과 동물 앞에서 모습을 감추었고, 사마귀의 모습이 되어 지상을 지켜보게 되었다.

인간과 동물은 처음으로 평화로웠지만, 이윽고 태양이 가라앉자 지상에 암흑이 찾아왔다. 동물처럼 암흑이 보이지 않는 인간은 겁에 질려서 주위를 밝히기 위해 불을 붙였다. |카겐과의 약속을 깬 인간은 곧바로 동물과 이야기를 할 수 없게 되었고, 동물은 불을 두려워하여 인간 곁에서 도망쳤다.

그 이래로 동물은 인간을 두려워하게 되었다고 한다.

마다가스카르

■ 독자의 생태계와 환상의 대륙 레무리아의 어원

선사시대에 곤드와나 대륙이 분열한 이후 독립된 섬나라가 된 마다가스카르. 7할에서 9할 이상의 동식물이 고유종이라는 독자적인 생태계가 펼쳐져 있는, 일본의 1.6배 면적을 지닌 커다란 섬이다. 세계의 원원류(原猿類) 중 4분의 3이 마다가스카르의 고유종이라고 한다.

그런 마다가스카르는 많은 종류의 여우원숭이가 서식하는, 통칭 '여우원숭이의 낙원'이기도 하다. 섬의 고유종인 호랑꼬리여우원숭이는 '레무르(Lemur)'라고 불리며, 환상의 대륙이라 불리는 레무리아 대륙의 어원이기도 하다(자세한 것은 아시아·아시아 전역의 **고대대륙 레무리아** 항목을 참조).

마다가스카르의 자연은 거리적으로 가까운 아프리카 대륙과의 공통점이 적다고 한다. 인류 탄생 이전에 일어난 대륙 이동 중에 남겨져, 이 섬에만 서식하는 동식물이나 고대의 흔적을 남긴 생물 등이 많은 점에서 '잃어버린 세계'라고 불리는 경우도 있다.

1957년에는 한 번은 멸종했다고 생각되던 아이아이(Aye-aye)가 재발견되었다. 마다가스카르에는 아직 인류가 만나지 못한 미지의 생물이 존재하고 있을지도 모른다.

■불길한 카멜레온

마다가스카르에는 많은 파충류가 있는데, 카멜레온의 종류의 다양함은 특히 유명하다. 전 세계에 서식하는 종 중 약 절반이 서식하고 있으며, 수도인 안타나나리보(Antananarivo)에도 야생 카멜레온을 목격할 수 있을 정도다. 2021년에는 꼬리를 포함한 몸길이가 21.6밀리미터인 세계에서 가장 작은 카멜레온이 발견되었다. 그때까지 세계에서 가장 작았던 종인 브루케시아 미크라(Brookesia micra)보다도 작았기 때문에, '브루케시아 나나(Brookesia nana)'라고 명명되었다.

마다가스카르의 사람들에게 카멜레온은 불길한 존재라고 한다. 해충구제에 도움이 되는 한편으로 '건드리면 팔이 썩는다', '괴롭히면 저주받는다'라는 등의 구전이 있어서 두려움을 사고 있다. 한편으로 카멜레온을 용사로서 칭송하는 지역도 있다고 한다.

카멜레온은 미움 받기 쉬운 생물인지, 남아프리카의 줄루족에게 전해지는 카멜레온 민화(자세한 것은 남아프리카공화국의 **게으름뱅이 카멜레온** 항목을 참조)에서도 인간에게 미움 받는 존재로 그려지고 있다.

■사랑이 이루어지는 바오밥 가도

세계에 존재하는 여덟 종 중 일곱 종이 자라고 있다고 할 정도로 바오밥나무는 마다가스카르를 대표하는 식물이다. 굵고 매끈한 줄기를 지닌 독특한 형태의 나무는, 생텍쥐페리의 『어린 왕자』에 등장하는 것으로도 유명하다. 바오밥나무의 크기는 세계 최대급으로, 높이 30미터에 직경 10미터에 달하는 것도 있다고 한다. 수령이 1000년을 넘는 것도 있으며, 아프리카에서는 정령이 깃드는 나무로 여겨지고 있다.

마다카스카르 남서부의 모론다바(Morondava)와 벨로니 치리비히나(Belon'i Tsiribihina)를 잇는 국토 8호선에 있는 바오밥 가도(The Avenue of the Baobabs)는 마다가스카르에서 유명한 바오밥 나무의 관광명소다. 바오밥종 중에서도 가장 높이 자라는 그란디디에리(Adansonia grandidieri)가, 250미터의 가도 옆에 20그루 이상 늘어서 있는 광경은 압권이다.

그 중에서도 특징적인 나무에는 이름이 붙어있다. 두 그루의 바오밥나무가 서로 얽혀있는 '사랑에 빠진 바오밥(Baobab Amoureux)'은 줄기 끝이 가늘어지며 가지가 위를 향해 뻗는 포니(Adansonia fony)라는 종이다. 연애성취에 효험이 있다고 해서 연인들이 찾는 인기 스팟이다. 풍요와 안산을 기원하는 수령 700년의 '신성한 바오밥'이라 이름 붙은 나무도 있었지만, 현재는 쓰러져버려서 다른 나무가 '신성한 나무'라고 불리며 신앙의 대상이 되었다고 한다.

■파마디하나의 의식

마다가스카르는 선조를 향한 경의가 강해서, 묘가 주거지보다도 훌륭하게 만들어진다고 이야기될 정도다. 선조는 가장 높은 지위이며, 명예로운 선조가 되어 영원한 안주를 얻는 것이 인생의 목적이라고 한다.

이 섬에는 아프리카 대륙계와 말레이계 및 약 18개의 부족이 살고 있는데, 중앙 고지에 사는 메리나족 등 몇 개 부족에게 계승되는 의식이 있다. '파마디하나(Famadihana, 죽은 자의 추도 의식)'이라고 불리는 선조를 공경하는 의식으로, 이것을 함으로써 죽은 자는 비로소 선조 안에 들어가게 된다고 한다. 의식은 3년부터 10년에 한 번 이루어지는데, 매장되어 있던 시신을 묘에서 꺼내고 정화의 의식을 한 뒤에 새로운 천으로 감싸서 다시 묘에 매장한다. 이때는 일가친척과 친구들이 전부 모여서, 먹고 마시고 춤추는 연회를 벌이며 선조와의 재회를 축하한다고 한다.

일설에 의하면 부족의 연장자의 꿈속에 선조가 나타나 "추우니까 새로운 옷을 줬으면 좋겠다"라는 말을 듣는 것이 의식의 신호가 된다고 한다. 꿈에서 그런 말을 듣게 되면 점성술사가 점을 쳐서 날짜를 잡는다고 한다.

말라위

■가죽을 벗은 코끼리에게 속은 토끼

말라위의 칼루리(Kaluli)족에는 '토끼와 코끼리'라는 민화가 있다.

토끼와 코끼리는 밭일을 하면서 점심에 먹을 콩을 찌고 있었다. 그런데 코끼리는 콩을 독차지하고 싶어졌다. 그래서 일이 끝날 무렵에 코끼리는 "강에서 목욕을 하고 올 테니까 콩을 지키고 있어. 돌아온 뒤에 같이 먹자"라고 토끼에게 콩을 지키게 하고서 강으로 향했다. 강 부근에서 가죽을 벗고 괴물 같은 모습이 되어 토끼가 있는 곳으로 돌아갔다. 이것을 본 토끼는 깜짝 놀라 도망쳤고, 코끼리는 그 틈에 콩을 혼자서 전부 먹어버렸다. 토끼가 다시 돌아왔을 때, 코끼리는 원래 모습으로 돌아와 있었고, 정체모를 짐승이 왔다는 토끼의 말에 "들짐승 따윈 거짓말이야. 콩을 먹은 건 너잖아!"라며 나무랐다.

다음 날도 마찬가지로 두 사람은 밭일을 하며 콩을 쪘고, 코끼리는 어제와 같은 행동을 했다. 사흘째도 마찬가지로 밭으로 일을 하러 나갔는데, 이번에는 토끼도 활을 만들어 들짐승을 쏘아 잡으려는 생각을 했다. 하지만 코끼리가 토끼 몰래 활이 부서지도록 손을 써놓았기 때문에 토끼는 들짐승 잡기에 실패하고 도망쳤다.

다시 그 다음날, 두 사람은 또 밭일을 하며 콩을 찌기 시작했다. 이번에 토끼는 몰래 새로운 활을 만들어서 숨겨두고 있었다. 아무것도 모르는 코끼리는 평소처럼 강에서 가죽을 벗고서 괴물모습으로 토끼가 있는 곳에 달려왔고, 토끼는 들짐승의 심장을 노려서 활을 쏘았다. 화살을 맞은 코끼리는 "엄마! 친구들아!"라고 비명을 지르며 쓰러졌고, 토끼에게 정체를 밝히고 지금까지의 행동을 사죄했지만 상처가 깊어서 결국 죽고 말았다. 토끼는 콩을 다 먹자 집으로 돌아갔다.

모잠비크에도 비슷한 이야기가 있다. 자세한 것은 **산고양이와 교활한 토끼** 항목을 참조.

말리

■도곤족의 시리우스 신화

도곤(Dogon)족은 서아프리카의 말리 중부에서 사는 부족이다. 4세기경, 이슬람 세력에게 쫓겨 반디아가라(Bandiagara)의 절벽 주변으로 도망쳐서 독특한 문화를 형성했다. 아름다운 가면과 댄스로 알려진 도곤족에는 다양한 신화가 전해지고 있는데, 그 중에서도 우주창세를 둘러싼 '시리우스 신화'는 신비하다.

도곤족에는 오래전부터 시리우스에 반성(伴星)이 있는 것, 그 한쪽이 이상하게 무거운 별인 것, 그리고 그 주기가 약 50년으로 타원을 그리고 있다는 것이 전해지고 있다. 그리고 토성에 고리가 있는 것, 지구가 태양 주위를 돌고 있다는 것 등도 전해지고 있었다.

시리우스가 이중성이라는 사실을 유럽에서 안 것은 1925년의 일이다. 천체망원경을 갖지 않은 도곤족이 고도의 천문지식을 어떻게 습득했을까. 미국의 작가 로버트 템플(Robert Temple)은 자신의 책인 『The Sirius Mystery』(1976)에서 초고대문명이 도곤족에게 천문지식을 준 것이라고 주장했다. 이어서 우주인인 시리우스 성인부터 문명을 전수받았다는 설도 부상했다. 도곤 족에게는 '먼 옛날, 냥 톨로(Nyan tolo)에서 온 놈모(Nommo)가 문명을 가져왔다.'라는 구전이 있기 때문이다. 톨로는 '별'을 가리키는 말이라서 놈모가 우주인이라고 해석되고 있는 것이다.

하지만 이러한 도곤족의 시리우스 신화는 과거에 그들을 방문했던 서유럽인에게 얻은 지식과 문화에서 생겨난 것이라는 설이 있다. 도곤족의 신화를 수집했던 프랑스의 인류학자 마르셀 그리올(Marcel Griaule)이 현지인과의 교류 중에 정보를 제공하게 되었다는 것이다. 도곤족은 과학지식을 흡수하고, 과학과 신화를 융합시켜 풍요로운 신화세계를 구축했는지도 모른다. 도곤족 사이에는 현재까지 전해지는 '시기(Sigi)의 축제'가 있다. 60년에 한 번 개최되는 조상신의 축제로, '시기'는 '시리우스'를 가리킨다는 설이 있다.

■ 도곤족의 창세신화와 인간에게 관절이 있는 이유

도곤족에는 창세신 암마(Amma)를 중심으로 하는 신화가 전해지고 있다. 암마는 처음에 두 개의 항아리를 만들었다. 하나는 붉은 구리 고리를 두르고 태양이 되고, 다른 하나는 하얀 구리 고리를 두르고 달이 되었다.

다음에 암마는 대지와의 사이에 유루구(Yurugu)라고 하는 남자아이를 만들었는데, 야심을 품고 있었기 때문에 여우로 바꿔버렸다. 다음에 놈모(Nommo)라고 하는 남녀 쌍둥이 정령이 태어났다. 이어서 흙에서 남녀 인간의 시조를 낳고, 남은 창조의 일은 놈모 쪽에게 맡겼다. 놈모는 상반신은 인간이고 하반신은 뱀의 모습을 하고 있었으며, 관절도 가지고 있지 않았다.

놈모는 인간의 시조들을 정령으로서 천상에 살게 하고 있었다. 어느 날, 시조는 지상에 내려오려고 했다. 그들은 불을 가지고 있지 않아서, 놈모의 대장간에서 불(태양의 조각)을 훔쳤다. 화가 난 여자 놈모는 번갯불을 발하자 인간의 시조들은 가죽 풀무로 몸을 보호했다. 이어서 남자 놈모가 벼락을 떨어뜨렸지만, 시조들은 무지개를 건너서 지상으로 도망쳤다. 그러나 벼락이 너무 강했던 나머지, 팔과 다리가 부러져버렸다. 이때부터 인간의 시조에게는 팔꿈치와 무릎 관절이 생겼다고 한다.

남아프리카 공화국

■ 거인의 발자국

에스와티니 국경 근처에 있는 도시인 음팔루지(Mpaluzi) 근처의 산속에 거대한 발자국이 발견되었다. 1912년에 지역 주민인 스토펠 쿠체(Stoffel Coetzee)가 발견했으며, 선주민들 사이에서는 여기는 성지로서 숭상되고 있었다고 한다. 발자국은 산 정상에 있는 화강암 측면에 나 있는데, 크기는 약 120센티미터에 다섯 발가락과 발꿈치까지 또렷한 발자국의 흔적이 남아 있었다. 발의 크기로 보아 신장은 7.5미터 정도로 추정된다. 바위는 약 20억년에서 30억년 전에 형성된 것으로, 이것이 정말로 발자국이라면 이 발자국의 주인은 인류 탄생보다 아득히 이전에 존재했었다는 이야기가 된다.

최근에 남아프리카공화국의 탐험가 마이클 텔린저(Michael Tellinger)가 발자국의 영상을 YouTube에 발표한 것으로 전 세계의 주목을 받았다. 거인족의 전설은 세계 각지에 존재하는데, 그것을 뒷받침하는 귀중한 증거인지도 모른다.

■ 게으름뱅이 카멜레온

남아프리카 최대 세력을 지닌 부족인 줄루족에 전해지는 민화.

세계가 갓 만들어졌을 무렵, 천계에 있는 운크룬크루(Unkulukulu)라는 신이 한 마리의 카멜레온에게 "대지에 내려가서, 인간들에게 '너희들은 언제까지라도 죽지 않아도 된다'라고 전해라"라고 말했다. 곧바로 카멜레온은 천계에서 지상으로 향하려고 했지만, 나무 열매를 먹거나 벌레를 잡거나 하며 딴 짓을 하는 동안 배가 불러서 잠이 들고 말았다.

그 무렵, 변덕쟁이 신은 한 마리 도마뱀을 불러서 "대지에 내려가서 인간들에게 '너희들은 언젠가는 죽어야만 한다'라고 전하라"라고 말했다. 도마뱀은 한눈팔지 않고 곧바로 지상으로 향했고, 카멜레온보다 먼저 지상에 도착했다. 그리고 인간들에게 "너희들은 언젠가 죽어야만 한다"라고 말하고 천계로 돌아갔다.

한편 카멜레온도 뒤늦게나마 인간들 곁에 도착해서, 신의 "너희들은 언제까지나 죽지 않아도 된다"라는 말을 전했다. 그 말을 들은 인간들은 "이미 도마뱀이 신의 말을 전했다. 우리 인간은 언젠가 죽는다고 한다. 너는 거짓말쟁이다"라고 대답했다. 게으름뱅이 카멜레온 때문에 인간의 수명은 언젠가 끝나는 운명이 되어버렸다고 한다.

이것과 비슷한 민화가 츠와나(Tswana)족 등의 다른 부족에게도 전해지고 있다. 일부 부족에서는 카멜레온 때문에 인간은 죽을 운명을 받았다고 해서 카멜레온은 증오의 대상이라고 한다.

■ 먹보 말썽꾸러기 흘라카냐나

남아프리카에 사는 코사(Xhosa)족과 줄루(Zulu)족에는 흘라카냐나(Hlakayana)라는 트릭스터의 전설이 있다. 흘라카냐나는 어머니의 뱃속에 있을 때부터 말을 할 줄 알고, 태어나자마자 걷고, 젖이 아니라 구운 쇠고기로 배를 채웠다. 이윽고 성장한 먹보 흘라카냐나는 꾀를 부려서 사람들이나 동물에게서 음식을 계속 가로챘다.

어느 날, 흘라카냐나는 마을 사람들이 설치한 덫에 걸린 많은 새를 훔쳐서 어머니에게 요리를 해달라고 부탁했다. 어머니는 냄비에 새를 넣고 하룻밤 동안 푹 삶기로 했다. 흘라카냐나는 새벽에 몰래 일어나서 머리만 남기고 새를 전부 먹어버렸다. 그리고 냄비에 쇠똥을 넣고 다시 자는 척을 했다. 다음날 아침, 냄비가 쇠똥으로 가득 차 있는 것을 보고 놀란 어머니에게, 흘라카냐나는 어머니 때문에 고기가 쇠똥으로 변해버렸으니 먹을 자격이 없다고 불평을 하고는 남아있는 새 머리도 먹어버렸다고 한다.

■방황하는 네덜란드인

유령선의 대명사라고도 할 수 있는 것이 '방황하는 네덜란드인(Flying Dutchman, 플라잉 더치맨)'이다. 남아프리카공화국 웨스턴케이프주의 최남단에 있는 희망봉이라 불리는 아굴라스(Cape Agulhas) 앞바다에 출몰하며, 이 해역을 영원히 계속 항해한다는 환상의 배다.

전설에 의하면, 17세기, 네덜란드인 선장 판 데르 데켄(Van der Decken)은 폭풍우 속에서 폭풍의 곶(Cabo Tormentoso, 희망봉의 옛날 이름)을 무리해서 지나려고 했다. 마스트에 몸을 붙들어 맨 데켄이 하늘을 향해 주먹을 휘두르며 신에게 저주의 말을 외치자, 한 줄기 빛이 검은 구름을 가르고 갑판에 내리쬐더니 그곳에 내려온 정령이 데켄을 가리켰다고 한다. 그리고 이 배는 신을 모독한 죄로 영원히 폭풍우 치는 바다를 항해하게 되었다고 전해지고 있다.

그 후, 이 해역에서 유령선을 보았다는 목격 보고가 몇 세기나 이어졌다. 가장 유명한 것은 영국해군의 전함에 의한 목격 보고로, 증언자 중에는 이후의 영국왕 조지 5세도 있었다. 20세기가 되어도 목격 보고는 끊이지 않는데, 제2차 세계대전 중에도 이 해역을 빈번하게 오가던 영국군이나 독일군 승조원 다수가 목격했다고 한다. 또한 이 해역에서는 많은 배가 난파되고 있기 때문에, 이 지역 사람들은 '배의 무덤'이라고 부른다고 한다.

■보물을 지키는 큰 뱀 그루츠랑

남아프리카공화국의 노던케이프주에 있는 사막지대 리흐터스벨트(Richtersveld). 이 땅 어딘가에 다이아몬드가 묻혀있는 '바닥없는 동굴'이 있다는 소문이 있다. 그러나 그 동굴은 오렌지(Orage) 강에 사는 큰 뱀의 정령 그루츠랑(Grootslang)이 지키고 있기 때문에, 누구도 가까이 다가갈 수 없다. 과거에 광물 탐사자가 동굴을 탐색하려고 했지만, 바위벽에 터널을 뚫으려고 할 때에 박쥐들의 습격을 당해서 내부까지 나아갈 수 없었다고 한다.

선주민의 전설에 의하면, 동굴을 지키는 뱀의 정령은 몸길이가 12미터나 되며 안구에는 거대한 보석이 박혀 있고, 만난 자에게는 재앙이 내린다고 한다. 이 지방에는 길이 7.5미터의 비단뱀이 목격되었으며, 이런 큰 뱀이 자주 목격되는 것에서 그루츠랑의 전설이 태어났다는 설도 있다.

■ 헥스리버 협곡의 유령

남아프리카 웨스턴케이프주에 있는 아름다운 헥스 리버(Hex River) 협곡에는 잃어버린 연인을 찾아 헤매는 유령이 나온다고 한다.

그 유령은 엘리사(Elisa)라는 농장주의 젊은 딸로, 그녀는 수많은 구혼자 중에서 프랜스(Frans)라는 젊은 교사 청년을 사랑했다. 엘리사는 그의 사랑을 시험하려고 헥스 리버 협곡의 절벽에 피어있는 붉은 꽃을 따 달라고 부탁한다. 하지만 프랜스는 꽃을 따려고 하다가 절벽 아래로 떨어져 죽고 만다. 슬픔에 찬 나머지, 엘리사도 절벽에서 떨어져 죽어버린다.

그 이래로 헥스 리버 협곡에는 맨발로 풀밭을 헤치며 뒤를 따라오는 발소리가 들리거나, 희미한 목소리로 우는 창백한 여자 유령이 목격되고 있다. 만약 길가에 있는 포도송이에서 열매가 한 알만 없어졌다면, 엘리사의 유령이 지나간 흔적이라고 한다.

남수단

■ 딩카족의 신화

2011년에 독립한 남수단에는 딩카(Dinka)족과 누에르(Nuer)족 등 많은 부족이 살고 있다. 각 부족마다 다른 신을 믿고 있으며, 전해지는 신화도 다양하다.

딩카족은 나일강 유역에 사는 남수단에서도 다수파인 부족이다. 그들은 창조신 니알리크(Nhialach)와 정령을 믿었는데, 정령은 사람에게 빙의해 신의 의사를 전한다고 한다. 또 딩카족은 약 25개 부족으로 구성되어 있는데, 각 부족은 '사제'와 '평민(전사)'의 두 개 그룹으로 나뉘어 있다. 각각에서 '어창(魚槍)의 우두머리', '전쟁 지도자'라고 불리는 리더가 선택되고, 사제는 선조의 영혼이 깃들었다는 성스러운 어창을 지닌다고 한다.

옛날 딩카족 사람들은 강바닥에 살고 있었다는 신화가 있다. 물속에서 살고 있으면 사람은 죽는 일도 병에 걸리는 일도 없어서 점점 인구가 불어났다. 거기서 어창의 우두머리인 아이웰 롱가르(Aiwel Longar)는 육지에서 살지 어떨지를 확인하러 갔다. 돌아온 롱가르는 "육지에는 짐승이 있고, 죽음도 병도 있다"라고 사람들에게 전하고 육지에 올라가는 것을 금했다. 그러나 강 속에서의 답답한 삶에 질려있던 사람들은 반란을 일으켜서 롱가르가 육지를 독점하려 하고 있다고 나무랐다. 롱가르는 물가에서 성스러운 창을 들고, 육지로 밀려오는 사람들과 대치했다. 최초에 지상으로 올라온 남자의 머리를 창으로 꿰뚫고, 남자를 육지의 짐승에게 먹였다. 그러나 롱가르의 조카인 아고스야티크

(Agothyathik)가 삼촌을 깔아 눌렀고, 사람들은 차례차례 육지로 올라왔다. 롱가르는 코브라나 사자로 모습을 바꾸어 아고스에게 덤벼들었지만, 아고스는 지지 않았다. 실은 어창의 장은 혈육의 아이를 상처 입혀서는 안 된다는 규약이 있었던 것이었다.

이리하여 강 속에는 아무도 살지 않게 되었고, 인간은 물속에서 살 수 없게 되어서 육지에서 한계가 있는 생명을 살게 되었다고 한다.

■ 인간을 만든 주오크

남수단의 실루크(Shilluk)족의 신화에는 주오크(Juok)라는 창조신이 등장한다. 주오크는 모래와 강물로 만든 진흙 덩어리에, 팔, 눈, 발을 붙여서 최초의 인간을 창조했다. 계속 수를 늘리기 위해, 생식기를 달았다고 한다.

모리셔스

■ 지구에서 사라진 도도새

도도새는 루이스 캐럴의 소설 『이상한 나라의 앨리스』에 등장하는 것으로 유명하다. 이 새는 현재 지구상의 어디에도 없다. 그러나 인도양에 떠 있는 모리셔스섬에는 과거에 실존했었다고 한다.

도도새는 작고 뚱뚱한 체형의 날 수 없는 새다. 그러나 천적이 없는 모리셔스섬에서는 몇 백만년 동안이나 숲속의 과일이나 씨를 주식으로 삼으며 느긋하게 살고 있었다. 그러나 16세기 말에 네덜란드인이 섬에 상륙하자 상황은 일변했다. 움직임이 느린 도도새는 인간의 표적이 되었고, 눈 깜짝할 사이에 전부 사냥당하고 말았다. 인간이 가지고 온 개나 고양이, 돼지 등에 의한 피해나 환경파괴도 있어서, 도도새는 첫 발견으로부터 100년도 되지 않아 멸종하고 말았다.

현재 도도새의 골격은 전 세계의 자연사 박물관에서 볼 수 있지만, 그 대부분이 레플리카이며, 제대로 된 전체 골격도 남아 있지 않다. 도도새에 대해 기록하던 사람이 아무도 없었기 때문이다. 생태계에 많은 수수께끼를 남긴 채로 도도새는 지구상에서 모습을 감추고 말았다.

모리타니

■ 사하라의 눈과 아틀란티스 대륙

아프리카 서부의 모리타니에는 이상한 지형이 존재한다. 사하라 사막에 있는 그 지형은 푸른색으로 빛나는 몇 겹의 고리 형태로 이루어져 있으며, 그 길이는 약 50킬로미터에 달한다. 그 지역에서는 '사하라의 눈', '아프리카의 눈' 등으로 불리고 있다. 너무 크기 때문에 우주까지 나가야 전모를 파악할 수 있으며, 위성으로 찍은 사진은 그야말로 지구의 눈처럼 보인다고 한다.

당초에는 운석의 충돌에 의한 것으로 여겨졌으나, 이후의 암석조사에 의해 운석 낙하로 생긴 크레이터가 아니라고 판단되었다. 현재는 지반의 융기 활동으로 이루어졌다는 설이 주류이며, 리차트 구조(Richat Structure)라고 불리고 있다.

자연물치고는 너무나도 깔끔한 원형인 사하라의 눈의 고리구조를 전설의 아틀란티스 대륙(자세한 것은 유럽·유럽 전역의 **아틀란티스 대륙은 실재하는가** 항목을 참조)과 관련짓는 주장도 있다. 플라톤이 『크리티아스(Critias)』에 기록한 내용에 의하면, 아틀란티스는 고리를 이룬 운하에 둘러싸인 띠 형태의 땅이었다고 한다. 어찌되었든, 사하라의 눈이 어째서 아름다운 고리 형태를 이루고 있는가는 여전히 수수께끼다.

모잠비크

■산고양이와 교활한 토끼

모잠비크에 전해지는, 토끼에게 속은 산고양이 이야기가 있다.

어느 곳에 사이좋게 함께 사는 토끼와 산고양이가 있었다. 두 마리는 함께 만든 밭에서 콩을 수확했다. 집에 돌아가서 콩을 찌고 있는데, 토끼가 용무가 있다고 말하며 밖으로 나갔다. 토끼는 밖에서 가죽을 벗어버리고 집에 돌아와 맨몸인 짐승인 척을 하며 "벌거숭이에게서 도망쳐라!"라고 큰 소리를 질렀다. 깜짝 놀란 산고양이가 집에서 도망치자, 토끼는 찌고 있던 콩을 혼자서 전부 먹어치웠다.

배가 가득 찬 토끼는 밖에 놔두었던 가죽을 다시 입고, 시치미를 떼며 집에 돌아왔다. 이미 집에 돌아와 있던 산고양이에게 "벌거숭이 짐승이 와서 도망쳤다. 콩도 그 녀석이 먹어버린 것 같다"라는 보고를 들었다. 이 일에 맛을 들인 토끼는 다시 콩을 찌고 있을 때에 같은 짓을 해서 다시 콩을 독차지했다.

어느 날, 콩을 찌고 있을 때에 토끼가 또 외출한 것이 신경 쓰인 산고양이는 토끼의 뒤를 밟았다. 토끼가 가죽을 벗는 순간을 목격하고 자신이 속았음을 안 산고양이는 토끼가 벗어버린 가죽 안에 갈대 씨앗을 집어넣었다.

한편, 콩을 먹어치운 토끼는 산고양이가 생각보다 빨리 집에 돌아와서 당황하며 가죽을 입기 위해 밖으로 도망쳤다. 토끼가 가죽을 입고 나니, 어째서인지 몸속이 아팠다. 울면서 집에 돌아온 토끼를 보고 산고양이는 "내가 너를 벌주기 위해 앙갚음을 했어"라고 말한다. 토끼는 화를 냈지만, 산고양이는 날카로운 발톱을 보이며 토끼 이상으로 화를 냈다. 이대로 산고양이를 화나게 만들면 밭에서 쫓겨나고 콩도 먹을 수 없게 될 거라고 생각한 토끼는 사죄한다. 두 사람은 사이좋은 두 마리로 돌아가서 콩을 절반씩 나눠먹게 되었다고 한다.

대자연이 펼쳐진 아프리카는 동물들이 등장하는 민화가 많다. 그 중에서도 토끼와 거북이, 거미는 똑똑한 동물로 그려지는 경우가 많은 듯하다. 말라위에도 비슷한 이야기가 있다. 자세한 것은 **가죽을 벗은 코끼리에게 속은 토끼** 항목을 참조.

■처음으로 일본에 온 아프리카인 야스케

최초로 일본에 찾아온 아프리카인은 모잠비크 출신의 흑인 남성이었다고 한다. 이 남성이 일본에 온 것은 전국시대의 한 복판인 1579년이다. 이탈리아인 선교사 알렉산드로 발리냐노(Alessandro Valignano)의 시찰에 동행해서 교토에 도착했다. 그때, 그를 보기 위해 많은 사람들이 몰려들었다고 한다.

1581년, 발리냐노가 오다 노부나가를 알현했을 때도 시종으로서 동행했다. 노부나가는 일본어를 하는 그 시종이 마음에 들어서 고용하기를 바랐고, 무사의 신분과 야스케(弥助)라는 이름을 주고 가신으로 삼았다고 한다. 노부나가는 야스케의 좋은 체격을 인정하여 함께 전쟁에 출진했다. 도쿠가와 이에야스의 가신이었던 마츠다이라 이에타다(松平家忠)가 남긴 일기에 의하면, 야스케의 신장은 약 182센티미터나 되었다고 한다. 또한 야스케는 아프리카나 인도에서 생활한 경험담을 말하거나, 스와힐리어로 된 서사시를 읊는 등, 싸움 이외에도 노부나가와 깊은 교류를 했다고 한다. 야스케는 처음으로 일본에 발을 들인 아프리카인이었을 뿐만 아니라, 처음으로 무사의 신분을 얻은 외국인 사무라이이기도 했다.

1582년의 혼노지의 변 때에도 야스케는 노부나가와 함께 절에 숙박하고 있었다. 일설에 의하면 노부나가의 할복을 거들었다고 한다. 그 후에 아케치 미츠히데 군에 붙잡혔으나 일본인이 아니었다는 이유로 처형을 면하고 추방되었다고 이야기되고 있다.

야스케의 기록이 남아있는 것은 1579년부터 1582년의 3년뿐이며 그 후의 소식은 알 수 없다. 야스케의 출신지인 모잠비크

섬에서는 칼을 '카타나'라고 발음하는 것에서, 야스케는 고향으로 돌아가서 일본어를 전한 것이 아닐까 하는 이야기도 있다.

2021년에는 동영상 서비스 Netflix에서 『YASUKE-야스케-』라는 이름으로 애니메이션화 되었다. 또 할리우드에서는 고 채드윅 모스먼 주연에 의한 영화화도 예정되어 있었다.

참고로 1582년, 유럽으로 향했던 큐슈의 텐쇼 유구소년사절단(天正 遣欧少年使節団)의 소년 4명이, 4년 후에 귀국할 때에 들렀던 곳이 모잠비크섬이었다. 그들은 아프리카에 처음으로 발을 들인 일본인으로서 기록되어 있다.

모로코

■ 고도(古都) 페즈의 탄생 비화

길이 복잡하게 얽힌 페즈(Fes)는 미로의 도시라고도 불린다. 과거에 왕도로서 번영했던 이 도시에 대한 전설이 있다.

이슬람교의 개조인 무함마드의 사위인 알리의 자손 이드리스 1세(Idris I)는, 8세기 말에 바그다드의 압바스 왕조에 반란을 일으키지만 패퇴하고 모로코로 망명한다. 그리고 예전부터 이 땅에 살고 있던 베르베르인에게 협력을 얻어, 모로코 최초의 이슬람왕조인 이드리스 왕조를 세웠다.

어느 날, 망명해온 이드리스 1세가 페즈강 근처를 걷고 있는데, 노인이 나타나서 "이 땅에는 페즈라는 도시가 있었는데 멸망해버렸다. 그러나 이드리스라는 남자가 나타나 도시를 재건할 것이다."라는 말을 은자에게 들었다고 이야기했다. 이것은 신에게 받은 사명이 틀림없다고 믿은 이드리스는 페즈를 정비해서 도시를 재건했다. 그리고 808년에 아들인 이드리스 2세에 의해 정식으로 페즈는 왕도가 되었다.

수도가 바뀐 지금도 모로코인에게 페즈는 특별한 도시이며, 페즈 출신인 자는 정치나 경제, 문화의 실권을 쥐고 있다고 한다.

페즈 엘 발리(Fes El-Bali, '아주 낡은 페즈'라는 뜻)라고 불리는 구 시가지는 당시의 분위기를 남긴 도시로 지금도 역사를 이어가고 있다.

■ 부즈니카의 하늘을 나는 물체

모로코의 해변 마을 부즈니카(Bouznika)에서 수수께끼의 비행물체가 목격되었다고 한다.

1954년, 차에 탄 남성이 부즈니카 근처를 지나던 중에 룸미러에 금속제 물체가 빛나는 것을 발견했다. 직후, 그것은 돌풍을 일으킬 정도의 속도로 차 옆을 스쳐지나갔다고 한다. 차를 세우고 남성이 밖을 쳐다보자, 물체는 먼 하늘로 사라져갔다고 한다.

같은 날 밤, 멀리 떨어진 코트디부아르에 있는 두 곳의 마을에서도 고속으로 움직이는 비행물체가 목격되었다. 결국 비행물체의 정체는 알 수 없었지만, UFO가 아닐까 하는 소문이 돌았다고 한다.

리비아

■ 성 게오르기우스의 용 퇴치

12세기경, 고대 로마의 게오르기우스(Georgius)라는 성인(聖人)이 용을 퇴치한 전설이 리비아에 남아있다. 실레나(Silene) 부근의 호수에 독을 토하는 무서운 용이 나타나, 사람들은 왕의 딸을 제물로 바쳐야만 하게 되었다. 그곳에 전 로마기사였던 청년 게오르기우스가 나타나서 용을 쓰러뜨리고 왕의 딸을 구했다. 왕국 사람들은 모두 기뻐했고 기독교로 개종했다고 전해지고 있다.

■ 수도 트리폴리의 어원과 렙티스 마그나

이집트의 서쪽, 아프리카 북부에 있는 리비아는 현재 치안 악화로 여행 금지 국가로 지정되어 있지만, 다섯 개의 세계유산을 지닌 명소가 많은 나라다. 옛날에는 페니키아인과 로마인에게 지배당했던 땅으로, 수도 트리폴리는 지중해의 해상무역으로 번영했던 페니키아인이 800년경에 건설한 도시가 원형이라고 한다. '트리폴리'의 어원은 그리스어의 '트리폴리스(세 개의 도시)'이며, 세 개의 도시란 오에아(Oea, 로마 제국에 지배당하던 때의 트리폴리의 옛 이름), 사브라타(Sabratha), 렙티스 마그나(Leptis Magna)를 말한다.

1921년, 3개의 도시 중 하나인 렙티스 마그나의 고대유적이 트리폴리의 동쪽에서 발견되었다. 약1200년이나 되는 세월동안 모래에 묻혀있었던 덕분에 보존상태가 아주 양호하다고 한다.

유적에서는 렙티스 마그나 출신의 로마 황제 세베루스(Septimius Severus)의 개선문을 시작으로, 트라야누스(Traianus)의 개선문, 아우구스투스의 극장, 하드리아누스(Hadrianus)의 목욕탕, 원형투기장, 시장 등이 발굴되고 있다. 현재는 유적 전체의 3분의 1밖에 발굴되지 않아서 고대 도시의 진정한 모습은 아직 모래 아래에 묻혀 있다.

라이베리아

■ 머리와 팔과 몸통과 발이 서로 도운 이야기

아프리카 서부의 라이베리아 북부에 사는 단(Dan)족 사람들 사이에서 이야기되고 있는 민화가 있다.

옛날에 외톨이인 '머리'가 있었는데, 혀가 닿는 범위의 음식만을 먹을 수 있었다. 머리는 벚나무에 열려 있는 앵두를 먹고 싶었지만 혀가 닿지 않았다. 그때, 벚나무 아래를 두 개의 '팔'이 지나갔다. 팔은 눈을 원했고 머리는 앵두까지 갈 팔을 원했으므로, 머리와 팔은 하나가 되기로 했다. 앵두를 먹은 머리와 팔이 낮잠을 자고 있는데 '몸통'이 찾아왔다. 몸통은 눈을 원했고 머리와 팔은 강을 건너고 싶었으므로 머리와 팔과 몸통은 하나가 되어, 힘을 합쳐서 강을 건넜다. 강을 건넌 곳에는 망고나무가 있었다. 머리와 팔과 몸통은 망고를 먹으려고 했지만, 도저히 나무 위까지 닿지 않았다. 낙심하고 있는데, 두 개의 '다리'가 지나갔다. 그래서 머리와 팔과 몸통은 하나가 되자고 다리에게 제안했다. 넷은 시행착오 끝에 제대로 붙어서 한 명의 인간이 되었다. 그리고 다리가 땅 위에 서고, 몸통이 등을 곧게 펴고, 팔이 나무 위를 향해 뻗어서 머리는 망고를 먹을 수 있었다고 한다.

르완다

■ 비틀거리는 세계를 계속 수복하는 이마나

르완다에 사는 바냐르완다(Banyarwanda)족들은 독특한 우주를 만들어내는 이마나(Imana)라는 창조주를 숭배하고 있다.

이마나는 오랜 시간 동안 죽음의 신과 계속 싸우고 있었다. 어느 날, 죽음의 신을 멀리 쫓기 위해 모든 생물에게 숨으라고 경고했는데, 한 노파가 정원 손질을 하려고 은신처에서 나왔다가 죽음의 신에게 발각되고 말았다. 죽음의 신은 노파의 스커트 안에 숨어서 이마나의 눈을 피하고, 노파의 목숨을 빼앗았다. 이마나는 노파를 되살리기 위해, 매장할 때에 땅에 큰 구멍을 뚫어놓으라고 노파의 친척에게 부탁했지만, 친척 중 한 사람이 노파를 미워하고 있었기 때문에 되살리지 못하도록 모든 구멍을 돌로 메워버렸다. 그 때문에 노파는 되살아나지 못했고, 이후 인간은 영원한 생명을 잃고 말았다.

죽음의 신이 이 이상 인간에게 간섭하지

않도록 이마나는 세계를 3개로 나누었다. 가장 위가 신의 세계, 가운데가 인간이 사는 대지, 가장 아래가 죽음의 신과 영혼의 나라다. 다만 그 우주는 3층으로 쌓은 접시와 접시 사이를 막대로 지탱하는 듯한 불안정한 상태였다. 이따금씩 죽음의 신은 막대를 타고 올라와 인간 세계로 다가가서 인간들의 발목을 쥐고 자기 나라로 끌어내렸다. 죽음의 신의 나라의 주민인 영혼이나 악마는 최근에 인간보다도 수가 늘었으며, 여전히 인간의 대지를 노리고 있다고 한다.

인간의 세계를 죽음의 신과 영혼, 악마에게 빼앗기지 않도록, 이마나는 쉴 새 없이 그들과 싸우면서 비틀거리는 우주를 계속 수복하고 있다고 한다. 아주 바쁜 이마나의 집중력이 조금이라도 끊어졌을 때, 우주의 구조는 완전히 붕괴하고 죽음의 신이 정복하는 시대가 찾아온다고 한다.

■축복의 춤 인토레 댄스

르완다에서는 집단으로 축하할 때에는 댄스를 빼놓을 수 없다고 한다. 다양한 댄스와 음악으로 영웅적인 행위를 연기하면서 칭찬한다는 인토레(Intore) 댄스라고 불리는 전통무용이다. 르완다 음악은 8분의 5박자 리듬이 특징으로, 큰북 연주자들에 의한 인고마(Ingoma)라는 큰북 소리에 맞춰서 긴 풀로 만든 가발을 쓰고 창을 손에 든 남성들이 춤을 선보인다.

인토레 댄스는 '영웅의 춤', '선택받은 자들'이라는 뜻을 지니며, 옛날에 전사들이 왕궁 앞에서 승리의 개선을 축하하기 위해 춘 춤이 기원이라고 한다.

레소토

■산이 되는 타바 보시우

사방이 남아프리카공화국으로 둘러싸인 레소토는 표고가 높아서 '천공의 왕국'이라 불리는 소국이다. 소토(Sotho)족에 의해 건국되어 '소토족(바소토, Basotho)의 나라'라는 말이 국명의 유래가 되었다.

수도 마세루(Maseru)에서 동쪽으로 10킬로미터 정도 떨어진 곳에 타바 보시우(Thaba Bosiu)라는 언덕이 있다. 타바 보시우란 소토족의 말로 '밤의 산'이라는 의미다. 낮에는 평범한 언덕이지만 밤이 되면 커다란 산이 된다는 전설이 있다. 초대 국왕인 모쇼에쇼에 1세(Moshoeshoe I)가 쌓은 중요한 요새가 있으며, 줄루족이나 영국군, 보어인들의 침입을 오랫동안 막아왔다. 밤에는 산이 된다는 전설도 적으로부터 자국을 지키기 위해 생겨났는지도 모른다. 현재는 관광지가 되었으며, 요새 터와 모쇼에쇼에 1세의 묘 등을 볼 수 있다.

아프리카 북동부

■괴물 뱀 아스프

아프리카 북동부에는 아스프(Asp)라고 불리는 괴물 뱀이 서식한다고 한다. 고대 로마의 플리니우스의 저서 『박물지』에 실려 있다.

겉모습은 코브라와 비슷하며, 민첩하게 움직인다고 한다. 토하는 숨결은 맹독이며, 시선을 나눈 자를 잠들게 하는 힘을 지녔다.

암컷과 수컷이 항상 함께 행동하는데, 만약 어느 한쪽이 살해당하면 복수를 이룰 때까지 원수를 집요하게 계속 추적한다고 한다. 무서운 생물이지만 어떠한 주문을 외면 조종할 수 있다고 한다.

고대 이집트의 여왕 클레오파트라는 아스피스(Aspis)라는 독사에게 자신을 물게 해서 자살했다고 전해지고 있다. 이 아스피스는 현재의 이집트 코브라를 가리키는 이름이라고 한다.

기타

태평양

■환상의 초대륙문명 무 대륙

무 대륙은 과거 1만5000년 전까지 영화를 누렸으나 천재지변에 의해 태평양 어딘가로 가라앉아버렸다는 환상의 대륙을 말한다. 아틀란티스, 레무리아와 마찬가지로 환상의 초고대문명이다. 각각의 자세한 것은 유럽·유럽 전역의 **아틀란티스 대륙은 실재하는가**, 아시아·아시아 전역의 **고대 대륙 레무리아** 항목을 참조.

무 대륙이 알려지게 된 계기는, 1886년에 프랑스의 성직자 샤를 에티엥 브라쇠르 데 부흐부흐그(Charles Étienne Brasseur de Bourbourg)가 고대 마야 문명의 서적을 해독할 때, 과거에 태평양에 존재했고 바다 속에 가라앉아 소멸한 '무(Mu)'라는 대륙에 대해 적혀있던 부분이 발견된 것이다. 이것이 아틀란티스의 소멸과 유사성이 있는 것에서 논문을 발표했다. 그 후 1926년에 미국의 작가 제임스 처치워드(James Churchward)가 『The Lost Continent of Mu: Motherland of Man』이라는 책을 발표했다. 그는 저서 안에서, 무 대륙은 태평양에 있던 넓은 대륙이었고 1만2000년 전에 불과 물의 소용돌이 속에 모습을 감췄다는 레무리아 대륙과 지리적인 유사점이 있다는 이론을 전개했다. 이 책을 계기로 무 대륙의 소문이 전 세계로 퍼져나갔다.

무 대륙이 있던 정확한 장소에 대해서는 다양한 의견이 있다. 무 대륙=레무리아 대륙이라는 설도 있으며, 마다가스카르 섬과 인도 남부와 말레이 반도를 합친 대륙이 있었다는 설. 일본 근교에 무 대륙이 있었다는 설. 그밖에 이스터 섬이나 난마돌(Nan Madol), 순다랜드(Sundaland)를 무 대륙으로 보는 설도 있다. 각각의 자세한 것은 태평양·이스터섬의 **모아이상의 원형은 거신병 마다?**, 태평양·미크로네시아의 **인공섬 난마돌과 무 대륙**, 아시아·태국의 **해저에 잠든 고대륙 순다랜드** 항목을 참조.

현재는 그 존재를 의문시하는 목소리도 있지만, 수수께끼의 베일에 싸인 무 대륙을 둘러싸고 지금도 뜨거운 논의가 이어지고 있다.

남극

■수수께끼의 생물 닝겐

남극에서 목격된 미확인 생물로 '닝겐(ニンゲン, 또는 히토가타[ヒトガタ])'라고 불리고 있다. 2002년에 인터넷상에서 이야기되기 시작했다. 또한 1958년에 일본의 남

극관측선이 목격한 남극 고질라도 이것과 같은 것이 아닐까 하는 이야기가 있으며, 이후 타국의 배에서도 목격되었다고 한다.

전신이 새하얗고 크기는 20~30미터에 인간처럼 머리나 팔다리가 달려있는 것이 특징이다. 머리는 둥글며 얼굴에는 눈과 입은 있지만 코와 귀가 없다고 한다. 공격해오지는 않으나 다가가면 도망쳐버리는 것을 보면 경계심이 강한 듯하다. 2011년에는 닝겐이라 생각되는 생물이 촬영되어 화제가 되었다.

알려지지 않은 부분이 많은 남극의 신종 생물이 있어도 이상하지 않지만, 고래의 일종이 아니냐는 설도 있다.

북극

■ 지저세계 아르자렛

아르자렛(Arzareth)이란 성서 외경에 등장하는 지명이다. 구약성서에 기록되어 있는, 행방불명된 이스라엘의 10개 부족 (자세한 것은 중동·이스라엘의 **사라진 이스라엘의 10개 부족** 항목을 참조)이 도착한 곳으로 여겨지고 있다. 아르자렛은 실크로드의 어딘가에 있는 마을이라고 이야기되고 있지만, 자세한 장소는 설명되어 있지 않다.

일설에 의하면 아르자렛이란 지저세계이며 그 입구가 북극권에 있다고 한다. 그러나 섭씨 1500도를 넘는 맨틀에 생명체가 서식하는 것은 도저히 불가능하므로, 지구 내부의 지자기가 생성한 플라즈마에 의해 발생한 아공간에 떠있는 천체가 아르자렛이라는 설도 있다. 그래서 지자기가 강한 북극권에 출입구가 있다는 주장이다.

그 밖에는 아르자렛이 아가르타나 샴발라를 말한다는 설도 있다. 각각의 자세한 것은 아시아·스리랑카의 **지저왕국 아가르타의 전설**, 아시아·티베트의 **지저왕국 아가르타와 포탈라 궁전, 이상향 샴발라** 항목을 참조.

어느 설이나 가설의 영역을 넘지 않는 것이지만, 지구 내부라는 인류에게 남겨진 얼마 없는 미개척지에야말로 환상으로 여겨져 온 세계가 존재할지도 모른다.

04 column 영웅전설의 이면의 주인공

세계에는 수많은 영웅전설이 있지만, 그것들을 이야기하는 데 빼놓을 수 없는 요소 중 하나가 괴물이다. 그들은 이야기의 분위기를 끌어올림과 함께, 그것 자체가 매력적인 존재다.

예를 들면 그리스 신화의 영웅 헤라클레스는 에우리스테우스(Eurysteus)라는 왕이 부여한 12개의 시련에 도전하여, 날붙이가 통하지 않는 강인한 피부를 지닌 네메아의 사자, 건드린 것만으로도 타인을 절명시키는 독을 지닌 히드라, 지옥의 파수견인 케르베로스라는 괴물과 싸운 전설이 잘 알려져 있다.

마찬가지로 그리스 신화의 페르세우스는 뱀의 머리카락을 지니고 보는 자를 돌로 바꿔버리는 괴물인 메두사와 싸운 것으로 유명하다.

또한 영국에서 태어난 아서왕의 이야기에도 울부짖는 짐승이나 괴물고양이 캐스팔루그라 불리는 괴물들이 등장해서 아서왕이나 원탁의 기사들과 싸운다. 중국의 전설상의 왕 중 한 명인 황제(黃帝)도 이매망량을 조종하는 괴물 치우(蚩尤)와 싸우고 승리한 이야기가 남아있다. 세계 최고의 문학작품이라고 이야기 되는 고대 메소포타미아의 『길가메시 서사시』에서도 주인공 길가메시와 그 친구 엔키두는 태양신인 샤마쉬(Shamash)의 가호를 받아, 함께 괴물 훔바바와 싸우고 쓰러뜨린다.

이처럼 영웅들의 이야기에는 입장을 달리하는 괴물들의 존재가 있다. 그런 괴물들에도 눈을 돌려보는 것은 어떨까?

색인

이 색인은 본서에 수록된 모든 전설을
가나다순으로 배열했다.

【가】

【나】

【다】

【라】

【마】

【바】

【사】

【아】

【자】

【차】

【카】

【타】

【파】

【하】

【영숫자】

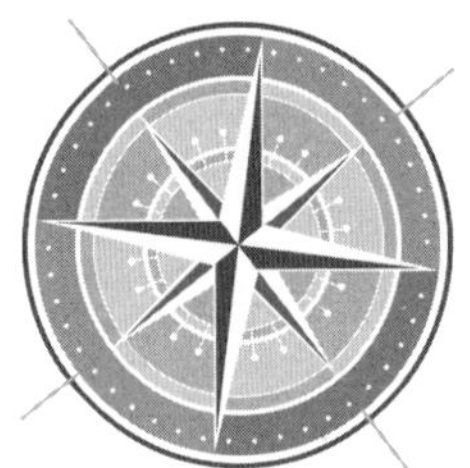

장르별 색인

이 색인은 본서에 수록된 모든 전설을
장르별로 배열했다.

【전설·민화】

▼어느 시대의 특정 장소에서 일어난 사실로서
각국·각 지역에 널리 알려진 이야기.

【신화】

▼각국 · 각 지역의 신들에 관련된 전설.

【행사】

▼각국 · 각 지역에 전해지는 행사에 관한 전설.

【이면의 역사·사건】

▼정사에서 제외된 역사, 혹은 사건에 관한 전설

【유적 · 미스터리 스팟】

▼유적이나 미스터리 스팟 등,
장소와 깊은 연관이 있는 이야기.

【유물·오파츠】

▼각국 · 각 지역에 전해지는 불가사의나 유물이나 오파츠(그 시대의 기술력을 초월한 유물)에 관련된 이야기.

【요괴·괴담】

▼요괴를 주인공으로 이야기되는 전설이나 유령 등의 괴담

【UFO·우주인】

▼각국·각 지역에 전해지는 UFO나 우주인에 관련된 이야기.

【미확인생물(UMA)】

▼목격정보는 있지만 실재가 확인되지 않은 미확인생물에 관련된 전설.

【숨겨진 보물】

▼황금향 엘도라도 등의
숨겨진 보물이나 황금에 관련된 전설

맺음말

이번에 이 책을 선택해주셔서 진심으로 감사드립니다.

이 책은『일본괴이전설사전』에 이어서 세계 각지의 전설, 민화, 구전, 신화, 역사적 사실 등을 나라와 지역별로 정리한 것입니다.

세계라고 하는 넓은 필드에 흩어진 전설을 수집해나가는 동안, 새로운 많은 발견과 놀라움이 있었습니다. 우리의 상식에서 보면 이상한 것도 믿기지 않는 것도 있었습니다만, 알면 알수록 그 나라의 문화나 역사를 좀 더 많이 접하고 싶어졌습니다.

세계에는 정말로 많은 나라가 있고 각 지역마다 독자적인 문화나 역사가 있다는 것을 새삼 깨달았습니다.

하나하나의 전설과 구전, 우화 뒤에는 하나하나의 나라와 지역의 문화가 있으며, 헤아릴 수 없을 정도로 많은 사람이 있고 역사가 새겨져 있습니다. 세계를 무대로 한 전설과 다시 한 번 마주함으로써 전 세계의 뉴스가 이전보다 더욱 가까이 다가오는 것처럼 느껴졌습니다.

모든 나라와 지역의 전설을 폭넓게 수집하고 싶었습니다만, 유감스럽게도 한 가지밖에 실을 수 없었던 나라도 많았습니다. 세계라는 넓은 무대에서 충분히 모으지 못했다는 아쉬움이 큽니다.

'누구나 알고 있듯이, 아무 소용없고 엉뚱한 지식에는 일종의 나른한 즐거움이 있다'(『상상 동물 이야기』 호르헤 루이스 보르헤스[Jorge Luis Borges] 야나세 나오키 역, 쇼분샤)

이 책의 첫 항목인 '아 바오 아 쿠'가 소개되어 있는『상상 동물 이야기』라는 책 서문에, 아르헨티나의 작가 호르헤 루이스 보르헤스가 이와 같은 말을 남겼습니다. 앞으로도 새로운 '나른한 즐거움'과의 만남을 기대하며 조사해나가고 싶습니다.

세계에는 많은 전설과 구전이 있습니다. 이 사전에 수록되어 있는 것은 극히 일부입니다. 이 책이 전 세계에 흩어져있는 수많은 전설들을 찾거나, 실제로 만나는 계기가 되었으면 좋겠습니다.

다시 한 번, 과거의 책의 인연으로 연락해주신 아사자토 이츠키 선생님. 선생님의 소개 없이는『일본괴이전설사전』에 이어 이렇게 멋진 기회는 없었을 것입니다. 집필 중에도 많은 어드바이스나 아이디어와 함께 아낌없이 격려해 주셔서 정말로 감사했습니다.

편집을 담당해주신 카사마쇼인의 야마구치 아키히로님, 오오하라 아키카님, 제작부 여러분. 지난번에 이어 커버 일러스트를 장식해주신 시라이 타쿠미님. 디자인을 담당해주신 호소야마다 디자인 사무소 여러분. 이 책에 관여해주신 모든 분들에게, 이 자리를 빌려 깊은 감사의 말씀을 드립니다. 그리고 이 책을 선택해 주신 모든 여러분에게 진심으로 감사를 드립니다.

에이토에후

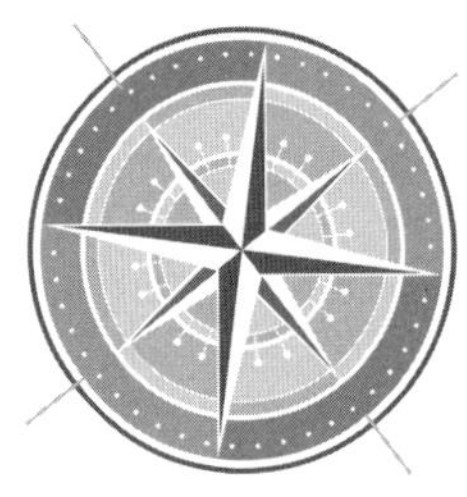

참고자료

●아이린 니콜슨 저 · 마츠다 유키오 역『마야 · 아즈텍의 신화』1992년, 세이도샤
●아오키 아키라 저『수도사와 미켈란젤로와 시스티나의 어둠』2001년, 일본테레비방송망
●아사자토 이츠키 감수『1일 1화, 나도 모르게 읽고 싶어지는 세계의 미스터리와 괴이 366』2021년, 토쿠마쇼텐
●아사자토 이츠키 저『세계현대괴이사전』2020년, 카사마쇼인
●아사자토 이츠키 감수『대박력! 세계의 도시전설 대백과』2020년, 세이토샤
●아마노 미치히로 감수『대박력! 세계의 UMA 미확인생물 대백과』2016년, 세이토샤
●아라마타 히로시 저『유럽 호러&판타지·가이드 마녀와 요정의 여행』2002년, 코단샤
●이케다 마키코 저『오스트레일리아 선주민 애보리지니의 옛날이야기』2002년, 신도쿠쇼샤
●이케다 리요코 저『리히텐슈타인 이야기』2012년, 미디어펄
●이즈미 야스나리 저『세계신비대전』2004년, 각켄플러스
●이즈모 아키코 편저『별의 문화사 사전』2019년, 하쿠스이샤
●『가보고 싶은 세계의 성지』2018년, 자유국민사
●이나다 코지 저『세계 옛날이야기 핸드북』2004년, 산세이도
●『지금의 과학으로 여기까지 알아낸 세계의 수수께끼 99』2018년, 닛케이내셔널지오그래픽사
●이바나 블리치=마주라니치 저 · 야마모토 이쿠코 역『옛날옛날 이야기』2010년, 후지보인터내셔널
●우에 아키코 편저 · 아베 카이타 그림『시작이 보이는 세계의 신화』2018년, 쇼겐샤
●원=디 페이 & 마가렛. H. 리퍼트 재화(再話) · 줄리 패치키스 그림 · 사쿠마 유미코 역

『자, 이거면 충분해! 라이베리아 민화』2006, 아톤
●에가와 스구루 저『세계의 고사 명언 속담 총해설』2017년, 자유국민사
●에드워드 브룩=히칭 저 · 세키타니 후유카 역『세계를 어지럽힌 지도』2017년, 닛케이 내셔널지오그래픽사
●에피소드로 읽는 세계의 나라 편집위원회 저『2021→2022 에피소드로 읽는 세계의 나라 243』2021년, 야마카와출판사
●오가와 토시오 저『세계의 민화 16, 31, 34』1999년, 1985년, 1985년, 교세이
●오스만 상콘 저 · 카지아유타 일러스트『상콘의 비장의 아프리카 옛날 이야기 2』1989년, 킨노호시샤
●카이후 노리오 감수 · 카키타 노리코, 야마모토 테루코 역 · '아시아의 별' 국제편집위원회 편『아시아의 별 이야기』2014년, 만요샤
●카타노 유, 스가이 노리코 저『유럽의 도시전설——역사와 전승이 숨쉬는 13화』2021년, 쇼덴샤
●카나세키 히사오 저『아메리카 인디언의 구승시 마법으로서의 말』2000년, 헤이본샤
●카미야 미츠히코 감수『나스카의 지상화부터 에어리어 51까지! 세계의 초7대 미스터리 최신연구로 알게 된 충격의 진실』2020년, 타카라지마샤
●카미유 역사편집부 저『제로부터 알 수 있는 중국신화·전설』2019년, 이스트프레스
●캐서린 아노트 채록 · 코무로 테루마사 역『아프리카 신화와 전설』2017년, 도쿄도서출판
●디 쿠이후 편역『중국소수민족의 옛날 이야기』1998년, 큐류도
●쿠라모치 후미야 감수『신화로 찾아가는 세계유산』2015년, 나츠메샤
●글로리아 S. 사이슨 · 후지시마 우사쿠 저『필리핀 도연초 삼파기타 그대여 아는가, 남쪽 나라를』1990년, 카와이출판
●쿤장 초덴 저 · 이마에다 요시로, 코이데 키요코 역『부탄의 민화와 전설』1998년, 하쿠스이샤
●환상세계를 걷는 모임 저 · 스튜디오 에클레어 편『환상세계 환수사전』2011년, 카사쿠라출판사
●코우노 로쿠로 저『중국·동남아시아의 민화(세계민화의 여행)』1979년, 사·에·라쇼보
●콜랑 드 플랑시 저 · 토코나베 츠요히코 역『지옥의 사전』1997년, 코단샤
●콜린 윌슨, 데이먼 윌슨 저 · 세키구치 아츠시 역『세계 불가사의 백과 총집편』2009

년, 세이도샤
●사토 켄지 저 · 아베 유이 일러스트 『세계 불가사의 지도』 2017년, 아사히신문출판
●사빈 베어링 굴드 저 · 이케가미 준이치 감수 · 무라타 아야코, 사토 리호, 우치다 쿠미코 역 『유럽을 방황하는 기묘한 이야기 중세의 환상 · 신화 · 전설(상/하)』 2007년, 카시와쇼보
●사라 바틀렛 저 · 오오타 나오코 역 『신화와 전설 바이블』 2009년, 가이아북스
●사라 바틀렛 저 · 이와나미 유코 역 『세계의 전설과 신비 도감』 2015년, 엑스 널리지
●제이콥 J. 아콜 저 · 크리스틴 아쿠부 그림 · 콘마 토오루 역 『사자의 포효가 울려 퍼지는 밤의 화로에서 남수단, 딩카의 옛날이야기』 2010년, 세이가쇼보
●제프리 패린더 저 · 마츠다 유키오 역 『아프리카신화』 1991년, 세이도샤
●시부카와 이쿠요시 편 『세계 신비 원더 라이프 50』 2012년, 카와데쇼보신샤
●샬롯 게스트 저 · 앨런 리 삽화 · 이츠지 아케미 역 『마비노기온 켈트 신화이야기 샬롯 게스트판』 2003년, 하라쇼보
●존&앤 스펜서 저 · 카네코 히로시 역 『세계의 수수께끼와 신비 백과』 1997년, 후소샤
●존&앤 스펜서 저 · 키류 미사오 역 『세계 괴이 현상 백과』 1999년, 하라쇼보
●스기하라 리에코 역 『가장 알기 쉬운 북유럽 신화』 2013년, 지츠교노니혼샤
●스도 켄이치 감수 『그거 일본하고 반대!? 문화의 차이 습관의 차이』 2012년, 각켄 플러스
●『세계의 사건 파일 봉인된 진상과 영원한 미스터리』 2008년, 신진부츠오라이샤
●『세계의 신비한 이야기』 1979년, 일본리더스다이제스트사
●『세계 미해결 사건 어둠에 묻힌 수수께끼와 진상』 2006년, 신진부츠오라이샤
●소마데바 저 · 카미무라 카츠히코 역 『시귀 25화 인도 전기집』 1978년, 헤이본샤
●타케나가 에리 그림 『세계의 축제』 2017년, 카와데쇼보신샤
●다니엘 코엔 저 · 오카 타츠코 역 『세계 수수께끼 이야기』 1990년, 사회사상사
●다니엘 스미스 저 · 오노 토모코, 카타야마 미카코 역 『절대로 밝혀지지 않는 세계의 미해결 파일99』 2015년, 『절대로 갈 수 없는 세계의 미공개 구역 99』 2014년, 『절대로 볼 수 없는 세계의 비보 99』 2015년, 닛케이내셔널지오그래픽사
●지구를 걷는 법 편집실 편집 『세계의 매력적인 기암과 거석 139선』 2021년, 각켄플러스
●지구를 걷는 법 편집실 편집 『세계 197개국의 신비한 성지&파워스팟』 2021년, 각켄플러스

●지구를 걷는 법 편집실 편집『지구를 걷는 법』시리즈
●마에노 나오키 역『중국고전문학전집 6 육조 · 당 · 송 소설집』1959년, 헤이본샤
●츠지하라 야스오 감수『신판 국기와 국명 유래도전』2014년, 데마도샤
●츠지하라 야스오 감수『일본과 세계의 축제』2016년, 쇼가쿠칸
●데이비드 리밍, 마가렛 리밍 저 · 마츠우라 슌스케 역『창조신화의 사전』1998년, 세이도샤
●테레사 무리 저 · 오바마 하루카 역『요정 바이블』2008년, 가이아북스
●텐지쿠 키탄 저『가장 알기 쉬운 인도 신화』2019년, 지츠교노니혼샤
●『전설의 수수께끼』2019년, 닛케이내셔널지오그래픽사
●도연명 저 · 마츠에다 시게오 역『도연명 전집(下)』1990년, 이와나미쇼텐
●나카지마 히데하루, 멜라니아 바그다사리안 저『아르메니아를 알기 위한 65장』2009년, 아카시쇼텐
●내셔널 지오그래픽 편『하늘에서 본 아름다운 세계』2014년, 닛케이내셔널지오그래픽사
●『내셔널 지오그래픽 2012년 10월호』2012년, 닛케이 내셔널 지오그래픽사
●나미키 신이치로 저『최강의 도시전설 1, 2』2007년, 2008년, 케이자이카이
●나미키 신이치로 저『최신 금단의 이차원 사건』2014년, 각켄 플러스
●나미키 신이치로 저『세계의 초상생물 미스터리』2013년, 각켄 플러스
●나미키 신이치로 저『MU 적 이계의 7대 불가사의』2018년, 각켄 플러스
●나미키 신이치로 저『MU 적 도시유적』2015년, 각켄 플러스
●나미키 신이치로 저『MU 적 세계의 신 7대 불가사의』2017년, 각켄 플러스
●나미키 신이치로 저『MU 적 도시전설』2015년, 각켄 플러스
●나미키 신이치로 저『MU 적 미해결 사건』2016년, 각켄 플러스
●나미키 신이치로 저『MU 인정 경이의 초상현상』2019년, 각켄 플러스
●나미키 신이치로 저『MU 인정 신비의 고대유산』2019년, 각켄 플러스
●일본민화의 모임, 외국민화연구회 편역『세계의 개의 민화』,『세계의 고양이의 민화』2017년, 치쿠마쇼보
●일본민화의 모임 편『가이드북 세계의 민화』1988년, 코단샤
●일본민화의 모임 편『결정판 세계의 민화사전』2002년, 코단샤
●노미야 마미, 무서운 이야기 연구회 저『세계에 전해지는 정말로 무서운 이야기 상권·

하권』 2019년, 리론샤
●하가 히데오 감수 『세계의 축제 대도감』 2006년, PHP연구소
●하세가와 아키라 저 『인도 신화 입문』 1987년, 신초샤
●피터 헤이닝 저 · 아베 히데노리 역 『세계 영계 전승 사전』 1995년, 카시와쇼보
●황패강 저 · 송귀영 역 『한국의 신화·전설』 1991년, 토호쇼텐
●필립 윌킨슨 저 · 하야시 호리에, 이이하라 히로미 역 『세계의 신화 대도감』 2021년, 산세이도
●필립 윌킨슨 편 · 이츠지 아케미 감수 · 오오야마 아키라 역 『세계의 신화전설 도감』 2020년, 하라쇼보
●필립 윌킨슨 저 · 마츠무라 카즈오 감수 『세계의 신화와 영웅 대도감』 2020년, 카와데쇼보신샤
●브라이언 인즈 저 · 오오시마 사토코 역 『세계의 유령출현록』 2021년, 닛케이내셔널지오그래픽사
●브렌다 로젠 저 · 나카타니 유키코 역 『요괴 바이블』 2009년, 가이아북스
●헤로도토스 저 · 마츠다이라 치아키 역 『역사(中)』 1972년, 이와나미쇼텐
●포송령 저 · 타츠마 쇼스케 역 『요재지이(상·하)』 1997년, 이와나미쇼텐
●호소노 아키오, 타나카 타케시 편저 『엘살바도르를 알기 위한 55장』 2010년, 아카시쇼텐
●마틴 J. 도허티 저 · 이노우에 히로미 역 『인도 신화 이야기 백과』 2021년, 하라쇼보
●마에노 나오아키 저 『당대전기집』 1963년, 헤이본샤
●마츠우라 토모히사 편역 『이백 시선』 1997, 이와나미쇼텐
●마츠시타 나오히로 저 『중남미 전설의 여행 태양의 아들들』 1991년, 카덴샤
●마츠무라 카즈오 감수 『알면 알수록 재미있는 그리스 신화』 2012년, 지츠교노니혼샤
●마츠무라 타케오 편 『세계 신화전설대계 15, 21』 1979년, 1980년, 명저보급회
●마츠무라 타케오 · 나카무라 료헤이 편 『세계 신화전설 대계 11 중국·대만의 신화전설』 1979년, 명저보급회
●미즈키 시게루 저 『저 세상의 사전』 1989년, 치쿠마 쇼보
●미즈키 시게루 저 『속 세계요괴사전』 2000년, 도쿄도출판
●미즈키 시게루 저 『미즈키 시게루의 세계환수사전』 1994년, 아사히신문사
●미하라 유키히사 편역 『라틴 아메리카 민화집』 2019년, 이와나미쇼텐

●미무라 세이코 저『세계 마법사 화보』2019년, 국서간행회
●MU 편집부 편『MU 2019년 10월호』2019년, 각켄 플러스
●무타구치 요시로 저『석유에 뜬 나라 쿠웨이트의 역사와 현실』1965년, 중앙공론신사
●모리데 쥰 저 · 타케나가 에리 일러스트『쉽게 풀어내는 하와이 신화』2020년, 필름아트사
●모리 미요코 저『세계의 역사 미스터리 27의 진실』2011, 신진부츠오라이샤
●야자키 겐쿠로 편『아이에게 들려줄 수 있는 세계의 민화』1988년, 지츠교노니혼샤
●야마구치 빈타로 저『대박력! 세계의 요괴대백과』2015년, 세이토샤
●요시다 아츠히코 저『세계의 신화전설 총해설』2002년 자유국민사
●레이첼 워렌 채드, 메리안 테일러 저 · 우에다 케이스케 감수 · 프레시 나비코, 휴가 야요이 역『세계의 아름다운 새의 신화와 전설』2017년, 엑스 널리지
●역사 잡학 연구 구락구 편『비주얼판 세계의 신들과 신화 사전』2016년, 각켄 플러스
●역사 잡학 탐구 구락부 편『세계의 황금전설 FILE』2013년, 각켄 플러스
●E. 리드 로스 저 · 코가네 테루히코 역『세계의 특이한 관습과 축제』2021년, 하라쇼보
●M. 자두나이스카 재화(再話) · B. 샤투노프 그림 · 미야카와 야스에 역『바다의 여왕과 마법의 스카프 에스토니아의 민화』1991년, 이와사키쇼텐
●W. Y. 에반스 벤츠 편 · 카토 치아키, 스즈키 토모코 역『티베트 밀교의 시조 파드마삼바바의 생애』2000년, 슌주샤

●일본 외무성 https://www.mofa.go.jp/mofaj/
●재팬 널리지 https://japanknowledge.com/

※그 외, 관공서 홈페이지, 각국의 관광국이나 관광 사이트, 신문, 잡지 사이트 등을 참조했습니다.

세계 괴이 사전 -전설편-

초판 1쇄 인쇄 2024년 2월 10일
초판 1쇄 발행 2024년 2월 15일

감수 : 아사자토 이츠키
저자 : 에이토에후
번역 : 현정수

펴낸이 : 이동섭
편집 : 이민규
디자인 : 조세연
영업 · 마케팅 : 송정환, 조정훈, 김려홍
e-BOOK : 홍인표, 최정수, 서찬웅, 김은혜, 정희철
관리 : 이윤미

㈜에이케이커뮤니케이션즈
등록 1996년 7월 9일(제302-1996-00026호)
주소 : 04002 서울 마포구 동교로 17안길 28, 2층
TEL : 02-702-7963~5 FAX : 02-702-7988
http://www.amusementkorea.co.kr

ISBN 979-11-274-7168-2 03900

창작을 위한 아이디어 자료

AK 트리비아 시리즈

-AK TRIVIA BOOK

No. 01 **도해 근접무기**
오나미 아츠시 지음 | 이창협 옮김
검, 도끼, 창, 곤봉, 활 등 냉병기에 대한 개설

No. 02 **도해 크툴루 신화**
모리세 료 지음 | AK커뮤니케이션즈 편집부 옮김
우주적 공포인 크툴루 신화의 과거와 현재

No. 03 **도해 메이드**
이케가미 료타 지음 | 코트랜스 인터내셔널 옮김
영국 빅토리아 시대에 실존했던 메이드의 삶

No. 04 **도해 연금술**
쿠사노 타쿠미 지음 | 코트랜스 인터내셔널 옮김
'진리'를 위해 모든 것을 바친 이들의 기록

No. 05 **도해 핸드웨폰**
오나미 아츠시 지음 | 이창협 옮김
권총, 기관총, 머신건 등 개인 화기의 모든 것

No. 06 **도해 전국무장**
이케가미 료타 지음 | 이재경 옮김
무장들의 활약상, 전국시대의 일상과 생활

No. 07 **도해 전투기**
가와노 요시유키 지음 | 문우성 옮김
인류의 전쟁사를 바꾸어놓은 전투기를 상세 소개

No. 08 **도해 특수경찰**
모리 모토사다 지음 | 이재경 옮김
실제 SWAT 교관 출신의 저자가 소개하는 특수경찰

No. 09 **도해 전차**
오나미 아츠시 지음 | 문우성 옮김
지상전의 지배자이자 절대 강자 전차의 힘과 전술

No. 10 **도해 헤비암즈**
오나미 아츠시 지음 | 이재경 옮김
무반동총, 대전차 로켓 등의 압도적인 화력

No. 11 **도해 밀리터리 아이템**
오나미 아츠시 지음 | 이재경 옮김
군대에서 쓰이는 군장 용품을 완벽 해설

No. 12 **도해 악마학**
쿠사노 타쿠미 지음 | 김문광 옮김
악마학 발전 과정을 한눈에 알아볼 수 있게 구성

No. 13 **도해 북유럽 신화**
이케가미 료타 지음 | 김문광 옮김
북유럽 신화 세계관의 탄생부터 라그나로크까지

No. 14 **도해 군함**
다카하라 나루미 외 1인 지음 | 문우성 옮김
20세기 전함부터 항모, 전략 원잠까지 해설

No. 15 **도해 제3제국**
모리세 료 외 1인 지음 | 문우성 옮김
아돌프 히틀러 통치하의 독일 제3제국 개론서

No. 16 **도해 근대마술**
하니 레이 지음 | AK커뮤니케이션즈 편집부 옮김
마술의 종류와 개념, 마술사, 단체 등 심층 해설

No. 17 **도해 우주선**
모리세 료 외 1인 지음 | 이재경 옮김
우주선의 태동부터 발사, 비행 원리 등의 발전 과정

No. 18 **도해 고대병기**
미즈노 히로키 지음 | 이재경 옮김
고대병기 탄생 배경과 활약상, 계보, 작동 원리 해설

No. 19 **도해 UFO**
사쿠라이 신타로 지음 | 서형주 옮김
세계를 떠들썩하게 만든 UFO 사건 및 지식

No. 20 **도해 식문화의 역사**
다카하라 나루미 지음 | 채다인 옮김
중세 유럽을 중심으로, 음식문화의 변화를 설명

No. 21 **도해 문장**
신노 케이 지음 | 기미정 옮김
역사와 문화의 시대적 상징물, 문장의 발전 과정

No. 22 **도해 게임이론**
와타나베 타카히로 지음 | 기미정 옮김
알기 쉽고 현실에 적용할 수 있는 입문서

No. 23 **도해 단위의 사전**
호시다 타다히코 지음 | 문우성 옮김
세계를 바라보고, 규정하는 기준이 되는 단위

No. 24 **도해 켈트 신화**
이케가미 료타 지음 | 곽형준 옮김
켈트 신화의 세계관 및 전설의 주요 인물 소개

No. 25 **도해 항공모함**
노가미 아키토 외 1인 지음 | 오광웅 옮김
군사력의 상징이자 군사기술의 결정체, 항공모함

No. 26 **도해 위스키**
츠치야 마모루 지음 | 기미정 옮김
위스키의 맛을 한층 돋워주는 필수 지식이 가득

No. 27 **도해 특수부대**
오나미 아츠시 지음 | 오광웅 옮김
전장의 스페셜리스트 특수부대의 모든 것

No. 28 **도해 서양화**
다나카 쿠미코 지음 | 김상호 옮김
시대를 넘어 사랑받는 명작 84점을 해설

No. 29 **도해 갑자기 그림을 잘 그리게 되는 법**
나카야마 시게노부 지음 | 이연희 옮김
멋진 일러스트를 위한 투시와 원근법 초간단 스킬

No. 30 **도해 사케**
키미지마 사토시 지음 | 기미정 옮김
사케의 맛을 한층 더 즐길 수 있는 모든 지식

No. 31 **도해 흑마술**
쿠사노 타쿠미 지음 | 곽형준 옮김
역사 속에 실존했던 흑마술을 총망라

No. 32 **도해 현대 지상전**
모리 모토사다 지음 | 정은택 옮김
현대 지상전의 최첨단 장비와 전략, 전술

No. 33 **도해 건파이트**
오나미 아츠시 지음 | 송명규 옮김
영화 등에서 볼 수 있는 건 액션의 핵심 지식

No. 34 **도해 마술의 역사**
쿠사노 타쿠미 지음 | 김진아 옮김
마술의 발생시기와 장소, 변모 등 역사와 개요

No. 35 **도해 군용 차량**
노가미 아키토 지음 | 오광웅 옮김
맡은 임무에 맞추어 고안된 군용 차량의 세계

No. 36 **도해 첩보·정찰 장비**
사카모토 아키라 지음 | 문성호 옮김
승리의 열쇠 정보! 첩보원들의 특수장비 설명

No. 37 **도해 세계의 잠수함**
사카모토 아키라 지음 | 류재학 옮김
바다를 지배하는 침묵의 자객, 잠수함을 철저 해부

No. 38 **도해 무녀**
토키타 유스케 지음 | 송명규 옮김
한국의 무당을 비롯한 세계의 샤머니즘과 각종 종교

No. 39 도해 세계의 미사일 로켓 병기
사카모토 아키라 | 유병준·김성훈 옮김
ICBM과 THAAD까지 미사일의 모든 것을 해설

No. 40 독과 약의 세계사
후나야마 신지 지음 | 진정숙 옮김
독과 약의 역사, 그리고 우리 생활과의 관계

No. 41 영국 메이드의 일상
무라카미 리코 지음 | 조아라 옮김
빅토리아 시대의 아이콘 메이드의 일과 생활

No. 42 영국 집사의 일상
무라카미 리코 지음 | 기미정 옮김
집사로 대표되는 남성 상급 사용인의 모든 것

No. 43 중세 유럽의 생활
가와하라 아쓰시 외 1인 지음 | 남지연 옮김
중세의 신분 중 「일하는 자」의 일상생활

No. 44 세계의 군복
사카모토 아키라 지음 | 진정숙 옮김
형태와 기능미가 절묘하게 융합된 군복의 매력

No. 45 세계의 보병장비
사카모토 아키라 지음 | 이상언 옮김
군에 있어 가장 기본이 되는 보병이 지닌 장비

No. 46 해적의 세계사
모모이 지로 지음 | 김효진 옮김
다양한 해적들이 세계사에 남긴 발자취

No. 47 닌자의 세계
야마키타 아츠시 지음 | 송명규 옮김
온갖 지혜를 짜낸 닌자의 궁극의 도구와 인술

No. 48 스나이퍼
오나미 아츠시 지음 | 이상언 옮김
스나이퍼의 다양한 장비와 고도의 테크닉

No. 49 중세 유럽의 문화
이케가미 쇼타 지음 | 이은수 옮김
중세 세계관을 이루는 요소들과 실제 생활

No. 50 기사의 세계
이케가미 슌이치 지음 | 남지연 옮김
기사의 탄생에서 몰락까지, 파헤치는 역사의 드라마

No. 51 영국 사교계 가이드
무라카미 리코 지음 | 문성호 옮김
빅토리아 시대 중류 여성들의 사교 생활

No. 52 중세 유럽의 성채 도시
가이하쓰샤 지음 | 김진희 옮김
궁극적인 기능미의 집약체였던 성채 도시

No. 53 마도서의 세계
쿠사노 타쿠미 지음 | 남지연 옮김
천사와 악마의 영혼을 소환하는 마도서의 비밀

No. 54 영국의 주택
야마다 카요코 외 지음 | 문성호 옮김
영국 지역에 따른 각종 주택 스타일을 상세 설명

No. 55 발효
고이즈미 다케오 지음 | 장현주 옮김
미세한 거인들의 경이로운 세계

No. 56 중세 유럽의 레시피
코스트마리 사무국 슈 호카 지음 | 김효진 옮김
중세 요리에 대한 풍부한 지식과 요리법

No. 57 알기 쉬운 인도 신화
천축 기담 지음 | 김진희 옮김
강렬한 개성이 충돌하는 무아와 혼돈의 이야기

No. 58 방어구의 역사
다카히라 나루미 지음 | 남지연 옮김
방어구의 역사적 변천과 특색 · 재질 · 기능을 망라

No. 59 마녀 사냥
모리시마 쓰네오 지음 | 김진희 옮김
르네상스 시대에 휘몰아친 '마녀사냥'의 광풍

No. 60 노예선의 세계사
후루가와 마사히로 지음 | 김효진 옮김
400년 남짓 대서양에서 자행된 노예무역

No. 61 말의 세계사
모토무라 료지 지음 | 김효진 옮김
역사로 보는 인간과 말의 관계

No. 62 달은 대단하다
사이키 가즈토 지음 | 김효진 옮김
우주를 향한 인류의 대항해 시대

No. 63 바다의 패권 400년사
다케다 이사미 지음 | 김진희 옮김
17세기에 시작된 해양 패권 다툼의 역사

No. 64 영국 빅토리아 시대의 라이프 스타일
Cha Tea 홍차 교실 지음 | 문성호 옮김
영국 빅토리아 시대 중산계급 여성들의 생활

No. 65 영국 귀족의 영애
무라카미 리코 지음 | 문성호 옮김
영애가 누렸던 화려한 일상과 그 이면의 현실

No. 66 쾌락주의 철학
시부사와 다쓰히코 지음 | 김수희 옮김
쾌락주의적 삶을 향한 고찰과 실천

No. 67 에로만화 스터디즈
나가야마 카오루 지음 | 선정우 옮김
에로만화의 역사와 주요 장르를 망라

No. 68 영국 인테리어의 역사
트레버 요크 지음 | 김효진 옮김
500년에 걸친 영국 인테리어 스타일

No. 69 과학실험 의학 사전
아루마 지로 지음 | 김효진 옮김
기상천외한 의학계의 흑역사 완전 공개

No. 70 영국 상류계급의 문화
아라이 메구미 지음 | 김정희 옮김
어퍼 클래스 사람들의 인상과 그 실상

No. 71 비밀결사 수첩
시부사와 다쓰히코 지음 | 김수희 옮김
역사의 그림자 속에서 활동해온 비밀결사

No. 72 영국 빅토리아 여왕과 귀족 문화
무라카미 리코 지음 | 문성호 옮김
대영제국의 황금기를 이끌었던 여성 군주

No. 73 미즈키 시게루의 일본 현대사 1~4
미즈키 시게루 지음 | 김진희 옮김
서민의 눈으로 바라보는 격동의 일본 현대사

No. 74 전쟁과 군복의 역사
쓰지모토 요시후미 지음 | 김효진 옮김
풍부한 일러스트로 살펴보는 군복의 변천

No. 75 흑마술 수첩
시부사와 다쓰히코 지음 | 김수희 옮김
악마들이 도사리는 오컬티즘의 다양한 세계

No. 76 세계 괴이 사전 현대편
아사자토 이츠키 지음 | 현정수 옮김
세계 지역별로 수록된 방대한 괴담집

No. 77 세계의 악녀 이야기
시부사와 다쓰히코 지음 | 김수희 옮김
악녀의 본성과 악의 본질을 파고드는 명저

No. 78 독약 수첩
시부사와 다쓰히코 지음 | 김수희 옮김
역사 속 에피소드로 살펴보는 독약의 문화사

No. 79 미즈키 시게루의 히틀러 전기
미즈키 시게루 지음 | 김진희 옮김
거장이 그려내는 히틀러 56년의 생애

No. 80 이치로 사고
고다마 미쓰오 지음 | 김진희 옮김
역경을 넘어서는 일류의 자기관리

No. 81 어떻게든 되겠지
우치다 다쓰루 지음 | 김경원 옮김
우치다 다쓰루의 '자기다움'을 위한 인생 안내

No. 82 태양왕 루이 14세
사사키 마코토 지음 | 김효진 옮김
루이 14세의 알려지지 않은 실상을 담은 평전

No. 83 이탈리아 과자 대백과
사토 레이코 지음 | 김효진 옮김
전통과 현대를 아우르는 이탈리아 명과 107선

No. 84 유럽의 문장 이야기
모리 마모루 지음 | 서수지 옮김
유럽 문장의 판별법과 역사를 이해

No. 85 중세 기사의 전투기술
제이 에릭 노이즈, 마루야마 무쿠 지음 | 김정규 옮김
검술 사진으로 알아보는 기사의 전투 기술

No. 86 서양 드레스 도감
리디아 에드워즈 지음 | 김효진, 이지은 옮김
유럽 복식사 500년을 장식한 드레스

No. 87 발레 용어 사전
도미나가 아키코 지음 | 김효진 옮김
일러스트를 곁들여 흥미롭게 들려주는 발레 이야기

-AK TRIVIA SPECIAL

환상 네이밍 사전
신키겐샤 편집부 지음 | 유진원 옮김
의미 있는 네이밍을 위한 1만3,000개 이상의 단어

중2병 대사전
노무라 마사타카 지음 | 이재경 옮김
중2병의 의미와 기원 등, 102개의 항목 해설

크툴루 신화 대사전
고토 카츠 외 1인 지음 | 곽형준 옮김
대중 문화 속에 자리 잡은 크툴루 신화의 다양한 요소

문양박물관
H. 돌메치 지음 | 이지은 옮김
세계 각지의 아름다운 문양과 장식의 정수

고대 로마군 무기 · 방어구 · 전술 대전
노무라 마사타카 외 3인 지음 | 기미정 옮김
위대한 정복자, 고대 로마군의 모든 것

도감 무기 갑옷 투구
이치카와 사다하루 외 3인 지음 | 남지연 옮김
무기의 기원과 발전을 파헤친 궁극의 군장도감

중세 유럽의 무술, 속 중세 유럽의 무술
오사다 류타 지음 | 남유리 옮김
중세 유럽~르네상스 시대에 활약했던 검술과 격투술

최신 군용 총기 사전
토코이 마사미 지음 | 오광웅 옮김
세계 각국의 현용 군용 총기를 총망라

초패미컴, 초초패미컴
타네 키요시 외 2인 지음 | 문성호 외 1인 옮김
100여 개의 작품에 대한 리뷰를 담은 영구 소장판

초쿠소게 1,2
타네 키요시 외 2인 지음 | 문성호 옮김
망작 게임들의 숨겨진 매력을 재조명

초에로게, 초에로게 하드코어
타네 키요시 외 2인 지음 | 이은수 옮김
엄격한 심사(?!)를 통해 선정된 '명작 에로게'

세계의 전투식량을 먹어보다
키쿠즈키 토시유키 지음 | 오광웅 옮김
전투식량에 관련된 궁금증을 한 권으로 해결

세계장식도 1, 2
오귀스트 라시네 지음 | 이지은 옮김
공예 미술계 불후의 명작을 농축한 한 권

서양 건축의 역사
사토 다쓰키 지음 | 조민경 옮김
서양 건축의 다양한 양식들을 알기 쉽게 해설

세계의 건축
코우다 미노루 외 1인 지음 | 조민경 옮김
세밀한 선화로 표현한 고품격 건축 일러스트 자료집

지중해가 낳은 천재 건축가 -안토니오 가우디
이리에 마사유키 지음 | 김진아 옮김
천재 건축가 가우디의 인생, 그리고 작품

민족의상 1,2
오귀스트 라시네 지음 | 이지은 옮김
시대가 흘렀음에도 화려하고 기품 있는 색감

중세 유럽의 복장
오귀스트 라시네 지음 | 이지은 옮김
특색과 문화가 담긴 고품격 유럽 민족의상 자료집

그림과 사진으로 풀어보는 이상한 나라의 앨리스
구와바라 시게오 지음 | 조민경 옮김
매혹적인 원더랜드의 논리를 완전 해설

그림과 사진으로 풀어보는 알프스 소녀 하이디
지바 가오리 외 지음 | 남지연 옮김
하이디를 통해 살펴보는 19세기 유럽사

영국 귀족의 생활
다나카 료조 지음 | 김상호 옮김
화려함과 고상함의 이면에 자리 잡은 책임과 무게

요리 도감
오치 도요코 지음 | 김세원 옮김
부모가 자식에게 조곤조곤 알려주는 요리 조언집

사육 재배 도감
아라사와 시게오 지음 | 김민영 옮김
동물과 식물을 스스로 키워보기 위한 알찬 조언

식물은 대단하다
다나카 오사무 지음 | 남지연 옮김
우리 주변의 식물들이 지닌 놀라운 힘

그림과 사진으로 풀어보는 마녀의 약초상자
니시무라 유코 지음 | 김상호 옮김
「약초」라는 키워드로 마녀의 비밀을 추적

초콜릿 세계사
다케다 나오코 지음 | 이지은 옮김
신비의 약이 연인 사이의 선물로 자리 잡기까지

초콜릿어 사전
Dolcerica 가가와 리카코 지음 | 이지은 옮김
사랑스러운 일러스트로 보는 초콜릿의 매력

판타지세계 용어사전
고타니 마리 감수 | 전홍식 옮김
세계 각국의 신화, 전설, 역사 속의 용어들을 해설

세계사 만물사전
헤이본샤 편집부 지음 | 남지연 옮김
역사를 장식한 각종 사물 약 3,000점의 유래와 역사

고대 격투기
오사다 류타 지음 | 남지연 옮김
고대 지중해 세계 격투기와 무기 전투술 총망라

에로 만화 표현사
키미 리토 지음 | 문성호 옮김
에로 만화에 학문적으로 접근하여 자세히 분석

크툴루 신화 대사전
히가시 마사오 지음 | 전홍식 옮김
러브크래프트의 문학 세계와 문화사적 배경 망라

아리스가와 아리스의 밀실 대도감
아리스가와 아리스 지음 | 김효진 옮김
신기한 밀실의 세계로 초대하는 41개의 밀실 트릭

연표로 보는 과학사 400년
고야마 게타 지음 | 김진희 옮김
연표로 알아보는 파란만장한 과학사 여행 가이드

제2차 세계대전 독일 전차
우에다 신 지음 | 오광웅 옮김
풍부한 일러스트로 살펴보는 독일 전차

구로사와 아키라 자서전 비슷한 것
구로사와 아키라 지음 | 김경남 옮김
영화감독 구로사와 아키라의 반생을 회고한 자서전

유감스러운 병기 도감
세계 병기사 연구회 지음 | 오광웅 옮김
69종의 진기한 병기들의 깜짝 에피소드

유해초수
Toy(e) 지음 | 김정규 옮김
오리지널 세계관의 몬스터 일러스트 수록

요괴 대도감
미즈키 시게루 지음 | 김건 옮김
미즈키 시게루가 그려낸 걸작 요괴 작품집

과학실험 이과 대사전
야쿠리 교시쓰 지음 | 김효진 옮김
다양한 분야를 아우르는 궁극의 지식탐험!

과학실험 공작 사전
야쿠리 교시쓰 지음 | 김효진 옮김
공작이 지닌 궁극의 가능성과 재미!

크툴루 님이 엄청 대충 가르쳐주시는 크툴루 신화 용어사전
우미노 나마코 지음 | 김정규 옮김
크툴루 신화 신들의 귀여운 일러스트가 한가득

고대 로마 군단의 장비와 전술
오사다 류타 지음 | 김진희 옮김
로마를 세계의 수도로 끌어올린 원동력

제2차 세계대전 군장 도감
우에다 신 지음 | 오광웅 옮김
각 병종에 따른 군장들을 상세하게 소개

음양사 해부도감
가와이 쇼코 지음 | 강영준 옮김
과학자이자 주술사였던 음양사의 진정한 모습

미즈키 시게루의 라바울 전기
미즈키 시게루 지음 | 김효진 옮김
미즈키 시게루의 귀중한 라바울 전투 체험담

산괴 1~2
다나카 야스히로 지음 | 김수희 옮김
산에 얽힌 불가사의하고 근원적인 두려움

초 슈퍼 패미컴
타네 키요시 외 2명 지음 | 문성호 옮김
역사에 남는 게임들의 발자취와 추억